Einlagensicherung und Eigenkapitalregulierung von Banken

Europäische Hochschulschriften

Publications Universitaires Européennes
European University Studies

Reihe V
Volks- und Betriebswirtschaft

Série V Series V
Sciences économiques, gestion d'entreprise
Economics and Management

Bd./Vol. 3218

PETER LANG
Frankfurt am Main · Berlin · Bern · Bruxelles · New York · Oxford · Wien

Jobst Leikeb

Einlagensicherung und Eigenkapitalregulierung von Banken

Theoretische Grundlagen und praktische Gestaltung

PETER LANG
Europäischer Verlag der Wissenschaften

Bibliografische Information Der Deutschen Bibliothek
Die Deutsche Bibliothek verzeichnet diese Publikation in der Deutschen Nationalbibliografie; detaillierte bibliografische Daten sind im Internet über <http://dnb.ddb.de> abrufbar.

Zugl.: Erlangen-Nürnberg, Univ., Diss., 2006

D 29(n2)
ISSN 0531-7339
ISBN 3-631-55384-6

www.peterlang.de

Vorwort

Die vorliegende Arbeit entstand in meiner Zeit als wissenschaftlicher Mitarbeiter am Lehrstuhl für Volkswirtschaftslehre, insbesondere Finanzwissenschaft der wirtschafts- und sozialwissenschaftlichen Fakultät der Friedrich-Alexander-Universität Erlangen-Nürnberg. Mit der Regulierung des Bankensektors in Form von Einlagensicherung und Eigenkapitalnormen behandelt sie einen wesentlichen Staatseingriff in praktisch allen entwickelten Volkswirtschaften der Welt. Aus wissenschaftlicher Sicht bewegt sich die Arbeit dabei im Spannungsfeld von Finanzwirtschaft, Theorie der Finanzintermediation, Kapitalmarkttheorie und Finanzwissenschaft.

Mein Dank gilt allen, die mir bei der Abfassung der Dissertation geholfen haben: An erster Stelle freilich meinem geschätzten Doktorvater und Rektor der Universität Professor Dr. Karl-Dieter Grüske, von dem ich viele Jahre - beginnend mit einer Hilfskrafttätigkeit während des Studiums - fachlich wie persönlich lernen durfte. Professor Achim Wambach, Ph.D. danke ich für die Übernahme des Korreferats und zahlreiche Gespräche, die die Arbeit inhaltlich und didaktisch verbessert haben. Professor Dr. Berthold U. Wigger als jetzigem Lehrstuhlinhaber gilt mein Dank für fachliche Unterstützung und neue finanzwissenschaftliche Einsichten, die ich durch Diskussion und neues Lehrprogramm gewinnen konnte.

Danken möchte ich auch vielen Kollegen und Doktoranden des Lehrstuhls, namentlich Daniel Frohschammer, Frank Kupferschmidt, Julia Kupzowa, Dr. Ute Leber, Dr. Michael Maier, Dr. Zhe-Il Nam, Dr. Udo Raab, Dr. Monika Schenk, Dr. Dieter Vollkommer, Udo Wartha und Dr. Norbert Schiele, der den Anstoß für diese Arbeit gab. Mit einem Satz: Schön war die Zeit mit Euch! Für ihre Unterstützung danke ich zudem den studentischen Hilfskräften des Lehrstuhls, insbesondere Robert Dehm, Alexander von Kotzebue und Dorothee Wüstholz. Bei den ausgewiesenen Kennern von Regulierungstheorie und Kapitalmärkten Gabriele Haslinger und Martin Kleinhenz stehe ich für unerschütterliche Diskussionsbereitschaft in tiefer Schuld.

Schließlich und im Besonderen gilt mein Dank meiner Familie und meiner Freundin Heike Weber, ohne deren helfende Hände und Geister die Arbeit nicht fertig gestellt worden wäre. Meinen Eltern, die mir das Studium ermöglicht haben, widme ich dieses Buch.

Nürnberg, im Juni 2006 Jobst Leikeb

Inhaltsverzeichnis

1 Motivation, Zielsetzung und Gang der Untersuchung **1**

1.1 Motivation der Untersuchung 1

1.2 Zielsetzung und Gang der Untersuchung 3

I Finanzintermediation, Bank Runs und Einlagensicherung **7**

2 Finanzintermediation und Bankenregulierung **9**

2.1 Existenzerklärung von Banken und Bankenregulierung . . . 9

2.2 Ansätze zur Existenzerklärung von Banken - Ein Überblick 11

2.2.1 Transformationsfunktion und Schaffung eines Zahlungssystems 11

2.2.2 Delegierte Überwachung von Kreditnehmern 12

2.2.3 Liquiditätsversicherung 14

2.2.4 Kombination von Einlagen- und Kreditgeschäft . . . 15

2.3 Zusammenfassung und Bedeutung für die verfolgte Fragestellung 17

3 Bank Runs und Einlagensicherung - Ein grundlegendes Modell **20**

3.1 Finanzintermediation bei deterministischer aggregierter Liquiditätspräferenz 20

3.1.1 Modellstruktur 20

3.1.2 Erstbeste Allokation durch Einlagenverträge 23

3.1.3 Bank Runs und Auszahlungsstopp 25

3.2 Finanzintermediation bei stochastischer aggregierter Liquiditätspräferenz 26

3.2.1 Erstbeste Allokation bei aggregierter Unsicherheit . 27

3.2.2 Einlagensicherung als Konditionierungsinstrument . 28

3.3 Würdigung und Kritik des Modells 31

3.3.1 Liquiditätsversicherung und Kapitalmarkt 31

3.3.2 Bank Runs als exogen motivierte Nash-Gleichgewichte? 35

3.3.3 Einlagensicherung à la Diamond/Dybvig - ein erstbester Regulierungseingriff? . . . 36
3.3.3.1 Deterministische aggregierte Liquiditätspräferenz und Auszahlungsstopp . . . 37
3.3.3.2 Stochastische aggregierte Liquiditätspräferenz und Einlagensicherung . . . 37
3.3.3.3 Regulierungsimplikationen . . . 40

4 Bank Runs und Einlagensicherung - Erweiterte Modelle 44

4.1 Unsichere Bankerträge und informationsbasierte Bank Runs 44
4.1.1 Unvollständige Ertragsinformation und partielle Bank Runs . . . 45
4.1.1.1 Modelldarstellung . . . 45
4.1.1.2 Zusammenfassung und Regulierungsimplikationen . . . 47
4.1.2 Vollständige Ertragsinformation und Bank Runs . . . 48
4.1.2.1 Grundmodell . . . 49
4.1.2.2 Erweitertes Modell . . . 52
4.1.2.3 Zusammenfassung und Regulierungsimplikationen . . . 54
4.1.3 Unvollständige Ertragsinformation, „schmutzige" Signale und Bank Runs . . . 55
4.1.3.1 Modelldarstellung . . . 55
4.1.3.2 Zusammenfassung und Regulierungsimplikationen . . . 59
4.1.4 Anknüpfungspunkte für die weitere Analyse . . . 62
4.2 Interessendivergenz von Bankmanagement / Einlegern und effiziente Bank Runs . . . 63
4.2.1 Modelldarstellung . . . 63
4.2.2 Regulierungsimplikationen . . . 67
4.3 Bank Runs und systemisches Risiko . . . 69
4.3.1 Abgrenzung systemisches Risiko . . . 69
4.3.2 Mögliche Transmissionsmechanismen . . . 70
4.3.3 Ansteckende Bank Runs und „schmutzige" Signale als Auslöser . . . 73
4.3.3.1 Modellstruktur . . . 73
4.3.3.2 Gleichgewichte im Einlagenabzugsspiel . . . 75
4.3.3.3 Einlagensicherungsmaßnahmen . . . 79
4.3.3.4 Zusammenfassung und Regulierungsimplikationen . . . 81
4.3.4 Bank Runs und Interbankenbeziehungen . . . 84
4.3.4.1 Modellstruktur . . . 85
4.3.4.2 Interbanken-Markt und erstbeste Allokation 87

4.3.4.3 Aggregierter Liquiditätspräferenzschock und ansteckende Bank Runs 90
4.3.4.4 Zusammenfassung und Regulierungsimplikationen 94

5 Bank Runs und Einlagensicherung - Synthese der Modelle 99
5.1 Ursachen, Effizienzwirkung und Ausmaß von Bank Runs . . 99
5.2 Vernachlässigte Elemente in der Marktversagensanalyse . . 103
5.3 Positive Wirkungen und Funktionen der Einlagensicherung 106
5.3.1 Einlagensicherung als ex post Konditionierungsinstrument 107
5.3.2 Einlagensicherung als Versicherungsinstrument . . . 110
5.3.3 Funktionen der Einlagensicherung und institutionelle Organisation 111
5.4 Negative Anreizwirkung der Einlagensicherung 113
5.4.1 Fremdfinanzierung und Risikoanreizproblem 114
5.4.1.1 Prinzipielle Wirkungsweise des Anreizes zur Risikoerhöhung 114
5.4.1.2 Formale Analyse des Risikoanreizproblems 116
5.4.1.3 Motivation unterschiedlicher Zielfunktionen 122
5.4.1.4 Risikoerhöhung als Effizienzproblem 127
5.4.2 Antizipation durch Fremdkapitalgeber 129
5.4.2.1 Gegenmaßnahmen Risikoanreizproblem . . 129
5.4.2.2 Einleger als Sonderfall? 130
5.4.2.3 Zusammenfassung und Regulierungsimplikationen 133
5.4.3 Einfluss der Einlagensicherung auf Informationsanreize der Einleger 135
5.5 Folgerungen für die Gestaltung der Einlagensicherung . . . 139
5.5.1 Einlagensicherung als ex post Konditionierungsinstrument 139
5.5.2 Einlagensicherung als Versicherungsinstrument . . . 142

II Risikosensitive Versicherungsprämien und Eigenkapitalnormen 151

6 Risikosensitive Versicherungsprämien 154
6.1 Risikosensitive Prämien unter vollständiger Information . . 154
6.2 Risikosensitive Prämien unter asymmetrischer Information . 160
6.2.1 Fehlerhafte Beobachtbarkeit des Risikogehalts durch den Versicherer 160
6.2.2 Risikosensitive Prämien und unbeobachtbarer Risikotyp 162

6.2.3 Risikosensitive Prämien und unbeobachtbare Risikowahl . . . 166
6.2.3.1 Problematik einer Risikobeschränkung durch risikosensitive Prämien . . . 166
6.2.3.2 Risikobeschränkung durch ex post Zahlungen 168
6.3 Fazit - Risikosensitive Prämien und ihre Verbindung zur Eigenkapitalregulierung . . . 171
6.3.1 Unbeobachtbarer Risikotyp . . . 172
6.3.2 Unbeobachtbare Risikowahl . . . 172
6.3.3 Praxis der Prämiengestaltung und Anknüpfungspunkte für die weitere Analyse . . . 173

7 Eigenkapitalnormen und Risikonahme 177
7.1 Grundlegende Formen der Eigenkapitalregulierung . . . 177
7.2 Wirkung von Eigenkapitalnormen auf Risikonahme und Insolvenzwahrscheinlichkeit von Banken . . . 180
7.2.1 Eigenkapitalnormen und marktwertmaximierende Banken . . . 181
7.2.1.1 Modellstruktur . . . 182
7.2.1.2 Einführung einer Versicherung von Einlagen 185
7.2.1.3 Einführung Eigenkapitalnormen . . . 189
7.2.1.4 Zusammenfassung und Regulierungsimplikationen . . . 193
7.2.2 Eigenkapitalnormen und risikoaverse Banken . . . 193
7.2.2.1 Banken als risikoaverse Portfoliomanager . 196
7.2.2.2 Problematik beschränkter Haftung . . . 204
7.2.2.3 Zusammenfassung und Regulierungsimplikationen . . . 207
7.2.3 Problematik des Value-at-Risk (VaR) als aufsichtsrechtliches Risikomaß . . . 211
7.2.3.1 Konzeptionelle Probleme . . . 211
7.2.3.2 Probleme in der Anwendung . . . 219
7.2.3.3 Zusammenfassung und Regulierungismplikationen . . . 227

8 Prozyklizität regulatorischer Eigenkapitalvorgaben 232
8.1 Ausfallrisiken und makroökonomische Rahmenbedingungen 233
8.2 Ausfallrisikomessung, Konjunkturzyklus und regulatorische Vorgaben . . . 235
8.2.1 Bonitätsschätzung . . . 236
8.2.2 Korrelationsschätzung . . . 239
8.2.3 Schätzung der Ausfallverluste . . . 243
8.2.4 Korrelation von Ausfallwahrscheinlichkeit und Verlust bei Ausfall . . . 245

8.2.5 Zusammenfassung - Ausfallrisikomessung und Konjunkturzyklus . . . 247
8.3 Regulatorische vs. bankinterne Eigenkapitalallokation . . . 248
8.3.1 Pufferbildung - Ursachen und konzeptionelle Bedeutung für die Bindungswirkung von Eigenkapitalnormen . . . 250
8.3.2 Theoretische Ansätze zur Pufferbildung . . . 252
8.3.3 Empirische Studien zur Pufferbildung . . . 255
8.3.4 Zusammenfassung der theoretischen und empirischen Ergebnisse zum Pufferverhalten . . . 259
8.4 Konjunkturelle Konditionierung risikosensitiver Eigenkapitalnormen als Ausweg? . . . 260

III Praktische Gestaltung - Die Einlagensicherung der privaten Banken in Deutschland und Basel II **265**

9 Die Einlagensicherung der privaten Banken in Deutschland **268**
9.1 Die Struktur der Einlagensicherung in Deutschland . . . 269
9.2 Die Einlagensicherung der privaten Banken in Deutschland im Detail . . . 272
9.2.1 Zielsetzung und Sicherungsumfang - Darstellung . . . 272
9.2.2 Zielsetzung und Sicherungsumfang - Diskussion . . . 274
9.2.3 Finanzierung der Fondsmittel - Darstellung . . . 276
9.2.4 Finanzierung der Fondsmittel - Diskussion . . . 277
9.2.5 „Peer monitoring", staatliche Aufsicht und Eingriffsrechte - Darstellung . . . 278
9.2.6 „Peer monitoring", staatliche Aufsicht und Eingriffsrechte - Diskussion . . . 280
9.3 Fazit - Die Einlagensicherung der privaten Banken in Deutschland . . . 281

10 Die neuen Eigenkapitalnorm-Vorschläge des Basler Ausschusses für Bankenaufsicht - Basel II **286**
10.1 Struktur von Basel II . . . 287
10.2 Säule 1 Eigenkapitalnormen - Darstellung . . . 288
10.2.1 Eigenkapital zur Abdeckung des Ausfallrisikos . . . 289
10.2.2 Eigenkapital zur Abdeckung des operationellen Risikos 292
10.3 Säule 1 Eigenkapitalnormen - Diskussion . . . 293
10.3.1 Integration verschiedener Risikoarten . . . 293
10.3.2 Risikogewichte und Portfolioorientierung . . . 295
10.3.3 Standard- vs. IRB-Ansatz . . . 297
10.3.4 Eigenkapitalunterlegung operationeller Risiken . . . 299

10.4 Säule 2 Überprüfungsprozess durch die Aufsicht - Darstellung 299
10.5 Säule 2 Überprüfungsprozess durch die Aufsicht - Diskussion 303
10.6 Säule 3 Offenlegungspflichten und Marktdisziplin - Darstellung . . . 305
10.7 Säule 3 Offenlegungspflichten und Marktdisziplin - Diskussion 308
10.8 Fazit - Basel II . . . 309

Literaturverzeichnis **312**

Abbildungsverzeichnis

1.1 Gang der Untersuchung 5

2.1 Bankbilanz und Existenzerklärungsansätze für Banken . . . 18

4.1 Optimale Konsumniveaus in $T = 1$ und $T = 2$ in Abhängigkeit der langfristigen Ertragsausprägung 50
4.2 Mögliche Auszahlungen für das Bankmanagement in Abhängigkeit der Ertragsausprägung bei Calomiris/Kahn (1991) 64
4.3 Zeitliche Struktur der Entscheidungen im Modell von Chen (1999) 76
4.4 Vollständig verknüpfter Interbanken-Markt 88
4.5 Unvollständig verknüpfter Interbanken-Markt 89
4.6 Paarweise verknüpfter Interbanken-Markt 90

5.1 Risikoerhöhungsanreiz bei risikoneutralen Akteuren 115
5.2 Mean preserving spread (MPS) - Darstellung anhand der Dichtefunktionen 117
5.3 Unterschiedliche Anreizwirkung risikoerhöhender Maßnahmen bei konvex-konkaver Zielfunktion 121
5.4 Handlungsoptionen und Konsequenzen - ex post Konditionierungsfunktion 140
5.5 Handlungsoptionen und Konsequenzen - Versicherungsfunktion 143

6.1 Wert der Bankaktiva und Versicherungsput 156

7.1 $\text{VaR}_{1-\alpha}$ als (negatives) α-Quantil der Verteilung der Wertänderung der Bankaktiva 179
7.2 Marktwertmaximale Portfoliowahl vor und nach Einführung einer Eigenkapitalnorm ($n = 1$) 192
7.3 Optimale Portfoliowahl vor Einführung von Eigenkapitalnormen 199
7.4 Optimale Portfoliowahl nach Einführung von Eigenkapitalnormen - nicht proportionale Risikogewichte 201

7.5 Optimale Portfoliowahl nach Einführung von Eigenkapitalnormen - β orientierte Risikogewichte 203
7.6 Optimale Portfoliowahl nach Einführung von Eigenkapitalnormen - β orientierte Risikogewichte, beschränkte Haftung und $K < 1/a$ 206
7.7 Verteilungsfunktionen und jeweilige $\text{VaR}_{1-\alpha}$ für α-Quantile 213
7.8 Optimale Portfoliowahl mit und ohne VaR-Restriktion . . . 225

9.1 Struktur der Einlagensicherung in Deutschland 270

10.1 Struktur von Basel II 288
10.2 Funktionen des Überprüfungsprozesses durch die Aufsicht . 300

Tabellenverzeichnis

4.1 (In-)Effizienz von Run Entscheidungen 57
4.2 Verteilung regionaler aggregierter Liquiditätspräferenzen . . 85

6.1 Auszahlungsstruktur in Abhängigkeit des Endwerts der Bankaktiva 155

7.1 Wahrscheinlichkeitsfunktionen der zur Wahl stehenden Portfolios 212

10.1 Zusammenhang von Rating und Risikogewicht für Forderungen gegenüber Unternehmen - Standardansatz Basel II . . . 290

Abkürzungsverzeichnis - Auszug

BaFin	Bundesanstalt für Finanzdienstleistungsaufsicht
Basel I	Vorschläge des Basler Ausschusses für Bankenaufsicht zur Eigenkapitalregulierung von Banken (1988)
Basel II	Vorschläge des Basler Ausschusses für Bankenaufsicht zur Eigenkapitalregulierung von Banken (2004)
BCBS	Basel Committee on Banking Supervision
BdB	Bundesverband deutscher Banken
CAPM	Capital-Asset-Pricing Modell
EAD	Exposure at default
EAEG	Einlagensicherungs- und Anlegerentschädigungsgesetz
EdB	Entschädigungseinrichtung deutscher Banken GmbH
ES	Expected shortfall
FDIC	Federal Deposit Insurance Corporation
IRB-Ansatz	(Bank-)Interne-Ratings-basierter Ansatz
HGB	Handelsgesetzbuch
KWG	Gesetz über das Kreditwesen (Kreditwesengesetz)
LGD	Loss given default
MPS	Mean preserving spread
NBW	Nettobarwert
PD	Probability of default
VaR	Value-at-Risk

Symbolverzeichnis - Auszug

Kapitel 3

c_T^{i*}	optimaler Konsum von Individuentyp i in T
f	Anteil der frühen Einlagenabzüge
r_1	versprochene Auszahlung in $T = 1$
R	fixer langfristiger (Brutto-)Ertrag des Bankportfolios
t	Anteil der Typ-1-Individuen
V_2	implizierte Auszahlung in $T = 2$
$\hat{V}_1$	frühe Auszahlung in $T = 1$ nach Steuern
τ	Steuersatz auf Auszahlungen in $T = 1$

Kapitel 4

a_0	Wahrscheinlichkeit individuell schlechter Bankerträge in $T = 0$
a_1	revidierte Wahrscheinlichkeit a_0 in $T = 1$
$b(t)$	Liquiditätspuffer
c_T^*	optimaler Konsum in T für Typ $i = T$
c_1	versprochene Auszahlung in $T = 1$
c_2	versprochene Auszahlung in $T = 2$
$E[R]$	Erwartungswert langfristiger (Brutto-)Ertrag des Bankportfolios
K_1	Anzahl der Bankzusammenbrüche in der ersten Bankengruppe
L^*	optimaler Umfang liquide kurzfristige Anlage
N_1	Anzahl der Banken in der ersten Bankengruppe
$N - N_1$	Anzahl der Banken in der zweiten Bankengruppe
p	Prämienzahlung Einlagenversicherung
q^i	Liquidationswert der repräsentativen Bank in Region i
$\tilde{R}$	zufälliger langfristiger (Brutto-)Ertrag des Bankportfolios
t	Anteil der Typ-1-Individuen
$\tilde{t}$	stochastischer Anteil der Typ-1-Individuen

t_l	niedriger Anteil der Typ-1-Individuen in einer Region
t_h	hoher Anteil der Typ-1-Individuen in einer Region
$\bar{t}$	durchschnittlicher Anteil der Typ-1-Individuen
X^*	optimaler Umfang langfristige Anlage
z	Betrag der Interbanken-Einlage in $T = 0$
α	Anteil der informierten Typ-2-Individuen bzw. aller informierten Einleger (Modell von Chen (1999))
$\tilde{\alpha}$	stochastischer Anteil der informierten Typ-2-Individuen
δ	Anteil der in $T = 1$ abhebenden Typ-2-Individuen
η_0	Wahrscheinlichkeit allgemein schlechter Bankerträge in $T = 0$
η_1	revidierte Wahrscheinlichkeit η_0 in $T = 1$
λ	proportionaler Zusatzlastenfaktor

Kapitel 5

D_0	versprochener Rückzahlungsbetrag Fremdkapitalgeber
$Eu(.)$	Erwartungsnutzen Fremdkapitalgeber
$Ev(.)$	Erwartungsnutzen Eigenkapitalgeber
$f(y;\alpha)$	Dichtefunktion von y
$F(y;\alpha)$	Verteilungsfunktion von y
y	Ertrag des Anlageprogramms

Kapitel 6

D_0	versprochene Rückzahlung an die Einleger
D	Betrag hereingenommener Einlagen
d	Einlagenanteil am Gesamtwert der Bankaktiva
I	Investitionsbetrag
p	Prämie pro Geldeinheit Einlagen
$p(d,s)$	Put-Optionswert pro Geldeinheit Einlagen
$R(\theta)$	Ertrag des Bankportfolios
R_H bzw. R_L	hohe bzw. niedrige Ausprägung des Anlageertrags
r	(stetiger) risikoloser Zinssatz
r_f	risikoloser Zinssatz
s	Varianz der (stetigen) Rendite der Bankaktiva im Zeitraum M
y	Wert der Bankaktiva bei Fälligkeit der Einlagen
$\theta_{(T)}$	Risikoparameter bzw. Erfolgswahrscheinlichkeit (in T)
$\overline{\theta}$ bzw. $\underline{\theta}$	höchste bzw. niedrigste Erfolgswahrscheinlichkeit
σ^2	Varianz der (stetigen) Rendite der Bankaktiva
τ	Steuersatz auf Bankerträge
$\Phi(.)$	Verteilungsfunktion der Standardnormalverteilung

$\Phi'(.)$	Dichtefunktion der Standardnormalverteilung

Kapitel 7

D	hereingenommene Einlagen in $T = 0$
K_0	ursprüngliches Eigenkapital in $T = 0$
k	Prämie pro Geldeinheit Einlagen
$p(\omega)$	Arrow-Debreu-Zustandspreis des Umweltzustands ω
$(1 + R_0)$	(Brutto-)Rendite der sicheren Anlage $i = 0$
$(1 + \tilde{R}_i)$	unsichere (Brutto-)Rendite der riskanten Anlage i
$(1 + R_D)$	versprochene (Brutto-)Einlagenrendite
V	Marktwert des ursprünglichen Eigenkapitals
x_i	Wert der in Anlage i in $T = 0$ investierten Mittel
$\beta_{(i)}$	systematisches Risiko einer Anlage (i)
γ_i	Risikogewicht der Anlageform i
μ	Erwartungswert des Endvermögens der Bank in $T = 1$
ρ_i	Überschussrendite zwischen sicherer und unsicherer Anlage i
σ	Standardabweichung des Endvermögens der Bank in $T = 1$

Kapitel 1

Motivation, Zielsetzung und Gang der Untersuchung

1.1 Motivation der Untersuchung

Die Sanierung des staatlichen Einlagensicherungsfonds der US-amerikanischen Sparkassen („Savings & Loan“) in den 80er und 90er Jahren des vergangenen Jahrhunderts verursachte fiskalische Kosten in Höhe von etwa 120 Milliarden US-Dollar. Zu diesen vom öffentlichen Budget zu deckenden Kosten kamen noch einmal etwa 30 Milliarden US-Dollar, die von den versicherten Sparkassen durch bereits eingezahlte Reserven des Fonds und - im Fall der nicht zusammengebrochenen Sparkassen - durch Sonderbeiträge finanziert wurden.[1] Auch andere Industrienationen erlitten im genannten Zeitraum Bankenkrisen, die zu erheblichen fiskalischen Kosten in Form von Rekapitalisierungsmaßnahmen und Auszahlungen an Einleger führten. So summierten sich die fiskalischen Kosten der Bankenkrise etwa in Finnland auf 11 %, in Norwegen auf 8 % und in Schweden auf 4 % des jeweiligen Bruttoinlandsprodukts zu Beginn der Bankenkrise.[2]

Diese Zahlen geben eine Vorstellung von der fiskalpolitischen Bedeutung von Bankenkrisen. Darüber hinaus legen theoretische wie empirische Studien einen Einfluss der Stabilität des Bankensektors auf den gesamtwirtschaftlichen Output nahe.[3] Empirische Studien messen diesen Effekt häufig über die Abweichungen vom längerfristigen Trendwachstum während einer Bankenkrise. Sie können damit aber nicht die Frage beantworten, ob die Bankenkrise den Abschwung verschärft hat oder nur Begleiterscheinung des Abschwungs war. Neuere empirische Ergebnisse weisen jedoch darauf hin, dass Bankenkrisen tatsächlich den Abschwung verstärken, die Outputabweichungen also

[1] Vgl. Curry/Shibut (2000), S. 30ff.

[2] Vgl. Hoggarth/Reis/Saporta (2002), S. 829ff. Die dort ausgewiesenen fiskalischen Kosten für eine Reihe von Entwicklungs- und Schwellenländern liegen noch erheblich höher.

[3] Vgl. Bernanke/Gertler (1987), (1990) und Hoggarth/Reis/Saporta (2002).

im Fall einer Bankenkrise nach der Korrektur für andere Einflussfaktoren größer ausfallen.[4]

Mit wenigen Ausnahmen besitzen alle OECD-Staaten eine Einlagensicherung, d. h. eine Garantie der von den Fremdkapitalgebern - spezifisch Einlegern - in die Bank eingebrachten Mittel. Innerhalb der Europäischen Union wurde 1994 eine Richtlinie verabschiedet, die alle EU-Mitglieder zur Einführung einer Einlagensicherung verpflichtet. Auch außerhalb von OECD und EU sind Einlagensicherungssysteme weit verbreitet. Gleichwohl wird auf theoretischer wie empirischer Basis zum Teil die Notwendigkeit einer Einlagensicherung in Frage gestellt bzw. die Krisenanfälligkeit des Bankensektors sogar auf sie zurückgeführt.[5] Die potenziell destabilisierende Wirkung der Einlagensicherung - insbesondere wenn staatlich administriert - spielte wirtschaftspolitisch bereits frühzeitig eine Rolle:

> „As to guaranteeing bank deposits, the minute the government starts to do that,... the government runs into a probable loss. We do not wish to make the United States government liable for the mistakes and errors of individual banks, and put a premium on unsound banking in the future.“ *Franklin D. Roosevelt*[6]

Auch Befürworter einer Einlagensicherung sehen ein Problem in einer zu hohen Risikonahme von versicherten Banken. Angesichts der weiten Verbreitung von Einlagensicherungssystemen wird deshalb intensiv über die „best practice“ der Einlagensicherung diskutiert. Ausfluss dieser Diskussion ist etwa die in den vergangenen Jahren zu beobachtende Zunahme einer risikobasierten Beitragserhebung, bei der riskanter operierende Banken einen höheren Beitrag zur Einlagensicherung zu leisten haben.[7]

In gleichem Maße - wenn auch nicht immer explizit mit der Frage der Einlagensicherung verbunden - steht die Eigenkapitalregulierung von Banken im Fokus wirtschaftspolitischer wie -theoretischer Diskussion. Unter dem Stichwort „Basel II“ haben die Vorschläge des Basler Ausschusses für Bankenaufsicht zur Weiterentwicklung international harmonisierter Eigenkapitalnormen ein Schlaglicht auf die Bedeutung und konzeptionellen Grundlagen einer solchen Regulierung geworfen. Nicht zuletzt haben sie bedeutsame Investitionen der Banken in ihr Risikomanagement ausgelöst. Umgekehrt beruhen die regulatorischen Vorgaben von Basel II zu einem erheblichen Maße auf Entwicklungen des bankinternen Risikomanagements, das sich zu-

---

[4]Vgl. Hoggarth/Reis/Saporta (2002), S. 845ff.

[5]Vgl. Dowd (1993a,b) und Demirgüç-Kunt/Detragiache (2002).

[6]In seiner ersten Pressekonferenz als US-Präsident, zitiert nach Greenbaum/Thakro (1995), S. 450. Nichtsdestoweniger wurde 1933 eine staatliche Einlagensicherung für Banken in den USA eingeführt, gefolgt von der einleitend angeführten staatlichen Einlagensicherung für Sparkassen ein Jahr später, vgl. ebenda S. 463f.

[7]Vgl. hierzu Garcia (1999).

nehmend von den bisherigen Methoden zur Bestimmung des regulatorischen Eigenkapitals entfernt hatte.[8]

Allgemein werden Eigenkapitalnormen sowohl als Puffer, der entstehende Verluste auffängt und damit ceteris paribus die Insolvenzwahrscheinlichkeit der Bank senkt, als auch als Anreizinstrument interpretiert, das die Risikonahme von Banken bremsen soll. In der wirtschaftstheoretischen Diskussion steht dagegen nicht zweifelsfrei fest, welche Wirkung Eigenkapitalnormen auf die Risikonahme von Banken und damit ihre Insolvenzwahrscheinlichkeit haben. Zudem wird befürchtet, dass insbesondere die neuen Vorschläge zur Eigenkapitalregulierung so genannte prozyklische Effekte haben könnten, d. h. Konjunkturschwankungen durch ihren Einfluss auf die Kreditvergabe von Banken verstärken könnten.

1.2 Zielsetzung und Gang der Untersuchung

Wie hängen diese Themenkomplexe zusammen, welche expliziten oder impliziten Annahmen treffen Vertreter der einen oder anderen Ansicht? Welche Bedeutung haben die theoretischen und empirischen Ergebnisse der Wissenschaft für die praktische Gestaltung von Einlagensicherung und Eigenkapitalregulierung von Banken? An der Beantwortung dieser Fragestellungen versucht sich die vorliegende Arbeit.

Selbstverständlich existiert eine umfangreiche Literatur zur Bankenregulierung, die sich im Spannungsfeld von Finanzwirtschaft, Kapitalmarkttheorie, Theorie der Finanzintermediation und Regulierungstheorie bewegt. Neben Abhandlungen zur tiefgreifenden Analyse einzelner Aspekte liefert eine Reihe von zusammenfassenden Darstellungen und Monographien einen Überblick zum Thema Bankenregulierung und speziell zu Einlagensicherung und/oder Eigenkapitalnormen.[9] Die Berechtigung einer weiteren, auf die gemeinsame Betrachtung von Einlagensicherung und Eigenkapitalnormen ausgerichteten Untersuchung liegt in drei Merkmalen:

(1) Die Arbeit führt die unterschiedlichen Ergebnisse und die darauf aufbauenden Regulierungsempfehlungen auf eine vergleichende Analyse der vorliegenden Modellansätze zurück. Unterschiedliche Forschungsergebnisse und ihre Wirkungsmechanismen werden dadurch besser erklärbar. Die Arbeit leistet so einen Beitrag zu einer einheitlicheren Diskussions- und Forschungsgrundlage.

---

[8]BCBS (1999b), S. 9ff. So haben interne Risikomanagementmethoden etwa zur Bestimmung von Ausfallrisiken für Kreditportfolios in den vergangenen Jahren eine stürmische Entwicklung durchgemacht, vgl. Allen/Saunders (2002), S. V. Die regulatorischen Eigenkapitalvorgaben des Vorgängers Basel I berücksichtigen dagegen faktisch nicht einmal die unterschiedlichen Ausfallwahrscheinlichkeiten von Kreditnehmern. Vgl. hierzu ausführlich die Abschnitte 10.2 und 10.3 dieser Arbeit.

[9]Vgl. etwa Bhattacharya/Boot/Thakor (1998), Benston et al. (1986), Wolf (1999), Homölle (1999), Burghof (1998).

(2) Die Arbeit betrachtet Einlagensicherung und Eigenkapitalnormen integrativ und gibt damit einen Einblick in das Zusammenwirken der beiden Regulierungsinstrumente. Auch die Komplexität der zu einer Modellannahme führenden Argumentationskette soll durch dieses Vorgehen verdeutlicht werden - etwa wenn in Modellen zur Eigenkapitalregulierung ohne nähere Erläuterung bereits von der Existenz einer Einlagensicherung ausgegangen wird, und sich die Einlagensicherung als treibende Kraft für die abgeleiteten Ergebnisse erweist.

(3) Die Arbeit verbindet theoretische und empirische Ergebnisse mit der praktischen Gestaltung von Einlagensicherung und Eigenkapitalnormen. Dabei dient die Praxis der Bankenregulierung zum einen zur Einschätzung der Relevanz von Modellansätzen und zur Motivation des weiteren Gangs der theoretischen Untersuchung. Zum anderen werden die praktische Gestaltung der Einlagensicherung der privaten Banken in Deutschland sowie von Basel II vor dem Hintergrund dieser Ergebnisse diskutiert.

Konkret analysieren wir in Teil I der Arbeit die ökonomischen Rechtfertigungsgründe für die Einführung einer Einlagensicherung.[10] Nach einem kurzen Aufriss der verschiedenen Ansätze zur Existenzerklärung von Banken als Finanzintermediären in Kapitel 2 diskutiert Kapitel 3 den grundlegenden Ansatz zur Modellierung so genannter Bank Runs, d. h. massenhafter Abzüge von Einlagen, die aufgrund einer Überforderung der kurzfristig liquidierbaren Mittel zur Insolvenz der Bank führen. Sie gelten als maßgebliche Berechtigung von regulatorischen Eingriffen in Form einer Einlagensicherung. Kapitel 4 greift die Ergebnisse auf und analysiert erweiterte Modelle, die die Auslöser von Bank Runs in den Vordergrund stellen. Dort betrachten wir auch den Begriff des in der neueren Forschung betonten so genannten systemischen Risikos, d. h. das Risiko weit verbreiteter, sequenzieller Bankzusammenbrüche. Kapitel 5 führt die Ergebnisse zur Wirkung von Bank Runs mit dem wohlfahrtssteigernden Potenzial der Einlagensicherung zusammen. Es berücksichtigt aber auch vernachlässigte Elemente in der Erklärung von Bank Runs und negative Anreizwirkungen der Einlagensicherung. Der abschließende Abschnitt von Kapitel 5 fasst den notwendigen Abwägungsprozess zusammen und verweist auf die Notwendigkeit flankierender Maßnahmen, wie risikosensitiver Versicherungsprämien und Eigenkapitalnormen.

Teil II der Arbeit greift diese Ergebnisse auf. Kapitel 6 thematisiert die Wirkung von risikosensitiven Versicherungsprämien auf die Risikonahme von Banken.[11] Es diskutiert darüber hinaus die Verbindung von risikosensitiver Prämiengestaltung und Eigenkapitalregulierung. Kapitel 7 analysiert ent-

---

[10] Zum Gang der Untersuchung vgl. Abbildung 1.1 auf S. 5. Darüber hinaus endet jedes Kapitel in Teil I und II mit einer Box, in der wichtige Ergebnisse und weiterführende Argumente des Kapitels zusammengefasst werden, um einen schnellen Einstieg in die nachfolgende Analyse zu ermöglichen.

[11] Abschnitt 6.2.2 enthält eine kurze Diskussion eines adversen Selektionsansatzes, d. h. einer Modellierung mit gegebenem, aber unbeobachtbarem Risikotyp der Bank.

Abbildung 1.1: Gang der Untersuchung

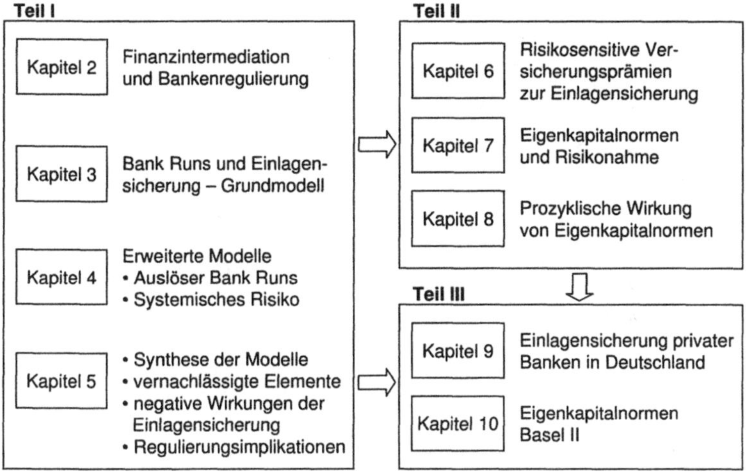

Quelle: Eigene Darstellung.

sprechend die Wirkung von Eigenkapitalnormen auf die Risikonahme von Banken. Im abschließenden Kapitel 8 erörtern wir die Gefahr einer prozyklischen Wirkung von Eigenkapitalnormen.

Vor dem Hintergrund der Ergebnisse von Teil I und II beschreibt und analysiert Teil III der Arbeit die praktische Gestaltung von Einlagensicherung und Eigenkapitalregulierung. Kapitel 9 behandelt dabei die Einlagensicherung der privaten Banken in Deutschland, während Kapitel 10 die Vorschläge des Basler Ausschusses für Bankenaufsicht zur Eigenkapitalregulierung (Basel II) aufgreift.

Teil I

Finanzintermediation, Bank Runs und Einlagensicherung

Kapitel 2

Finanzintermediation und Bankenregulierung

Das Kapitel führt in den Zusammenhang von Theorie der Finanzintermediation - spezifisch der Existenzerklärung von Banken - und Bankenregulierung ein. Abschnitt 2.1 erläutert die Kriterien, die ein Modell zur Analyse von Fragen der Bankenregulierung prinzipiell erfüllen sollte. Abschnitt 2.2 gibt einen Überblick über die verschiedenen Ansätze zur Existenzerklärung von Banken. Abschnitt 2.3 fasst die Ansätze zusammen und erklärt die Auswahl eines dieser Ansätze zur Analyse von Regulierungsfragen, insbesondere der Einlagensicherung.

2.1 Existenzerklärung von Banken und Bankenregulierung

Die Ansätze zur Existenzerklärung von Banken sind Bestandteil der so genannten Theorie der Finanzintermediation, d. h. der Theorie von Institutionen, die zwischen Kapitalgebern und Kapitalnehmern in einer Volkswirtschaft vermitteln.[1] Unter den Begriff Finanzintermediär fallen entsprechend eine ganze Reihe von Institutionen, wie etwa Banken, Versicherungen, Risikokapitalgesellschaften und Investmentfonds. Wir beschränken uns im Folgenden auf Banken, wobei wir als konstituierendes Merkmal einer Bank einerseits die Finanzierung über Einlagen, andererseits die Vergabe von Krediten verstehen.[2]

Ziel von Teil I dieser Arbeit ist die Analyse der ökonomischen Rechtfertigungsgründe für eine Einlagensicherung. Im Kern geht es also zunächst darum, eine Form von Marktversagen bei Banken zu identifizieren und dann

[1]Vgl. Greenbaum/Thakor (1995), S. 49.

[2]Vgl. Freixas/Rochet (1997), S. 1.

einen potenziell wohlfahrtssteigernden Regulierungseingriff in Form einer Einlagensicherung abzuleiten.[3]

Dabei sollen die analysierten Modelle zunächst die Existenz von Banken erklären. Dies folgt daraus, dass unter der Annahme eines vollkommenen Kapitalmarkts - d. h. eines Kapitalmarkts, auf dem der Preis für Zahlungsansprüche für alle Marktteilnehmer gegebenen ist und auf dem Zahlungsansprüche für alle zukünftigen Zeitpunkte und alle möglichen Umweltzustände gehandelt werden - Banken oder generell Finanzintermediäre redundant bzw. funktionslos sind. Kapitalgeber und -nehmer treten hier ohne Transaktionskosten in Kontakt, beliebige Summen können über beliebige Zeiträume hinweg angelegt und finanziert werden, die geschlossenen Verträge sind vollständig spezifiziert und ohne Kosten durchsetzbar etc.[4] Ist aber das Auftreten von Banken nicht modellendogen erklärt, bleibt die Ableitung eines Marktversagens und ein darauf aufbauender Regulierungseingriff ohne Fundament, da dasselbe Modell im Grunde besagt, dass überhaupt keine, in bestimmten Situationen versagende und einen Eingriff rechtfertigende Bank existiert.[5]

Obwohl diese Anforderung prinzipiell ausschlaggebend für das weitere Vorgehen ist, liegt auf der Hand, dass damit die Messlatte für geeignete Ansätze sehr hoch gelegt wird. Die Forderung impliziert letztlich ein Totalmodell, das die Existenz von Banken in ihrer Breite institutionenökonomisch begründet, das Versagen einer solchen Institution aus dem Verhalten der beteiligten Akteure ableitet und schließlich einen wohlfahrtserhöhenden Regulierungseingriff findet, der im Bereich des modellkonsistent Möglichen liegt. Zudem müsste ein solches Modell auch die negativen Folgen des Regulierungseingriffs berücksichtigen und diese mit dem nachgewiesenen Marktversagen abwägen. Die existierenden Ansätze können dies - auf weniger oder mehr ausgeprägtem Niveau - nicht leisten. Dies gilt insbesondere, wenn wir in Teil II der Arbeit, aufbauend auf den in Kapitel 5 ausgemachten negativen Folgen der Einlagensicherung, flankierende Maßnahmen diskutieren. Dort wird sich die Analyse häufig auf die Frage beschränken, ob diese Maßnahmen den negativen Folgen einer modellendogen nicht begründeten, als gegeben betrachteten Einlagensicherung entgegen wirken können.Eine Ant-

[3]Der Begriff Marktversagen sollte angesichts der Analyse der Institution Bank hier wohl eher in Institutionenversagen umgemünzt werden. Aufgrund der weiten Verbreitung des Begriffs verwenden wir ihn dennoch.

[4]Vgl. etwa Freixas/Rochet (1997), S. 8ff.

[5]Vgl. Dowd (1992) für diese grundlegende Anforderung an die Modellierung von Regulierungseingriffen. Dowd führt zu Modellen, die dieser Forderung nicht genügen, aus: „[These models] are unconvincing ... [because they] also have alternative, unintermediated outcomes which match the optimal intermediated ones, with or without government intervention. Even if the intervention improved on the intermediated laissez-faire outcome, one still needs to be sure that it improves on the unintermediated one as well, and this criterion ensures that we only deal with cases, where it does.“ Ebenda, Fußnote 2.

wort, ob unter diesen Bedingungen die Einlagensicherung überhaupt sinnvoll ist, ist nicht Bestandteil dieser Ansätze.[6]

2.2 Ansätze zur Existenzerklärung von Banken - Ein Überblick

Dieser Abschnitt gibt einen Überblick über die verschiedenen Ansätze zur Existenzerklärung von Banken.[7]

2.2.1 Transformationsfunktion und Schaffung eines Zahlungssystems

Grundlegende Idee dieses Erklärungsansatzes ist, dass Banken die vom eigentlichen Investor emittierten Finanzkontrakte in Finanzkontrakte transformieren, die den Wünschen des Kapitalgebers entsprechen.[8] Aufgrund von Transaktionskosten ist es beispielsweise günstiger, wenn die Bank als Kapitalsammelstelle auftritt und die relativ kleinen Beträge der einzelnen Sparer zusammenführt und gesammelt als Kredit weitergibt. Auch die Zerlegung von Zahlungsströmen zählt zu diesem Erklärungsansatz: Die Bank zerlegt den aus einer Kreditvergabe zurückfließenden Zahlungsstrom in einen Festbetragsanspruch, der dem Einleger in Form von Zinsen und der Rückzahlung der Einlage zufließt, und einen Residualanspruch, der den Eigenkapitalgebern der Bank als Dividende zufließt.[9] Schließlich kann die Bank die Fristigkeit von Finanzkontrakten an die Wünsche von Kapitalnehmern und Kapitalgebern anpassen, d. h. längerlaufende Kredite zumindest teilweise mit Einlagen kürzerer Fristigkeit finanzieren. Die Bank sieht sich dann angesichts der überwiegenden Illiquidität ihrer Kredite natürlich einem Risiko gegenüber, wenn sie aufgrund eines überdurchschnittlichen Einlagenabzugs in einen Liquiditätsengpass kommt oder neue Einlagen nur zu höheren

[6] Ob allerdings das Streben nach einem umfassenden Modell in diesem Kontext überhaupt realistisch ist, wird unseres Erachtens zu Recht angezweifelt: „Die modellendogene Behandlung von ‚Fundamentalfragen‘ wie jener nach der Existenz der Finanzintermediation muss schließlich fast zwangsläufig durch stärkere Vereinfachungen in anderen Modellbereichen erkauft werden. So erscheinen die Finanzintermediäre in [formalen] Modellen in der Regel in ziemlich abgemagerter, ja manchmal fast skeletthafter Form. ... Der Versuch, alles zu endogenisieren, entspricht einer fundamentalistischen Sichtweise, welche zwar verständlich erscheinen mag, aber letztlich undurchführbar bleiben muss.“ Baltensperger (1996), S. 272.

[7] Die Darstellung stützt sich vornehmlich auf Baltensperger (1996) und Hartmann-Wendels/Pfingsten/Weber (2004).

[8] Vgl. Gurley/Shaw (1960). Hellwig (1998a) spricht von der Umverpackung („repackaging“) von Zahlungsströmen, vgl. ebenda, S. 331.

[9] Reicht der Zahlungsstrom nicht zur Befriedigung des Festbetragsanspruchs aus, wird die Bank insolvent und dem Einleger steht als Insolvenzmasse der gesamte Zahlungsstrom zu.

Zinsversprechen anziehen kann. Die Bankbetriebslehre bezeichnet diese drei Tätigkeiten auch als Losgrößen-, Risiko- und Fristentransformation.[10]

Neben der Tranformationsfunktion übernehmen Banken auch die wichtige Funktion, Vermögenstransfers zwischen ökonomischen Agenten zu ermöglichen. Hierfür ist der Aufbau eines Zahlungssystems notwendig, in dem die Banken Transfers durch Gutschriften und Belastungen auf den Konten der Agenten vornehmen.[11]

2.2.2 Delegierte Überwachung von Kreditnehmern

Der auf Diamond (1984) zurückgehende Ansatz erklärt die Existenz von Banken durch Skalenerträge bei der Überwachung von Kreditnehmern. Er gilt als Schlüsselmodell zur formalen Existenzerklärung von Banken durch ihr Aktivgeschäft, d. h. insbesondere ihre Kreditvergabe.

Der Ansatz setzt an der grundlegenden Informationsasymmetrie zwischen Kapitalgebern und Kapitalnehmern an. Er unterstellt, dass die Kapitalgeber den Erfolg des finanzierten Projekts nicht beobachten können. Zudem erfordert jedes Investitionsprojekt die Mitwirkung mehrerer Kapitalgeber. Eine Konditionierung der Rückzahlung an die Kapitalgeber auf den tatsächlichen Projekterfolg ist hier nicht möglich, da der Kapitalnehmer den Anreiz besitzt, einen möglichst geringen Projekterfolg vorzugeben, um seinen Anteil zu erhöhen. Um dennoch die prinzipiell lohnenswerte Investition umzusetzen, kann auf dieses Problem entweder mit kostspieligen Verifizierungsmaßnahmen oder mit der anreizkompatiblen Kombination des Rückzahlungsversprechens mit einer Straffunktion reagiert werden.

Im ersten Fall kann jeder Kapitalgeber unter Inkaufnahme von Überwachungskosten den Projektertrag beobachten, d. h. die Informationsasymmetrie kann aufgehoben werden.[12] Allerdings steigen die Gesamtkosten der Überwachung mit der Anzahl der Kapitalgeber, weil sich jeder Kapitalgeber selbst von der Realisation des Projekterfolgs überzeugen muss. Im zweiten Fall sorgt die anreizkompatible Kombination von Rückzahlungsversprechen und Strafe dafür, dass der Kapitalnehmer den Projekterfolg wahrheitsgemäß offenbart. Das Rückzahlungsversprechen nimmt dabei die Gestalt eines traditionellen Kreditvertrags an, d. h. es existiert ein fixer vereinbarter Rückzahlungsbetrag, der die vergebene Kreditsumme und die darauf fälligen Zinsen umfasst. Unterschreitet die tatsächliche Rückzahlung diesen Betrag, wird eine in der Unterschreitung zunehmende, nicht-monetäre Strafe fällig.[13] Aufgrund dieser Strafe wird der Kapitalnehmer die Insolvenz ver-

[10] Vgl. Hartmann-Wendels/Pfingsten/Weber (2004), S. 13ff.

[11] Für einen Vertreter dieser Sichtweise vgl. Fama (1980).

[12] Aufgrund der angenommenen Alternativanlagemöglichkeit der Kapitalgeber müssen die Kapitalnehmer diese Kosten in Form höherer Rückzahlungsversprechen an die Kapitalgeber selbst tragen.

[13] Diamond (1984) interpretiert diese Strafe als Reputationsverlust im Insolvenzfall. Diamond (1996) verwendet alternativ die kostspielige, d. h. Ressourcen verzehrende Liquida-

meiden und die vereinbarte Rückzahlung leisten, soweit dies der tatsächliche Projekterfolg zulässt. Auch dieser Mechanismus verursacht Kosten, da die für die Anreizkompatibilität notwendigen Strafen aufgrund des unsicheren Projektertrags mit positiver Wahrscheinlichkeit auftreten. Die Entscheidung zwischen Überwachung und Vertragsgestaltung hängt damit vom Vergleich der Gesamtkosten der Überwachung mit den Kosten des anreizkompatiblen Schuldvertrags ab.

In dieser Situation kann die Einschaltung einer Bank als Finanzintermediär zwischen Kapitalgebern und Kapitalnehmern zu einer Kostenersparnis führen. Offenkundig ist zunächst, dass die Bank als beauftragter Kontrolleur - deshalb der Begriff der „delegierten Überwachung" - Überwachungskosten einsparen kann: Bei zentralisierter Überwachung des Kapitalnehmers fallen diese nur noch einmal an.[14] Unberücksichtigt bleibt bei dieser Argumentation allerdings, dass die Kapitalgeber sich nun gegenüber der Bank in der gleichen Situation wie vorher gegenüber dem Kreditnehmer befinden. Sie müssen entweder die Bank überwachen oder mit ihr einen anreizkompatiblen Schuldvertrag abschließen. Unter Berücksichtigung der Kosten dieser Maßnahmen kann eine delegierte Überwachung keine Verbesserung darstellen, solange die Bank nur einen Kapitalnehmer finanziert.[15]

Maßgeblich für eine tatsächliche Einsparung von Kosten durch die Existenz einer Bank ist nun die Erkenntnis, dass eine Bank, die eine Vielzahl von Kapitalnehmern finanziert, Diversifikationseffekte realisieren kann. Der Ertrag, der der Bank aus einer Vielzahl von Projekten zufließt, weist üblicherweise ein geringeres Risiko auf als der eines einzelnen Projekts.[16] Entsprechend sinkt die Wahrscheinlichkeit, dass die Bank ihren Kapitalgebern den versprochenen Rückzahlungsbetrag nicht leisten kann und Strafen erleidet. Im Fall einer perfekten Diversifikation können diese Strafkosten sogar gänzlich vermieden werden. Es fallen dann pro Kapitalnehmer lediglich die

---

tion des Projekts durch den Kapitalgeber als Strafe. Die Straffunktion ist unabhängig von der Anzahl der Kapitalgeber und stellt nur auf die Abweichung der insgesamt geleisteten Rückzahlungen von den insgesamt gemachten Rückzahlungsversprechen ab.

[14]Da die erwarteten Kosten des anreizkompatiblen Schuldvertrags für den Kapitalnehmer unabhängig von der Anzahl der Kreditgeber sind, kann die stellvertretende Gestaltung eines solchen Vertrags durch die Bank keine Kosten einsparen, vgl. Hartmann-Wendels/Pfingsten/Weber (2004), S. 129.

[15]Im ersten Fall überwachen alle Kapitalgeber die Bank *und* diese wiederum den Kapitalnehmer. Im Fall eines anreizkompatiblen Schuldvertrags zwischen Bank und Kapitalgebern kommen zu den Vertragskosten die Kosten der Bank für die Überwachung des Kreditnehmers hinzu, vgl. Hartmann-Wendels/Pfingsten/Weber (2004), S. 124f.

[16]Diamond (1984) verwendet zur Veranschaulichung unabhängig verteilte Projekterträge. Geht die Anzahl der von der Bank finanzierten Projekte gegen unendlich, lässt sich die Wahrscheinlichkeit, dass die Bank ihre Auszahlungsversprechen an die Einleger nicht durch ihre Projektrückflüsse decken kann, beliebig nah null annähern. Für eine Verringerung der Delegationskosten durch die Finanzierung mehrerer Projekte ist es aber ausreichend, wenn diese nicht perfekt korreliert sind. Vgl. hierzu Diamond (1984), S. 400ff. und Haubrich (1998), S. 4f.

Kosten der einmaligen Überwachung durch die Bank an. Damit wird eine institutionelle Lösung, in der die Bank als beauftragter Kontrolleur eine Vielzahl von Kapitalnehmern direkt überwacht und die Kapitalgeber mit der Bank anreizkompatible Schuldveträge schließen, sich immer dann durchsetzen, wenn die einmaligen Überwachungskosten geringer sind als die Kosten des anreizkompatiblen Schuldvertrags bei direkter Finanzierung zwischen Kapitalgebern und Kapitalnehmer.[17]

2.2.3 Liquiditätsversicherung

Die von Diamond/Dybvig (1983) eingeführte Funktion von Banken als so genannter Liquiditätsversicherung („liquidity insurance") baut auf der Besonderheit der Einlage als Finanzierungsinstrument von Banken auf. Der Erklärungsansatz setzt also an der Passivseite der Bankbilanz an.

Konkret werden Anleger betrachtet, die sich in einer Situation der Unsicherheit über zukünftige Konsumbedürfnisse befinden.[18] So kann einerseits ein frühzeitiges Konsumbedürfnis entstehen, das die Kapitalgeber zwingt, ihre Anlage kurzfristig aufzulösen. Andererseits kann der Konsumwunsch auch erst relativ spät entstehen und somit eine längerfristige Anlage ermöglichen. Die intertemporale Produktionstechnik, in die die Anleger ihr Kapital einbringen können, impliziert jedoch im Fall einer frühzeitigen Liquidation Verluste. Im Vergleich zur direkten Anlage bevorzugen die risikoaversen Anleger einen Konsumplan, der einen Ausgleich zwischen frühem und spätem Konsum vorsieht, d. h. eine Anlage, bei der der frühe Konsum oberhalb des Liquidationswerts der Direktanlage und der späte Konsum unterhalb des Langfristertrags der Direktanlage liegt.

In dieser Situation tritt nun als Liquiditätsversicherer eine Bank auf. Sie „poolt" die Mittel vieler Anleger und investiert diese in die gegebene Produktionstechnik. Im Gegenzug bietet die Bank den Anlegern im Rahmen eines Einlagenvertrags die Möglichkeit, frühzeitig einen gewissen Betrag abzuziehen. Die verbleibenden Mittel stehen den später abziehenden Einlegern zur Verfügung. Aufgrund der großen Zahl von Anlegern sieht sich die Bank keiner Unsicherheit hinsichtlich der aggregierten frühen und späten Auszahlungswünsche gegenüber. Sie kann den frühen und den späten Betrag, den der Einlagenvertrag verspricht, gerade gleich den individuell optimalen Auszahlungen setzen, ohne ihre Ressourcenbeschränkung zu verletzen. Die Bank transformiert also die von der intertemporalen Produktionstechnik vorgegebenen laufzeitabhängigen Rückzahlungsströme in einen Finanzkontrakt, der den Wünschen der Anleger entspricht.

[17] Vgl. Hartmann-Wendels/Pfingsten/Weber (2004), S. 127f.

[18] Wir halten die Darstellung des Ansatzes an dieser Stelle bewusst kurz, da wir ihn und verwandte Modelle in den folgenden Kapiteln, die sich mit Regulierungsimplikationen beschäftigen, ausführlich analysieren.

2.2.4 Kombination von Einlagen- und Kreditgeschäft

In jüngerer Zeit werden Banken als Institution auch in ihrer Kombination von Einlagen- und Kreditgeschäft erklärt.[19] Stellvertretend erläutern wir den Ansatz von Diamond/Rajan (2001).

Auch er setzt - ähnlich wie Diamond (1984) - an der grundlegenden Beziehung zwischen Kapitalgeber und -nehmer an. Der Kapitalnehmer kann nach dem Erhalt der Mittel drohen, seine Mitarbeit an dem Investitionsprojekt zu unterbrechen. Da er annahmegemäß über spezielle Fähigkeiten verfügt, ohne die das Projekt nicht erfolgreich vollendet werden kann, unterliegt jeder ex ante unterzeichnete Finanzierungsvertrag einem Glaubwürdigkeitsproblem: Nach Erhalt der Mittel kann der Kapitalnehmer in Nachverhandlungen treten und dem Kapitalgeber eine Verringerung des zunächst vereinbarten Rückzahlungsbetrags abverlangen. In diesem Sinne sind die Investitionsprojekte illiquide: „They cannot be sold or borrowed against for the full value they generate because of [the entrepreneur's] limited ability to commit."[20]

Die Fähigkeit des Kapitalnehmers, ex post eine Verringerung des Rückzahlungsbetrags durchzusetzen, hängt freilich von der Fähigkeit des Kapitalgebers ab, das Projekt selbst erfolgreich zu Ende zu führen. Es wird nun angenommen, dass bestimmte Kapitalgeber im Prozess der Mittelvergabe genauere Kenntnis über das Investitionsprojekt bzw. die Geschäftsidee des Kapitalnehmers erlangen können. Diese Kapitalgeber werden auch als „relationship lender" bezeichnet. Sie zeichnen sich dadurch aus, dass sie das finanzierte Projekt auch selbst weiterführen können oder zumindest mit einem relativ hohen Erlös liquidieren können. Anders ausgedrückt kann ein „relationship lender" die zweitbeste Verwendung der im Projekt gebundenen Mittel besser als jeder andere Kapitalgeber einschätzen. Diese Fähigkeit entschärft nun die Folgen des gerade angedeuteten Glaubwürdigkeitsproblems des Kapitalnehmers. Er kann glaubwürdig zumindest eine Rückzahlung in Höhe des vom „relationship lender" alternativ erreichbaren Betrags versprechen, da sich jener auch in eventuellen Nachverhandlungen nicht unter diesen Wert drücken lassen wird.[21]

Üblicherweise werden solche „relationship lender" als Banken interpretiert. Die Überlegung kann also als weitere Existenzerklärung von Banken durch die Besonderheit des Kreditgeschäfts angesehen werden.[22] Diamond/Rajan (2001) führen nun ein weiteres Element ein, das diese Situation beeinflusst und letztlich die Existenz eines simultan betriebenen Einlagengeschäfts motiviert. Sie nehmen dafür an, dass der „relationship lender"

---

[19] Vgl. Qi (1998) und Diamond/Rajan (2000), (2001).

[20] Diamond/Rajan (2001), S. 288.

[21] Diamond/Rajan (2001) nehmen vereinfachend an, dass alle Verhandlungsmacht beim Entrepreneur liegt. Er kann in eventuellen Nachverhandlungen glaubwürdig drohen, tatsächlich seine Mitarbeit an dem Projekt einzustellen, vgl. ebenda, S. 291.

[22] Vgl. Rajan (1992).

einem zwischenzeitlichen Liquiditätsschock ausgesetzt sein kann. Dieser Liquiditätsschock kann entweder als plötzlich auftretendes Konsumbedürfnis oder als unverhofft auftretende neue Investitionschance interpretiert werden. Der „relationship lender" steht allerdings vor einem ähnlichen Problem wie der Kapitalnehmer: Er kann seinen Anspruch auf den ihm aus dem Projekt zufließenden Zahlungsstrom nicht zum tatsächlichen Wert an einen neuen Projektfinancier verkaufen oder beleihen.

Ursache hierfür ist, dass sich nun der „relationship lender" nicht glaubwürdig verpflichten kann, seine Fähigkeiten zur zweitbesten Verwendung der im Projekt gebundenen Mittel für den neuen Kapitalgeber einzusetzen, wenn dieser vom Kapitalnehmer in Nachverhandlungen gezwungen wird.[23] Damit steht der neue Projektfinancier einer Nachverhandlung durch den Kapitalnehmer hilflos gegenüber. Er kennt nur eine schlechtere als die zweitbeste Verwendung für die im Projekt gebundenen Mittel und muss deshalb mit einem geringeren Rückzahlungsbetrag rechnen als der „relationship lender". Dies vorausahnend wird ein Käufer dem „relationship lender" seinen Anspruch nur zu einem entsprechend verringerten Betrag abkaufen. Dies hat wiederum Auswirkungen auf die Bereitschaft des „relationship lender", dem Entrepreneur bei der Erstfinanzierung Kapital zur Verfügung zu stellen.

Die Verbindung zur Einlagenfinanzierung gelingt nun durch die Annahme, dass der „relationship lender" (im Folgenden als Bank bezeichnet) sich durch eine solche Finanzierungsform glaubwürdig verpflichten kann, seine Fähigkeiten für die neuen Kapitalgeber - in der Bankinterpretation: die Einleger - einzusetzen.[24] Grundidee dabei ist, dass die Kleinteiligkeit der einzelnen Ansprüche in Verbindung mit der Kündbarkeit der Einlagen und der sequenziellen Bedienung der Abzugswünsche eine erfolgreiche Nachverhandlung durch die Bank unmöglich machen. Macht die Bank der Einlegerschaft ein Nachverhandlungsangebot, hat jeder einzelne Einleger aufgrund des einseitig kündbaren Einlagenvertrags die Möglichkeit, sofort auf Erfüllung des vollständigen Zahlungsversprechens zu bestehen. Die Bank muss einen Teil

[23]Exakter formuliert wird der „relationship lender" vom neuen Projektfinancier eine so hohe Entlohnung für den Einsatz seiner Fähigkeiten verlangen, dass der neue Kapitalgeber indifferent zwischen der eigenen und der delegierten Verhandlungsführung ist. Für die ausführliche Argumentationskette vgl. Diamond/Rajan (2001), S. 303. Hat der neue Projektfinancier die gesamte Verhandlungsmacht, taucht diese Problem dagegen nicht auf. Die Situation entspricht einer Welt, in der sich der „relationship lender" verpflichten kann, seine Fähigkeiten für den neuen Kapitalgeber einzusetzen. Er kann entsprechend seinen Anspruch zum tatsächlichen Wert verkaufen, vgl. Diamond/Rajan (2001), Fußnote 6. Solange der „relationship lender" aber zumindest über etwas Verhandlungsmacht gegenüber dem neuen Projektfinancier verfügt, kann er seinen Anspruch weiterhin nicht zum tatsächlichen Wert verkaufen.

[24]In einer Erweiterung ihrer Argumentation zeigen Diamond/Rajan (2001), dass der „relationship lender" bereits bei der Erstfinanzierung des Projekts als einlagenfinanzierte Bank interpretiert werden kann. Die neuen Projektfinanciers stellen dann neue Einleger dar, die ihre Einlagen nach einem Abzug anderer Einleger in die Bank einbringen, vgl. ebenda, S. 315.

des Projekts verkaufen, um diese Ansprüche zu befriedigen. Sie macht dabei entsprechend obiger Argumentation einen Verlust, da der Käufer nicht über ihre Fähigkeiten zur zweitbesten Verwertung verfügt. Aufgrund der sequenziellen Bedienung („first-come, first-served") der Abzugswünsche erhält jeder Einleger den zugesagten Betrag, solange dies unter Berücksichtigung der gerade angesprochenen Liquidationsverluste möglich ist. Die anderen Einleger gehen leer aus.

Bei dieser Konstellation führt jedes Nachverhandlungsangebot der Bank, das für die Einleger einen Verlust impliziert, zu einem vollständigen Abzugsversuch der Einlegerschaft.[25] Die Bank wird so gezwungen, ihre gesamten Ansprüche an dem Projekt zu verkaufen und hat keine Möglichkeit, aus ihren spezifischen Fähigkeiten als „relationship lender" einen Vorteil zu ziehen. Sie wird deshalb bereits auf die Abgabe eines Angebots zur Nachverhandlung verzichten.[26]

2.3 Zusammenfassung und Bedeutung für die verfolgte Fragestellung

Die Komplexität der dargestellten Erklärungen für die Existenz von Banken lässt eine kurze Zusammenfassung der Ansätze sinnvoll erscheinen. Zugleich erörtern wir die Bedeutung der Ansätze für unsere regulatorische Fragestellung. Abbildung 2.1 verdeutlicht die Ansatzpunkte der unterschiedlichen Erklärungsansätze an einer schematisierten Bankbilanz.

Die allgemeine Erklärung von Banken durch Übernahme von Transformationsfunktionen und Schaffung eines Zahlungssystems umfasst prinzipiell sowohl Aktiv- als auch Passivgeschäfte der Bank. Sie gibt jedoch keinen Aufschluss über die spezifische institutionelle Ausgestaltung von Finanzintermediären (Banken, Investmentfonds, Versicherungen etc.). Entsprechend liefert diese Erklärung auch keine Erkenntnisse für die spezifische Regulierung von Banken.[27]

---

[25] Der Abzugsversuch stellt für den individuellen Einleger eine dominante Strategie dar: Solange, gegeben die Abzugswünsche der anderen Einleger, noch ausreichende Ressourcen der Bank für einen Abzug vorhanden sind, kann der betrachtete Einleger seinen Anspruch durch einen Abzugsversuch vollständig durchsetzen. Reichen die Ressourcen der Bank, gegeben die Abzugswünsche der anderen Einleger, nicht aus, besitzt der Einleger wenigstens die Chance, einen vorderen Schalterplatz zu bekommen und so nicht leer auszugehen. Akzeptiert er dagegen das Angebot und wartet ab, kann er in der ersten Situation (bestenfalls) das niedrigere Angebot der Bank realisieren. Im zweiten Fall realisiert er durch ein Abwarten eine Auszahlung von null, da die Bank nach dem Abzug der anderen Anleger über keinerlei Mittel mehr verfügt. Für den formalen Nachweis vgl. Diamond/Rajan (2001), S. 309ff. Zur grundlegenden Mechanik der sequenziellen Bedienung von Abzugswünschen vgl. auch die ausführliche Diskussion im folgenden Kapitel 3.

[26] Die Idee, dass die Drohung eines massenhaften Abzugs von Einlagen Bestandteil einer effizienten institutionellen Regelung sein kann, wird uns in Abschnitt 4.2 wieder begegnen.

[27] Vgl. Baltensperger (1996), S. 284.

Abbildung 2.1: Bankbilanz und Existenzerklärungsansätze für Banken

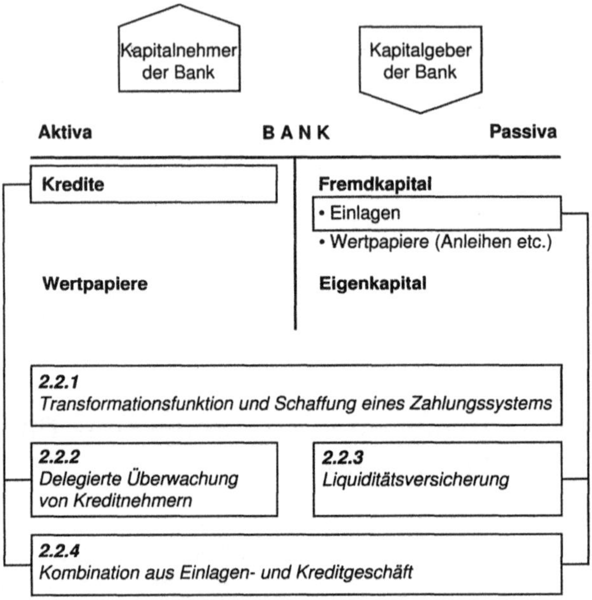

Quelle: Eigene Darstellung.

Der Ansatz von Diamond (1984) zur delegierten Überwachung von Kreditnehmern setzt auf der Aktivseite der Bankbilanz an. Er betont die Bedeutung von Banken in der Überwachung von Kapitalnehmern sowie die Notwendigkeit einer weitgehenden Diversifizierung innerhalb der Bank, um sich günstig über Einlagen refinanzieren zu können.[28] Zwar diskutiert Diamond (1996) die Bedeutung des Ansatzes für Regulierungsfragen. Das Modell selbst liefert jedoch keine endogene Begründung für einen Regulierungseingriff.

Die auf einer Liquiditätsversicherung von Anlegern aufbauende Erklärung von Diamond/Dybvig (1983) bezieht sich auf die Passivseite der Bank. Der Ansatz erklärt den Charakter von Einlagen als kündbaren Finanzkontrakten. Er gibt zudem die in der älteren Bankbetriebslehre beschriebene Bodensatztheorie wieder, wonach ein Teil der kurzfristig kündbaren Einlagen üblicherweise für längerfristige Anlagen zur Verfügung steht.[29] Auch wenn

[28]Für eine Diskussion des Ansatzes zur Erklärung realer Banken vgl. Baltensperger (1996), S. 276f. Für einen Überblick weiterer Modelle zur Überwachung von Kreditnehmern durch Banken vgl. Hartmann-Wendels/Pfingsten/Weber (2004), S. 129ff.

[29]Vgl. Hartmann-Wendels/Pfingsten/Weber (2004), S. 418, die auf Wagner (1857) verweisen.

wir bei diesem Überblick auf eine Darstellung der Regulierungsimplikationen von Diamond/Dybvig (1983) verzichtet haben, weil diese für das Verständnis ihres Beitrags zur Existenzerklärung von Banken nicht notwendig war, gilt der Ansatz als theoretisches Schlüsselmodell zur ökonomischen Rechtfertigung einer Einlagensicherung.[30] Wir widmen uns ihm deshalb ausführlich in Kapitel 3.

Der Ansatz von Diamond/Rajan (2001) schließlich umfasst beide Seiten der Bankbilanz. Er erklärt Banken durch eine Kombination von „relationship lending" im Kreditgeschäft mit der Finanzierung durch kündbare Einlagen. Darüber hinaus weist er auf die disziplinierende Wirkung dieser Finanzierungsform hin. Diamond/Rajan (2001) diskutieren zwar die Auswirkungen einer Einlagensicherung, aber auch in diesem Modell gibt es keine endogene Begründung für eine solche Institution.[31]

Box - Wichtige Ergebnisse und weiterführende Argumente Kapitel 2

- Theorie der Finanzintermediation und Theorie der Bankenregulierung stehen in einem engen Zusammenhang.
- Prinzipiell sollten Existenz und Regulierungserfordernis von Banken simultan begründet werden. Diese Anforderung können die vorhandenen Modelle nur mit Einschränkungen erfüllen.
- Es existieren verschiedene Ansätze zur Existenzerklärung von Banken, die an der Aktiv- und/oder Passivseite der Bankbilanz, d.h. dem Kredit- und/oder Einlagengeschäft, anknüpfen.
- Für modellendogen abgeleitete Regulierungseingriffe sind insbesondere Modelle mit einlagenfinanzierten Banken bedeutsam.

weisen.

[30]Vgl. die im folgenden Kapitel 3 einleitend angeführten Quellen.

[31]Diamond/Rajan (2000) analysieren die Bedeutung von Eigenkapital in einer stochastischen Variante von Diamond/Rajan (2001). Sie diskutieren u.a. die Implikationen für regulatorische Eigenkapitalnormen, geben aber ebenfalls keine modellendogene Begründung für eine solche Regulierung. Auch Qi (1998) erörtert regulatorische Implikationen seines Modells, ohne dass diese formal integriert werden.

Kapitel 3

Bank Runs und Einlagensicherung - Ein grundlegendes Modell

Das Kapitel befasst sich mit dem grundlegenden Modell von Diamond/Dybvig (1983). Der Ansatz hat einer ganzen Generation von nachfolgenden Veröffentlichungen einen Modellrahmen gegeben und gilt als Schlüsselpapier zum Verständnis von möglichen Marktversagensformen bei Banken.[1] Er zeichnet sich durch die simultane Modellierung einer Existenzerklärung von Banken, der Gefahr eines Marktversagens und eines im Modellrahmen wohlfahrtsteigernden Regulierungseingriffs aus.

Die Abschnitte 3.1 und 3.2 widmen sich der Darstellung des Modells. Abschnitt 3.3 würdigt das Modell und motiviert den weiteren Gang unserer Untersuchung.

3.1 Finanzintermediation bei deterministischer aggregierter Liquiditätspräferenz

Aus Expositionsgründen betrachten wir zunächst das Grundmodell mit einer deterministischen aggregierten Liquiditätspräferenz, ehe wir auf den ebenfalls analysierten stochastischen Fall eingehen.

3.1.1 Modellstruktur

Die zeitliche Struktur des Modells umfasst die drei Zeitpunkte $T = 0, 1, 2$. In $T = 0$ besteht für jedes Individuum die Möglichkeit, ein homogenes und unverderbliches Gut in den Produktionsprozess der Volkswirtschaft einzu-

[1] Vgl. etwa Bhattacharya/Boot/Thakor (1998), S. 745ff., Freixas/Rochet (1997), S. 15ff., Baltensperger (1996), S. 277ff., Dowd (1992), S. 108.

bringen. Wird die Produktion bis in $T = 2$ fortgesetzt, bringt jede investierte Einheit den Output $R > 1$; wird die Produktion dagegen in $T = 1$ abgebrochen, erhält man gerade die investierte Einheit zurück. Ein solcher Produktionsprozess ist durch einen gewissen Grad an Irreversibilität oder Illiquidität der Investition charakterisiert, da aufgrund von Liquidationskosten der Bruttoertrag geringer ist als der implizite Ein-Perioden-Bruttoertrag $\sqrt{R}$.[2] Daneben besteht eine Aufbewahrungsmöglichkeit für Gütereinheiten.[3]

Die Individuen, die in $T = 0$ jeweils über eine Einheit des Guts verfügen, sind sich zunächst über ihre Nutzenfunktion im Unklaren. Erst in $T = 1$ erhalten sie ein privates, d. h. nicht von außen verifizierbares Signal, ob sie Typ-1- oder Typ-2-Individuen sind, die nur Nutzen aus Konsum im Zeitpunkt 1 bzw. nur (diskontierten) Nutzen aus Konsum im Zeitpunkt 2 ziehen.[4] Die Wahrscheinlichkeit für ein Typ-1-Signal - also die Wahrscheinlichkeit eines frühen Konsumwunsches - ist für alle Individuen durch t, die Wahrscheinlichkeit eines Typ-2-Signals durch die entsprechende Gegenwahrscheinlichkeit $(1 - t)$ gegeben. Die für beide Typen ansonsten identische Nutzenfunktion verläuft strikt konkav im Konsum; das Maß der relativen Risikoaversion ist stets größer eins. Die jeweilige Nutzenfunktion in Abhängigkeit von Typ $i = 1, 2$ ist entsprechend durch

$$u_i = \begin{cases} u(c_1) & \text{für} \quad i = 1 \\ \rho u(c_2) & \text{für} \quad i = 2 \end{cases} \tag{3.1}$$

gegeben, wobei c_T den Konsum des betrachteten Individuums in $T = 1, 2$ und ρ die Zeitpräferenzrate bezeichnet. Für sie gilt $1 \geq \rho > 1/R$.

Weniger formal ausgedrückt besagt Gleichung (3.1), dass die Individuen sich im Moment der Anlage ihrer Anfangsausstattung hinsichtlich ihrer späteren Liquiditätspräferenz in einer Situation der Unsicherheit befinden: Unter Umständen müssen sie ihre langfristig angelegte Investition liquidieren, um Konsum bereits in $T = 1$ zu finanzieren. Zählen sie hingegen zum Typ 2, können sie ihren zwischenzeitlich auf R gewachsenen Anlagebetrag in $T = 2$ konsumieren. Eine solche Situation ist z. B. durch zufällig auftretende Konsumbedürfnisse zu erklären.

Damit stehen die Individuen ex ante, d. h. in $T = 0$, vor der Aufgabe, ihren durch $tu(c_1)+(1-t)\rho u(c_2)$ gegebenen Erwartungsnutzen unter Berück-

[2]Analog könnte man den Abschlag auch aufgrund der Transaktionskosten einer Liquidierung begründen. Vgl. hierzu von Thadden (2002), S. 3. Für die hier nicht weiter verfolgte Differenzierung der Begriffe Irreversibilität und Illiquidität, vgl. von Thadden (1999).

[3]Zwischen $T = 0$ und $T = 1$ wird diese jedoch nie genutzt, da die langfristige Produktionstechnik mindestens die gleichen Auszahlungen ermöglicht.

[4]Die durch eine solche Nutzenfunktion abgebildeten Präferenzen werden auch als Eckpräferenzen bezeichnet. Vgl. etwa Jacklin (1987), Jacklin/Bhattacharya (1988) und Haubrich/King (1990) für allgemeinere, so genannte geglättete Nutzenspezifikationen, in denen Eckpräferenzen als Spezialfall enthalten sind. Die Hauptschlussfolgerungen bleiben von der Modellierung unberührt, vgl. Dowd (1992), Fußnoten 5 und 11.

sichtigung ihrer intertemporalen Budgetrestriktion zu maximieren. Offen ist bisher aber die Frage, welche Aufteilung optimal ist und in welchem institutionellen Umfeld diese erreichbar ist.

Der optimale Konsumplan ist folgendermaßen charakterisiert:

$$u'(c_1^{1^*}) = \rho R u'(c_2^{2^*}), \tag{3.2}$$

wobei $c_T^{i^*}$ den optimalen Konsum von Individuen des Typs i im Zeitpunkt T bezeichnet, und zugleich

$$tc_1^{1^*} + [(1-t)c_2^{2^*}/R] = 1.^5 \tag{3.3}$$

Gleichung (3.2) besagt, dass der Grenznutzen aus Konsum in $T = 1$ gleich dem Grenznutzen in $T = 2$ unter Berücksichtigung des Diskonts durch die Zeitpräferenzrate sowie die Verzinsung der eingesetzten Einheit des Gutes sein muss. Gleichung (3.3) stellt die Ressourcenbeschränkung dar: Auf Ebene der Gesamtwirtschaft wird im Durchschnitt von jeder in $T = 0$ investierten Einheit der Teil $tc_1^{1^*}$ bereits in $T = 1$, der (diskontierte) Teil $(1-t)c_2^{2^*}$ in $T = 2$ konsumiert.[6]

Die Annahmen bezüglich des Verhältnisses von Zeitpräferenzrate und Bruttoertrag sowie der gewählten Nutzenfunktion implizieren nun, dass $c_1^{1^*} > 1$ und $c_2^{2^*} < R$. Die optimalen Konsummengen weichen damit vom Autarkie-Zustand ab, in dem jedes Individuum auf sich allein gestellt je nach Typ entweder eine Gütereinheit im Zeitpunkt 1 oder R Gütereinheiten im Zeitpunkt 2 konsumiert. Wie angesichts der Annahme der Risikoaversion nicht weiter überraschend, bevorzugen die Individuen also ex ante einen Transfer zwischen den beiden Typzuständen und zwar vom späten Konsum hin zum frühen. Man spricht deshalb auch vom Streben nach einer Liquiditätsversicherung.[7] Entsprechend stellt sich die Frage, ob ein marktlich organisierter Austausch von Konsumansprüchen das Autarkie-Ergebnis verbessern oder gar den optimalen Konsumplan verwirklichen kann.

---

[5]Daneben gilt für den optimalen Konsumplan noch die - angesichts der Modellierung der Präferenzen und intertemporalen Produktionstechnik nicht weiter überraschende - Bedingung, dass in $T = 1$ nur Typ-1-Individuen und in $T = 2$ nur Typ-2-Individuen konsumieren, d. h. $c_1^{2^*} = 0$ und $c_2^{1^*} = 0$.

[6]Dabei wird von einer für die Anwendung des Gesetzes der großen Zahl hinreichenden Anzahl von Individuen ausgegangen. Gesamtwirtschaftlich, d. h. auf aggregierter Ebene besteht dann Sicherheit hinsichtlich des Anteils an frühen Konsumwünschen. Vgl. Abschnitt 3.2 für den stochastischen Fall.

[7]Vgl. Baltensperger (1996). Erst diese Konsumstruktur wirft ein Liquiditätsproblem auf - der optimale Konsum in $T = 1$ ist höher als das durch Liquidation der Anlage mögliche Konsumniveau. Für allgemeinere Modellspezifikationen ist dies nicht unbedingt der Fall, vgl. insbesondere von Thadden (2002), S. 3f. Im Folgenden ist unter Liquiditätsversicherung die Möglichkeit der Individuen zu verstehen, ihren von den real möglichen Rückflüssen verschiedenen intertemporalen Konsumplan zu verwirklichen.

3.1.2 Erstbeste Allokation durch Einlagenverträge

Wäre der Typ eines Individuums öffentlich beobachtbar und damit eine Konditionierung von Verträgen auf das Ergebnis der Typoffenbarung möglich, läge eine Welt vollkommener Kapital-/Versicherungsmärkte vor, in der es möglich ist, Zahlungsansprüche von diesem Ergebnis abhängig zu machen. Das Marktergebnis spiegelte dann den erstbesten Konsumplan mit Liquiditätsversicherung wider.[8] Da aber das private Signal, das jedes Individuum in $T = 1$ erhält, nicht von außen verifiziert werden kann, ist beispielsweise ein expliziter Versicherungsvertrag, der eine Auszahlung für den Typ 1 vorsieht, die gerade das optimale $c_1^{1^*} > 1$ ermöglicht, nicht anreizkompatibel: Auch Typ-2-Individuen hätten ein Interesse daran zu behaupten, dem Typ 1 anzugehören. Sie würden dann die Versicherungsleistung kassieren, diese aufbewahren und zusätzlich in $T = 2$ konsumieren.

Wie Diamond/Dybvig (1983) zeigen, entspricht das Marktergebnis beim kompetitiven Handel von *unbedingten* Konsumansprüchen, die in $T = 1$ gehandelt werden und einen Anspruch auf Lieferung von Gütereinheiten in $T = 2$ begründen, gerade dem Autarkie-Ergebnis. Zugleich aber weisen sie nach, dass stattdessen die Einführung einer Institution, die als das Angebot eines Depositenvertrags durch eine Bank interpretierbar ist, den erstbesten Konsumplan möglich macht.[9]

Ein Depositenvertrag besteht im vorliegenden Modell aus einem, auf den Zeitpunkt der Abhebung konditionierten Zahlungsversprechen pro in $T = 0$ eingezahlter Einheit.[10] Diese frühen Auszahlungsaufträge werden in der zufälligen Reihenfolge ihres Eintreffens in $T = 1$ bearbeitet. Dabei erfolgt eine Auszahlung in der vollen Höhe des versprochenen Betrags r_1, solange die Bank über liquidierbares Vermögen verfügt; andernfalls erhält der Anleger eine Auszahlung von null. Die Auszahlung im Zeitpunkt 1 hängt damit bildlich gesprochen vom Platz des Individuums in der Schalterschlange ab. Diese Eigenschaft wird auch als sequenzielle Abzugsregel („sequential service

[8] Zur Äquivalenz vollkommener Kapital-/Versicherungsmärkte mit einer Arrow-Debreu-Welt (und deren Pareto-Optimalität) mit zustandsbedingten Ansprüchen („state contingent claims") vgl. etwa Gravelle/Rees (1992), Chpt. 20-22.

[9] Für eine in unseren Augen nicht stichhaltige Kritik an der Interpretation des Vertrags als Einlagenvertrag vgl. Dowd (1992), S. 111f. Ähnlich in Bezug auf Dowds Kritik Burghof (1998), S. 57. Wird im Folgenden von Depositen bzw. Einlagen gesprochen, muss es sich nicht um eine exakte Entsprechung des Begriffs „Sichteinlage", also täglich abziehbarer Einlagen, handeln. Relevant für unsere Überlegungen ist eine im Vergleich zu den Aktiva rasche Auflösbarkeit der Einlagen verbunden mit der Erwartung der Einleger, bei drohender Insolvenz von einem frühzeitigen Abzugsversuch zu profitieren. Darüber hinaus modellieren einige der in Kapitel 4 vorgestellten Ansätze den von der Bank angebotenen Kontrakt als kombiniertes Produkt aus Spar- und Sichteinlage. Vgl. hierzu grundlegend Jacklin (1987).

[10] Da in den noch zu betrachtenden Gleichgewichtssituationen des Modells nur vollständige Abhebungen erfolgen, können wir uns im Weiteren auf deren Betrachtung beschränken.

constraint") bezeichnet. In $T = 2$ werden - soweit vorhanden - die restlichen Einlagen der Bank aufgelöst und zu gleichen Teilen an die verbliebenen Anleger ausgezahlt. Die als V_2 bezeichnete späte Auszahlung nimmt damit in Abhängigkeit von r_1 und dem als f bezeichneten *kumulierten* Anteil der frühen Abzüge an den Gesamteinlagen die folgende Form an:

$$V_2 = \max[R(1 - r_1 f)/(1 - f), 0].^{11} \tag{3.4}$$

Ein solcher Vertrag lässt schon bei erster Betrachtung ein Problem aufscheinen: Die realisierbaren späten Auszahlungen hängen vom Abzugsverhalten der Individuen im Zeitpunkt 1 ab. Unter Umständen wird in $T = 1$ soviel abgehoben, dass die in $T = 0$ für ein Halten der Einlagen bis zum Zeitpunkt 2 erwarteten Zahlungen nicht mehr möglich sind. Auf diesen Punkt werden wir in Kürze wieder zu sprechen kommen.

Zunächst aber folgen wir Diamond/Dybvig (1983), die nachweisen, dass ein Depositenvertrag, der als Zahlungsversprechen $c_1^{1^*}$ für ein frühes bzw. $c_2^{2^*}$ für ein spätes Abheben abgibt, sowohl der Ressourcenbeschränkung der betrachteten Ökonomie genügt als auch anreizkompatibel ist:[12] Verfügt die Bank über genügend Anleger, kann sie aufgrund des Gesetzes der großen Zahl die Summe der Abzüge in $T = 1$ hinreichend exakt vorhersagen, um die Ressourcenbeschränkung (3.3) für die Gesamtheit ihrer Kunden sicherzustellen. Daneben hat - im Gegensatz zum oben angesprochenen expliziten Versicherungsvertrag - kein Typ-2-Individuum einen Anreiz, frühzeitig abzuheben, da es sich dann seinen Anteil an der höheren Langfristverzinsung entgehen lassen würde ($c_2^{2^*} > c_1^{1^*}$). Typ-1-Individuen wiederum realisieren trotz des frühen Abzugs das ex ante optimale Konsumniveau in $T = 1$. Insgesamt ermöglicht der so ausgestattete Depositenvertrag also - trotz Informationsbeschränkung hinsichtlich der Typen der Individuen - die erstbeste „Liquiditätsversicherung". Der so beschriebene Zustand hat die Eigenschaften eines Nash-Gleichgewichts: Gegeben die optimalen Entscheidungen der anderen Individuen kann sich kein Individuum durch eine Änderung seines Verhaltens besser stellen.[13]

---

[11] Das in $T = 2$ vorhandene Gesamtvermögen der Bank ergibt sich bei N Einlegern in $T = 0$ und N_1 frühen Abzügen als $R(N - r_1 N_1)$. Das Pro-Kopf-Vermögen der verbliebenen Anleger beträgt damit $R(N - r_1 N_1)/(N - N_1)$. Mit der Definition von $f = N_1/N$ und der Überlegung, dass kein Vermögen mehr vorhanden ist, wenn die Abzüge $r_1 N_1$ die in $T = 1$ verfügbare Liquidationsmasse N erreichen bzw. überschreiten (also $f \geq 1/r_1$), folgt Gleichung (3.4).

[12] Zudem ist auch zu zeigen, dass ein solcher Vertrag angebotsseitig überhaupt zustande kommt. In einer kompetitiven Bankenbranche ist dies der Fall, vgl. Wallace (1988), S. 11. Siehe auch Qi (1994), S. 393: „[T]he bank is assumed to function as a social planner whose objective is to improve the welfare of depositors. ... [T]his assumption of the bank's objective is consistent with the characteristics of a competitive banking industry in which banks that attract deposits should be the ones that maximize the welfare of depositors." Die oben dargestellte Bank ist also entweder als repräsentative Bank oder als gesamter Banken*sektor* zu interpetieren, vgl. Diamond/Dybvig (1983), S. 416.

[13] Vgl. hierzu etwa Kreps (1990), Kap. 12.

3.1.3 Bank Runs und Auszahlungsstopp

Als problematisch erweist sich nun aber, dass dies nicht das einzig denkbare Nash-Gleichgewicht ist. Befürchtet aus *irgendeinem* Grund ein Typ-2-Individuum, dass in $T = 1$ nicht nur Typ-1-Individuen, sondern auch die anderen Typ-2-Individuen einen Abzug ihrer Mittel versuchen, ist es die beste Antwort des betrachteten Individuums, sich ebenfalls an dem dann entstehenden Bank Run - also dem rasch aufeinanderfolgenden und zur Insolvenz der Bank führenden Abzug der Einlagen - zu beteiligen, da in $T = 2$ unter diesen Umständen mit Sicherheit keine Auszahlung mehr möglich ist.[14] In diesem zweiten Nash-Gleichgewicht bricht die wohlfahrssteigernde Liquiditätsversicherung durch die Institution „Bank" zusammen, ja es wird ein niedrigeres (Erwartungs-)Nutzenzniveau realisiert als in der Autarkielösung.[15]

Der einzelne Einleger muss nämlich bei einem stochastisch gleichverteilt angenommenen Eintreffen vor der Bank damit rechnen, in der Mitte der sich bildenden Schalterschlange zu stehen. Damit ist der Erwartungswert der Auszahlung bei einem Run in $T = 1$ gleich eins: Eine Auszahlung in Höhe von $r_1 = c_1^{1^*}$ erfolgt, solange der Anteil der bereits bedienten Kunden nicht $1/r_1$ überschreitet. Danach ist keine Auszahlung mehr möglich, da die Bank über keine liquidierbaren Mittel mehr verfügt. Multipliziert mit den jeweiligen Wahrscheinlichkeiten ergibt sich gerade der Erwartungswert von eins. Da die Individuen damit also die in der Autarkielösung mögliche *sichere* Auszahlung von eins durch eine unsichere Auszahlung mit demselben Erwartungswert eintauschen, folgt aus ihrer Risikoaversion die oben behauptete Schlechterstellung. Produktionsseitig erklärt sich dieses Ergebnis dadurch, dass im Bank Run Gleichgewicht alle langfristig angelegten Investitionen der modellierten Volkswirtschaft liquidiert werden, obwohl es sich durchaus lohnen würde, zumindest einige davon fortzusetzen.

In der bisher betrachteten Welt ohne aggregierte Unsicherheit hinsichtlich der Verteilung der Liquiditätspräferenzen - der Anteil der Typ-1-Individuen an der Gesamtbevölkerung t ist fix - existiert aber ein einfacher, aus der Beobachtung realer Bank Runs vertrauter Mechanismus, der unter den getroffenen Annahmen das effiziente Gleichgewicht sicherstellt. Dabei handelt es sich um die (temporäre) Aufhebung der Konvertibilität der Einlagen, also einen vorübergehenden Auszahlungsstopp durch die Bank. Ergänzt man die oben beschriebenen Auszahlungsregeln in der Form, dass die Auszahlung r_1 in $T = 1$ nur erfolgt, solange der Anteil der bereits abgezogenen Einlagen nicht einen bestimmten Schwellenwert überschritten hat,

[14] In Abschnitt 3.3.2 werden wir ausführlicher auf die Problematik der Existenz mehrfacher Gleichgewichte sowie die möglichen Ursachen einer den Run auslösenden Erwartungshaltung eingehen.

[15] Von dem dritten, in diesem Kontext nicht sinnvoll zu interpretierenden Nash-Gleichgewicht in gemischten Strategien wird im Folgenden abgesehen, vgl. Diamond/Dybvig (1983), S. 409.

ergibt sich für die späte Auszahlung V_2 nun die neue Form

$$V_2 = \max[R(1 - r_1 f)/(1 - f), R(1 - r_1 \hat{f})/(1 - \hat{f})], \tag{3.5}$$

wobei $\hat{f}$ den Schwellenwert angibt.

Setzt die Bank $\hat{f} \in \{t, [(R - r_1)/r_1(R - 1)]\}$ und $r_1 = c_1^{1^*}$, existiert unter diesen Umständen nur das effiziente Gleichgewicht: Anders als im vorhergehenden Fall ist es für Typ-2-Individuen unabhängig vom Verhalten aller anderen Individuen optimal, mit einem Abzug der Mittel bis $T = 2$ zu warten.[16] An der für Typ-1-Individuen aufgrund ihrer Liquiditätspräferenzen ebenfalls vom Verhalten anderer Individuen unabhängigen optimalen Strategie, ihre Einlagen in $T = 1$ abzuziehen, ändert sich nichts. Es handelt sich also beim verbliebenen effizienten Gleichgewicht um ein Gleichgewicht in dominanten Strategien.[17] Darüber hinaus kommt es in diesem Gleichgewicht nie zu einem tatsächlichen Auszahlungsstopp, da gerade nur der Anteil t der Einlagen in $T = 1$ abgehoben wird. Die Androhung des Auszahlungsstopps dient lediglich dazu, das ineffiziente Run-Gleichgewicht zu eliminieren.[18]

3.2 Finanzintermediation bei stochastischer aggregierter Liquiditätspräferenz

Unberücksichtigt ist bisher die Möglichkeit aggregierter Unsicherheit hinsichtlich der Liquiditätspräferenz der Einleger. Die repräsentative Bank kann aufgrund des Gesetzes der großen Zahl die Gesamtabzüge t in $T = 1$ exakt prognostizieren. Bei dem auf individueller Ebene vorhandenen Risiko handelt es sich also um ein vollständig über die Einleger hinweg diversifizierbares Risiko. Ein Depositenvertrag - kombiniert mit einem Auszahlungsstopp bei Überschreitung eines bestimmten Schwellenwerts - ermöglicht dort die Durchführung des erstbesten Konsumplans. Ist t hingegen auch auf aggregierter Ebene, d. h. auf Ebene der Gesamtwirtschaft mit allen Einlegern, eine Zufallsvariable, verliert ein solches Vorgehen seine Optimalität. Hier ist das

---

[16] Es mag zunächst überraschen, dass $\hat{f}$ nicht gleich t zu sein hat. Für das oben beschriebene Gleichgewicht ist es aber ausreichend, dass kein Typ-2-Individuum abhängig vom Verhalten der anderen Individuen einen Anreiz besitzt, bereits in $T = 1$ abzuheben. Auch für Werte von $\hat{f} > t$ ist dies Fall, wenn zugleich $\hat{f} \leq [(R - r_1)/r_1(R - 1)]$, da die implizierte späte Auszahlung V_2 stets größer/gleich der frühen Auszahlung ist. Alternativ zum Auszahlungsstopp ist eine steuerfinanzierte Einlagensicherung denkbar, vgl. Diamond/Dybvig (1983), S. 416. Die Einlagensicherung müsste hier alle Abzüge jenseits des Schwellenwerts so besteuern und die Einnahmen der Bank zuleiten, dass die Bank den Typ-2-Individuen wiederum unabhängig vom Verhalten der anderen Individuen eine attraktivere Auszahlung in $T = 2$ anbieten kann. Eine ausführliche Darstellung einer solchen Einlagensicherung erfolgt in Abschnitt 3.2.

[17] Zum spieltheoretischen Konzept von Gleichgewichten in dominanten Strategien vgl. etwa Kreps (1990), Kap. 12.

[18] Analog wird die Einlagensicherung unter diesen Umständen nie in Anspruch genommen.

institutionelle Umfeld zur Sicherstellung der Optimalität um ein Instrument zu ergänzen, das als staatliche Einlagensicherung interpretiert werden kann.

3.2.1 Erstbeste Allokation bei aggregierter Unsicherheit

Ausgangspunkt unserer Überlegungen ist die Tatsache, dass der durch die Gleichungen (3.2) und (3.3) beschriebene optimale Konsumplan von t abhängt; idealerweise würde man also $c_1^{1^*}(t)$ bzw. $c_2^{2^*}(t)$ auf die jeweilige Ausprägung von t konditionieren.[19] Ist diese Ausprägung für die Bank nicht beobachtbar, liegt es zunächst auf der Hand, dass keine entsprechende Konditionierung darauf möglich ist. Anders als im vorhergehenden Abschnitt, in dem trotz Unbeobachtbarkeit der Individuentypen die Einführung eines Schwellenwerts für den Auszahlungsstopp die erstbeste Liquiditätsversicherung sicherstellte, hat die Bank aber auch keine Möglichkeit, den Depositenvertrag mit einer geringfügigen Änderung entsprechend anzupassen.

Ursache dafür ist, dass der Depositenvertrag bei aggregierter Unsicherheit auch im Gleichgewicht ohne Bank Run nur dann die effiziente Risikoteilung erreicht, wenn das bei der Bestimmung der Auszahlungen in $T = 0$ verwendete t zufällig gerade der in $T = 1$ realisierten Ausprägung entspricht. Je nachdem, ob das realisierte t über oder unterhalb des zur Vertragsgestaltung herangezogenen Werts liegt, ergeben sich dagegen im Vergleich zu den vom realisierten t abhängigen optimalen Werten zu hohe bzw. zu niedrige Auszahlungen in $T = 1$. Entsprechend sind die möglichen späten Auszahlungen zu niedrig bzw. zu hoch.[20]

Daneben kann es analog zur Darstellung in Abschnitt 3.1 auch hier zu einem Bank Run Gleichgewicht kommen. Unabhängig von den für ein beliebiges t festgelegten Auszahlungen des Depositenvertrags ist es nämlich für ein Typ-2-Individuum optimal, seine Einlage in $T = 1$ abzuziehen, wenn es erwartet, dass dies auch alle anderen Typ-2-Individuen tun werden. Die Einführung eines Schwellenwerts für einen Auszahlungsstopp kann dem Run zwar prinzipiell begegnen, aber es besteht nun die Gefahr, dass, falls die realisierte Ausprägung von t oberhalb von $\hat{f}$ liegt, auch ein Teil der Typ-1-Individuen keine Abhebung vornehmen kann. Liegt die Ausprägung dagegen unterhalb von $\hat{f}$, reicht die durch $\hat{f}$ implizierte minimal mögliche Auszahlung

[19] Für eine ausführliche Formulierung des zu lösenden Maximierungsproblems vgl. Wallace (1988), S. 12f.

[20] Möglicherweise ist das zur Festlegung der Auszahlungen verwendete t im Vergleich zur später realisierten Ausprägung so niedrig, dass es für Typ-2-Individuen attraktiv wäre, bereits in $T = 1$ abzuheben. Da dies für alle Typ-2-Individuen zutrifft, gäbe es ab einer bestimmten Differenz von vertraglich angenommener und tatsächlich realisierter Ausprägung von t ein eindeutiges Run Gleichgewicht, vgl. Postlewaite/Vives (1987). Voraussetzung für ein solches Verhalten ist aber, dass die Individuen ein Signal erhalten, von dem sie auf die Ausprägung von t schließen können. Dies wird bei Diamond/Dybvig (1983) jedoch nicht weiter diskutiert, da sie einen Mechanismus vorstellen, der die Anreizkompatibilität des Depositenvertrags in jedem Fall sicherstellt. In Abschnitt 4.1 werden wir den Gedanken informationsinduzierter Runs jedoch wieder aufnehmen.

in $T = 2$ unter Umständen nicht aus, um das Run Gleichgewicht zu eliminieren.[21] Der Auszahlungsstopp ab einem bestimmten Schwellenwert ist also nicht in der Lage, die erstbeste Liquiditätsversicherung sicherzustellen.

Es lässt sich allgemein zeigen, dass *alle* möglichen Auszahlungspläne der Bank (einschließlich derer mit einem Schwellenwert für einen Auszahlungsstopp), die erstbeste Risikoteilung verfehlen, da sie der oben beschriebenen sequenziellen Abzugsregel, also der aufeinander folgenden Bedienung der Auszahlungswünsche der Einleger, genügen müssen.[22]

Ursächlich dafür ist, dass man die optimale frühe Auszahlung in $T = 1$ nur auf Grundlage der Gesamtzahl der Abzüge bestimmen kann, da man erst dann auf die Realisierung von t schließen kann: „[T]o ensure that the optimum is to be attained, [one] would need some way to contact those who had already withdrawn to top up the earlier payments ... if the earlier payments had been too low, or to recover part of the earlier payments if they had been too high.“[23] Im Kontext des betrachteten Modells eröffnet eine noch genauer darzustellende Einlagensicherung diese Möglichkeit.

3.2.2 Einlagensicherung als Konditionierungsinstrument

Die Einlagensicherung bei Diamond/Dybvig (1983) garantiert zunächst allen in $T = 1$ abhebenden Individuen den Betrag r_1. Zugleich aber erhebt sie einen proportionalen Steuersatz τ auf den abzuhebenden Betrag - und zwar unabhängig davon, ob die Bank alle frühen Auszahlungswünsche erfüllen konnte oder ob die Einlagensicherung für r_1 aufkommen musste. Im Endeffekt verfügt damit ein in $T = 1$ abhebendes Individuum nur über den Betrag $(1-\tau)r_1$. Steuereinnahmen, die nicht für die Einlagengarantie benötigt werden, verbleiben in der Bank und werden in $T = 2$ zu gleichen Teilen an die verbliebenen Einleger ausgeschüttet. Zumindest auf den ersten Blick widerspricht eine solche Institution dem intuitiven Verständnis einer Einlagensicherung, die den versprochenen Rückzahlungsbetrag garantiert. Macht man sich aber klar, dass eine solche Garantie ab einem Abzug, der den Anteil $1/r_1$ der Einlagen übersteigt, die Ressourcenbeschränkung des Modells sprengen würde, wird deutlich, dass eine Einlagensicherung nicht für alle potenziell

[21] Vgl. McCulloch/Yu (1998) und Freixas/Rochet (1997), S. 198.

[22] Vgl. Diamond/Dybvig (1983), Proposition 1, S. 412f. Die Frage, welche Vertragsgestaltung bei aggregierter Unsicherheit hinsichtlich des Anteils der frühen Konsumenten zweitbest ist, wird bei ihnen jedoch nur recht kurz behandelt. Zwar stellen sie fest: „Nonetheless, suspension [of payments] can generally improve on the uninsured demand deposit contract by preventing runs. The main problem occurs when convertibility is suspended in equilibrium ... In that case, some type 1 agents cannot withdraw, which is inefficient ex post. This can be desirable ex ante, however, because the threat of suspension prevents runs and allows a relatively high value of r_1.“ S. 413. Eine genauere Analyse von zweitbesten Verträgen in diesem Umfeld unterbleibt jedoch, da der Schwerpunkt der Ausführungen auf einer Einlagensicherung liegt, die im Modell gerade nicht der sequenziellen Abzugsregel unterliegt.

[23] Dowd (1992), S. 115.

abhebenden Individuen effektiv, d. h. nach Steuern, r_1 versprechen kann.[24] Im Zusammenspiel mit der auf jeden Fall erfolgenden Steuererhebung hat die Steuer aber noch eine über die bloße Einhaltung dieser Restriktion hinausgehende Aufgabe.

Anders als das Auszahlungsschema wird die Steuer τ nämlich in Abhängigkeit vom Gesamtanteil der Abhebungen f modelliert. Implizit verfügt die Einlagensicherung damit über eine der Bank nicht zur Verfügung stehende Technik zur Kumulation aller eingehenden Auszahlungswünsche, d. h. eine Möglichkeit zu Aufhebung der sequenziellen Abzugsregel bei der Bestimmung des Steuerbetrags.[25] Die Steuer nimmt dabei die Form $\tau(f) = 1 - c_1^{1^*}(f)/r_1$ an. Übersteigt also die von der Bank geplante Auszahlung den für ein bestimmtes Abzugsniveau möglichen optimalen frühen Konsum, entsteht eine Steuerschuld. Ist die geplante Auszahlung dagegen in Relation zu $c_1^{1^*}$ zu klein, ist der Steuerbetrag negativ, d. h. es erfolgt ein Transfer aus dem Vermögen der Bank zuungunsten der nicht abziehenden Anleger. Entspricht die Auszahlung der Bank dem, gegeben f, optimalen Konsum $c_1^{1^*}(f)$, ist der Steuersatz gerade gleich null.

Fügt man nun das Auszahlungsverhalten der Bank, die Auszahlungsgarantie der Einlagensicherung und die Steuer zusammen, ergibt sich die mit $\hat{V}_1$ bezeichnete Nettoauszahlung für frühe Auszahlungen als

$$\hat{V}_1 = \left\{1 - \left(1 - \frac{c_1^{1^*}(f)}{r_1}\right)\right\} r_1 = c_1^{1^*}(f). \tag{3.6}$$

Berücksichtigt man die Abhängigkeit der Auszahlung in $T = 2$ von $\hat{V}_1$, erhält man für die späte Auszahlung

$$\hat{V}_2 = \frac{R(1 - c_1^{1^*}(f)\, f)}{1 - f} = c_2^{2^*}(f). \tag{3.7}$$

Gleichungen (3.6) und (3.7) besagen zweierlei: Zum einen ist die frühe Nettoauszahlung über τ allein abhängig vom Gesamtanteil der Abzüge f (und nicht mehr vom Platz in der Schalterschlange). Zum anderen ergänzt das vorgestellte Steuerschema die Bruttoauszahlungen der Bank gerade so, dass sich nach Steuer jeweils der, gegeben f, optimale frühe bzw. späte Konsum einstellt.

---

[24] Die Vorstellung, dass eine (steuerfinanzierte) Einlagensicherung die Depositen der Einleger unkonditional auf gesamtwirtschaftlich relevante Größen - hier der Anteil der Individuen, die frühzeitig konsumieren - garantiert, ist nur mit dem Rückgriff auf modellexogene Ressourcen vereinbar. Dies ist aber hier nicht der Fall, da die gesamte Anfangsausstattung in die Bank eingebracht wurde. Ähnlich Dowd (1992), S. 117: „[T]he government's own resources come from the private sector - if the private sector lacks the necessary resources, then the power to tax is of no avail since the resources are not there to take.“

[25] Für eine kritische Würdigung dieser bei Diamond/Dybvig (1983) wenig diskutierten, aber dennoch bedeutsamen Annahme vgl. Abschnitt 3.3.3.

Alternativ zur Steuerfinanzierung eines solchen Mechanismus ist auch die Finanzierung über eine monetäre Intervention denkbar. Garantiert die Einlagensicherung die versprochenen Auszahlungen nämlich nur nominal, kann sie - wenn sie zugleich über die Möglichkeit zur Geldschöpfung verfügt - das jeweilige Perioden-Preisniveau so beeinflussen, dass sich real die, gegeben f, optimalen Konsummengen ergeben. Die Einlagensicherung wird also in diesem Fall über eine (im Modell nicht enthaltene) Zentralbank umgesetzt: „If the deposit guarantee is nominal, the tax is the (inflation) tax on nominal assets caused by money creation. ... The Federal Reserve discount window can, as lender of last resort, provide a service similar to deposit insurance. It would buy bank assets with (money creation) tax revenues at $T = 1$ for prices greater than their liquidating value. If the taxes and transfers were set to be identical to that of the optimal deposit insurance, it would have the same effects.“[26]

Unabhängig von der gewählten Finanzierungsinterpretation gilt unter einer so konzipierten Einlagensicherung für alle f, dass $\hat{V}_2 > \hat{V}_1$. Da es also unabhängig vom Verhalten aller anderen Anleger für ein Typ-2-Individuum immer optimal ist, erst in $T = 2$ abzuziehen, ist damit auch die Gefahr eines Bank Run abgewendet. Dies ist gleichbedeutend mit der Feststellung, dass im sich einstellenden Gleichgewicht alle Individuen wahrheitsgemäß ihren Typ offenbaren.

Zusammengefasst garantiert die steuerfinanzierte Einlagensicherung bei Diamond/Dybvig (1983) das einmal von der Bank gemachte Auszahlungsversprechen r_1 und das damit bei einem bestimmten Abzugsverhalten implizierte r_2 nicht unkonditional. Die Einlagensicherung kann die modellierte Volkswirtschaft auch gar nicht gegen hohe Ausprägungen der Zufallsvariablen t versichern, da es sich dabei um ein nicht über die Individuen hinweg diversifizierbares Risiko handelt. Sie gewährleistet vielmehr den - bei gegebener gesamtwirtschaftlicher Ressourcenausstattung und *gegebener* Ausprägung der aggregierten Liquiditätspräferenz - optimalen Konsumplan als Gleichgewicht in dominanten Strategien der beteiligten Akteure. Insofern erscheint die wörtliche Übersetzung des im Modell verwendeten Begriffs „deposit insurance“ als „Einlagenversicherung“ nicht sinnvoll. Der Begriff suggeriert, dass es sich um eine Versicherung gegen prinzipiell vollständig diversifizierbare Risiken handelt.[27]

---

[26]Diamond/Dybvig (1983), S. 413 u. 417. Wir subsumieren diese Geldschöpfungs-Interpretation der Einlagensicherung in diesem Kapitel unter dem Begriff der steuerfinanzierten Einlagensicherung. In Abschnitt 4.1.2 werden wir ein Modell diskutieren, das die Liquiditätszufuhr der Zentralbank explizit macht. In Abschnitt 5.3.1 klären wir die Beziehung dieser Eingriffe zu dem bereits wesentlich älteren Begriff des „lender of last resort“.

[27]Für eine solche Einordnung des Begriffs „Versicherung“ vgl. Loubergé (2000), S. 23.

3.3 Würdigung und Kritik des Modells

Das Modell von Diamond/Dybvig (1983) war und ist Gegenstand lebhafter akademischer Diskussionen sowie Ausgangspunkt verwandter bzw. erweiterter Forschungsansätze.

Im Sinne der in Abschnitt 2.1 beschriebenen wünschenswerten Eigenschaften eines Modells zur Bankenregulierung erweist sich das Modell auf den ersten Blick als überzeugend: Zunächst wird die Existenz einer Bank durch die wohlfahrtssteigernde Wirkung einer Liquiditätsversicherung gegen unerwartet auftretende Konsumschocks begründet. Verbunden damit ist aber die Gefahr eines Marktversagens in Form eines ineffizienten Nash-Gleichgewichts beim Einlagenabzug. Dabei entspricht der dem Modell zugrundeliegende Gedanke einer durch einen plötzlichen Vertrauensverlust der Einleger hervorgerufenen und sich selbst verstärkenden Krise dem intuitiven Verständnis von Bank Runs. Schließlich gibt es die Institution einer Einlagensicherung, die als staatlicher Eingriff das effiziente Marktergebnis sicherstellt.

Im Detail erfordert jeder der dargestellten Argumentationsschritte jedoch erhebliche Qualifikationen.

3.3.1 Liquiditätsversicherung und Kapitalmarkt

Das Modell der Liquiditätsversicherung à la Diamond/Dybvig abstrahiert von der Existenz anderer Finanzkontrakte und trifft die implizite Annahme, dass die Individuen ihre Anfangsausstattung vollständig in den Depositenvertrag einbringen. Diese Annahmen sind im Rahmen der Modellbildung selbstverständlich zulässig, solange sie für die verfolgte Fragestellung von geringer Bedeutung sind. Für die Interpretation des Modells zur Existenzbegründung von Banken ist dies jedoch nur eingeschränkt der Fall.

Unter den Annahmen von Diamond/Dybvig (1983) kann ein Dividenden ausschüttender und danach (ex Dividende) handelbarer Eigenkapitalkontrakt denselben optimalen Konsumplan verwirklichen wie ein Depositenvertrag - und dies aufgrund des Handels auf einem kompetitiven Kapitalmarkt ohne die Gefahr eines Bank Run.[28] Grundidee ist dabei, dass die Individuen in $T = 0$ über den Kauf des Eigenkapitalkontrakts ihre Anfangsausstattung der Bank - oder allgemeiner ausgedrückt einem Unternehmen - zur Verfügung stellen, um die Mittel in den Produktionsprozess einzubringen, und zugleich die Höhe einer Dividende D in $T = 1$ festlegen. Der damit verbundene individuell mögliche Konsumstrom umfasst also $(D, R(1 - D))$ für frühen bzw. späten Konsum. In $T = 1$ bestehe nach Auszahlung von D die Möglichkeit, den Kontrakt (ex Dividende) zu handeln. Dabei bevorzugen es Typ-1-Individuen, da sie ja nur aus frühem Konsum Nutzen ziehen, ihre

[28] Vgl. Jacklin (1987) für den Fall einer deterministischen aggregierten Liquiditätspräferenz. Jacklin (1993) zeigt, dass dieses Ergebnis auch für den stochastischen Fall gilt.

Anteile zu verkaufen. Typ-2-Individuen dagegen sind bereit, die Kontrakte bis zu einem Preis von $R(1-D)$ zu kaufen. Setzt man die Dividende gleich $tc_1^{1^*}$ - und genau das werden die in $T=0$ identischen Individuen tun, da es ihren Erwartungsnutzen maximiert -, ergibt sich als markträumender Preis des Kontrakts (ex Dividende) $c_1^{1^*}(1-t)$. Unter Berücksichtigung der Erträge aus Dividenden und Wertpapierverkauf bzw. -kauf folgen daraus gerade die optimalen Konsummengen für Individuen vom Typ 1 bzw. 2.[29]

Diese Einsicht führt zu der Frage, warum sich institutionell nicht die Kontraktform ohne Gefahr eines Bank Run durchgesetzt hat bzw. warum historisch gesehen überhaupt unversicherte Depositenverträge aufkommen konnten. Die nachfolgende Forschung bietet an dieser Stelle prinzipiell zwei Auswege: Zum einen gilt die Äquivalenz der beiden Vertragsformen hinsichtlich ihrer Fähigkeit zur Liquiditätsversicherung nicht für allgemeinere Nutzenspezifikationen. Ziehen die Individuentypen durch Konsum zwar in verschiedenem Ausmaß, aber dennoch in jedem Zeitpunkt Nutzen - zum Vergleich betrachte man noch einmal die Nutzenspezifikation in Gleichung (3.1) -, erweist sich der Depositenvertrag im Hinblick auf die Versicherungseigenschaft als überlegen. Damit eröffnet sich ein Abwägungsspielraum zwischen dem Risiko von Bank Runs und überlegener Risikoteilung durch Bankeinlagen.[30] Inkorporiert man zum anderen Unsicherheit der Investitionserträge R gepaart mit einem asymmetrischen verteilten Signal über die Ausprägung von R in $T=1$, erweisen sich unversicherte Depositenverträge für eine Reihe von Parameterkonstellationen dem Dividenden ausschüttenden Eigenkapitalkontrakt als überlegen. Ursache dafür ist, dass Bankeinlagen den uninformierten Teil der Anleger durch den Charakter eines Festbetragsanspruchs vor potenziell nachteiligen Transaktionen mit den informierten Anlegern schützen.[31] Wir werden auf die weitere Bedeutung unsicherer Investitionserträge und asymmetrischer Informationsverteilung für unsere Fragestellung in Kapitel 4 noch vertieft eingehen; an dieser Stelle genügt die Feststellung, dass zur institutionenökonomischen Begründung von Depositenverträgen das Argument der Liquiditätsversicherung nicht ausreicht.

Beide Vertragsformen - sowohl der Depositen- als auch der Dividenden auszahlende Eigenkapitalvertrag - gehen zumindest implizit davon aus, dass alle Individuen ihre Anfangsausstattung vollständig in die Bank bzw. das Dividenden ausschüttende Unternehmen einbringen. Problematisch daran ist, dass ein solches Verhalten nicht mehr individuell rational ist, wenn die

---

[29] Vgl. Jacklin (1987), S. 31.

[30] Zur Überlegenheit der Depositen unter diesen Umständen, die insbesondere die Berücksichtigung einer bei Diamond/Dybvig im effizienten Nash-Gleichgewicht stets erfüllten Anreizkompatibilitätsbedingung hinsichtlich der Typoffenbarung erfordert, vgl. ausführlich Jacklin (1987), S. 31ff. Zum Trade-Off zwischen rungefährdeter Bankeinlage und Eigenkapitalkontrakt vgl. Jacklin/Bhattacharya (1988).

[31] Vgl. Jacklin (1993). Für eine insbesondere auf die Schutzfunktion für uninformierte Anleger abstellende allgemeine Erklärung von Fremdkapitalkontrakten vgl. Gorton/Pennacchi (1990).

Individuen in $T = 1$ kompetitiv intertemporale Konsumansprüche handeln können, also Zugang zu einem Kapitalmarkt haben.[32] Ausgangspunkt für diese Erkenntnis ist zunächst die Überlegung, dass ein einzelnes Individuum in $T = 0$ ja einen Teil seiner Anfangsausstattung auch direkt oder über ein Unternehmen, das in $T = 2$ den Betrag R verspricht, in die Produktionstechnik investieren und zwischenzeitlich in $T = 1$ das Konsumrecht darauf handeln könnte. Für den Fall, dass es ein Typ-1-Individuum ist, könnte ein solches Individuum diesen Anspruch entweder gegen Überlassung der Zahlung aus einem Depositenvertrag oder im Austausch gegen einen ex Dividende Eigenkapitalkontrakt verkaufen. Bei ansonsten gegebenen Austauschverhältnissen würde es einen höheren Preis als $r_1 (= c_1^{1^*})$ bzw. $c_1^{1^*}(1-t)$ erzielen, da es (bezogen auf diesen Teil der Anfangsausstattung) einen Anspruch auf $R > c_2^{2^*}$ Konsumeinheiten in $T = 2$ zur Verfügung stellt. Falls es dagegen ein Typ-2-Individuum ist, kann es in $T = 2$ den Ertrag $R(> c_2^{2^*})$ realisieren. In beiden Fällen würde sich das Individuum dadurch besser stellen. „Thus, individual agents have incentives (i) not to join the bank if others do and (ii) to induce bank members to withdraw balances to finance asset accumulation rather than consumption. ... Basically, this occurs because the bank provides insurance (redistribution) so that its returns do not correspond to those given by the technology.“[33]

Da alle Individuen diesen Anreizen unterliegen und damit die Annahme der gegebenen Austauschverhältnisse für die Gesamtwirtschaft nicht haltbar ist, können Finanzkontrakte, die eine Liquiditätsversicherung beinhalten, nicht überleben. Zwar ist vorstellbar, dass sich die Individuen ex ante in $T = 0$ darauf einigen, keinen Handel am Kapitalmarkt vorzunehmen, da sich dieser negativ auf ihr Erwartungsnutzenniveau auswirkt. Solange aber keine Möglichkeit besteht, bindende Verträge zu schließen, oder sonstige Restriktionen bestehen, ist die Vereinbarung - ganz ähnlich wie beim „Gefangenendilemma“ oder der Kartellbildung - nicht glaubwürdig, da sie gegen das individuelle Kalkül in $T = 1$ verstößt. Die sich unter solchen Umständen einstellende Allokation entspricht gerade dem Autarkieergebnis, in dem die individuellen Konsummengen mit den realwirtschaftlich möglichen Erträgen übereinstimmen. Anders ausgedrückt, ist die Existenz von Banken aufgrund ihrer Wirkung als Liquiditätsversicherer in einer Welt mit ungehindertem Zugang der Einleger zu einem Kapitalmarkt nicht vereinbar.[34]

---

[32] Vgl. grundlegend hierzu Jacklin (1987), S. 42ff. Für eine explizite Modellierung des Handels in $T = 1$ und des sich einstellenden Marktgleichgewichts vgl. von Thadden (1999), S. 997ff.

[33] Haubrich/King (1990), S. 378. Die Argumentation überträgt sich auch auf den Dividenden auszahlenden Eigenkapitalkontrakt bzw. das diesen Vertrag emittierende Unternehmen.

[34] Das Ergebnis überträgt sich auf allgemeinere Modellierungen. Vgl. Jacklin (1987) für geglättete Präferenzen und McCulloch/Yu (1998) für den Fall stochastischer aggregierter Liquiditätspräferenz.

Welche Bedeutung haben diese Überlegungen für die Existenzbegründung von Banken auf Basis der Liquiditätsversicherungsidee? Zum einen wird versucht, die Problematik durch die Interpretation zu entschärfen, dass die Liquiditätsversicherung durch Bankeinlagen sich eben genau auf Situationen beziehe, in denen das rasche und unvorhergesehene Auftreten von Konsumwünschen einen marktlichen Austausch der notwendigen Finanzkontrakte verhindert.[35]

Zum anderen wird argumentiert, dass die den Bankeinlagen auf der Aktivseite der Bilanz gegenüberstehenden Vermögensgegenstände (also insbesondere Kredite) zumindest überwiegend nicht oder nur eingeschränkt auf Kapitalmärkten handelbar sind, da sie aufgrund asymmetrisch verteilter Information schwierig zu bewerten sind.[36] Beide Aspekte können auch in einem Ansatz kombiniert werden: Die Motivation für das Auftreten von Banken besteht hierbei darin, dass die Anleger wissen, dass ein Teil von ihnen im Moment des Liquiditätsschocks keinen Zugang zum Kapitalmarkt haben wird. Es eröffnet sich dann ein Spielraum für die gleichzeitige Existenz von liquiditätsversichernden Depositeneinlagen und Kapitalmärkten.[37] Der fehlende Zugang eines Teils der Anleger wird über deren prohibitiv hohe Kosten für die Wertermittlung der gehandelten Vermögensgegenstände infolge asymmetrischer Informationsverteilung motiviert. Allgemein formuliert wird hier also angenommen, dass aufgrund von Transaktionskosten bei Nutzung des Kapitalmarkts ein gewisser Spielraum verbleibt, in dem Banken über Depositenverträge Liquiditätsversicherung anbieten können.

Insgesamt zeigt sich jedoch, dass die Liquiditätsversicherung per Depositenvertrag zur Existenzerklärung von Banken nicht ohne die zusätzliche Annahme eines beschränkten Kapitalmarktzugangs der Anleger auskommt.[38] Damit ist die Existenz von Banken nicht allein aus dem formalen Rahmen des Modells erklärbar. Wie wir bei der Analyse erweiterter Modelle in Kapitel 4 sehen werden, gehen manche dieser Ansätze bereits von der Existenz

---

[35] Vgl. Wallace (1988), der annimmt, dass die Individuen zwar in Kontakt zur Bank stehen, aber beim Auftreten der Liquiditätsschocks voneinander getrennt sind, was Tauschbeziehungen unmöglich macht. Für ein erweitertes Modell der Liquiditätsversicherung mit einer einperiodigen Alternativanlage weist von Thadden (1999) nach, dass auch unter der Annahme isolierter Individuen Depositenverträge im Allgemeinen eine zusätzliche Anreizverträglichkeitsrestriktion erfüllen müssen: Auch wenn kein Handel zwischen den Individuen möglich ist, kann ein Typ-2-Individuum seine Einlage zumindest abziehen und reinvestieren. Der mit Depositen verbundene Auszahlungsstrom muss dies unattraktiv erscheinen lassen. Welchen Umfang die Liquiditätsversicherung unter diesen Umständen annehmen kann, hängt vom Grad der Reversibiliät der Produktionstechnik und der relativen Risikoaversion der Einleger ab. Mit einer zusätzlichen Langfristanlage vergrößert sich hingegen der Spielraum.

[36] Vgl. etwa Haubrich/King (1990), S. 380.

[37] Vgl. Diamond (1997).

[38] „[The] discussion illustrates that the explicative power of the Bryant-Diamond-Dybvig theory of liquidity insurance depends heavily on the implicit assumption of a limited access of agents to financial markets.“ Freixas/Rochet (1997), S. 200.

runanfälliger Einlagenverträge bzw. Banken aus. Sie vermeiden also per Annahme die in diesem Abschnitt aufgezeigten Schwierigkeiten und können nur als Partialmodelle zur Bankenregulierung interpretiert werden.

3.3.2 Bank Runs als exogen motivierte Nash-Gleichgewichte?

Im Modell von Diamond/Dybvig (1983) stellt der Bank Run ein Nash-Gleichgewicht dar, in dem alle Individuen schlechter gestellt sind als in dem zweiten Nash-Gleichgewicht (in reinen Strategien) mit funktionierender Liquiditätsversicherung. Was die einzelnen Individuen des Typs 2 dazu bewegt zu erwarten, dass alle anderen Individuen ihres Typs ihre Einlagen unvermittelt in $T = 2$ abziehen, blieb bisher im Dunklen. Für den Fall, dass die Individuen den Run antizipieren, hätten sie der Bank ihre Einlage erst gar nicht zur Verfügung gestellt. Das Run-Gleichgewicht muss also den Individuen im Zeitpunkt der Einlage hinreichend unwahrscheinlich erscheinen, damit der erwartete Nutzen aus dem auszahlungsdominanten Versicherungsgleichgewicht die Gefahr des Run mehr als aufwiegt; zudem ist denkbar, dass die Individuen nur einen Teil ihrer Anfangsausstattung in die Bank einbringen und den Rest aufbewahren. Damit ist aber noch nicht geklärt, was eine zwischenzeitliche Änderung der Erwartungshaltung verursacht.[39]

Die Autoren selbst schlagen als denkbare Auslöser das Bekanntwerden schlechter Unternehmensergebnisse, den Run auf eine andere Bank, eine negative Wachstumsprognose oder so genannte Sunspots vor. Unter Sunspots versteht man dabei die Einführung eines modellexogenen Zufallsmechanismus, der durch die Beeinflussung der individuellen Erwartungen eine Auswahl unter den möglichen Gleichgewichten vornimmt. In diesem Sinne sind Sunspots nichts anderes als ein Instrument zur Koordination der Erwartungshaltung innerhalb der betrachteten Volkswirtschaft.[40] Unklar bleibt aber, wie es in einem Modell, in dem die Erträge aus der Produktionstechnik mit keinerlei Unsicherheit belastet sind, überhaupt zu fundamental negativen Nachrichten kommen soll. Modellkonsistent verbleibt damit nur die Möglichkeit von Sunspots, die zwar plötzliche Änderungen der Erwartungs-

[39] Zur Diskussion des Konzepts der Auszahlungsdominanz nach Harsanyi/Selten als Kriterium der Gleichgewichtsauswahl in diesem Kontext vgl. Burghof (1998), S. 60ff. Waldo (1985) formalisiert den Gedanken der Aufbewahrung von Mitteln außerhalb des Bankensektors. Auch dort wird aber der Auslöser eines Bank Run nicht modelliert.

[40] Man könnte sich im vorliegenden Kontext etwa eine Zufallsgröße vorstellen, von deren Realisation die Erwartungen hinsichtlich des Abzugsverhaltens der Typ-2-Individuen abhängig sind. Für eine explizite Modellierung vgl. Peck/Shell (2003). Zur modelltheoretischen Bedeutung und Abgrenzung von Sunspots vgl. Cass/Shell (1983), S. 194, die ausführen: „[The phrase] ‚sunspots‘ is meant to represent extrinsic uncertainty, that is, random phenomena that do not affect tastes, endowments, or production posibilities. Of course, as Jevons noted, real-world sunspots may very well provide *intrinsic* uncertainty to the economy, affecting, e.g., agricultural production possibilities. Here we are interested only in our highly stylized version of sunspot activity.“

haltung inkorporierbar machen, aber konstruktionsbedingt keinen Rückschluss auf die auslösenden Faktoren zulassen. Die bei Diamond/Dybvig (1983) und darauf aufbauenden Modellen möglichen Runs werden deshalb als panikbasierte Bank Runs oder sich selbsterfüllende Prophezeiungen bezeichnet.[41]

Die Interpretation, dass Bank Runs letztlich unerklärliche und von den Fundamentaldaten einer Volkswirtschaft losgelöste Ereignisse sind, ist unseres Erachtens wenig plausibel. Zum anderen erscheint es vor dem Hintergrund der oben ins Spiel gebrachten anderen Auslöser von Bank Runs wünschenswert, das Modell um den Aspekt riskanter Bankerträge zu ergänzen. Dies gilt umso mehr vor dem Hintergrund empirischer Studien, die panikbasierte zugunsten informationsbasierter Bank Runs ablehnen, die auf ungünstigen Ergebnisnachrichten der Bank beruhen.[42]

Panikbasierte Bank Runs behalten allerdings insofern ihre Bedeutung, als dass ungünstige Nachrichten einer einzelnen Bank oder Bankengruppe von den übrigen Einlegern als negatives Signal für die Ertragssituation des gesamten Bankensektors gesehen werden. Ist diese Furcht im großen und ganzen fundamental unbegründet, befinden wir uns wieder im Rahmen des Modells von Diamond/Dybvig (1983).[43] Neben der Berücksichtigung unsicherer Bankerträge sollte aber bei dieser Interpretation der Transmissionsmechanismus, also das Übergreifen des Bank Run von einer Bank zur nächsten, eingehender analysiert werden, da das Modell streng genommen ja - wie oben ausgeführt - den Bankensektor nur auf aggregierter Ebene erfasst.[44]

Ehe wir diese Überlegungen in Kapitel 4 im Rahmen erweiterter Modelle wieder aufgreifen, wenden wir uns zunächst der Kritik des vorgeschlagenen, die erstbeste Allokation sicherstellenden Eingriffs in Form einer Einlagensicherung zu.

3.3.3 Einlagensicherung à la Diamond/Dybvig - ein erstbester Regulierungseingriff?

Im Fall deterministischer aggregierter Liquiditätspräferenz, d. h. bei sicherem Erwartungswert des Rückzugsvolumens in $T = 1$, eliminiert die Drohung eines Auszahlungsstopps die Gefahr von Bank Runs. Sie stellt damit das effiziente Gleichgewicht im modellierten „Einlagenabzugsspiel“ sicher. Äquivalent könnte eine steuerfinanzierte Einlagensicherung diese Aufgabe übernehmen. Für den stochastischen Fall bricht diese Äquivalenz jedoch zusammen, da ein Auszahlungsstopp zwar weiterhin die Gefahr eines Run

[41] Vgl. etwa Jacklin/Bhattacharya (1988), Chari/Jahannathan (1988) und Dowd (1992).

[42] Vgl. etwa Gorton (1988), Calomiris/Gorton (1991) und Aharony/Swary (1996).

[43] Vgl. auch die Überlegungen bei Waldo (1985):„As a simplification the cause of the run is totally extraneous and unrelated to any fundamental factors ... The point is that self-fulfilling expectations of a run can exacerbate any losses associated with fundamental events and, in the extreme, cause losses in the absence of fundamental events.“ S. 273.

[44] Vgl. Diamond/Dybvig (1983), S. 416 sowie unsere Fußnote 12 auf S. 24.

ausschalten kann, aber - mit Ausnahme des Falls, in dem der Anteil der Typ-1-Individuen t zufällig exakt prognostiziert wurde - nicht wie das dargestellte Steuerschema der Einlagensicherung die optimalen typspezifischen Konsummengen sicherstellt.

3.3.3.1 Deterministische aggregierte Liquiditätspräferenz und Auszahlungsstopp

Hält man den ersten Fall eines (im effizienten Gleichgewicht) deterministischen Rückzugsvolumens für die realitätsnähere Modellierung, stellt sich die Frage, ob das Modell überhaupt eine Begründung für die Einführung einer steuerfinanzierten Einlagensicherung darstellt, da ja eine prinzipiell privatwirtschaftlich durchführbare äquivalente Maßnahme existiert.[45]

Bei dieser Überlegung ist jedoch zu beachten, dass auch ein sektorweiter Auszahlungsstopp eines erheblichen Maßes an Koordination und rechtlicher Absicherung bedarf. Zum einen müssen sich alle Banken darauf einigen, die Konvertibilität gleichzeitg aufzuheben, da die Individuen sonst ihre Mittel von Bank zu Bank transferieren und dort abheben könnten. Diese Koordination ist wohl am ehesten durch einen Bankenverband oder auf Vermittlung der (nicht modellierten) Zentralbank vorstellbar - in jedem Fall durch eine kollektive Handlung, die damit quasi-staatlich oder parafiskisch ist. Zum anderen ist ein Auszahlungsstopp, selbst wenn er im Einlagenvertrag spezifiziert ist, eine schwerwiegende Einschränkung, die der Einleger aufgrund der Missbrauchsgefahr vermutlich nur dann akzeptiert, wenn er von einer dritten, möglichst unabhängigen Institution initiiert bzw. kontrolliert werden kann.[46] Auch hier scheint wieder eine Rolle für die Zentralbank oder allgemein Aufsichtsbehörden auf.

3.3.3.2 Stochastische aggregierte Liquiditätspräferenz und Einlagensicherung

Die modellierte Effizienz eines Auszahlungsstopps besteht gerade darin, dass er im Gleichgewicht nie eingesetzt werden muss. Die Tatsache, dass in der

---

[45]Tatsächlich kann man die Ansicht vertreten, dass Banken in Gegenwart von illiquiden Langfristanlagen nur dann entstehen können, wenn sie die Liquiditätspräferenz ihrer Einleger mit hinreichender Sicherheit prognostizieren können, vgl. Jacklin/Bhattacharya (1988), S. 572. Auch aus empirischer Sicht sind Zweifel hinsichtlich großer Schwankungen der aggregierten Liquiditätsneigung unter normalen Umständen angebracht. Chari (1989) argumentiert, dass die zu beobachtenden Probleme von einzelnen Banken oder Bankengruppen aufgrund regional stark schwankender Liquiditätspräferenzen in den USA eine Folge von Niederlassungsbeschränkungen waren, die einer durchaus möglichen Diversifizierung im Wege standen. Daneben zeigt der im Verlauf unserer Untersuchung noch ausführlich diskutierte Ansatz von Allen/Gale (2000), wie ein Interbanken-Markt das Problem regional unterschiedlicher Liquiditätspräferenzen prinzipiell erstbest lösen kann, vgl. Abschnitt 4.3.4.

[46]Vgl. die Diskussion in Abschnitt 4.2.

Realität sektorweite Auszahlungsstopps zu beobachten sind, deutet jedoch darauf hin, dass die aggregierte Liquiditätspräferenz nicht deterministisch fix ist.[47] Angesichts dieses Phänomens liegt es innerhalb des Modellrahmens von Diamond/Dybvig (1983) nahe, in jedem Fall eine steuerfinanzierte Einlagensicherung vorzuziehen, da sie sowohl für eine deterministische als auch für eine stochastische aggregierte Liquiditätspräferenz die erstbesten Konsummengen ermöglicht. Als problematisch erweist sich diese Schlussfolgerung deshalb, weil die verwendete Modellierung der Einlagensicherung implizit eine zumindest diskussionswürdige Annahme beinhaltet.

Die zur Finanzierung der Einlagensicherung herangezogene Steuer stellt nämlich auf den Gesamtanteil f der Abzüge in $T = 1$ ab. Wie oben gezeigt, existiert dann ein Steuerschema, das die effiziente Liquiditätsversicherung als Gleichgewicht in dominanten Strategien sicherstellt, da es die Nettoauszahlungen der Individuen auf f konditioniert. Zunächst erscheint es angesichts seiner Besteuerungsmacht einleuchtend, dem Staat die Möglichkeit einzuräumen, die - für den Fall eines im Vergleich zum vertraglich festgelegten Wert zu hohen t - zuviel ausbezahlten Einlagen so zu besteuern, dass unter Berücksichtigung der an die Bank zurückgeleiteten Mittel die optimalen Konsummengen resultieren.

Diese Argumentation lässt jedoch außer acht, dass ein tatsächliches Abheben der Einlagen in $T = 1$ zu einer Unterbrechung des Produktionsprozesses führt, da im gleichen Umfang Anlagen der Bank zunächst liquidiert werden müssen. Werden diese Mittel über die Steuererhebung der Einlagensicherung wieder der Bank für eine Ausschüttung in $T = 2$ zugeleitet, ist der durch die unterstellte Produktionstechnik implizierte Ein-Perioden-Bruttoertrag von $T = 1$ auf $T = 2$ gleich eins. In diesem Fall ist aber die mögliche späte Konsummenge nicht mehr erstbest, da die Budgetrestriktion (3.3) auf einen Bruttoertrag von R abstellt.[48]

Im Fall einer zunächst zu hoch gewählten frühen Auszahlung ist damit für die Optimalität der Einlagensicherung die Annahme nicht ausreichend, dass sie über die notwendige Besteuerungsmacht verfügt, um den Individuen *nach* Abzug der Einlagen Ressourcen zu entziehen. Sie muss vielmehr die Auszahlungs*wünsche* der Individuen in $T = 1$ zunächst akkumulieren, die notwendigen Steuerzahlungen berechnen und diese dann vom dem im Depositenvertrag festgelegten Auszahlungsbetrag abziehen. Effektiv ausge-

[47] Vgl. Wallace (1990), S.11. Dies ist kein Widerspruch zu der in Fußnote 45 auf S. 37 festgestellten geringen Schwankung der aggregierten Liquiditätspräferenz unter normalen Umständen. Wie in Abschnitt 3.3.2 diskutiert, sind Runs, die zu einer hohen „offenbarten" aggregierten Liquiditätspräferenz führen können, besser als Reaktion auf Nachrichten über negative Ertragsschocks der Banken zu verstehen. Vgl. hierzu ausführlich das folgende Kapitel 4.

[48] Dieses Problem ergibt sich auch, wenn - anders als oben unterstellt - die Reinvestitionsmöglichkeit der Bank praktisch nicht nur im Aufbewahren des Gutes bis $T = 2$ besteht, sondern eine Produktionstechnik mit einem Ein-Perioden-Bruttoertrag kleiner R existiert.

zahlt wird dann nur der Netto-Betrag $\hat{V}_1 = c_1^{1^*}(f)$; entsprechend muss auch nur der mit dem optimalen Konsum $c_2^{2^*}(f)$ in $T = 2$ kompatible Anteil der Anlagen der Bank liquidiert werden.[49]

Es erscheint problematisch, dass die effizienzsteigernde Wirkung der modellierten staatlichen Einlagensicherung nicht auf grundlegenden Charakteristika wie etwa der staatlichen Besteuerungs- oder Gesetzgebungsmacht beruht, sondern auf der Annahme, „that the government has access to the very technology the private sector is assumed to lack."[50] Diese Überlegung ist Ausgangspunkt zweier anknüpfender Forschungszweige.

Ein mögliches Vorgehen besteht darin, die sequenzielle Abzugsregel gänzlich abzuschaffen und davon auszugehen, dass auch der durch die Bank modellierte private Bankensektor die Möglichkeit besitzt, die frühen Auszahlungen vom Anteil der Gesamtabzüge abhängig zu machen. Motiviert wird dieses Vorgehen durch die Feststellung, dass Banken in der Vergangenheit zumindest vorübergehend die Auszahlung verzögern konnten.[51] So ist z. B. denkbar, dass die Bank zunächst den Liquidationswert ihrer Pro-Kopf-Aktiva von eins an die in $T = 1$ Abhebenden ausbezahlt und den verbliebenen, in Abhängigkeit von den kumulierten Abzügen bestimmten Betrag $c_1^{1^*}(f) - 1$ danach ausbezahlt. In der Modellumgebung von Diamond/Dybvig (1983) erzielt die Bank damit die optimale Risikoteilung auch für den Fall einer stochastischen aggregierten Liquiditätspräferenz ohne Gefahr eines Run.[52] Ein regulierender Eingriff ist hier nicht mehr notwendig.

Daneben besteht die Möglichkeit, die sequenzielle Abzugsregel beizubehalten und zu unterstellen, dass eine Technik zu deren Überwindung auch auf Seiten des Staates nicht existiert. Dieser Forschungszweig trifft explizit die Annahme einer räumlich-zeitlichen Isolation der Einleger, die ein aufeinander abgestimmtes Verhalten - also z. B. die Konditionierung der tatsächlichen Auszahlung in $T = 1$ auf die kumulierten Auszahlungswünsche - unmöglich macht.[53] Da die sequenzielle Abzugsregel damit von keiner Institution innerhalb des Modellrahmens aufhebbar ist, ist auch eine erstbeste Allokation nicht mehr erreichbar. Die Ansätze suchen entsprechend nach alternativen, zweitbesten Lösungen.[54]

---

[49] Wallace (1988) war vermutlich der erste, der auf dieses Problem aufmerksam machte. McCulloch/Yu (1998) machen ganz deutlich: "Note that this tax must be collected entirely in the form of deposits after depositors have declared their intention to withdraw but before they actually receive goods, for otherwise an inefficient interruption of production would occur." S. 142f.

[50] Dowd (1992), S. 117.

[51] Vgl. Allen/Gale (1998), S. 1250.

[52] Für diesen „contingent bonus contract" vgl. McCulloch/Yu (1998), S. 143. Sie ziehen den Vergleich einer solchen Bank zu Versicherungsvereinen auf Gegenseitigkeit, die die Prämienzahlungen auf Basis eines sehr ungünstigen Schadenszenarios kalkulieren und dann eine Rückvergütung auf Basis des tatsächlichen Schadenverlaufs vornehmen.

[53] Vgl. McCulloch/Yu (1998), S. 147.

[54] Vgl. Wallace (1988), (1990) und die darauf aufbauende Modelle wie etwa Green/Lin (2000) und Peck/Shell (2003).

Allgemein zeigen diese Ansätze, dass die zweitbesten Auszahlungspläne der Bank die in $T = 1$ ausbezahlten Beträge in Abhängigkeit der erreichten Abzugsquoten staffeln, d. h. der Auszahlungsbetrag wird mit steigender Anzahl der Abhebungen immer kleiner. Ursächlich dafür ist die Überlegung, dass die Unsicherheit hinsichtlich der Ausprägung der aggregierten Liquiditätspräferenz, die bei einem konstanten frühen Auszahlungsbetrag allein von den späten Konsumenten getragen wird, auch von den Typ-1-Individuen mitgetragen werden sollte - selbst wenn dies ein zusätzliches Unsicherheitselement in Form der Abhängigkeit der frühen Auszahlung vom Platz in der Schalterschlange einführt. Die Ansätze kommen dabei zum Teil zu dem Ergebnis, dass die zweitbesten, von der Bank angebotenen Depositenverträge keine Run Gefahr mehr beinhalten und damit auch keinen regulierenden Eingriff mehr erforderlich machen.[55] Zum Teil kommen sie dagegen zu dem Ergebnis, dass auch bei komplexeren Depositenverträgen die Möglichkeit von Runs bestehen bleibt.[56] Gemein ist diesen Ansätzen die Problematik, dass derartige Kontrakte in der Realität überwiegend nicht zu beobachten sind. Neben allgemeinen Transaktionskostenüberlegungen ist hierfür möglicherweise die Fähigkeit von traditionellen Einlagenverträgen verantwortlich, das bisher ausgeblendete und in Abschnitt 4.2 exemplarisch diskutierte Problem des Moral Hazards auf Seiten der Bank zu kontern. Die kurzfristige Abzugsmöglichkeit von Einlagen dient dort als Disziplinierungsinstrument, um die Unternehmensführung von Handlungen abzuhalten, die die Einleger schädigen könnten.

3.3.3.3 Regulierungsimplikationen

Welche Bedeutung haben diese Überlegungen für regulatorische Fragestellungen? Zum einen erscheint es problematisch, die Existenz einer Technik zur Kumulation der Auszahlungswünsche zu unterstellen. Weder die Bank noch eine Einlagensicherung werden in der Lage sein, die Auszahlungen solange zu verzögern, bis sie auf die Realisation eines aggregierten Schocks in der Gesellschaft schließen und damit bereits die ersten Auszahlungen davon abhängig machen können.

Die sequenzielle Abzugsregel ist dagegen unseres Erachtens durchaus die geeignete Modellierung der im Einlagenabzugsspiel auftretenden Phänomene. Allerdings erscheint die bei den auf der räumlich-zeitlichen Isolation der Individuen aufbauenden Ansätzen enthaltene Annahme, dass eine steuerfinanzierte Einlagensicherung die unterschiedliche Behandlung auch *nach* Abzug der Einlagen nicht aufheben kann, sehr weitgehend. Solange die Einlagen noch nicht (vollständig) konsumiert sind und damit prinzipiell mittels Besteuerung darauf zugegriffen werden kann, sollte es einer solchen Einlagensicherung - vergleichbar mit der anteiligen Aufteilung der Vermögensmasse

[55] Vgl. Wallace (1988), (1990) und Green/Lin (2000).
[56] Vgl. Chari (1989) und Peck/Shell (2003).

auf die Gläubiger im Konkursfall - möglich sein, den abgehobenen Gesamtbetrag oder zumindest die verbliebenen Teile davon zwischen den Einlegern umzuverteilen.

Selbstverständlich widerspricht die Möglichkeit eines solchen Vorgehens einer strikten Interpretation der sequenziellen Abzugsregel, da der einlagensichernden Institution die Fähigkeit zugesprochen wird, zwar nicht zu Beginn, aber doch zum Ende von $T = 1$ die räumlich-zeitliche Isolation der Einleger aufzuheben. Mag diese Interpretation modelltheoretisch auch unbefriedigend sein, erscheinen die beiden Extrempositionen - hier problemlose Aufdeckung der aggregierten Liquiditätspräferenz durch Kumulation der Auszahlungs*wünsche*, dort vollkommene und jede gesellschaftliche Interaktion ausschließende räumlich-zeitliche Isolation - zur Beurteilung der Frage, was eine steuerfinanzierte Einlagensicherung in Reaktion auf aggregierte Schocks leisten kann, ebenfalls wenig hilfreich.[57]

Mit der angesprochenen Umverteilung könnte der „Nullkonsum", also das völlige Leerausgehen eines Individuums, sowohl in $T = 1$ durch Umverteilung zwischen den frühzeitig konsumierenden Individuen als auch in $T = 2$ durch Rückführung der eingezogenen Mittel in die Bank vermieden werden.[58] Zudem eröffnete sich dann wieder die Möglichkeit, Bank Runs durch ein Steuerschema zu verhindern, das den Nutzen früher Abzüge ex post so kürzt, dass ein Belassen der Einlagen in der Bank für Typ-2-Individuen attraktiv erscheint. Damit ließe sich zwar nicht der auf die Ausprägung von t konditionierte optimale Liquidationsumfang der langfristig angelegten Investitionen erreichen, aber die vollständige Liquidation vermeiden.

Festzuhalten bleibt, dass eine Einlagensicherung à la Diamond/Dybvig (1983) unter Berücksichtigung dieser Einschränkungen wohl kaum den auf die Realisation eines aggregierten Schocks konditionierten erstbesten Konsumplan sicherstellt. Eine solche Einlagensicherung hat zudem konzeptionell wenig mit einer Versicherung der Einlagen - im Sinne einer Vernichtung vollständig diversifizierbarer Risiken - zu tun. Eine Einlagensicherung als Versicherung der Einlagen würde deren (realen) Wert garantieren und nicht zur ex post Konditionierung von Finanzkontrakten auf aggregierte Schocks dienen. Auch eine Versicherung der Einlagen kann freilich aggregierte Schocks abdecken. Sie tut dies aber auf Basis ex ante geschlossener Versicherungsverträge, in denen die versichernde Institution eine Risikoprämie zur Übernahme dieser nicht diversifizierbaren Risiken einfordert.[59] Diese

---

[57]Eine nach der möglichen zeitlichen Abfolge von Depositenabzug, Konsumbefriedigung und Steuererhebung bzw. Geldschöpfung differenzierende formale Untersuchung der Vorteilhaftigkeit einer Einlagensicherung bei stochastischer aggregierter Liquiditätspräferenz steht in der Literatur noch aus.

[58]Spencer (2000) spricht entsprechend von einer Umkehrung des Verteilungs-, nicht aber des Liquidationseffekts der Abzüge, S. 200.

[59]Vgl. hierzu die Einordnung der unterschiedlichen Funktionen der Einlagensicherung in Abschnitt 5.3.

konzeptionellen Unterschiede im Verständnis der Funktionen einer Einlagensicherung werden auch bei der Analyse erweiterter Modelle in Kapitel 4 eine wichtige Rolle spielen.

Bevor wir uns diesen Ansätzen zuwenden, sei abschließend auf ein weiteres Problem der modellierten Einlagensicherung hingewiesen. Aufgrund der Annahme einer risikolosen Produktionstechnik abstrahiert das Modell von negativen Anreizwirkungen, die eine Einlagensicherung hervorrufen kann:

> „If the risk of bank portfolios could be selected by a bank manager, unobserved by outsiders (to some extent), then a moral hazard problem would exist. In this case ... introducing deposit insurance can influence the portfolio choice. ... It appears likely that some form of government deposit insurance could again be desirable but that it would be accompanied by some sort of bank regulation.“[60]

Diese Überlegung weist bereits auf die in Kapitel 5 abgeleitete Feststellung hin, wonach die Institution einer Einlagensicherung in der Praxis flankierender Maßnahmen bedarf.

Box - Wichtige Ergebnisse und weiterführende Argumente Kapitel 3

- Banken können als Versicherer gegen individuelle Liquiditätsschocks erklärt werden.
- Es besteht die Gefahr von Bank Runs, d.h. die Gefahr massenhafter Abzüge von Einlagen.
- Eine steuer- oder geldschöpfungsfinanzierte Einlagensicherung kann Bank Runs verhindern und bei aggregierten Liquiditätsschocks den erstbesten Konsumplan sicherstellen.
- Die Existenz von runanfälligen Einlagenverträgen bzw. die simultane Existenz von Banken und Kapitalmärkten ist jedoch nur unter einschränkenden Annahmen erklärbar.
- Die Auslöser von Bank Runs werden nicht näher untersucht.

[60] Diamond/Dybvig (1983), S. 417. An gleicher Stelle verweisen die Autoren auch auf mögliche mit der Besteuerung verbundene Zusatzlasten, die das Ergebnis einer erstbesten Einlagensicherung einschränken könnten. Für eine Analyse der Zusatzlasten der Besteuerung vgl. etwa Auerbach (1987).

- Die Modellierung der analysierten erstbesten Einlagensicherung birgt Probleme und hat wenig mit einer traditionellen Versicherung zu tun.
- Eventuelle negative Anreizwirkungen einer Einlagensicherung werden vernachlässigt.

Kapitel 4

Bank Runs und Einlagensicherung - Erweiterte Modelle

Das Kapitel greift die in Abschnitt 3.3 aufgeworfenen Fragen nach dem Auslöser von Bank Runs und alternativen Begründungen für eine Einlagensicherung auf. Dabei erörtert Abschnitt 4.1 zunächst Ansätze, die über die Modellierung unsicherer Erträge von Banken einen Bank Run in seiner Entstehung erklärbar machen. Auf dieser Basis stellt Abschnitt 4.2 die Vorstellung der Ineffizienz von Bank Runs in Frage. Danach betrachtet Abschnitt 4.3 das inzwischen häufig unter dem Begriff des systemischen Risikos subsumierte Übergreifen eines Run von einer Bank auf andere Banken.

4.1 Unsichere Bankerträge und informationsbasierte Bank Runs

Durch die Berücksichtigung unsicherer Erträge der von der Bank gehaltenen Vermögensgegenstände - wie etwa das durch die Bank gehaltene Kreditportfolio - wird es möglich, die Auslöser von Bank Runs realitätsnäher zu modellieren. Runs können nun aufgrund schlechter Geschäftsaussichten, die die versprochenen Auszahlungen gefährden, fundamental begründet sein. Dabei geht ein Teil dieser Modelle von einer deterministischen aggregierten Liquiditätspräferenz aus und begründet aggregierte, d. h. nicht diversifizierbare Unsicherheit allein über unsichere Bankerträge. Dabei ist zum einen zu berücksichtigen, dass eine solche Annahme durchaus mit einer sich saisonal oder trendmäßig verändernden aggregierten Liquiditätsneigung vereinbar ist, solange diese in dem durch den Bankensektor prognostizierbaren Rahmen bleibt. Zum anderen kann sich selbstverständlich im Zuge eines sich entwickelnden Run der Anteil der frühen Abzüge drastisch und überraschend erhöhen; nur ist dies eine Folge veränderter Fundamentaldaten und keine sich davon unabhängig ergebende Ausprägung einer Zufallsgröße.

4.1.1 Unvollständige Ertragsinformation und partielle Bank Runs

4.1.1.1 Modelldarstellung

Jacklin/Bhattacharya (1988) inkorporieren die Unsicherheit der Bankerträge über die Annahme, dass der Ertrag $\tilde{R}$ der langfristig angelegten Ressourcen in $T = 2$ eine Zufallsgröße ist.[1] Darüber hinaus wird angenommen, dass die langfristige Produktionstechnik vollständig illiquide ist, d. h. eine Liquidation in $T = 1$ keinerlei Ertrag bringt. Stattdessen existiert eine zweite, liquide Aufbewahrungsmöglichkeit, die die eingelegten Einheiten der Anfangsausstattung nach $T = 1$ transferiert. Wie bisher bezeichnet t den hier als unveränderlich angenommenen Anteil der Typ-1-Individuen bzw. $(1 - t)$ den der Typ-2-Individuen.

Mit diesen Annahmen lässt sich eine Kombination von Einlageverträgen ableiten, die - gegeben die Unbeobachtbarkeit der Typen und die unsicheren Bankerträge - das gesellschaftliche Optimum sicherstellt. Aufgrund der Annahme geglätteter Präferenzen beinhalten diese Depositenkontrakte - anders als bei Diamond/Dybvig (1983) - für beide Individuentypen positive Konsummengen sowohl in $T = 1$ als auch in $T = 2$.[2] Die zwei typspezifischen optimalen Verträge versprechen also jeweils $(c_1^{i^*}, c_2^{i^*}(R))$ für die Typen $i = 1, 2$, wobei die späten Auszahlungen in $T = 2$ von der Realisation R abhängen und damit ex ante unsicher sind. Um der Anreizkompatibilität zu genügen, d. h. die unterschiedlichen Individuentypen zur wahrheitsgemäßen Offenbarung ihres Typs durch die Wahl eines Auszahlungsstroms zu bewegen, implizieren diese optimalen Verträge bei korrekter Typangabe einen höheren Erwartungsnutzen als bei falscher Angabe.[3]

Zur Modellierung von Bank Runs wird nun angenommen, dass ein Teil α der Typ-2-Individuen nach Offenbarung ihres Typs, aber noch in $T = 1$, ein nur von ihnen zu beobachtendes neues Signal über die Wahrscheinlich-

---

[1] Im Gegensatz zu Diamond/Dybvig (1983) werden geglättete Präferenzen angenommen, d. h. die Individuen ziehen - wenn auch in unterschiedlichem Ausmaß - aus Konsum in beiden Zeitpunkten $T = 1$ und $T = 2$ Nutzen. Weiterhin ziehen aber Typ-2-Individuen einen höheren Nutzen aus spätem Konsum als Typ-1-Individuen. Die Begründung für diese Modellierung folgt den Ausführungen in Abschnitt 3.3.1: Für solche Präferenzen erweisen sich Depositenverträge unter Umständen gegenüber anderen (gehandelten) Finanzkontrakten als pareto-überlegen. Die Existenz von rungefährdeten Depositenverträgen ist damit endogen erklärbar.

[2] Zur Interpretation solcher Verträge als Depositenkontrakte vgl. Jacklin/Bhattacharya (1988) und Jacklin (1987).

[3] Die sichere frühe Auszahlung für Typ 1 ist dabei höher als die von Typ 2, d. h. $c_1^{1^*} > c_1^{2^*}$; die jeweils von der Ausprägung R abhängigen, unsicheren späten Auszahlungen sind dagegen für Typ-2-Individuen höher, d. h. $c_2^{2^*}(R) > c_2^{1^*}(R)$.

keitsverteilung des Ertrags $\tilde{R}$ erhalten.[4] Diese Annahme wird dadurch motiviert, dass in einer Welt mit kostenverursachender Informationsbeschaffung diejenigen Individuen, die den späten Konsum höher schätzen, eine stärkere Neigung zum Erwerb von Informationen über die Ertragssituation der Langfristanlage besitzen. Dass zudem nur ein Teil der Typ-2-Individuen über diese Informationen verfügt, wird durch eine nicht näher diskutierte Heterogenität des Typs begründet, wie etwa unterschiedlich hoher Einlagen.[5] Wir haben es also im Zeitpunkt $T = 1$ neben der bereits bekannten Differenzierung von Typ-1- und Typ-2-Individuen mit einer asymmetrischen Informationsverteilung innerhalb der Typ-2-Individuen zu tun.

Es lässt sich nun zeigen, dass die informierten Typ-2-Individuen angesichts eines Signals, das auf eine schlechte Ausprägung von $\tilde{R}$ hindeutet, unter Umständen eine höhere Auszahlung bevorzugen, als ihr typspezifischer Vertrag vorsieht. Intuitiv nicht überraschend führen schlechtere Ertragsaussichten zu einem geringeren Erwartungsnutzen aus der unsicheren späten Auszahlung, auf die insbesondere Einleger vom Typ 2 Wert legen. In Abhängigkeit von der revidierten Ertragsschätzung kann der Erwartungsnutzen so gering ausfallen, dass für die informierten Einleger die in $T = 0$ noch vorhandene Anreizkompatibilität nicht mehr erfüllt ist. Sie präferieren dann stattdessen die höhere, sichere Auszahlung der Typ-1-Individuen in $T = 1$ und nehmen dafür die geringere, unsichere Auszahlung dieses Typs in $T = 2$ in Kauf. Es handelt sich also um ein von den Ertragsaussichten der langfristigen Investition bestimmtes, eindeutiges Run-Gleichgewicht. Der Run resultiert dabei in der Wahl eines „falschen" Depositenvertrags durch einen Teil der Einleger, da dieser eine höhere, frühe Auszahlung als der „richtige" Vertrag impliziert.

Da in diesem Fall der Teil $t + \alpha(1-t)$ aller Einleger eine Auszahlung in Höhe von $c_1^{1^*}$ wünscht, die Investition der Bank in die liquide Aufbewahrungstechnik sich aber an der wahrheitsgemäßen Typoffenbarung orientiert (diese Auszahlung also nur für den Teil t aller Einleger erwartet wurde), wird ein Teil der Einleger bei einem Auszahlungsverhalten der Bank gemäß Typangabe leer ausgehen.[6] Jacklin/Bhattacharya (1988) gehen davon aus, dass die Bank den Betrag $c_1^{1^*}$ nur auszahlt, solange der Anteil der Einleger, der diese Auszahlung wünscht, nicht t überschreitet. Gewährt die Bank danach nur noch die niedrige Auszahlung $c_1^{2^*}$, kann sie nicht zahlungsunfähig

---

[4]Man beachte, dass die Depositenverträge diese Interimsinformation nicht berücksichtigen, da die Verträge nicht auf nicht allgemein beobachtbare Signale konditionierbar sind.

[5]Vgl. Jacklin/Bhattacharya (1988), Fußnote 7.

[6]Formal betrachtet muss die Bank beim Angebot ihrer Depositenverträge die Nebenbedingung beachten, dass in $T = 1$ die Summe der Abzüge aller Einleger nicht ihre Anlage in die liquide Aufbewahrungstechnik übersteigt, d. h. $L \leq tc_1^{1^*} + (1-t)c_1^{2^*}$, wobei L die liquiden Mittel der Bank darstellt. Da aufgrund der Anreizkompatibilitätsbedingung zudem $c_1^{1^*} > c_1^{2^*}$ gilt, ist L nicht ausreichend, um Abzüge in Höhe von $\{t + \alpha(1-t)\}c_1^{1^*} + (1-\alpha)(1-t)c_1^{2^*}$ zu befriedigen.

werden.[7] Es kommt jedoch zu einer zufälligen Zuordnung der Auszahlungen auf die Individuentypen - je nach Reihenfolge des Eintreffens der Einleger vor dem Bankschalter -, mit der ein Effizienzverlust verbunden ist.[8]

4.1.1.2 Zusammenfassung und Regulierungsimplikationen

Mehrere Aspekte eines solchen Run sind kritisch zu beurteilen. Der modellierte Bank Run erfasst nicht alle Einleger, er ist lediglich partiell. Die Bank kann durch Gestaltung der Auszahlungskonditionen zudem ihre Zahlungsunfähigkeit beim Run verhindern bzw. selbst wenn einige Einleger in $T = 1$ völlig leer ausgehen, werden die langfristigen Anlagen der Bank nicht liquidiert, da sie nichts zur Finanzierung von Auszahlungen in $T = 1$ beitragen. Dies impliziert, dass die Folgen des Bank Run produktionsseitig weniger drastisch sind als bei dem in Kapitel 3 dargestellten Modell von Diamond/Dybvig (1983), in dem alle langfristigen Projekte liquidiert werden müssen. Beide Phänomene sind in der Realität bei Bank Runs überwiegend nicht zu beobachten. Vielmehr erfasst ein Bank Run meist einen Großteil, wenn nicht die Gesamtheit der Einleger. Daneben liquidiert die Bank durchaus langfristig angelegte Aktiva, da sie - wenn auch vermutlich mit einem erheblichen Abschlag - liquiditätszuführend wirken.[9]

Das Modell bietet darüber hinaus kaum Anhaltspunkte oder Rechtfertigungsgründe für ein staatliches Eingreifen in Form einer Einlagensicherung.[10] Bei der Ausprägung von $\tilde{R}$ handelt es sich um einen aggregierten, nicht diversifizierbaren Ertragsschock auf Ebene des Bankensektors, gegen den auch eine steuerfinanzierte Einlagensicherung in diesem Modellrahmen nichts ausrichten kann: „[T]he interim information in our model pertains to aggregate shocks; a much more complex (intergenerational) model is needed to consider deposit insurance in such a context.“[11] Inwieweit der Bankensektor kombiniert mit einer Einlagensicherung als ein System überlappender

---

[7] Das Auszahlungsverhalten der Bank entspricht also konzeptionell einem Auszahlungsstopp. Man beachte, dass bei diesem Auszahlungsschema ein panikbasierter Bank Run ausgeschlossen ist, da ein Typ-2-Individuum unabhängig vom Verhalten der anderen Typ-2-Individuen seinen versprochenen Auszahlungsstrom erreichen kann.

[8] „Note that some type 2's making type 1 withdrawals will make everyone worse off in an ex ante expected utility sense since the deposit contract is the result of constrained ex ante expected utility maximization and since ex ante depositors know neither their type nor wether they will have any private information at $T = 1$.“ Jacklin/Bhattacharya (1988), Fußnote 11.

[9] Vgl. Burghof (1998), S. 72.

[10] Der Ansatz hat aber, wie von den Autoren ausgeführt, auch eine andere Zielrichtung. Ihnen geht es hauptsächlich darum, einen wohlfahrtsökonomischen Vergleich möglicher Finanzkontrakte unter verschiedenen Umweltbedingungen durchzuführen, vgl. auch die Diskussion in Abschnitt 3.3.1. Jacklin/Bhattacharya (1988) zeigen in ihrem Modell, dass Depositenkontrakte sich eher zur Finanzierung von weniger riskanten Projekten empfehlen, vgl. ebenda, S. 585f.

[11] Jacklin/Bhattacharya (1988), Fußnote 9.

Einlegergenerationen zu interpretieren ist, in dem die Möglichkeit zum wohlfahrtssteigernden intergenerationellen „pooling“ des Risikos von aggregierten Schocks besteht, ist theoretisch bisher ungeklärt.[12] Die Anlagestruktur, sprich die Anteile, die in der kurz- bzw. langfristigen Produktionstechnik gebunden sind, wird bereits in $T = 0$ ex ante optimal festgelegt. Aufgrund der angenommenen Illiquidität der Langfristtechnik gibt es keine Möglichkeit, auf die zur Verteilung vorhandenen Ressourcen in $T = 1$ oder $T = 2$ Einfluss zu nehmen. Allein die Verteilung zwischen den Individuentypen wäre eine mögliche Stellgröße. Es wird jedoch kein Mechanismus entwickelt, der die - gegeben die revidierte Ertragsschätzung, die fixierte Ressourcenallokation und die notwendige Anreizkompatibilität - optimale Verteilung auf die Individuentypen erreicht.[13]

Trotzdem enthält das Modell interessante Bestandteile, die wir in der Diskussion weiterer, stärker regulatorischen Fragen zugewandter Ansätze wieder aufgreifen. Zum einen gelingt es, einen Bank Run in Abhängigkeit von neuen Informationen über zukünftige Erträge zu modellieren. Zum anderen wird deutlich, dass die Verteilung und Qualität der Information über die Ertragsaussichten eine wichtige Rolle spielen.

4.1.2 Vollständige Ertragsinformation und Bank Runs

Wir wollen im Weiteren zunächst analysieren, wie sich ein von allen Einlegern zu beobachtendes, perfektes Signal hinsichtlich zukünftiger Bankerträge

[12] Prinzipiell können intergenerationelle Transfers - etwa in Form einer umlagefinanzierten Sozialversicherung - in einer Welt mit aggregierter Einkommensunsicherheit wohlfahrtssteigernd wirken, vgl. Shiller (1999). Grundlegende Idee hierbei ist, dass es ohne umlagefinanzierte Sozialversicherung für keine Generation möglich ist, Einkommensrisiken mit einer anderen Generation ex ante zu handeln. Zum Teil wird bei der Begründung einer Einlagensicherung offenbar auf diese Argumentation Bezug genommen: „No financial system with reasonably high levels of leverage can guarantee the claims of investors if large adverse macroeconomic shocks occur. Assuming such an extensive insurance coverage is desirable, the government can use its coercive power to force other categories (noninvestors, future generations) to provide the required insurance to investors through taxes (current, or deferred through the use public debt).“ Dewatripont/Tirole (1994), S. 31. Wir verstehen diese Argumentation jedoch als potenzielle Rechtfertigung eines umlagefinanzierten Sozialversicherungssystems, das die gesamte Bevölkerung mit ihren verschiedenen Einkommens- und Vermögensarten - und nicht nur die Klasse der Einleger bzw. Einlagen - erfasst: „It is important that the formulas [for the contributions/benefits in such a system] apply to all income and all retired persons, since their purpose is sharing of income risks, including everyone's income and including the risks of non-labor income.“ Shiller (1999), S. 194. Darüber hinaus erscheint uns die Identifikation von *Einleger*generationen mit dem oben verwendeten Generationenbegriff, der keine Möglichkeit zum intergenerationellen Risikotausch unterstellt, problematisch. Zur prinzipiellen Modellierung von Banken mit überlappenden Generationen von Einlegern - jedoch ohne aggregierte Schocks - vgl. Qi (1994).

[13] Jacklin/Bhattacharya (1988) verweisen kurz darauf, dass individuelle Ertragsschocks, die lediglich einzelne Bankprojekte treffen und diversifizierbar sind, die Einführung einer Einlagensicherung möglicherweise sinnvoll erscheinen lassen, vgl. S. 589.

auswirkt. Dafür ziehen wir einen in seiner Grundform dem gerade diskutierten Modell ähnlichen Ansatz von Allen/Gale (1998) heran.

4.1.2.1 Grundmodell

Wiederum existieren eine vollkommen illiquide Langfristtechnik mit unsicherem Ertrag und eine kurzfristige risikolose Aufbewahrungsmöglichkeit.[14] Die Aufbewahrungmöglichkeit kann jedoch anders als bei Jacklin/Bhattacharya (1988) Ressourcen auch von $T = 1$ nach $T = 2$ übertragen und wird im Folgenden auch als sichere Anlageform bezeichnet. Damit steht für Konsum in $T = 1$ weiterhin nur der liquide gehaltene Teil der Anfangsausstattung zur Verfügung; in $T = 2$ können jedoch auch nicht in $T = 1$ konsumierte liquide Mittel verbraucht werden. Aufgrund der Annahme von Eckpräferenzen umfassen die typspezifischen Depositenverträge jedoch wie in Kapitel 3 lediglich entweder eine frühe Auszahlung oder eine späte Auszahlung. Die aggregierte Liquiditätspräferenz ist wiederum gegeben. Die Wahrscheinlichkeiten für frühe bzw. späte individuelle Konsumwünsche sind gleich, d.h. $t = 0,5$. Alle Einleger erhalten in $T = 1$ ein perfektes Signal über die sich einstellende Ausprägung von $\tilde{R}$, d. h. der Ertrag der Langfristanlage ist von $T = 1$ aus gesehen eine deterministische Größe. Mittels zusätzlicher Annahmen (u.a. eines Erwartungswerts der langfristigen Technik von $E[R] > 1$) wird sichergestellt, dass die zur Erreichung des optimalen Konsumplans notwendige Ressourcenallokation positive Investitionen in beide Anlageformen impliziert, d. h. $L^* > 0$ und $X^* > 0$, wobei L^* bzw. X^* die optimale Investition in die liquide bzw. langfristige illiquide Anlage bezeichnet.

Der unter diesen Bedingungen optimale typspezifische Konsumplan hat folgende Eigenschaften: Liegt der Ertrag aus der Langfristtechnik oberhalb des Schwellenwerts $\overline{R} \equiv L^*/X^*$, realisieren Typ-1-Individuen den in $T = 1$ maximal möglichen Konsum, also die gesamten Mittel der sicheren Anlageform L^*. Typ-2-Individuen konsumieren in $T = 2$ den Betrag RX^*.[15] Unterhalb des Schwellenwerts $\overline{R}$ werden dagegen gerade soviel liquide Ressourcen nach $T = 2$ übertragen, dass sich die Konsummengen der beiden Individuentypen angleichen. Im Extremfall $R = 0$ werden die in der sicheren Anlageform liquide aufbewahrten Mittel zu gleichen Teilen auf die Individuentypen aufgeteilt.[16] Die Typ-1-Individuen werden durch dieses Konsumschema also am Risiko schlechter Ertragsausprägungen in $T = 2$ über verringerte

[14] Vgl. Allen/Gale (1998, S. 1251.

[15] „Ideally, the high date 2 output would be shared with the early consumers at date 1, but this is not technologically feasible. It is only possible to carry forward consumption, not bring it back from the future.“ Allen/Gale (1998), S. 1254.

[16] Die für Ausprägungen des Langfristertrags unterhalb von $\overline{R}$ kennzeichnende Gleichbehandlung der Individuen ist dem Umstand geschuldet, dass Allen/Gale (1998) auf eine Diskontierung des Nutzens aus spätem Konsum verzichten. Oberhalb von $\overline{R}$ ist dies - wie in der vorhergehenden Fußnote zitiert - technisch nicht möglich. Für eine ausführliche Ableitung des optimalen Konsumplans vgl. Allen/Gale (1998), S. 1280ff.

Konsummengen in $T = 1$ beteiligt. Abbildung 4.1 stellt die entsprechenden optimalen Konsummengen c_T^* in Abhängigkeit der Realisation R dar.[17]

Abbildung 4.1: Optimale Konsumniveaus in $T = 1$ und $T = 2$ in Abhängigkeit der langfristigen Ertragsausprägung

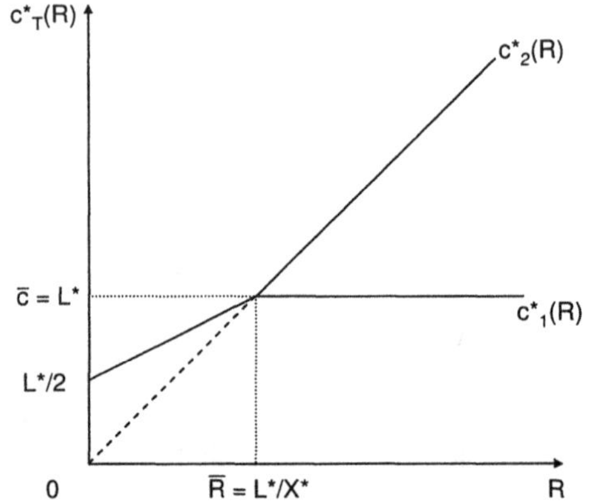

Quelle: Allen/Gale (1998), S. 1255.

Es stellt sich nun die Frage, wie ein Depositenkontrakt in diesem Umfeld im Vergleich zum erreichbaren Optimum abschneidet. Überraschenderweise können Allen/Gale (1998) zeigen, dass ein Depositenkontrakt *in Verbindung mit* Bank Runs den optimalen Konsumplan sicherstellt. Dazu muss allerdings angenommen werden, dass die Bank keiner sequenziellen Abzugsregel unterliegt. Für den modellierten Depositenkontrakt impliziert dies, dass er eine feste Auszahlung von $\bar{c}$ verspricht, solange ausreichend liquide Mittel vorhanden sind. Übersteigen die Auszahlungswünsche in $T = 1$ diese Ressourcen, werden sie anteilig ausbezahlt. Die Auszahlung für Einleger, die erst in $T = 2$ abheben, ergibt sich aus der gleichmäßigen Aufteilung aller vorhandener Ressourcen, d. h. dem Ertrag der unsicheren Langfristanlage und eventuell verbliebener liquider Mittel.

Setzt die Bank nun den versprochenen frühen Auszahlungsbetrag $\bar{c}$ mit dem zur Unterstützung des optimalen Konsumplans abgeleiteten L^* gleich, resultieren unter Berücksichtigung von Bank Runs die optimalen Konsummengen: Liegt der Ertrag der Langfristtechnik oberhalb von $\overline{R}$, konsumieren die Typ-1-Individuen gerade L^*, die Typ-2-Individuen RX^*. Liegt er unterhalb, hat prinzipiell jedes einzelne Typ-2-Individuum einen Anreiz, ebenfalls

[17] Da wiederum Eckpräferenzen unterstellt werden, d. h. optimalerweise Typ-1-Individuen nur in $T = 1$ und Typ-2-Individuen nur in $T = 2$ konsumieren, verzichten wir in der Notation der optimalen Konsummengen auf die Typangabe i. Zur Definition von Eckpräferenzen vgl. S. 21.

frühzeitig abzuheben, da $R < \overline{R} \equiv L^*/X^*$ impliziert, dass $L^* > RX^*$. Handelt jedoch eine größer werdende Anzahl von Typ-2-Individuen nach diesem Schema, wird einerseits die tatsächlich mögliche Auszahlung in $T = 1$ aufgrund der gegebenen liquiden Mittel immer kleiner. Umgekehrt wird durch die damit einhergehende abnehmende Anzahl von Auszahlungswünschen in $T = 2$ der mögliche späte Auszahlungsbetrag immer größer. Bezeichnet δ den Anteil der Typ-2-Individuen, die frühzeitig abheben, existiert ein $\delta^*(R) \leq 1$, bei dem sich diese Effekte gerade ausgleichen, und der Bank Run zum Stillstand kommt.[18]

Es ist dabei intuitiv einsichtig, dass δ^* eine Funktion der Ertragsausprägung R ist. Ist R relativ groß und nur knapp unterhalb von $\overline{R}$, reicht eine geringe Anzahl von frühzeitig abhebenden Typ-2-Individuen aus, um die Anreizkompatibilität der Auszahlungen wiederherzustellen. Im entgegengesetzten Extremfall $R = 0$, gilt $\delta^*(R) = 1$, d. h. alle Einleger versuchen, frühzeitig abzuheben. Entsprechend der Annahme der Gleichverteilung der liquiden Mittel im Insolvenzfall erhalten die einzelnen Anleger die Auszahlung $L/2$. Die sich jeweils einstellenden gleichen Auszahlungen für Typ-1- und Typ-2-Individuen sind aber, gegeben $R < \overline{R}$, gerade optimal.

Man beachte, dass die völlige Vermeidung eines Run zwar durch die Gestaltung des Depositenvertrags bzw. das Halten von Überschussreserven der liquiden Anlage durchaus möglich ist. So zeigen Allen/Gale (1998), dass der unter der Nebenbedingung der vollständigen Run-Vermeidung optimale frühe Auszahlungsbetrag $L^*/2$ beträgt, wobei L^* die optimale Investition in die liquide Technik des zusätzlich beschränkten Maximierungsproblems darstellt. Die Anreizkompatibilität ist dann für alle $R \geq 0$ gegeben, kein Typ-2-Individuum kann sich durch einen frühen Abzug besser stellen. Damit einher geht jedoch, dass der frühe Auszahlungsbetrag $\overline{c}$ konstant und nicht auf R konditioniert ist. Typ-1-Individuen vergeben also die Chance auf eine Beteiligung an eventuell höheren Ergebnisausprägungen. Es lässt sich zeigen, dass dieser zweite Effekt überwiegt, und die Individuen durch einen Depositenvertrag, der Runs nicht um jeden Preis vermeidet, einen strikt höheren Erwartungsnutzen realisieren.[19]

Wie ist dieses Ergebnis - Depositenverträge sichern in Verbindung mit Bank Runs die effizienten Auszahlungsmengen - zu interpretieren? Zum einen ist der modellierte Run - mit Ausnahme des Falls $R = 0$ - wiederum nur partiell, da die langfristige Anlage vollkommen illiquide ist und somit immer Ressourcen für eine späte Auszahlung vorhanden sind. Wie oben ausgeführt, befriedigt diese Modellierung wenig. Zum anderen ist die Gleichbehandlung der Individuen im Insolvenzfall nicht unproblematisch, da sie implizit einen wie auch immer gearteten Mechanismus zur gleichmäßigen

---

[18]Vgl. Allen/Gale (1998), S. 1258f.

[19]Vgl. Theorem 3, Allen/Gale (1998), S. 1260.

Verteilung der vorhandenen Ressourcen vorsieht.[20] In der folgenden Erweiterung des Modells greifen die Autoren den ersten dieser Kritikpunkte auf.

4.1.2.2 Erweitertes Modell

Dazu nehmen sie an, dass die in die langfristige Technik investierten Mittel in $T = 1$ handelbar sind, also für den Fall unzureichender liquider Mittel liquidiert werden können. Wie auch bei vollkommener Illiquidität der Langfristanlage, existiert ein eindeutiges Run-Gleichgewicht, wenn aufgrund des Signals über $\tilde{R}$ in $T = 1$ und gegebenem Portfolio der Bank offenbar wird, dass der versprochene Betrag $\bar{c}$ nicht an alle Typ-1-Individuen ausbezahlt werden kann, ohne dass die Typ-2-Individuen eine geringere Auszahlung erhalten.[21] Der sich einstellende Bank Run erfasst dabei allerdings alle Einleger, da ein Typ-2-Individuum, das abwarten würde, vollkommen leer ausginge: Sein Anteil würde ja vollständig an die anderen Einleger ausbezahlt, um diese so nah wie möglich an $\bar{c}$ „heranzubringen".

Um die mit der Liquidation verbundenen Kosten zu modellieren, wird angenommen, dass die langfristig angelegten Vermögensgegenstände in $T = 1$ auf einem Kapitalmarkt mit beschränkter Liquidität gehandelt werden. Als Marktteilnehmer, die im Gegenzug Liquidität, d. h. Konsum aus der kurzfristigen Technik, anbieten, wird eine Gruppe wohlhabender, risikoneutraler Anleger eingeführt, die ihr Vermögen außerhalb des Bankensektors investieren.[22] Die angenommene Liquiditätsbeschränkung dieser Marktteilnehmer hat zur Folge, dass diese Vermögensgegenstände im Falle eines Run unter Umständen unterhalb ihres „fairen" Marktwertes R gehandelt werden, da die auf dem Kapitalmarkt vorhandene Liquidität nicht ausreicht.[23] Im Gegensatz hierzu verzichten viele Bank Run Modelle auf eine explizite Begründung von Liquidationsverlusten der langfristigen Anlagen. Zum Teil wird über den zugrundeliegenden realen Produktionsprozess argumentiert, zum Teil über die beim Forderungsverkauf von Banken zu erwartenden Abschläge infolge

[20] Vgl. die Ausführungen in Abschnitt 3.3.3.3. Man könnte die unterstellte Gleichverteilung der liquiden Mittel aus der sicheren Anlage auf alle Abhebenden als das Vorhandensein einer umverteilenden Einlagensicherung interpretieren.

[21] Für gewisse Werte der Ausprägung R sind multiple Gleichgewichte möglich. Allen/Gale (1998) schließen diese Fälle aus und beschränken sich auf Situationen, in denen Run-Gleichgewichte nicht vermeidbar sind, vgl. S. 1274.

[22] Allen/Gale (1998) begründen die Risikoneutralität dieser Anlegergruppe nicht weiter. Möglich wäre die implizite Annahme, dass der Ertrag der in das Modell eingebrachten Mittel nicht mit der sonstigen Vermögensposition des repräsentativen wohlhabenden Anlegers korreliert ist, und die eingebrachten Mittel nur einen kleinen Teil der Gesamtvermögensposition darstellen. Unter diesen Umständen sind prinzipiell risikoaverse Individuen bereit, sich einer riskanten Position gegenüber risikoneutral zu verhalten, vgl. Gravelle/Rees (1992), S. 597.

[23] Der durch die kurzfristige Anlage bestimmte einperiodige Diskontierungssatz für den Marktwert einer Einheit der langfristigen Investition beträgt ja gerade eins. Die Unsicherheit bezüglich der Ausprägung des langfristigen Ertrags besteht in $T = 1$ aufgrund des öffentlich beobachtbaren, perfekten Signals nicht mehr.

unbeobachtbarer Qualität. Wie wir in Kürze sehen werden, hat die hier vorliegende Modellierung spezifische Auswirkungen auf die Effizienzbeurteilung von Bank Runs.

Unter der Voraussetzung, dass der Depositenkontrakt nur einen nominalen Anspruch verbrieft, kann eine Zentralbank durch die Bereitstellung von Zentralbankgeld ein Absinken des (realen) Verkaufspreises unter R verhindern.[24] Dafür vereinbart die Zentralbank im Falle einer langfristigen Ergebnisausprägung, die einen Bank Run zur Folge hat, ein Wertpapierpensionsgeschäft mit der (Geschäfts-)Bank. Die Zentralbank kauft also gegen die Bereitstellung von Zentralbankgeld einen Teil der Vermögensgegenstände in $T = 1$ auf, wobei sich die Bank verpflichtet, die Vermögensgegenstände in $T = 2$ zurückzukaufen.[25] Mit der zusätzlich erhaltenen Liquidität zahlt die Bank dann ihre Einleger mit einem Mix aus Konsumeinheiten und Zentralbankgeld aus. Die Markträumungsbedingungen des Austausches von Zentralbankgeld und Konsumeinheiten zwischen den Individuentypen in $T = 1$ bzw. in $T = 2$ zwischen den Typ-2-Individuen, die frühzeitig abgehoben haben, und der (Geschäfts-)Bank implizieren nun zweierlei. Die Bank kann ihrer Verpflichtung aus dem Wertpapierpensionsgeschäft nachkommen, das Zentralbankgeld fließt also wieder an die Zentralbank zurück. Vor allem aber führt das durch die Zuführung von Liquidität gestiegene Preisniveau zu dem oben dargestellten, im Falle der Nicht-Handelbarkeit der langfristigen Vermögengsgegenstände optimalen Konsumniveau, gegeben $R < \overline{R}$. Dabei gilt: Je geringer der Ertrag der Langfristtechnik, desto höher das Preisniveau. Gegeben den festen Nominalanspruch des Depositenvertrags sinkt entsprechend der Realkonsum der Typ-1- und Typ-2-Individuen. Der sich unter Berücksichtigung der Zentralbankintervention einstellende Run ist wiederum nur partiell. Dank der zugeführten Liquidität werden - in nominalen Größen gemessen - alle Auszahlungswünsche voll befriedigt.

Zwei Aspekte der Wohlfahrtseigenschaften des sich einstellenden Gleichgewichts sind hervorhebenswert: Zum einen stellt das Gleichgewicht mit monetärer Intervention eine Pareto-Verbesserung gegenüber dem laissez-faire Ergebnis dar. Dies erklärt sich daraus, dass die Bankeinleger über den verringerten Erlös der Bank bei der Liquidation der langfristigen Anlagen im Run Fall gerade dann quasi einen Transfer an die aufkaufenden Marktteilnehmer leisten, wenn die niedrige, den Run auslösende Ergebnisausprägung sowieso schon ein geringes Konsumniveau verursacht. Die Einleger stellen sich also deshalb durch den Liquiditätszuschuss besser, weil er diesen Transfer verhindert, nicht weil er den, gegeben R, möglichen Realkonsum erhöht. Die risikoneutralen Anleger der aufkaufenden Marktseite werden durch die monetäre Intervention nicht schlechter gestellt: In der laissez-faire Situati-

[24]Vgl. Allen/Gale (1998), S. 1278ff.

[25]Zur prinzipiellen liquiditätszuführenden Wirkung von Wertpapierpensionsgeschäften vgl. etwa Issing (1996), S. 93.

on sind sie trotz eines höheren Erwartungswerts der Langfristanlage bereit, kurzfristig zu investieren, da sie auf den Transfer im Run Fall spekulieren. An der Grenze gilt gerade, dass der dadurch entstehende erwartete Ertrag aus der Kurzfristanlage gleich dem Erwartungswert der Langfristanlage ist. Der Erwartungsnutzen dieses Gesamtportfolios ist entsprechend $E[R]$. In der Situation mit Eingriff der Zentralbank ist die Bank nicht auf den Verkauf der langfristigen Anlagen angewiesen, ein den aufkaufenden Anlegern Ertrag bringender Handel findet nicht statt. Die Anleger verzichten deshalb auf die Kurzfristanlage, investieren ihr gesamtes Vermögen langfristig und realisieren den gleichen Erwartungsnutzen $E[R]$.

Zum anderen ist nicht klar, ob die beschriebene Intervention angesichts der geänderten Modellstruktur den bestmöglichen Eingriff der Zentralbank darstellt. Schließlich wurde beispielsweise eine zusätzliche Gruppe von Individuen eingeführt. Die beschriebene Politik stellt jedoch zumindest eine Untergrenze für das erreichbare zweitbeste Optimum dar:

> „The existence of risk-neutral speculators obviously gives rise to the potential for risk sharing that is not provided by the market. For example, if the speculators assumed more of the risk associated with the risky asset, the risk-averse depositors would clearly be better off and yet there is no way that the simple asset market at date 1 would be able to accomplish this allocation of risk. ... Since it is not clear why the central bank would have this advantage over the market, this seems an excessively strong standard by which to judge the market.“[26]

4.1.2.3 Zusammenfassung und Regulierungsimplikationen

Fassen wir den Ansatz von Allen/Gale (1998) zusammen. Bank Runs sind in der verwendeten Modellierung bei Handelbarkeit der langfristig angelegten Mittel verbunden mit einer monetären Intervention der Zentralbank effizient. Die Bank Runs haben dabei die Form eines frühzeitigen Depositenabzugs durch einen Teil der Typ-2-Individuen in Abhängigkeit der Langfristerträge. Ursächlich dafür ist, dass Bank Runs und zusätzliche Liquidität in Form von Zentralbankgeld den Realkonsum der Individuen von der Ausprägung des Langfristertrags abhängig machen und so das effiziente Maß an Risikoteilung zwischen den Einlegergruppen herbeiführen. Ähnlich dem Ansatz von Diamond/Dybvig (1983) bei stochastischer aggregierter Liquiditätspräferenz führt die auf die Einlagensicherung abzielende Politik der staatlichen Institution (hier der Zentralbank) also nicht zu einer unkonditionalen Garantie des realen Konsumniveaus.

Der Ansatz zeigt damit, dass prinzipiell auch bei unsicheren Erträgen des repräsentativen Bankportfolios ein im Vergleich zum Marktergebnis besser

[26] Allen/Gale (1997) in der Working Paper Version des Modells, S. 35f.

abschneidender Staatseingriff existiert. Ob sich damit gänzlich neue Implikationen für die Gestaltung der Einlagensicherung ergeben, steht auf einem anderen Blatt. Die vorgeschlagene Intervention der Zentralbank deckt sich mit der überwiegend zu beobachtenden Politik einer großzügigen Liquiditätszuteilung bei aggregierten Schocks.[27] Es scheint zudem wieder auf, dass die Ansätze, die sich mit der Wirkung aggregierter Schocks und möglichen regulatorischen Reaktionen in Form einer (nominalen) Einlagensicherung beschäftigen, wenig mit der verbreiteten Vorstellung einer Garantie eines bestimmten realen Konsumanspruchs zu tun haben. Eher lassen sich die vorgeschlagenen Maßnahmen in ein breit gefasstes Konzept der Aufgaben der Geldpolitik integrieren, das neben den Kriterien der Geldwertstabilität und eventuell der Konjunktursteuerung auch die Stabilisierung des Bankensektors - unter Umständen gar über die Stützung der Preise von gehandelten Vermögensgegenständen - umfasst.[28]

4.1.3 Unvollständige Ertragsinformation, „schmutzige" Signale und Bank Runs

Nachdem wir ein Modell mit Regulierungsimplikationen für den Fall eines von allen Beteiligten perfekt zu beobachtenden Schocks betrachtet haben, greifen wir nun den schon bei Jacklin/Bhattacharya (1988) enthaltenen Gedanken eines nicht von allen Einlegern zu beobachtenden Ertragsschocks auf - allerdings ohne die in unseren Augen unbefriedigende, nicht alle Einleger erfassende Runmodellierung.

4.1.3.1 Modelldarstellung

Im Ansatz von Chari/Jagannathan (1988) existiert eine Produktionstechnik, die in $T = 2$ einen unsicheren Ertrag abwirft und in $T = 1$ frühzeitig liquidiert werden kann; bei frühzeitiger Liquidation erhält man maximal den eingesetzten Ressourcenbetrag zurück.[29] In $T = 1$ erhält ein Teil $\tilde{\alpha}$ der Typ-2-Individuen ein perfektes Signal über die sich in $T = 2$ einstel-

[27] Man denke etwa an die Geldpolitik der US-Notenbank angesichts massiver Kurseinbrüche an der New Yorker Börse am 19. Oktober 1987. Am 11. September 2001 veröffentlichte die US-Notenbank folgende Pressemitteilung: „For immediate release: The Federal Reserve System is open and operating. The discount window is available to meet liquidity needs." Federal Reserve Board (2001). Die Europäische Zentralbank ließ verlauten: „After the unprecedented and tragic events in the United States today, the Eurosystem stands ready to support the normal functioning of the markets. In particular, the Eurosystem will provide liquidity to the markets, if need be." ECB (2001b).

[28] Vgl. Schinasi (2003) für eine Einordnung der Geldpolitik der US-Notenbank, der Europäischen Zentralbank und der Bank of England in einen solchen Rahmen.

[29] Allerdings kann aufgrund der angenommenen Risikoneutralität der Einleger die Existenz von Banken nicht über die Liquiditätsversicherung begründet werden. In einer Abwandlung des Modells holt dies Samartin (2002) nach; die grundlegenden Modellaussagen bleiben dabei erhalten.

lende Ertragsausprägung. Von $T = 1$ aus betrachtet, ist der Ertrag der Produktionstechnik für diese Einleger also eine deterministische Größe. Allerdings ist $\tilde{\alpha}$ hier eine Zufallsvariable mit den Ausprägungen $\{0, \alpha\}$, d. h. mit einer gewissen Wahrscheinlichkeit existiert keine Interimsinformation. Zusätzlich nehmen Chari/Jagannathan (1988) an, dass auch der Anteil der Typ-1- und Typ-2-Individuen mit Unsicherheit behaftet ist, d. h. es liegt eine stochastische aggregierte Liquiditätspräferenz vor. Um schließlich die Informationsstruktur reicher zu gestalten und eine Reaktion der uninformierten Typ-2-Individuen greifbar zu machen, ist der aggregierte Kapitalstock in $T = 1$ - d. h. in der Bankeninterpretation dieser Ökonomie der Umfang der Bankaktiva bzw. der getätigten Abzüge in $T = 1$ - von allen Individuen beobachtbar.

Während sich durch diese Modellierung für die Typ-1- und die informierten Typ-2-Individuen nichts ändert - Typ-1-Individuen ziehen in jedem Fall ihre Einlage ab, informierte Typ-2-Individuen ziehen ab, wenn sie ein ungünstiges Signal erhalten -, stellt sich den uninformierten Typ-2-Individuen nun ein so genanntes „signal extraction"-Problem: Sie besitzen keine exakte Information über den Umweltzustand - also die Ausprägung des Langfristertrags $\tilde{R}$, den Informationsstand der anderen Einleger $\tilde{\alpha}$ und den Anteil der aggregierten Liquiditätspräferenz $\tilde{t}$ -, beobachten aber die Gesamthöhe der Einlagenabzüge. Diese Beobachtung liefert jedoch nur ein „verschmutztes" Signal, d. h. sie lässt keinen eindeutigen Rückschluss auf die Ertragsinformation zu, die die informierten Typ-2-Individuen erhalten haben: Unter diesen Umständen ist ein relativer hoher Abzug von Einlagen in $T = 1$ eventuell nur auf eine hohe aggregierte Liquiditätspräferenz zurückzuführen. In diesem Fall stehen nur Typ-1-Individuen in der Schalterschlange. Andererseits kann ein hoher Einlagenabzug auch dadurch bedingt sein, dass ein Teil der Typ-2-Individuen ungünstige Informationen über den Langfristertrag der angelegten Ressourcen erhalten hat und deshalb einen frühen Abzug wünscht - in diesem Fall stehen neben Typ-1-Individuen auch die informierten Typ-2-Individuen in der Schalterschlange. Die uninformierten Typ-2-Individuen hätten dann einen Anreiz, ebenfalls ihre Einlagen abzuziehen.

Formal werden diese Überlegungen im betrachteten Modell über diskrete Wahrscheinlichkeitsverteilungen mit den Ausprägungen $t \in \{0, t_1, t_2\}$ mit $t_2 > t_1 > 0$ und $R \in \{0, R\}$ mit $R > 1$ operationalisiert. Zusammen mit der Ausprägung von $\tilde{\alpha}$ beschreiben die Ausprägungen dieser beiden Größen vollständig den jeweiligen, mit $\theta \equiv \{t, R, \alpha\}$ bezeichneten Umweltzustand. Damit lassen sich insgesamt neun Umweltzustände definieren, vgl. Spalte 1 in Tabelle 4.1.[30] Um ein nicht triviales „signal extraction"-

[30]Dabei ist zu beachten, dass für für den Fall $\tilde{\alpha} = 0$ keine Unterscheidung hinsichtlich des sich einstellenden Langfristertrags möglich ist. Für die Individuen in der betrachteten Volkswirtschaft ist ohne die Interimsinformation weiterhin nur die Zufallsgröße $\tilde{R}$ ein Datum.

Tabelle 4.1: (In-)Effizienz von Run Entscheidungen

Umweltzustand	$\tilde{t}$	$\tilde{R}$	$\tilde{\alpha}$	Einlagenabzug	Interpretation
1	0	-	0	0	kein Run (effizient)
2	0	R	α	0	kein Run (effizient)
3	0	0	α	t_1	kein Run (ineffizient)
4	t_1	-	0	t_1	kein Run (effizient)
5	t_1	R	α	t_1	kein Run (effizient)
6	t_1	0	α	1	Run (effizient)
7	t_2	-	0	1	Run (ineffizient)
8	t_2	R	α	t_2	kein Run (effizient)
9	t_2	0	α	1	Run (effizient)

Quelle: Nach Chari/Jagannathan (1988), S. 756 und Burghof (1998), S. 76.

Problem zu generieren, sind zwei Parameterrestriktionen notwendig: Zum einen wird $t_2 = t_1 + \alpha(1 - t_1)$ gesetzt. Das heißt, bei der Beobachtung eines aggregierten Einlagenabzugs in dieser Höhe stehen uninformierte Typ-2-Individuen vor dem gerade beschriebenen Dilemma der Typzuordnung in der Schalterschlange. Daneben gilt $t_1 = \alpha$. Ein solches Abzugsniveau kann entweder implizieren, dass nur Typ-1-Individuen abziehen, oder dass zwar keine frühen Liquiditätswünsche vorliegen, aber der informierte Teil der Typ-2-Individuen aufgrund des erhaltenen Signals eine frühe Auszahlung wünscht.[31]

Chari/Jagannathan (1988) leiten nun hinreichende Bedingungen für Gleichgewichte ab, in denen es - aus jeweils individueller Sicht rational - in zumindest einem Umweltzustand zu einem vollständigen Abzug aller Einlagen kommt, obwohl *keinerlei* Interimsinformation vorliegt ($\tilde{\alpha} = 0$). Ursache dafür ist, dass der Erwartungsnutzen für die uninformierten Typ-2-Individuen durch frühzeitige Liquidation, gegeben das beobachtete Niveau der aggregierten Abzüge, höher ist als bei einem Abwarten bis $T = 2$.[32]

Tabelle 4.1 beschreibt ein solches Gleichgewicht und macht das Entscheidungsproblem der uninformierten Typ-2-Individuen transparent. Wie die Spalte „Einlagenabzug" zeigt, können die uninformierten Typ-2-Individuen anhand der beobachtbaren Abzüge die Umweltzustände nicht trennscharf

[31]Vgl. Chari/Jagannathan (1988), S. 752. Allgemein gesprochen geht es darum, dass sich ein bestimmtes aggregiertes Abzugsniveau mit positiver Wahrscheinlichkeit aus verschiedenen Umweltzuständen ergeben kann, vgl. Burghof (1998), S. 74.

[32]Vgl. Chari/Jagannathan (1988), Theorem 1. Die hinreichenden Bedingungen beziehen sich auf die jeweiligen Eintrittswahrscheinlichkeiten der Ausprägungen der einzelnen, den Umweltzustand bestimmenden Größen $\tilde{t}$, $\tilde{R}$ und $\tilde{\alpha}$. Diese verwenden die Individuen, um in $T = 1$ nach der Formel von Bayes ihre Erwartungshaltung hinsichtlich der möglichen Umweltzustände, gegeben das beobachtete Abzugsniveau, zu aktualisieren und damit ihren Erwartungsnutzen neu zu berechnen.

ausmachen. Ein Abzug in Höhe von t_1 ist etwa mit den nach ihrer Zeilenposition benannten Umweltzuständen 3, 4 und 5, ein vollständiger Abzug mit 6, 7 und 9 vereinbar. Im Zustand 3 warten die uninformierten Einleger ab, obwohl sie sich dadurch schlechter stellen ($R = 0$). Der Zustand ist von ineffizienter Passivität der Einleger gekennzeichnet. Umgekehrt kommt es im Zustand 7 zu einem ineffizienten Bank Run, da die Einleger den hohen Abzug in $T = 1$ als Zeichen verringerter Langfristerträge interpretieren, jedoch effektiv kein Einleger ein Signal empfangen hat.[33] Da keine neue Information über die Ertragsausprägung vorhanden ist, wäre es unter den von Chari/Jagannathan (1988) gemachten Annahmen effizient, die in $T = 0$ getroffene Investitionsentscheidung aufrecht zu erhalten. Bei ihren Entscheidungen machen die Individuen also die aus der statistischen Hypothesentesttheorie bekannten Fehler der zweiten und der ersten Art, da sie die Nullhypothese „Die Ertragsaussichten rechtfertigen ein Belassen der Einlagen" einmal fälschlicherweise nicht ablehnen (Zustand 3), ein anderes Mal ablehnen, obwohl sie korrekt ist (Zustand 7).[34] Die tabellarische Aufstellung macht darüber hinaus deutlich, dass ein Bank Run durchaus effizient sein kann (Zustände 6 und 9). In diesen Fällen haben die Bankaktiva bei Auflösung in $T = 1$ einen höheren Wert als in $T = 2$.

Vor diesem Hintergrund diskutieren die Autoren die Einführung eines Schwellenwerts für einen Auszahlungsstopp in Höhe von t_1. Im Vergleich mit den in Tabelle 4.1 aufgeführten aggregierten Einlagenabzügen würden dann in den Umweltzuständen 3 bis 9 nur Abzüge in Höhe von t_1 erfolgen. Dem Effizienzgewinn in Zustand 7 - anstelle aller Bankaktiva wird nur ein Teil liquidiert - stehen aber Verluste in den Zuständen 6, 8 und 9 gegenüber. In den Zuständen 6 und 9 wird durch den Auszahlungsstopp die vollständige Liquidation verhindert, obwohl die langfristigen Ertragsaussichten schlecht sind. Im Zustand 8 tritt das aus dem Modell von Diamond/Dybvig (1983) vertraute Problem auf, dass einige Typ-1-Individuen in $T = 1$ keinen Abzug tätigen können. Die Vorteilhaftigkeit des Auszahlungsstopps hängt damit vom Vergleich dieser Nutzengewinne und -verluste ab und kann per se nicht als zwingend wohlfahrtssteigernd angesehen werden.

In einem um risikoaverse Individuen erweiterten, ansonsten aber sehr ähnlichen Modell stellt Samartin (2002) einem Auszahlungsstopp die Einführung einer Einlagensicherung gegenüber.[35] Die Einlagensicherung bei

[33]Dass im Gegensatz hierzu ein hoher Abzug im Umweltzustand 8 nicht zu einem gleichgewichtigen Run mit vollständiger Auflösung der Einlagen führt, erklärt sich daraus, dass die informierten Typ-2-Individuen ihre Einlagen nie auflösen, wenn sie ein günstiges Signal erhalten haben. Dies folgt wiederum aus den gemachten Annahmen über die möglichen Auszahlungsströme: Im Gegensatz etwa zu Diamond/Dybvig (1983) ist die möglich späte Auszahlung nicht vom Abzugsverhalten anderer abhängig, vgl. Chari/Jagannathan (1988), S. 753.

[34]Auf diese Analogie machen Greenbaum/Thakor (1995) aufmerksam, vgl. S. 475.

[35]Die Analyse beschränkt sich auf einen Vergleich zwischen einer Situation mit Auszahlungsstopp ab Überschreiten eines bestimmten Schwellenwerts und einer Situation mit

Samartin garantiert die bei einem hohen Langfristertrag mögliche späte Auszahlung in $T = 2$ und nimmt damit den informierten Typ-2-Individuen den Anreiz, auf das Signal über den Langfristertrag zu reagieren.[36] Entsprechend haben auch die uninformierten Typ-2-Individuen kein „signal extraction"-Problem. Finanziert wird der Transfer an die notleidende Bank durch Steuern, die neben dem reinen Einkommenstransfer auch so genannte, aus der Theorie der optimalen Besteuerung bekannte Zusatzlasten verursachen.

Konkret werden die jeweiligen Sicherheitsäquivalente - also die sicheren Konsummengen, die den gleichen Erwartungsnutzen stiften wie die jeweils durch Auszahlungsstopp bzw. Einlagensicherung implizierten unsicheren Auszahlungen des Depositenvertrags - miteinander verglichen.[37] Im Falle der Einlagensicherung ist von dem Sicherheitsäquivalent der Term $(1+\lambda)E[.]$ abzuziehen, wobei $E[.]$ den erwarteten notwendigen Transfer von der Einlagensicherung zur Bank bezeichnet und der Faktor $\lambda > 0$ die Zusatzlasten der dafür notwendigen Steuern operationalisiert. Der formale Vergleich der beiden Größen zeigt, dass eine ceteris paribus niedrigere Risikoaversion der Individuen tendenziell zu einer Überlegenheit des Auszahlungsstopps führt, während niedrigere Zusatzlasten tendenziell eine Einlagensicherung überlegen erscheinen lassen.[38]

4.1.3.2 Zusammenfassung und Regulierungsimplikationen

Dem Modell von Chari/Jagannathan (1988) gelingt es überzeugend, die zu einem Bank Run führenden Mechanismen abzubilden. Der einzelne Einleger kann sich nicht sicher sein, ob das von ihm beobachtete Abzugsverhalten der anderen Einleger ein Signal über eine schlechte Ergebnisausprägung enthält oder nicht. Diese Unsicherheit kann in bestimmten Umweltzuständen zu einer suboptimalen Aktivität (ungerechtfertigter Bank Run) oder Passivität (ungerechtfertigtes Belassen der Einlagen) führen. Die modellierten Bank Runs sind damit informationsinduziert, individuell rational und führen

---

einer noch näher zu erläuternden Einlagensicherung. Um mit diesem Vorgehen eine eindeutige Empfehlung für oder gegen eine solche Einlagensicherung geben zu können, muss bereits der Auszahlungsstopp einen Nettonutzengewinn erwarten lassen. Dies ist aber vor dem Hintergrund der obigen Ausführungen keine Selbstverständlichkeit.

[36] Gegeben diese sicheren Auszahlungen, sorgt die angenommene Auszahlungsstruktur des Einlagenvertrags aufgrund des Fehlens einer sequenziellen Abzugsregel für eine effiziente Risikoteilung des weiterhin vorhandenen aggregierten Liquiditätspräferenzrisikos.

[37] Samartin (2000) nimmt zur Berechnung der Sicherheitsäquivalente eine konkrete, mit Risikoaversion kompatible Nutzenfunktion an. Zum Konzept des Sicherheitsäquivalents in der Erwartungsnutzentheorie vgl. etwa Gravelle/Rees (1998), S. 558.

[38] Neben den Zusatzlasten ist für das Entstehen eines Trade-Offs zwischen Auszahlungsstopp und Einlagensicherung noch ein weiteres Element verantwortlich: Mit der Einlagensicherung verschwinden auch die effizienterweise zur Liquidation der Bank führenden Runs. Da ein Auszahlungsstopp im Gegensatz dazu den Abzug von einigen Typ-2-Individuen zulässt, wird zumindest ein Teil der Bankaktiva effizienterweise liquidiert, der bei der Sicherungslösung bestehen bleibt.

zur umfassenden Liquidation der Vermögensgegenstände der Bank, da keine vollständige Illiquidität der Langfristanlage unterstellt wurde. Darüber hinaus sind auch fundamental gerechtfertigte Bank Runs möglich, wenn die Einleger korrekt auf ein schlechtes Langfristergebnis schließen.

Ohne es explizit zu machen, beinhaltet das Modell mit dieser Eigenschaft ein Element, das uns im weiteren Gang dieser Untersuchung noch oft begegnen wird - nämlich einen möglichen Interessengegensatz von Bankmanagement und Einlegern. Geht man naheliegenderweise davon aus, dass das Bankmanagement über die selben Informationen wie die informierten Typ-2-Individuen verfügt, wäre ein an den Interessen der Einleger orientiertes Management der Bank zur Liquidation verpflichtet, wenn sich in $T = 1$ ein schlechtes Langfristergebnis $R = 0$ abzeichnet.[39]

Die Literatur kennt verschiedene Ansätze, um zu erklären, warum ein Bankmanagement sich entgegen den Interessen seiner Einleger verhalten kann. Da wir an anderer Stelle noch ausführlicher auf diesen Komplex eingehen werden, genügt hier die Überlegung, dass eine Unternehmensführung bei drohender Insolvenz aufgrund des anstehenden Kontrollverlusts einen Anreiz haben kann, den Geschäftsbetrieb in der Hoffnung fortzuführen, die Insolvenz doch noch abwenden zu können (im Englischen als „gambling for resurrection" bezeichnet).[40] Die negativen Folgen einer solchen Geschäftspolitik werden aufgrund der beschränkten Haftung nicht von der Unternehmensführung internalisiert. Akzeptieren wir vor diesem Hintergrund die Präposition einer möglichen Interessendivergenz von Bankmanagement und Einlegern, ist als weiteres Merkmal der Ansätze von Chari/Jagannathan (1988) und Samartin (2002) die Abbildung effizienter Bank Runs und ineffizienter Fortführungen des Geschäftsbetriebs hervorhebenswert. Für Regulierungsmaßnahmen hat diese Interessendivergenz von Bankmanagement und Einlegern die Implikation, dass Maßnahmen zur Einschränkung von Runs sowohl Vor- als auch Nachteile mit sich bringen und nicht zwingend wohlfahrtssteigernd sind.

Die im Modell von Samartin (2002) durchgeführte Analyse beschränkt sich auf den Vergleich von Auszahlungsstopp und Einlagensicherung. Die Entscheidung für runbeschränkende bzw. -vermeidende Maßnahmen ist hier also bereits gefallen. Darüber hinaus erfordert insbesondere die gewählte Modellierung der Einlagensicherung eine kritische Würdigung. Die einlagensichernde Institution kann hier auf Ressourcen außerhalb des Bankensektors

[39] „[T]his model assumes that the management keeps the bank open even if this implies a decrease in its net wealth." Freixas/Rochet (1997), S. 201. Würde sich das Bankmanagement im Interesse der Einleger verhalten, existierten keine fundamental gerechtfertigten Bank Runs und in der Folge auch keine ungerechtfertigten Runs: Die Beobachtung einer langen Schalterschlange durch die uninformierten Einleger wäre dann nämlich ein eindeutiges Signal für eine hohe Liquiditätsausprägung.

[40] Für eine ausführlichere Diskussion des Interessengegensatzes von Einlegern und Bank vgl. die Abschnitte 4.2 und 5.4.1.

zugreifen, um ihre Transfers zu finanzieren, verursacht dabei allerdings aufgrund von Zusatzlasten Effizienzverluste. Nur wenn diesen Effizienzverlusten höhere Wohlfahrtsgewinne im unterstützten Sektor gegenüberstehen, wäre aus effizienzorientierter Sicht ein Eingriff zulässig. Diese Modellierung ist bei der Analyse regulatorischer Fragen nicht unüblich und macht es möglich, in Partialmodellen externe Ressourcen und gesamtwirtschaftliche Überlegungen einzubeziehen.[41]

Problematisch erscheint jedoch die Verwendung des Erwartungswerts der Transfers zur Bestimmung der Kosten der Einlagensicherung. In einer Welt risikoaverser Individuen ist die Subtraktion des (um den Zusatzlastenfaktor λ korrigierten) Erwartungswerts von einem Sicherheitsäquivalent nur dann sinnvoll, wenn der Erwartungswert als sichere Zahlung angesehen werden kann. Dies impliziert aber, dass die Unsicherheit der Langfristerträge des bankspezifischen Portfolios - denn dies löst ja im Fall niedriger Ausprägungen die Transfers der Einlagensicherung aus - über alle der Sicherungseinrichtung angeschlossenen Banken vollständig diversifizierbar ist. Es besteht auf Ebene der Einlagensicherung keine aggregierte Unsicherheit mehr. Ohne dies näher zu erläutern, werden der Einlagensicherung damit Diversifizierungsmöglichkeiten unterstellt, die den Banken im Modell nicht offenstehen.[42] Die Einlagensicherung kann hier also als echte *Ver*sicherung der Einlagen interpretiert werden. Die Einlagensicherung hat entsprechend eine gänzlich andere Funktion als die Einlagensicherung im Modell von Diamond/Dybvig (1983) in Abschnitt 3.2 dieser Arbeit oder auch die in Abschnitt 4.1.2 vorgestellte Liquiditätszufuhr im Modell von Allen/Gale (1998). Diese Maßnahmen stellen jeweils Reaktionen auf aggregierte Schocks dar und sollen die optimale ex post Konditionierung der Einlagenverträge auf diese Schocks sicherstellen.

Zwar kann nicht unbedingt angenommen werden, dass jede einzelne Bank die Möglichkeit besitzt, ihr insbesondere aus Kreditforderungen bestehendes Portfolio perfekt zu diversifizieren. Dagegen spricht etwa ein besonderer regionaler Bezug der Kreditvergabe, der bei einer regional im Gleichklang verlaufenden wirtschaftlichen Entwicklung den Ausgleich von Kreditausfällen erschwert. Andererseits existieren institutionelle Regelungen, um mit diesen Schwierigkeiten umzugehen, die nicht auf eine steuerfinanzierte Einlagensicherung abstellen. So ist neben der Bildung von Zweigstellen die Einrichtung eines Zentralinstituts denkbar, das Aktiva mehrerer Banken poolt,

[41]Konzeptionell geht die Idee auf Meade (1944) zurück, der kritisierte, dass die Befürworter einer Preisregulierung von natürlichen Monopolen im Sinne einer „Preis=Grenzkosten"-Kalkulation vernachlässigten, dass der entstehende Verlust durch verzerrende Steuereinnahmen gedeckt werden müsse, vgl. Laffont/Tirole (1993) S. 24. Für eine Anwendung vgl. etwa Laffont/Tirole (1986).

[42]Dieses Vorgehen ist kein Einzelfall. Samartin (2002) folgt in ihrer Modellierung der Einlagensicherung bei Freixas/Gabillon (1999). Auch Zhu (2001) trifft die Annahme, dass die Einlagensicherung die Fähigkeit besitzt, das Ertragsrisiko über alle Banken vollständig zu diversifizieren.

wenn diese für sich gesehen keine ausreichenden Diversifizierungsmöglichkeiten besitzen. Daneben kann eine Sicherungseinrichtung treten, die von einem Bankenverband betrieben wird. Schließlich ist auf das Aufkommen immer neuer Finanzkontrakte zu verweisen, die Kreditforderungen zumindest in Maßen fungibel machen. Alle diese Aktivitäten zielen auf eine bessere Diversifizierungsmöglichkeit der einzelnen Bank.[43] Es bleibt beim derzeitigen Forschungsstand unseres Erachtens zumindest unklar, warum eine (mit Zusatzlasten verbundene) steuerfinanzierte Einlagensicherung hier einen systematischen Vorteil haben sollte. Wird diese Ansicht vertreten, ist sie stärker als bisher offenzulegen und zu motivieren. Darüber hinaus muss bei einer steuerfinanzierten Einlagensicherung hinterfragt werden, ob nicht Individuen in den Risikoausgleich zwischen einzelnen Banken einbezogen werden, die keine Einleger sind. Für diese Individuen wäre das Argument einer aus ex ante Sicht effizienten, da Erwartungsnutzen maximierenden Versicherung nicht anwendbar; vielmehr handelte es sich bei den Transfers dieser Individuen an die Gruppe der Einleger um eine Umverteilungsmaßnahme, die sich einer effizienzorientierten Beurteilung entzieht.

4.1.4 Anknüpfungspunkte für die weitere Analyse

Die in Abschnitt 4.1 aus der theoretischen Analyse von informationsbasierten Bank Runs und Einlagensicherungsmaßnahmen gewonnenen Erkenntnisse erfordern in zweifacher Hinsicht eine weitere Vertiefung.

Zum einen muss die in den bisher betrachteten Modellen von Abschnitt 4.1.3 nur implizit enthaltene Möglichkeit von effizienten Bank Runs aufgrund einer Interessendivergenz von Bankmanagement und Einlegern näher untersucht werden. Erst diese Analyse in Abschnitt 4.2 macht die möglichen negativen Folgen von runbeschränkenden Maßnahmen wie einer Einlagensicherung transparenter.

Zum anderen spielt die ebenfalls in Abschnitt 4.1.3 eingeführte Möglichkeit der Reaktion von uninformierten Einlegern auf „schmutzige" Signale auch beim Begriff des „systemischen Risikos" in der Bankenregulierung eine bedeutsame Rolle. Darunter versteht man die Gefahr eines Übergreifens

[43] Unter Umständen sind erst Beschränkungen dieser alternativen Diversifizierungsmöglichkeiten Auslöser für ein Eingreifen in Form einer Einlagensicherung. Chari (1989) stellt fest, dass die Vereinigten Staaten in der Zeit der „National Banking"-Ära (Ende des 19. bis frühes 20. Jahrhundert) ohne Einlagensicherung wiederholt umfassende Bank Runs erlebten. Umgekehrt erfuhren die ähnlich strukturierten - und ebenfalls nicht mit einer Einlagensicherung ausgestatteten - Volkswirtschaften Kanadas und Großbritanniens keine derartigen Runs. Diese unterschiedlichen Entwicklungen führt Chari auf Unterschiede in den gesetzlichen Vorschriften zurück, die eine weitgehende Diversifizierung in den USA unterbanden. So war z. B. die Gründung von Zweigstellen in mehreren Bundesstaaten verboten und selbst innerhalb eines Bundesstaates eingeschränkt, was die einzelnen Banken angesichts regional stark schwankender Liquiditätsneigung häufig in Schwierigkeiten brachte.

eines Bank Run von einer auf andere Banken, das sich zu einem den ganzen Bankensektor erfassenden Run steigert.[44] Diese Abfolge von Ereignissen können die bisher diskutierten Modelle aufgrund ihrer Struktur nicht abdecken. Wir wollen deshalb in Abschnitt 4.3 überprüfen, ob die erst in jüngerer Zeit formalisierten Ansätze zum systemischen Risiko grundlegend neue Regulierungsimplikationen bergen.

4.2 Interessendivergenz von Bankmanagement / Einlegern und effiziente Bank Runs

Die oben angesprochene mögliche Interessendivergenz von Bankmanagement und Einlegern ist als Ausprägung eines Agency Problems zwischen Kapitalnehmer und Kapitalgebern anzusehen.[45] Grob gesprochen geht es also darum, dass der Agent, der vertraglich zu einem bestimmten Verhalten angehalten ist, aufgrund von Informationsasymmetrien über einen gewissen Handlungsspielraum verfügt und diesen eigennutzorientiert ausspielt. Wie im Modell von Chari/Jagannathan (1988) implizit enthalten, kann das Bankmanagement sich etwa entscheiden, den Geschäftsbetrieb über das effiziente Maß hinaus aufrechtzuerhalten.[46]

4.2.1 Modelldarstellung

Auch andere Ansätze bauen auf dieser Interessendivergenz auf und verknüpfen sie mit einer modellendogenen Erklärung der sequenziellen Abzugsregel. Das früheste formalisierte Modell dieser Art ist der Beitrag von Calomiris/Kahn (1991). Die Autoren nehmen an, dass die Bank Zugang zu einer unsicheren Investitionsmöglichkeit hat, aber nicht über die notwendigen Ressourcen verfügt. Potenzielle Kapitalgeber können ihre Mittel entweder der Bank als Einlage zur Verfügung stellen oder in eine andere, weniger attraktive Anlage investieren. Einlagen, die die Bank nicht in das bankspezifische Projekt investiert, hält sie als liquide Reserven. Allein das Bankmanagement kann die Ergebnisausprägung R des unsicheren Bankprojekts beobachten. Ein Finanzkontrakt zwischen Bank und Kapitaleignern kann also nicht direkt auf das Projektergebnis konditioniert werden und hat den Charakter eines Festbetragsanspruchs.[47] Nach der Realisierung der Er-

---

[44] Vgl. für eine Übersicht DeBandt/Hartmann (2000).

[45] Vgl. hierzu ausführlich Franke/Hax (2004), Kapitel VIII.

[46] Freilich ist dies nicht die einzige Prinzipal-Agenten-Beziehung in diesem Kontext. Auch zwischen Management und Eigenkapitalgebern können sich Interessendivergenzen ergeben. In Abschnitt 5.4.1 diskutieren wir das Verhalten eines den Eigenkapitalgebern verpflichteten Managements sowie die Auswirkungen eines Auseinanderfallens der Interessen von Eigenkapitalgebern und Management auf die Zielfunktion von Unternehmen.

[47] Vgl. Townsend (1979) für die grundlegende Ableitung optimaler Kontrakte in einer solchen Situation der „costly state verification“.

gebnisausprägung, aber noch vor der Auszahlung der versprochenen Summe (bzw. der maximal möglichen Auszahlung im Konkursfall), kann sich das Bankmanagement das Gesamtergebnis des Projekts betrügerisch aneignen. Im Zuge des betrügerischen Bankrotts geht jedoch ein Teil A davon verloren. Denkbar ist z.B., dass bei einer überstürzten Liquidation der Bank Verluste entstehen.

Abbildung 4.2 stellt die möglichen Auszahlungen $\pi = \max(0, R - D_0)$ bzw. $(1 - A)R$ für das Bankmanagement in Abhängigkeit der Ergebnisausprägung R, des versprochenen Rückzahlungsbetrags D_0 und der Entscheidung über einen betrügerischen Bankrott dar.[48] Sie macht darüber hinaus deutlich, dass der Anreiz des Bankmanagements zu betrügerischem Verhalten bei einer niedrigen Ergebnisausprägung R höher ist, da eine geringere Ausprägung den Residualanspruch der Bank π bis zur Insolvenzgrenze D_0 im Verhältnis 1 : 1 verringert, während der „Gewinn" im Betrugsfall $(1 - A)R$ nur mit dem Faktor $(1 - A)$ schrumpft. In dem gekennzeichneten Intervall $(0, \overline{R})$ ist es für das Bankmanagement vorteilhafter, sich die vorhandenen Ressourcen unter Inkaufnahme der Verluste AR betrügerisch anzueignen.

Abbildung 4.2: Mögliche Auszahlungen für das Bankmanagement in Abhängigkeit der Ertragsausprägung bei Calomiris/Kahn (1991)

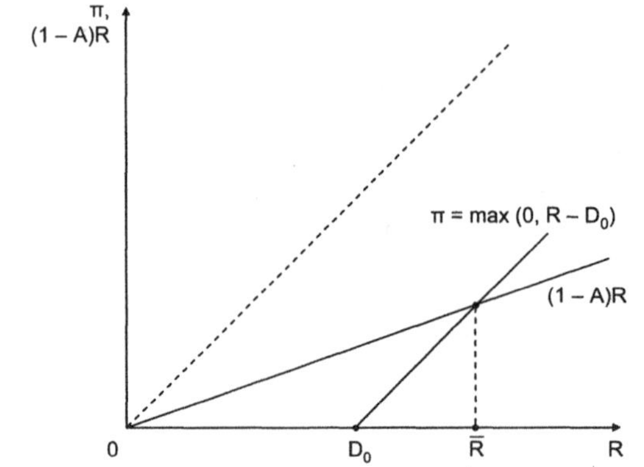

Quelle: Eigene Darstellung.

Calomiris/Kahn (1991) zeigen nun, dass dieses Verhalten neben dem greifbaren Verlust AR ein weiteres Effizienzproblem mit sich bringt.[49] Die

[48] Das Bankmanagement ist in diesem Ansatz also entweder mit den beschränkt haftenden Residualanspruchsinhabern (=Bankeignern) identisch oder diesen vollständig verpflichtet.

[49] Der (illegale) Transfer von Ressourcen infolge des Betrugs stellt für sich genommen

potenziellen Einleger werden nämlich unter Umständen schon ex ante nicht bereit sein, ihre Ressourcen für das prinzipiell lohnende Investitionsprojekt zur Verfügung zu stellen, da sich ein eigennütziges Bankmanagement nicht glaubhaft verpflichten kann, bei einer niedrigen Ergebnisausprägung nicht zu betrügen. Es stellt sich damit die Frage, ob ein Finanzkontrakt existiert, der ein effizientes Investitionsvolumen ermöglicht.

In Verbindung mit einer privaten und kostspielig von einem Teil der Einleger erwerbbaren Interimsinformation über die Erfolgsaussichten des Bankprojekts lässt sich nachweisen, dass ein kurzfristig kündbarer Einlagenvertrag mit sequenzieller Abzugsregel diese Aufgabe für bestimmte Parameterkonstellationen lösen kann.[50] Die Interimsinformation kann dabei zwei Werte (gut, schlecht) annehmen. Beobachtet der einzelne Einleger ein „schlechtes" Signal, d. h. ist die Wahrscheinlichkeit für die niedrige Ergebnisausprägung und damit die Wahrscheinlichkeit einer nicht vertragskonformen Verhaltensweise seitens des Bankmanagements höher als zunächst erwartet, kann der Einleger einen frühzeitigen Abzug tätigen.[51] Zusätzlich gilt aufgrund der getroffenen Verteilungsannahmen für die privaten Signale der einzelnen Einleger, dass mit einer Zunahme der - von allen Einlegern kostenlos zu beobachtenden - Gesamtzahl der frühzeitigen Abzüge die Wahrscheinlichkeit für eine niedrige Ergebnisausprägung steigt. In diesem Sinne ist es vorteilhaft, dass mehr als ein Einleger die Bank überwacht, da die Qualität des erhaltenen Signals mit der Anzahl der Überwacher steigt. [52]

Der kurzfristig kündbare Einlagenvertrag impliziert unter diesen Umständen die folgende zeitliche Abfolge des Abzugspiels: Diejenigen Einleger, die das private Signal erworben haben und deshalb von einer höheren Wahrscheinlichkeit niedriger Ergebnisausprägungen ausgehen, ziehen frühzeitig ihre Einlagen ab und erhalten den vollen, bei frühzeitigem Abzug versprochenen Betrag aus den liquiden Reserven der Bank. Überschreitet der Anteil der frühzeitig abziehenden Einleger einen bestimmten Schwellenwert, wird die Bank und damit das bankspezifische Projekt liquidiert. Die dadurch frei gewordenen, aber um die Liquidationskosten verringerten Mittel werden dann gleichmäßig auf die verbliebenen Einleger verteilt. Bleibt der Anteil der frühzeitigen Abzüge dagegen unterhalb des Schwellenwerts, besteht die

---

keinen Effizienzverlust dar.

[50]Dass sich tatsächlich diese Kontraktform als optimal erweist, hängt von einer Reihe von Größen wie etwa der Genauigkeit und den Kosten der Interimsinformation ab, vgl. Theorem 2 in Verbindung mit Theorem 1 bei Calomiris/Kahn (1991). Es leuchtet intuitiv ein, dass ein teures und zugleich ungenaues Signal nicht erworben wird, um das eigene Verhalten darauf konditionieren zu können.

[51]Das implementierte Auszahlungsschema entspricht nicht exakt der in den anderen Ansätzen verwendeten sequenziellen Abzugsregel, vgl. Calomiris/Kahn (1991), S. 507. Für das Funktionieren des Vertrags und unsere darauf aufbauende Argumentation ist jedoch nur relevant, dass sich die Informationsbeschaffung für den einzelnen Einleger lohnt, da er bildlich gesprochen von einem vorderen Platz in der Schalterschlange profitiert.

[52]Vgl. Calomiris/Kahn (1991), S. 498.

Bank bis zur Realisierung des Bankprojekts. Je nach Ergebnisausprägung entscheidet sich das Bankmanagement dann für die vertragsgemäße Auszahlung oder die betrügerische Flucht mit den verbliebenen Ressourcen.

Dieser Ablauf hat für die Einleger in ihrer Gesamtheit einen doppelten Zweck. Zum einen liefert er den Einlegern, die das kostspielige Signal erwerben können, einen Anreiz, das Signal auch tatsächlich zu erwerben, da sie sich damit die Möglichkeit sichern, den bei frühzeitigem Abzug versprochenen Betrag vollständig zu erhalten. Aber auch die uninformierten Einleger profitieren von diesem Vorgehen, da sie zwar weniger erhalten als die informierten Einleger, durch die Liquidation der Bank aber vor noch größeren Verlusten geschützt werden. Dies ist ein grundlegender Unterschied zu anderen Modellierungen: „In the usual scenario (e.g. Albert S. Kyle, 1981), the uninformed either lose or the informed cannot successfully earn a return on their information-production because of free-riding, as in Sanford J. Grossman and Joseph E. Stiglitz (1980).“[53] Die Unterscheidung in informierte und uninformierte Einleger korrespondiert zudem gut mit der verbreiteten Vorstellung, dass in der Praxis bestimmte Einlegergruppen wie etwa institutionelle Investoren über überlegenes Wissen verfügen.[54] Zusammengefasst sind die Einleger also erst aufgrund der kurzfristigen Kündbarkeit der Einlagen in Verbindung mit einer sequenziellen Abzugsregel ex ante bereit, der Bank Kapital zu überlassen.

Unter den gegebenen Restriktionen erweist sich diese Vertragsgestaltung als optimal und maximiert den Erwartungsnutzen der beteiligten Akteure.[55] Dabei ergibt sich die Optimalität des Kontrakts aus seiner ex ante Effizienz. Ex post kann es mit einer gewissen Wahrscheinlichkeit durchaus dazu kommen, dass das Bankmanagement infolge einer schlechten Ergebnisausprägung das Projektergebnis hinterzieht. Die Autoren verzichten auf eine explizite Betrachtung des umgekehrten Falls, nämlich dass ein Überschreiten des Abzugsschwellenwertes zu einer Liquidation der Bank führt, obwohl eine gewisse Wahrscheinlichkeit bestehen könnte, dass sich später die hohe Ausprägung des Projektergebnisses einstellt. Sie stellen jedoch fest, dass die Anzahl der empfangenen negativen Signale und damit der Umfang der frühzeitigen Abzüge der informierten Einleger eine suffiziente Statistik für die zu erwartenden Ergebnisausprägungen ist. Das heißt, dass alle in der modellierten Ökonomie vorhandenen Informationen über die zu erwarten-

[53] Calomiris/Kahn (1991), Fußnote 9.

[54] Dies ist keine neue Erkenntnis. Bereits Nicholas (1907) stellt fest: „If a bank is actually in bad shape there is far more likelihood of its initial condition being discovered by other banking institutions than by the individual depositor of the bank. ... A run is sometimes started in this manner ... and continues until it has practically wiped out the reserves of the suspected institution, the ordinary depositors receiving their first information regarding the position of the bank when that institution is finally forced to close its doors and formally apply for a receiver.“ S. 26, zitiert nach Calomiris/Kahn (1991), S. 499.

[55] Vgl. Calomiris/Kahn (1991), Theorem 4.

de Ergebnisausprägung in dieser Größe enthalten sind.[56] Im Zeitpunkt der Entscheidung über Fortbestehen oder Liquidation der Bank existieren damit keine Informationen, die zu einer weitergehenden Verbesserung des Erwartungsnutzens der Akteure beitragen könnten. Bank Runs sind hier also Bestandteil eines effizienten Vertragswerks zwischen Bank und Einleger.

Hervorzuheben ist dabei, dass der Erklärungsgehalt des Modells nur Bank Runs auf individuelle Banken, nicht aber den gesamten Bankensektor abdeckt. Es geht um Runs auf einzelne Banken, bei denen berechtigte Zweifel über deren Fähigkeit bestehen, ihren vertraglichen Verpflichtungen nachzukommen. Für bankenübergreifende Runs konstatieren Calomiris/Kahn (1991) dagegen durchaus die Bedeutung von Regulierungsmaßnahmen wie etwa einem Auszahlungsstopp. Die Möglichkeit der einzelnen Bank, eigenverantwortlich einen Auszahlungsstopp zu beschließen, wäre dagegen kontraproduktiv, da sie den gerade dargestellten Disziplinierungscharakter von kurzfristig kündbaren Einlagen unterläuft.[57]

4.2.2 Regulierungsimplikationen

Wie realistisch ist die verwendete Modellierung der Interessendivergenz von Bankmanagement und Einlegern? Im Falle eines funktionierenden Rechts- und Buchführungssystems erscheint eine unverblümte Hinterziehung des Projektertrags durch das Bankmanagement zunächst als eine etwas weitgehende Annahme. Das modellierte Verhalten ist jedoch lediglich eine spezielle Spielart der Annahme opportunistischen Verhaltens in Situationen, in denen es für Entscheidungsträger der Bank vorteilhaft ist, gegen die Interessen von Einlegern zu verstoßen.

Das bereits in Abschnitt 4.1.3 enthaltene „gambling for resurrection" kann in der Praxis auf verschiedene Weisen - und keineswegs immer im Nachhinein justitiabel - wirksam werden: Ein Wertpapierhändler kann beispielsweise versuchen, entstandene, aber noch nicht realisierte Verluste durch neue Geschäfte wieder wettzumachen, ein Firmenkundenberater etwa einen Kredit prolongieren, der bei nüchterner Prüfung mit Verlust fällig gestellt werden müsste, um ebenfalls eine Wette auf die Zukunft einzugehen.[58] Je nach Eigenkapitalausstattung und potenzieller Verlusthöhe durch die eingegangenen Geschäfte können auch diese Verhaltensweisen für die Vermögens-

---

[56] Vgl. zum Konzept einer „sufficient statistic" etwa Bickel/Doksum (1977), S. 63ff.

[57] Vgl. Calomiris/Kahn (1991), S. 499 und 510.

[58] Zur Bedeutsamkeit betrügerischen Verhaltens für den Zusammenbruch von Banken vgl. die ausführliche Liste von Studien bei Calomiris/Kahn (1991), S. 499. Mit ihrem Modell beziehen sich die Autoren allerdings ausdrücklich auf Banken ohne versicherte Depositen, da eine Einlagensicherung den potenziellen informierten Einlegern den Anreiz nehmen würde, sich tatsächlich die kostspieligen Informationen zu beschaffen. Neuere empirische Untersuchungen zur Relevanz betrügerischen Verhaltens haben es angesichts der weltweiten Verbreitung von Einlagensicherungen also mit einer geänderten Anreizstruktur zu tun und sind nicht direkt übertragbar.

position der Einleger schlagend werden und damit die Modellierung prinzipiell rechtfertigen.[59]

Es lässt sich darüber hinaus zeigen, dass kurzfristig kündbare Einlagen in Verbindung mit der sequenziellen Abzugsregel auch in der Lage sind, andere Probleme der Interessendivergenz von Bankmanagement und Einlegern zu lösen bzw. abzumildern. Während es bei dem gerade geschilderten Modell darum geht, das Einleger schädigende Verhalten in bestimmten Umweltzuständen zu unterbinden - man spricht deshalb in diesem Zusammenhang auch von „ex post fraudulent behavior“[60] -, kann diese Konstruktion auch das so genannte „asset substitution“ Problem lösen. Darunter versteht man die Gefahr, dass das Bankmanagement die für ein gegebenes Investitionsprogramm erhaltenen Depositen unbeobachtet für ein riskanteres Investitionsprogramm einsetzt. Da die Unbeobachtbarkeit dieser Substitutionsentscheidung der Investition eine Anpassung der den Einlegern versprochenen Verzinsung der Einlagen verhindert, geht damit eine Besserstellung der Inhaber der Residualansprüche (d. h. der Bank bzw. ihrer Eigenkapitalgeber) auf Kosten der Inhaber der Festbetragsansprüche (d. h. der Einleger) einher.

Diese Problematik entsteht nicht nur für Einleger bei Banken, sondern allgemein für die Inhaber von Festbetragsansprüchen, wenn die Wahl des Investitionsprogramms unbeobachtbar ist. Sie wird aber aufgrund des Charakters der von Banken gehaltenen Vermögensgegenstände als besonders relevant für den Bankensektor angesehen: „[B]anks confront numerous opportunities for asset substitution in the course of their normal business, which involve routine refinancing and the granting of new loans.“[61] Wir werden erst in Abschnitt 5.4.1 ausführlich auf dieses Problem eingehen, da eine besondere Bedeutung der „asset substitution“ für den Bankensektor meist mit dem Vorhandensein einer Einlagensicherung verbunden wird. An dieser Stelle genügt die Feststellung, dass *unversicherte* kurzfristig kündbare, also mit der Gefahr eines Run verbundene Einlagen auch für dieses Problem eine Lösung darstellen können.[62]

Für unsere regulatorische Fragestellung impliziert dies, dass individuelle Bank Runs nicht unbedingt Regulierungsmaßnahmen in Form einer Einlagensicherung rechtfertigen, sondern Folge effizienter Vertragsgestaltung zwi-

---

[59]Mit der Bezugnahme auf das Eigenkapital einer Bank als Verlustpuffer klingt bereits an dieser Stelle eine schwerwiegende Einschränkung der bisher behandelten Modelle an, da sie alle auf eine explizite Berücksichtigung der Eigenkapitalposition der Bank verzichten.

[60]Calomiris/Kahn (1991), S. 500.

[61]Flannery (1994), S. 321.

[62]Vgl. Calomiris/Kahn/Krasa (1991) und Flannery (1994). Qi (1998) analysiert den Fall, in dem die Bank ihre Einleger über eine verringerte Kontrollintensität ihrer Kreditvergabe schädigen kann. Auch in dieser Situation sind kurzfristig kündbare Einlagen in Verbindung mit einer sequenziellen Abzugsregel eine effiziente Lösung. Auch beim in Kapitel 2 überblicksartig dargestellten Ansatz von Diamond/Rajan (2001) waren die unversicherten Einlagen notwendig, um über die Drohung des Run das Problem von potenziellen Nachverhandlungen zu lösen.

schen Bank und Einleger sein können. Bedeutsam für die Effizienz der Runentscheidung sind insbesondere die Kosten und die Genauigkeit der Signale, die Aufschluss über das Verhalten des Bankmanagements geben. Sind die Kosten der Informationsbeschaffung für die Einleger so hoch, dass im Gleichgewicht unter Berücksichtigung der Free-Rider Problematik keine oder nur wenige Signale vorhanden sind, und/oder ist deren Prognosegenauigkeit gering, besteht die Gefahr ineffizienter Runs bzw. ineffizienter Passivität. In diese Nutzen-Kosten-Überlegung miteinzubeziehen (und in den bisherigen formalen Modellen nicht enthalten) sind die Auswirkungen individueller Runs auf andere Banken. Denkbar ist z. B., dass ein gerechtfertigter Run auf eine Bank einen ineffizienten Run auf eine andere Bank auslöst.

Bevor wir uns im nächsten Abschnitt mit einer formalisierten Variante dieses Ansteckungsproblems („contagion") beschäftigen, halten wir fest, dass informationsinduzierte Runs auf einzelne Banken keine unmittelbare Begründung für eine Einlagensicherung liefern. Wird eine Einlagensicherung eingeführt, untergräbt sie die Anreize zur Überwachung des Bankmanagements durch die Einleger. Hält man die Gefahr ineffizienter Liquidationsentscheidungen aufgrund der Kosten oder der Qualität der den Einlegern zur Verfügung stehenden Informationen für zu hoch, sind zunächst verschärfte Offenlegungspflichten oder die Einrichtung stellvertretender Kontrollorgane nahe liegend.[63]

4.3 Bank Runs und systemisches Risiko

4.3.1 Abgrenzung systemisches Risiko

In der vorliegenden Arbeit verstehen wir unter dem Begriff des systemischen Risikos die Gefahr, dass ein eine einzelne Bank treffender Schock über die Insolvenz dieser Bank auch zu Problemen bei einer Vielzahl anderer Banken führt.[64] Lösen Bank Runs die Insolvenzen aus, können wir synonym von einem ansteckenden Bank Run („contagious bank run") sprechen. Wir stellen damit insbesondere auf den sequenziellen Charakter der Ereignisse ab und fassen damit den Begriff systemisches Risiko enger als andere Autoren, die darunter auch einen simultanen Bankenzusammenbruch verstehen, der große Teile des gesamten Bankensektors erfasst.[65]

[63] Für eine ausführliche Diskussion der Übernahme der Kontrollfunktion durch eine Stellvertreterinstitution der Einleger vgl. Abschnitt 5.4.2.3.

[64] Der Begriff ist nicht mit dem häufig in Kapitalmarktmodellen verwendeten Begriff des systematischen Risikos zu verwechseln. Das systematische Risiko eines Finanzkontrakts beschreibt den Einfluss aggregierter Schocks auf den Wert des Kontrakts, vgl. hierzu Abschnitt 7.2.2.

[65] Vgl. etwa DeBandt/Hartmann (2000) oder Staub (1999), S. 9. DeBandt/Hartmann (2000) beziehen den Begriff des systemischen Risikos darüber hinaus auf Krisen des gesamten Finanzsystems, nicht allein auf Krisen des Bankensektors.

Ist die Unterscheidung simultaner und sequenzieller Ereignisse in der Praxis angesichts elektronisch durchgeführter Anpassungen von Positionen zwar schwierig, so liefert sie uns dennoch einen logischen Rahmen zur Einordnung der bisherigen und folgenden Ausführungen: Die bisher analysierten Ansätze modellieren mehr oder weniger explizit einen (simultanen) Run auf den aggregierten Bankensektor oder eine einzelne Bank. So bildet etwa das Modell von Diamond/Dybvig (1983) einen Run auf den aggregierten Bankensektor ab.[66] Wird die modellierte Bank dort als einzelne Bank interpretiert, ist sie notwendigerweise eine repräsentative Bank des Bankensektors; ein sie treffender Liquiditätspräferenzschock trifft simultan alle anderen Banken.[67] Im Gegensatz hierzu verstehen wir z. B. den Ansatz von Chari/Jagannathan (1988) aufgrund der treibenden bankspezifischen Interimsinformation als Modell zur Abbildung individueller Bank Runs.[68]

Auch wenn wir in der Diskussion der Ansätze darauf hingewiesen haben, dass der Zusammenbruch einer einzelnen Bank in der Realität Auswirkungen auf das Verhalten der Einleger anderer Banken haben kann, bilden die bisherigen Modelle also kein systemisches Risiko im Sinne der vorliegenden Arbeit ab.[69] Ziel der folgenden Ausführungen ist es deshalb, neuere Modellansätze, die den weit verbreiteten Begriff des systemischen Risikos auch explizit greifbar machen, auf ihre regulatorische Bedeutung hin zu überprüfen.[70]

4.3.2 Mögliche Transmissionsmechanismen

Bei der Modellierung ansteckender Bankzusammenbrüche stellt sich zunächst die Frage nach den Transmissionsmechanismen. Denkbar sind so genannte Domino- und Informationseffekte.[71]

---

[66] Vgl. Fußnote 12 auf S. 24.

[67] Analog Hellwig (1998b) zur Auswirkung einer Zinswende: „Um zu erklären, warum es bei makroökonomischen Schocks zu Bankenkrisen kommen kann, braucht man diesen Begriff [d. h. systemisches Risiko] nicht unbedingt; schließlich kann eine Zins-Hausse eine Häufung von Bankzusammenbrüchen auch ohne jeglichen Systemzusammenhang zwischen den Banken bewirken.“ S. 125.

[68] Chari/Jagannathan (1988) kommen - allerdings aus anderem Grund - zur selben Einschätzung: „One interpretation of our model is that we focus on runs on a particular bank.“ S. 756.

[69] Vgl. die Abschnitte 4.1.4 und 4.2.2.

[70] Hellwig (1998b), S. 123, spricht süffisant davon, dass der Begriff „zur Folklore der Diskussion um Banken und Bankenaufsicht“ gehöre. Ähnlich Sheldon/Maurer (1998): „Systemic risks are for financial market participants what Nessie, the monster of Loch Ness, is for the Scots (and not only for them): Everyone knows and is aware of the danger. Everyone can accurately describe the threat. Nessie, like systemic risk, is omnipresent, but nobody knows when and where it might strike. There is no proof that anyone has really encountered it, but there is no doubt that it exists.“ S. 685.

[71] Vgl. etwa Summer (2003), S. 45.

Dominoeffekte Unter Dominoeffekten versteht man die sich als Kettenreaktion einstellenden Bankinsolvenzen infolge von Kreditverpflichtungen einer Bank bei anderen Banken. Erfährt beispielsweise eine Bank einen unerwartet hohen Abfluss liquider Mittel, kann sie unter Umständen den aufgrund von Kreditbeziehungen mit anderen Banken eingegangenen Zahlungsverpflichtungen nicht nachkommen. Diese anderen Banken sind aufgrund der ausbleibenden Mittel möglicherweise ihrerseits nicht in der Lage, ihren Verpflichtungen nachzukommen, und lösen weitere Insolvenzen aus.[72]

Mehrere Aspekte dieser Argumentationskette sind erläuterungsbedürftig. Zum einen ist unerheblich, wodurch die Insolvenz ausgelöst wird. Die Insolvenz kann durch Verluste bedingt sein, die zur Überschuldung und/oder Zahlungsunfähigkeit der Bank führen, aber auch durch den Abzug oder die Nicht-Verlängerung von Einlagen hervorgerufen werden, deren Wert über das prognostizierte Maß hinausgeht. Die Folge ist die Zahlungsunfähigkeit der Bank. Voraussetzung hierfür ist freilich, dass die Bank nicht in der Lage ist, andere Aktiva zu liquidieren und sich damit die fehlenden Zahlungsmittel zu beschaffen. Unter der Annahme eines vollkommenen Kapitalmarkts wäre diese Möglichkeit immer gewährleistet. Wie in Kapitel 2 deutlich gemacht, beruht die institutionenökonomische Existenzerklärung von Banken aber gerade auf einem unvollkommenen Kapitalmarkt. Dort sind zumindest die üblicherweise wenig gehandelten Bankaktiva wie etwa informationsintensive Kreditforderungen nur mit Abschlägen veräußerbar.[73] Darüber hinaus steht zu vermuten, dass diese Abschläge in Krisenzeiten stärker ausfallen, da die Marktteilnehmer ihre Einschätzung der Bonität der verkauften Forderungen nach unten korrigieren.[74]

Zum anderen ist nicht ersichtlich, warum es sich bei Dominoeffekten qualitativ um ein spezifisches Problem des Bankensektors handeln soll, bestehen doch auch zwischen Unternehmen in anderen Sektoren finanzielle Verflechtungen, die prinzipiell ähnliche Kettenreaktionen auslösen können. Allerdings wird darauf hingewiesen, dass Banken üblicherweise einen erheblich höheren Fremdkapitalanteil besitzen, so dass sie bei einem gegebenen Vermögenswert nur einen relativ geringen Teil liquidieren können, ohne in

---

[72] Zum Teil werden die Ausfallrisiken als systemisches Risiko bezeichnet, die sich aus den im Zahlungsverkehr bei nicht sofortiger Verrechnung von Zahlungen entstehenden Kreditbeziehungen ergeben. Die Bedeutung dieser Kreditbeziehungen geht in dem Maße zurück, in dem aufgrund elektronischer Datenverarbeitung der Transfer der Zahlungsmittel für jede einzelne Transaktion prinzipiell in Echtzeit erfolgt, vgl. etwa das „Trans-European Automated Real-time Gross settlement Express Transfer System" (TARGET) innerhalb der Europäischen Währungsunion. Wir verzichten deshalb auf eine ausführliche Diskussion. Für einen Überblick vgl. etwa Kaufman (1996), S. 35ff. oder DeBandt/Hartmann (2000), S. 32ff.

[73] Vgl. die Modelle in Abschnitt 4.1, in denen zum Teil sogar von einer völligen Illiquidität der Anlagen ausgegangen wurde.

[74] Für eine formale Ableitung dieses Sachverhalts in einem Interbanken-Markt vgl. Flannery (1996).

die Überschuldung zu geraten.[75] Auch das größere Ausmaß an Fristentransformation, das Banken betreiben, wird angeführt.[76] Die relative Bedeutung der Fragilität der wechselseitigen Forderungs- und Verbindlichkeitspositionen für den Bankensektor wird damit allgemein erheblich höher als in anderen Sektoren eingeschätzt.[77] Schließlich ist zu hinterfragen, ob Interbankenbeziehungen nicht gerade Folge des Versuchs von Banken sind, sich besser gegen bankspezifische Ertrags- und Einlagenabzugsschocks zu diversifizieren. Wir werden diesen Aspekt in Abschnitt 4.3.4 genauer beleuchten.

Informationseffekte Eng mit dem Hinweis, dass es für das Auftreten von Dominoeffekten unerheblich ist, wodurch die Insolvenz der Bank ausgelöst wird, sind so genannte Informationseffekte als Transmissionsmechanismus zum sequenziellen Bankenzusammenbruch verbunden. Für ein Übergreifen der Probleme von einer zur anderen Bank ist es nämlich ausreichend, dass Einleger einer Bank die Insolvenz einer anderen Bank als Signal verstehen, dass ihre eigene Bank von der Insolvenz betroffen ist - sei es, weil sie Kreditbeziehungen mit der insolventen Bank pflegte oder weil sie eine Vermögenswertstruktur aufweist, die dem gleichen Schock unterliegt. Dabei spielt es keine Rolle, ob diese Vermutung tatsächlich zutrifft. Allein die geänderte Erwartungshaltung und das damit verbundene Abzugsverhalten der Einleger entscheiden über das (Nicht-)Fortbestehen der Bank. Es tritt also wieder das bereits oben angeführte Problem auf, dass unter Umständen ein Bank Run erfolgt, der fundamental nicht gerechtfertigt ist. Allerdings macht erst das im Folgenden dargestellte Modell des systemischen Risikos den sequenziellen Charakter dieses Problems explizit.

---

[75]Vgl. Kaufmann (2000), S. 47.

[76]Vgl. z. B. Wolf (1999), S. 13.

[77]Vgl. Summer (2003), S. 45. Das Ausmaß der tatsächlichen Verflechtung zwischen Banken geht nicht aus den jeweiligen Bilanzen hervor, da dort nur ein Teil der Interbankengeschäfte erfasst wird. So sind etwa derivative Geschäfte (z. B. Zinsswaps) außerbilanzielle („off balance sheet") Geschäfte. Bei bestimmten Bilanzpositionen (z. B. Bestände an Geldmarktpapieren), die Interbankengeschäfte enthalten können, wird deren Anteil nicht gesondert ausgewiesen. Insgesamt erschwert dies eine empirische Überprüfung der Bedeutung und damit der potenziellen Probleme von individuellen Zahlungsausfällen erheblich. Für eine Darstellung des Aufbaus von Bankbilanzen, vgl. Hartmann-Wendels/Pfingsten/Weber (2004), S. 743ff. Für eine empirische Studie der Bedeutung von Dominoeffekten mit US-amerikanischen Daten vgl. Furfince (1999), für Deutschland bzw. Österreich vgl. Upper/Worms (2004) bzw. Elsinger/Lehar/Summer (2002). Bei aller Unterschiedlichkeit in der Methodik kommen diese empirischen Studien zu dem Schluss, dass in den betrachteten Banksystemen ab einem Forderungsausfall der Interbankenkredite von etwa 40 %, d. h. der Kreditgeber erhält nur ungefähr 60 % der ausstehenden Summe zurück, mit umfassenden Dominoeffekten zu rechnen ist. Im historischen Kontext erscheinen solche Verlustquoten als relativ hoch, vgl. Furfine (1999), S. 12 und Bhattacharya/Boot/Thakor (1998), S. 754. Unabhängig von der Relevanz von Vergangenheitsbeobachtungen stellen deshalb etwa Upper/Worms (2004) fest: „[I]f a bank does fail, the regulator should ensure a quick and orderly liquidation before the ratio of losses to assets becomes too large." Auf diese Überlegung kommen wir in Abschnitt 4.3.4 zurück.

4.3.3 Ansteckende Bank Runs und „schmutzige" Signale als Auslöser

Ansatzpunkt des Modells von Chen (1999) ist die Idee, dass uninformierte Einleger sich ihres Nichtwissens bewusst sind und unter Berücksichtigung der sequenziellen Abzugsregel einen Anreiz haben, auf „schmutzige", d. h. nicht eindeutige Signale über die Ertragslage ihrer Bank zu reagieren - hier die Beobachtung von Runs auf andere Banken. In diesem Fall können auch Einleger, die in Kürze exaktere Informationen erhalten, gezwungen sein, vorzeitig auf die „schmutzigen" Signale zu reagieren.[78]

4.3.3.1 Modellstruktur

Die zeitliche Struktur des Modells umfasst drei Zeitpunkte. In $T = 0$ können die Individuen ihre auf eins normierte Anfangsausstattung entweder einer Bank als Einlage anvertrauen oder schlicht aufbewahren. Die Bank bietet im Gegenzug einen Einlagenvertrag an, der unter Berücksichtigung einer sequenziellen Abzugsregel für $T = 1$ und $T = 2$ unterschiedliche Auszahlungen verspricht. Die risikoaversen Individuen sehen sich individuellen Liquiditätspräferenzschocks gegenüber. Auf aggregierter Ebene zieht ein (deterministischer) Teil t der Individuen nur Nutzen aus Konsum in $T = 1$, der verbliebene Teil $1 - t$ dagegen auch aus Konsum in $T = 2$. Es existieren N Banken, die die erhaltenen Einlagen jeweils in ein riskantes Projekt mit den möglichen Ertragsausprägungen R und r investieren, wobei $R > 1 > r$.[79] Die Wahrscheinlichkeit für die niedrige Ausprägung beträgt a, die für die hohe Ausprägung entsprechend $1 - a$.

Zusätzlich wird angenommen, dass a von den unsicheren allgemeinen Aussichten der von den Banken finanzierten Investitionen abhängig ist.

[78] Die Informationsstruktur folgt damit Bikhchandani/Hirshleifer/Welch (1992), die allgemein die Funktionsweise von so genannten Informationskaskaden („informational cascades") analysieren. Dabei beobachten Individuen die vorhergehenden Handlungen anderer Individuen. Unter bestimmten Umständen ahmen Individuen rational diese Handlungen ohne Berücksichtigung eigener Informationen nach. Als Beispiel nennen die Autoren den Gutachterprozess für Veröffentlichungen: „The referee will read the paper, assess its quality, and accept or reject it. Suppose that a referee at a second journal learns that the paper was previously rejected. Under the assumption that the referee cannot assess the paper's quality perfectly, knowledge of the prior rejection should tilt him toward rejection. Suppose now the second journal also rejects and that when the paper is submitted to a third journal, the third referee learns that the paper was rejected at two previous journals. Clearly, this further raises the chance of rejection. In a fairly general setting with sequential choices, we show that at some stage a decision maker will ignore his private information and act only on the information obtained from previous decisions.", S. 994.

[79] Die Annahme, dass Banken nur jeweils in ein Projekt investieren und sich damit nicht durch die Beteiligung an vielen Projekten diversifizieren können, wird nur aus Vereinfachungsgründen getroffen. Die Überlegungen bleiben gültig, solange Banken sich nicht perfekt diversifizieren können und die Bankerträge nicht perfekt korrelieren, vgl. Chen (1999), Fußnote 5.

Sind die Aussichten günstig, gilt $a = a_g$, sind sie schlecht, $a = a_b$, wobei $a_b > a_g$. Gute allgemeine Aussichten bedeuten also für jedes Einzelprojekt eine höhere Eintrittswahrscheinlichkeit der hohen Ergebnisausprägung R. Gegeben eine Ausprägung der allgemeinen Aussichten sind die Ergebnisausprägungen der unterschiedlichen Bankprojekte stochastisch unabhängig. Zusammen mit einem Ausgangswert für die Eintrittswahrscheinlichkeit der günstigen bzw. schlechten allgemeinen Aussichten können wir die in $T = 0$ erwartete Wahrscheinlichkeit der niedrigen Ergebnisausprägung eines einzelnen Projektes durch

$$a_0 = \eta_0 a_b + (1 - \eta_0) a_g \tag{4.1}$$

angeben. η_0 stellt darin den Ausgangswert der Wahrscheinlichkeit für schlechte allgemeine Aussichten dar; die Indexierung macht dabei deutlich, dass es sich um eine Einschätzung gegeben den Informationsstand in $T = 0$ handelt. Wir werden in Kürze sehen, wie die Einleger ihre Erwartungshaltung über die Zeit hinweg anpassen.

In $T = 1$ erhält das jeweilige Bankmanagement eine perfekte Information über die sich in $T = 2$ einstellende Ergebnisausprägung, d. h. der zu erwartende Ertrag wird zu einer deterministischen Größe. Das Bankmanagement hat die Möglichkeit, das langfristig angelegte Projekt zu liquidieren und die frei gewordenen Ressourcen in ein ineffizientes Kurzfristprojekt zu investieren. Die Ineffizienz dieser Investition ergibt sich aus der Tatsache, dass durch die Liquidation gerade die in $T = 0$ eingesetzten Ressourceneinheiten frei werden, der Erwartungswert der kurzfristigen Investition dagegen kleiner eins ist. Die Auszahlungsstruktur des angenommenen Einlagenvertrags wird dabei so normiert, dass ein Anreiz für ein solches Verhalten jedoch nur für den Fall einer schlechten Ergebnisausprägung des Langfristprojekts entsteht. In dieser Situation kann die Bank mit der Fortsetzung des Langfristprojekts die Insolvenz in $T = 2$ nicht vermeiden. Investiert sie dagegen die frei werdenden Mittel in das ineffiziente Kurzfristprojekt, besteht eine kleine Chance auf einen so hohen kurzfristigen Projektertrag, dass eine Insolvenz abgewendet werden kann.[80] Die sichere Insolvenz bei Fortsetzung des Langfristprojekts im Fall der schlechten Ergebnisausprägung $r < 1$ ist dadurch bedingt, dass der Depositenvertrag - wie auch bei Diamond/Dybvig (1983) - eine frühe c_1 bzw. späte Auszahlung c_2 von jeweils größer eins verspricht. Um die Anreizkompatibilität zwischen Typ-1- und Typ-2-Individuen zu gewährleisten, gilt zudem $c_2 > c_1$.[81]

[80]Diese formale Struktur entspricht genau der bereits in Abschnitt 4.1.3 informell dargestellten „gambling for resurrection"-Problematik: Der Geschäftsbetrieb der Bank wird aufrechterhalten, obwohl es in $T = 1$ effizienter wäre, die Bank zu liquidieren.

[81]Dieser Depositenvertrag wird im Folgenden als exogen gegeben betrachtet. Es lässt sich jedoch zeigen, dass sich diese Struktur für bestimmte Parameterkonstellationen auch endogen als optimaler Einlagenvertrag ergibt, obwohl $c_1 > 1$ panikbasierte Bank Runs möglich macht. Vgl. Chen (1999), S. 958ff.

Neben dem Bankmanagement erhält in $T = 1$ auch ein gegebener Teil α der jeweiligen Einleger die Information über die sich einstellende Ergebnisausprägung des Bankprojekts. Bereits in $T = 0$ wissen die Einleger, ob sie zu den informierten oder uninformierten Einlegern zählen werden. Die Typ-1-Individuen werden - informiert wie nicht informiert - in $T = 1$ abheben, da sie nur Nutzen aus frühzeitigem Konsum ziehen. Die Typ-2-Individuen - informiert wie nicht informiert - stehen dagegen vor der Wahl, einen frühzeitigen oder späten Abzug zu tätigen; auf ihr Verhalten richtet sich deshalb unser Hauptaugenmerk.[82]

In Erweiterung der bisher dargestellten Struktur wird schließlich in $T = 1$ noch zwischen zwei Bankengruppen unterschieden: Zunächst werden die Liquiditätsschocks der Einleger und die Informationen über die jeweiligen Ertragsschocks bei N_1 Banken realisiert. Erst danach werden diese Größen für die verbliebenen $N - N_1$ Banken verwirklicht. Die Einleger bei der zweiten Gruppe können damit also eventuelle, durch das Abzugsverhalten der Einleger bedingte Bankzusammenbrüche in der ersten Gruppe beobachten und ihr Verhalten darauf konditionieren. Abbildung 4.3 fasst die dargestellte Struktur des Modells zusammen.[83]

4.3.3.2 Gleichgewichte im Einlagenabzugsspiel

Welche Gleichgewichte stellen sich nun in Abhängigkeit der empfangenen Informationen ein? Betrachten wir zunächst die Einleger der ersten N_1 Banken. Bedeutsam für das Abzugsverhalten ist der informierte Teil der Typ-2-Individuen. Erhalten diese das Signal, dass in $T = 2$ der Ertrag R realisiert wird, verzichten sie auf einen frühen Abzug und warten ab. Die Typ-1-Individuen hingegen ziehen ihre Einlagen ab; der Anteil der Abzüge an den Gesamteinlagen beträgt t.[84] Sehen sich die informierten Typ-2-Individuen der ersten Bankengruppe dagegen einer schlechten Ergebnisausprägung gegenüber, werden sie ihre Einlage frühzeitig abziehen, da ihnen die Auszah-

---

[82]Vereinfachend wird die Annahme getroffen, dass der Anteil der informierten Einleger so klein ist, dass die Mittel der Bank immer ausreichen, um c_1 an alle Typ-1-Individuen und die informierten Typ-2-Einleger auszuzahlen, vgl. Chen (1999), S. 952.

[83]Bei der Darstellung wird bereits davon ausgegangen, dass die Einleger in $T = 0$ auch tatsächlich ihre Anfangsausstattung bei den Banken einbringen und in $T = 1$ keine Einleger bereits aufgrund der Information, Einleger der ersten N_1 Banken zu sein, ihre Einlagen abziehen. Chen (1999) sorgt per Annahme über die jeweiligen mindestens erreichbaren Nutzenniveaus dafür, dass diese Bedingungen erfüllt sind, vgl. ebenda, S. 957f.

[84]Wie bei Diamond/Dybvig (1983) besteht natürlich auch hier die Gefahr eines Run-Gleichgewichts der informierten Einleger, wenn jedes einzelne Typ-2-Individuum erwartet, dass alle anderen Typ-2-Individuen ebenfalls abheben. Chen (1999) beschränkt sich jedoch auf pareto-dominante Gleichgewichte (in reinen Strategien) und argumentiert: „First, the results I get under this assumption are consistent with the empirical evidence that bank runs are triggered by pessimistic information about banks. Second,... I can concentrate on how the negative payoff externality [i.e. the sequential service constraint] affects depositors' incentives in responding to information rather than how it creates multiple equilibria.“ S. 964.

Abbildung 4.3: Zeitliche Struktur der Entscheidungen im Modell von Chen (1999)

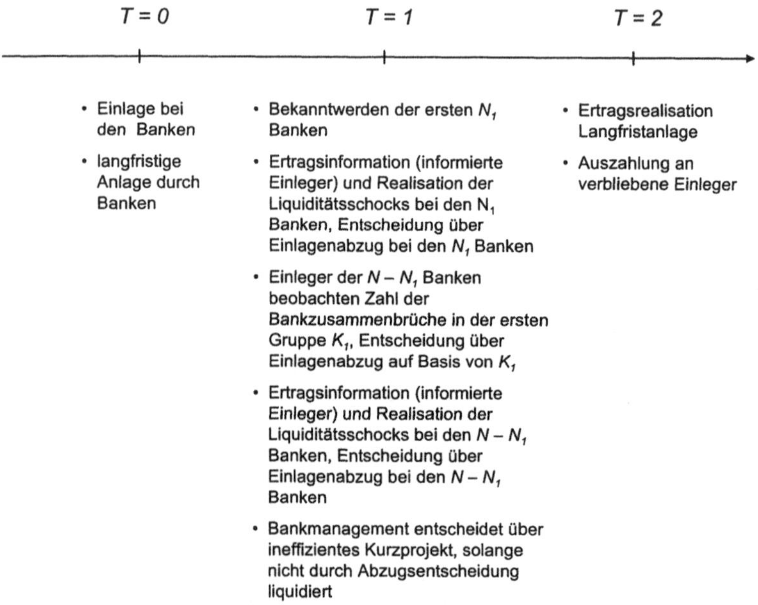

Quelle: Chen (1999), S. 953.

lung c_1 unter Berücksichtigung des zu erwartenden Verhaltens des Bankmanagements einen höheren Erwartungsnutzen verspricht. Der Anteil der kumulierten Abzüge übersteigt damit t, weil in $T = 1$ nicht nur Typ-1-Individuen abheben. Unter der Annahme, dass die uninformierten Typ-2-Individuen, die den Rest der Einleger der jeweiligen Bank darstellen, die aggregierten Abzüge in $T = 1$ beobachten, ist dies das Signal für sie, ebenfalls ihre Einlagen aufzulösen. Da $c_1 > 1$, die Summe der Auszahlungsversprechen also den Liquidationswert der Vermögensgegenstände der Bank übersteigt, wird die Bank zahlungsunfähig. Hervorzuheben ist, dass in der ersten Bankengruppe nur Banken mit tatsächlich schlechten Ertragsaussichten zusammenbrechen, da die Bank Runs auf bankspezifischen Informationen beruhen. Die Runs sind damit prinzipiell effizient.[85]

[85]Prinzipiell effizient deshalb, weil durch den Run eine ineffiziente Anlagepolitik des Bankmanagements unterbunden wird und die Liquidation der Langfristanlage, gegeben die anstehende schlechte Ertragsausprägung, effizient ist. Da bei Chen (1999) aufgrund der sequenziellen Abzugsregel einige der uninformierten Typ-2-Individuen leer ausgehen, ist unter Berücksichtigung der Risikoaversion der Individuen Spielraum für einen ex an-

Die Einleger der zweiten Bankengruppe beobachten annahmegemäß die Anzahl der zusammengebrochenen Banken K_1 in der ersten Bankengruppe und nutzen dieses Signal zur Neuberechnung der allgemeinen Aussichten für den Bankensektor. Intuitiv leuchtet ein, dass eine hohe Anzahl von Bankenzusammenbrüchen die Einleger der zweiten Bankengruppe eher schlechte allgemeine Aussichten für den Bankensektor erwarten lässt, während eine niedrige Anzahl mit der Erwartung günstiger allgemeiner Aussichten einhergeht. Formal passen die Einleger ihre Erwartung an, indem sie zunächst gemäß der Formel von Bayes die bedingte Wahrscheinlichkeit schlechter allgemeiner Aussichten für den Bankensektor, gegeben die Anzahl zusammengebrochener Banken, berechnen:

$$\eta_1 = \frac{\eta_0 a_b^{K_1}(1-a_b)^{N_1-K_1}}{(1-\eta_0)a_g^{K_1}(1-a_g)^{N_1-K_1} + \eta_0 a_b^{K_1}(1-a_b)^{N_1-K1}}. \tag{4.2}$$

Der Zähler dieses Bruches ergibt sich aus dem Produkt des Ausgangswerts der Wahrscheinlichkeit schlechter allgemeiner Aussichten und der Wahrscheinlichkeit von K_1 Zusammenbrüchen (und $N_1 - K_1$ Nicht-Zusammenbrüchen) gegeben $a = a_b$, also dass die allgemeinen Aussichten tatsächlich schlecht sind. Der Nenner stellt die totale Wahrscheinlichkeit von K_1 Zusammenbrüchen dar.[86]

Mit der revidierten Wahrscheinlichkeit η_1 ergibt sich auch eine neue Wahrscheinlichkeit eines bankspezifischen Misserfolgs durch

$$a_1(K_1) = \eta_1(K_1)a_b + [(1-\eta_1(K_1)]a_g, \tag{4.3}$$

wobei die Notation hervorhebt, dass a_1 über $\eta_1(K_1)$ eine Funktion von K_1 ist. Diese Wahrscheinlichkeit verwenden die Einleger der zweiten Bankengruppe bei ihrer Entscheidung über einen eventuellen Abzug der Einlagen.

Subtiler wirkt die angenommene Informationsstruktur von informierten und uninformierten Einlegern. Für diejenigen Einleger der zweiten Bankengruppe, die in Kürze eine genaue Information über die Ertragslage ihrer Bank erwarten, spielt das in der Anzahl der zusammengebrochenen Banken enthaltene „schmutzige“ Signal an sich keine große Rolle. Diese Einleger erhalten aufgrund ihrer angenommenen geringen Gruppengröße in Verbindung mit ihrer günstigen Position in der Schalterschlange bei einem durch exakte, bankspezifische Informationen ausgelösten Bank Run immer den vollständigen frühen Auszahlungsbetrag c_1. Die uninformierten Einleger, die

te wohlfahrtsteigernden Umverteilungsmechanismus zwischen den uninformierten Typ-2-Individuen vorhanden. Möglich wäre beispielsweise eine Einigung auf die anteilige Befriedigung aller Ansprüche.

[86] Allgemein ist die bedingte Wahrscheinlichkeit eines Ereignisses B_j gegeben das Ereignis A gleich $P(B_j|A) = P(B_j)P(A|B_j)/\sum_{i=1}^{n} P(B_i)P(A|B_i)$, vgl. etwa Hogg/Tanis (1993), S. 112f. Der Zähler ist dabei äquivalent zur totalen Wahrscheinlichkeit des Ereignisses A, also $P(A)$.

erst durch den hohen kumulierten Einlagenabzug auf das Problem aufmerksam werden, müssen dagegen für diesen Fall damit rechnen, leer auszugehen.[87] Dies gibt den uninformierten Einlegern einen starken Anreiz, bereits auf das Bekanntwerden von K_1 zu reagieren. Was ist aber die optimale Reaktion der Einleger, die in Kürze ein genaues Signal erhalten, in Abhängigkeit von der Entscheidung der uninformierten Einleger?

Chen (1999) weist nach, dass das Verhalten der prinzipiell informierten Einleger im Gleichgewicht dem Verhalten der uninformierten Einleger entspricht. Informierte Einleger werden also „stillhalten", wenn dies auch die uninformierten Einleger tun, sich aber an dem Run beteiligen, wenn die uninformierten Einleger ihre Einlagen abziehen. Entschließen sich nämlich die uninformierten Einleger zum Abzug, ist es aufgrund der hohen Anzahl von Abzügen in Verbindung mit der sequenziellen Abzugsregel auch für die prinzipiell informierten Einleger, die in Kürze ein Signal erhalten, rational zu versuchen, ihre Einlagen abzuziehen.[88]

Das Verhalten der uninformierten Einleger wiederum hängt vom Vergleich der mit den Optionen „Einlagen abziehen" bzw. „Einlagen belassen" verbundenen Erwartungsnutzenniveaus ab. Gegeben ein K_1 und den Nicht-Abzug der anderen Einleger impliziert die Option „Einlagen abziehen" formal den Nutzen $u(c_1)$, wobei $u(.)$ die Nutzenfunktion des Individuums darstellt. Die Option „Einlagen belassen" liefert den Nutzen

$$a_1(K_1)u_b(c_1) + [1 - a_1(K_1)]u_g(c_1, c_2). \qquad (4.4)$$

Der Term $u_b(c_1)$ berücksichtigt dabei, dass der Einleger mit Wahrscheinlichkeit t ein Typ-1-Individuum ist und somit unabhängig von dem erst in $T = 2$ auftretenden schlechten Projektergebnis den Konsum c_1 realisiert, mit der Gegenwahrscheinlichkeit $(1 - t)$ aber ein Typ-2-Individuum ist und bei dem, aufgrund des zu erwartenden schlechten Projektergebnisses ausgelösten Bank Run in $T = 1$ eventuell leer ausgeht.[89] Der Term $u_g(c_1, c_2)$ berücksichtigt, dass der Einleger, gegeben eine gute Ergebnisausprägung, entweder ein Typ-1- oder ein Typ-2-Individuum (mit den dazu gehörigen Konsumniveaus c_1 oder c_2) sein kann. Gewichtet werden diese Terme mit der in $T = 1$ neu berechneten Wahrscheinlichkeit eines bankspezifischen Misserfolgs a_1 bzw. deren Gegenwahrscheinlichkeit $(1 - a_1)$.

---

[87] Vgl. die obige Darstellung der Bank Runs bei der ersten Bankengruppe.

[88] Es existieren durchaus Parameterkonstellationen, bei denen als weiteres Nash-Gleichgewicht alle uninformierten Einleger einen Einlagenabzug tätigen, während die informierten Einleger abwarten. Allerdings wird dieses Gleichgewicht von dem dann ebenfalls bestehenden Nash-Gleichgewicht „Niemand hebt ab" pareto-dominiert und deshalb - analog zur Überlegung in Fußnote 84 auf S. 75 - nicht näher betrachtet.

[89] Hier wird deutlich, warum eine hohe Wahrscheinlichkeit des bankspezifischen Misserfolgs a_1 die uninformierten Einleger stärker trifft, d. h. den Erwartungsnutzenvergleich schneller zugunsten der Option „Einlagen abziehen" entscheidet: Selbst bei einer schlechten Ergebnisausprägung wird ein informierter Einleger in jedem Fall c_1 erhalten.

Es lässt sich nun zeigen, dass ein K_1^* existiert, dessen Überschreiten notwendige und hinreichende Bedingung für einen allgemeinen Bank Run auf die $N - N_1$ Banken der zweiten Bankengruppe ist. Eine hohe Anzahl zusammengebrochener Banken löst hier also einen Run auf andere Banken aus, obwohl in Kürze exakte Informationen über die Ertragslage jeder einzelnen Bank zur Verfügung ständen. Die Ineffizienz dieser Bank Runs ergibt sich daraus, dass auch Banken, bei denen sich in $T = 2$ die hohe Ergebnisausprägung eingestellt hätte, liquidiert werden. K_1^* ist dabei eine in η_0 abnehmende Funktion, d. h. die Wahrscheinlichkeit eines ansteckenden Bank Run ist in Zeiten allgemein schlechter Ausgangsbedingungen für den Bankensektor höher.[90] Wird K_1^* dagegen nicht überschritten, warten alle Einleger auf das Bekanntwerden bankspezifischer Informationen. In dieser letzten Phase des Modells kommt es wiederum zu den bereits oben für die erste Bankengruppe dargestellten prinzipiell effizienten Bank Runs, wenn die informierten Einleger das Signal für einen bankspezifischen Misserfolg empfangen.

4.3.3.3 Einlagensicherungsmaßnahmen

Chen (1999) weist im Modellrahmen die Möglichkeit einer wohlfahrtssteigernden Einlagensicherung, kombiniert mit der Schließung und Liquidation von Banken in bestimmten Umweltsituationen nach. Grundidee dieser Kombination ist es, einerseits den uninformierten Einleger den Anreiz zur verfrühten Reaktion auf die Runs in der ersten Bankengruppe zu nehmen, andererseits die effizienten Runs durch die informierten Einleger nicht zu behindern. Dies wird durch die Schaffung eines anreizkompatiblen Versicherungs- und Liquidationsschematas erreicht, in dem die uninformierten Einleger einen Depositenvertrag mit Versicherungsschutz wählen, während die informierten Einleger auf diesen verzichten. In den Parametern des Modells ausgedrückt hat die Einlagensicherung folgende Eigenschaften:

- Ein versicherter Einleger erhält bei Abzug in $T = 1$ die Auszahlung c_1, bei Abzug in $T = 2$ die Auszahlung $c_2 - p$, wobei p die Kosten des Versicherungsschutzes in Form der notwendigen Versicherungsprämie darstellt. Dabei ist unerheblich, ob der versicherte Einleger die Auszahlung durch die Bank oder durch die Einlagensicherung erhält.

- Erreichen die Abzüge $t+(1-t)\alpha$, also den Anteil der Typ-1-Individuen und der informierten Typ-2-Individuen an der Gesamtheit der Anleger der Bank, wird die Bank in $T = 1$ geschlossen und liquidiert.

[90] Für eine explizite Berechnung der Terme und kritischen Grenze K_1^* vgl. Chen (1999), S. 955f. Darüber hinaus ist K_1^* auch von den Auszahlungssummen des Depositenvertrags abhängig.

- Wird die Bank in $T = 1$ geschlossen, verlieren die unversicherten Einleger, die bisher noch nicht ihre Einlagen aufgelöst haben, alle Ansprüche gegen die Bank. Der Liquidationserlös fließt allein der Versicherung zu.[91] Wird die Bank nicht geschlossen, werden die Ansprüche (c_1, c_2) der unversicherten Einleger entsprechend dem Einlagenvertrag und den Ressourcen der Bank befriedigt.

- Liegt der Anteil der Abzüge zwischen t und $t + (1 - t)\alpha$, erhält die betroffene Bank eine Liquiditätssubvention durch die Einlagensicherung.

Es existiert nun ein Wert p, bei dem im Gleichgewicht nur die informierten Einleger auf den Versicherungschutz verzichten. Die uninformierten Einleger ziehen dagegen den versicherten Einlagenvertrag vor, da sie im Falle der Schließung der Bank in $T = 1$ sämtliche Ansprüche aus dem Einlagenvertrag verlieren. Durch den Versicherungsschutz wird den uninformierten Einlegern der zweiten Bankengruppe der Anreiz genommen, auf das Bekanntwerden der Anzahl der Zusammenbrüche in der ersten Bankengruppe zu reagieren. Damit aber können auch die informierten Einleger auf die exakte Information über die Ertragslage der zweiten Bankengruppe warten.[92] Es kommt also auch in dieser Bankengruppe nur zu Bank Runs, die durch bankspezifische Informationen ausgelöst werden. Beide Einlegergruppen - informiert wie uninformiert - stellen sich in diesem Gleichgewicht durch die Eliminierung von Runs, die auf „schmutzigen“ Signalen beruhen, besser.[93]

Bisher haben wir aber noch nicht erörtert, ob das vorgestellte Versicherungsschema finanzierbar ist. Chen (1999) zeigt in einem numerischen Beispiel, dass die „faire“ Prämie, also das Gleichsetzen der Prämie mit dem erwarteten Schaden, anreizkompatibel sein *kann*. Kann die versichernde Institution eine hinreichend große Anzahl von stochastisch unabhängigen Risiken zur „fairen“ Prämie versichern, reichen aufgrund des Gesetzes der großen

[91] Die Annahme eines vollständigen Verlusts und Übergangs der Ansprüche auf die Versicherung mag zunächst weitgehend erscheinen. Sie ist jedoch institutionell durchaus realitätsnah durch ein Regressrecht der Versicherung gegenüber der geschlossenen Bank, gepaart mit der Nachrangigkeit der Forderungen der unversicherten Einleger zu erreichen.

[92] Die oben angeführte Regelung, dass die Bank einen Liquiditätszuschuss erhält, wenn der Anteil der Abzüge zwischen t und $t + (1 - t)\alpha$ liegt, sorgt dafür, dass es auch dann beste Strategie eines einzelnen informierten Einlegers ist abzuwarten, wenn er annimmt, dass alle anderen informierten Einleger ihre Einlagen abziehen wollen. Da es damit im Gleichgewicht niemals zu einem Abzug zwischen t und $t + (1 - t)\alpha$ in $T = 1$ kommen wird, ist der Liquiditätszuschuss entsprechend im Gleichgewicht niemals notwendig. Sind t und α Zufallsgrößen, wird das notwendige Versicherungs- und Schließungschema erheblich komplexer. „However, the insights ... - that banks should be monitored by informed depositors with junior claims and that the deposit insurer should subsidize sound banks suffering liquidity problems - will be robust to the change of assumptions.“ Chen (1999), S. 963.

[93] Vgl. Chen (1999), S. 967f. Auch das jeweilige Bankmanagement wird durch die Eliminierung dieser Runs besser gestellt, weil dadurch ansonsten ausgelöste Liquidationen unterbleiben.

Zahl die Prämieneinnahmen gerade aus, um die durch die Schadensfälle ausgelösten Auszahlungen zu finanzieren. Die „faire“ Prämie im vorliegendem Modell ergibt sich durch

$$p^* = a_0 \left\{ c_2 - \frac{1 - [t + (1-t)\alpha]c_1}{(1-t)(1-\alpha)} \right\}. \tag{4.5}$$

Dabei gibt a_0 zunächst die aus Sicht von $T = 0$ berechnete Eintrittswahrscheinlichkeit eines Versicherungsfalls an: Mit dieser Wahrscheinlichkeit kommt es zu einer schlechten Ergebnisausprägung in $T = 2$ und damit zu einem Bank Run der informierten Einleger in $T = 1$, der zur Liquidation der Bank führt. Der Klammerausdruck stellt den Betrag dar, den die Versicherung „zuschießen“ muss, um die Differenz zwischen dem dem Einleger zugesagten Betrag c_2 und dem der Versicherung zufallenden Liquidationswert der Bank auszugleichen.[94]

4.3.3.4 Zusammenfassung und Regulierungsimplikationen

Wie ist der Ansatz von Chen (1999) zu beurteilen? Es gelingt dem Modell zunächst, die Auswirkung sequenziell bekannt werdender Informationen auf das Abzugsverhalten von Einlegern bei verschiedenen Banken darzustellen. Dabei kann es zu einem ansteckenden Bank Run als Ausprägung des systemischen Risikos im Bankensektor kommen, d. h. die Einleger einer Bank ziehen ihre Einlagen ab, da sie von den Runs auf andere Banken auf die Ertragslage ihrer eigenen Bank schließen.[95] Die Ineffizienz dieses mehrere Banken erfassenden Run ergibt sich daraus, dass - käme es nicht zum allgemeinen Run auf Basis unsicherer Informationen - in Kürze bessere Informationen vorlägen, die eine Diskriminierung zwischen fundamental gesunden und liquidationswürdigen Banken zuließen.

Dies ist der grundlegende Unterschied zu dem in Abschnitt 4.2 diskutierten Ansatz von Calomiris/Kahn (1991). Die Einleger dort basieren ihre Entscheidungen zwar auch auf „schmutzigen“ Signalen, es sind dies aber nichtsdestoweniger die besten zur Verfügung stehenden Informationen. Hiermit tun sich zwei - auch von Chen (1999) selbst angeführte - Einschränkungen der Analyse auf: Wenn keine besseren Informationen in der betrachteten Ökonomie vorliegen, ist es ex ante effizient, auf „schmutzige“ Signale zu reagieren, auch wenn es dabei ex post zu zum Teil nicht fundamental gerechtfer-

[94] Chen (1999) führt weiter aus, dass ein Versicherer unter diesen Umständen positive (erwartete) Gewinne machen kann, vgl. S. 968. Vermutlich stellt er damit auf einen geringfügigen Aufschlag auf die „faire“ Prämie ab, die deren Anreizkompatibilität nicht beeinträchtigt. Für unsere Überlegungen ist lediglich bedeutsam, dass ein sich selbst finanzierendes wohlfahrtssteigerndes Versicherungsschema möglich ist.

[95] Dafür ist freilich eine gewisse Homogenität zwischen der ersten und der zweiten Bankengruppe notwendig. Können die Banken der zweiten Gruppe glaubwürdig signalisieren, dass sie nicht gleichermaßen betroffen sind, kommt es zu keinem ansteckenden Run, vgl. Burghof (1998), S. 84ff.

tigten Bank Runs kommt. Der zweite, in der Praxis eng mit der möglichen Existenz überlegener Information verbundene Aspekt ist die Möglichkeit zusätzlicher Verluste bei der zweiten Bankengruppe im Zeitraum zwischen der Veröffentlichung des „schmutzigen" und des perfekten Signals. Besteht - anders als im Modell angenommen - die Gefahr, dass sich die zur Verfügung stehende Haftungsmasse der Bank im Zeitablauf verringert, die Opportunitätskosten des Abwartens auf genauere Informationen also positiv sind, kann das sofortige Reagieren auf „schmutzige" Signale auch bei der prinzipiellen Beschaffbarkeit von zuverlässigeren Informationen effizient sein. Zwar kommt Chen (1999) im Rückgriff auf wirtschaftsgeschichtliche Belege zu dem Schluss, dass zum einen genauere Informationen über die Ertragslage von Banken prinzipiell vorhanden bzw. beschaffbar und zum anderen große Verlustpotenziale im dafür notwendigen Zeitrahmen nicht plausibel seien.[96] Diese Schlussfolgerung erscheint aber angesichts der mit modernen Finanzkontrakten kurzfristig eingehbaren Risiken als recht optimistisch.

Die modellierte Einlagensicherung ist nicht zwingend als staatlicher Regulierungseingriff einzuordnen. Zwar geht das Modell bei der Darstellung des Versicherungs- und Schließungsschemas vereinfachend von einer staatlichen Institution zu dessen Durchsetzung aus, gibt dann aber keine nähere Begründung dafür an. Eventuell mag Chen (1999) an den im Gleichgewicht nicht vorkommenden Liquiditätszuschuss durch die Einlagensicherung gedacht haben.[97] Bereits Diamond/Dybvig (1983) merken nämlich für den Fall einer deterministischen Liquiditätspräferenz an, dass nicht der tatsächliche Mitteleinsatz einer Einlagensicherung, sondern vielmehr die glaubwürdige Verpflichtung dazu das Run Gleichgewicht eliminieren kann. Aufgrund seiner Besteuerungsmacht habe der Staat hier einen Vorteil:

> „[T]he credible promise to provide insurance means that the promise will not need to be fulfilled. This is in contrast to privately provided deposit insurance. Because insurance companies do not have the power of taxation, they must hold reserves to make their promise credible. This illustrates a reason why the government may have a natural advantage in providing deposit insurance."[98]

Allerdings handelt es sich bei dem Gleichgewicht, das durch diesen Mechanismus verhindert wird, wiederum um einen panikbasierten Bank Run, der in der Darstellung des Modells ohne Einlagensicherung durch das Pareto-Dominanzkriterium aus der Betrachtung ausgeschlossen wurde. In einem Modell, das informationsbasierte Runs modelliert, wirkt ein von den informierten Einlegern ausgelöster, allein durch eine geänderte Erwartungshaltung betreffs des Verhaltens der anderen informierten Einleger bedingter

[96] „It is not plausible that large losses could be incurred in such a short time [i.e. three months]." Chen (1999), S. 965.

[97] Vgl. die Ausführungen in Fußnote 92 auf S. 80.

[98] Diamond/Dybvig (1983), S. 416.

Panik-Run unseres Erachtens nicht überzeugend. Selbst wenn man aber darauf aufbauend eine staatliche Rolle begründet, gibt das Modell keinen Aufschluss darüber, warum prinzipiell nicht eine institutionelle Trennung - hier eine glaubwürdige Verpflichtung zum steuerfinanzierten Liquiditätszuschuss, dort eine auf risikogerecht berechneten Prämien aufbauende Versicherung der Einlagen - zwischen staatlicher und privatwirtschaftlicher Einrichtung möglich sein sollte.

Damit kommen wir zum zweiten, auch im Gleichgewicht wirksamen Teil der Einlagensicherung, nämlich der Vereinnahmung und Ausschüttung der Versicherungsprämien. Zunächst sind durchaus Situationen denkbar, in denen eine mit der Selbstselektion der Einlegergruppen anreizkompatible Prämie negative erwartete Gewinne für den Versicherer bedeutet, da sich der Nachweis der Anreizkompatibilität der „fairen“ Prämie auf eine numerische Simulation des Modells bezieht.[99] Damit ist analytisch nicht eindeutig zu klären, ob die Einführung der Versicherung tatsächlich pareto-verbessernd ist, da sich in einer Welt risikoaverser (und selbst risikoneutraler) Individuen u. U. keine Gruppe finden lässt, die dieses Risiko freiwillig trägt.[100]

Gegeben die Anreizkompatibilität der „fairen“ Prämie resultiert aus der Versicherung eine Besserstellung aller Beteiligten. Mit der Orientierung an der „fairen“ Prämie liegt die Vermutung nahe, dass das Modell auf Seiten der Versicherung eine überlegene Diversifizierungstechnik unterstellt, die im Idealfall eine vollständige Eliminierung des von der Versicherung getragenen Risikos aufgrund des Gesetzes der großen Zahl zulässt. Zwar ist denkbar, dass auch Prämien oberhalb der „fairen“ Prämie anreizkompatibel sind und der Versicherung so eine Prämie gezahlt werden kann, die sie zur Übernahme eines verbleibenden Restrisikos bewegt.[101] Auch dieser Fall impliziert jedoch eine wie auch immer geartete Möglichkeit der risikoaversen Individuen zum wohlfahrtssteigernden Handel von zustandsbedingten Ansprüchen (= Versicherung), die im Modell ohne Versicherung der Einlagen nicht möglich war. Ähnlich wie beim Ansatz von Samartin (2002) hat die versichernde Institution damit Möglichkeiten, die der einzelnen Bank nicht zur Verfügung stehen.[102] Analog resultiert wiederum unsere Schlussfolgerung, dass das Modell zwar die prinzipiell mögliche Wohlfahrtssteigerung durch eine Versicherung

[99]Vgl. Chen (1999), S. 968.

[100]Für eine Koalition von risikoaversen Individuen, die eine Versicherung anbieten, ist die „faire“ Prämie die Untergrenze, zu der sie gerade noch anbietet. Vgl. Gravelle/Rees (1992), S. 597f.

[101]Vgl. etwa Zweifel/Eisen (2002), S. 229ff. zu verschiedenen Konzepten der Prämienkalkulation.

[102]Vgl. die Ausführungen auf S. 61. Bemerkenswert an der durch Gleichung (4.5) bestimmten „fairen“ Prämie ist zudem die Verwendung von a_0 als Eintrittswahrscheinlichkeit des Versicherungsfalls. Wird der Versicherungsschutz durch eine hinreichend große Koalition von risikoaversen Individuen zur so berechneten „fairen“ Prämie angeboten, impliziert dies die vollständige Diversifizierbarkeit des Ertragsrisikos der Banken. Vgl. etwa Gravelle/Rees (1992), S. 594ff.

der Einlagen nachweist. Offen bleibt aber die Frage, warum eine staatliche Institution hier Vorteile gegenüber dem privaten Sektor in Form von Bankenvereinigungen, Versicherungen und Finanzmärkten haben soll.[103]

Analog dieser Überlegung führt Chen (1999) denn auch aus, dass eine denkbare Erweiterung seines Modells in der Schaffung eines Versicherungsverbundes durch die einzelnen Banken liegen könnte.[104] Durch eine solche Versicherung auf Gegenseitigkeit hätten die Banken zudem einen Anreiz zur gegenseitigen Überwachung. Gepaart mit im Versicherungsvertrag festgelegten Informationspflichten der Bank gegenüber dem Versichertenkollektiv wird in einem so erweiterten Modell der Informationsstand über die jeweilige Ertragslage endogen bestimmt.[105] Hervorhebenswert an diesem Informationsaufbau ist, dass die Schließungsentscheidung - wenn die so generierten Informationen genauer als die der Einleger sind - nicht mehr durch Bank Runs, sondern von den informierten Mitversicherten bzw. einer in ihrem Auftrag handelnden Institution ausgehen sollte. Die Struktur des Modells änderte sich damit selbstverständlich grundlegend.

Alles in allem weist das Modell also nach, dass in einer Welt mit sequenzieller Informationsaufdeckung sowie mit informierten und uninformierten Einlegern eine anreizkompatible Versicherung der Einlagen möglich ist. Die Anreizkompatibilität der Versicherung stellt sicher, dass nur uninformierte Einleger die Versicherung kaufen, während die unversicherten, informierten Einleger durch ihr Abzugsverhalten zur effizienten Liquidation von Banken beitragen. Eine explizite Erklärung, warum die versichernde Institution staatlichen Charakter haben muss, enthält das Modell nicht.

4.3.4 Bank Runs und Interbankenbeziehungen

Als weiteren Transmissionsmechanismus eines ansteckenden Bank Run haben wir einleitend Kreditbeziehungen zwischen Banken identifiziert („Dominoeffekte"). Unsere nächste Aufgabe ist deshalb, modelltheoretisch zu überprüfen, inwieweit ein dadurch bedingtes systemisches Risiko einen Regulierungseingriff rechtfertigt. Wir stützen uns dabei auf ein Modell von Allen/Gale (2000).[106]

[103] Auch die Schließung, die zu einem Zeitpunkt erfolgt, in dem die Bank noch nicht auszahlungsunfähig ist, bedingt nicht zwingend eine über das übliche Maß hinausgehende Involvierung staatlicher Institutionen wie etwa der Bestellung eines Verwalters durch das Insolvenzgericht. Notwendig erscheint prinzipiell nur, dass das Erreichen einer bestimmten Abzugshöhe als Auslöser einer Bankschließung vertraglich zwischen Versicherer und Bank festgelegt wird.

[104] Vgl. Chen (1999), S. 965.

[105] Tatsächlich beinhalten solche Einlagensicherungen in der Praxis Informationsrechte der Versichertengemeinschaft. Vgl. hierzu etwa Bauer-Behrschmidt/Mehrbecks (2000), S. 35. und Kapitel 9.

[106] Der Ansatz hat breiten Eingang in die Diskussion gefunden, vgl. Santor (2003) und DeBandt/Hartmann (2000). Santor (2003) bezeichnet ihn als „most notable example of contagion", S. 5.

Tabelle 4.2: Verteilung regionaler aggregierter Liquiditätspräferenzen

	A	B	C	D
S_1	t_h	t_l	t_h	t_l
S_2	t_l	t_h	t_l	t_h

Quelle: Allen/Gale (2000), S. 8.

4.3.4.1 Modellstruktur

In seiner Grundstruktur ähnelt das Modell stark dem Ansatz von Allen/Gale (1998).[107] Die risikoaversen Individuen der betrachteten Ökonomie sehen sich unsicheren individuellen Liquiditätspräferenzen in den Zeitpunkten $T = 1, 2$ gegenüber, so dass ein wohlfahrtssteigernder Depositenkontrakt à la Diamond/Dybvig möglich ist. Die diesen Kontrakt anbietenden Banken haben in $T = 0$ zwei Möglichkeiten, die von den Individuen erhaltenen Einlagen anzulegen: Die langfristige Anlage erbringt in $T = 2$ den (Brutto-)Ertrag $R > 1$, bei frühzeitiger Liquidation in $T = 1$ jedoch nur $0 < r < 1$. Die kurzfristige Anlage besteht in einer Aufbewahrungstechnik, d. h. der einperiodische Ertrag ist gerade gleich 1.

Die Neuerung zur Abbildung von Inter-Banken-Beziehungen besteht nun darin, die Ökonomie in vier ex ante identische Regionen A, B, C und D zu unterteilen. In jeder Region existiert eine Vielzahl von identischen Banken und Einlegern. Die repräsentative Bank in der jeweiligen Region wird im Folgenden auch kurz als Bank i mit $i = A, B, C, D$ bezeichnet. Die Wahrscheinlichkeit, frühzeitig konsumieren zu müssen, d. h. der Anteil der Typ-1-Individuen t, unterscheidet sich von Region zu Region. Der Anteil t kann in $T = 1$ entweder die hohe Ausprägung t_h oder die niedrige Ausprägung t_l annehmen. Es gelte $0 < t_l < t_h < 1$. Die räumliche Unterteilung der Ökonomie kann dabei für unterschiedliche Regionen stehen, ist jedoch allgemeiner betrachtet lediglich eine Metapher für Banken bzw. Bankengruppen, die sich unterschiedlichen Liquiditätsschocks gegenübersehen. „[A] region can correspond to a single bank, a geographical region within a country, or an entire country; it can also correspond to specialized sector within the banking industry.“[108]

Die Verteilung der Liquidititätspräferenzen über die Regionen hängt vom Umweltzustand ab. Es existieren zwei gleich wahrscheinliche Umweltzustände S_1 und S_2, die zu den in Tabelle 4.2 zusammengefassten aggregierten Liquiditätspräferenzen führen. Tritt also beispielsweise S_2 ein, sehen sich die Banken in Region A und C einer niedrigen Liquiditätspräferenz ihrer Einleger gegenüber, während in den Regionen B und D ein hoher An-

[107] Vgl. Abschnitt 4.1.2.
[108] Allen/Gale (2000), S. 7.

teil der Einleger frühzeitige Konsumwünsche hegt. Ex ante hat jedoch jede Region die gleiche Wahrscheinlichkeit einer hohen (oder niedrigen) Liquiditätsausprägung, da auch S_1 und S_2 gleich wahrscheinlich sind. Darüber hinaus ist die aggregierte Liquiditätsnachfrage über alle Regionen konstant, da in beiden Umweltzuständen jeweils zwei Regionen eine hohe bzw. niedrige regionale Ausprägung von Typ-1-Individuen besitzen.

Betrachten wir zunächst die erstbeste Allokation in diesem Modellrahmen. Diese stellt sich ein, wenn ein wohlwollender zentraler Planer die für die Individuen nutzenmaximale Investitions- und Konsumentscheidung trifft. Formal gesehen geht es darum, den Erwartungsnutzen der in $T = 0$ identischen Individuen durch die Wahl der optimalen c_1^* bzw. c_2^* bezeichneten frühen bzw. späten Konsummengen unter folgenden Nebenbedingungen zu maximieren:

$$X + L \leq 1, \tag{4.6}$$

wobei X die Investition in die Langfristtechnik und L die Investition in die liquide Aufbewahrungstechnik ist. Die Nebenbedingung besagt nichts anderes, als dass die Summe der in $T = 0$ gemachten Investitionen nicht die auf 1 normierte Anfangsausstattung überschreiten darf.

$$\bar{t}c_1 \leq L, \tag{4.7}$$

wobei $\bar{t} = (t_h + t_l)/2$ den über die Regionen gebildeteten durchschnittlichen Anteil der Typ-1-Individuen beschreibt. Nach (4.7) ist der maximal mögliche frühe Konsum durch die liquide gehaltenen Mittel begrenzt. Diese Nebenbedingung beinhaltet damit bereits, dass der frühzeitige Konsum allein durch die Kurzfristanlage befriedigt werden sollte, da mit der Liquidation der Langfristanlage Kosten verbunden sind ($r < 1$) und auf aggregierter Ebene keine Unsicherheit hinsichtlich t vorliegt.

Schließlich muss

$$(1 - \bar{t})c_2 \leq RX, \tag{4.8}$$

gelten. Analog zur vorhergehenden Bedingung besagt diese Restriktion, dass der maximal mögliche späte Konsum durch den Ertrag der in $T = 2$ auslaufenden Langfristanlage begrenzt wird.

Die Lösung dieses Maximierungsproblems für die optimalen Konsummengen von c_1^* und c_2^* ist zum einen anreizkompatibel, d. h. Typ-2-Individuen geben wahrheitsgemäß ihren Typ an und konsumieren spät.[109] Hervorhebenswert ist aber insbesondere, dass diese Allokation einen Ressourcentransfer zwischen den Regionen erfordert. So ist im Umweltzustand S_1 der Anteil der Typ-1-Individuen in den Regionen A und C gleich t_h,

[109] Da die Bedingung erster Ordnung $u'(c_1^*) = Ru'(c_2^*)$ impliziert, folgt $c_2^* > c_1^*$, vgl. Allen/Gale (2000), S. 17.

während sich die Investition in die liquide Aufbewahrungstechnik nur an der durchschnittlichen Liquiditätsneigung der Gesamtökonomie orientiert ($\bar{t} < t_h$). Umgekehrt verhält es sich dagegen in den Regionen B und D, dort herrscht ein Liquiditätsüberschuss. In $T = 1$ ist deshalb ein Liquiditätstransfer von B und D in Richtung A und C notwendig. In $T = 2$ kehrt sich diese Transferrichtung um, da der zu niedrigen Investition in liquiden Reserven in den Regionen A und C eine angesichts des geringen Anteils von Typ-2-Individuen zu hohe Investition in die Langfristtechnik gegenübersteht. Der späte Konsum in den Regionen B und D muss also durch Transfers aus A und C sichergestellt werden.

4.3.4.2 Interbanken-Markt und erstbeste Allokation

Gegeben diese Charakterisierung der erstbesten Allokation stellt sich die Frage, ob ein Zusammenspiel der repräsentativen Banken der jeweiligen Regionen denkbar ist, das ebenfalls die erstbeste Allokation hervorbringt. Setzt die repräsentative Bank zunächst einfach die durch den Einlagenvertrag versprochenen Auszahlungen gleich den optimalen Mengen von (c_1^*, c_2^*), kann die repräsentative Bank zwar in $T = 0$ das entsprechende obige Portfolio an Kurz- und Langfristanlagen wählen. In $T = 1$ jedoch können die Banken in den beiden Regionen mit der hohen Liquiditätspräferenz t_h ihren kurzfristigen Verpflichtungen nicht nachkommen, ohne langfristige Anlagen zu liquidieren. Sie verfehlen damit den optimalen späten Auszahlungsbetrag. Vice versa ist das Durchschnittsportfolio für die beiden Regionen mit t_l zu kurzfristig angelegt. Dabei besteht - wie wir oben gesehen haben - kein Liquiditätsengpass auf Ebene der Gesamtwirtschaft. Die vorhandene aggregierte Liquidität ist lediglich ungünstig verteilt.

Allen/Gale (2000) führen an diesem Punkt einen Interbanken-Markt ein, auf dem die Banken der vier Regionen Depositeneinlagen handeln können. Die Banken gehen dabei Überkreuzverbindungen ein, d. h. die Bank in Region A tätigt Einlagen bei den Banken in den Regionen B, C und D und erhält umgekehrt auch Einlagen aus diesen Regionen. Abbildung 4.4 verdeutlicht die zugrundeliegende Struktur des Interbanken-Markts.

Da die Liquiditätsnachfrage in jeder Region negativ mit der in zwei anderen Regionen korreliert ist, tätigt die repräsentative Bank in $T = 0$ - neben dem oben abgeleiteten Direktinvestitionsplan in Kurz- und Langfristtechnik - in jeder Region pro heimischen Einlagenvertrag Einlagen in der Höhe von $z = (t_h - \bar{t})/2$ in den drei anderen Regionen.[110] Dann nämlich sind, wie wir sehen werden, die optimalen Auszahlungsmengen in den nachfolgenden Zeitpunkten unabhängig von der regionalen Ausprägung der Liquiditätspräferenz erfüllbar. Notwendig dafür ist, dass Banken mit hoher Liquiditätspräferenz ihrer Einleger die Einlagen bei den anderen Banken in

[110] Die Budgetrestriktion in $T = 0$ ist damit erfüllt: Die Bank tätigt Einlagen in drei Regionen und erhält zugleich äquivalente Einlagen aus drei Regionen.

Abbildung 4.4: Vollständig verknüpfter Interbanken-Markt

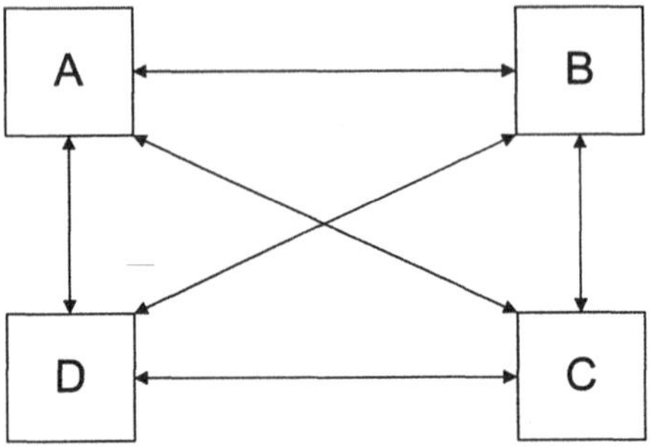

Quelle: Allen/Gale (2000), S. 11.

$T = 1$ auflösen, während Banken mit niedriger Ausprägung bis in $T = 2$ abwarten.

Betrachten wir zunächst die Situation einer Bank mit hoher Liquiditätspräferenz. Sie muss c_1^* an den Teil t_h der Einleger ihrer Region auszahlen und die Abhebung der anderen Region mit hoher Liquiditätspräferenz befriedigen. Dafür stehen ihre eigenen liquide angelegten Ressourcen und ihre Ansprüche aus den Depositen der anderen Regionen zur Verfügung. Die Budgetrestriktion lautet also

$$\left(t_h + \frac{t_h - \bar{t}}{2}\right) c_1^* = L + \frac{3(t_h - \bar{t})}{2} c_1^*. \tag{4.9}$$

Eine Bank mit niedriger regionaler Liquiditätsausprägung dagegen muss den versprochenen Betrag an den Teil t_l der Einleger auszahlen und den Verpflichtungen aus den beiden Regionen mit hoher Liquiditätspräferenz nachkommen. Sie hat dafür allein die kurzfristig investierten Ressourcen zur Verfügung, da sie keine Einlagen in $T = 1$ auflöst. Die Restriktion in diesem Fall lautet entsprechend

$$[t_l + 2(t_h - \bar{t})/2] = L. \tag{4.10}$$

Beide Gleichungen lassen sich unter Berücksichtigung von $t_h - \bar{t} = \bar{t} - t_l$ zu der Gleichung $\bar{t}c_1^* = L$ vereinfachen, die wir bereits in (4.7) kennen gelernt haben. Die Budgetrestriktionen der repräsentativen Banken sind also mit der erstbesten optimalen frühen Auszahlung kompatibel.

Dies gilt auch für die späte Auszahlung c_2^*: Eine Bank, in deren Region in $T = 1$ ein hoher Anteil an Typ-1-Individuen auftrat, hat in $T = 2$ die späte Auszahlung an die Typ-2-Individuen der eigenen Region und an die repräsentativen Banken der zwei Regionen mit niedriger Liquiditätspräferenz zu leisten. Zur Verfügung stehen dafür nur die Erträge aus der Langfristanlage X, da die Bank ihre Depositen in den anderen Regionen bereits in $T = 1$ abgehoben hat. Die Banken in Regionen mit niedriger Liquiditätsausprägung in $T = 1$ erhalten neben ihren eigenen Erträgen aus der Langfristanlage auch die Mittel aus dem Abzug ihrer Einlagen in den anderen Regionen. Finanzieren müssen sie damit die Auszahlungen an ihre eigenen Anleger und die andere Region mit niedriger Liquiditätpräferenz. Stellt man die implizierten Budgetrestriktionen auf, entsprechen diese der Nebenbedingung (4.8).[111]

Zusammengefasst vermag also ein in verschiedene Regionen unterteilter, kompetitiver Bankensektor im Zusammenwirken mit einem Interbanken-Markt, auf dem die repräsentativen Banken Einlagen tätigen, die erstbeste Investitions- und Konsumallokation umzusetzen. Der in Abbildung 4.4 dargestellte Interbanken-Markt ist in dem Sinne vollständig, dass jede repräsentative Bank i Einlagen bei jeder anderen Bank $j \neq i$ tätigen kann. Aufgrund von Transaktionskosten erscheint es jedoch unwahrscheinlich, dass Banken mit allen anderen Banken in einem Interbanken-Markt in Kontrakt treten.[112] In den nächsten Überlegungen geht es deshalb darum, die Auswirkungen unvollständiger Marktstrukturen auf die Funktionstüchtigkeit des Interbanken-Markts zu analysieren. Dafür betrachten Allen/Gale (2000) zwei weitere mögliche Strukturen.

In der unvollständig verknüpften Marktstruktur von Abbildung 4.5 halten die repräsentativen Banken nur Einlagen bei einer Bank der benachbarten Region.

Abbildung 4.5: Unvollständig verknüpfter Interbanken-Markt

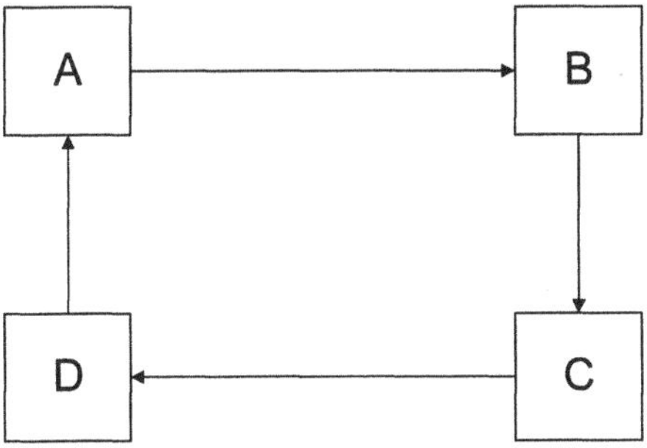

Quelle: Allen/Gale (2000), S. 13.

Dennoch ist weiterhin die erstbeste Allokation möglich. Legen nämlich die repräsentativen Banken in $T = 0$ den Betrag $z = t_h - \bar{t}$ in der benach-

[111]Formal sind $[(1-t_h)+(t_h-\bar{t})]c_2^* = RX$ und $[(1-t_l)+(t_h-\bar{t})/2]c_2^* = RX+3[(t_h-\bar{t})/2]c_2^*$ äquivalent zu $(1-\bar{t})c_2^* = RX$, vgl. Allen/Gale (2000), S. 12f.

[112]Allen/Gale (2000), S. 13.

barten Region an, sind wiederum alle erstbesten Budgetrestriktionen erfüllt. Selbst für den Fall einer paarweise verknüpften Marktstruktur wie in Abbildung 4.6 ist die erstbeste Allokation via Depositenkontrakt möglich.[113]

Abbildung 4.6: Paarweise verknüpfter Interbanken-Markt

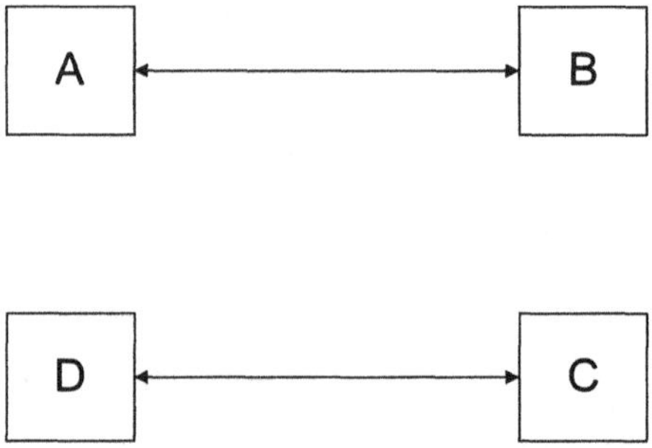

Quelle: Allen/Gale (2000), S. 15.

4.3.4.3 Aggregierter Liquiditätspräferenzschock und ansteckende Bank Runs

Haben die unterschiedlichen Marktstrukturen zunächst keine Auswirkungen auf das Erreichen effizienter Investitions- und Konsummengen, so wirkt sich das Auftreten eines Schocks je nach Marktstruktur gänzlich verschieden im Gesamtsystem aus. Zur Modellierung dieses Schocks wird ein weiterer Umweltzustand $\overline{S}$ eingeführt. In diesem Umweltzustand haben alle Regionen bis auf A den durchschnittlichen Anteil $\overline{t}$ an frühzeitigen Liquiditätswünschen, A hingegen einen höheren Anteil $\overline{t}+\epsilon$. Relevant für die nachfolgenden Überlegungen ist insbesondere, dass die aggregierte Liquiditätspräferenz damit die im Gesamtsystem zur Verfügung stehende Liquidität im Zeitpunkt $T = 1$ überschreitet.[114] Es herrscht vollständige Information, d. h. alle Einleger können die Realisation des Liquiditätspräferenzschocks beobachten.

[113]Vgl. Allen/Gale (2000), S. 14. Zum formalen Beweis sind lediglich die dadurch implizierten Budgetrestriktionen aufzustellen und zu (4.7) und (4.8) zu vereinfachen. Auch wenn durch Austauschen von B und C positiv miteinander korrelierte Regionen nebeneinander liegen, ändert dies nichts an den grundlegenden Modellergebnissen, vgl. ebenda, S. 32.

[114]Um weiterhin von der erstbesten Allokation zum Zeitpunkt $T = 0$ ausgehen zu können, unterstellen Allen/Gale, dass $\overline{S}$ von den dezentralen Entscheidungsträgern im Modell eine Eintrittswahrscheinlichkeit von null zugeordnet wird. Sie zeigen jedoch, dass die in $T = 0$ unter Berücksichtigung einer positiven, aber hinreichend kleinen Eintrittswahrscheinlichkeit von $\overline{S}$ optimalen Depositenverträge sich nur unerheblich von der optimalen Allokation ohne Berücksichtigung dieses Umweltzustands unterscheiden. Allerdings ist unter diesen Umständen nicht sicher, dass die repräsentativen Banken auch tatsächlich diese Deposi-

Ausgangspunkt der Überlegungen ist das Auftreten des Umweltzustands $\overline{S}$ bei unvollständig verknüpfter Marktstruktur (vgl. Abbildung 4.5). Wie bisher entscheiden sich in $T = 1$ die Einleger je nach Liquditätspräferenz für einen frühen oder späten Abzug der Mittel, während die Banken ihre Anlagen inklusive ihrer Einlagen bei anderen Banken auflösen, um die entsprechenden Auszahlungen bereitzustellen.[115] Die Reihenfolge, in der die Banken ihre Vermögenswerte auflösen, ergibt sich aus den Kosten einer frühzeitigen Auflösung in $T = 1$, gemessen am dadurch entgangenem späten Konsum in $T = 2$: Die Opportunitätskosten einer Einheit frühen Konsums, die durch den Verzicht einer weiteren Aufbewahrung (=liquide Kurzfristtechnik) finanziert wird, sind gerade gleich eins. Die Opportunitätskosten des durch Auflösung von Depositen möglich gemachten frühen Konsums sind gleich c_2^*/c_1^* und damit größer eins. Die Opportunitätskosten der Liquidation der Langfristanlage sind schließlich R/r, so dass $1 < c_2^*/c_1^* < R/r$ gilt.

Auf Basis dieser Kostenrelationen finanziert die repräsentative Bank die Auszahlungen in $T = 1$ zunächst mit den liquide gehaltenen Ressourcen und dann mit der Auflösung der Einlagen bei anderen Banken. Erst wenn die Abzüge das damit finanzierbare Maß überschreiten, beginnt sie, die Langfristanlage zu liquidieren. Wenn die Bank auch mit dieser Maßnahme den vertraglich zugesagten, optimalen frühen Auszahlungsbetrag nicht an alle Abzugswilligen auszahlen kann, wird die Bank insolvent. Im Insolvenzfall wird der gesamte Liquidationswert der Bank gleichmäßig auf die Einleger verteilt, d. h. es existiert im Modell keine sequenzielle Abzugsregel.

Unberücksichtigt bei diesen Überlegungen ist aber, dass die Einlagen einer Bank bei einer anderen Bank an Wert verlieren können, weil diese andere Bank liquidiert werden muss. Während der Wert einer Einlage beim Abzug in $T = 1$ prinzipiell c_1^* entspricht, ist der Wert im Insolvenzfall gleich dem Liquidationswert pro Einleger. Bezeichnet man den Liquidationswert der repräsentativen Bank in der Region i (pro Einleger) mit q^i, so folgt, dass *alle* Einleger der Bank i versuchen werden, ihre Einlagen in $T = 1$ abzuziehen, wenn $q^i < c_1^*$. Dies impliziert, dass Banken ihre Einlagen bei anderen Banken in einem Zeitpunkt aufzulösen versuchen, in dem andere Banken ihrerseits ihre Einlagen einfordern. Wenn beispielsweise alle Einleger ihren Depositenkontrakt bei der repräsentativen Bank der Region A kündigen, dann stehen für jeden einheimischen Einleger Ressourcen in Höhe von insgesamt $L + rX + zq^B$ zur Verfügung, d. h. die liquiden Mittel plus der Liquidationswert der Langfristanlage plus der Liquidationswert der bei der repräsentativen Bank in Region B gehaltenen Einlagen. Ist die repräsentative Bank in Region B nicht insolvent, entspricht q^B dem versprochenen Auszahlungsbetrag c_1^*. Diese Mittel müssen jedoch nicht nur an die einhei-

tenverträge wählen, vgl. Allen/Gale (2000), S. 28f.

[115]Im vorliegenden Modell heben Typ-2-Individuen nur dann frühzeitig ihre Einlagen ab, wenn die durch den Anteil der frühen Abzüge bedingte späte Auszahlung die vertraglich zugesagt frühe Auszahlung c_1^* erreicht oder unterschreitet.

mischen Einleger, sondern auch an die repräsentative Bank aus D verteilt werden, die ihrerseits Einlagen im Umfang von $z = t_h - \bar{t}$ in Region A hält. Der durchschnittliche Liquidationswert der repräsentativen Bank in A beträgt deshalb $q^A = (L + rX + zq^B)/(1+z)$, wobei q^B durch eine gleichartige Gleichung bestimmt wird, in der wiederum q^C bzw. darüber auch q^D enthalten ist.

Es stellt sich nun die Frage, welchen Teil der Langfristanlage eine repräsentative Bank liquidieren kann, um einen Liquiditätsschock aufzufangen, ohne dass der späte Auszahlungsbetrag den Wert c_1^* unterschreitet. In diesem Fall nämlich versuchen auch die Typ-2-Individuen, ihre Einlagen aufzulösen, und es kommt zu einem Bank Run. Aufgrund dieser Überlegung muss mindestens der Betrag $(1-t)c_1^*/R$ in der Langfristanlage investiert bleiben, so dass sich ein maximaler, mit $b(t)$ bezeichneter Liquiditätspuffer von

$$b(t) = r\left[X - \frac{(1-t)c_1^*}{R}\right]$$

ergibt. Für die repräsentative Bank in Region A im Umweltzustand $\overline{S}$ bedeutet dies, dass sie den Liquiditätsschock nur dann verkraftet, wenn ihr Liquiditätspuffer dafür ausreicht. Formal muss also gelten

$$\epsilon c_1^* \leq b(\bar{t} + \epsilon). \tag{4.11}$$

Ist diese Ungleichung erfüllt, beschränken sich die Probleme auf Bank A. Allerdings erleiden die spät abziehenden Einleger in Region A einen Nutzenverlust, da die späte Auszahlung infolge der teilweisen Liquidation der Langfristanlage in $T = 1$ nur unterhalb der optimalen Menge c_2^* liegen kann.[116]

Das Potenzial für ein Übergreifen der Probleme auf andere Regionen eröffnet sich erst, wenn der Liquiditätsschock den Liquiditätspuffer überschreitet. In diesem Fall wird die Bank aufgrund des Versuchs aller Einleger, simultan in $T = 1$ abzuheben, insolvent und muss liquidiert werden. Der Liquidationswert der Einlagen der repräsentativen Bank aus D in Region A liegt dann unterhalb von c_1^*, während diese Bank für die bei ihr gehaltenen Einlagen weiterhin Verpflichtungen im Wert von c_1^* hat. Bank D erleidet also einen Verlust bei der Auflösung der gegenseitigen Ansprüche. Für Bank D stellt sich damit ein ganz ähnliches Problem wie für Bank A: Der zur Verfügung stehende Puffer aus der Liquidation der Langfristanlage muss diesen Verlust auffangen können, ohne durch die Liquidation und das zwangsläufige Absinken der möglichen späten Auszahlung einen simultanen Abzug aller Einleger in Region D hervorzurufen. Ist der Puffer ausreichend, erleiden in Region D wiederum nur die Typ-2-Individuen einen Nutzenverlust. Wird dagegen auch Bank D insolvent, so lässt sich zeigen, dass bei der

[116] Da die Interbanken-Einlagen in $T = 1$ den gleichen Wert haben, addieren sich die reihum erfolgenden Abzüge zu null und fallen aus der Betrachtung.

unterstellten unvollständigen Marktstruktur weitere Insolvenzen unvermeidbar sind, d. h. die repräsentativen Banken in allen Regionen erleben einen Bank Run und werden zahlungsunfähig.[117]

Betrachten wir dafür formal zunächst die Situation von Bank D. Sie erhält im Insolvenzfall aus der Liquidation von Bank A maximal den Betrag $z\overline{q}^A$, wobei z die Einlagengröße und $\overline{q}^A = (L + rX + zc_1^*)/(1 + z)$ den Liquidationswert pro Depositenkontrakt angibt, wenn Bank B nicht insolvent ist. Gegenüber Bank C hat Bank D jedoch Zahlungsversprechen in Höhe von zc_1^*. Als hinreichende Bedingung für den Zusammenbruch von Bank D können wir deshalb

$$z(c_1^* - \overline{q}^A) > b(\overline{t}) \tag{4.12}$$

festhalten. Dann nämlich übersteigt die Differenz von Verpflichtungen und Ansprüchen der Bank D am Interbanken-Markt ihren Liquiditätspuffer. Da wir - gegeben (4.12) - wissen, dass $\overline{q}^A < c_1^*$ ist, muss $q^D < \overline{q}^A$ gelten. Der Liquidationswert pro Depositenkontrakt, der Bank C durch die Liquidation von Bank D zufließt, ist also zwingend geringer als der, den Bank D durch die Liquidation von Bank A erhalten hat. Bei sonstiger Identität der Banken und damit der Liquiditätspuffer folgt, dass der Puffer von Bank C erst recht nicht zum Auffangen der Verluste aus dem Interbanken-Markt ausreicht. Das Argument überträgt sich analog auf Bank B, so dass der zunächst bei einer Bank auftretende Liquiditätsschock zu einem systemischen Bankenzusammenbruch führt. Ursächlich dafür ist, dass der Umfang der notwendigen Liquidation von Langfristanlagen die Anreizkompatibilität des Einlagenvertrags verletzt. Nicht nur Typ-1-, sondern auch Typ-2-Individuen fragen dann Liquidität in $T = 1$ nach.

Dieses Ergebnis hängt für eine gegebene Größe des Schocks ϵ jedoch von der unterstellten Marktstruktur ab.[118] So existieren Parameterkonstellationen, bei denen es zwar in der bisher betrachteten, unvollständig verknüpften Marktstruktur zu einem ansteckenden Bank Run kommt, nicht aber bei vollständig verknüpfter Marktstruktur. Dabei geht zwar aufgrund der Verletzung von (4.11) weiterhin Bank A in Konkurs, der entstehende Verlust bei jeder der anderen Banken kann aber unterhalb des jeweiligen Puffers liegen, während zugleich (4.12) erfüllt ist. Dies ist möglich, da bei vollständig verknüpfter Marktstruktur jede Bank nur $z/2$ Depositen bei Bank A hält - im Gegensatz zu z Verträgen, die Bank D bei Bank A bei unvollständig verknüpfter Struktur hält. Bei gleichmäßiger Verteilung der Anfangsverluste sind die jeweils notwendigen Liquidationen der Langfristanlage noch anreizkompatibel, d. h. die Typ-2-Einleger in den anderen Regionen erleiden zwar Verluste, bevorzugen aber immer noch die späte Auszahlung.[119] Ist der An-

---

[117] Vgl. Allen/Gale (2000), Proposition 2.

[118] Vgl. Allen/Gale (2000), S. 22ff.

[119] Formal muss für die Verluste der Banken B, C und D aus dem Interbanken-Markt

fangsschock in Region A groß genug, folgt allerdings auch bei vollständig verknüpfter Marktstruktur ein systemischer Bankenzusammenbruch. Für den Fall einer nur paarweise verknüpften Marktstruktur ist allein aufgrund der mangelnden Verbindung der Regionenpaare (A, B) und (C, D) kein systemisches Übergreifen möglich. So kann die Insolvenz der Bank A zwar einen Bank Run und nachfolgenden Konkurs von Bank B bedingen, aber in Ermangelung von wechselseitigen Ansprüchen mit Bank C oder D kann keine systemische Krise folgen. Insofern ist diese Marktstruktur unabhängig von der Größe des Schocks nicht mit einem systemischen Risiko vereinbar.

4.3.4.4 Zusammenfassung und Regulierungsimplikationen

Allen/Gale (2000) gelingt es, das Phänomen einer den ganzen Bankensektor ergreifenden Krise in Abhängigkeit der Größe eines auftretenden Liquiditätsschocks und der von den Banken untereinander eingegangenen Finanzbeziehungen greifbar zu machen. Hervorzuheben ist dabei insbesondere, dass der systemweite Bank Run nicht auf Informationseffekte angewiesen ist. Alle Beteiligten besitzen vollständige Information über die Situation des Bankensektors und reagieren lediglich auf die aufgrund der eingegangenen Finanzbeziehungen zu erwartenden Auszahlungen. Es zeigt sich, dass nicht allein die Größe des Liquiditätsdefizits ausschlaggebend für das Auftreten des systemweiten Bank Run ist. Die Insolvenz einer Bank kann je nach Verteilung der dadurch ausgelösten Liquidationsverluste für das Gesamtsystem verkraftbar sein oder aber einen Dominoeffekt auslösen.

Wie Allen/Gale (2000) selbst ausführen, ist das Ergebnis einer systemischen Krise im Modellrahmen eng verknüpft mit der Annahme eines Interbanken-Marktes, auf dem die einzelnen Banken in $T = 0$ *Einlagenverträge* abschließen.[120] Gäbe es stattdessen in $T = 1$ einen kurzfristigen Kreditmarkt, auf dem überschüssige Liquidität zu markträumenden Zinssätzen gehandelt würde, träte das Problem nämlich nicht auf. Während in den „normalen" Umweltzuständen ein optimaler Liquiditätshandel zustande käme, wäre der Zinssatz, den die anderen Banken für zusätzliche Liquidität verlangten, im Umweltzustand $\overline{S}$ gleich R/r. Zu diesem Zinssatz - der den Opportunitätskosten der Liquidation der Langfristanlage entspricht - macht es für Bank A aber keinen Sinn, Liquidität am Kreditmarkt aufzunehmen, so dass Bank A insolvent wird, wenn ihr Puffer nicht ausreicht. Da keine Kreditbeziehungen mit anderen Banken eingegangen wurden, können diese auch keine Verluste erleiden. Der Bank Run bleibt also auf Bank A beschränkt. Allerdings würde ein solcher Kreditmarkt bereits in $T = 0$ den Anreiz für eine erstbeste Allokation der Ressourcen zerstören, so dass er im vorliegenden

---

nun $z/2(c_1^* - \overline{q}^{A^*}) \leq b(t)$ gelten, wobei $\overline{q}^{A^*}$ den Liquidationswert der Bank A pro Einlagenvertrag unter Berücksichtigung der wechselseitigen Ansprüche bei vollständiger Marktstruktur angibt.

[120] Allen/Gale (2000), S. 24ff.

Modellrahmen schwer integrierbar ist.[121] In erweiterten Modellen, die einen Interbanken-Kreditmarkt in $T = 1$ berücksichtigen, wären zudem ebenfalls Effekte denkbar, durch die es auch dort zu systemweiten Auswirkungen eines plötzlichen Liquiditätsengpasses käme. So können Kreditgeber bei der Existenz riskanter Erträge nur schwer unterscheiden, ob die Kreditaufnahme durch Verluste oder eine unvorhergesehen hohe Liquiditätsnachfrage bedingt ist. Dieses advserse Selektionsproblem kann zu so hohen Zinssätzen auf dem Kreditmarkt führen, dass auch prinzipiell gesunde Banken keine Liquidität erhalten können.[122]

Im vorliegenden Modell ändern sich die grundlegenden Schlussfolgerungen auch bei riskanten Anlageerträgen nicht, solange Banken weiterhin Ansprüche gegenüber anderen Banken halten.[123] Bank Runs würden in dieser Erweiterung durch negative Nachrichten über die Ertragslage ausgelöst und wiederum über die Finanzbeziehungen zwischen den Banken weiterverbreitet.[124]

Auch wenn sich das Modell also als recht robust gegenüber naheliegenden Änderungen erweist, hat es für unsere Fragestellung den Nachteil, kaum explizite Regulierungsempfehlungen zu enthalten. Zwar erwähnen die Autoren eine Zentralbank, mit der alle Banken verbunden sind, als Instrument zur Vervollständigung der Marktstruktur. In welcher Form diese aber „by intervening appropriately“ die mit einem systemischen Run verbundenen ineffizienten Liquidationen verhindern könnte, bleibt unerklärt.[125] Besteht die Intervention der Zentralbank darin, ein der vollständig verknüpften Marktstruktur entsprechendes Schema von Finanzbeziehungen aufzubauen, so erhöht sie zwar die Fähigkeit des Gesamtsystems, einen Liquiditätsschock zu verkraften, ändert aber nichts an der Tatsache, dass ab einer gewissen Größe des Schocks auch dieses System zusammenbricht.[126]

[121]Vgl. ohne nähere Erläuterung Allen/Gale (2000), S. 26. Vermutlich spielen sie auf den bereits beim Modell von Diamond/Dybvig in Abschnitt 3.3 diskutierten individuellen Anreiz an, nur langfristig zu investieren und sich kurzfristige Liquidität per Kredit zu beschaffen. Für eine Formalisierung dieser Überlegung bei Unbeobachtbarkeit des kurzfristigen Anlageanteils vgl. Bhattacharya/Gale (1987). Diese zeigen jedoch auch, dass - gegeben die Beobachtbarkeit der von den anderen Banken gehaltenen liquiden Reserven - ein erstbester ex post Kreditmarkt möglich ist.

[122]Für eine formale Modellierung dieser Überlegung siehe Flannery (1996), S. 813ff. Für einen anderen Ansatz mit Interbanken-Kreditmarkt und systemischem Bank Run unter asymmetrischer Information vgl. Aghion/Bolton/Dewatripont (2000).

[123]Vgl. Allen/Gale (2000), S. 31. Neben der Diversifizierung von Liquiditätsrisiken auf der Passivseite werden Interbankeneinlagen dann auch durch die Diversifizierung von Ertragsrisiken auf der Aktivseite motiviert.

[124]Für ein explizites Modell mit riskanten Erträgen vgl. Dasgupta (2002), der die prinzipiellen Schlussfolgerungen von Allen/Gale (2000) bestätigt.

[125]Vgl. Allen/Gale (2000), S. 32.

[126]Insgesamt umgeht der Ansatz die Frage der Endogenität der Finanzbeziehungen, da der Umweltzustand $\overline{S}$ durch die Akteure nicht berücksichtigt wird und damit keine Auswirkungen auf die erstbeste Allokation hat. Wären sich die Akteure dagegen der unterschiedlichen Anfälligkeit des Gesamtsystems in Abhängigkeit der vorhandenen Finanzbeziehun-

Führt die Zentralbank (oder eine andere Institution) bei gegebener Marktstruktur dem Bankensektor im Umweltzustand $\overline{S}$ Liquidität zu, so können wir auf Basis des Modells schlussfolgern, dass diese Zufuhr möglichst frühzeitig erfolgen sollte, da mit jeder neuen Insolvenz die kumulierten Verluste aus der frühzeitigen Liquidation der Langfristanlage steigen. Eine effizienzorientierte Begründung der Liquiditätszufuhr selbst ist aber nur unter Rückgriff auf andere Ansätze wie etwa das Modell von Diamond/Dybvig (1983) möglich. So kann man argumentieren, dass die ursprünglichen frühen und späten Auszahlungen unter Berücksichtigung der höheren Liquiditätspräferenz nicht mehr optimal sind, und deshalb eine zwischen den Einlegertypen umverteilende Einlagensicherung wie im Fall stochastischer aggregierter Liquiditätspräferenz ex ante eine Besserstellung aller Einleger bedeutet. Wie wir aber bei der Diskussion von Diamond/Dybvig (1983) deutlich gemacht haben, ist ein solcher Effizienzgewinn von einer Reihe einschränkender Prämissen abhängig.[127]

Eine frühzeitige Liquiditätszufuhr ist in der Realität mit einem weiteren Problemkreis verbunden: So ist es schwierig, zwischen der Liquiditätsknappheit einer einzelnen Bank, die Ausdruck einer unzureichenden Liquiditätsplanung ist und deshalb prinzipiell dem marktlichen Sanktionsmechanismus unterliegen sollte, und jener zu unterscheiden, die den Beginn eines aggregierten Liquiditätsengpasses bezeichnet. Kann die liquiditätszuführende Institution aber nicht trennscharf zwischen diesen Auslösern unterscheiden, so kann eine zu großzügige Liquiditätshilfe den Banken den Anreiz zur individuellen Versicherung gegen prinzipiell beherrschbare Liquiditätsschocks nehmen. Umgekehrt führt ein Abwarten des Dominoeffektes zu erhöhten kumulierten Liquidationsverlusten. Zudem ist das Verweigern der Unterstützung im Falle eines selbst verschuldeten Liquiditätsengpasses unter Umständen keine glaubwürdige Drohung, da die durch die Insolvenz der Bank ausgelösten Verluste bei anderen Banken einen systemischen Run herbeiführen können.

Für dieses Problem wird häufig der Begriff des „too big to fail" verwendet.[128] Wie allerdings bereits der Ansatz von Allen/Gale (2000) vermuten lässt, ist aber nicht allein die Größe einer Bank ausschlaggebend für die Gefahr einer Kettenreaktion, sondern insbesondere der Umfang und die Struktur der mit anderen Banken eingegangenen Finanzbeziehungen.[129] Die

gen bewusst, müssten zwei aufeinander aufbauende Fragen beantwortet werden: Welche Interbankenbeziehungen sind angesichts des Trade-Offs zwischen besseren Liquiditätsversicherungsmöglichkeiten einerseits und den dadurch bedingten Gefahren eines eventuellen systemweiten Bank Run andererseits wünschenswert? Fallen gesamtwirtschaftlich effiziente Finanzierungsstruktur und einzelwirtschaftliches Kalkül der Akteure auseinander?

[127] Vgl. Abschnitt 3.3.3.

[128] Vgl. etwa Freixas/Rochet (1997), S. 87.

[129] Vgl. hierzu Rochet/Tirole (1996) und Freixas/Parigi/Rochet (2000). In politökonomischer Lesart ist nicht das systemische Risiko Auslöser der „too big to fail" Problematik, sondern der Umstand, dass eigennutzorientiertes Verhalten eine effiziente Schließungsentscheidung verhindert. So könnte eine auf ihre Reputation bedachte Regulierungsbehörde

liquiditätszuführende bzw. rekapitalisierende Institution muss deshalb im Zweifelsfall äußerst rasch über die Interbankenbeziehungen der betroffenen Bank entscheiden:

> „[In the case of Barings], the Bank of England, along with other official bodies, including Her Majesty's Treasury, probably decided that Barings was not systematically important. It was a small, at best medium-sized bank, and it was not central to the U.K. payments system. The Bank of England ... apparently understood the relationships Barings had with the U.K. and other European counterparts and *over a weekend* was able to determine, and then to decide, that Barings could be allowed to fail."[130]

Zusammengefasst tragen das Modell und verwandte Ansätze zu einem besseren Verständnis der notwendigen und hinreichenden Bedingungen für die Ausbreitung eines Schocks über Interbankenbeziehungen bei. Zudem weist der Ansatz auf die Notwendigkeit eines frühen Eingreifens hin. Zur Begründung eines Eingreifens per se bringt das Modell aber im Vergleich zu Modellen, die einen aggregierten Bankensektor betrachten wie etwa Diamond/Dybvig (1983), keine neuen Erkenntnisse.

Box - Wichtige Ergebnisse und weiterführende Argumente Kapitel 4

- Informationen über die Ertragslage von Banken bzw. Liquiditätsschocks bei Einlegern können Bank Runs auslösen.
- Bei vollständiger Illiquidität der Langfristanlagen und perfekter Ertragsinformation für alle Einleger können Bank Runs in Verbindung mit einem nicht näher modellierten Gleichverteilungsmechanismus den effizienten Konsumplan sicherstellen. Unter der realistischeren Annahme der Auflösbarkeit von Langfristanlagen stellt erst eine Liquiditätszufuhr durch die Zentralbank den effizienten Konsumplan sicher.
- Im Fall nicht eindeutiger Signale über Ertragslage und Liquiditätswünsche sind effiziente wie ineffiziente Runs möglich. Die Effizienz von Bank Runs beruht dabei auf möglichen Interessenkonflikten von Bank und Einlegern. Ineffiziente Runs entstehen, wenn uninformierte Einleger zu Unrecht auf „verschmutzte" Signale über die Ertragslage der Bank reagieren.

---

einen schlagzeilenträchtigen Zusammenbruch einer Großbank in jedem Fall verhindern wollen, weil dieser auf eine unzureichende Überwachungstätigkeit hindeutet. Vgl. Dewatripont/Tirole (1994), S. 194ff.

[130] Schinasi (2003), S. 15. Hervorhebung durch den Verfasser.

- Ansätze zur Abbildung des so genannten „systemischen Risikos“ machen deutlich, dass dieser Mechanismus auch zum Übergreifen eines Run auf andere Banken führen kann, obwohl in Kürze genauere Informationen verfügbar werden.

- Die Versicherung von Einlagen kann hier effizienzsteigernd wirken. Allerdings sollten effiziente Runs durch informierte Einleger dabei nicht verhindert werden.

- Neben informationsbasierten Runs können auch Interbanken-Beziehungen „systemisches Risiko“ bergen. Die Widerstandskraft des Bankensektors gegen aggregierte Schocks hängt dabei von den eingegangenen Kreditbeziehungen der Banken untereinander ab.

- Die Ableitung von Regulierungseingriffen fällt hier schwer. Die Ansätze legen jedoch einen frühzeitigen Eingriff nahe, um Liquidationsverluste möglichst gering zu halten.

Kapitel 5

Bank Runs und Einlagensicherung - Synthese der Modelle

Die vorhergehenden Kapitel 3 und 4 haben ausführlich einzelne Ansätze zur Erklärung von Bank Runs und der Ableitung effizienzsteigernder Regulierungseingriffe diskutiert. Kapitel 5 führt diese Erkenntnisse zusammen.

Dabei erläutert Abschnitt 5.1 zunächst Ursachen und Auswirkungen von Bank Runs. Abschnitt 5.2 überprüft danach die ein Marktversagen ableitende Argumentationskette kritisch auf vernachlässigte Elemente. Gegeben die Akzeptanz der Marktversagensthese klärt Abschnitt 5.3 im nächsten Schritt, warum verschiedene Formen der Einlagensicherung eine Effizienzverbesserung darstellen können. Demgegenüber diskutiert Abschnitt 5.4 negative Anreizwirkungen der Einlagensicherung, die in den bisherigen Ausführungen nicht oder nur ansatzweise berücksichtigt wurden. Abschnitt 5.5 beschreibt den notwendigen Abwägungsprozess bei der Einführung einer Einlagensicherung.

5.1 Ursachen, Effizienzwirkung und Ausmaß von Bank Runs

In den vorhergehenden theoretischen Betrachtungen haben wir zwei Ursachen von Bank Runs kennen gelernt: Im grundlegenden Ansatz von Diamond/Dybvig (1983) wird es aufgrund einer plötzlichen Änderung der Erwartungshaltung hinsichtlich des Verhaltens der anderen Einleger zur optimalen Strategie des individuellen Einlegers, frühzeitig einen Abzug seiner Einlagen zu tätigen.[1] Da die Änderung der Erwartungshaltung nicht näher modelliert wird, spricht man auch von panikbasierten Bank Runs oder sich

[1]Vgl. Abschnitt 3.1.

selbsterfüllenden Prophezeiungen. In Erweiterungen dieses Grundmodells wird als Ursache eines Run dagegen das Auftreten einer Information über die zu erwartenden Erträge der Bank ausgemacht.[2] Auf Basis dieser Information entscheiden sich Einleger wiederum zum frühzeitigen Abzug ihrer Einlagen, wenn die Ertragslage impliziert, dass die frühzeitige Auszahlung einen höheren Erwartungsnutzen als die späte Auszahlung erbringt. Man spricht deshalb von informationsbasierten Bank Runs.

Die Beurteilung von panikbasierten Runs aus Effizienzsicht ist eindeutig. Der Bank Run stellt hier ein pareto-inferiores Nash-Gleichgewicht dar, in dem die wohlfahrtssteigernde Liquiditätsversicherung durch einen Einlagenvertrag zusammenbricht.[3] Die Beurteilung informationsbasierter Runs ist ambivalenter und hängt von Verteilung und Qualität der empfangenen Information ab. Erhalten alle Einleger ein perfektes Signal über die Ertragslage der Bank, können Bank Runs unter restriktiven Bedingungen zur optimalen Konditionierung des Einlagenvertrags auf die Ausprägung der stochastischen Ertragsgröße führen.[4] Unter der realistischeren Annahme der Liquidierbarkeit der Langfristanlage folgt dagegen die Ineffizienz auch eines informationsbasierten Run. Dafür ist die mangelnde Konditionierung der vertraglichen Auszahlungen auf den Ertragsschock verantwortlich, d. h. im Versuch, sich die in Relation zum Ertragsschock zu hohe frühe Auszahlung zu sichern, lösen die Einleger eine im Vergleich zum Schock zu hohe Liquidation der Langfristanlage aus.

Erhält nur ein Teil der Einleger ein Signal, so ist neben dem Verhalten der informierten Gruppe auch die Reaktion der uninformierten Einleger zu berücksichtigen.[5] Denkbar ist, dass Einleger entweder direkt das Abzugsverhalten der anderen Einleger oder aber die Insolvenz anderer Banken beobachten. Im ersten Fall kommt es zu einem Bank Run, wenn die Einleger einen hohen Einlagenabzug bei ihrer Bank als Zeichen dafür interpretieren, dass besser informierte Einlegergruppen ein ungünstiges Ertragssignal erhalten haben. Im zweiten Fall schließen die Einleger darauf, dass der Zusammenbruch anderer Banken - entweder aufgrund einer ähnlichen Exposition gegenüber dem auslösenden Schock oder durch direkte Finanzbeziehungen - auch die Wahrscheinlichkeit eines Zusammenbruchs ihrer Bank erhöht.

Spätestens der Einlagenabzug durch die uninformierten Einleger beruht damit auf einem „schmutzigen" Signal, d. h. auf nicht eindeutigen Informationen. Die Einleger machen entsprechend ex post Fehler bei der Beurteilung der Ertragslage ihrer Bank. Entweder ziehen sie die Einlagen ab, obwohl sie sich durch ein Belassen der Einlagen in der Bank besser gestellt hätten, oder

[2] Vgl. die Diskussion der Modelle in Kapitel 4 mit Ausnahme von Allen/Gale (2000). Dort kommt es infolge eines von allen Einlegern beobachteten aggregierten Liquiditätspräferenzschocks zu einem Bank Run, vgl. Abschnitt 4.3.4.3.

[3] Vgl. hierzu insbesondere Abschnitt 3.1.3.

[4] Vgl. Abschnitt 4.1.2.

[5] Vgl. die Abschnitte 4.1.3 und 4.3.3.

sie verzichten auf einen Abzug, der sich im nachhinein als sinnvoll erwiesen hätte. Auch unter Berücksichtigung dieser Fehler ist die Effizienzbeurteilung der Bank Runs jedoch nicht eindeutig. Besteht nämlich die Gefahr, dass das Bankmanagement sich insbesondere bei schlechter Ertragslage gegen die Interessen der Kunden verhält, kann die Möglichkeit informationsinduzierter Bank Runs Bestandteil einer ex ante effizienten Vertragsgestaltung zwischen Einlegern und Bank sein.[6] Anders stellt sich die Situation dar, wenn prinzipiell bessere Informationen vorhanden bzw. bald verfügbar sind. In diesem Fall sind die auf dem „schmutzigen" Signal beruhenden Runs ineffizient, solange aufgrund des Abwartens keine Verringerung der Haftungsmasse der Bank eintritt.[7]

Was das Ausmaß der jeweiligen Runs angeht, so handelt es sich bei den Modellen in Abschnitt 4.1.2 und 4.3.4 um aggregierte Ertrags- bzw. Liquiditätsschocks, die den Bankensektor als ganzes treffen. Alle Einleger beobachten ein perfektes Signal über die Realisation des Schocks, der dann einen sektorweiten Run auslöst.[8] Im Fall des Ertragsschocks ist etwa an eine revidierte Wachstumsprognose oder eine Zinswende zu denken, die von allen Einlegern gleichermaßen beobachtbar ist. Die allgemeine Beobachtbarkeit eines aggregierten Liquiditätsschocks ist unseres Erachtens schwieriger zu begründen, auch wenn eine erhöhte Bargeldneigung oder das Wachstum bargeldnaher Geldmengenaggregate prinzipiell beobachtbar sind.[9] In Abschnitt 4.3.4 dient der aggregierte Liquiditätsschock allerdings auch eher als Run Auslöser, denn als realistische Modellkomponente.[10] Sektorweite Bankenkrisen sind entsprechend in der Realität üblicherweise mit aggregierten Ertragsschocks verbunden.[11]

Das Ausmaß der durch „schmutzige" Signale ausgelösten Runs in den Abschnitten 4.1.3 und 4.3.3 ist dagegen nicht eindeutig zu bestimmen. Das beobachtete Abzugsverhalten der informierten Einleger bei der eigenen Bank kann zu einem begrenzten Run auf diese Bank führen, wenn sich der auslösende Schock nur auf sie bezieht. Zu denken wäre etwa an den Ausfall eines wichtigen Großkreditnehmers. Aber auch eine von anderen Banken abweichende, erhöhte Risikoposition gegenüber einem allgemein beobachtba-

[6] Vgl. die Diskussion in den Abschnitten 4.2 und 4.3.3.

[7] Vgl. insbesondere Abschnitt 4.3.3.4.

[8] Allen/Gale (1998) und Allen/Gale (2000) interpretieren ihre Bank bzw. die Banken in den einzelnen Regionen entsprechend als repräsentative Banken, vgl. ebenda, S. 1251 bzw. S. 10.

[9] Im Grundmodell von Diamond/Dybvig (1983) ist es gerade die Unbeobachtbarkeit der Ausprägung der aggregierten Liquiditätspräferenz, die eine Konditionierung der Auszahlungen darauf verhindert. Zumindest der Einlagensicherung aber wird dort unterstellt, die Ausprägung beobachten zu können, vgl. Abschnitt 3.2. In jedem Fall fehlt ein auslösendes Signal für einen Bank Run, vgl. Abschnitt 3.3.2.

[10] Die Einführung unsicherer Bankerträge, die den Run auslösen, sollte an den qualitativen Ergebnissen des Modells nichts ändern, vgl. Allen/Gale (2000), S. 31.

[11] Vgl. Hellwig (1998b), S. 124.

ren aggregierten Schock, wie etwa eine besonders aggressiv betriebene Fristentransformation, ist denkbar. Das bankspezifische Signal der informierten Einleger bezieht sich dann nicht auf den aggregierten Schock, sondern auf die Folgen dieses Schocks für die betroffene Bank. Schließen jedoch die Einleger von der Insolvenz anderer Banken auf eine Gefährdung ihrer Bank, kann es auch hier zu einem ansteckenden Run auf andere Banken kommen. Neben direkter finanzieller Verflechtung („Dominoeffekte") sind ähnlich geartete Portfolios der Banken („Informationseffekte") Ursache dafür, dass die Einleger ähnliche Auswirkungen des Schocks auf ihre Bank befürchten.[12]

Geht man von einem grundsätzlichen Diversifizierungsstreben der Banken aus, sollten jedoch sowohl Domino- als auch Informationseffekte wiederum nur bei aggregierten Schocks zu einem Run führen, der den gesamten Bankensektor erfasst: Finanzielle Verflechtungen werden gerade dazu eingegangen, um bankspezifische Schocks abzufedern. Es verbleiben aggregierte Schocks als Auslöser von Runs.[13] Gleichermaßen ist eine einigermaßen homogene Exposition einer Vielzahl von Banken gegenüber Schocks vor allem bei aggregierten Schocks wie etwa einer Zinswende zu erwarten.[14] Insofern sind auch die durch ein, zunächst nur von einem Teil der Einleger empfangenes Signal ausgelösten Bank Runs auf einen aggregierten Schock zurückzuführen, *wenn* sie systemischen Charakter haben, d. h. sich auf den gesamten Bankensektor erstrecken.[15] Allerdings wird dieser Schock nicht von allen Einlegern gleichermaßen beobachtet, sondern von unterschiedlichen Gruppen sequenziell wahrgenommen.

Abschließend ist darauf hinzuweisen, dass die negativen Auswirkungen systemischer Bankzusammenbrüche in den analysierten Ansätzen zu kurz greifen. Theoretische und empirische Arbeiten lassen Rückkopplungen von umfassenden Bankzusammenbrüchen auf den realwirtschaftlichen Sektor erwarten. So werden etwa verschlechterte Finanzierungsbedingungen für Unternehmen vermutet, die auf Bankkredite angewiesen sind, was entsprechende Folgen für die Investitionstätigkeit hat.[16] In einer umfassenden empirischen Studie zu den Auswirkungen der Weltwirtschaftskrise kommt Bernanke (1995) zu dem Schluss, dass Volkswirtschaften mit Bankenkrisen ceteris

[12]Burghof (1998) spricht von einer „Homogenitätsannahme" der Einleger, vgl. ebenda, S. 82.

[13]Vgl. die Darstellung von Allen/Gale (2000) in Abschnitt 4.3.4 sowie die Überlegungen bei Chari (1989).

[14]So beruht der eine systemische Krise auslösende Mechanismus bei Chen (1999) darauf, dass ab einer bestimmten Anzahl insolventer Banken die Einleger bei den verbliebenen Banken auf *allgemein* schlechtere Ertragsaussichten für den Bankensektor schließen, vgl. Abschnitt 4.3.3.2.

[15]Möglich ist freilich, dass z. B. ein besonderer regionaler Bezug mehrerer Banken die revidierte Wahrscheinlichkeit von schlechten regionalen Ertragsausprägungen infolge eines einzelnen Zusammenbruchs erhöht. Eine veränderte Erwartungshaltung der Einleger auf breiter Front erscheint uns aber wie gesagt eher für aggregierte Schocks wahrscheinlich.

[16]Vgl. hierzu grundlegend den theoretischen Ansatz von Bernanke/Gertler (1990).

paribus größere Outputverluste erlitten als Ökonomien ohne Bankenkrise. Als Auslöser dieser Verluste macht er in Erweiterung des gerade genannten Aspekts dabei folgende Wirkungsketten aus:

> „First, particularly in a system without deposit insurance, depositors runs and withdrawals deprive banks of funds for lending; to the extent that bank lending is specialized or information-intensive, these loans are not easily replaced by nonbank forms of credit. Second, the threat of runs also induces banks to increase the liquidity and safety of their assets, further reducing normal lending activity. ... Finally, bank and branch closures may destroy local information capital and reduce the provisions of financial services.“[17]

Diese aufgrund ihres dynamischen Charakters nicht in den analysierten Modellen enthaltenen negativen Auswirkungen beinhalten per se jedoch keine Regulierungsimplikation, da nicht untersucht wird, was die Bankenkrisen auslöst und ob ein pareto-verbessernder Eingriff existiert. Für diese Fragestellung sind wir weiterhin auf die in den Kapiteln 3 und 4 dargestellten Ansätze angewiesen.[18]

5.2 Vernachlässigte Elemente in der Marktversagensanalyse

In der Diskussion der einzelnen Ansätze sind wir bereits ausführlich auf die unseres Erachtens kritischen Punkte eingegangen. In diesem Abschnitt geht es folgerichtig darum, diese Einzelkritiken zusammenzuführen und Aspekte aufzugreifen, die in allen Modellen diskussionswürdig erscheinen.

So stellt Hellwig (1998b) angesichts der beschriebenen Ursachen und Auswirkungen von Runs die Frage, warum überhaupt runanfällige Kontraktformen gewählt werden.[19] Dabei stellt er insbesondere auf die mangelnde Konditionierung der Verträge auf nicht diversifizierbare aggregierte Schocks

[17]Bernanke (1995), S. 18.

[18]Tatsächlich können Teile des theoretischen Ansatzes von Bernanke/Gertler (1990) auch als eine eigenständige Rechtfertigung von Zentralbankeingriffen angesichts aggregierter Schocks interpretiert werden. Nach Bernanke/Gertler hängt die Funktionstüchtigkeit von Banken auch von einer ausreichenden Eigenkapitalausstattung ab, da die sonst mit der Refinanzierung einhergehenden Agency-Kosten unter Umständen prohibitiv hoch sind. Im Falle aggregierter Schocks kann die Zentralbank das Eigenkapital des Bankensektors mit zinsgünstigen Darlehen schützen und damit einen Rückgang der Kreditvergabe verringern, vgl. ebenda, S. 107f. Da sich das Modell aber allgemein mit der Beziehung zwischen Kapitalgebern und Kapitalnehmern und nicht spezifisch mit einem Marktversagen bei Banken auseinandersetzt, verzichten wir auf eine ausführliche Darstellung. Beachte aber Fußnote 22 auf S. 104.

[19]Vgl. Hellwig (1998b), S. 127ff.

ab, die relativ gut von allen Einlegern beobachtbar sind. In einem an Diamond/Dybvig (1983) angelehnten Modell der Liquiditätsversicherung weist er nach, dass beispielsweise das Zinsänderungsrisiko optimalerweise an alle Einleger weitergegeben werden sollte.[20] Diese Kritik trifft auch die Ansätze, in denen der runanfällige Kontrakt zur Disziplinierung des Bankmanagements gewählt wurde und der Run Folge eines zumindest ex ante effizienten Vertragswerks ist. Die individuellen Bankzusammenbrüche werden hier ja gerade durch bankspezifische Ertragsschocks ausgelöst. Dem steht eine Konditionierung der Verträge auf aggregierte Schocks wie Zinsänderungen oder Konjunktureinbrüche, die zudem von allen Einlegern gut verfizierbar sind, nicht entgegen:

> „Geht man davon aus, daß das Verhalten der einzelnen Bank keinen Einfluß auf makroökonomische Variable, wie Zinsen, Wechselkurse oder die Konjunktur hat, so kann man im Rahmen [des Disziplinierungsmodells des Einlagenvertrags] nicht erklären, warum Einlagenverträge gewöhnlich keine Kontingenzklauseln für solche Variable enthalten. Die mögliche Disziplinierungswirkung eines frühzeitigen Mittelabzugs ... kann nicht erklären, warum der Bankier durch den Einlagenvertrag auch dem Risiko ausgesetzt wird, daß der Einleger bei einer allgemeinen Hausse der Marktzinsen versucht, seine Mittel aus der Bank herauszuholen und z. B. an einen Geldmarkt zu transferieren. Die Kosten dieses Disintermediationsrisikos ließen sich vermeiden, wenn man ... die Forderungen des Einlegers zu jedem Zeitpunkt auf die zu diesem Zeitpunkt vorherrschenden Marktzinssätze konditionierte.“[21]

Bei der Zusammenfassung der Effizienzwirkungen der vorgeschlagenen Eingriffe in Abschnitt 5.3 werden wir argumentieren, dass gerade die dadurch eingeführte Konditionierung der Auszahlungen zu einer Verbesserung führt. Im Grunde wird also die Frage aufgeworfen, warum diese Konditionierung nicht schon von privaten Institutionen geleistet und damit ein Eingriff überflüssig wird.[22]

---

[20]Vgl. Hellwig (1994). Das Zinsänderungsrisiko, d. h. die Unsicherheit über den kurzfristigen Zinssatz von $T = 1$ nach $T = 2$, wird dabei wie folgt auf die Typ-1- und Typ-2-Individuen verteilt: Die frühzeitig konsumierenden Einleger tragen durch die Konditionierung der Auszahlung das Risiko einer zinsinduzierten Wertänderung der auf sie entfallenden langfristig angelegten Ressourcen, die spät konsumierenden Einleger das Wiederanlagerisiko der auf sie entfallenden kurzfristig angelegten Ressourcen. Es erfolgt optimalerweise keine Teilung dieser Risiken zwischen den Einlegertypen.

[21]Hellwig (1998b), S. 136. Zudem führt er aus, dass auch eine partielle Weitergabe durch Konditionierung auf einen unvollkommenen Indikator eine verbesserte Allokation erwarten läßt, vgl. ebenda, S. 134.

[22]Interessanterweise beruht der effizienzsteigernde Eingriff auch im bereits auf S. 103

Hellwig (1998b) führt jedoch aus, dass mit dieser Betrachtungsweise ein wichtiger Aspekt des Vertragswerks zwischen Einleger und Bank ausgeblendet bleibt. Der überwiegende Teil der diskutierten Ansätze arbeitet mit einem *gegebenen* Anlageportfolio der Bank. Entsprechend wäre eine Konditionierung der damit finanzierten Auszahlungen auf eventuelle Schocks denkbar. Damit wird aber die durch den unvollständigen Charakter des Einlagenvertrags bedingte Möglichkeit der Bank nicht erfasst, das Anlageprogramm und damit dessen Risikostruktur nach Erhalt der Einlagen abzuändern. Tatsächlich hat die Bank aufgrund ihrer üblicherweise beschränkten Haftung einen Anreiz zur Risikoerhöhung. Grundidee dieses von uns im Abschnitt 5.4.1 eingehend dargestellten Phänomens ist, dass Maßnahmen, die den Unternehmenswert der Bank stärker streuen lassen, prinzipiell die Eigenkapitalgeber auf Kosten der Fremdkapitalgeber besser stellen. Ursächlich dafür sind die höheren Gewinne im Fall des Überlebens der Bank, die den Eigenkapitalgebern zu Gute kommen, denen aber eine geringere Insolvenzmasse für die Fremdkapitalgeber im Insolvenzfall gegenübersteht.

Allerdings stellt diese Überlegung nicht den Endpunkt unserer Argumentationskette dar, da Finanzierungstheorie und -praxis durchaus Instrumente zur Abmilderung des Risikoanreizproblems zwischen Gläubiger (hier: Einleger) und Kreditnehmer (hier: Bank) kennen. Zum einen können die Gläubiger ihre Zinsforderungen so anpassen, dass den Kreditnehmern aus der Risikoerhöhung kein Vorteil erwächst. Hierfür müssen in einer Welt asymmetrischer Information, in der der Gläubiger Schwierigkeiten hat, das gewählte Risiko zu beobachten, Offenlegungs- und Informationspflichten des Kreditnehmers vereinbart werden. Zum anderen achten die Gläubiger auf die Eigenkapitalausstattung des Kreditnehmers, weil von ihr eine Minderung des Risikoanreizes erwartet wird. Diese Wirkung der Eigenkapitalausstattung werden wir im Kontext regulatorischer Eigenkapitalnormen für Banken ausführlich in Kapitel 7 diskutieren.

Es wird damit jedoch schon jetzt deutlich, dass in den analysierten Ansätzen wichtige Elemente einer umfassenderen Marktversagenstheorie ausgeblendet bleiben. Wenn wir in Bank Run-Modellen und in der Bankeinlagenpraxis kaum eine Konditionierung auf Schocks und (privatwirtschaftlich zwischen Bank und Einleger vereinbarte) Maßnahmen zur Einschränkung des Risikoanreizproblems antreffen, hängt dies unseres Erachtens auch mit der Verbreitung von Einlagensicherungen zusammen, die den

---

erwähnten Ansatz von Bernanke/Gertler (1990) auf der mangelnden Konditionierung von Ansprüchen auf aggregierte Schocks: „[Our] recommendation does presuppose that private contracts have not been optimally indexed to aggregate risk - probably a reasonable assumption for rare or unforeseen types of disturbances, such as the rise and fall of the silver bubble in 1980 or the events of October 1987. Under this interpretation the government's role is to use transfers to provide a sort of ‚ex post indexing‘ of borrowers net worth against the effects of large, unanticipated disturbances.“ S. 108.

Anreiz für die Überwachung und Disziplinierung von Banken verringern.[23] [24] Es liegt also ein gewisser Rückkopplungseffekt vor: Die wohlfahrtssteigernde ex post Konditionierung beruht auf der mangelnden Konditionierung von Verträgen, die ohne Einlagensicherung eventuell erfolgt wäre.

Neben der Beeinflussung des Risikoanreizes dient Eigenkapital auch als Puffer für negative Schocks. In einer Erweiterung des Modells von Diamond/Dybvig (1983) weist Dowd (1993a, 2000) nach, dass die Einführung einer dritten Gruppe von Individuen, die mit Sicherheit nur in $T = 2$ konsumiert, die Gefahr eines Run eliminieren kann. Diese Gruppe tritt als Eigenkapitalgeber der Bank auf. Sie bringt sowohl ihre Anfangsaustattung als auch die Mittel der anderen Individuen in die Bank ein und verspricht die analog zum Grundmodell abgeleiteten optimalen Konsummengen für Typ-1- und Typ-2-Einleger durch einen Einlagenvertrag. Voraussetzung für die vollständige Eliminierung von Runs ist dann, dass die Anfangsausstattung dieser Gruppe ausreichend groß ist, um die versprochenen Auszahlungen auch im Fall der ungünstigsten Ausprägung der aggregierten Liquiditätspräferenz zu garantieren.[25] Ist keine vollständige Ausschaltung der Rungefahr möglich, ist zumindest eine Einschränkung der Parameterkonstellationen denkbar, bei denen es zum Run kommt. In jedem Fall demonstriert der Ansatz, wie in einer Modellumgebung mit Unsicherheit die Einführung eines „weicheren“, auf den Umweltzustand konditionierenden Finanzkontrakts, d. h. die Berücksichtigung von Eigenkapital, die Verwundbarkeit von Banken gegenüber Schocks vermindern kann. In dem die analysierten Ansätze auf die explizite Modellierung von Eigenkapital als Verlustpuffer verzichten, überzeichnen sie ceteris paribus die Gefahr eines Run.

5.3 Positive Wirkungen und Funktionen der Einlagensicherung

Dieser Abschnitt führt die in der theoretischen Analyse gewonnenen Erkenntnisse über Vorteile und Formen der modellierten Eingriffe zusammen. Insbesondere geht es um die genaue Ursache der Wohlfahrtssteigerung und

[23] Als Ausnahme vgl. den auf S. 68 angesprochenen Ansatz von Calomiris/Kahn/Krasa (1991), der analysiert, wie der Einlagenvertrag kombiniert mit einer sequenziellen Abzugsregel gerade die Anlagepolitik des Bankmanagements im Sinne der Einleger beeinflussen kann. Die Gefahr eines Run ist dort ex ante effizient.

[24] Die Aussage bezieht sich auf die Bank*einlagen*praxis, d. h. andere Fremdkapitalfinanzierungsformen haben bzw. können durchaus diese Eigenschaften haben. Der Verzicht auf individuelle Vereinbarungen zwischen Einleger und Bank kann selbstverständlich auch Ausdruck der Übertragung von Überwachungs- und Disziplinierungsaufgaben auf eine gemeinsame Institution der Einleger sein, vgl. Abschnitt 5.4.2.3.

[25] Die Verzinsung der in der Bank eingesetzten Anfangsausstattung muss zusätzlich die der Alternativverwendung übersteigen, um die dritte Gruppe zum Aufbau der Bank zu bewegen. Dowd (2000) zeigt, dass dies auch unter Berücksichtigung einer Risikoprämie für risikoaverse Individuen möglich ist, vgl. ebenda, S. 12.

die mögliche organisatorische Form der Eingriffe. Dabei berücksichtigen wir die von einer Einlagensicherung ausgelösten und in den folgenden Abschnitten diskutierten Anreizprobleme noch nicht. Ob man sich angesichts dieser Probleme tatsächlich für die Einrichtung einer Einlagensicherung entscheidet, ist also nicht Thema dieses Abschnitts.[26]

Betrachtet man die in den analysierten Modellen unter den Begriff Einlagensicherung fallenden Instrumente, so lassen sich zwei grundlegend verschiedene Mechanismen ausmachen, die zu einer Wohlfahrtssteigerung führen.[27]

5.3.1 Einlagensicherung als ex post Konditionierungsinstrument

Im ersten Fall führt die Einlagensicherung im Falle eines aggregierten, nicht diversifizierbaren Schocks auf die Liquiditätspräferenz der Einleger oder die Erträge der repräsentativen Bank zu einer Effizienzsteigerung.[28] Möglich wird diese Effizienzsteigerung durch die Konditionierung der unbedingten Auszahlungssummen des Einlagenvertrags auf die Realisation dieser gesamtwirtschaftlichen Größen. Instrument für die annahmegemäß nicht im Einlagenvertrag enthaltene Konditionierung sind ex post festgelegte Transfers zwischen den Einlegertypen. Die Transfers erfolgen entweder über ein Steuer-/Transferschema oder die Beeinflussung des Preisniveaus seitens der Zentralbank. Die Einlagen werden also nicht unabhängig von aggregierten Schocks in ihrem Wert bzw. ihrer realen Kaufkraft garantiert.

Wie schon bei der Einzelkritik der Ansätze diskutiert, sind mehrere Schwierigkeiten mit dieser Art der Einlagensicherung verbunden. So ist die zielgruppengenaue Umsetzung der Transfers schon innerhalb der jeweiligen theoretischen Modellrahmen schwierig. Bei Diamond/Dybvig (1983) musste etwa unterstellt werden, dass die Einlagensicherung nicht der sequenziellen Abzugsregel unterliegt.[29] Verlässt man den Modellrahmen, ist darüber hinaus zu hinterfragen, inwieweit reale Steuersysteme die notwendige Umverteilung zwischen Einlegertypen überhaupt erreichen können. Während ein gezielter Transfer an die Einleger des Bankensektors generell möglich erscheint, werden die dafür notwendigen Einnahmen üblicherweise über Steu-

---

[26]Zum notwendigen Abwägungsprozess vgl. Abschnitt 5.5.

[27]Wir vernachlässigen bei unserer Synthese die insbesondere bei Diamond/Dybvig (1983) diskutierte Ausschaltung von ineffizienten, durch Sunspots ausgelösten Panik Runs. Angesichts der nachfolgenden Modellierung (und empirischen Überprüfung) von Bank Runs in Abhängigkeit von Informationen über Bankerträge oder Liquiditätsschocks erscheinen uns reine Panik Runs als wenig relevant, vgl. die Diskussion in Abschnitt 3.3.2. Unbenommen davon bleibt die potenzielle Ineffizienz von informationsinduzierten Runs.

[28]Vgl. hierzu und im Folgenden die Analyse in den Abschnitten 3.2 und 4.1.2.

[29]Allen/Gale (1998) verzichten von vornherein auf diese Annahme und müssen die Existenz eines Mechanismus annehmen, der die gleichmäßige Verteilung der verfügbaren Ressourcen auf die abziehenden Einleger sicherstellt.

ersysteme bereitgestellt, die - ausgerichtet an gesamtwirtschaftlichen allokativen und distributiven Zielen - die verschiedenen Bemessungsgrundlagen aller Steuerpflichtigen (nicht nur der Einleger) eines Landes besteuern.[30] Die Umsetzung der optimalen Konsummengen durch die Beeinflussung des Preisniveaus erscheint zwar angesichts der in der Realität ebenfalls unklaren Verteilungswirkungen auch problematisch - ganz abgesehen davon, dass die Zentralbank das Preisniveau über die monetäre Basis nur indirekt beeinflussen kann und mit ihrer Geldpolitik mehrere, eventuell konträre Ziele wie eine schwankungsarme Entwicklung des Preisniveaus verfolgt.[31] Will man sich auf einen staatlichen Eingriff einlassen, erscheint aber angesichts der Schnelligkeit und Art der durchzuführenden Maßnahmen eine monetäre Intervention praktikabler. So dürfte die Anpassung von Steuer- bzw. Beitragssätzen relativ zeitintensiv sein. Auch wird die Ansiedlung einer den Banken Liquidität zuführenden Funktion bei der Zentralbank institutionell leichter zu handhaben sein, als eine mit eigener Besteuerungsmacht und Transfertechnik ausgestattete Einlagensicherung zu errichten.

Insgesamt erscheint es uns angebracht, die auf aggregierten (und nicht in den bestehenden Finanzkontrakten berücksichtigten) Schocks aufbauende Rechtfertigung der Einlagensicherung zu dem übergeordneten makroökonomischen Themenkreis der monetären Stabilisierungspolitik zu zählen - auch wenn sich die Ansätze schwierig in die damit häufig verbundene Analyse gesamtwirtschaftlicher Angebots- und Nachfrageaggregate einpassen lassen.[32] Im Sinne einer stärkeren mikroökonomischen Fundierung makroökonomischer Modelle, insbesondere der Wirkung monetärer Impulse in Gegenwart eines explizit modellierten Geschäftsbankensektors, sind die Modelle deshalb zu begrüßen. Gleichwohl bleibt die Empfehlung („Beeinflussung des Preisniveaus zur optimalen Konditionierung von nominalen Festbetragsansprüchen auf aggregierte Schocks") angesichts der Vernachlässigung von aus gesamtwirtschaftlicher Sicht wichtigen Aspekten wie etwa Geldschöpfungsprozess, Arbeits- und Gütermärkten und Außenwirtschaftsbeziehungen für eine Umsetzung recht vage. Überspitzt ausgedrückt impliziert sie in der Praxis wohl lediglich eine großzügige Liquiditätsversorgung in Krisenzeiten.[33]

---

[30] Vgl. hierzu etwa die integrative Analyse von Umverteilungsmaßnahmen von Grüske (1985).

[31] Dies trifft insbesondere auf das Modell von Diamond/Dybvig (1983) zu. Bei Allen/Gale (1998) geht es gerade darum, einen aufgrund zu geringer Liquidität drohenden abrupten Preisrückgang (von Vermögenswerten) zu verhindern.

[32] Vgl. Bernanke/Gertler (1987) für eine ähnliche Einschätzung: „How does banking regulation relate to the performance of the macroeconomy? The discussion of financial stability ... suggests that certain regulations, such as deposit insurance ... may be macroeconomically justified." S. 108.

[33] Analog zu unserer Interpretation führt Kaufman (1996) die Einführung der US-amerikanischen Einlagensicherung „Federal Deposit Insurance Corporation" (FDIC) auf die fehlende Intervention der Zentralbank angesichts der gestiegenen Bargeldneigung des Publikums während der Weltwirtschaftskrise zurück: „The Federal Reserve was charged with acting as the lender of last resort to the *macroeconomy* by, among other things, off-

Folgt man dieser makroökonomischen Interpretation, ist der Begriff Einlagensicherung (als staatlicher Eingriff bei aggregierten Schocks) ganz überwiegend deckungsgleich mit dem wesentlich älteren Konzept des „lender of last resort" (LLR) in seiner Ausprägung als Bereitsteller aggregierter Liquidität.[34] Zum Teil wird das LLR-Konzept allerdings auch als Rechtfertigung der Liquiditätszufuhr durch die Zentralbank an illiquide, aber solvente Einzelbanken bzw. Bankengruppen verstanden.[35] Das Problem liegt also nicht in einer insgesamt zu geringen Liquiditätsausstattung des Bankensektors, sondern in der Verteilung der vorhandenen Liquidität auf einzelne Banken. Voraussetzung für einen effizienzsteigernden Eingriff der Zentralbank ist dann ihre Fähigkeit, die Situation einer illiquiden Bank besser als andere Geschäftsbanken einschätzen zu können bzw. überlegene Liquiditätsressourcen einzusetzen, die adverse Selektionsprobleme überwinden können.[36] Es bleibt jedoch unklar, warum die Zentralbank in diesen Bereichen unter normalen Umständen systematische Vorteile gegenüber dem Interbanken-Geldmarkt haben sollte. Flannery (1996) macht deutlich, dass sich sein Ansatz auf eine Situation eines aggregierten Liquiditätsengpasses bezieht, in der eine Liquiditätszufuhr durch die Zentralbank notwendig, aber nicht hinreichend für die effiziente Verteilung der Liquidität ist: „[D]uring a ‚financial crisis' [risen information costs] prevent private lenders from redistributing aggregate liquidity to firms that truly deserve it."[37] Es geht also um die konkrete Ausgestaltung des staatlichen Eingriffs, nicht um die prinzipielle Rechtfertigung einer aggregierten Liquiditätszufuhr. Im Rahmen dieser Ar-

---

setting the impact of losses of reserves from the banking system for reasons such as a run to currency by depositors or gold outflows that threatened to reduce the money supply below appropriate levels. ... Unfortunately, as Milton Friedman and Anna Schwartz (1963) document, when the banking system experienced a run into currency during the Great Depression from 1929 to 1933, which dramatically reduced aggregate bank reserves, money supply, and bank credit, the Federal Reserve failed to inject sufficient offsetting reserves. As a result, the simultaneous attempt by nearly all banks to contract by selling assets led to large fire-sale losses and the largest number of bank failures in U.S. history. To prevent another use of discretionary power, the FDIC was effectively established to *automatically* guarantee a given dollar amount of deposits per bank account." S. 23. Hervorhebung durch den Verfasser.

[34]Vgl. hierzu auch das Zitat von Diamond/Dybvig (1983) auf S. 30. Bordo (1992), S. 6 stellt in Anlehnung an Goodfriend/King (1988) fest: „By itself, deposit insurance without LLR commitment to provide high-powered money in times of stress is insufficient to protect the banking system as a whole from an aggregate shock." Zurück geht das Konzept des LLR auf Thornton (1802) und insbesondere Bagehot (1873). Bereits dort wird nach Humphrey (1989) der Schwerpunkt der Aufgaben des LLR im makroökonomischen Zusammenhang gesehen: „The central bank, [Bagehot] said, bears the responsibility of guaranteeing the liquidity of the whole economy but not that of particular institutions." S. 12. Darüber hinaus findet sich der Hinweis, dass die Zentralbank in Krisenzeiten Kreditsicherheiten zu ihren „üblichen", d. h. den vor der Krise gültigen Preisen akzeptieren solle, vgl. Humphrey (1989), S. 14.

[35]Vgl. etwa Goodhart (1988).

[36]Vgl. Flannery (1996) und Rochet/Vives (2003).

[37]Flannery (1996), S. 806.

beit werden wir deshalb die Liquiditätszufuhr für eine einzelne Bank nicht weiter verfolgen.[38]

5.3.2 Einlagensicherung als Versicherungsinstrument

Im zweiten Fall führt die Einlagensicherung als tatsächliche Versicherung der Einlagen gegen unsichere Bankerträge oder Liquiditätspräferenzen der anderen Einleger zu einer Wohlfahrtssteigerung, da eine Versicherung (bei fairer Prämie) von risikoaversen Individuen ex ante prinzipiell der Nicht-Versicherung vorgezogen wird.[39] Bei einer solchen Einlagen*ver*sicherung geht es - im Gegensatz zur ex post Konditionierungsrolle - um einen unkonditionalen Erhalt der Ansprüche eines Einlegers. In den betreffenden Modellen wird üblicherweise der Fall eines bankspezifischen, d. h. eines nur eine einzelne Bank bzw. Bankengruppe betreffenden Schocks analysiert, der prinzipiell eine vollständige Diversifizierung über die Gesamtheit des Bankensektors zuläßt.[40] Geht man realistischerweise auch von aggregierten Risiken aus, d. h. ist das Risiko der Bankerträge nicht vollständig diversifizierbar, ist bei der Versicherung von Einlagen zudem eine Risikoprämie nach Maßgabe der von den Banken eingegangenen und nicht durch die Versicherung diversifizierbaren Risiken erforderlich, da die Versicherung hier effektiv als Risikonehmer auftritt.[41] Eine solche Einlagensicherung vernichtet also entweder bankspezifisches Risiko oder sorgt bei aggregierten Risiken durch ex ante geschlossene Finanzkontrakte für eine effiziente Risikoteilung.

Eine Versicherung der Einlagen kann zudem Runs vermeiden, die von uninformierten Einlegern auf Basis revidierter Insolvenzwahrscheinlichkeiten („schmutziger" Signale) ihrer Banken ausgelöst werden. In dem in Abschnitt 4.3.3 diskutierten Modell von Chen (1999) kann so das Vorhandensein exakterer Informationen abgewartet werden. Es verbleiben lediglich die auf exakteren Informationen beruhenden Runs, die zu prinzipiell effizienten Liquidationsentscheidungen führen.

Wie in der Diskussion der Modelle in Kapitel 4 dargestellt, bleibt jedoch unklar, warum eine staatliche Versicherung mit Besteuerungsmacht Vorteile gegenüber privatwirtschaftlichen Lösungen wie etwa einer Diversifizierung

---

[38] In Deutschland existiert in Form der so genannten Liquiditäts-Konsortialbank ein auf die Liquiditätszufuhr für einzelne Banken in Notsituationen spezialisierter LLR. Die Konsortialbank wird gemeinsam von den deutschen Bankenverbänden und der Bundesbank betrieben. Vgl. hierzu auch die Ausführungen in der Einleitung zu Kapitel 9.

[39] Vgl. etwa Eisen/Zweifel (2003), S. 82ff. für eine ausführliche Darstellung der Versicherungsnachfrage von risikoaversen Individuen.

[40] Vgl. den Ansatz von Samartin (2002) in Abschnitt 4.1.3 sowie die im Rahmen unserer Arbeit nicht näher diskutierten Ansätze von Freixas/Gabillon (1999) und Zhu (2001).

[41] Vgl. hierzu Hellwig (1994), S. 1385. Interessanterweise legen bekannte Erklärungsmodelle von Banken nahe, dass Banken ihre Auszahlungsversprechen optimalerweise auf beobachtbare aggregierte Schocks konditionieren, vgl. die auf Hellwig (1994) aufbauenden Ausführungen im vorhergehenden Abschnitt sowie Diamond (1984), S. 402f. Damit nähmen die Banken von vornherein keine nicht diversifizierbaren Risiken.

des Liquiditätspräferenzrisikos durch Zweigstellenbildung, der Kreditportfoliodiversifizierung oder der Gründung einer Einlagenversicherung durch einen Bankenverband haben soll.[42] Angesichts der prinzipiellen Handelbarkeit von zumindest einigen aggregierten Risiken bzw. der Möglichkeit der Konditionierung darauf greift eine mechanische Zuweisung „Aggregierte Risiken erfordern eine staatlich administrierte Risikoteilung“ zu kurz.

5.3.3 Funktionen der Einlagensicherung und institutionelle Organisation

Wenden wir diese Unterteilung der Funktionen und Effizienzwirkungen der Einlagensicherung auf die Frage der institutionellen Organisation, so kommen wir auf Basis der Kapitel 3 und 4 zu folgender Einschätzung: Die Zentralbank kann im Rahmen der Einlagensicherung die Rolle eines makroökonomischen ex post Konditionierungsinstruments bei unerwarteten aggregierten Schocks übernehmen, wenn nahe liegt, dass private Finanzkontrakte nicht auf diese konditionieren. Die Maßnahmen zielen hier auf den Erhalt des Bankensektors. Zur Absicherung von Liquiditätspräferenz- und Ertragsrisiken, auf die Finanzkontrakte konditionierbar sind, ist eine - potenziell privatwirtschaftlich organisierte - Versicherung denkbar, wobei diese bei entsprechender eigenständiger Diversifizierungsfähigkeit der einzelnen Bank und/oder zunehmender Handelbarkeit von Risiken, die der einzelnen Bank eine entsprechende Diversifizierung ermöglicht, redundant werden kann.[43]

Die gerade skizzierte organisatorische Ausgestaltung entlang der unterschiedlichen Wirkungsweisen eines Systems der Einlagensicherung wird zum Teil als problematisch angesehen. So kann die Unterscheidung zwischen Schocks, auf die die bestehenden Finanzkontrakte optimal konditionieren, und Schocks, für die dies nicht der Fall ist, schwer fallen.[44] Damit entsteht die Notwendigkeit zur Abstimmung zwischen der ex post Konditionierung und der Versicherungsfunktion der Einlagensicherung, verbunden mit der Gefahr von ex post falschen Entscheidungen. Während nicht unmittelbar einsichtig ist, warum eine getrennnte Wahrnehmung der jeweiligen Funktion die Gefahr falscher Entscheidungen erhöhen sollte, bringt die notwendige

[42] Vgl. unsere Überlegungen auf S. 61f. und S. 83ff.

[43] Die Versicherungsnachfrage kann prinzipiell in das Ermessen der einzelnen Bank bzw. Bankengruppe gestellt werden. Jedoch mögen politökonomische Überlegungen einen staatlichen Zwang zur Errichtung bzw. dem Beitritt zu einem Sicherungsverband rechtfertigen: Können staatliche Institutionen sich nicht glaubwürdig zu einer Politik des Nicht-Eingreifens im Falle einer Bankinsolvenz verpflichten, besteht ex ante kein Versicherungsanreiz. Zur Wirkung einer nicht glaubwürdigen Verneinung sowie zur staatlichen vs. privatwirtschaftlichen Gestaltung der Versicherungsfunktion vgl. die Diskussion in den Abschnitten 5.4.3 und 5.5.

[44] Vgl. die Analyse von Allen/Gale (2000) für den Fall eines aggregierten (und nicht in der Vertragsgestaltung antizipierten) Liquiditätsschocks, der zunächst auf wenige Banken einwirkt, in Abschnitt 4.3.4.3.

Abstimmung erhöhte Transaktionskosten mit sich. Dem steht unseres Erachtens allerdings eine im Vergleich zur institutionellen Verquickung geringere Gefahr gegenüber, dass (drohende) Insolvenzfälle, die im Bereich der Versicherungsfunktion anzusiedeln sind, aus Reputationssorgen durch einen günstigen Zentralbankkredit verhindert bzw. verzögert werden.[45]

Ein weiteres Problem wird darin gesehen, dass eine privatwirtschaftlich organisierte Einlagenversicherung Schließungs- bzw. Ausschlussrechte gegenüber ihren Mitgliedsbanken benötigen würde.[46] So müsse die Sicherungseinrichtung das Recht zur Schließung einer versicherten Bank besitzen, um Verluste zu vermeiden, sobald dieser Bank die Überschuldung drohe. Diese Entscheidung sei kaum einer privaten Versicherung übertragbar, da sie den Anreiz besitze, die Bank so früh wie möglich zu schließen, was möglicherweise zu einer - ex post betrachtet - verfrühten Schließung führe. Auch könne einer privaten Versicherung nicht das Recht gegeben werden, den Versicherungsvertrag bei einer Verschlechterung der wirtschaftlichen Lage der Bank zu kündigen: „[D]eposit insurance that can be cancelled when failure threatens would not contribute to stability of the monetary system“.[47]

Unseres Erachtens ist diese Argumentation angesichts alternativer institutioneller Regelungen diskussionswürdig. Warum eine private Sicherungseinrichtung mit dem Recht zur Schließung einer versicherten Bank aggressiver auf die Schließung drängen sollte als eine auf die Minimierung ihrer Ausgaben verpflichtete staatlich administrierte Einlagensicherung, erscheint uns offen. Greift eine staatliche Einlagensicherung später ein, so beruht dies in der Praxis vermutlich eher auf einer „weichen“ Budgetrestriktion aufgrund einer zumindest implizit vorhandenen Zugriffsmöglichkeit auf externe Ressourcen via Besteuerung denn einer anderen, effizienzorientierten Zielfunktion.[48] Hat die private Sicherungseinrichtung aber das Recht zur Schließung, kann sie dazu verpflichtet werden, auf die Möglichkeit zur Kündigung des Versicherungsschutzes zu verzichten. Hat die Sicherungseinrichtung hingegen das Recht auf Kündigung des Versicherungsvertrags, so stellt die tatsächliche Kündigung für die mit dem Recht zur Schließung ausgestattete Aufsichtsbehörde ein äußerst wichtiges Signal über den Zustand der Bank dar. Ist diese Institution dem Einlegerschutz verpflichtet und besitzt sie keine besseren Informationen über den Zustand der Bank, ist auch bei dieser Konstellati-

---

[45] Mit der vorgeschlagenen Aufgabenteilung ist keine Entscheidung über die ebenfalls stark diskutierte, in dieser Arbeit aber nicht näher thematisierte Aufgabenteilung zwischen Aufsichtsbehörden und Zentralbank bei der allgemeinen Bankenaufsicht verbunden. Das zuletzt angeführte Verquickungsargument wird freilich auch dort vorgebracht, wenn vermutet wird, dass die Zentralbank aus der Verantwortung für die Bankenaufsicht heraus Bankinsolvenzen verhindern könnte. Für eine Darstellung und Diskussion vgl. ECB (2001a), für die spezifische Diskussion in Deutschland etwa Artopoeus (2002), S. 276ff.

[46] Vgl. Benston et al. (1986), S. 82ff.

[47] Benston et al. (1986), S. 84.

[48] Zu den spezifischen Problemen einer staatlich administrierten Versicherung vgl. Abschnitt 5.5.2.

on die Schließung der Bank zu erwarten. Bestehen seitens der Zentralbank Bedenken hinsichtlich der Schließung - etwa wie in obigem Zitat angedeutet aus systemischen Überlegungen heraus -, kann sie mit Ausfallgarantien eine Schließung verhindern.

Konfliktpotenzial zwischen Zentralbank und Einlagensicherung mag sich ebenfalls in einer Situation ergeben, in der eine Geldpolitik, die zu erhöhten Zinssätzen führt, aufgrund von entstehendem Abschreibungsbedarf bei einer großen Anzahl von versicherten Banken zur Insolvenz, d. h. zum Schadensfall für den Versicherer, führen kann.[49] Der zugrunde liegende Konflikt zwischen geldpolitischer Zielsetzung und Schutz des Bankensektors ist jedoch nicht abhängig von der institutionellen Ausgestaltung der Einlagensicherung, sondern Ausdruck eines originären Trade-Offs.

5.4 Negative Anreizwirkung der Einlagensicherung

Nicht berücksichtigt ist bisher die negative Wirkung einer Einlagensicherung auf die Anreize der Einleger zur Überwachung und Disziplinierung der Bank. Wie wir bei der Diskussion von Bank Run Modellen gesehen haben, sind Bank Runs unter bestimmten Voraussetzungen effiziente Instrumente zur Kontrolle eines Bankmanagements, das sich gegen die Interessen der Einleger verhält.[50] Ursache der Runs war die Sorge der Einleger um den Wert ihrer Einlagen. Die Existenz einer Einlagensicherung untergräbt nun diesen Anreiz, da die Einleger nur noch verringerte Folgen einer Insolvenz zu befürchten haben.[51]

Im Rahmen dieser Arbeit haben wir bisher insbesondere die Gefahr einer verzögerten Liquidation („gambling for resurrection") als Moral-Hazard-Problem kennen gelernt.[52] Nur angedeutet wurde dagegen bisher das Problem der erhöhten Risikonahme („asset substitution problem") - im Folgenden auch kurz Risikoanreizproblem. Da es sich um den prominentesten Kritikpunkt der Einlagensicherung handelt, und er zudem argumentativer Anknüpfungspunkt für die Rechtfertigung u.a. von Eigenkapitalvorschriften ist, analysieren wir das Problem in den folgenden Abschnitten ausführlicher.[53]

[49] Vgl. Goodhart/Schoenmaker (1995), S. 546f.

[50] Vgl. Abschnitt 4.2.

[51] Wir beziehen uns in diesem Abschnitt konzeptionell auf die Einlagensicherung in ihrer Versicherungsfunktion. Wie wir jedoch in Abschnitt 5.4.3 argumentieren werden, ist die Abgrenzung zwischen Schocks, die die Versicherungfunktion betreffen, und jenen, die die ex post Konditionierungsfunktion betreffen, sehr schwierig. Damit kann auch von der makroökonomisch orientierten ex post Konditionierungsfunktion der Einlagensicherung eine negative Anreizwirkung ausgehen.

[52] Vgl. die Analyse der Ansätze von Chari/Jagannathan (1988) und Chen (1991) in den Abschnitten 4.1.3 und 4.3.3.

[53] Für eine entsprechende Einschätzung des Risikoanreizproblems vgl. etwa Bhattacha-

5.4.1 Fremdfinanzierung und Risikoanreizproblem

Allgemein handelt es sich bei dem Risikoanreizproblem um ein Phänomen, das mit der Fremdkapitalfinanzierung von Unternehmen mit beschränkter Haftung der Eigenkapitalgeber verbunden ist.[54] Das Problem besteht darin, dass die Wahl des Anlageprogramms durch ein den Eigenkapitalgebern verpflichtetes Management riskanter ausfällt, als wenn bereits bei Aufnahme des Fremdkapitals das Anlageprogramm definitiv festgeschrieben würde.[55]

5.4.1.1 Prinzipielle Wirkungsweise des Anreizes zur Risikoerhöhung

Eine graphische Darstellung des zugrundeliegenden Mechanismus enthält Abbildung 5.1.

In der Abbildung sind die den Fremd- und Eigenkapitalgebern in Abhängigkeit vom Ertrag des Anlageprogramms zufließenden Zahlungen erfasst. Es bezeichnet

$$D = \min(y, D_0) \tag{5.1}$$

die Auszahlung, die die Fremdkapitalgeber in Abhängigkeit des Ertrags des Anlageprogramms y erhalten. Unterschreitet nämlich der Ertrag y die vereinbarte Rückzahlung D_0, ist das Unternehmen insolvent; die Fremdkapitalgeber erhalten im Zuge des Insolvenzverfahrens den gesamten Ertrag $y < D_0$. Überschreitet oder entspricht der Ertrag y gerade der vereinbarten Rückzahlung D_0, erhalten die Fremdkapitalgeber dagegen die vereinbarte Rückzahlung D_0.

Die Eigenkapitalgeber als Residualanspruchsinhaber erhalten die Auszahlung

$$\pi = \max(0, y - D_0). \tag{5.2}$$

---

rya/Boot/Thakor (1998), S. 756.

[54] In den späteren Ausführungen werden wir wieder auf die spezifischen Begriffe Bank, Bankmanagement, Bankeigner bzw. Bankeigenkapitalgeber und Einleger zurückgreifen. An dieser Stelle verwenden wir die allgemeineren Begriffe Unternehmen, Management, Eigner bzw. Eigenkapitalgeber und Fremdkapitalgeber, um deutlich zu machen, dass es sich um ein Phänomen der allgemeinen Finanzierungstheorie handelt, das auch bei anderen Unternehmen denkbar ist.

[55] Vgl. Jensen/Meckling (1976), S. 334ff. Dies ist nicht das einzige Anreizproblem, das mit Fremdkapitalfinanzierung verbunden ist. Grinblatt/Titman (2002) identifizieren insgesamt vier Kategorien von potenziellen Konflikten zwischen Eigenkapitalgebern und Fremdkapitalgebern eines Unternehmens: Das Unterinvestitionsproblem, das Risikoanreizproblem („asset substitution problem"), den Kurzfristbias und die Gefahr ineffizienter Geschäftsfortführung, vgl. ebenda, S. 563ff. Wir konzentrieren uns an dieser Stelle auf das in bankaufsichtsrechtlichen Fragen prominente Risikoanreizproblem. Die Gefahr ineffizienter Geschäftsfortführung („gambling for resurrection") haben wir bereits in Abschnitt 4.1.3 kennen gelernt.

Abbildung 5.1: Risikoerhöhungsanreiz bei risikoneutralen Akteuren

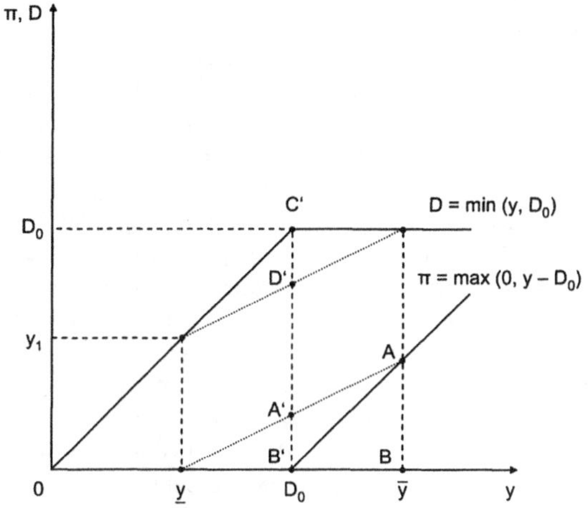

Quelle: Spencer (2000), S. 178.

Unterschreitet der Ertrag den Rückzahlungsbetrag an die Fremdkapitalgeber, wird das Unternehmen zwar insolvent, aber aufgrund der beschränkten Haftung der Eigenkapitalgeber ist dies für sie mit einer Auszahlung von 0 verbunden. Im Fall eines Ertrags des Anlageprogramms, der ausreicht, um die versprochene Rückzahlung zu gewährleisten, erhalten die Eigenkapitalgeber den verbliebenen Gewinn in Höhe von $y - D_0$.

Betrachtet man den Verlauf der Auszahlungsposition der Eigenkapitalgeber, so fällt auf, dass dieser einer so genannten Call-Option mit Ausübungspreis D_0 entspricht.[56] Anders ausgedrückt besitzen die Eigenkapitalgeber die Option, den Anlageertrag des Unternehmens nach Abzug des Nominalwerts der Schulden für sich zu vereinnahmen. Die Eigenkapitalgeber werden von diesem Recht selbstverständlich nur dann Gebrauch machen, wenn sie sich dadurch besser stellen. Unterschreitet der Wert der Aktiva y den Ausübungspreis D_0, werden sie die Option dagegen verfallen lassen; das Unternehmen wird insolvent.

Aus der Optionspreistheorie ist bekannt, dass der Wert einer Option mit der Varianz des zugrundeliegenden Vermögenswertes, des so genannten „underlying", steigt.[57] Intuitiv einleuchtend steigt mit einer höheren Varianz die Wahrscheinlichkeit extrem hoher Ergebnisausprägungen, von denen der Inhaber einer Call-Option aufgrund des fixen Ausübungspreises profitiert. Die mit der Varianzerhöhung einhergehende erhöhte Wahrscheinlichkeit extrem

[56] Vgl. Black/Scholes (1973), S. 649ff.

[57] Für eine formale Herleitung vgl. etwa Ingersoll (1987), S. 319.

niedriger Ergebnisausprägungen ist insofern irrelevant, als dass die Option dort sowieso nicht ausgeübt wird.

Während jedoch die Annahme, dass der Inhaber einer Option die Varianz des Finanztitels kaum beeinflussen kann, für eine Option auf einen Finanztitel angebracht erscheint, ist dies für das Management eines Unternehmens durchaus nicht plausibel. Vielmehr ist anzunehmen, dass das Management zwischen Anlageprojekten mit unterschiedlichen Risikoeigenschaften wählen kann.[58] Um sich dies in Abbildung 5.1 zu verdeutlichen, nehme man an, dass das im Interesse der Eigenkapitalgeber handelnde Management die Wahl zwischen zwei Anlageprojekten hat: Das sichere Projekt bringt den sicheren Ertrag $y = D_0$, während das unsichere Projekt jeweils mit hälftiger Wahrscheinlichkeit den Ertrag $\underline{y}$ bzw. $\overline{y}$ abwirft, wobei der Erwartungswert des riskanten Projekts gerade gleich D_0 ist. Wir gehen dabei vereinfachend von der Risikoneutralität der Beteiligten aus.

Vergleichen wir die beiden Anlageprojekte aus Sicht dieser Residualanspruchsinhaber, so liegt auf der Hand, dass sie das riskantere Projekt bevorzugen, da sie im Erfolgsfall eine positive Auszahlung in Höhe $\overline{AB}$ realisieren. Dem steht aufgrund der begrenzten Haftung bei Misserfolg eine Auszahlung von 0 gegenüber. Der Erwartungswert der Residualanspruchsinhaber aus dem riskanten Projekt ergibt sich dann als die Linearkombination dieser Auszahlungen und entspricht der Strecke $\overline{A'B'}$. Das sichere Projekt weist dagegen für die Residualanspruchsinhaber eine sichere Auszahlung von null auf, so dass die ihnen verpflichteten Manager das riskante Projekt wählen. Verlierer einer solchen Anlagepolitik sind die Fremdkapitalgeber: Sie erhalten im Fall des sicheren Projekts in jedem Fall die vereinbarte Rückzahlung, der Wert ihrer Auszahlung entspricht also D_0. Bei Wahl des riskanten Projekts erhalten sie dagegen die vereinbarte Rückzahlung nur bei der hohen Ergebnisausprägung $\overline{y}$. Bei $\underline{y}$ erhalten die Fremdkapitalgeber zwar den gesamten Projektertrag, dieser liegt aber unterhalb der vereinbarten Rückzahlung D_0. Der Erwartungswert des riskanten Projekts für die Fremdkapitalgeber entspricht also der Strecke $\overline{D'B'}$, der erwartete Verlust im Vergleich zum sicheren Projekt entsprechend $\overline{C'D'}$.

5.4.1.2 Formale Analyse des Risikoanreizproblems

Für die nun folgende formale Analyse des Risikoanreizproblems benötigen wir zunächst eine exaktere Operationalisierung des Risikobegriffs. Nach Rothschild/Stiglitz (1970) bezeichnet man einen unsicheren Zahlungsstrom y_2 riskanter als einen anderen Zahlungsstrom y_1 (mit gleichem Erwartungswert), wenn alle risikoaversen Entscheider bei Wahl von y_1 einen höheren Erwartungsnutzen realisieren als bei Wahl von y_2. Dies ist gleichbedeutend

[58]Die hier erfolgte implizite Gleichsetzung von Varianz und Risiko ist nur unter bestimmten Bedingungen zulässig. Wir werden bei der späteren formalen Betrachtung in Abschnitt 5.4.1.2 einen genauer spezifizierten Risikobegriff verwenden.

mit der Aussage, dass die Dichtefunktion der Zufallsvariablen y_2 durch eine oder mehrere Spreizungen der Dichtefunktion der Zufallsvariablen y_1 bei unverändertem Erwartungswert („mean preserving spread" oder kurz MPS) erzeugbar ist. Eine solche Spreizung geht mit der Verlagerung von Wahrscheinlichkeitsmasse vom Inneren der Verteilung hin zu den äußeren Bereichen einher. Zur Veranschaulichung diene Abbildung 5.2 mit einer schematischen Darstellung der jeweiligen Dichtefunktion.

Abbildung 5.2: Mean preserving spread (MPS) - Darstellung anhand der Dichtefunktionen

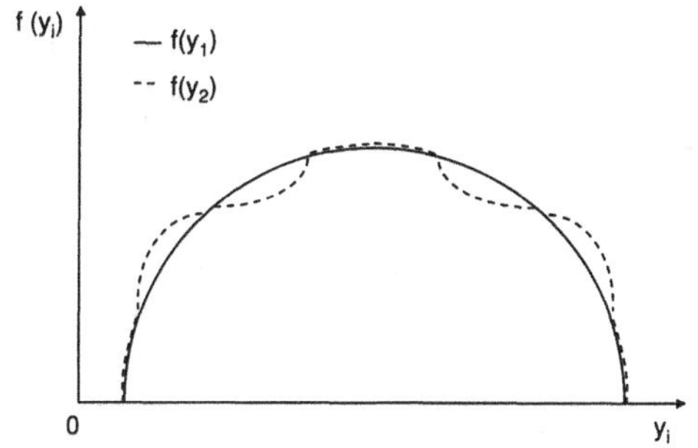

Quelle: Gravelle/Rees (1992), S. 580.

Man beachte, dass nur, wenn die Dichtefunktion von y_2 durch MPS aus der Dichtefunktion von y_1 erzeugbar ist, alle risikoaversen Entscheider sich in der Bevorzugung von y_1 einig sind. Unterscheidet sich die Dichte von y_2 in anderer Form von der von y_1, so können unterschiedlich risikoaverse Individuen durchaus unterschiedlicher Meinung sein. Es können also nicht alle unsicheren Zahlungsströme in eine von allen risikoaversen Entscheidern einmütig festgelegte Ordnung („mehr/weniger riskant") gebracht werden. Man spricht deshalb auch von einer partiellen Ordnung von unsicheren Zahlungsströmen.[59]

Bezogen auf unsere Fragestellung können wir das oben beschriebene Beispiel nun in verallgemeinerter Form wie folgt fassen.[60] Betrachtet wird eine Menge von Anlageprojekten mit identischer Investitionssumme, deren unsichere Zahlungsrückflüsse im Intervall $[a, b]$ liegen, wobei $0 \leq a < b$; der

[59]So sind Verteilungen von Zufallsvariablen mit gleichem Erwartungswert denkbar, bei denen ein risikoaverses Individuum mit der Nutzenfunktion $u(X) = \sqrt{X}$ durchaus den Zahlungsstrom mit höherer Varianz gegenüber dem Zahlungsstrom mit niedriger Varianz bevorzugt, während risikoaverse Individuen mit quadratischer Nutzenfunktion es genau umgekehrt halten. Zufallsvariablen, die durch einen MPS aus einer anderen hervorgegangen sind, weisen jedoch in jedem Fall eine höhere Varianz auf, vgl. Ingersoll (1987), S. 115 bzw. 120f.

[60]Die Darstellung beruht auf Kürsten (1994), S. 30ff.

jeweilige Erwartungswert der Rückzahlungen sei identisch. Die zugehörigen Dichte- bzw. Verteilungsfunktionen $f(y;\alpha)$ bzw. $F(y;\alpha)$ seien durch die Wahl des Parameters α bestimmt und danach stetig differenzierbar, wobei $\alpha \in (0,1)$. Höhere Werte von α stehen dabei für im Rothschild/Stiglitz-Sinne riskantere Anlageprojekte, d. h. die zugehörigen Verteilungen sind durch MPS der weniger riskanten Verteilungen erzeugbar.[61]

Betrachten wir zunächst die Position des Fremdkapitalgebers. Sein Erwartungsnutzen ergibt sich als

$$\begin{aligned} Eu(\min(D_0,y)) &= \int_a^{D_0} u(y)f(y;\alpha)dy + \int_{D_0}^b u(D_0)f(y;\alpha)dy \\ &= u(D_0) - u'(D_0)\hat{F}(D_0;\alpha) + \int_a^{D_0} u''(y)\hat{F}(y;\alpha)dy. \end{aligned} \tag{5.3}$$

Dabei beschreibt das erste Integral der ersten Zeile den Erwartungsnutzen, den der Fremdkapitalgeber aus dem gewählten Projekt zieht, wenn der Bruttoertrag nicht ausreicht, um die vereinbarte Rückzahlung D_0 zu gewährleisten. Das zweite Integral der ersten Zeile liefert den Erwartungsnutzen für alle Ergebnisausprägungen, bei denen die vereinbarte Rückzahlung vollständig erfolgt. Der Ausdruck $\hat{F}(.;\alpha)$ in der sich durch Umformung ergebenden zweiten Zeile steht für das Integral der Verteilungsfunktion $\hat{F}(y;\alpha) = \int_a^y F(\tau;\alpha)d\tau$.[62]

Leiten wir nun Gleichung (5.3) nach dem Parameter α ab, d. h. betrachten wir die Nutzenänderung eines Fremdkapitalgebers bei der Erhöhung des Risikos des gewählten Projektes mittels eines MPS. Es ergibt sich

$$\frac{\partial}{\partial\alpha} Eu(\min(D_0,y)) = -u'(D_0)\hat{F}_\alpha(D_0;\alpha) + \int_a^{D_0} u''(y)\hat{F}_\alpha(y;\alpha)dy, \tag{5.4}$$

wobei $\hat{F}_\alpha(.;\alpha)$ die partielle Ableitung des Integrals der Verteilungsfunktion nach dem Parameter α ist.

Mit der Annahme über die Risikoeinstellung der betrachteten Kreditgeber und der formalen Beschreibung eines MPS können wir das Vorzeichen

[61] Selbstverständlich wird dadurch die betrachtete Menge an Projekten eingeschränkt. Wie Kürsten (1994) jedoch darlegt, kann für diese Menge von Verteilungen eindeutig darauf geschlossen werden, ob risikoaverse und -neutrale Fremdkapitalgeber durch riskantere Projekte geschädigt werden. Wird das erhöhte Risiko durch höhere Varianz oder Ausfallwahrscheinlichkeit gemessen, so müssen Fremdkapitalgeber dagegen nicht zwingend durch riskantere Projekte geschädigt werden, vgl. ebenda, S. 16ff.

[62] Für die Umformung sind die zweimalige Anwendung der Regel zur partiellen Integration, d. h. $\int f(x)g'(x)dx = f(x)g(x) - \int g(x)f'(x)dx$, sowie die Eigenschaften von Dichte- und Verteilungsfunktion einer Zufallsvariablen X mit den Trägergrenzen a, b notwendig, d. h. $F(x) = \int_a^x f(\tau)d\tau$ und $F(a) = 0$ bzw. $F(b) = 1$.

dieser Ableitung bestimmen: Für risikoaverse bzw. -neutrale Kreditgeber gilt $u'(y) > 0$ sowie $u''(y) \leq 0$. Die notwendige und hinreichende Bedingung für einen MPS, ausgedrückt in der partiellen Ableitung des Integrals der Verteilungsfunktion, lautet

$$\hat{F}_\alpha(y;\alpha) \begin{cases} \geq 0 & \text{für} \quad y \in [a,b), \\ = 0 & \text{für} \quad y = b. \end{cases} \tag{5.5}$$

Damit ist Gleichung (5.4) entweder negativ oder - in bestimmten Fällen - gleich null, d. h. risikoaverse bzw. -neutrale Fremdkapitalgeber werden durch einen MPS geschädigt oder stehen einem solchen indifferent gegenüber. Die Fälle von Indifferenz treten auf, wenn sich der MPS nur auf das Intervall über bzw. unterhalb von D_0 auswirkt. Im ersten Fall gilt dann $\hat{F}_\alpha(y;\alpha) = 0$ für alle $y \in [a, D_0]$; damit ist (5.4) gleich null. Intuitiv leuchtet ein, dass ein Fremdkapitalgeber hinsichtlich einer Veränderung der Eintrittswahrscheinlichkeiten von Situationen indifferent ist, in denen die vereinbarte Rückzahlung D_0 jeweils sichergestellt ist. Im zweiten Fall gilt $\hat{F}_\alpha(D_0;\alpha) = 0$, so dass bei risikoneutralen Fremdkapitalgebern ($u''(y) = 0$) ebenfalls keine Änderung auftritt. Da es hier jedoch zugleich ein $y_0 \in [a, D_0)$ geben muss, für das $\hat{F}_\alpha(y_0;\alpha) > 0$ gilt, folgt in diesem Fall eine Schädigung risikoaverser Fremdkapitalgeber.

Nachdem wir zunächst die Schädigung des Fremdkapitalgebers formal betrachtet haben, ist nun der Anreiz des dem Eigenkapitalgeber verpflichteten Managements zur Risikoausweitung zu untersuchen. Der Erwartungsnutzen des Eigenkapitalgebers ergibt sich als

$$\begin{aligned} Ev(\max(y - D_0, 0)) &= \int_a^{D_0} v(0) f(y;\alpha) dy + \int_{D_0}^b v(y - D_0) f(y;\alpha) dy \\ &= v(b - D_0) - v'(y - D_0)\hat{F}(y;\alpha)|_{D_0}^b + \int_{D_0}^b v''(y - D_0)\hat{F}(y;\alpha) dy, \end{aligned} \tag{5.6}$$

wobei $v(y)$ die Nutzenfunktion der Eigenkapitalgeber darstellt. Die erste Zeile ist analog zu den Ausführungen beim Fremdkapitalgeber zu interpretieren: Das erste Integral beschreibt den Erwartungsnutzen, den der Eigenkapitalgeber aus Situationen zieht, in denen der Projektertrag nicht ausreicht, um die vereinbarte Rückzahlung zu leisten. Entsprechend geht der gesamte Projektertrag an den Fremdkapitalgeber; der Eigner geht leer aus. Das zweite Integral der ersten Zeile gibt dagegen den Erwartungsnutzen an, den er aus Umweltzuständen zieht, bei denen der Projektertrag D_0 übersteigt. Die Umformung in der zweiten Zeile erfolgt wiederum, um das Vorzeichen der Veränderung des Erwartungsnutzens durch einen MPS zu bestimmen.[63]

[63]Für die Umformung sind wiederum die Regeln der partiellen Integration und Eigenschaften von Dichte- und Verteilungsfunktionen von Zufallsvariablen notwendig.

Leitet man dafür Gleichung (5.6) nach α ab, erhält man

$$\frac{\partial}{\partial\alpha}Ev(\max(y-D_0,0)) = v'(0)\hat{F}_\alpha(D_0;\alpha)+\int_{D_0}^{b} v''(y-D_0)\hat{F}_\alpha(y;\alpha)dy. \quad (5.7)$$

Unter Vernachlässigung von risikolosen bzw. mit Sicherheit ausfallenden Krediten - d. h. D_0 liegt unterhalb (oberhalb) des niedrigsten (höchsten) Projektertrags a bzw. b - folgt aus den Bedingungen für einen MPS ($\hat{F}_\alpha(D_0;\alpha) \geq 0$) für risikoneutrale Eigenkapitalgeber ein Anreiz zur Risikoerhöhung.[64] Aufgrund der eindeutigen Nicht-Negativität von (5.7) in diesem Fall wird unabhängig von der Ausgangssituation immer der maximale MPS $a = 1$ gewählt.

Für risikoaverse Eigenkapitalgeber ist der Effekt dagegen nicht eindeutig, d. h. unter Berücksichtigung von $v''(y) < 0$ kann (5.7) auch negativ sein, so dass sich ein risikoaverser Eigenkapitalgeber durch einen MPS schlechter stellt.[65] Ursächlich dafür ist, dass die Bewertungsfunktion seines Residualanspruchs, also die an ihn fließenden Zahlungen gemäß $\max(y-D_0,0)$ eingesetzt in seine Nutzenfunktion $v(y)$, in Abhängigkeit von y nicht durchgehend konvex oder konkav verläuft. Abbildung 5.3 verdeutlicht diesen Sachverhalt.

Anhand der Abbildung kann zudem die Ambivalenz des Risikoanreizproblems für einen risikoaversen Eigenkapitalgeber beispielhaft nachvollzogen werden. Sei die Ausgangssituation durch ein Investitionsprojekt mit den gleichwahrscheinlichen Ausprägungen $\overline{y}_0$ und $\underline{y}_0$ gegeben; entsprechend realisiert der Eigenkapitalgeber den Erwartungsnutzen Ev_0.[66] Besitzt er die Fähigkeit zur beliebigen Veränderung der Wahrscheinlichkeitsverteilung durch MPS, wird die für ihn erwartungsnutzenmaximale Verteilung auf dem Intervall $[a, b]$ (hier $a = 0$) in jedem Fall den Wert a als niedrige Ausprägung beinhalten: Mit der Wahl der niedrigst möglichen Ausprägung wird die bei gegebenen Eintrittswahrscheinlichkeiten mit einem konstanten Erwartungswert $E(y)$ kompatible hohe Ausprägung maximiert.[67] Offen ist aber, wel-

[64] Streng genommen folgt ein strikter Anreiz, d. h. $\hat{F}_\alpha(D_0;\alpha) > 0$ nur für MPS, die die Dichtefunktion sowohl oberhalb als auch unterhalb von D_0 manipuliert. Alternativ kann angenommen werden, dass der Eigenkapitalgeber bei Indifferenz die riskantere Variante wählt. Vgl. hierzu ausführlich Kürsten (1994), Fussnote 72.

[65] Über MPS, die lediglich das Projektergebnis-Intervall unterhalb bzw. oberhalb von D_0 betreffen, lassen sich wiederum eindeutige Aussagen machen. Betrifft der MPS lediglich das untere Intervall ($\hat{F}_\alpha(y;\alpha) = 0$ für $y \in [D_0, b]$), ist der Eigenkapitalgeber indifferent. Ist lediglich das obere Intervall betroffen, d. h. $\hat{F}_\alpha(y;\alpha) \geq 0$ nur für $y > D_0$, steht er einem MPS ablehnend gegenüber. Beide Fälle erscheinen intuitiv einleuchtend: Im ersten Fall werden nur Veränderungen von Zuständen betrachtet, in denen sowieso Insolvenz eintritt. Im zweiten Fall schadet sich der risikoaverse Residualanspruchsinhaber durch den MPS selbst.

[66] Für die graphische Darstellung beschränken wir uns vereinfachend auf diskrete Zweipunktverteilungen.

[67] Vgl. hierzu und im Weiteren Burghof (1998), S. 197ff.

Abbildung 5.3: Unterschiedliche Anreizwirkung risikoerhöhender Maßnahmen bei konvex-konkaver Zielfunktion

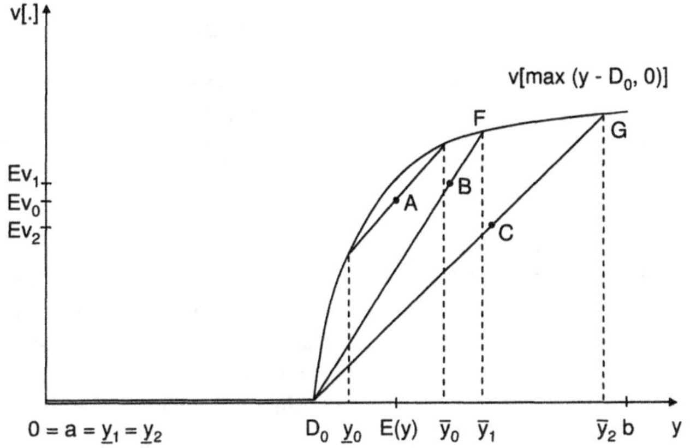

Quelle: Nach Burghof (1998), S. 194.

che Kombination von Eintrittswahrscheinlichkeit und Wert der hohen Ausprägung den Erwartungsnutzen des Eigenkapitalgebers maximiert.

Betrachten wir dafür zwei MPS mit $\overline{y}_1$, $\underline{y}_1$ bzw. $\overline{y}_2$, $\underline{y}_2$. Da $\overline{y}_2 > \underline{y}_1$, muss - bei gleichem $E(y)$ - die zugehörige Eintrittswahrscheinlichkeit der hohen Ausprägung kleiner sein. In Abbildung 5.3 kommt dies im Verhältnis der von den Punkten B und C bestimmten Streckenverhältnisse $\overline{D_0B}/\overline{D_0F} > \overline{D_0C}/\overline{D_0G}$ zum Ausdruck.[68] Zugleich bestimmen die Punkte B und C als entsprechend gewichtete Linearkombination der Nutzenniveaus $v(D_0)$ und $v(\overline{y}_1)$ bzw. $v(\overline{y}_2)$ den Erwartungsnutzen des Eigenkapitalgebers. Während also der erste MPS (Bewegung von Punkt A nach B) mit einer Erhöhung des Erwartungsnutzens auf Ev_1 einhergeht, bedeutet der zweite MPS (Bewegung von Punkt B nach C) eine Verringerung des Erwartungsnutzens auf Ev_2.

Wie oben bereits festgestellt, ist Abbildung 5.3 als Beispiel eines ambivalenten Verlaufs des Risikoanreizproblems bei risikoaversen Eigenkapitalgebern zu verstehen. Inwieweit Punkt B ein Erwartungsnutzenmaximum darstellt bzw. überhaupt ein inneres Optimum vorliegt - d. h. der erwartungsnutzenmaximale MPS nicht zugleich der riskanteste MPS ($\overline{y}_2 = b$) ist wie im risikoneutralen Fall -, kann ohne genauere Kenntnis der Nutzenfunktion und der zur Auswahl stehenden MPS nicht eindeutig bestimmt werden. Wie wir in Abschnitt 7.2.2 sehen werden, gehen die theoretischen Ansätze zur Modellierung risikoaverser Banken von konkreter spezifizierten Nutzenfunktionen bzw. Zufallsverteilungen aus. Dort sind eindeutigere Aussagen

[68]Die Streckenverhältnissen bzw. die Eintrittswahrscheinlichkeiten p_i von $\overline{y}_1$ bzw. $\overline{y}_2$ müssen so gewählt werden, dass $(1-p_i)\underline{y}_i + p_i\overline{y}_i = p_i\overline{y}_i = E(y)$.

über das Risikoverhalten und zudem seine Interdependenz mit der Höhe des Eigenkapitals möglich.

5.4.1.3 Motivation unterschiedlicher Zielfunktionen

Bevor wir in Abschnitt 5.4.2 auf die angesichts der beschriebenen Anreizstrukturen im Vorfeld der Kapitalüberlassung zu erwartenden Maßnahmen der Fremdkapitalgeber eingehen, müssen wir den jeweiligen Hintergrund der dem Eigenkapitalgeber bzw. dem Management unterstellten Risikopräferenzen erörtern.

Risikoneutralität und Marktwertmaximierung Bei unterstellter Risikoneutralität ist ein Kollektiv einer Vielzahl risikoaverser Eigenkapitalgeber vorstellbar, deren sonstige zustandsabhängige Einkommen nicht mit dem Zahlungsstrom des betrachteten Unternehmens korrelieren, und das sich deshalb allein am Erwartungswert des ihm zustehenden Teils des Zahlungsstroms orientiert.[69] Selbstverständlich ist die Unkorreliertheit des betrachteten Zahlungsstroms mit sonstigen zustandsabhängigen Einkommen eine äußerst weitgehende Annahme, ist es in Kapitalmarktmodellen wie etwa dem Capital-Asset-Pricing Modell (CAPM) doch gerade die Korrelation mit dem Marktportfolio, die über den Wert eines Zahlungsstroms entscheidet.[70]

Alternativ kann als Zielfunktion der Eigenkapitalgeber die Maximierung des Marktwerts des Eigenkapitals angenommen werden. In einem vollkommenen, arbitragefreien Kapitalmarkt ergibt sich der Marktwert eines Zahlungsstroms als der - mit dem risikolosen Zinsfuß diskontierte - Erwartungswert der so genannten risikoneutralen Verteilung des Zahlungsstroms.[71] Ersetzt man in der obigen Darstellung die empirischen Verteilungen der Zahlungsrückflüsse durch die risikoneutralen Verteilungen, so ist die unterstellte Orientierung am Erwartungswert gleichbedeutend mit einer Marktwertorientierung der Eigenkapitalgeber. Ebenso beziehen sich die betrachteten MPS nun auf die risikoneutralen Verteilungen und lassen deshalb den Marktwert des betrachteten Gesamtzahlungsstroms unverändert.[72] In Spezialfällen kann sich die den Marktwert des Eigenkapitals steigernde risikoerhöhende Maßnahme auch direkt auf die empirische Verteilung beziehen. So sind sind bei (log-)normalverteilten empirischen Verteilungen Fälle denkbar, in denen

[69] Vgl. etwa die Anwendung des so genannten Arrow-Lind-Theorems auf die Zielfunktion eines von vielen Anlegern finanzierten Unternehmens bei Gravelle/Rees (1992), S. 598.

[70] Für eine einführende Darstellung des CAPM vgl. etwa Franke/Hax (2004), S. 351ff.

[71] Die grundlegende Idee zur risikoneutralen Bewertung in arbitragefreien Märkten geht zurück auf Cox/Ross (1976). Eine Lehrbuchdarstellung findet sich bei Zimmermann (1998). Dort werden auch die Verbindungslinien der risikoneutralen Bewertungstechnik zum Arrow-Debreu-Ansatz des Handels von zustandsabhängigen Einkommensansprüchen („state contingent claims") verdeutlicht, vgl. ebenda, S. 34ff.

[72] Vgl. hierzu ausführlich Kürsten (1994), S. 13ff.

die risikoneutralen Verteilungen ebenfalls zu diesem Verteilungstyp zählen. Eine Erhöhung der Varianz bei der empirischen Verteilung geht dabei mit einer Erhöhung des Risikos der risikoneutralen Verteilung einher.[73]

Risikoaversion Die Annahme der Risikoaversion in der Zielfunktion des die Anlagepolitik bestimmenden Managements ist als Versuch der Annäherung an unvollkommene Kapitalmärkte zu verstehen.[74] Existieren nämlich keinerlei Friktionen, werden die Eigenkapitalgeber das Management auf die Maximierung des Marktwertes verpflichten und das firmenspezifische Risiko durch geeignete Diversifizierung vernichten. Durch die Wahl ihres Portfolios bestimmen sie darüber hinaus individuell ihren Grad an Übernahme von nicht diversifizierbarem Risiko. Eine risikoaverse Bewertung von unsicheren Zahlungsströmen auf Firmenebene ist damit nicht vereinbar.

Eine risikoaverse Zielfunktion des Managements kann jedoch durch die Abhängigkeit seines Einkommens vom Erfolg des von ihm geleiteten Unternehmens bedingt sein. Neben direkten erfolgsabhängigen Entlohnungsbestandteilen sind auch indirekte Einflussgrößen zu berücksichtigen, wie etwa der Einfluss des Unternehmenserfolgs auf zukünftige Beschäftigungs- und Einkommenschancen. Die Rendite des schwierig zu diversifizierenden - und vermutlich einen großen Teil seines Gesamtvermögens ausmachenden - Humankapitals des Managers ist damit vom spezifischen Unternehmenserfolg abhängig.[75] Greenwald/Stiglitz (1990) identifizieren eine ähnliche Ursache für ein risikoaverses Management: „The managers' wealth ... consists of their own private holdings plus the fraction of the terminal equity (profit) of the firm that they are able to appropriate to their own use. Since the latter part of their wealth is nonfungible, and since the managers ... should be deterred from issuing shares by informational considerations, managers will be maximizing a [risk-averse expected utility] function."[76] Schließlich kann ein risikoaverses Verhalten des Managements auch auf den Einfluss anderer, am Unternehmenserfolg interessierter Gruppen („stakeholder") wie etwa Beschäftigten oder Politikern zurückgeführt werden.

---

[73]Vgl. Kürsten (1994), S. 54f. Green (1984) betrachtet Anlageprojekte, die sich - bei gleichem Marktwert - durch einen MPS in ihren empirischen Verteilungen unterscheiden. Die den MPS ausmachende zusätzliche Zufallsvariable besitzt entsprechend einen Marktwert von null und wird als nicht-systematisches Risiko interpretiert, vgl. ebenda, S. 118f. Vgl. auch die ähnlich strukturierte Situation bei Jensen/Meckling (1976), S. 335f.

[74]Vgl. Gollier/Koehl/Rochet (1997), S. 348.

[75]Vgl. Santomero (1995), S. 2.

[76]Greenwald/Stiglitz (1990), S. 162. Mit dem Hinweis auf die beschränkten Verkaufsmöglichkeiten firmeneigener Aktien durch Manager spielen die Autoren auf die negative Signalwirkung einer solchen Handlung an. Ähnlich auch Santomero (1995), S. 3: „[I]t is probably problematic for senior management to be seen divesting itself systematically of firm stock." Voraussetzung hierfür sind selbstverständlich Offenlegungspflichten des Managements; für Deutschland vgl. § 15a des Gesetzes über den Wertpapierhandel.

Die gerade beschriebenen Ursachen risikoaversen Verhaltens implizieren ein Auseinanderfallen der Interessen von Management und Eigenkapitalgebern. Ein zu starkes Abweichen von der Marktwertmaximierung wird jedoch durch die Gefahr einer Ablösung des Managements beschränkt. Zudem stellt sich die Frage, inwieweit die Eigenkapitalgeber nicht bereits im Vorfeld anreizkompatible Verträge mit dem Management abschließen, um es auf die Marktwertmaximierung zu verpflichten.

Die oben als Grund für eine Risikoaversion des Managements erwähnten erfolgsabhängigen Entlohnungsbestandteile sind natürlich bereits als Bestandteil anreizorientierter Arbeitsverträge zur Einschränkung des Moral-Hazard-Problems bezüglich des vom Manager gewählten Anstrengungsgrads zu verstehen. Wie aber gerade argumentiert, sind solche Verträge über die dadurch bedingte Risikoaversion und damit einhergehende Projektwahl eventuell sogar kontraproduktiv für das Ziel der Marktwertmaximierung. Um die Risikoaversion des Managements zu kompensieren, werden im Marktwert konvexe Entlohnungsstrukturen vorgeschlagen.[77] Problematisch ist allerdings, dass keine eindeutige Aussage über den Verlauf der optimalen anreizkompatiblen Verträge möglich ist, die beide Effekte berücksichtigen. Die implizierten Entlohnungsschemata können konvex, linear oder konkav im Marktwert verlaufen.[78]

Zudem zeigen jüngste Forschungsergebnisse, dass die in der Praxis häufig als Anreizverträge mit konvexer Struktur verwendeten Optionsprogramme nicht eindeutig zu einer höheren Risikobereitschaft führen.[79] Treibende Ursache dafür ist die Tatsache, dass ein Optionsprogramm die Bewertung eines unsicheren Zahlungsstroms in einen Bereich der Nutzenfunktion des Managers verschieben kann, in dem er sich risikoaverser als zuvor verhält. Aufgrund dieser Effekte hängt das Erreichen der mit dem Optionsprogramm intendierten Effekte in komplexer Weise vom Ausübungspreis der Option, dem Umfang und der Struktur des sich aus Finanz- und Humankapital zusammensetzenden Gesamtvermögens des Managers sowie dessen Risikoaversion ab.[80]Angesichts dieser Umsetzungsschwierigkeiten in der Praxis erscheint es

[77]Vgl. Lambert (1986) und Hirshleifer/Suh (1992).

[78]Vgl. Murphy (1999), S. 2520. Eindeutig dagegen ist das Ergebnis, dass optimale Verträge auf den Erfolg des Unternehmens *relativ* zu einer vergleichbaren Gruppe von Unternehmen konditionieren. Zu den gemischten Ergebnissen der empirischen Überprüfung dieser Voraussage vgl. ebenda, S. 2523ff.

[79]Vgl. etwa Ross (2004), der vermerkt: „Unfortunately, the effort to characterize optimality - often in highly specific and parametric models - has crowded out the study of the behavior of the agent given the specific contract forms of the sort that are commonly observed in practice. In particular, little is known about the derived risk preferences of agents given common types of incentive structure. ... Perhaps contrary to our intuitions, we will show that for the usually assumed preferences, put options make individuals less risk averse, while call options do not.“ S. 208.

[80]Vgl. Nohel/Todd (2004) für numerische Simulationen.

uns plausibel, dem Management von Unternehmen aus Eigeninteresse eine gewisse Risikoaversion zu unterstellen.

Neben Ansätzen zur Erklärung einer risikoaversen Zielfunktion von Unternehmen, die auf der Divergenz von Manager- und Eigenkapitalgeberinteressen aufbauen, existieren auch Ansätze, die von einem Interessenkonflikt abstrahieren und ein Management annehmen, das den Eigenkapitalgebern perfekt verpflichtet ist. So zeigen Smith/Stulz (1985), dass der Nach-Steuer-Unternehmenswert bei konvexem Steuerverlauf eine konkave Funktion des Vor-Steuer-Unternehmenswerts ist.[81] Entsprechend geht die Maximierung des erwarteten Nach-Steuer-Unternehmenswerts mit einer Verringerung der Schwankungen des Vor-Steuer-Unternehmenswerts einher. Die Tragkraft einer steuerinduzierten Risikoaversion wird jedoch durch die in der Praxis bedeutsame Unterscheidung von steuerlich relevanter Bemessungsgrundlage (Steuerbilanzgewinn) und ökonomischer Zielgröße (Marktwert) eingeschränkt. Bestehen erhebliche Spielräume bei der Gestaltung der Bemessungsgrundlage, wird das tatsächliche Verhalten vermutlich nicht sonderlich stark vom Steuerrecht determiniert.[82]

Neben steuerlichen Erwägungen werden direkte und indirekte Insolvenzkosten für ein risikoaverses Firmenverhalten verantwortlich gemacht.[83] Direkte Insolvenzkosten wie etwa die Kosten eines Insolvenzverwalters verringern im Insolvenzfall direkt die aus einem Unternehmen fließenden Zahlungsströme. Da diese Kosten von den Kapitalgebern des Unternehmens getragen werden, führen sie zu einer risikoaversen Bewertung von Zahlungsströmen auf Firmenebene. Eine Verringerung der Insolvenzwahrscheinlichkeit ist hier im Interesse der Eigenkapitalgeber, wenn die Fremdkapitalgeber als Reaktion auf diese Verringerung ihre Zinsforderung entsprechend nach unten anpassen.[84]

Die auch als „financial distress costs" bezeichneten indirekten Insolvenzkosten wirken analog. Sie umfassen zum einen die Agency-Kosten von Interessenkonflikten zwischen Fremd- und Eigenkapitalgebern bei Insolvenzgefahr, d. h. bei ausfallbedrohtem Fremdkapital. Diese Kosten sind ex ante auch dann relevant, wenn es ex post nie zur Insolvenz des Unternehmens kommt. Es reicht aus, dass die Fremdkapitalgeber die Interessenkonflikte antizipieren und in ihre Entscheidung über die Kapitalvergabe in Form

---

[81] Vgl. Smith/Stulz (1985) Abbildung 1. Eeckhoudt/Gollier/Schlesinger (1997) analysieren das marktwertmaximierende Firmenverhalten für nicht-stetige Steuerverläufe und leiten eine spezifische Form der implizierten risikoaversen Zielfunktion ab. In Abschnitt 6.2.3.2 diskutieren wir einen entsprechenden Ansatz im Bankenkontext.

[82] Vgl. Santomero (1995), S. 4.

[83] Vgl. Santomero (1995), S. 4. Zum Konzept direkter und indirekter Insolvenzkosten vgl. etwa Grinblatt/Titman (2002), S. 557ff.

[84] Voraussetzung dafür ist, dass die Verringerung der Insolvenzwahrscheinlichkeit den Fremdkapitalgebern glaubhaft gemacht wird, da die Eigenkapitalgeber - wie oben demonstriert - *nach* Erhalt des Fremdkapitals unter Umständen einen entgegengesetzten Anreiz besitzen.

höherer Zinsforderungen miteinbeziehen.[85] In einer Konkretisierung dieses Sachverhalts zeigen Froot/Scharfstein/Stein (1993), warum marktwertmaximierende Unternehmen einen Anreiz zur Verringerung der Streuung der Zahlungsströme aus dem bestehenden Investitionsprogramm besitzen, also eine konkave Zielfunktion haben. Führen nämlich Agency-Kosten zu erhöhten Finanzierungskosten und/oder einem eingeschränkten Zugang zum Instrument der Schuldenfinanzierung, muss das Unternehmen bei sich dynamisch entwickelnden Investitionsmöglichkeiten unter Umständen auf wertschaffende Investitionen verzichten, wenn die Mittel aus der Innenfinanzierung nicht ausreichen.[86] Eine hohe Streuung der die Innenfinanzierungsmöglichkeiten ausmachenden Zahlungsströme des bestehenden Investitionsprogramms geht dann mit einer Streuung der Investitionstätigkeit einher, die aufgrund der abnehmenden Skalenerträge der angenommenen Produktionsfunktion negativ auf den Marktwert des Unternehmens wirkt.

Zum anderen entstehen indirekte Insolvenzkosten, wenn Kunden, Beschäftigte und Zulieferer im Insolvenzfall Nachteile befürchten und dies in ihrem Kauf-, Lohnsetzungs- bzw. Zulieferungsverhalten berücksichtigen. So steht etwa zu befürchten, dass verschuldete Unternehmen den Anreiz besitzen, die Reputation und damit langfristig Marktwert fördernde Produktqualität zu verringern, um kurzfristige Kosteneinsparungen zu realisieren.[87]

Betrachtet man die verschiedenen Ansätze in ihrer Gesamtheit - also sowohl die Ansätze, die auf einem Auseinanderfallen der Interessen von Management und Eigenkapitalgebern beruhen, als auch die Ansätze, die die Kongruenz dieser Interessen annehmen -, erscheint es aus theoretischer wie empirischer Sicht durchaus angebracht, auch die Möglichkeit eines risikoaversen Unternehmensverhaltens weiterzuverfolgen. Für den weiteren Gang der Untersuchung hat dies auch deshalb seine Berechtigung, weil die die Risikoaversion auslösende Ursache - nämlich die Unvollkommenheit der Kapitalmärkte - zugleich Ausgangspunkt der institutionenökonomischen Erklärung von Banken war.

[85] Für eine Übersicht der zu „financial distress costs" führenden Interessenkonflikte vgl. etwa Grinblatt/Titman (2002), Kap. 16. Auch das oben dargestellte Risikoanreizproblem zählt zu den Agency-Kosten auslösenden Interessenkonflikten zwischen Fremd- und Eigenkapitalgebern bei Insolvenzgefahr.

[86] Als Alternative steht prinzipiell natürlich die Emission von Eigenkapitaltiteln zur Verfügung. Jedoch können auch damit Schwierigkeiten verbunden sein: Stellt die Ausgabe neuer Aktien in einer Welt asymmetrischer Informationsverteilung ein negatives Signal über den tatsächlichen Unternehmenswert dar, muss ein den (alten) Aktieninhabern verpflichtetes Management eventuell auf ein prinzipiell lohnendes Investitionsprojekt verzichten, vgl. Myers/Majluf (1984), S. 190ff. Die Ausgabe von Fremdkapitaltiteln kann hier der Ausgabe von Eigenkapitaltiteln überlegen sein, d. h. wenn sich die Investition nicht mit der Ausgabe von Fremdkapitaltiteln lohnt, lohnt sie auch nicht bei Ausgabe von Eigenkapitaltiteln. Für eine Übersicht der Modelle zu dieser so genannten Hackordnungstheorie („pecking order theory") der Kapitalstruktur sowie empirischen Ergebnissen vgl. Harris/Raviv (1991).

[87] Vgl. etwa Maksimovic/Titman (1991).

5.4.1.4 Risikoerhöhung als Effizienzproblem

In der bisher gewählten Modellierung stellt der betrachtete Anreiz zur Risikoerhöhung bei Risikoneutralität bzw. Marktwertmaximierung kein Effizienzproblem dar. Dies erklärt sich daraus, dass den Gewinnen der Eigenkapitalgeber bzw. Residualanspruchsinhaber enstprechende Verluste der Fremdkapitalgeber gegenüberstehen.[88] Ungeachtet der Verteilungsfolgen verursacht der Risikoanreiz also kein ineffizientes Handeln.[89] Um auch bei Risikoneutralität bzw. linearer Bewertungsfunktion ein Effizienzproblem zu generieren, wird häufig nicht ein MPS betrachtet, sondern angenommen, dass die Risikoerhöhung auch mit einer Verringerung des Erwartungswerts verbunden ist.[90] Somit stehen den Vorteilen einer Risikoerhöhung aus Sicht der Eigenkapitalgeber auch Nachteile in Form eines verringerten Gesamtunternehmenswerts gegenüber. Es ergibt sich dann zum einen unter bestimmten Bedingungen eine innere Lösung, d. h. der von dem, den Eigenkapitalgebern verpflichteten, Management gewählte Risikograd ist nicht maximal. Zum anderen führt dann der Anreiz zur Risikoerhöhung auch zu einem Effizienzproblem, weil eine Risikoerhöhung auch zu einer Verringerung des Erwartungs- bzw. Marktwerts des gewählten Anlageprogramms führt.

Zum Teil wird diese simultane Veränderung von Erwartungswert und Risikogehalt als unzulässige Vermischung betrachtet, die erstens den Blick auf die Ursachen und das Ausmaß des „reinen" Risikoanreizproblems verstellt und zweitens einen eher unrealistischen Spezialfall des Zusammenhangs von Erwartungswert und Risiko unterstellt.[91] Wir haben uns der ersten Argumentationslinie aus analytischen Gründen angeschlossen, da wir uns die Ursachen des Risikoanreizproblems in Reinform erschließen wollten. Allerdings sehen wir das Risikoanreizproblem in der Praxis durchaus auch als Effizienzproblem an. Wir halten es für realistisch, dass Unternehmen auch Investitionsprojekte mit negativem (risikoadjustierten) Nettobarwert (NBW) verwirklichen können, d. h. Projekte, die den Gesamtunternehmenswert verringern, aber den Wert der Eigenkapitalgeberansprüche steigern können.[92]

---

[88] Vgl. hierzu grundlegend Kürsten (1994), S. 183ff. und die einführende Abbildung 5.1 auf S. 115.

[89] Auf die natürlich nichtsdestoweniger zu erwartende Reaktion der Fremdkapitalgeber gehen wir in Abschnitt 5.4.2 ein.

[90] Vgl. etwa Green/Talmor (1986). Darüber hinaus wird die Risikoerhöhung häufig nicht über einen Zahlungsstrom operationalisiert, der im Vergleich zur Ausgangssituation im Sinne der stochastischen Dominanz zweiter Ordnung von jedem risikoaversen Individuum abgelehnt wird, vgl. die Literaturkritik bei Kürsten (1994), S. 16ff.

[91] Vgl. Kürsten (1994), S. 28f., (1995).

[92] Vgl. auch Nippel (1995). Selbstverständlich ist dies keine allgemeingültige Aussage. Bereits Jensen/Meckling (1976) machen dies durch ihre Wortwahl deutlich: „In this event [i.e. no decrease in market value as consequence of risk shifting] there ... is no welfare loss. It is easy to construct a case, however, in which these incentive effects do generate real costs." S. 336.

Abgeschwächt wird diese Überlegung zwar durch die Existenz eines (arbitragefreien) Kapitalmarkts, auf dem prinzipiell eine Vielzahl von Investitionsgelegenheiten mit einem NBW von null existieren sollten. In diesem Fall muss ein Unternehmen nicht unternehmensinterne Projekte mit einem negativen NBW zur Risikoerhöhung einsetzen, sondern kann sein Risiko ohne Wertverlust über Investitionen am Kapitalmarkt erhöhen. Jedoch sind wir der Meinung, dass in der Praxis verschiedene Restriktionen eine solche Anlagepolitik einschränken. So ist denkbar, dass das Unternehmen Anlagebeschränkungen unterliegt, die ein Engagement am Kapitalmarkt unterbinden. Können Unternehmen - wie für Banken sinnvollerweise unterstellt - dagegen am Kapitalmarkt aktiv teilnehmen, ist vorstellbar, dass die am Kapitalmarkt getätigten Investitionen leichter von den Fremdkapitalgebern in ihrem Risikogehalt einschätzbar sind und diese entsprechend reagieren. Bei bankinternen Investitionen - etwa einer riskanten Kreditvergabe - ist dies schwieriger und verspricht mehr Potenzial für eine unzureichende Reaktion der Fremdkapitalgeber. Selbst wenn man annimmt, dass wegen der Anlagemöglichkeit am Kapitalmarkt eine riskante Umschichtung des Anlageprogramms nicht zu Wertverlusten führt, sind die von Jensen/Meckling (1976) eingeführten, üblicherweise aber nicht formalisierten „Überwachungs-“ bzw. "Bindungskosten“ („monitoring/bonding costs“) zu berücksichtigen.[93] Werden von Kapitalnehmern und/oder Kapitalgebern Ressourcen aufgewandt, um die oben analysierten Reichtumsverschiebungen zu unterbinden bzw. zu beschränken, müssen zumindest diese Aufwendungen als Kosten des Risikoanreizproblems gesehen werden.

Bei einer konkaven Bewertungsfunktion zukünftiger Zahlungsströme des Unternehmens ohne Divergenz von Management und Eigenkapitalgebern - d. h. bei Marktwertmaximierung unter Berücksichtigung von Marktunvollkommenheiten wie Steuern und Insolvenzkosten - wird eine Risikoerhöhung (in Form eines MPS) mit einem niedrigeren Unternehmenswert einhergehen. Dies impliziert analog zu den gerade angestellten Überlegungen zum einen, dass sich die Eigenkapitalgeber einem Trade-Off zwischen Risikoerhöhung und Verringerung des Gesamtunternehmenswerts gegenübersehen. Zum anderen stellt der Anreiz zur Risikoerhöhung wiederum ein Effizienzproblem dar.

Bei Divergenz der Interessen von Management und Eigenkapitalgebern und einer aufgrund der Risikoaversion des Managements konkaven Bewertungsfunktion unsicherer Zahlungsströme wird eine Effizienzbetrachtung des Risikoanreizproblems erheblich schwieriger. Entscheidet sich das Management zu einer Risikoerhöhung, da sein Erwartungsnutzen in diesem Fall höher ausfällt als ohne die Risikoerhöhung, ist nicht klar, ob damit eine Wertveränderung des Unternehmens verbunden ist.[94] Zudem wäre ei-

---

[93]Vgl. Jensen/Meckling (1976), S. 337ff.

[94]Die sich im Fall der Erwartungsnutzenbetrachtung auf die empirische Verteilungs-

ne Wertveränderung mit der Erwartungsnutzenänderung des Managements in Form der jeweiligen Sicherheitsäquivalente zu vergleichen. Uns ist kein Modell bekannt, das diesen Vergleich für verschiedene Kombinationen von Risiko- und Marktwertveränderungen formal durchführt. Angesichts dieser unklaren theoretischen Situation halten wir es in der Praxis für durchaus möglich, dass eine von einem prinzipiell risikoaversen Management aufgrund einer gemischt konvex-konkaven Zielfunktion bevorzugte Risikoerhöhung zu einer Wertminderung des Unternehmens führt, die den geldwerten Nutzenzuwachs des Managements übersteigt.

5.4.2 Antizipation durch Fremdkapitalgeber

Unberücksichtigt blieb bei der bisherigen Betrachtung des Risikoanreizproblems die Reaktion der Fremdkapitalgeber. Tatsächlich werden rationale Fremdkapitalgeber die Anreize des Managements antizipieren und - sind sie negativ betroffen - entsprechende Gegenmaßnahmen ergreifen.

5.4.2.1 Gegenmaßnahmen Risikoanreizproblem

Neben der vertraglichen Festlegung von Anlageentscheidungen und deren Überwachung ist insbesondere die Anpassung der Zinsforderungen an das Risiko des Anlageprogramms möglich. Hierfür werden in Verträgen zur Überlassung von Fremdkapital üblicherweise Offenlegungspflichten und Schutzklauseln vor Änderungen der Geschäftspolitik vereinbart.[95] Verbleibt ein gewisser Spielraum für diskretionäre Entscheidungen des Managements, ist auch die Antizipation des zu erwartenden Anlageprogramms für die Zinsforderung der Fremdkapitalgeber relevant.

Zur Veranschaulichung dieses Mechanismus diene ein Beispiel aus dem grundlegenden Aufsatz von Jensen/Meckling (1976).[96] Dort stehen dem Management nach Erhalt des Fremdkapitals zwei unterschiedlich riskante Projekte mit gleichem Marktwert des Gesamtzahlungsstroms zur Auswahl. Für einen gegebenen Rückzahlungsbetrag ist der Marktwert des (ausfallbedrohten) Fremdkapitals für das riskantere Projekt geringer als für das weniger riskante Projekt; spiegelbildlich ist der Marktwert des Residualanspruchs des Eigenkapitalgebers höher bzw. niedriger. Wenn nun der Fremdkapitalgeber korrekt antizipiert, dass sich ein dem Eigenkapitalgeber verpflichtetes Management nach Erhalt der Mittel für das riskantere Projekt entscheiden wird, ist er ex ante nur bereit, den geringeren Gegenwert des Marktwerts des Fremdkapitals bei riskanter Projektwahl zur Verfügung zu stellen. Bei

---

funktion beziehende Risikoerhöhung kann den Marktwert des Gesamtunternehmens unverändert lassen, vgl. Kürsten (1994), S. 42.

[95] Vgl. grundlegend hierzu Smith/Warner (1979).

[96] Vgl. Jensen/Meckling (1976), S. 335f.

gegebenem Rückzahlungsbetrag entspricht dies einer Erhöhung der Zinsforderung.

Schließlich können die Fremdkapitalgeber bereits im Vorfeld der Kapitalüberlassung eine gewisse Eigenkapitalausstattung einfordern, die den Risikoanreiz bremsen kann und ihnen im Fall sequenziell auftretender Verluste zudem Zeit für Gegenmaßnahmen eröffnet.[97]

5.4.2.2 Einleger als Sonderfall?

Beziehen wir diese Überlegungen auf unsere bankenregulatorische Fragestellung, so ergeben sich insbesondere zwei Einwände.

(1) Es wird bezweifelt, dass der durchschnittliche Einleger in der Lage ist, die potenziellen Anreize des Bankmanagements und das ihm zur Verfügung stehende Anlagespektrum für eine Anpassung seiner Zinsforderung hinreichend korrekt einzuschätzen:

> „[B]anking is an extremely sophisticated and complicated enterprise, making it hard even for members of a bank supervisory board to keep sight of the risks their banks incur. The financial instruments that banks use for their business have become so sophisticated and so much business is happening outside the balance sheets that the assumption of well-informed savers would be heroic if not absurd.“[98]

Diese Argumentation wirft zunächst die Frage auf, ob sich die Fremdkapitalgeber anderer Branchen nicht vergleichbaren Schwierigkeiten gegenüber sehen. So erscheint es uns prinzipiell offen, inwieweit etwa eine mit hoher Unsicherheit behaftete Arzneimittelentwicklung tatsächlich transparenter, weniger komplex und besser in ihrer Wirkung auf die Erfüllung der Zahlungsansprüche der Fremdkapitalgeber zu analysieren ist als das Kreditgeschäft einer Bank.[99] Zum Teil wird sogar die gegenteilige Meinung vertreten:

> „Nonfinancial firms oversee fairly complex and risk R&D and manufacturing projects, and therefore can be regarded as high-intensity monitoring ‚intermediaries.‘ Banks, on the other hand, have, on their balance sheet, a category of safe claims (government securities, high-quality corporate debt, etc.). Loans to small

[97] Die Mechanik der Begrenzung des Risikoanreizes über Eigenkapital diskutieren wir im Kontext der regulatorischen Eigenkapitalnormen in Abschnitt 7.2.

[98] Sinn (2003), S. 189f., unter Bezug auf seine eigene Aufsichtsratstätigkeit.

[99] Ähnlich Flannery/Kwan/Nimalendran (2004), S. 420f. „[L]oan illiquidity and private information about specific borrowers do not necessarily make banks more difficult to value than nonfinancial firms. Just as many bank loans do not trade in active secondary markets, neither do many assets of nonfinancial firms such as property, plant and equipment, patents, managers human capital, or accounts receivable.“

business may be riskier, but their short maturity and the intensive use of collateral reduce the need for monitoring. Moreover, banks tend to be more diversified than nonfinancial firms."[100]

Neben einer möglichen graduell höheren Intransparenz der Vermögenswerte („opaqueness") ist es unseres Erachtens insbesondere der Grad der Schnelligkeit, mit der vorhandene Zahlungsströme durch den Handel mit Finanzkontrakten umstrukturiert werden können, der Banken von Nicht-Banken unterscheidet. Anders ausgedrückt ist aufgrund geringerer Transaktionskosten die Reversibilität von Entscheidungen, die für die Bewertung der Ansprüche der Fremdkapitalgeber relevant sind, bei Banken höher als bei Nicht-Banken.[101] Auch diese Überlegung unterliegt freilich Einschränkungen. So handelt es sich ebenfalls um einen graduellen Unterschied, da sicherlich nicht allen Banken diese Möglichkeit gleichermaßen offensteht und auch Nicht-Banken rasch und unvorhergesehen Finanzkontrakte handeln können, die die Struktur der bisherigen Zahlungsströme verändern.[102] Zudem verändert sich aufgrund von Finanzinnovationen das Spektrum von Instrumenten zur Umstrukturierung von Zahlungsströmen. Im Zeitablauf können sich die Möglichkeiten unterschiedlicher Branchen dementsprechend relativ zueinander verändern.

(2) Auch die kleinteilige Struktur der Fremdkapitalgeber wird als Besonderheit von Banken hervorgehoben. So halten die Einleger jeweils nur einen sehr kleinen Teil des gesamten Fremdkapitals der Bank. Hierin wird deshalb ein Problem gesehen, weil die verstreuten Einleger damit nur einen geringen individuellen Anreiz besitzen, die mit der Kapitalüberlassung verbundenen Kontroll- und Eingriffsrechte wahrzunehmen.[103] Es wird also nicht von Annahme ausgegangen, dass Einleger aufgrund beschränkter Kapazitäten

[100]Dewatripont/Tirole (1994), S. 24.

[101]In einer empirischen Untersuchung verwendet Morgan (2002) die Divergenz der Meinungen von Rating-Agenturen als Maß für die geringe Transparenz von Banken. Er findet eine erhöhte Wahrscheinlichkeit unterschiedlicher Bonitätseinschätzungen bei Banken und Versicherungen im Vergleich zu anderen Branchen. Innerhalb der Gruppe der Banken stellt er einen positiven Einfluss des Umfangs kurzfristig angelegten Eigenhandels auf die Divergenz der Meinungen fest. Flannery/Kwan/Nimalendran (2004) finden bei der Analyse der Handelscharakteristik (u.a. wird die Differenz von Geld-/Briefkurs von Aktien als Hinweis auf „opaqueness" interpretiert) und dem Fehler von Gewinnprognosen dagegen keinen Hinweis auf eine geringere Transparenz von Banken im Vergleich zu Nichtbanken. Die Gewinnprognosen für kleine Banken weisen sogar einen geringeren Fehler als die ihrer Kontrollgruppe auf: „Analysis of ... earnings forecasts indicates that banking assets are not unusually opaque; they are simply boring." Ebenda, S. 419. Die Autoren machen jedoch deutlich, dass diese Ergebnisse unter Umständen gerade auf den vorhandenen relativ detaillierten Offenlegungsvorschriften für Banken beruhen. Gegeben diese Vorschriften stellen Banken die Marktteilnehmer dann aber im Durchschnitt offenbar vor keine größeren Schwierigkeiten als andere Branchen.

[102]Man denke etwa an die (Nicht-)Absicherung von Wechselkursrisiken durch ein stark exportorientiertes Unternehmen des produzierenden Gewerbes.

[103]Vgl. Dewatripont/Tirole (1994), S. 32 oder Miles (1995), S. 1376.

unfähig sind, Banken zu überwachen. Die Unwissenheit ist vielmehr individuell rational.

Letztlich liegt ein öffentliches Gut vor, d.h. die effektive Überwachung des Managements kommt allen Kapitalgebern zu gute, ohne dass jemand ausgeschlossen werden könnte. Zugleich sind die Transaktionskosten eines abgestimmten Vorgehens aufgrund der hohen Anzahl der Investoren relativ hoch. Als entgegengesetzter Pol wird die Existenz relativ großer Investoren gesehen: „When control rights are concentrated in the hands of a small number of investors with a collectively large cash flow stake, concerted action by investors is much easier than when control rights ... are split among many of them.“ [104]

Diese Überlegungen stehen im Einklang mit der grundlegenden Analyse des Trittbrettfahrer-Problems von öffentlichen Gütern. Solange der Nutzerkreis eines öffentlichen Gutes klein ist, sind aufgrund vorhandener Verhandlungs- und Sanktionsmöglichkeiten durchaus effiziente Lösungen möglich. Mit dem Anwachsen des Nutzerkreises erhöhen sich dagegen die Transaktionskosten, während die Wahrscheinlichkeit sinkt, dass die Handlung eines einzelnen Individuums das Gesamtergebnis wesentlich beeinflusst. Ein effizientes Gesamtbereitstellungsniveau ist per se nicht zu erwarten.[105] Als Folge wird die Schaffung einer im kollektiven Auftrag der Einleger handelnden Institution zur Kontrolle und eventuellen Einflussnahme auf Banken gefordert („representation hypothesis“).[106] Man beachte allerdings, dass ein Zweig der Theorie zur Existenz von Banken in kurzfristig kündbaren und einer sequenziellen Abzugsregel unterliegenden Bankeinlagen gerade die Lösung des Anreizproblems der Informationsbeschaffung sieht.[107] Die „representation hypothesis“ impliziert, dass ihre Vertreter diese Lösung des Kontroll- und Eingriffsproblems für ungeeignet halten und zumindest die Informationsbeschaffung über die Wahrnehmung von Kontrollrechten effizienterweise durch zentrale Aufsichtsbehörden unterstützt wird.

Ähnlich wie im Fall einer besonderen Intransparenz von Banken baut das Repräsentationsargument auf einem graduellen Unterschied von Banken und Nicht-Banken auf - diesmal auf der Passivseite der Bilanz. Entsprechend dieser graduellen Interpretation lässt sich wiederum keine strikte Trennlinie zwischen Branchen bzw. Finanzkontrakten ziehen, auf die die Repräsentationshypothese (nicht) zutrifft. Dewatripont/Tirole (1994) argumentieren, dass die Einlegerstruktur empirisch gesehen tatsächlich erheblich zersplitterter ist als die Struktur der Fremdkapitalgeber anderer Branchen. In Bezug auf möglicherweise ebenfalls verstreute Eigenkapitalgeber von Banken und Nicht-Banken verweisen sie zum einen auf andere Formen der Kontrolle und

[104] Shleifer/Vishny (1997), S. 753. Die Formulierung macht deutlich, dass dies prinzipiell auf alle Kapitalgeber, d. h. Fremd- und Eigenkapitalgeber, zutrifft.

[105] Vgl. hierzu die klassische Studie von Buchanan (1968), S. 77ff.

[106] Dewatripont/Tirole (1994), S. 32.

[107] Vgl. die Ausführungen in Abschnitt 4.2.

Einflussnahme über Aktionärsgremien und Übernahmedrohungen. Zum anderen übe auch die Existenz einiger großer Aktionäre einen disziplinierenden Einfluss aus.[108] Eine zersplitterte Kapitalgeberstruktur trifft nun auf praktisch jede Kapitalsammelstelle zu, die die Ersparnisse der privaten Haushalte weiterreicht (etwa auch Investmentfonds oder Versicherungsunternehmen). Zwar weisen alle diese Institutionen Regelungen auf, die mit der Repräsentationshypothese übereinstimmen, d. h. es existieren staatliche wie private Agenten, die Kontroll- und Eingriffsrechte im Namen der Kapitalgeber wahrnehmen; die regulatorischen Unterschiede innerhalb dieser Gruppe von Institutionen im Detail sind jedoch erheblich. Dewatripont/Tirole (1994) machen deshalb zwei weitere Einflussfaktoren aus, die die Form der Regulierung bestimmen. So ermögliche es die jederzeitige Handelsmöglichkeit von Fondsanteilen, kombiniert mit einer marktnahen Bewertung der Vermögenswerte, die Regulierung auf die Durchsetzung von Offenlegungspflichten zu beschränken. Im Falle von Banken und Versicherungen wird dagegen die Notwendigkeit zur expliziten Repräsentation der Kapitalgeber mit Kontroll- und Eingriffsrechten als spezifische Ausprägung der Corporate Governance festgestellt.[109]

5.4.2.3 Zusammenfassung und Regulierungsimplikationen

Beide Einwände („opaqueness" und „representation hypothesis") liefern keinen direkten Anhaltspunkt für die spezifische Form der Regulierung, die der Besonderheit des Bankensektors Rechnung tragen soll.[110] Gewährleisten die Aufsichtsbehörden die Einhaltung von Offenlegungspflichten und/oder nehmen sie die Kontrollrechte zur Bestimmung des Risikogehalts des Bankgeschäfts wahr, so können sie diese Informationen den Einlegern zugänglich machen. Die staatlichen Aufsichtsbehörden können zudem unterstützend die Erfüllung von Mindeststandards hinsichtlich der notwendigen Eigenkapitalausstattung und Anlagepolitik kontrollieren, die sich im Wettbewerb um Einleger herausgebildet haben. Den Einlegern wäre es dann selbst überlassen, wie sie mit diesen Informationen umgehen, d. h. ob sie ihre Einlagen abziehen oder eine Anpassung der Verzinsung einfordern.[111] Eingriffsrechte

---

[108]Vgl. Dewatripont/Tirole (1994), S. 32f.

[109]Vgl. Dewatripont/Tirole (1994), Abbildung 2.1 sowie die zugehörigen Erläuterungen.

[110]Die formalen Modelle von Dewatripont/Tirole (1994) und Miles (1995) analysieren die Rechtfertigung von Eigenkapitalnormen für Banken. Die jeweils zugrundeliegenden Mechanismen bauen jedoch nicht explizit auf dem Koordinationsproblem der Einleger auf, sondern führen das Trittbrettfahrer-Problem an, um die *Annahme* einer zentralen Wahrnehmung der Interessen der Einleger zu begründen.

[111]Dowd (1999) geht einen Schritt weiter, indem er auch beim Prozess der Informationsgewinnung keine Notwendigkeit zum staatlichen Eingriff sieht: „However, if the regulator can collect the information ..., a private body (e.g., a credit rating agency) should also be able to collect it and publish it in a form that depositors can readily understand. It is also worth emphasizing that the banks would have an incentive to cooperate with the rating agencies (e.g., by providing information and, in many cases, by purchasing the reports to

(wie etwa eine Änderung des Anlageportfolios oder Erhöhung des Eigenkapitals) der Aufsichtsbehörden wären dann entweder damit zu begründen, dass die Einleger nicht über ausreichende Fähigkeiten zur Interpretation der bereitgestellten Informationen verfügen, und/oder, dass ein Eingriff im Interesse der Einleger in bestimmten Situationen zentral von den Aufsichtsbehörden durchgeführt werden sollte.

Wir sind der Meinung, dass in der Praxis die Entscheidung über eine Einlage mit gegebener Verzinsung auf Basis der durch eine Aufsichtsbehörde kommunizierten (eventuell speziell für Einleger aufbereiteten) Bonitätseinschätzung der jeweiligen Bank nicht komplexer ist als andere Anlage- oder Versicherungsentscheidungen, die in den freien Entscheidungsbereich von Individuen gestellt werden.[112] Wird der Ist-Zustand - der wohl eher vom Desinteresse der Einleger an solchen Informationen geprägt ist denn von ihrer Unfähigkeit zur Interpretation von Bonitätsangaben - zur Ablehnung dieser Überlegung herangezogen, ist dies angesichts der Endogenität der Informationsverarbeitung per se wenig überzeugend. Die Anreize zur Beschaffung/Wahrnehmung und Verwertung von Bonitäteinschätzungen sind stark vom regulatorischen Umfeld abhängig, in dem sich die Einleger bewegen. Bevor wir in diesem Zusammenhang auf die Bedeutung der Einlagensicherung eingehen, müssen wir jedoch noch die Schwierigkeiten einer kollektiven Eingriffsentscheidung diskutieren.

Wie bereits oben dargestellt, könnte die Reaktion auf Informationen, die im Prozess der Wahrnehmung von Kontrollrechten gewonnen werden, prinzipiell dem einzelnen Einleger überlassen bleiben. Die individuellen Optionen „Einlagenabzug“ oder „Anpassung Zinsforderung“ entsprächen dann in ihrer disziplinierenden Wirkung der Wahrnehmung direkter Eingriffsrechte durch die Aufsichtsbehörden. Um die Auswirkungen der zeitlichen Verzögerungen in der Vermittlung und Auswertung relevanter Informationen sowie der Handlungsumsetzung zu begrenzen, können die Einleger bei der Kapitalüberlassung ex ante eine gewisse Eigenkapitalausstattung einfordern.[113] Dennoch mag es in bestimmten Situationen - etwa bei der plötzlichen Entdeckung offener Positionen im Wertpapierhandel - im Interesse der Einleger sein, nicht auf die verzögert eintretende Wirkung der individuellen Anpassungsprozesse zu warten, sondern direkt zu intervenieren. Aus dieser Sicht sollte den Aufsichtsbehörden ein gewisser Spielraum zur Wahrnehmung von direkten Eingriffen verbleiben.[114]

---

be distributed free to the public) for the same reason that most firms generally cooperate with rating agencies ...“ S. 45.

[112]Man vergleiche die Herausforderungen bei der Wahl zwischen verschiedenen Altersvorsorgeprodukten, bei der die Wahrscheinlichkeit von Auszahlungen in 20 oder 30 Jahren zu berücksichtigen ist, mit denen der Wahl zwischen verschiedenen Termingeldanlagen mit Laufzeiten von wenigen Monaten oder Jahren.

[113]Selbstverständlich würden dies Aufsichtsbehörden bzw. Rating-Agenturen auch bereits bei der Bonitätseinschätzung der Bank berücksichtigen.

[114]Auch der umgekehrte Fall einer aus Sicht der Aufsicht überzogenen Reaktion der

Allerdings dürfte eine exakte Abgrenzung von Ereignissen, die eine sofortige Intervention der Aufsichtsbehörden notwendig machen, schwer fallen. Besteht für Einleger die Aussicht, eventuell entstehende Verluste erfolgreich einem nicht erfolgten Eingreifen der Aufsichtsbehörden anzulasten, sinkt ex ante der Anreiz zur Auswertung der über die jeweilige Bank bereitgestellten Informationen.[115] Vollständig vermeiden ließe sich dies nur, wenn die Aufsichtsbehörden glaubwürdig auf direkte Interventionen verzichteten bzw. von vornherein keine Rechte dafür erhielten. Ein gewisser Anreiz zur Informationsauswertung bleibt jedoch bestehen, solange der Einleger erwartet, eventuelle Insolvenzverluste mit hinreichend hoher Wahrscheinlichkeit selbst tragen zu müssen.

5.4.3 Einfluss der Einlagensicherung auf Informationsanreize der Einleger

Verändert wird dieser Anreiz jedoch durch die Existenz einer Einlagensicherung. Je nach Ausgestaltung und Umfang eliminiert diese den Anreiz zur Informationsbeschaffung und -verarbeitung auf Einlegerseite mehr oder minder vollständig. Für den Fall einer vollständigen Versicherung der Einlagen liegt dies auf der Hand.[116] Verschiedene Maßnahmen wie etwa eine Selbstbeteiligung oder auch eine absolute Beschränkung der Höhe der versicherten Einlagen sind dazu geeignet, die Anreize der Einleger zumindest teilweise zu erhalten. Diese Maßnahmen entwickeln jedoch nur dann ihre Wirkung, wenn

---

Einleger auf die Bekanntgabe von Bonitätseinschätzungen - etwa in Form eines informationsbasierten Run - mag dazu führen, dass sich die Aufsichtsbehörde das Recht von Auszahlungsstopps vorbehält. Diese Überlegung beruht allerdings entweder wiederum auf der Annahme zur korrekten Interpretation unfähiger Einleger oder auf der Berücksichtigung systemischer Effekte, die der individuelle Einleger nicht berücksichtigt.

[115]Dieser Einwand gilt im Prinzip analog für die Informationsbereitstellung und -aufbereitung durch die Aufsichtsbehörden, wenn sie auch hier für eventuelle Versäumnisse haftbar gemacht werden können. Die grundlegende Funktionstüchtigkeit privater Rating-Agenturen legt jedoch die Vermutung nahe, dass dieses Problem beherrschbar ist.

[116]Selbstverständlich existieren in der Praxis häufig auch bedeutsame unversicherte Fremdkapitalgeber von Banken, die prinzipiell weiterhin einen Anreiz zur Ausübung von Kontroll- und Eingriffsrechten haben. Werden die unversicherten Fremdkapitaltitel zudem gehandelt, können die Aufsichtsbehörden die in den Preisen dieser Wertpapiere enthaltenen Informationen über die Risikoeinschätzung der Bank durch die Marktteilnehmer mit ihrer Einschätzung vergleichen. Die Anreize dieser Fremdkapitalgeber werden jedoch geschmälert, wenn sie erwarten können, dass stellvertretend die Einlagenversicherung diese Aufgabe übernimmt oder dass sie im Insolvenzfall ohne einen de jure Anspruch dennoch Ausgleichszahlungen erhalten. Vgl. hierzu die folgenden Ausführungen zur so genannten impliziten Einlagensicherung. Zum Teil wird deshalb vorgeschlagen, Banken zu zwingen, in gewissem Umfang nachrangige Anleihen zu emittieren, d. h. Anleihen, die im Insolvenzfall erst nach den Forderungen der Einlagenversicherung bedient werden und auch de facto mit hoher Wahrscheinlichkeit ausfallen. Für eine ausführliche Diskussion dieser Idee vgl. Stillhart (2002), S. 224ff. Für einen (positiven) empirischen Test der Komplementarität von Aufsichtsinformationen und dem Rating nachrangiger Anleihen vgl. Berger/Davies/Flannery (2000).

die Einleger nicht mit hoher Wahrscheinlichkeit mit der Übernahme ihrer Verluste durch einen Dritten, insbesondere durch staatliche Institutionen, rechnen. Im Gegensatz zu einer expliziten Versicherung der Einlagen, d. h. einem System, in dem eine Institution auf Basis eines ex ante ausgearbeiteten Vertrags Ausgleichszahlungen zusichert, spricht man in einem solchen Fall von einer de facto oder impliziten Einlagensicherung.[117]

Konkret kann eine implizite Einlagensicherung eine Vielzahl von Formen annehmen. Sie reicht vom direkten Ausgleich von Verlusten durch den Staat, über die Übernahme der insolventen Bank durch eine staatlich kontrollierte Bank bis hin zur staatlich initiierten Vermittlung einer privaten Auffanglösung, aufgrund derer sich die beteiligten Banken politische Unterstützung etwa in Form von Markteintrittsbarrieren versprechen. Konzeptionell bedeutet eine solche implizite Einlagensicherung politökonomisch motivierte Transfers von Gruppen hin zu den betroffenen Banken bzw. Einlegern, die nicht auf einem im Vorhinein ausgehandelten Versicherungsvertrag beruhen. Sie sind also nicht im ex ante Sinne wohlfahrtssteigernd und haben den Charakter von politökonomisch generierten Renten - mit allen entsprechenden Folgen wie etwa dem Ressourcenverbrauch in Folge rentensuchenden Verhaltens („rent seeking").[118] Möglich werden diese Umverteilungsmaßnahmen, wenn es den betroffenen Einlegern oder sonstigen am Bestehen der Bank interessierten Gruppen gelingt, ausreichende politische Unterstützung zu mobilisieren. Ceteris paribus steigen damit die Chancen einer impliziten Absicherung der Einlagen bei großen Banken mit einer Vielzahl von Einlegern und/oder politisch besonders einflussreichen Einlegern bzw. Interessengruppen. Staatliche Beteiligungen an der betroffenen Bank oder ihre besondere Rolle für eine geographische Region dürften ebenfalls die Chancen eines Eingriffs erhöhen. Ähnlich wirken schließlich die wohl weit verbreitete Notation einer Besonderheit von Banken respektive einer besonderen Schutzwürdigkeit von Einlegern sowie die hervorgehobene Rolle staatlicher Aufsichtsbehörden bei der Sicherstellung von Offenlegungspflichten und der allgemeinen Kontrolle von Banken.

Die Übergänge von einer solchen impliziten Einlagensicherung zur makroökonomisch orientierten ex post Konditionierungsrolle sind freilich insbesondere für größere Schocks fließend. Aufgrund des Charakters von Schocks, die eine ex post Konditionierung unter Umständen rechtfertigen, d. h. ihrer Nicht-Berücksichtigung in den bestehenden Finanzkontrakten, ist diese Funktion quasi per Definition implizit. Könnte sich eine implizite Einlagensicherung auf die ex post Konditionierungsfunktion beschränken, hätte sie damit das Potenzial für einen wohlfahrtssteigernden Eingriff.[119] Die Glaubwürdigkeit einer entsprechenden Beschränkung - gleichbedeutend mit

[117]Vgl. beispielsweise Calomiris (1999).
[118]Vgl. Neumann (1995), S. 224f.
[119]Vgl. hierzu die Ausführungen in Abschnitt 5.3.1.

der Verpflichtung zum Nichteingriff bei anderen Schocks - leidet jedoch unter zwei Problemen.

Zum einen kann es insbesondere bei Problemen eines bedeutsamen Teils des Bankensektors oder besonders großer Banken ex post effizient sein, insolvenzbedingte Liquidationen zu vermeiden.[120] Neben Liquidationsverlusten, also Fällen, in denen bei Fortführung der finanzierten Investitionen höhere Rückflüsse als bei sofortigem Abbruch zu erwarten sind, sind Opportunitätskosten in Form nicht durchgeführter neuer Investitionen infolge ausbleibender Finanzierung wahrscheinlich, wenn potenzielle Kapitalnehmer nur eingeschränkt direkten Zugang zum Kapitalmarkt besitzen und andere Banken (Neugründungen, ausländische Banken) nicht rasch diese Aufgabe übernehmen.[121] Zudem sind bei verbreiteten Bankzusammenbrüchen Schwierigkeiten im Zahlungsverkehr zu erwarten, mit wiederum gesamtwirtschaftlich bedeutsamen Friktionen. Die empirische Erfassung dieser Kosten ist freilich alles andere als einfach: Die häufig als Krisenkosten genannten fiskalischen Kosten öffentlich finanzierter Restrukturierungsmaßnahmen stellen zunächst lediglich einen Transfer vom Steuerzahler und keine Kosten dar. Werden die Transfers allerdings über ein verzerrendes Steuersystem erhoben, fallen dabei Zusatzlasten an. Verwendet man die Abweichungen des Outputwachstums während der Krise vom allgemeinen Wachstumstrend als tatsächliche, gesamtwirtschaftliche Kosten, so überzeichnet dieses Maß, da sektorweite Bankenkrisen häufig mit einer schwachen konjunkturellen Entwicklung - also negativen Abweichungen vom Wachstumstrend - einhergehen.[122]

Um die negativen Folgen in Form von Outputverlusten zu vermeiden, werden neben den bereits oben erwähnten Formen einer impliziten Einlagensicherung Maßnahmen erwogen bzw. eingesetzt, die von der Schaffung günstiger Refinanzierungsbedingungen für Banken über die Übernahme bestimmter Problemaktiva durch staatliche Vermögensverwalter bis hin zu öffentlich finanzierten Rekapitalisierungsmaßnahmen reichen.[123] Angesichts

---

[120]Für ein formales Modell dieses Zeitinkonsistenzproblems in einem Bankenkontext vgl. den auf Allen/Gale (1998) aufbauenden Ansatz von Gale/Vives (2002).

[121]Im Fall drohender Liquidationsverluste haben die Gläubiger zwar prinzipiell einen Anreiz, in Verhandlungen zu treten, um eine Liquidation zu vermeiden. Aufgrund der hohen Zahl von betroffenen Gläubigern in einer sektorweiten Krise sind jedoch sehr langwierige Verhandlungen zu erwarten. Wenn die Aufsichtsbehörden stellvertretend die Einleger repräsentieren, stellt sich zudem die Frage nach unterschiedlichen Anlagehorizonten und Verlustbereitschaften innerhalb der Einlegerschaft.

[122]Vgl. hierzu Hoggarth/Reis/Saporta (2002), die die Outputverluste von Volkswirtschaften mit Bankenkrisen relativ zu ähnlichen Ökonomien schätzen, die keine Bankenkrise erlebten. Die Schwierigkeit besteht hier allerdings in der Auswahl dieser Referenzländer.

[123]Für eine Übersicht der prinzipiell möglichen Maßnahmen vgl. etwa Dziobek/Pazarbaşioglu (1997). Für den Maßnahmenkatalog der Aufsichtsbehörden in Reaktion auf die skandinavische Bankenkrise vgl. die Dokumentation der von der norwegischen Bankenaufsicht 2002 veranstalteten Konferenz „Seminar on Financial Crises - Ten Years after the Nordic Banking Crisis“ bei Kredittilsynet (2004).

der Umsetzungsprobleme solcher Maßnahmen - wie etwa des potenziellen Zielkonflikts mit der Geldpolitik, der möglichen Fortsetzung ineffizienter Kreditvergabe auf Kosten des Steuerzahlers, der Schwierigkeiten der Kostenschätzung und, allgemein gesprochen, der hohen Eingriffsintensität der Maßnahmen - erscheint es uns sehr vom konkreten Einzelfall abhängig, ob es tatsächlich ex post effizient ist einzugreifen.[124]

Für die mangelnde Glaubwürdigkeit einer Verpflichtung zum Nichteingriff ist jedoch neben der potenziellen ex post Effizienz von Maßnahmen insbesondere ein zweiter Punkt verantwortlich: Die hohen zu erwartenden Kosten einer weitverbreiteten Krise in Verbindung mit der Notwendigkeit, zu Beginn einer (vermuteten) Krise rasch zwischen den Schocks zu unterscheiden, die auf Basis der ex post Konditionierungsfunktion abgefedert werden sollten, und jenen Schocks, auf die der private Sektor ausreichend konditioniert hat bzw. ausreichend hätte konditionieren können, werden die Aufsichtsbehörden dazu verleiten, lieber einmal zu viel als einmal zu wenig einzugreifen.[125] Stellvertretend für vermutlich viele Entscheidungsträger sei der Leiter einer Aufsichtsbehörde in einer US-Kongressanhörung aus dem Jahr 1984 zitiert:

> „Had Continental [Illinois National Bank] failed and been treated in a way in which depositors and creditors were not made whole, we could very well have seen a national, if not an international, financial crisis, the dimensions of which where difficult to imagine. None of us wanted to find out.“[126]

Zusammengefasst bedeutet dies, dass - selbst wenn sich die Einlagensicherung auf eine makroökonomisch orientierte ex post Konditionierung beschränkt - die Gefahr ex ante negativer Anreizeffekte besteht, wenn eine entsprechende Ankündigung nicht glaubhaft ist. Welche Anreize zur Informationsverarbeitung und -verwendung beim Einleger und allgemein den Fremdkapitalgebern der Bank verbleiben, hängt damit einerseits von der konkreten Ausgestaltung der expliziten Einlagenversicherung, andererseits von der Glaubwürdigkeit der Aufsichtsbehörden bzw. Zentralbank ab.

---

[124] Vgl. Diamond (2001) für ein erstes Modell zur optimalen Rekapitalisierung von Banken.

[125] Dabei besteht selbstverständlich auch die Gefahr des Missbrauchs durch die Aufsichtsbehörden, etwa wenn diese ein Eigeninteresse - etwa in Form umfangreicherer Personal- und Sachausstattung - an Eingriffen entwickeln, vgl. Kaufmann (1996), S. 40. Denkbar ist auch, dass die Aufsichtsbehörden Krisen abfedern, um Schuldzuweisungen zu vermeiden.

[126] Comptroller of the Currency C. Todd Conover, zitiert nach Kaufman (1996), S. 40.

5.5 Folgerungen für die Gestaltung der Einlagensicherung

Vor dem Hintergrund einer unzureichenden Überwachung und Disziplinierung der Banken durch ihre Einleger und den daraus entstehenden negativen Folgen stellt sich die Frage, welche Überlegungen im Abwägungsprozess zur Einführung bzw. Gestaltung einer Einlagensicherung zu berücksichtigen sind.

Zum Teil wird die Zerstörung des Überwachungsanreizes durch eine Einlagensicherung als eine Art Staatsversagen interpretiert, das man am besten dadurch vermeidet, eine Einlagensicherung gar nicht erst zu installieren: „Deposit insurance transforms a perfectly healthy banking system into a chronic invalid that can be kept alive only by ever-increasing doses of public funds. It is the most effective means yet devised to destroy a nation's banking system.“[127] In ihrer Reinform baut diese Kritik darauf auf, dass mit einer Einlagensicherung keinerlei positiven Effekte verbunden sind, die es mit den negativen Anreizwirkungen abzuwägen gilt.[128] Mit anderen Worten werden die potenziellen positiven Effizienzwirkungen, die wir im Abschnitt 5.3 identifiziert haben, vollständig negiert. Auf Basis unserer ausführlichen Diskussion erscheint uns dies zu kurz gegriffen, da sie die Nachteile eines Nicht-Eingriffs bzw. die politökonomischen Probleme einer entsprechenden Ankündigung nicht berücksichtigt. Die beiden nachfolgenden Abschnitte analysieren den notwendigen Abwägungsprozess für die Einlagensicherung als makroökonomisch orientiertes ex post Konditionierungsinstrument einerseits und als Versicherungsinstrument andererseits.

5.5.1 Einlagensicherung als ex post Konditionierungsinstrument

Abbildung 5.4 veranschaulicht die Handlungsoptionen und Konsequenzen im Rahmen der makroökonomisch orientierten ex post Konditionierungsfunktion.

Entscheidet man sich gegen die Konditionierung auf unvorhergesehene aggregierte Schocks, so kann auf die schwierige Unterscheidung zwischen Schocks, die einen Eingriff rechtfertigen, und solchen, die es nicht tun, verzichtet werden. Es entfällt damit die Gefahr, dem Bankensektor - oder auch großen und bedeutsamen Banken, bei denen ein Rückschluss auf ursächlich sektorweite Probleme naheliegt - den Anreiz zu nehmen, vorhandene Konditionierungsmöglichkeiten (etwa eine Absicherung gegen Zinsänderungsrisiken) zu nutzen oder neue Formen zu erproben.[129] Allerdings nimmt man

[127]Dowd (1993b), S. 14f.

[128]Vgl. folgerichtig die entsprechenden Beiträge von Dowd (1993a, 2000).

[129]Vgl. hierzu bereits Diamond/Dybvig (1983), S. 417: „If the lender of last resort were always required to bail out banks with liquidity problems, there would be perverse in-

Abbildung 5.4: Handlungsoptionen und Konsequenzen - ex post Konditionierungsfunktion

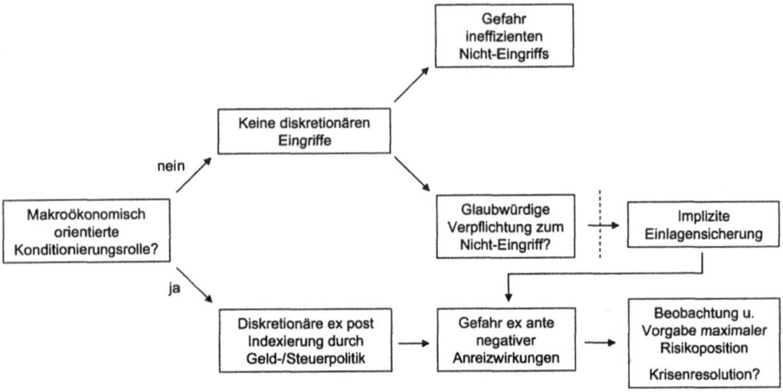

Quelle: Eigene Darstellung.

sich die Möglichkeit des diskretionären Eingriffs bei aggregierten Schocks, die tatsächlich vermuten lassen, dass sie in der Gestaltung eines Großteils der Finanzkontrakte einer Ökonomie nicht berücksichtigt wurden. Die Schwierigkeiten in der Abgrenzung solcher Situationen und die unklaren Verteilungs- und Anreizwirkungen der Maßnahmen legen in jedem Fall einen sehr restriktiven Gebrauch nahe. Darüber hinaus ist zu berücksichtigen, dass staatliche Institutionen in der Praxis durchaus *Auslöser* schwierig vorhersehbarer aggregierter Schocks sein können, etwa durch die auf Dauer nicht haltbare Vorgabe eines festen Wechselkurses oder eine zu expansive Geldpolitik, die ab einem bestimmten Zeitpunkt ein rasches Umsteuern nötig macht. Eine Politik, die die Wahrscheinlichkeit solcher Schocks von vornherein gering hält, entlastet die Institutionen der Einlagensicherung. Schließlich ist aufgrund der bereits diskutierten politökonomischen Mechanismen und möglicher ex post Effizienzüberlegungen offen, ob die Verpflichtung zum Nicht-Eingriff auch als glaubwürdig aufgenommen wird.[130] Ist dies nicht der Fall, ist von einer impliziten Einlagensicherung auszugehen.

Die prinzipielle Bereitschaft zu diskretionären Eingriffen setzt die Fähigkeit zur Unterscheidung zwischen Schocks, die einen Eingriff rechtfertigen,

centives for banks to take on risk, even if bailouts occured only when many banks failed together. For instance, if a bailout is anticipated, all banks have an incentive to take on interest rate risk by mismatching maturities of assets and liabilities, because they will be bailed out together.“ Ähnlich Goodfriend/King (1988), S. 243. Für eine Formalisierung dieser Überlegung vgl. Acharya (2001). Dort führen großzügigere Rettungsmaßnahmen im Fall simultaner Bankzusammenbrüche zur Wahl von zu stark korrelierten Bankportfolios ex ante.

[130] Vgl. die Ausführungen in Abschnitt 5.4.3.

und solchen, die es nicht tun, voraus. Damit muss die Risikoposition des Bankensektors bezüglich verschiedener Umweltszenarien beobachtet werden.[131] Angesichts der mit diskretionären Eingriffen verbundenen Schwierigkeiten wird die Zentralbank in Zusammenarbeit mit den sonstigen Aufsichtsbehörden ex ante zudem versuchen, die Risikoposition des Bankensektors auf ein gewisses Höchstmaß zu begrenzen. Die Schwierigkeiten der Erfassung, geschweige denn der Ermittlung einer normativ begründbaren Höchstgrenze sind selbstverständlich immens.[132] Inzwischen existieren allerdings erste Ansätze zur empirischen Abschätzung der Gesamtrisikoposition des Bankensektors unter Berücksichtigung von Inter-Bankenbeziehungen.[133] In Ermangelung sektorweiter Daten wird jedoch auch hier die Beobachtung und Begrenzung der Risikoposition der einzelnen Bank vorerst weiterhin Bedeutung haben.[134]

Beide Aspekte, d. h. sowohl Beobachtung als auch Bestimmung einer maximalen Risikoposition, haben auch bei einer Verneinung von diskretionären Eingriffen ihre Bedeutung, wenn von einer impliziten Einlagensicherung auszugehen ist. Die Frage „Ist eine Einlagensicherung überhaupt wünschenswert?“ scheint - zumindest bei sektorweiten Krisen oder großen Banken - in der Praxis eher von der folgenden Frage überlagert zu sein: „Ist eine Verpflichtung zum Nichteingriff glaubwürdig, selbst wenn man eine solche Verpflichtung aus ex ante Sicht, d. h. unter Berücksichtigung ihrer Anreizwirkung, für optimal hält?“ Alles in allem halten wir es unter Berücksichtigung der vorhergehenden Überlegungen in Abschnitt 5.4.3 für unwahrscheinlich, dass eine Verpflichtung zum Nicht-Eingriff glaubwürdig gelingt.[135] Wir kom-

---

[131] Vgl. etwa Bundesbank (2003c), insbesondere die dort enthaltenen Ergebnisse verschiedener Stresstests des deutschen Bankensystems. Bei der Konzeption von Umweltszenarien für Stresstests wird insbesondere versucht, noch nicht oder nur sehr selten beobachtete Umweltereignisse zu berücksichtigen. Vgl. hierzu auch die Darstellung von Stresstests in Abschnitt 7.2.3.2.

[132] Zu den Schwierigkeiten der Erfassung einer sektorweiten Risikoposition vgl. das folgende Beispiel von Hellwig (1995), S. 730: „[C]onsider an institution that finances itself by issuing fixed-interest securities with a maturity of n months and that invests in fixed-interest securities with a maturity of $n+1$ months. On the face of it, maturity transformation is small, and interest rate risk exposure is minimal. Suppose however that we have 479 such institutions, one each for $n = 1, 2, ..., 479$. These institutions may be transforming a one-month deposit into a fourty-year fixed-interest mortgage, with significant interest rate risk exposure for the system as a whole. *The interest rate risk exposure of the system as a whole is not visible to the individual institution unless it knows that it is but an element of a cascade and that credit risks in the cascade are correlated.*“ Hervorhebung im Original.

[133] Vgl. Elsinger/Lehar/Summer (2002), Upper/Worms (2004).

[134] Mögliche Maßnahmen zur Risikobegrenzung stellen wir in Abschnitt 5.5.2 vor. Dabei können streng genommen nur die dort angeführten Eigenkapitalnormen als Begrenzung auch für unvorhergesehene aggregierte Schocks gelten, da Eigenkapital auch als Puffer für solche Schocks funktioniert. Die anderen Maßnahmen (risikosensitive Versicherungsprämien, Beteiligung der Einleger an Insolvenzfolgen) können der Bank aber immerhin Anreize geben, vorhandene Konditionierungsmöglichkeiten auf aggregierte Schocks zu nutzen und neue zu erproben.

[135] Vgl. insbesondere S. 137ff. Stellvertretend für viele ähnliche Ansichten vgl. Ben-

men deshalb zu dem Schluss, dass an Beobachtung und Bestimmung einer maximalen Risikoposition einzelner Banken kaum ein Weg vorbeiführt. Ob im Falle einer Krise tatsächlich eingegriffen werden sollte, ist angesichts der oben diskutierten Umsetzungsschwierigkeiten und negativen Anreizwirkung stark vom Einzelfall abhängig. Zudem ist weitere Forschung beim Versuch der empirischen Erfassung der Kosten von umfassenden Bankenkrisen, der Analyse der ex ante Anreizwirkungen eines Bekenntnisses zum „Systemschutz" und der theoretischen Fundierung effizienter Eingriffe unter Berücksichtigung ihrer Anreizwirkungen und Umsetzungsschwierigkeiten notwendig.

5.5.2 Einlagensicherung als Versicherungsinstrument

Unbeantwortet bleibt damit jedoch bisher die Frage, ob bzw. wie auf Basis des in Abschnitt 5.3.2 diskutierten Versicherungsarguments eine (explizite) Versicherung der Einlagen der einzelnen Bank erfolgen sollte.[136] Abbildung 5.5 fasst die Handlungsoptionen und Konsequenzen dieser Versicherungsfunktion zusammen.

Entscheidet man sich gegen eine explizite Versicherung der Einlagen, so sind eventuelle Verluste der Einleger Ausfluss der individuellen Anlageentscheidung. Die Anreize zur Informationsauswertung und Wahrnehmung von Einflussrechten wie Einlagenabzug und Anpassung der Zinsforderung bleiben erhalten. Wie oben ausführlich diskutiert, ist damit nicht ausgeschlossen, dass Aufsichtsbehörden eine besondere Rolle bei der Kontrolle der Offenlegungspflichten von Banken oder der Einhaltung von Auflagen für bestimmte standardisierte Finanzkontrakte übernehmen und eventuell speziell für Einleger aufbereitete Informationen bereitstellen. Wünscht der Einleger eine besonders sichere Form der Anlage, muss er entsprechende Finanzkontrakte nachfragen, also etwa eine Einlage, bei der die Mittel nur in kurzfristigen, umfangreich gehandelten Geldmarktpapieren erstklassiger Bonität angelegt werden.[137] Unterstellt man, dass Einlagenverträge mit Versicherung diesen Formen der Risikoaufteilung überlegen sind, gehen mit der Ablehnung einer Versicherung jedoch Opportunitätskosten in Form entgangener Diversifizierungsmöglichkeiten einher. Zudem besteht die insbesonde-

ston/Kaufman (1996), S. 693 und Calomiris (1999), 1504f.

[136]In der Praxis übernimmt eine staatlich garantierte Institution, die alle Einlagen des Bankensektors versichert und über die Möglichkeit verfügt, sich zusätzliche Liquidität bei der Zentralbank zu beschaffen, zum Teil auch die makroökonomisch orientierte ex post Konditionierungsfunktion. Vgl. das Zitat zur intendierten Rolle der „Federal Deposit Insurance Corporation" (FDIC) in Fußnote 33 auf S. 108.

[137]Um auszuschließen, dass andere Geschäfte die Sicherheit dieser Anlagepolitik konterkarieren, müsste sich die die Einlage entgegennehmende Institution auf solche Finanzkontrakte beschränken. Andere Finanzintermediäre könnten sich weiterhin ebenfalls kurzfristig finanzieren und längerfristige, illiquide Kreditvergabe betreiben, müssten sich jedoch für Einleger eindeutig sichtbar abgrenzen. Thomas (2000) entwickelt auf dieser Basis einen Vorschlag zur weitgehenden Deregulierung von Banksystemen.

Abbildung 5.5: Handlungsoptionen und Konsequenzen - Versicherungsfunktion

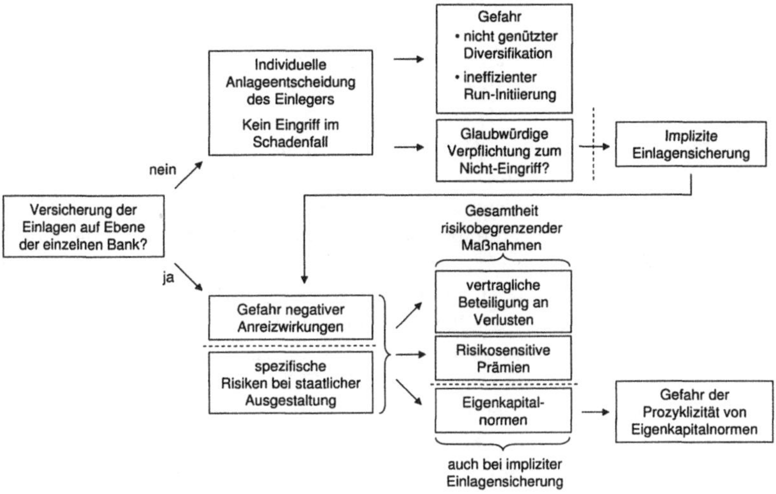

Quelle: Eigene Darstellung.

re in Abschnitt 4.3.3 diskutierte Gefahr von ineffizienten Bank Runs durch uninformierte Einleger. Schließlich ist wiederum offen, ob der Verzicht auf die Versicherung der Einlagen glaubwürdig ist. Gelingt dies nicht, resultiert auch hier eine implizite Einlagensicherung.

Wie in Abschnitt 5.3.2 erläutert, sind wir hinsichtlich der Notwendigkeit einer (staatlichen) Einlagenversicherung zur besseren Risikoallokation in einer Volkswirtschaft skeptisch. Folgt man dieser Argumentation, ist zumindest eine staatliche Versicherung der Einlagen aus Diversifikationsgründen nicht notwendig. Die Verhinderung von ineffizienten Runs erscheint uns dagegen als konzeptionell überzeugenderer allokativer Vorteil einer Versicherung. Allerdings sind in der Praxis auch mit diesem Vorteil erhebliche Probleme verbunden. So ist zum einen zu hinterfragen, ob im Falle eines Run tatsächlich bessere Informationen zu Verfügung stehen bzw. tatsächlich die uninformierten Einleger Auslöser von Runs sind. Zum anderen ist der Anteil der informierten Einleger in der Praxis nicht exogen gegeben, sondern hängt vom Sicherungsumfang ab. Das heißt, dass eine zu großzügige Versicherung den Anteil der informierten Einleger der Bank verringern kann. Schließlich steht in Form eines von den Aufsichtsbehörden sanktionierten Auszahlungsstopp ein ähnlicher, aber weniger eingriffintensiver Mechanismus zu Verfügung: Besitzen die Aufsichtsbehörden - etwa aufgrund von besonderen Kontrollrechten - einen ähnlichen Informationsstand wie informierte Einleger, können sie einen von uninformierten Einlegern begonnenen Run stoppen.[138] Letztlich geht es um die Frage, ob man (massenhafte) Bankzusammenbrüche als Folge von Runs durch uninformierte Einleger für empirisch relevant hält.[139]

Auch unter Vernachlässigung eventueller allokativer Vorteile kann jedoch eine Versicherung der Einlagen aus politökonomischen Überlegungen heraus sinnvoll sein. Maßgebend hierfür ist der Umstand, dass eine nicht glaubwürdig verneinte Versicherung der Einlagen zu einer impliziten Einlagensicherung führen kann, deren negative Anreizwirkungen u. U. noch deutlicher ausfallen als diejenigen einer expliziten Versicherung. So macht Calomiris (1999) geltend, dass die mit einer impliziten Einlagensicherung einhergehenden Unklarheiten über Deckungsumfang, geschützten Kapitalgeberkreis und konkrete Maßnahmen im Insolvenzfall die Möglichkeiten politökonomischer Einflussnahme erhöhen. Er spricht sich deshalb für eine explizite Einlagenversicherung aus, die mit ex ante klaren Regelungen die Aufsichtsbehörden möglichst frei von Einflüssen im Krisenfall hält. Auch Borio (2003) stellt fest: „Limited schemes can act as effective pre-commitment mechanisms. By limiting the incidence of losses on the more vulnerable segments of society, they can relieve political economy pressure to ‚bail out‘ institutions."[140] Gropp/Vesala (2004) testen diese Hypothese anhand eines Vergleichs des Verhaltens von Banken in Finnland, Griechenland, Portugal und Schweden. In diesen Ländern wurde erst aufgrund einer EU-Richtlinie eine explizite Einlagenversicherung eingeführt. Die Autoren kommen zu dem Schluss, dass Banken in diesen Ländern ihre Risikonahme in Folge der Einführung einer expliziten Versicherung verringert haben.

Zusammengefasst erscheint die Einführung einer Einlagenversicherung nur in der Gesamtschau von allokativen und politökonomischen Überlegungen begründbar. Dabei halten wir die allokativen Argumente für eine Versi-

---

[138]Park (1991) weist zudem auf die Bedeutung hin, die die Informationsoffenlegung hat. So kommt er zu dem Ergebnis, dass in den meisten Fällen weitverbreitete Bank Runs in den USA durch die Offenlegung von Informationen durch Aufsichtsbehörden oder die Banken selbst gestoppt wurden.

[139]Die empirischen Ergebnisse sind angesichts der prinzipiellen Unbeobachtbarkeit des Informationsstands der Einleger und der relativ weit zurückliegenden Datenbasis mit großer Vorsicht zu interpretieren. Calomiris/Mason (1994) finden für die Chicagoer Bankenkrise im Juni des Jahres 1932 keine Belege für Zusammenbrüche, die von uninformierten Einlegern verursacht wurden. Ó Gráda/White (2002) finden widersprüchliche Ergebnisse für zwei Krisen der New Yorker Emigrant Industrial Savings Bank (EISB) in der Mitte des 19. Jahrhunderts. Während die erste, auf New Yorker Banken begrenzte relativ milde Krise offensichtlich durch die Abzüge uninformierter Einleger ausgelöst wurde, liefert die zweite Krise eher Belege für Abzüge durch besonders gut informierte Einleger. Als Auslöser für die zweite Krise gelten die landesweiten Anleihenverluste infolge der Insolvenz zahlreicher Eisenbahngesellschaften. Dabei handelte es sich um einen Schock für das gesamte Finanzsystem, von der auch die EISB erheblich betroffen war, vgl. Ó Gráda/White (2002), S. 24f.

[140]Borio (2003), S. 188.

cherung unter Berücksichtigung der inbesondere in Abschnitt 5.4 erläuterten negativen Anreizwirkungen nicht für hinreichend. Die politökonomischen Überlegungen zu den Problemen einer nicht glaubwürdigen Verneinung der Versicherung sind unseres Erachtens dagegen überzeugender. Lassen die politischen Institutionen keine glaubwürdige Verneinung zu, sollte ein explizites System - mit noch zu erläuternden flankierenden Maßnahmen - eingeführt werden. Inwieweit die Bedingungen dafür erfüllt sind, hängt damit von der jeweiligen institutionellen Umgebung ab und ist kaum eindeutig zu entscheiden. Innerhalb der OECD verzichten nur zwei Staaten (Australien und Neuseeland) auf eine explizite Versicherung der Einlagen.[141] Ob dies eher allokativen oder politökonomischen Gründen geschuldet ist, ist freilich offen. Wir sehen darin einen Hinweis darauf, dass - ganz ähnlich wie im Fall der ex post Konditionierungsfunktion in Abschnitt 5.5.1 - in den meisten Fällen eine Verneinung nicht glaubwürdig gelingt und deshalb tatsächlich eine explizite Versicherung zu bevorzugen ist.

Auch unter diesen Umständen ist eine Versicherung der Einlagen jedoch nicht durch eine staatliche Institution empfehlenswert, da mit einer staatlichen Einlagenversicherung spezifische politökonomische Risiken verbunden sind. So argumentieren Akerlof/Romer (1993) in einer Analyse der Krise der US-amerikanischen Sparkassen („Savings & Loan") in den 1980er Jahren, dass die staatliche Versicherung der Einlagen dieser Institute aufgrund mangelnder flankierender Maßnahmen darauf hinauslief, den Sparkassen vorübergehend unbegrenzt Kredit zu geben und allein die zwischenzeitlich zulässigen Auszahlungen an die Eigentümer zu begrenzen.[142] Durch die Garantie der Einlagen tritt im Insolvenzfall faktisch die Einlagensicherung an die Stelle der Gläubiger. Für die Zwecke des Modells von Akerlof/Romer entspricht dies einer Situation, in der die Einleger (ausfallsichere) staatliche Anleihen halten und die Einlagensicherung den versicherten Banken in der gleichen Höhe Kredit gewährt. Wenn der Wert der zwischenzeitlichen Ausschüttungen (korrigiert um die erwarteten Kosten einer eventuellen Strafverfolgung) den Wert des Eigenkapitals überschreitet, werden sich die Eigentümer für die Ausschüttung entscheiden und die Bank insolvent gehen lassen.

Der Unterschied dieser bewussten Insolvenzstrategie („bankruptcy for profit") zum beschriebenen Risikoanreizproblem besteht nun darin, dass die

---

[141] Vgl. Garcia (1999), S. 15ff. Die neuseeländische Aufsicht verweist in ihren Informationen für Bankkunden explizit auf die Eigenverantwortung der Einleger: „It is important to remember that neither the Government nor the Reserve Bank ‚stands behind' individual banks. ... The Reserve Bank does not guarantee that a bank will not get into difficulty or fail. ... Accordingly, depositors should not rely on the Government or the Reserve Bank to protect them from losses in the event that a bank gets into difficulty." Reserve Bank of New Zealand (2005). Die Zentralbanken beider Länder bekennen sich jedoch zu ihrer Verpflichtung einer Fürsorge für das Finanzsystem als Ganzes, vgl. Reserve Bank of Australia (2003), S. 1 und Reserve Bank of New Zealand (2003).

[142] Vgl. Akerlof/Romer (1993), S. 6f.

Eigenkapitalgeber bei letzterem trotz der Risikoerhöhung am Erfolg des Unternehmens interessiert sind, da sie nur bei positiven Ergebnisausprägungen profitieren, die die Insolvenz vermeiden. Auch bei einer Risikoerhöhung seitens der Eigenkapitalgeber wäre demnach zu erwarten, dass grundlegende Regeln für eine erfolgreiche Kreditvergabe und -rückzahlung eingehalten werden. Dies war jedoch vielerorts nicht der Fall.[143] Bei der bewussten Insolvenzstrategie geht es dagegen nicht darum, den Wert des Eigenkapitals zu steigern, sondern sich durch (de-facto) Ausschüttungen zu bereichern, die den ökonomischen Wert des Eigenkapitals überschreiten. Voraussetzung dafür ist der Ausweis eines überhöhten Eigenkapitals in der Bilanz, das durch die Ausnutzung von Bewertungsspielräumen entsteht. Die Ausschüttungen selbst können höchst unterschiedliche (legale wie illegale) Formen annehmen. In einem Fall tauschte ein Unternehmen nominal äquivalente Vermögenswerte mit einer als 100 %-Tochter betriebenen Sparkasse. Die in das Eigentum der Sparkasse übergegangenen Aktiva erwiesen sich im späteren Verlauf als wertlos.[144]

Auch wenn die spezifischen Auswirkungen dieser Strategie der „Plünderung“ („looting“) wohl maßgeblich auf misslungene - und zwischenzeitlich modifizierte[145] - Deregulierungsmaßnahmen zurückführen sind, macht der Ansatz das Spektrum der potenziellen Anreizprobleme deutlich, die sich durch eine staatliche Einlagenversicherung ergeben können.[146] Er wirft zudem die Frage auf, warum sich der Einlagenversicherer ex ante nicht stärker gegen solche Ausbeutungsstrategien absichert. Nach Ansicht von Akerlof/Romer (1993) war dies insbesondere eine Folge der staatlichen Organisation der Versicherung:

> „When regulators hid the extent of the true problem with artifical accounting devices, when congressmen pressured regulators to go easy on favored constituents and political donors, when the largest brokerage firms lobbied to protect their ability to funnel brokered deposits to any thrift in the country, when lobbyists for the savings and loan industry adopted the strategy of

---

[143]„The problem with [the excessive risk-taking] explanation for events of the 1980s is that someone who is gambling that his thrift might actually make a profit would never operate the way many thrifts did, with total disregard for even the most basic principles of lending: maintaining reasonable documentation about loans, protecting against external fraud and abuse, verifying information on loan applicants, even bothering to have borrowers fill out loan applications.“ Akerlof/Romer (1993), S. 4.

[144]Vgl. hierfür sowie zu weiteren kreativen Ausschüttungsmethoden Akerlof/Romer (1993), S. 7f.

[145]Für eine Übersicht der Änderungen der US-amerikanischen Einlagensicherung in jüngerer Zeit vgl. etwa Kaufman/Wallison (2001).

[146]Der Ansatz ist unseres Erachtens eher als komplementärer Ansatz zu verstehen, dessen konzeptioneller Unterschied zum Risikoerhöhungsanreiz in der Praxis kaum feststellbar sein wird. Vgl. den ähnlich lautenden Kommentar Mankiws bei Aklerof/Romer (1993), S. 65.

postponing action until *industry difficulties were so large that general tax revenue would have to be used to address problems instead of revenue raised from taxes on successful firms in the industry* [among them, the insurance premiums raised by the federal insurer] - when these and many other actions were taken, people responded rationally to the incentives they faced within the political process.“[147]

Auch Kane (1995) führt die angesichts des potenziellen Rückgriffs auf Steuermittel fehlenden Anreize des Managements einer staatlichen Einlagenversicherung als Begründung dafür an, auf eine risikoadäquate Entlohnung der Risikonahme des Versicherers (letzlich der Steuerzahler) und/oder Überwachungsmaßnahmen und Eingriffe zur Risikoänderung zu drängen. Die im vorstehenden Zitat enthaltene Neigung des Versicherers, bei hohen Verlusten, die eine Prämienänderung erforderlich machen würden, auf eine günstige Gewinnentwicklung der versicherten Banken zu setzen, wird nach seiner Ansicht ebenfalls durch die allgemein geringe Überwachung durch den Steuerzahler begünstigt. Während die Verluste einer privatwirtschaftlich organisierten Versicherung aufgrund der verringerten Glaubwürdigkeit der Sicherungszusage negative Folgen wie etwa eine geringere Nachfrage nach deren Garantiezusagen oder gesenkter Bonitätsbewertungen durch Ratingagenturen haben, sind entsprechende Folgen für staatliche Garantiegeber aufgrund einer überwiegend fehlenden Einbindung des letztlichen Prinzipals nur gering ausgeprägt.[148]

Zusammengefasst geht mit einer staatlichen Versicherung ex ante tendenziell eher die Gefahr von falschen Vorstellungen über deren Finanzkraft sowie einer unzureichenden Prämienforderung zur Übernahme von Risiken einher. Ex post steigt die Gefahr politökonomisch motivierter Verlustübernahmen. Entscheidet man sich in der Gesamtschau der zuvor in diesem Abschnitt angeführten Argumente für die Einführung einer expliziten Einlagenversicherung, sollte diese deshalb unseres Erachtens privatwirtschaftlich organisiert sein. Als maßgebliches Kriterium einer solchen Lösung sehen wir dabei ihre grundlegende Staatsferne, d. h. ihre fehlende Besteuerungsmacht an.[149] Dabei sind die institutionellen Ausgestaltungsmöglichkeiten vielfältig,

[147] Akerlof/Romer (1993), S. 59. Hervorhebung durch den Verfasser.

[148] Vgl. Kane (1995), S. 448f. Er führt zudem die besondere Bedeutung politischer Einflussnahme auf staatlich administrierte Institutionen an. So hatten Kongressmitglieder auf Veranlassung von Lobbyisten Druck auf Regulatoren ausgeübt, die auf sich entwickelnde Verluste hinwiesen und frühzeitig Maßnahmen ergreifen wollten. Neben der Androhung der Suspension von den Aufgaben wurden rechtliche Schritte wegen der Überschreitung von Befugnissen angedroht. Auch die Qualifikation für eine weitere Verwendung im öffentlichen Dienst wurde in Zweifel gezogen.

[149] Sollte - etwa aufgrund einer besonderen Nähe des Einlagenversicherers zu staatlichen Institutionen - dieses Kriterium nicht glaubwürdig erfüllt sein, bricht diese Überlegung freilich zusammen. Die implizite Sicherung durch staatliche Institutionen verschiebt sich

da beim gewählten Unterscheidungskriterium auch monopolartige Versicherungsstrukturen unter Führung eines Bankenverbands als privatwirtschaftliche Lösung gelten können. Auch die gesetzliche Verpflichtung zur Errichtung einer Sicherungseinrichtung kann hierunter subsumiert werden.[150]

In jedem Fall sollte die Versicherung von Einlagen zudem mit flankierenden Maßnahmen zur Risikobegrenzung kombiniert werden. Wie Abbildung 5.5 zeigt, kann bei einer expliziten Versicherung der Einlagen im Gegensatz zu einer impliziten Einlagensicherung auf die Gefahr der negativen Anreizwirkung mit verschiedenen Maßnahmen reagiert werden. So können durch die Ausgestaltung der Versicherung, etwa durch Einführung eines Selbstbehalts, die Anreize der Einleger zur Kontrolle und Disziplinierung der Bank zumindest teilweise erhalten bleiben. Daneben kann die Einlagenversicherung quasi die Rolle der Einleger übernehmen und über eine risikosensitive Prämiengestaltung auf das Risikoanreizproblem reagieren. Schließlich können - sowohl bei einer expliziten Einlagenversicherung als auch bei einer impliziten Einlagensicherung - die Aufsichtsbehörden den Banken Vorgaben für ihre Eigenkapitalausstattung und Anlagepolitik machen, um auf das Risikoanreizproblem zu reagieren. Dabei ist freilich auch ein Überschießen dieser Maßnahmen vorstellbar, etwa wenn zumindest kurzfristig Eigenkapitalerhöhungen mit Problemen verbunden sind, und die regulatorischen Eigenkapitalvorgaben die Kreditvergabe der Bank zu stark einschränken. Dieses Problem wird insbesondere in Konjunkturabschwüngen befürchtet, wenn das Eigenkapital der Bank durch Verluste aufgezehrt wird. Eine solche Konstellation wird als Prozyklizität („procyclicality") regulatorischer Eigenkapitalnormen bezeichnet.

In der wirtschaftswissenschaftlichen Diskussion stehen von diesen flankierenden Maßnahmen risikosensitive Prämien und Eigenkapitalnormen im Vordergrund.[151] Im folgenden Teil II dieser Arbeit werden wir deshalb deren

---

lediglich um eine Ebene und bezieht sich dann nicht auf die versicherten Banken, sondern die privatwirtschaftliche Versicherung. Umgekehrt könnte auch eine staatlich organisierte Institution, bei der die implizite Besteuerungsmacht glaubwürdig verneint ist, die Versicherung der Einlagen übernehmen.

[150] Man beachte, dass der Einlagensicherungsfonds des Bundesverbands deutscher Banken als Reaktion auf den Druck einer sonst erfolgenden staatlichen Lösung gegründet wurde, vgl. die Darstellung der deutschen Einlagensicherung in Kapitel 9. Sieht man den Wettbewerb mehrerer Einlagenversicherer als konstitutives Merkmal privatwirtschaftlicher Lösungen an, so stellt sich die Frage nach Größenvorteilen sowie Funktionstüchtigkeit und Effizienz des Wettbewerbs auf Versicherungsmärkten mit potenziell vorhandener adverser Selektion und möglichem Moral Hazard. Unserer Kenntnis nach existieren keine Ansätze, die explizit einen Wettbewerb zwischen verschiedenen Einlagenversicherern analysieren. Wir verzichten deshalb auf eine nähere Diskussion der Möglichkeit und Wirkung eines Wettbewerbs von Einlagenversicherern. Die nachfolgenden Kapitel zu Fragen der Prämiengestaltung in Abhängigkeit vom Risikoprofil der versicherten Bank bzw. der Verbindung zu Eigenkapitalnormen haben jedoch für jeden Einlagenversicherer unabhängig von der Marktform hohe Bedeutung.

[151] In der Praxis ist daneben insbesondere bedeutsam, inwieweit Selbstbehalte, Ober-

Wirkung auf das Risikoverhalten von Banken - im Fall der Eigenkapitalnormen auch ihre potenzielle Prozyklizität - diskutieren. In den dort erläuterten Ansätzen wird überwiegend bereits von der Existenz einer Versicherung der Einlagen ausgegangen. Das in diesem Abschnitt beschriebene Für und Wider wird dabei nicht explizit thematisiert. Aufgrund der starken Verbreitung von Sicherungssystemen hat die nachfolgende Analyse auch dann ihre Bedeutung, wenn man auf Basis des vorgenommenen Abwägungsprozesses einer Einlagenversicherung skeptisch gegenübersteht.

Box - Wichtige Ergebnisse und weiterführende Argumente Kapitel 5

- Bank Runs unterscheiden sich in Ursachen, Effizienzwirkung und Ausmaß. Sie können panik- oder informationsbasiert ablaufen, wobei sie im ersten Fall eindeutig negative Effizienzwirkungen haben. Im zweiten Fall fällt das Urteil ambivalenter aus, da sie - zumindest bei Runs auf einzelne Banken - auch Ausdruck einer Disziplinierung der Bank sein können. Neben sektorweiten Runs infolge aggregierter Schocks sind auch Runs auf einzelne Banken vorstellbar. Dabei besteht die Möglichkeit des Übergreifens auf andere Banken.

- Warum bestehende Konditionierungsmöglichkeiten auf aggregierte Schocks nicht genutzt werden, bleibt letztlich offen. Wichtige Elemente realer Banken - wie etwa ihre Eigenkapitalausstattung - werden in der Marktversagensanalyse der diskutierten Ansätze ausgeklammert.

- Es lassen sich zwei Funktionen einer Einlagensicherung unterscheiden, nämlich die makroökonomisch orientierte ex post Konditionierung auf unvorhergesehene aggregierte Schocks sowie die Versicherung von Einlagen.

- Banken unterliegen - je nach unterstellter Zielfunktion in unterschiedlichem Maße - einem Risikoerhöhungsanreiz. Dieser Anreiz

grenzen für versicherte Einlagen, Ausschluss bestimmter Einlegergruppen u.ä. tatsächlich wirksam sind. So versichert die FDIC in den USA zwar die Einlagen bei einer versicherten Institution bis maximal $100.000, aber dem Einleger steht es frei, seine Einlage auf verschiedene Institutionen zu verteilen, um dieses Limit zu umgehen. Zudem existieren so genannte deposit brokers, die diese Aufgabe für wohlhabende und institutionelle Anleger übernehmen, vgl. Saunders/Cornett (2003), S. 491. Zur Ausgestaltung der Einlagensicherung in Deutschland vgl. Kapitel 9. Anlagevorgaben sind üblicherweise mit anderen Vorschriften (z. B. Eigenkapitalnormen) verknüpft und nicht isoliert zu sehen. So darf etwa die Summe der Ansprüche gegenüber einem einzelnen Kapitalnehmer nur mit Zustimmung der Bundesanstalt für Finanzdienstleistungsaufsicht 25 % des haftenden Eigenkapitals überschreiten, vgl. § 13, Abs. 3 Kreditwesengesetz in der Fassung vom 22. September 2005.

ist allgemein mit der Fremdfinanzierung von Unternehmen verbunden; Fremdkapitalgeber schützen sich hiergegen mit Kontroll- und Disziplinierungsmaßnahmen.

- Einlagensicherungsmaßnahmen haben negative Folgen für die Kontroll- und Disziplinierungsanstrengungen der Einleger und potenziell auf andere, formell unversicherte Fremdkapitalgeber („implizite Einlagensicherung").
- Folgen für die Ausgestaltung der Einlagensicherung: In der ex post Konditionierungsrolle empfiehlt sich ein sparsamer Einsatz von Maßnahmen mit Einzelfallprüfung. Die Argumente für eine Versicherung der Einlagen überzeugen nur unter Berücksichtigung politökonomischer Aspekte.
- Gleichermaßen legen politökonomische Argumente nahe, diese Versicherung „staatsfern" zu organisieren. Schließlich sind flankierende Maßnahmen wie risikosensitive Versicherungsprämien und Eigenkapitalnormen zu überprüfen.

Teil II

Risikosensitive Versicherungsprämien und Eigenkapitalnormen

Gang der Untersuchung - Teil II

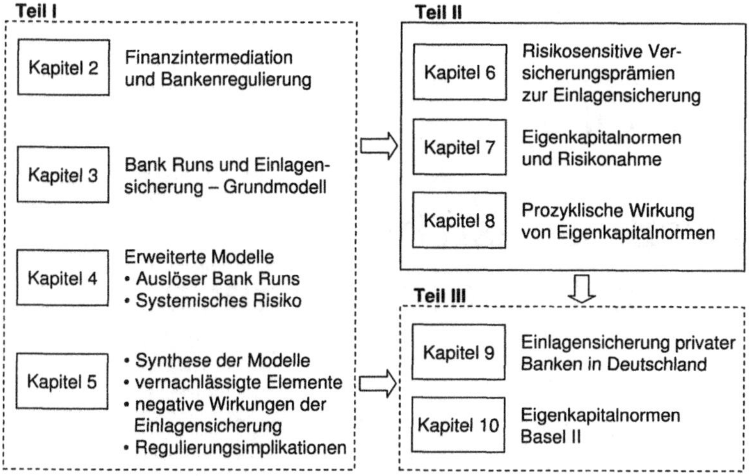

Quelle: Eigene Darstellung.

Teil I der Arbeit hat sich den theoretischen Grundlagen von Bank Runs und Einlagensicherungssystemen gewidmet. Dabei haben wir festgestellt, dass negative Anreizwirkungen mit einer Einlagensicherung verbunden sind. Um diese einzuschränken, werden insbesondere risikosensitive Versicherungsprämien und Eigenkapitalnormen diskutiert. Teil II der Arbeit untersucht entsprechend das Potenzial und mögliche Probleme dieser flankierenden Maßnahmen.

Kapitel 6

Risikosensitive Versicherungsprämien

Kapitel 5 hat als negative Folge einer Einlagenversicherung insbesondere die Gefahr einer Risikoausweitung seitens der Bank ausgemacht. Dieser Risikoanreiz erfährt durch versicherte Einleger keine Beschränkung, da diese keine Verluste zu befürchten haben. Das Risiko wird nun vom Versicherer der Einlagen getragen.

Vor diesem Hintergrund analysiert Kapitel 6, wie der Versicherer über risikosensitive Versicherungsprämien auf den Risikoanreiz der Bank reagieren kann und welche Probleme dabei entstehen können. Abschnitt 6.1 erörtert den vermutlich bekanntesten und häufig empirisch überprüften Ansatz von Merton (1977) zur Bestimmung risikosensitiver Prämien. Da der Ansatz von einer symmetrischen Informationsverteilung zwischen Bank und Einlagenversicherer ausgeht, diskutiert Abschnitt 6.2 die Bedeutung einer asymmetrischen Informationsverteilung. Abschnitt 6.3 zieht ein Fazit und schafft die Verknüpfung zur Analyse regulatorischer Eigenkapitalnormen.

6.1 Risikosensitive Prämien unter vollständiger Information

Grundlegende Idee von Merton (1977) ist es, die Theorie zur Bewertung derivativer Finanzkontrakte für die Prämienbestimmung einer Einlagenversicherung einzusetzen.[1] Hierfür sind zunächst die aus einer Versicherung der Einlagen resultierenden Zahlungsströme für die drei beteiligten Gruppen Eigenkapitalgeber der Bank, Einleger und Einlagenversicherer in Abhängigkeit des Werts der Bankaktiva zu definieren. Dabei werden die Einlagen vereinfa-

[1] Die nachfolgenden Ausführungen orientieren sich an der Darstellung in Greenbaum/Thakor (1995), S. 478ff.

Tabelle 6.1: Auszahlungsstruktur in Abhängigkeit des Endwerts der Bankaktiva

	Auszahlung	Wert Bankaktiva y
Bankeigner	$y - D_0$	$y > D_0$
	0	$y < D_0$
Einleger	D_0	$y > D_0$
	D_0	$y < D_0$
Versicherer	0	$y > D_0$
	$-(D_0 - y)$	$y < D_0$

Quelle: Greenbaum/Thakor (1995), S. 478.

chend als Fremdkapital mit einer Laufzeit von M modelliert.[2] Nach Ablauf von M werden die Bankaktiva vollständig auf die Akteure aufgeteilt. Tabelle 6.1 fasst diese Auszahlungsstruktur zusammen.

Die Auszahlungsstruktur der Bankeigner in Abhängigkeit des Endwerts der Bankaktiva entspricht wie bisher einer Call-Option mit einem dem Rückzahlungsversprechen D_0 entsprechenden Ausübungspreis, formal $\max(0, y - D_0)$.[3] Anders gestaltet sich jedoch die Position der Einleger. Sie erhalten jetzt in jedem Fall eine Auszahlung in Höhe von D_0. In den Insolvenzzuständen ($y < D_0$) impliziert dies einen Transfer des Einlagenversicherers in Höhe von $D_0 - y$, da der Wert der Aktiva nicht ausreicht, diese Auszahlung sicherzustellen. Aus Sicht des Einlagenversicherers entspricht seine Auszahlung in Abhängigkeit der Bankaktiva deshalb $\min(0, -[D_0 - y])$. Aus Sicht der Kapitalgeber der Bank (Eigenkapitalgeber und Einleger) hat die Bank unter Berücksichtigung dieser Versicherungsleistung am Periodenende den Wert $(y + \max[0, D_0 - y])$. Der zweite Summand stellt dabei die Zahlung vom Versicherer dar. Abbildung 6.1 gibt den Verlauf der beiden Komponenten in Abhängigkeit der Ergebnisausprägung y wieder.

Aus Sicht der Versicherung bzw. der Bank entspricht ein solches konditionales Zahlungsversprechen dem Verkauf bzw. Kauf einer Put-Option („short" bzw. „long put") auf die Bankaktiva mit Ausübungspreis D_0. Unter den Annahmen der Black-Scholes Bewertungsformel muss diese Option einen Wert von

$$P(M) = D_0 e^{-rM} \Phi(x_2) - y^0 \Phi(x_1) \tag{6.1}$$

[2]Aufgrund des Charakters von Einlagen, die jederzeit kündbar sind, ist dies nur als Annäherung zu verstehen. Merton (1977) interpretiert M nicht als Laufzeit der Einlagen, sondern als Zeitraum bis zur nächsten Evaluation („audit") der versicherten Bank durch den Versicherer. Merton (1978) modelliert explizit den Zusammenhang von Überwachungskosten, Häufigkeit von Evaluationen und Wert des Versicherungsputs.

[3]Vgl. hierzu noch einmal Abbildung 5.1 auf S. 115.

Abbildung 6.1: Wert der Bankaktiva und Versicherungsput

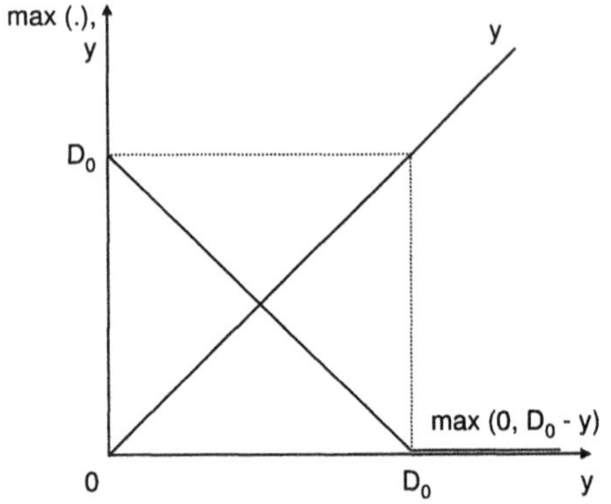

Quelle: Eigene Darstellung.

besitzen, mit

$$x_1 = \frac{\ln(D_0/y) - [r + \sigma^2/2]M}{\sigma\sqrt{M}}, \quad x_2 = x_1 + \sigma\sqrt{M}.$$

Dabei beschreibt r den (stetigen) risikolosen Zinssatz, M die Laufzeit der Einlagen, $\Phi(.)$ den Wert der Verteilungsfunktion einer Standardnormalverteilung, y^0 den gegenwärtigen Wert der Bankaktiva und σ^2 die Varianz der (stetigen) Rendite der Bankaktiva pro Zeiteinheit. Soll eine aus kapitalmarkttechnischer Sicht faire Gesamtprämie für die Versicherung von Einlagen bezahlt werden, ist $P(M)$ der Betrag, den die Bank an die Versicherung abzuführen hat.[4]

Der Betrag $P(M)$ gibt die notwendige Gesamtprämienzahlung an. Um die Prämienzahlung verschiedener Banken mit unterschiedlichem Einlagenumfang vergleichen zu können, ist die Prämie pro Geldeinheit Einlage zu bestimmen. Zu ihrer Berechnung verwenden wir den Gegenwartswert der Bankeinlagen D^0. Dieser entspricht aufgrund der jetzt vorhandenen Ausfallsicherheit der Bankeinlagen aus Sicht der Einleger dem Wert $D^0 = D_0 e^{-rM}$, also dem mit dem sicheren Zinssatz abgezinsten zugesagten Rückzahlungsbetrag D_0.[5] Der Wert der Option pro Geldeinheit Einlage $p = P(M)/D^0$ lässt

[4]Die so definierte faire Prämie entspricht nicht allein dem (abgezinsten) Erwartungswert der Transferzahlung der Versicherung, sondern berücksichtigt auch einen Prämienaufschlag für die ex ante Übernahme nicht-diversifizierbarer Einflüsse auf den Wert der Bankaktiva. Die Einlagenversicherung bei Merton (1977) hat also eine gänzlich andere Form als die Einlagensicherung bei Diamond/Dybvig (1983), bei der es um das ex ante nicht im Einlagenvertrag berücksichtigte Risiko eines aggregierten Liquiditätsschocks auf der Passivseite des Bankensektors geht, vgl. hierzu noch einmal Abschnitt 5.3.1.

[5]Natürlich legt ein Ausfallrisiko von null die Annahme einer staatlichen Einlagenver-

sich dann als Funktion der zwei Variablen $d = D^0/y^0$ und $s = \sigma^2 M$ schreiben, also in Abhängigkeit des Verhältnisses von Einlagen und gegenwärtigem Gesamtwert der Bankaktiva sowie der Varianz der Rendite der Bankaktiva im Zeitraum M. Formal gilt

$$p(d, s) = \Phi(h_2) - (1/d)\Phi(h_1), \tag{6.2}$$

mit

$$h_1 = \frac{\ln(d) - s/2}{\sqrt{s}}, \quad h_2 = h_1 + \sqrt{s}.$$

Wie angesichts der Diskussion in Abschnitt 5.4.1 nicht überraschend, nimmt der Wert dieser Option bei einer Erhöhung der Varianz der Rendite der Bankaktiva zu. Auch eine Erhöhung des Anteils der Einlagenfinanzierung führt zu einem höheren Wert der Option, da der Schwellenwert der Renditeausprägungen sinkt, ab dem es zur Insolvenz und damit zur Notwendigkeit eines Transfers kommt. Formal gilt

$$\frac{\partial p}{\partial d} = [\Phi'(h_2) - (1/d)\Phi'(h_1)]\frac{\partial h_1}{\partial d} + (1/d^2)\Phi(h_1) = (1/d^2)\Phi(h_1) > 0 \tag{6.3}$$

sowie

$$\frac{\partial p}{\partial s} = \Phi'(h_2)\left[\frac{\partial h_1}{\partial s} + \frac{1}{2\sqrt{s}}\right] - (1/d)\Phi'(h_1)\frac{\partial h_1}{\partial s} = (1/2\sqrt{s}d)\Phi'(h_1) > 0.^6 \tag{6.4}$$

Orientiert sich die Prämiengestaltung nicht an diesen Parametern der jeweiligen Bank, sondern legt z. B. einen fixen Prozentsatz pro Geldeinheit Einlage fest, kann die Bank durch Erhöhung des Risikos bzw. der Einlagenbasis entsprechend den Wert dieser Option steigern.[7] Allerdings gibt es bei der verwendeten Modellierung keinerlei Grund, eine solche Prämienstruktur zu wählen, da wegen der Beobachtbarkeit der prämienrelevanten Größen eine korrekte Prämie bestimmbar ist. Prinzipiell ist damit das Problem des Risikoerhöhungsanreizes der Einlagenversicherung gelöst, da z. B. die Erhöhung des Risikos der Bankaktiva nicht zu einer Erhöhung des Werts des Eigenkapitals führt, wenn die Versicherung mit einer entsprechenden Erhöhung der Prämienzahlung reagiert. Sharpe (1978) zeigt zudem, dass jede gegebene

---

sicherung nahe. Allerdings ist dies nicht zwingend notwendig, vgl. Merton (1978), S. 440. Auch ein privater Versicherer kann ein sehr niedriges Ausfallrisiko aufweisen, indem er Risiken zumindest teilweise an den restlichen Kapitalmarkt bzw. Rückversicherer weiterreicht.

[6]Die Vereinfachungen ergeben sich aufgrund von $\partial h_2/\partial d = \partial h_1/\partial d$ und der für die Dichtefunktionen der Standardnormalverteilung $\Phi'(.)$ geltenden Gleichung $\Phi'(h_2) - (1/d)\Phi'(h_1) = 0$. Sowohl Dichte- als auch Verteilungsfunktion sind an der Stelle h_1 positiv.

[7]Vgl. hierzu auch die Diskussion in Abschnitt 7.2.1.2.

fixe Prämie pro Geldeinheit Einlage durch eine Senkung des Einlagenfinanzierungsanteils, d. h. durch eine Erhöhung des Eigenkapitalanteils, zu einer fairen Prämie gemacht werden kann.

Mehrere empirische Studien haben diesen Ansatz - mit verschiedenen Verfeinerungen wie etwa der Berücksichtigung von versichertem und unversichertem Fremdkapital oder zwischenzeitlichen Ausschüttungen an die Bankeigner - genutzt, um die implizierten Risikoprämien einer Einlagenversicherung zu ermitteln.[8] Der Schwerpunkt der empirischen Studien liegt dabei auf den Prämien zur staatlich organisierten Einlagenversicherung in den USA.[9] Die Prämienstruktur war in den betrachteten Zeiträumen überwiegend nur volumenbasiert, die Prämie stellte also nicht auf die obigen Parameter ab. Die Studien kommen zu unterschiedlichen Ergebnissen hinsichtlich der Angemessenheit der Prämienstruktur. Marcus/Shaked (1984) finden für den Zeitraum 1979/80 eine zu hohe tatsächliche Prämie im Vergleich zum geschätzten durchschnittlichen „fairen" Optionswert. Darüber hinaus ist die Verteilung der geschätzten fairen Optionswerte stark rechtsschief, d. h. gegeben eine einheitliche tatsächliche Prämie, subventionieren viele relativ sichere Banken einige relativ riskante Banken. Ronn/Verma (1986) bestätigen die Schiefe der Verteilung der geschätzten Optionswerte, finden jedoch für 1983 eine im Vergleich zum Durchschnitt der Optionswerte zu niedrige tatsächliche Prämie. Dieses konträre Ergebnis wird neben der Berücksichtigung von Beitragsrückerstattungen durch die Annahme einer verzögerten Schließung der Bank („forbearance") in den Schätzungen erklärbar. So gehen Ronn/Verma (1986) davon aus, dass die Verfügungsgewalt über die Bankaktiva erst dann auf den Versicherer übergeht, wenn deren Marktwert den Wert der Rückzahlungsversprechen um einen bestimmten Prozentsatz unterschreitet.[10] Im Endeffekt schützt die Einlagenversicherung dann zum Teil auch die Eigenkapitalgeber. Kane (1995) kritisiert, dass mit der einperiodischen Betrachtung die Verpflichtungen eines Einlagenversicherers nur unzureichend abgebildet werden.[11] In mehrperiodischer Betrachtung sei es

---

[8]Vgl. Ronn/Verma (1986) und Wilson/Saunders (1995). Andere Weiterentwicklungen berücksichtigen die aufgrund des Festbetragscharakters eines Großteils der Bankaktiva trunkierte Verteilung der Renditeausprägungen der Bank oder die durch den Einfluss von stochastischen Zinsänderungen auf den Wert der Bankaktiva (Zinsänderungsrisiko) ausgelösten Veränderungen der Bewertungsformel für den Versicherungsput, vgl. Dermine/Lajeri (2001) und Duan/Moreau/Sealey (1995).

[9]Für eine Übersicht anderer Länderstudien vgl. Laeven (2002).

[10]Sie führen dafür sowohl effizienzorientierte Argumente wie die Vermeidung von allerdings nicht näher spezifizierten negativen Folgen einer Bankschließung als auch politökonomische Gründe an. Bei den Beispielberechnungen gehen sie von einer Unterschreitung des Marktwerts der Rückzahlungsversprechen von 3 % aus, vgl. Ronn/Verma (1986), S. 881.

[11]Zum anderen kritisiert er die Annahme von (log-)normalverteilten Endwerten der Bankaktiva, da diese niedrigen Ausprägungen eine, empirisch betrachtet, zu geringe Wahrscheinlichkeit zuweisen, vgl. ebenda S. 438. McCulloch (1985) kommt in seinen Berechnungen mit anderen Verteilungsannahmen zu erheblich höheren Optionsbewertungen.

aus politökonomischen Gründen insbesondere bei einer staatlichen Einlagenversicherung realistisch, keine sofortige Anpassung der Prämie bzw. des Eigenkapitals zu erwarten, wenn die vereinbarte Prämie nicht dem Risikoprofil der Bank entspricht.[12] Verschiedene Ansätze zur Modellierung einer mehrperiodisch angelegten Put-Option ohne sofortige Anpassung der Prämie bzw. des Eigenkapitals finden entsprechend eine im Durchschnitt zu niedrige tatsächliche Prämie zur Einlagenversicherung in den USA.[13]

Für Deutschland finden Fischer/Grünbichler (1991) im Zeitraum 1983-1987 für eine Teilmenge deutscher Banken unter Verwendung der Ronn/Verma-Methodik eine im Durchschnitt zu hohe tatsächliche Prämie. Darüber hinaus werden erhebliche Unterschiede zwischen den einzelnen Banken festgestellt.[14] Laeven (2002) findet in seiner internationalen Vergleichsstudie für deutsche Banken in den 1990er Jahren auf Basis verschiedener Schätzmethoden Werte für die durchschnittliche faire Prämie, die zum Teil unterhalb des Höchstwerts der tatsächlich erhobenen Prämien liegen.[15] Unter Anwendung der Ronn/Verma-Methodik kommt er allerdings zu einem Wert, der oberhalb dieses Höchstwerts liegt. Da sich Laeven (2002) auf einen Ländervergleich der durchschnittlichen Prämien konzentriert, sind keine Aussagen über die Verteilung der fairen Prämien einzelner Banken möglich.

Die unterschiedlichen, teils stark schwankenden Ergebnisse des Vergleichs der tatsächlichen mit den fairen Prämien deuten auf die erheblichen Schwierigkeiten einer empirischen Schätzung der fairen Prämien hin. Hinzu kommt eine Fülle praktischer Umsetzungsfragen: Wie ist die Fähigkeit des Versicherers zur Leistung im Krisenfall zu überwachen? Soll ein Reservefonds aufgebaut werden? Wenn ja, in welchem Umfang? Sollen Nachschusspflichten der Versichertengemeinschaft vereinbart werden? Theoretische Ansätze blenden diese Fragen überwiegend aus, obwohl jüngere empirische Ergeb-

---

[12] Vgl. hierzu die Ausführungen auf S. 147f.

[13] Vgl. etwa Pennacchi (1987) und Duan/Yu (1994).

[14] Nach den Berechnungen betrug etwa die über den Betrachtungszeitraum kumulierte faire Gesamtprämie der Deutschen Bank nur ca. 1/100 der tatsächlich gezahlten kumulierten Gesamtprämie, während die faire Gesamtprämie der Commerzbank ca. das 1,2-fache der tatsächlichen Zahlungen ausmachte, vgl. Fischer/Grünbichler (1991), S. 757.

[15] Neben Optionsmethoden verwendet die Praxis der Prämienbestimmung von Einlagenversicherungen auch das „expected loss pricing". Dabei spielt insbesondere die Insolvenzwahrscheinlichkeit der Bank eine bedeutsame Rolle. Vorteil dieser Methode ist, dass zur Schätzung der Insolvenzwahrscheinlichkeit auch auf Bilanzdaten aufbauende Bonitätseinschätzungen („Ratings") verwendet werden können. Damit müssen, anders als bei der prinzipiell auf Marktdaten angewiesenen Optionsmethode, die Banken nicht börsennotiert sein. Allerdings existieren inzwischen durchaus Methoden zur Schätzung der für die Optionsmethode notwendigen Parameter, die nicht auf Kapitalmarktdaten angewiesen sind, vgl. Cooperstein/Pennacchi/Redburn (1995). Nachteil des Expected Loss Pricing ist, dass es aufgrund der Orientierung am Erwartungswert der Verluste nur eine Untergrenze für eine Prämie angeben kann. Der Ansatz gibt keinen Aufschluss über den adäquaten Aufschlag, den ein Versicherer für die Übernahme des Risikos in der Verlustverteilung jenseits der erwarteten Verluste verlangen sollte, vgl. Pennacchi (2004), S. 20ff.

nisse auf die Bedeutung dieser institutionellen Gestaltung hinweisen.[16] Wir werden diese Fragen in Kapitel 9 aufgreifen, konzentrieren uns an dieser Stelle jedoch auf weitere theoretische Ansätze zur Problematik risikosensitiver Versicherungsprämien. Dabei steht insbesondere die für die Lösung des Risikoanreizproblems in Form risikosensitiver Prämien bedeutsame Voraussetzung der Beobachtbarkeit und nachfolgenden Einhaltung des Risikogehalts der Bankaktiva im Mittelpunkt.[17]

6.2 Risikosensitive Prämien unter asymmetrischer Information

6.2.1 Fehlerhafte Beobachtbarkeit des Risikogehalts durch den Versicherer

Flannery (1991) zeigt, dass die oben angesprochene Analogie von risikosensitiven Eigenkapitalnormen und risikosensitiver Prämienstruktur bei asymmetrischer Informationsverteilung zwischen Bank und Einlagenversicherer nicht mehr gelten muss. Er geht davon aus, dass der Einlagenversicherer den von der Bank festgelegten Risikogehalt sowie den Wert des Eigenkapitals bei einer Inspektion der Bank nur mit einem Fehler beobachten kann.[18] Nach der Inspektion durch den Versicherer kann die Bank ihren Risikogehalt annahmegemäß nicht mehr verändern. Der Versicherer verhält sich aufgrund einer großen Anzahl von versicherten Banken risikoneutral hinsichtlich dieses unabhängig verteilten Messfehlers, d. h. er richtet seine Prämienforderung am Erwartungswert der fairen Prämie, gegeben das gemessene Risiko und den Wert des Eigenkapitals, aus. Da sich der Wert der Put-Option für einen weiten Wertebereich konvex in der Standardabweichung und dem Wert des Eigenkapitals verhält, liegt der Erwartungswert oberhalb des Werts, den die Bank bei Beobachtung dieser Parameterwerte ohne Messfehler bezahlen müsste.

Für verschiedene in der empirischen Literatur gefundene Parameterintervalle zeigt sich zudem, dass die Standardabweichung des Bewertungsfehlers - Optionswert mit den echten Parametern vs. Erwartungswert des Optionswerts mit den geschätzten Parametern - mit dem Verschuldungsgrad der Bank zunimmt. Das heißt, die Standardabweichung des Bewertungsfehlers fällt ceteris paribus umso höher aus, je geringer der Eigenkapitalanteil ist. Flannery (1991) macht verschiedene negative Effekte aus, die mit der Größe dieses Fehlers zunehmen: Die Über- oder Unterpreisung der Versicherungsprämie führt zu zufälligen Schwankungen der Eigenkapitalrendite

[16] Vgl. hierzu insbesondere Demirgüç-Kunt/Detragiache (2002).

[17] Vgl. etwa die Übersicht bei Freixas/Santomero (2004).

[18] Die Messfehler für eine Bank können dabei durchaus miteinander korrelieren. Die Messfehler zweier Banken werden jedoch als stochastisch unabhängig von einander angenommen.

der Bank. Diese Schwankungen erschweren den Kapitalgebern die Überwachung des Bankmanagements und können zu Verzerrungen bei der Kreditvergabe und Einlagepolitik führen, wenn bevorteilte Banken expandieren, während benachteiligte Banken ihren Geschäftsumfang einschränken.[19] Will man diese Probleme vermeiden bzw. optimal einschränken, müssen Versicherungsprämien mit Eigenkapitalauflagen verbunden werden.[20] Verschiedene Sensitivitätsberechnungen zeigen, dass ein höherer gemessener Risikogehalt der Bankaktiva optimalerweise mit steigenden Versicherungsprämien und einem steigenden Eigenkapitalanteil einher geht. Auf ein höheres Risiko wird optimalerweise also mit beiden Instrumenten reagiert. Zudem ermöglicht die Verringerung des Messfehlers bei der Bestimmung des Eigenkapitalwerts einen höheren optimalen Einlagenanteil. Ist beispielsweise der Wert des Eigenkapitals großer börsennotierter Banken aufgrund der Beobachtbarkeit eines Marktwerts mit einem geringeren Fehler schätzbar, können diese ceteris paribus weniger stringenten Eigenkapitalauflagen unterworfen werden.

In der bisherigen Modellierung konnte der Einlagenversicherer das Risiko einer Bank - wenn auch fehlerhaft - beobachten. Andere Ansätze gehen von der grundsätzlichen Unbeobachtbarkeit des Risikos einer Bank aus und versuchen, eine anreizkompatible Vertragsstruktur abzuleiten. Dabei existiert eine Reihe von Ansätzen, die von verschiedenen, vom Einlagenversicherer unbeobachtbaren und von der Bank nicht beeinflussbaren Risikotypen ausgehen. Es handelt sich also um eine Situation mit möglicher adverser Selektion der Versicherten. Prinzipiell ist eine solche Modellierung für das oben diskutierte Risikoanreizproblem nicht geeignet. Zwar ist vorstellbar, dass von außen schwer beobachtbare und nur langfristig zu verändernde Geschäftspraktiken in unterschiedlichen Risikotypen der Banken resultieren. Je nach Ausgestaltung kann eine Einlagenversicherung in dieser Situation negative Anreizeffekte in Form einer ineffizienten Eintrittsentscheidung von Banken haben.[21] Aufgrund der grundsätzlichen Veränderbarkeit von Geschäftspraktiken ist jedoch zumindest in längerfristiger Perspektive eine Moral-Hazard-Modellierung angebrachter, also die Annahme der Unbeobachtbarkeit einer risikoerhöhenden Maßnahme nach Vertragsschluss.[22] Aufgrund der erhebli-

[19]Vgl. Flannery (1991), S. 982f.

[20]Prinzipiell ließe sich ein Bewertungsfehler der Put-Option durch die Auflage einer vollständigen Eigenkapitalfinanzierung vermeiden. Um einen Trade-Off zwischen Verringerung des Bewertungsfehlers und einer Erhöhung des Eigenkapitalanteils zu generieren, geht Flannery (1991) von einer nicht näher begründeten und im Einlagenanteil konkaven Funktion aus, die die gesellschaftlichen Vorteile aus einer (versicherten) Einlagenfinanzierung modelliert. Ihr steht die oben diskutierte Standardabweichung des Bewertungsfehlers gegenüber, vgl. ebenda, S. 988.

[21]Vgl. hierzu den folgenden Abschnitt 6.2.2.

[22]Dionne (2003) hält die Modellierung über unbeobachtbare Risikotypen dann für adäquat, wenn neue Banken in den Markt eintreten oder der Risikogehalt zweier fusionierter Banken schwierig zu beobachten ist. Auch er sieht jedoch das Moral-Hazard-Problem als maßgeblicher an, vgl. ebenda, S. 15.

chen akademischen Beachtung, die der Adverse-Selektions-Ansatz gefunden hat, wollen wir an dieser Stelle trotz dieses Einwands kurz auf das grundlegende Modell von Chan/Greenbaum/Thakor (1992) eingehen.

6.2.2 Risikosensitive Prämien und unbeobachtbarer Risikotyp

Chan/Greenbaum/Thakor (1992) nehmen eine Bank an, die eine Investitionsmöglichkeit mit gegebenem Umfang I durch eine Kombination von Einlagen D und Eigenkapital E finanziert. Die Bank kann aufgrund der Existenz einer Einlagenversicherung Einlagen in beliebiger Höhe zum risikolosen Zinssatz r_f hereinnehmen. Das Investitionsprojekt erzeugt mit Wahrscheinlichkeit θ_i eine Auszahlung in Höhe von R_i oder - mit der Gegenwahrscheinlichkeit $(1-\theta_i)$ - einen Rückfluss von null. Es existieren zwei Typen von Banken $i = H, L$ mit $R_H > R_L$ und $\theta_H < \theta_L$, d. h. das Investitionsprojekt der hochriskanten Bank hat mit geringerer Wahrscheinlichkeit eine höhere Auszahlung im Erfolgsfall. Für alle Investitionsprojekte gilt $\theta_i R_i - I r_f > 0$, d. h. die Investitionsprojekte erzeugen einen positiven Nettobarwert.[23] Daneben gibt es einen Einlagenversicherer, der eine von der Typangabe $j = H, L$ der Bank abhängige Prämie p_j erhebt. Der Versicherungsvertrag spezifiziert dabei zu jedem p_j einen zugehörigen Eigenkapitalanteil E_j, der erfüllt sein muss. Aufgrund der Budgetgleichung $I = E + D$ legt dies zugleich den zulässigen Einlagenumfang D_j fest.[24]

Der erwartete Gewinn einer Bank i, die angibt vom Typ j zu sein, beträgt dann

$$(\theta_i R_i - I r_f) + (1-\theta_i) D_j r_f - p_j D_j r_f.$$

Der erste Teil dieses Terms entspricht dabei dem Nettobarwert des Anlageportfolios der Bank, der zweite Teil dem Vorteil, der der Bank durch die Versicherung der Einlagen entsteht, abzüglich der Prämienzahlung, die sich aus dem Prämiensatz p_j und dem versprochenen Rückzahlungsbetrag $D_j r_f$ ergibt.[25] Der Vorteil der Einlagenversicherung für die Bank ergibt sich dar-

[23] Vereinfachend wird Risikoneutralität aller Akteure unterstellt. Die wesentlichen Schlussfolgerungen bleiben hiervon unberührt, vgl. Chan/Greenbaum/Thakor (1992), S. 241f.

[24] Chan/Greenbaum/Thakor (1992) gehen vereinfachend davon aus, dass die Prämie aus nicht näher modellierten Rücklagen der Bank bezahlt wird. Alternativ könnte die Auflage $I = E + D - P$ mit P als Gesamtprämienzahlung eingeführt werden, d. h. die Prämie muss aus den zu Anfang erhobenen Mitteln finanziert werden. Dies würde die Notation erschweren, ohne die Ergebnisse zu verändern, vgl. ebenda, S. 231.

[25] Chan/Greenbaum/Thakor (1992) führen noch einen zusätzlichen Parameter ein, der über die Verteilung des Nettobarwerts der finanzierten Anlagen auf Kreditnehmer und Bank entscheidet. Für uns ist im Weiteren lediglich relevant, dass die Bank einen Teil davon realisieren kann. Im Grenzfall eines perfekten Wettbewerbs zwischen potenziellen Kapitalgebern ist dieser Anteil gleich null, d. h. das Kreditgeschäft der Bank erzeugt keinerlei Renteneinkommen in Form eines positiven Nettobarwerts.

aus, dass die versprochene Verzinsung der Einlagen nur r_f und nicht der unter Berücksichtigung des Ausfallrisikos der Bank angebrachten Verzinsung r_D entspricht, die sich implizit durch $\theta D_j r_D = D_j r_f$ ergibt.[26]

Soll die Kombination von Versicherungsprämie und Eigenkapitalnorm p_j, E_j für $j = H, L$ anreizkompatibel sein, also eine ehrliche Typoffenbarung ermöglichen, muss nun für den H-Typ gelten

$$(\theta_H R_H - I r_f) + (1 - \theta_H) D_H r_f - p_H D_H r_f \geq (\theta_H R_H - I r_f) + (1 - \theta_H) D_L r_f - p_L D_L r_f$$

bzw. nach Umformung

$$(1 - \theta_H - p_H) D_H \geq (1 - \theta_H - p_L) D_L \tag{6.5}$$

und analog für den L-Typ

$$(1 - \theta_L - p_L) D_L \geq (1 - \theta_L - p_H) D_H.\text{[27]} \tag{6.6}$$

Unter Berücksichtigung der Teilnahmerestriktionen der beiden Banktypen und einer kostenminimierenden Zielfunktion des Versicherers lässt sich zeigen, dass im Optimum die Anreizkompatibilitätsbedingung des H-Typen bindet, d. h. (6.5) als Gleichung erfüllt ist.[28] Inwieweit ist diese Bedingung mit einer fairen Prämiengestaltung vereinbar? Setzt man $p_i = (1 - \theta_i)$ für $i = H, L$, so vereinfacht sich (6.5) als Gleichung zu

$$(\theta_L - \theta_D) D_L = 0.$$

Zusammen mit $\theta_L > \theta_H$ ist diese Gleichung nur für $D_L = 0$ erfüllbar, d. h. eine anreizkompatible und faire Versicherung der Einlagen schreibt für die L-Typen der Banken einen vollständigen Verzicht auf die Einlagenfinanzierung vor.[29] Dies erklärt sich aus der Indifferenz der Bank zwischen Eigenkapital- und Einlagenfinanzierung, die alle Banken für beliebige positive Einlagenniveaus eine niedrigere einer höheren Prämie vorziehen lässt.

[26] Der Vorteil entspricht dann $D_j r_D - D_j r_f = [(1 - \theta)/\theta] D_j r_f$. Unter Berücksichtigung der Eintrittswahrscheinlichkeit θ folgt obiger Ausdruck.

[27] Aufgrund des so genannten Offenbarungsprinzips („revelation principle") ist mit der Verwendung von Verträgen, die auf einer wahrheitsgemäßen Typoffenbarung durch die Versicherten beruhen, keine Einschränkung der erreichbaren Allokation verbunden, vgl. Gravelle/Rees (1992), S. 694f.

[28] Vgl. für das prinzipielle Vorgehen Varian (1994), S. 464f. Da die Banken sich bei Chan/Greenbaum/Thakor (1992) auch vollständig über Eigenkapital finanzieren können, also den positiven Nettobarwert des Anlageportfolios auch ohne versicherte Einlagen realisieren können, muss als Partizipationsbedingung $(1 - \theta_i - p_i) D_i r_f \geq 0$ für $i = H, L$ gelten. Für positive D_i darf also die Prämie pro Geldeinheit Einlage nicht überpreist sein $(p_i > [1 - \theta_i])$.

[29] Einem solchen Verzicht auf die Einlagenfinanzierung steht entsprechend eine faire Prämienzahlung von null gegenüber.

Entsprechend wird ein H-Typ immer den Vertrag des L-Typen mit niedrigerer Prämie seinem eigenen Vertrag vorziehen, solange der Vertrag des L-Typen einen positiven Einlagenumfang zulässt. Angesichts dieses Ergebnisses halten die Autoren fest: „In the absence of deposit-related rents, stemming from either subsidies or monopsonistic pricing in the deposit market, incentive-compatible pricing that links deposit insurance premia to capital levels is impossible.“[30]

Sind dagegen Renteneinkommen mit der Hereinnahme von Einlagen verbunden, können anreizkompatible Kombinationen von Versicherungsprämie und Eigenkapitalnorm mit positiven Einlagenniveaus für beide Banktypen gefunden werden. Zum Nachweis führen Chan/Greenbaum/Thakor (1992) eine für beide Banktypen einheitliche Subventionierung ϵ der Einlagenversicherung ein, d. h. die geforderte Prämie entspricht $p_i = 1-\theta_i-\epsilon$ für $i = H,\ L$. Setzt man dies wiederum in (6.5) in Gleichungsform ein, folgt nach kurzer Umformung als notwendige Bedingung

$$\epsilon(D_H - D_L) = D_L(\theta_L - \theta_H). \tag{6.7}$$

Unter Berücksichtigung von $\theta_L > \theta_H$ und $\epsilon > 0$ impliziert dies $D_H > D_L$, also einen größeren Einlagen- bzw. geringeren Eigenkapitalanteil bei dem riskanten Banktyp H. Der L-Typ bezahlt zwar eine niedrigere Prämie $p_L < p_H$, unterliegt aber einer strengeren Eigenkapitalauflage.[31] Anders als im Fall ohne Subventionierung funktioniert die Eigenkapitalnorm jetzt als Sortierungsinstrument der Typen. Mit der Eigenkapitalnorm sind aufgrund der Einlagensubventionierung nun Nachteile verbunden. Je höher der Eigenkapitalanteil, desto geringer der subventionierte Einlagenanteil. Da die Eigenkapitalauflage schmerzt, sind die riskanten H-Typen bereit, wahrheitsgemäß ihren Typ zu offenbaren und die höhere Prämie in Kauf zu nehmen, dafür aber einer niedrigeren Eigenkapitalauflage zu unterliegen.

Der offensichtlichste Kritikpunkt dieser Modellierung ist die Annahme eines vollständigen Wettbewerbs um Einlagen, die verhindert, dass Banken die Einlagenfinanzierung zumindest in einem gewissen Umfang der Eigenkapitalfinanzierung vorziehen. Entsprechend stellen Freixas/Rochet (1998) in einem ähnlichen Modell mit Gewinnmöglichkeit aus dem Einlagengeschäft fest, dass eine anreizkompatible und zugleich faire Prämienstruktur möglich ist.

Dabei wird angenommen, dass sich die Einleger aufgrund der Zahlungsmittelfunktion der Einlagen mit einer geringeren als der alternativ möglichen Verzinsung zufrieden geben. Zugleich ist die Bereitstellung der Einlagen für die Banken mit Kosten verbunden, so dass ein endliches Einlagenniveau si-

[30] Chan/Greenbaum/Thakor (1992), S. 233.

[31] Die Anreizbedingung des L-Typen ist als Ungleichung erfüllt. Setzt man $p_i = 1-\theta_i-\epsilon$ für $i = H,\ L$ in (6.5) ein, erhält man nach Umformung $D_H(\theta_L - \theta_H) \geq \epsilon(D_H - D_L)$. Mit $D_H > D_L$ und $\theta_L > \theta_H$ impliziert (6.7), dass diese Bedingung als Ungleichung erfüllt ist.

chergestellt ist. Die Kostenfunktion sowie das Risiko des Aktivgeschäfts der Bank sind von einem Typparameter der Bank abhängig; je größer dieser Parameter, desto höher die Ausfallwahrscheinlichkeit und Kosten des Einlagengeschäfts der Bank. Unter vollständiger Information zahlt jeder Banktyp eine faire Versicherungsprämie. Der optimale Einlagenumfang nimmt dabei mit der Qualität der Bank ab.[32] Unter asymmetrischer Information setzen die Banken den Umfang ihrer Einlagen als Signal ihrer Qualität ein. Der Versicherer bietet entsprechend eine Prämiengestaltung in Abhängigkeit des gewählten Einlagenumfangs an, bei der ein höherer Einlagenumfang eine geringere Ausfallwahrscheinlichkeit signalisiert und mit niedrigeren fairen Prämien pro Geldeinheit Einlage einher geht.[33]

Diesem an sich positiven Ergebnis stehen allerdings Ineffizienzen infolge der „Signalproduktion" durch die Banken gegenüber. Wie sich zeigen lässt, überschreiten die Banken im Bemühen, ihre Qualität zu signalisieren, den für ihren Typ unter vollständiger Information effizienten Einlagenumfang. Es kommt also zu einer Überinvestition in das Qualitätssignal.[34] Freixas/Rochet (1998) weisen nun nach, dass eine Prämienstruktur, die zwar in der Summe aller Beiträge ihre erwarteten Verluste decken kann, aber keine für jede einzelne Bank faire Prämie berechnet, den erstbesten Gesamteinlagenumfang des Bankensektors herstellen kann. Dabei werden Banken niedriger Qualität durch Banken hoher Qualität subventioniert, in dem Banken von hoher (niedriger) Qualität eine Prämie oberhalb (unterhalb) der individuell fairen Prämie bezahlen. In statischer Sicht stellen diese Transfers lediglich Umverteilungsmaßnahmen dar, die die Effizienz der Einlagenstruktur sicherstellen. In dynamischer Sicht gilt dies jedoch nicht. Für einen Bankensektor mit Möglichkeit des Marktein- und -austritts führt ein solches Subventionsschema nämlich zu verzerrten Eintrittsentscheidungen. Effizienterweise werden die Markteintrittskosten mindestens durch die von der Bank erreichbaren Gewinne aus Kredit- und Einlagengeschäft gedeckt. Aufgrund der positiven Subventionierung von Banken mit niedriger Qualität treten auch Banken in den Sektor ein, für die diese Bedingung nicht erfüllt ist. In dynamischer Perspektive muss die zweitbeste Prämienstruktur deshalb

---

[32] Hierfür muss die so genannte Ein-Schnittpunkt-Eigenschaft („single crossing condition") für die Grenzgewinne aus dem Einlagengeschäft in Abhängigkeit des Typs der Bank erfüllt sein, vgl. Freixas/Rochet (1998), S. 221.

[33] Ist der Zusammenhang zwischen Kosten der Einlagenbereitstellung und Ausfallrisiko des Aktivgeschäfts invers, ergibt sich ein umgekehrtes Signalverhalten. Hier gehen niedrigere Einlagenvolumina mit einem geringeren Risiko einher, vgl. Freixas/Rochet (1998), S. 221.

[34] Vgl. Freixas/Rochet (1998), S. 224. Dabei existiert eine Vielzahl solcher „signalling" Gleichgewichte. Paretodominant innerhalb dieser Klasse ist das Gleichgewicht, das sicherstellt, dass die Bank mit niedrigster Qualität gerade den für sie auch im erstbesten Zustand effizienten Einlagenumfang wählt. Verzerrungen des gewählten Einlagenniveaus zu Signalzwecken beschränken sich effizienterweise auf die qualitativ besseren Banken, bei denen sie weniger Kosten verursachen.

die Effizienzverluste aufgrund einer fairen Prämiengestaltung auf Ebene der einzelnen Bank mit den Effizienzverlusten infolge einer verzerrten Eintrittsentscheidung gegeneinander abwägen.[35]

6.2.3 Risikosensitive Prämien und unbeobachtbare Risikowahl

Wenden wir uns dem unseres Erachtens relevanteren Problem der vom Versicherer nicht beobachtbaren Risikowahl zu. Grundlegendes Problem bei der Berücksichtigung des Risikoanreizes in der Prämiengestaltung ist, dass eine vor der Risikowahl zu bezahlende Prämie prinzipiell nichts an diesem Anreiz ändert.

6.2.3.1 Problematik einer Risikobeschränkung durch risikosensitive Prämien

Betrachten wir hierzu eine modifizierte Form des bereits eingeführten Ansatzes von Chan/Greenbaum/Thakor (1992). Es existiert nun nur ein Typ von Bank, der jedoch die Möglichkeit hat, den Risikoparameter θ innerhalb des Intervalls $[\underline{\theta}, \overline{\theta}]$ zu wählen. Dabei gilt $R'(\theta) < 0$, also je höher die Erfolgswahrscheinlichkeit θ, desto kleiner der Ertrag des Anlageportfolios $R(\theta)$. Der Erwartungswert der Auszahlung $\theta R(\theta)$ sei konstant.[36] Wie bisher setzt der Einlagenversicherer eine Kombination von Versicherungprämie und Einlagenumfang (p, D) fest. Aufgrund des gegebenen Umfangs des Anlageportfolios kann das festgelegte D auch als Eigenkapitalnorm interpretiert werden.

Für eine gegebene Kombination (p, D) maximiert die Bank die Funktion

$$\pi = (\theta R(\theta) - I r_f) + D r_f (1 - \theta - p) \tag{6.8}$$

über θ. Die partielle Ableitung nach θ lautet

$$\partial\pi/\partial\theta = \partial(\theta R(\theta))/\partial\theta - D r_f. \tag{6.9}$$

Solange der zulässige Einlagenumfang D größer null ist, ist diese Ableitung unter Berücksichtigung des konstanten Erwartungswerts negativ. Damit liegt das Maximum von π für alle positiven Werte D bei der niedrigsten Erfolgswahrscheinlichkeit $\underline{\theta}$.

Zwar kann der Versicherer seine erwarteten Ausgaben dadurch decken, dass er die Prämie entsprechend $p = 1 - \underline{\theta}$ setzt. Analog gilt aber auch, dass

---

[35] Vgl. Freixas/Rochet (1998), S. 228.

[36] Dies korrespondiert mit der in Abschnitt 5.4.1.2 verwendeten Modellierung eines „mean preserving spread" (MPS). Chan/Greenbaum/Thakor (1992) analysieren auch den Fall eines in θ konkaven Erwartungswerts mit einem eindeutigen inneren Optimum bei θ^*. Ein Über- oder Unterschreiten von θ^* ist in einer risikoneutralen Welt also mit einem Effizienzverlust verbunden.

die Bank unabhängig von der ex ante bestimmten Prämienhöhe und Eigenkapitalnorm das riskanteste Anlageportfolio wählen wird. Die Risikowahl kann also durch diese Instrumente nicht gebremst werden.[37]

Chan/Greenbaum/Thakor (1992) analysieren deshalb die Möglichkeiten einer Risikobeschränkung in einer Erweiterung ihres Modells auf mehrere Perioden. Grundidee dabei ist, dass die Risikonahme der Bank durch zukünftige Gewinnaussichten beeinflusst wird. Formal ergibt sich der Gewinn von Periode T wie bisher durch

$$\pi_T = (\theta_T R(\theta_T) - I r_f) + D_T r_f (1 - \theta_T - p_T).$$

Prämie und Einlagenumfang werden jeweils für eine Periode festgelegt. Die Bank maximiert nun ihren Gewinn über zwei Perioden ($T = 1, 2$), d. h. die Zielfunktion der Bank zu Beginn der ersten Periode lautet

$$\pi = \pi_1(p_1, D_1) + \theta_1 r_f^{-1} \pi_2(p_2, D_2).$$

Darin kommt zum Ausdruck, dass eine gewinnbringende Geschäftstätigkeit in Periode 2 nur mit Wahrscheinlichkeit θ_1 möglich ist, da im Fall der Insolvenz in Periode 1 die Bank liquidiert wird. Leitet man diesen Gesamtgewinn partiell nach der Risikowahl θ_1 ab, erhält man

$$\partial\pi/\partial\theta_1 = \partial(\theta_1 R(\theta_1))/\partial\theta_1 - D_1 r_f + r_f^{-1}\pi_2(p_2, D_2). \tag{6.10}$$

Für den unterstellten Fall eines im Risiko konstanten Erwartungswerts ($\partial(\theta_1 R(\theta_1))/\partial\theta_1 = 0$) wird die Bank in der ersten Periode also das niedrigste Risiko wählen, d. h. das Anlageportfolio mit der höchsten Erfolgswahrscheinlichkeit $\overline{\theta}$, wenn $D_1 r_f \leq r_f^{-1}\pi_2(p_2, D_2)$. Unter Berücksichtigung der Tatsache, dass die Bank in der zweiten Periode für alle positiven D_2 das höchste Risiko $\underline{\theta}$ wählen wird, kann diese Bedingung auch als

$$D_1 r_f \leq r_f^{-1}[(\underline{\theta} R(\underline{\theta}) - I r_f) + D_2 r_f (1 - \underline{\theta} - p_2)] \tag{6.11}$$

geschrieben werden. Damit wird das sicherste Projekt gewählt, wenn der abgezinste, zukünftige Gewinn aus Kreditvergabe und potenziell subventionierter Einlagenversicherung in der zweiten Periode mindestens dem Grenzvorteil aus der Risikoerhöhung in der ersten Periode entspricht. Ist (6.11) erfüllt, kann deshalb $p_1 = \overline{\theta}$ gesetzt werden. Wie diese Ungleichung zudem zeigt, kann der Einlagenversicherer die Risikowahl in der ersten Periode über

[37] Für einen in θ konkaven Erwartungswert besteht ebenfalls unabhängig von der gezahlten Prämie ein Anreiz zur Überschreitung von θ^*. Allerdings ist die Stärke dieses Anreizes über den zweiten Term in (6.9) vom zulässigen Einlagenumfang D abhängig, d. h. mit einer Vorgabe von D kann in diesem Fall die Höhe der Überschreitung von θ^* beeinflusst werden. Um hier seine erwarteten Ausgaben decken zu können, muss der Versicherer einen Einlagenumfang festlegen, den von der Bank gewählten Risikograd antizipieren und seine Prämie entsprechend berechnen, vgl. Chan/Greenbaum/Thakor (1992), S. 236.

die Vorgabe (D_1, p_2, D_2) beeinflussen. Ist etwa der Gewinn aus dem Kreditgeschäft in Periode 2 nicht ausreichend hoch, kann der Versicherer die Einlagenversicherung so ausgestalten - sprich eine subventionierende Prämie unterhalb von $(1 - \underline{\theta})$ plus entsprechende Eigenkapitalnormen für D_1 und D_2 setzen -, dass diese Bedingung erfüllt ist.[38] Möglich ist freilich auch, dass der zukünftige Gewinn aus dem Kreditgeschäft die Bank von sich aus in der ersten Periode das niedrige Risiko wählen lässt.

6.2.3.2 Risikobeschränkung durch ex post Zahlungen

Andere Ansätze sehen zur Beschränkung des Risikoanreizproblems ein System von ex post Zahlungen auf Basis des realisierten Anlageerfolgs der Bank vor. John/John/Senbet (1991) gehen wiederum von einem einperiodischen Modell aus, in dem sich die Bank zu Periodenbeginn durch versicherte Einlagen und Eigenkapital finanziert.[39] Wiederum wird vereinfachend von risikoneutralen Akteuren ausgegangen. Die Bank hat nach Abzug einer Gesamtprämie P zwei Anlagemöglichkeiten mit jeweils dem gleichen Anlagebetrag I: Eine sichere Anlageform mit einem Nettobarwert von null oder eine mit Risiko behaftete Kreditvergabe. Vereinfachend wird der sichere Zinssatz r_f gleich null gesetzt. Das Risiko der Kreditvergabe wird durch Parameter θ gekennzeichnet und bezeichnet die Wahrscheinlichkeit der hohen Ausprägung R_H; mit Gegenwahrscheinlichkeit $(1 - \theta)$ folgt die niedrige Ausprägung R_L. Die Kreditvergabe erfordert Mittel in Höhe von I. Es gilt $R_H > I > R_L$. Nur die Bank kann nach Mittelerhebung den Parameter θ exakt beobachten, für Einleger und Versicherer ist θ dagegen unbeobachtbar. Sie wissen jedoch, dass θ im Intervall $[0, 1]$ ex ante gleichverteilt ist. Diese Annahme soll den Informationsvorsprung der Bank gegenüber diesen Gruppen widerspiegeln und eröffnet ihr einen Spielraum zur Wahl ihres Anlagerisikos.

Effizienterweise werden Kredite vergeben, wenn

$$\theta R_H + (1 - \theta) R_L \geq I. \tag{6.12}$$

Die Ungleichung impliziert eine Untergrenze an Erfolgswahrscheinlichkeit θ^*, die für eine effiziente Kreditvergabe notwendig ist. Für diesen Min-

---

[38] Prinzipiell überträgt sich diese Überlegung auf den Fall eines im Risiko abnehmenden Erwartungswerts. Eine in Periode 1 optimale Risikowahl θ^* erfordert hier jedoch ein exaktes Austarieren der Vor- und Nachteile dieser Risikoerhöhung, d. h. $D_1 r_f = r_f^{-1}[(\theta_2^* R(\theta_2^*) - I r_f) + D_2 r_f (1 - \theta_2^* - p_2)]$.

[39] John/John/Senbet (1991) unterscheiden anfangs zwischen „inside equity" und „outside equity", also zwischen Eigenkapital, das von Bankinsidern wie etwa dem Management aufgebracht wird, und Eigenkapital, das von unternehmensexternen Investoren aufgebracht wird. Da sie im Weiteren jedoch davon ausgehen, dass die Bank das Ziel der Maximierung des Werts des gesamten Eigenkapitalanteils verfolgt, spielt diese Unterteilung für die nachfolgenden Ergebnisse keine Rolle. Auf die Bedeutung eines Interessengegensatzes von bankinternen Entscheidungsträgern und externen Eigenkapitalgebern für die Wirkung von Eigenkapitalnormen gehen wir in Abschnitt 7.2.2 ein.

destwert gilt: $\theta^* = (I - R_L)/(R_H - R_L)$.[40] Liegt die Ausprägung von θ darunter, sollte die risikolose Anlageform gewählt werden. Im Folgenden bezeichnen wir eine Investitionspolitik, die bis zu einem beliebigen Wert θ_0 die sichere Anlageform wählt, für $\theta \geq \theta_0$ aber riskante Kredite vergibt, als Investitionspolitik θ_0.

Der Nettobarwert (NBW) der optimalen Investitionspolitik ist

$$\text{NBW}(\theta^*) = \theta^* I + \frac{1}{2}(1-\theta^*)^2 R_L + \frac{1}{2}(1-\theta^{*2}) R_H - I. \tag{6.13}$$

Dabei stellt der erste Summand die mit der Eintrittswahrscheinlichkeit einer Ausprägung des Risikoparameters unterhalb von θ^* gewichtete Auszahlung aus der sicheren Anlage dar. Entsprechend geben die beiden nächsten Ausdrücke die mit der Eintrittswahrscheinlichkeit einer Ausprägung des Risikoparameters oberhalb von θ^* gewichteten erwarteten niedrigen und hohen Auszahlungen der riskanten Kreditvergabe an.[41]

Die aus Sicht der Eigenkapitalgeber optimale Investitionspolitik wird jedoch von dieser Investitionspolitik abweichen, sobald der niedrige Ertrag nicht ausreicht, um den versprochenen Rückzahlungsbetrag D der Einleger zu decken, d. h. $R_L < D$.[42] Für die Investitionsentscheidung der Eigenkapitalgeber ist nach Beobachtung der Ausprägung der Erfolgswahrscheinlichkeit nämlich die Ungleichung

$$\theta \max\{0, R_H - D\} + (1-\theta)\max\{0, R_L - D\} \geq \max\{0, I - D\} \tag{6.14}$$

relevant. Die linke (rechte) Seite zeigt dabei den erwarteten Gewinn der riskanten Kreditvergabe (sicheren Anlage) für die Eigenkapitalgeber. Ist (6.14) als Gleichung erfüllt, definiert sie implizit einen Wert $\theta(D)$, unterhalb dessen auch die Eigenkapitalgeber in die sichere Einlage investieren. Für $R_L < D$ gilt für dieses $\theta(D)$ dann

$$\theta(D) = (I - D)/(R_H - R_L) < (I - R_L)/(R_H - R_L) = \theta^*. \tag{6.15}$$

Die Eigenkapitalgeber werden sich also bereits bei geringeren Erfolgsaussichten als θ^* für eine riskante Kreditvergabe entscheiden und damit kein

---

[40] Umgekehrt führt eine riskante Kreditvergabe bei einer Erfolgswahrscheinlichkeit kleiner θ^* bei dieser Modellierung zu einem negativen Nettobarwert, also zu einem modellendogenen Effizienzverlust, vgl. den oben im Modell von Chan/Greenbaum/Thakor (1992) ebenfalls diskutierten Fall eines im Risiko konkaven Erwartungswerts.

[41] Aufgrund der angenommenen Gleichverteilung von θ lauten die jeweiligen Eintrittswahrscheinlichkeiten $P(\theta \leq \theta_0) = \theta_0$ bzw. $P(\theta \geq \theta_0) = (1-\theta_0)$. Der bedingte Erwartungswert von θ, gegeben eine Überschreitung von θ_0, ist hier $E(\theta|\theta \geq \theta_0) = (1+\theta_0)/2$. Nach Umformungen folgt unter Berücksichtigung der binomischen Formeln obiger Ausdruck.

[42] Ist die Einlage auch ohne Versicherung sicher, d. h. $R_L > D$, kommt es zu keiner Verzerrung der Investitionsentscheidung.

effizientes Investitionsprogramm verfolgen.[43] Analog zu oben lässt sich auch hier eine faire Versicherungsprämie berechnen, in dem der Versicherer diese verzerrte Entscheidung in seiner Prämiensetzung antizipiert.[44] Jedoch ändert auch die faire Prämie aufgrund ihres ex ante Charakters wiederum nichts am Risikoanreiz der Eigenkapitalgeber.

John/John/Senbet (1991) schlagen als risikobegrenzende Maßnahme deshalb eine Veränderung der durch die Risikoerhöhung erreichbaren Vorteile für die Eigenkapitalgeber vor. Erreicht wird dies durch Strafzahlungen, die die Bank ex post in Abhängigkeit ihres Anlageerfolgs zu bezahlen hat.[45] Diese Zahlungen verändern die konvexe Struktur der Eigenkapitalposition und führen bei entsprechender Parametrisierung zur effizienten Investitionspolitik. Konkret sieht die Struktur der Zahlungen vor, dass der Residualanspruch der Eigenkapitalgeber (Ertrag des Investitionsprogramms abzüglich des Rückzahlungsversprechens an die Einleger) ab Überschreiten einer Grenze δ mit einem proportionalen Tarif $\tau > 0$ belegt wird. Damit lässt sich unter Berücksichtigung von (6.14) implizit ein $\theta(D)_\tau$ definieren, ab dem die Eigenkapitalgeber für $R_L < D$ auch unter Berücksichtigung der ex post Zahlungen die riskante Kreditvergabe bevorzugen:

$$\theta(D)_\tau[(R_H - D) - \tau(R_H - D - \delta)] = [(I - D) - \tau(I - D - \delta)]. \quad (6.16)$$

Setzt man $\delta = (1 - \tau)(D - R_H)/\tau$, entspricht $\theta(D)_\tau$ dem optimalen θ^*, d. h. die Eigenkapitalgeber wählen unter Berücksichtigung von τ die effiziente Investitionspolitik.[46] Ist der Einlagenversicherer Empfänger der ex post Zahlungen, so lassen sich diese so mit der ex ante entrichteten Prämie kombinieren, dass die Gesamtzahlung eine faire Prämie für die Versicherungsleistung darstellt. Eigenkapitalnormen sind bei dieser Modellierung nicht notwendig, da die Steuerstruktur für $R_H < D < I$ eine optimale Investitionsstruktur sicherstellt und sich für gegebene Rückzahlungsversprechen eine

---

[43] Ist $D \geq I$, d. h. entspricht oder übersteigt das Rückzahlungsversprechen die Auszahlung im Fall der sicheren Anlage, folgt $\theta(D) = 0$, da dann die rechte Seite von (6.14) gleich null ist. Gleichzeitig ist $D \geq R_H$ unmöglich, da sich sonst zu Periodenbeginn kein Eigenkapital findet; die linke Seite von (6.14) ist also positiv. Damit wird unabängig von den Erfolgsaussichten immer die riskante Kreditvergabe gewählt.

[44] In Abhängigkeit des versprochenen Rückzahlbetrags lautet die faire Prämie $P^f = \theta D \max\{0, D - I\} + (1/2)(1 - \theta(D))^2 \max\{0, D - R_H\}$.

[45] John/John/Senbet (1991) interpretieren diese Zahlungen als Steuerzahlungen. Nagarajan/Sealey (1998) bezeichnen sie als Prämiennachzahlungen, während Marshall/Prescott (2001) sie explizit Strafzahlungen nennen.

[46] John/John/Senbet (1991) argumentieren, dass die entsprechende Kombination (δ, τ) für alle positiven Rückzahlungsversprechen die effiziente Investitionspolitik sicherstellt, vgl. ebenda S. 991. Für $D > I$ ist dies jedoch nicht der Fall, da dann die Auszahlung der Eigenkapitalgeber für den Fall der sicheren Anlage immer null ist, d. h. wieder die riskante Kreditvergabe für alle $\theta > 0$ dominiert. Allerdings scheint die Annahme $D > I$ - sie impliziert im Modellrahmen die vollständige Finanzierung der Investitionsausgaben durch Einlagen bzw. die Unmöglichkeit der Insolvenzvermeidung durch eine sichere Investitionspolitik - zugegebenermaßen wenig realistisch.

faire Prämie berechnen lässt. Allerdings zeigt die aus Sicht der Eigenkapitalgeber optimale Investitionspolitik ohne korrigierende ex post Zahlungen $\theta(D) = (I - D)/(R_H - R_L)$, dass mit zunehmendem Rückzahlungsbetrag D - und damit zunehmendem Verschuldungsgrad zu Periodenbeginn - die Untergrenze der Erfolgswahrscheinlichkeit sinkt, ab der es zu einer ineffizienten Kreditvergabe kommt. Wir interpretieren deshalb dieses Ergebnis so, dass, wenn die ex post Zahlungsstruktur die effiziente Investitionspolitik nicht perfekt sicherstellen kann, Eigenkapitalauflagen zumindest die negativen Auswirkungen des Risikoanreizes abbremsen können.

Andere Ansätze, die auf der risikoanreizmindernden Wirkung von ex post Zahlungen aufbauen, verwenden entsprechend durchaus Kombinationen von Prämien mit ex post Elementen und Eigenkapitalauflagen. Nagajaran/Sealey (1998) zeigen in einer Welt, in der der Anlageerfolg der Bank von einem gesamtwirtschaftlichen Risikofaktor beeinflusst wird, wie eine Kombination von ex ante erhobener Prämie, ex post Prämien bzw. Rabatten und Eigenkapitalnormen das optimale Investitionsprogramm sicherstellen kann.[47] Die ex post Prämien/Rabatte stellen dabei auf den relativen Erfolg der Bank im Vergleich zum Gesamtmarkt ab. In Simulationsrechnungen für einen erheblich komplexeren, aber den obigen Darstellungen grundlegend vergleichbaren Ansatz kommen Marshall/Prescott (2001) ebenfalls zu dem Ergebnis, dass Eigenkapitalnormen und ertragsabhängige Strafzahlungen optimalerweise miteinander kombiniert werden sollten. In ihrem Modell ist mit Einlagen ein Liquiditätsnutzen verbunden.[48] Gleichzeitig verursacht die Administration der ex post Zahlungen Kosten. Eine optimale Kombination der Regulierungsinstrumente löst deshalb den Trade-Off zwischen den Opportunitätskosten strenger Eigenkapitalnormen in Form eines geringeren Liquiditätsnutzens und den Kosten des Strafsystems.[49]

6.3 Fazit - Risikosensitive Prämien und ihre Verbindung zur Eigenkapitalregulierung

Fassen wir die Diskussion risikosensitiver Prämien zusammen, so wird deutlich, dass insbesondere die unter asymmetrischer Information abgeleiteten optimalen Vertragsstrukturen ein hohe Komplexität aufweisen. Während bei vollständiger Information Versicherungsprämie und Eigenkapitalauflage

[47] Unter Umständen sind die Eigenkapitalnormen jedoch nicht bindend, vgl. Nagajaran/Sealey (1998), S. 1147.

[48] Damit wird anders als bei den sonstigen diskutierten Ansätzen zur unbeobachtbaren Risikowahl vermieden, dass eine reine Eigenkapitalfinanzierung, die zu keinen Verzerrungen führt, im angenommenen Modellrahmen stets eine Mischfinanzierung aus riskanten Einlagen und Eigenkapital dominiert.

[49] Bei Marshall/Prescott (2001) werden jedoch ex ante keine Prämien erhoben. Stattdessen werden die Ausgaben der Einlagenversicherung durch eine Steuererhebung am Periodenende gedeckt.

beliebig kombinierbar sind, um den Risikoerhöhungsanreiz auszuschalten, sind Prämie und Eigenkapitalnormen unter asymmetrischer Information in komplizierter Weise aufeinander abgestimmt.

6.3.1 Unbeobachtbarer Risikotyp

Bei der Analyse risikosensitiver Prämien unter adverser Selektion halten wir grundsätzlich die Modellierung gewisser mit der Einlagenfinanzierung verbundener Renteneinkommen für realistischer als die Annahme einer völligen Indifferenz zwischen Einlagenfinanzierung und anderen Finanzierungsformen.[50] In einer Situation unbeobachtbarer Banktypen ist damit im Modellrahmen eine faire, anreizkompatible Prämienstruktur möglich. Neben der unseres Erachtens grundlegend problematischen Konzentration auf die Frage adverser Selektion ist das im Ansatz von Freixas/Rochet (1998) vorgeschlagene zweitbeste Subventionierungsschema jedoch mit verschiedenen weiteren Problemen behaftet. Zum einen ist aufgrund der in der Praxis auf längere Sicht schwierig zu erfassenden Effizienzverluste verzerrter Ein- und Austrittsentscheidungen eine auch nur annähernd optimale Lösung des beschriebenen Effizienz Trade-Offs unseres Erachtens kaum möglich. Zum anderen führt die Subventionierung einzelner Banktypen zu der Frage, inwieweit ein solches Schema im Wettbewerb mehrerer Versicherer möglich ist. Um dieses Problem auszuschließen, gehen Freixas/Rochet (1998) von einem öffentlichen Monopolversicherer aus. Wie in Abschnitt 5.5.2 diskutiert, hat diese Form der Einlagenversicherung ihre spezifischen Anreizprobleme, die bei einer Gesamtentscheidung ebenfalls zu berücksichtigen wären. Handelt es sich um einen privatwirtschaftlich organisierten Monopolversicherer, bei dem diese Gefahren eingeschränkt sind, ist unseres Erachtens in dynamischer Interpretation zweifelhaft, ob die negativ von der Umverteilung betroffenen Banken langfristig, d. h. nach der Typoffenbarung der anderen Banken, bereit wären, weiterhin ihren Subventionierungsbeitrag zu leisten.

6.3.2 Unbeobachtbare Risikowahl

In den auf der Unbeobachtbarkeit der Risikowahl einer Bank aufbauenden Ansätzen kann die effiziente Investitionspolitik durch eine Kombination von Eigenkapitalauflagen, Versicherungsprämie und eventuellen ex post Zahlungen der Bank sichergestellt werden. Inwieweit die Versicherungsprämie - unter Umständen auch unter Berücksichtigung der ex post Zahlungen - eine faire Prämie darstellt oder eine Subventionierung beinhaltet, hängt von der verwendeten Modellierung ab. Gemeinsam ist den Ansätzen das hohe

[50] Man beachte, dass diese Renteneinkommen nicht direkt mit dem Einlagengeschäft verbunden sein müssen. Dienen die Einlagen z. B. als Marketinginstrument für andere Bankdienstleistungen, die Renteneinkommen generieren, wird sich die Bank ebenfalls nicht indifferent zwischen Einlagen und anderen Finanzierungsformen verhalten.

Maß an Informationsverarbeitungskapazität, das zur Bestimmung der optimalen Kombination dieser Instrumente notwendig ist. Letztlich geht es um die optimale Steuerung der Bankgewinne angesichts eines Trade-Offs zwischen effizienter Risikonahme der Bank, den Problemen einer eventuell notwendigen Subventionierung und den Vorteilen der Einlagenfinanzierung.[51] Erforderlich ist zudem eine genaue Kenntnis der bankspezifischen Anlage- und Finanzierungsmöglichkeiten.

Alles in allem betrachtet sind einer Anwendung der vorhandenen theoretischen Ergebnisse zur anreizkompatiblen Kombination von risikosensitiven Prämien und Eigenkapitalnormen in der Praxis relativ enge Grenzen gesetzt. Die angesichts der bremsenden Wirkung von Renteneinkommen eventuell naheliegende Idee, dass die Aufsichtsbehörden durch die Schaffung regulatorisch bedingter Marktzutrittsbarrieren Renteneinkommen generieren sollten, ist theoretisch wie empirisch umstritten. Gewisse Dimensionen einer Wettbewerbsförderung scheinen sich sogar positiv auf die Stabilität des Bankensektors auszuwirken.[52] Allerdings legen die Ansätze zur Korrektur des Risikoerhöhungsanreizes durch ex post Strafzahlungen nahe, auf besonders hohe Ergebnisausprägungen einer Bank mit verstärkten Kontrollmaßnahmen zu reagieren.[53] Die Ansätze blenden durch die Annahme der völligen Unbeobachtbarkeit der Risikowahl die Möglichkeit von - wenn auch kostspieligen und unvollständigen - Überwachungsmaßnahmen der Banken aus.[54] Ebenso unberücksichtigt bleibt die Wirkung von Offenlegungsvorschriften.

6.3.3 Praxis der Prämiengestaltung und Anknüpfungspunkte für die weitere Analyse

Betrachtet man die Praxis der Prämiengestaltung, so werden risikodifferenzierte Prämien durchaus angewandt, und sie gewinnen international an Bedeutung. Länder mit einer Risikodifferenzierung sind beispielsweise die USA, Deutschland, Frankreich, die Schweiz sowie die skandinavischen Länder. Die Prämiendifferenzierung orientiert sich überwiegend an ratingbasierten Methoden, die auch zur Bewertung unversicherter Fremdkapitaltitel her-

[51] Die Probleme einer eventuellen Subventionierung zur Schaffung zukünftiger Gewinneinkommen werden in der Moral-Hazard-Version von Chan/Greenbaum/Thakor (1992) nicht weiter diskutiert. Sind mit der Einlagenfinanzierung Vorteile und/oder mit der Eigenkapitalbeschaffung Kosten verbunden, müssen konzeptionell zudem die Folgen von Eigenkapitalnormen in eine Gesamtwürdigung einbezogen werden, vgl. unsere Fußnote 48 auf S. 171.

[52] Vgl. die Diskussion auf S. 209f.

[53] Vgl. Marshall/Prescott (2001), S. 168.

[54] Hirtle/Lopez (1999) schätzen die „Verfallszeit" von Informationen, die die Aufsichtsbehörden bei Vor-Ort-Untersuchungen erlangen. Auf Basis dieser Verfallszeit leiten sie die notwendige Frequenz von Vor-Ort-Untersuchungen ab, um weiterhin Prognosekraft bei der Identifikation von Problemfällen zu besitzen. Bhattacharya et al. (2002) kommen zu dem Ergebnis, dass eine höhere Untersuchungsfrequenz die untere Schranke des Eigenkapitalanteils absenkt, ab der der Risikoanreiz zum Tragen kommt.

angezogen werden.[55] Dabei besteht zum Teil explizit die Möglichkeit, dass Banken mit höherem Eigenkapitalanteil dennoch einen höheren Prämiensatz abführen müssen.[56] Neben der Möglichkeit einer höheren gemessenen Volatilität der Bankaktiva kann dies auch als Bestätigung der oben diskutierten Modellierung von Flannery (1991) interpretiert werden, bei der aufgrund von Fehlern in der Risiko- und Eigenkapitalerfassung eine rein substitutive Beziehung zwischen Eigenkapital und Versicherungsprämie nicht mehr gegeben ist.

Die quantitative Bedeutung der Risikodifferenzierung ist dabei allerdings schwierig zu beurteilen. So wird etwa die Spreizung der Risikoprämien im US-amerikanischen System als relativ klein angesehen.[57] Mehr als 90 % der Banken fallen zudem in die am besten eingeschätzte Risikokategorie.[58]

Einigkeit besteht hinsichtlich der grundlegenden Bedeutung der Eigenkapitalregulierung für die Einlagenversicherung.[59] Damit wird einerseits die Vorstellung verbunden, dass ein hoher Eigenkapitalanteil die zu erwartenden Verpflichtungen des Einlagenversicherers beschränkt. Die theoretische Begründung folgt hier der oben dargestellten Wirkung einer Erhöhung des Eigenkapitalanteils auf den Wert der Put-Option der Versicherung. Zum anderen soll die Eigenkapitalregulierung den Anreiz zur Risikoerhöhung mindern. In den Ansätzen zur unbeobachtbaren Risikowahl haben wir diskutiert, wie Eigenkapitalauflagen die Risikonahme bremsen können. Die dort unterstellten Eigenkapitalnormen in Form einer Auflage bezüglich des Eigenkapitalanteils in Relation zum gesamten Anlageportfolio haben jedoch sehr wenig mit den in der Praxis zu beobachtenden Eigenkapitalnormen zu tun. Diese Eigenkapitalnormen setzen im Gegensatz dazu häufig auf der Ebene einzelner Vermögensgegenstände an oder verwenden Informationen aus dem bankinternen Risikomanagement zur Bestimmung der regulatorischen Auflagen.[60] Interessanterweise existiert eine intensive wissenschaftliche Debatte über die Wirkung solcher Eigenkapitalauflagen, in deren Verlauf auch gegenläufige Effekte auf die Risikonahme von Banken identifiziert wurden. Wir werden diese Ansätze zur Analyse der Wirkung von Eigenkapitalnor-

---

[55]Vgl. Laeven (2002).

[56]Vgl. FDIC (2001). Selbstverständlich kann ein solcher Zusammenhang auch implizit durch den Ratingprozess begründet werden, in dem mehrere Risikokennziffern - darunter die Eigenkapitalausstattung - zu einer Risikoklasse verdichtet werden.

[57]Dewatripont/Tirole (1994), S. 61. So betrug - vor Erreichen der Obergrenze der Versicherungsfondsmittel - der Unterschied zwischen der am besten und am schlechtesten eingeschätzten Risikoklasse 8 Basispunkte (0,08 %) pro Geldeinheit Einlage (23 vs. 31 Basispunkte), vgl. FDIC (2001).

[58]In Verbindung mit den Vorschriften bei Erreichen der Obergrenze der Versicherungsfondsmittel („designated reserve ratio") führt dies dazu, dass die überwiegende Mehrheit der Banken keine Prämien bezahlt, da die oberste Kategorie einen Prämiensatz von derzeit null abzuführen hat, vgl. FDIC (2005a, b). Zur Einlagenversicherung in Deutschland vgl. Abschnitt 9.2.3.

[59]Vgl. etwa Benston et al. (1986), S. 175ff.

[60]Vgl. hierzu die Darstellung in Abschnitt 7.1.

men auf die Risikonahme von Banken deshalb ausführlich im nachfolgenden Kapitel 7 diskutieren.

Gemeinsam ist diesen Ansätzen, dass sie auf eine explizite Modellierung der asymmetrischen Informationsverteilung zwischen Aufsicht und Bank verzichten. Allerdings kann die Orientierung der betrachteten Eigenkapitalauflagen an grundsätzlich leicht beobachtbaren Größen der Buchführung wie etwa dem Nominalwert einer Kreditforderung bzw. an Daten des bankinternen Risikomanagements bereits als gewisse Berücksichtigung der grundlegenden Informationsasymmetrie interpretiert werden.[61] Zudem wird in diesen Ansätzen überwiegend von einer nicht risikodifferenzierten Prämie zur Einlagenversicherung ausgegangen oder die Wirkung eines Prämiensystems völlig ausgeblendet. Begründet werden kann dieses Vorgehen zum einen über die oben angeführte unter Umständen geringe tatsächliche Spreizung risikosensitiver Prämien. Zum anderen kann die Modellierung als Annäherung an eine Situation interpretiert werden, in der die Bank ihren Risikogehalt erst nach der Prämienbestimmung und in Abhängigkeit der bestehenden Eigenkapitalregulierung festlegt. Der in den obigen Ansätzen enthaltene Rückkopplungseffekt in Form des Einlagenversicherers, der seine Prämie in Erwartung der induzierten Geschäftspolitik entsprechend ex ante setzt, fehlt jedoch. Die Modellierung hat damit eher positiven Charakter („Wie reagiert eine Bank theoretisch auf relativ realitätsnah gestaltete Eigenkapitalnormen bei kurzfristig gegebener Versicherungsprämie ihrer Einlagen?"). Es erfolgt keine normativ ausgerichtete Ableitung optimaler Eigenkapitalnormen sowie deren Abstimmung mit der Einlagenversicherung. Die Ansätze haben dennoch praktische Bedeutung, da sie zumindest darüber Aufschluss geben, welchen prinzipiellen Einfluss Eigenkapitalnormen auf die Risikonahme von Banken besitzen.

Box - Wichtige Ergebnisse und weiterführende Argumente Kapitel 6

- Unter vollständiger Information können risikosensitive Versicherungsprämien einen Risikoerhöhungsanreiz verhindern. Eigenständige Eigenkapitalnormen sind überflüssig, da das vorhandene Eigenkapital bei der „fairen" Prämienberechnung berücksichtigt wird.

- Unter asymmetrischer Information sind Versicherungsprämien und Eigenkapitalnormen auf komplexe Weise aufeinander abzustimmen.

[61] Im Fall der Verwendung von Daten aus dem bankinternen Risikomanagement treten freilich spezifische andere Informationsprobleme auf, vgl. die Ausführungen auf S. 229f.

- In einperiodischer Sicht kann auch eine risikosensitive Prämie in Verbindung mit Eigenkapitalnormen einen Risikoerhöhungsanreiz allerdings nicht verhindern. In mehrperiodischer Sicht kann dagegen eine anreizkompatible Kombination von Prämie und Eigenkapitalnorm eine Risikoerhöhung in der ersten Periode vermeiden.
- Daneben können ex post Zahlungen die Konvexität der Gewinnfunktion und damit den Risikoerhöhungsanreiz der Bank verändern.
- Die Praxis der Prämiengestaltung kennt - zumindest konzeptionell - vermehrt risikosensitive Prämien. Reale Eigenkapitalnormen haben jedoch wenig Ähnlichkeiten mit den modellierten, in Relation zum Gesamtportfolio bestimmten Eigenkapitalanforderungen.

Kapitel 7

Eigenkapitalnormen und Risikonahme

Das Kapitel analysiert die Wirkung von Eigenkapitalnormen auf die Risikonahme von Banken. Abschnitt 7.1 stellt zunächst die grundlegenden Formen von Eigenkapitalnormen vor. Abschnitt 7.2 stellt die zu erwartenden Effekte von Eigenkapitalnormen vor und untersucht diese auf ihre theoretische Fundierung. Dabei unterscheiden wir die Ansätze insbesondere nach der Art der unterstellten Zielfunktion der Bank. Wie sich zeigen wird, ist die Wirkung von Eigenkapitalnormen in entscheidender Weise hiervon abhängig.

7.1 Grundlegende Formen der Eigenkapitalregulierung

Eigenkapitalnormen geben ein bestimmtes Verhältnis von Eigenkapital zu einer Risikomesszahl vor, das eingehalten werden muss, um Eingriffe der Aufsicht zu vermeiden.[1] Die einfachste Form hat die Risikomesszahl, wenn sie der Summe der Bilanzaktiva entspricht. Bezeichnet f das vorgegebene Mindestverhältnis von Eigenkapital zu Risikomesszahl, so muss in diesem einfachen Fall

$$\frac{\text{Eigenkapital}}{\text{Bilanzsumme}} \geq f$$

gelten.

Normen dieser Art vernachlässigen eventuelle Unterschiede in der Zusammensetzung der Vermögenswerte einer Bank. In einer Weiterentwicklung werden deshalb die Bankaktiva in Risikoklassen mit verschiedenen Risikogewichten eingeteilt. Die Risikomesszahl ergibt sich dann als die gewichtete Summe der Bankaktiva.

[1] Vgl. hierzu etwa Burghof (1998), S. 102ff.

Es gilt also

$$\frac{\text{Eigenkapital}}{\sum_{i=1}^{n} \gamma_i x_i} \geq f,$$

wobei γ_i das Risikogewicht und x_i den Wert der in die Risikoklasse i fallenden Aktiva wiedergibt.[2] Diese Risikomesszahl wird in der Aufsichtspraxis auch als „risikogewichtete Aktiva“ (RWA) bezeichnet.

Schließlich existieren Eigenkapitalnormen, die einen Eigenkapitalpuffer in Abhängigkeit des - unter Berücksichtigung von Korrelationen der einzelnen Vermögenswerte - mit gegebener Wahrscheinlichkeit nicht überschrittenen Gesamtverlusts in einem bestimmten Zeitraum verlangen. Es wird also beispielsweise der Verlust abgeschätzt, der innerhalb von zehn Tagen mit 99 % Wahrscheinlichkeit nicht überschritten wird, und verlangt, dass das Eigenkapital mindestens ausreicht, um diesen Verlust zu decken. Wird die Dichte- bzw. Verteilungsfunktion der Ergebnisausprägungen korrekt geschätzt, kommt es damit im betrachteten Zeitraum maximal in 1 % der Fälle zur Insolvenz.[3]

Der mit einer gegebenen Wahrscheinlichkeit $(1-\alpha)$ nicht überschrittene Verlust wird auch als Value-at-Risk$_{1-\alpha}$ - kurz VaR$_{1-\alpha}$ - bezeichnet und ergibt sich formal als das (negative) α-Quantil der Verteilung der Wertänderung der Bankaktiva.[4] Dabei gibt α die Wahrscheinlichkeit größerer Verluste an; der Wert $(1-\alpha)$ wird auch als Konfidenzniveau des jeweiligen VaR bezeichnet. Abbildung 7.1 veranschaulicht diese Überlegungen. Die Fläche unterhalb der Dichtefunktion links des VaR$_{1-\alpha}$ entspricht der Wahrscheinlichkeit α, dass Wertänderungen auftreten, die größer als dieser VaR sind. Eine Verringerung dieser Insolvenzwahrscheinlichkeit impliziert einen nach links verschobenen größeren VaR, der mit entsprechend mehr Eigenkapital unterlegt werden muss.

Die Praxis der Ausgestaltung von Eigenkapitalnormen ist selbstverständlich sehr viel komplexer.[5] Zum einen ist zu berücksichtigen, dass das regu-

[2] Da die Regulierungspraxis verschiedene Risikoarten kennt, berechnen konkrete Eigenkapitalnormen den Nenner dieser Ungleichung als Summe der einzelnen Messzahlen gegenüber unterschiedlichen Risikoarten. Die Gesamtmesszahl der Bank setzt sich also additiv zusammen und vernachlässigt stochastische Abhängigkeiten zwischen den Risikoarten. Vgl. hierzu auch die Ausführungen in den Abschnitten 7.2.2.3 und 10.3.1.

[3] Exakt formuliert muss das vorgehaltene Eigenkapital nicht nur den Verlust, sondern auch eventuell fällige Zinszahlungen aus der Finanzierung der betrachteten Vermögenswerte abdecken, vgl. Kupiec (1999). Eine Vernachlässigung der Zinszahlungen führt zu einer Unterschätzung der tatsächlichen Insolvenzwahrscheinlichkeit.

[4] Das Value-at-Risk-Konzept hat seinen Ursprung im bankinternen Risikomanagement von Wertpapierpositionen. Inzwischen hat es auch in anderen Bereichen des internen Risikomanagements und in Auflagen der Regulierungsbehörden Anwendung gefunden. Für eine grundlegende Darstellung vgl. etwa Jorion (2001) und Dowd (1998). In Abschnitt 7.2.3 werden wir ausführlicher auf das VaR-Konzept eingehen.

[5] Vgl. für die deutschen Regelungen zum Beispiel Hartmann-Wendels/Pfingsten/Weber (2004), S. 396ff.

Abbildung 7.1: $\text{VaR}_{1-\alpha}$ als (negatives) α-Quantil der Verteilung der Wertänderung der Bankaktiva

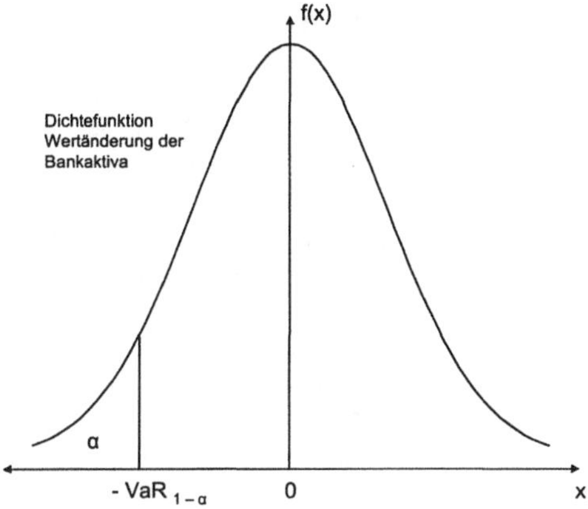

Quelle: Hartmann-Wendels/Pfingsten/Weber (2004), S. 337.

latorische Eigenkapital nicht mit dem bilanziellen Eigenkapital oder dem Marktwert des Eigenkapitals übereinstimmen muss. Beispielsweise zählen die nach § 340f HGB von Banken bildbaren Vorsorgereserven unter bestimmten Voraussetzungen zum regulatorischen Eigenkapital. Zum anderen unterscheidet sich die Definition der Risikoklassen und ihrer Gewichte nach verschiedenen Risikobegriffen der Bankbetriebslehre und der Einteilung in Handels- und Anlagebuchpositionen.

Von den Risikobegriffen der Bankbetriebslehre sind insbesondere das so genannte Ausfall- oder Kreditrisiko und das Marktrisiko bedeutsam.[6] Unter dem Kreditrisiko versteht man das Risiko, dass ein Vertragspartner der Bank seinen Verpflichtungen nicht nachkommt, etwa in Form der Insolvenz eines Kreditnehmers der Bank.[7] Unter dem Marktrisiko versteht man das Risiko, dass sich der Wert eines Finanzkontrakts in Folge der Änderung von Marktpreisen (Zinssätze, Wechselkurse etc.) verändert. Die Anleihe eines ausländischen Emittenten etwa kann ihren Wert infolge von Wechselkurs- oder Zinsschwankungen verändern.[8]

[6] Wir werden die Begriffe „Ausfallrisiko" und „Kreditrisiko" im Weiteren synonym verwenden.

[7] Zum Teil wird das Ausfall- bzw. Kreditrisiko umfassender definiert. Es umfasst dann auch das Risiko einer zwischenzeitlichen Bonitätsverschlechterung des Kreditnehmers, die nicht zu einem sofortigen Ausfall von Zahlungen führt. Wird aufgrund einer gestiegenen Ausfallwahrscheinlichkeit z. B. eine Wertberichtigung eines Kredits notwendig, zählt dies dann ebenfalls zum Kreditrisiko der Bank. Vgl. Hartmann-Wendels/Pfingsten/Weber (2004), S. 547.

[8] Diese Unterscheidung ist - zumindest in der Regulierungspraxis - nicht ganz trenn-

Die Einteilung in Handels- und Anlagebuchpositionen erfolgt anhand der mit einem Finanzkontrakt verfolgten Zielsetzung. Im Handelsbuch werden die Finanzkontrakte erfasst, die mit der Absicht des kurzfristigen Wiederverkaufs gehalten werden. Im Anlagebuch werden dagegen Finanzkontrakte ohne kurzfristige Verkaufsabsicht erfasst. Die von einer Bank vergebenen Kredite z. B. zählen zum Anlagebuch. Die Zuordnung in Handels- bzw. Anlagebuch hat Auswirkungen darauf, welche Risikoart bei einem Finanzkontrakt mit regulatorischem Eigenkapital unterlegt werden muss. So muss bei einem Finanzkontrakt, der zum Anlagebuch zählt, lediglich das Kreditrisiko mit regulatorischem Eigenkapital abgedeckt sein. Zählt der Finanzkontrakt dagegen zum Handelsbuch, müssen dagegen Markt- und Kreditrisiko abgedeckt werden.[9]

Schließlich müssen die Erfassung und Bewertung von Risiken über eine reine Bilanzbetrachtung hinausgehen, um auch außerbilanzielle Geschäfte wie etwa Kreditzusagen oder Termingeschäfte zu erfassen und in ihrer potenziellen Verlusthöhe zu bestimmen. Bei einem außerbilanziellen Geschäft wie dem Terminverkauf von Devisen wird beispielsweise versucht, den Neueindeckungsaufwand im Fall eines Ausfalls des bisherigen Vertragspartners abzuschätzen. Wir werden in Kapitel 10 näher auf die praktische Gestaltung der geplanten neuen Eigenkapitalnormen (Basel II) eingehen. Für die nachfolgenden theoretischen Betrachtungen ist das Verständnis des in diesem Abschnitt vorgestellten konzeptionellen Aufbaus risikosensitiver Eigenkapitalnormen ausreichend.

7.2 Wirkung von Eigenkapitalnormen auf Risikonahme und Insolvenzwahrscheinlichkeit von Banken

Mit der Einführung von Eigenkapitalnormen werden unterschiedliche Wirkungen auf Risikonahme und Insolvenzwahrscheinlichkeit von Banken verbunden. Ceteris paribus verringert sich mit der Einführung (bindender) Eigenkapitalnormen die Insolvenzgefahr der Bank, da ein größerer Puffer zum Auffangen von Verlusten vorhanden ist. Die Festbetragsansprüche der Einleger oder generell der Fremdkapitalgeber bleiben damit für größere Verlusthöhen erfüllbar. Eventuell vorhandene Einlagensicherungssysteme

---

scharf: Die so genannte Marktrisikoposition für eine solche Anleihe beinhaltet auch das „besondere Kursrisiko", das die Gefahr eines Kursverlustes aufgrund einer verschlechterten Bonität des Emittenten umfasst, vgl. Hartmann-Wendels/Pfingsten/Weber (2004), S. 478f. Aufgrund der obigen Definition würde man dieses Risiko konzeptionell dagegen als Kreditrisiko einordnen.

[9]Hintergrund hierfür ist, dass eine etwa durch eine Zinsänderung hervorgerufene Wertänderung eines Finanzkontrakts, das im Handelsbuch geführt ist, aufgrund der Bewertung zum Nominalwert keinen Abschreibungsbedarf erzeugt. Auf die mit diesem Vorgehen verbundene Problematik gehen wir in Abschnitt 10.3.1 ein.

müssen erst später Ansprüche befriedigen. Löst man die ceteris paribus Annahme jedoch auf, stellt sich die Frage, inwieweit die Anlage- und Finanzierungpolitik einer Bank auf die Einführung von Eigenkapitalnormen reagiert und diesen Effekt verstärkt bzw. unterläuft.

So wird mit einem höheren Eigenkapitalanteil einerseits die Erwartung verbunden, dass die Eigenkapitalgeber sensitiver auf Insolvenzgefahren reagieren, da sie einen größeren Teil der Gesamtanlage aus eigenen Mitteln finanziert haben. Um die Insolvenz zu vermeiden bzw. deren Wahrscheinlichkeit zu verringern, wählen sie eine weniger riskante Anlagepolitik. Theoretische Grundlage für diesen Bindungseffekt von Eigenkapitalnormen sind die allgemeinen finanzierungstheoretischen Ansätze von Jensen/Meckling (1976) und Green/Talmor (1986), die einen negativen Zusammenhang zwischen Risikoanreizproblem und Eigenkapitalanteil postulieren. Andererseits wird befürchtet, dass Eigenkapitalnormen dazu führen, dass das Risiko des Anlageportfolios der Bank erhöht wird, um die bisherige Risiko-/Ertragsstruktur pro eingesetzter Eigenkapitaleinheit beizubehalten.[10]

Wie die weitere Analyse zeigen wird, hängen die von Eigenkapitalnormen ausgehenden Wirkungen in entscheidender Form von der unterstellten Zielfunktion der Bank ab. Wir analysieren dabei zunächst den Einfluss von Eigenkapitalnormen auf das Verhalten der Bank bei unterstellter Marktwertmaximierung. Dies korrespondiert mit der dabei zugleich unterstellten Vollkommenheit des Kapitalmarkts. Wie in Abschnitt 2.1 betont, ist unter diesen Umständen die Existenz von Banken schwerlich zu erklären. Andererseits arbeiten maßgebliche frühe Ansätze zur Analyse der Wirkung von Eigenkapitalnormen mit diesen Annahmen. Um die widersprüchlichen Aussagen hierzu entsprechend würdigen zu können, müssen auch diese Modelle mit einbezogen werden. Im Anschluss daran diskutieren wir Ansätze, die auf einer Risikoaversion der Bank aufbauen. Dies korrespondiert mit der Annahme unvollkommener Kapitalmärkte, die wiederum grundlegend konsistent mit der institutionenökonomischen Existenzerklärung von Banken ist.

7.2.1 Eigenkapitalnormen und marktwertmaximierende Banken

Zur Analyse von Eigenkapitalnormen bei marktwertmaximierenden Banken verwenden wir das Modell von Rochet (1992), der verschiedene frühere Ansätze zusammenfasst und erweitert.[11] Vorteil des Ansatzes ist insbesondere seine Eigenschaft, die Zusammensetzung des Anlageportfolios aus zahlreichen Anlagemöglichkeiten explizit zu modellieren. Damit wird die Analyse

[10]Vgl. Koehn/Santomero (1980) und Kim/Santomero (1988), die das von Pyle (1971) und Hart/Jaffee (1974) entwickelte Verständnis von Banken als Portfoliomanagern auf die Analyse von Eigenkapitalnormen anwenden.

[11]Vgl. z. B. Kareken/Wallace (1978) und Sharpe (1978).

der (immer noch) weit verbreiteten Form der Eigenkapitalregulierung durch Risikogewichte für einzelne Anlagekategorien möglich.

7.2.1.1 Modellstruktur

Das Modell betrachtet zwei Zeitpunkte $T = 0$ und $T = 1$. In $T = 0$ wählt die Bank die Zusammensetzung ihres Anlageportfolios aus $i = 0, 1, \ldots, n$ Zahlungsströmen, die auf einem vollkommenen Kapitalmarkt gehandelt werden. Entsprechend können wir von $n + 1$ Wertpapieren oder Anlagemöglichkeiten sprechen. Das mit 0 bezeichnete Wertpapier liefere eine sichere (Brutto-)Rendite von $(1 + R_0)$, die aus Sicht von $T = 0$ unsichere Rendite der anderen Wertpapiere sei jeweils $(1 + \tilde{R}_i)$. Der jeweilige Anlagebetrag wird mit x_i bezeichnet. Finanziert wird dieses Anlageportfolio mit der Hereinnahme von Einlagen in Höhe von D und einem als fix angenommenen Eigenkapitalstock in Höhe von K_0.[12] Die Bank verspricht eine Rückzahlung in Höhe von $(1 + R_D)D$, die versprochene Verzinsung entspricht also R_D.

Die die jeweiligen Bilanzseiten in $T = 0$ und $T = 1$ wiedergebenden Gleichungen lauten entsprechend

$$\sum_{i=0}^{n} x_i = D + K_0 \tag{7.1}$$

und

$$\sum_{i=0}^{n} x_i(1 + \tilde{R}_i) = (1 + R_D)D + \tilde{K}_1, \tag{7.2}$$

wobei $\tilde{K}_1$ das Nettovermögen der Bank angibt.

Wir können das Nettovermögen auch in Abhängigkeit der Entscheidungsvariablen der Bank ausdrücken, nämlich den jeweiligen Anlagebeträgen x_i und der Höhe der Einlagen D. Es gilt dann:

$$\begin{aligned} \tilde{K}_1 &= \sum_{i=0}^{n} x_i(1 + \tilde{R}_i) - D - R_D D \\ &= \sum_{i=1}^{n} x_i \varrho_i + (1 + R_0)K_0 + (R_0 D - R_D D), \end{aligned} \tag{7.3}$$

wobei $\varrho_i = \tilde{R}_i - R_0$, also die Renditedifferenz zwischen riskantem Wertpapier i und risikolosem Wertpapier bezeichnet.[13]

[12] Man beachte, dass D hier nicht den Rückzahlbetrag, sondern den Wert der in $T = 0$ überlassenen Mittel darstellt.

[13] Zur Interpretation der zweiten Zeile verdeutliche man sich, dass bei der vollständigen Anlage der vorhandenen Mittel $K_0 + D$ im sicheren Wertpapier der erste Term der

Die Bank versucht, den Marktwert ihres Eigenkapitals V zu maximieren. Ihre Zielfunktion lautet deshalb unter Berücksichtigung beschränkter Haftung:

$$V = \sum_{\omega \in \Omega} p(\omega) \max[0, \tilde{K}_1(\omega)]. \tag{7.4}$$

Die Größe $p(\omega)$ gibt den so genannten Arrow-Debreu Zustandspreis für den Umweltzustand ω an, d. h. den Preis, den man in $T = 0$ für den Erhalt einer Geldeinheit bei Vorliegen des Umweltzustands ω in $T = 1$ zu zahlen hat. Der Marktwert des Eigenkapitals ergibt sich also als Summe der mit den Zustandspreisen gewichteten Ausprägungen des Nettovermögens über alle Umweltzustände.[14] Daneben sind selbstverständlich auch die Renditedifferenzen des unsicheren Wertpapiers i - und damit $\tilde{K}_1$ - abhängig von der Realisation des Umweltzustandes ω, es ist also $\varrho_i(\omega)$.

Die Frage ist nun, ob die Bank durch die bewusste Wahl der Anlagestruktur oder der Höhe der Einlagen den Wert des Eigenkapitals beeinflussen kann. Es leuchtet bei einem vollkommenen Kapitalmarkt, der unter anderem symmetrische Information zwischen allen Akteuren impliziert, unmittelbar ein, dass die Einleger ihre geforderte Verzinsung an das Risikoprofil ihres Anspruchs anpassen werden. Um den Effekt dieser Reaktion der Einleger auf den Marktwert des Eigenkapitals der Bank fassbar zu machen, benötigen wir eine formale Beziehung zwischen Anlagestruktur sowie Umfang der hereingenommenen Einlagen und der geforderten Verzinsung R_D. Dabei machen wir uns zunutze, dass im Gleichgewicht eines vollkommenen Kapitalmarkts für den Marktwert der Einlagen - d. h. den Betrag, den rationale Einleger für den versprochenen Rückzahlungsbetrag $(1+R_D)D$, gegeben das Anlageprofil und das Verschuldungsniveau der Bank, bereit sind, in $T = 0$ herzugeben

rechten Seite von (7.3) wegfällt. Das Nettovermögen umfasst dann das mit R_0 verzinste Eigenkapital und die Marge zwischen der aktivseitigen Verzinsung der Einlagen $R_0 D$ und den Zinszahlungen an die Einleger $R_D D$. Werden die vorhandenen Mittel auch in riskante Wertpapiere angelegt, hängt das Nettovermögen von den realisierten, möglicherweise negativen Renditedifferenzen im Vergleich zur sicheren Anlage und den jeweiligen Anlagebeträgen x_i ab.

[14] Gehen wir beispielhaft von drei Umweltzuständen $1, 2, 3$ aus und nehmen an, dass die korrespondierenden Werte des Nettovermögens $10, 5, 0$ betragen. Bei gegebenen Zustandspreisen $p(1) = 0,2, p(2) = 0,25, p(3) = 0,3$ beträgt der Marktwert also $0,2 \times 10 + 0,25 \times 5 + 0,3 \times 0 = 3,25$. Damit ist selbstverständlich nichts über die Determinanten der Zustandspreise gesagt. Für sie gilt jeweils ceteris paribus: (i) Je höher der risikolose Zinssatz, desto geringer $p(\omega)$, (ii) je höher die Eintrittswahrscheinlichkeit des Umweltzustands ω, desto höher $p(\omega)$) und (iii) je größer das im Umweltzustand ω vorhandene Gesamtangebot an Auszahlungen, desto geringer $p(\omega)$, vgl. Franke/Hax (2004), S. 385ff. Für eine ausführliche Darstellung der State-Preference-Theorie vgl. auch das Lehrbuch von Zimmermann (1998).

- folgende Beziehung gelten muss:

$$D = \sum_{\omega \in \Omega} p(\omega) \min \left[(1 + R_D)D, \sum_{i=1}^{n} x_i \varrho_i(\omega) + (1 + R_0)(D + K_0) \right]. \quad (7.5)$$

Der Marktwert ergibt sich also wieder als der mit den Zustandspreisen bewertete Zahlungsstrom über alle Umweltzustände. Dabei werden die Einleger berücksichtigen, dass es unter Umständen zur Insolvenz kommt, d. h. der Anlageerfolg nicht für die versprochene Rückzahlung $(1 + R_D)D$ ausreicht. In diesem Fall erhalten die Einleger das gesamte Anlagevermögen $\sum_{i=1}^{n} x_i \varrho_i(\omega) + (1 + R_0)(D + K_0)$.

Unter Berücksichtigung einiger aus den Gleichgewichtsbedingungen eines vollkommenen Kapitalmarkts folgenden Gleichungen lassen sich nun (7.4) und (7.5) so ergänzen, dass der Marktwert V unter Berücksichtigung der Reaktion der Einleger bestimmbar wird.[15] Die Addition von $(1+R_D)D/(1+R_0)$ zum Marktwert V führt zu

$$\begin{aligned} & V + \frac{(1 + R_D)D}{1 + R_0} \\ & = V + (1 + R_D)D \sum_{\omega \in \Omega} p(\omega) \\ & = \sum_{\omega \in \Omega} p(\omega) \max \left[(1 + R_D D), \sum_{i=1}^{n} x_i \varrho_i(\omega) + (1 + R_0)(D + K_0) \right]. \end{aligned}$$

Die Addition dieser Gleichung zu (7.5) führt zu

$$\begin{aligned} & V + \frac{(1 + R_D)D}{1 + R_0} + D \\ & = \sum_{\omega \in \Omega} p(\omega) \left[\sum_{i=1}^{n} x_i \varrho_i(\omega) + (1 + R_D)D + (1 + R_0)(D + K_0) \right] \\ & = \sum_{i=1}^{n} \left[x_i \sum_{\omega \in \Omega} p(\omega) \varrho_i(\omega) \right] + \sum_{\omega \in \Omega} p(\omega)(1 + R_D)D + \sum_{\omega \in \Omega} p(\omega)(1 + R_0)(D + K_0). \end{aligned}$$

Unter Berücksichtigung der kurz zuvor erwähnten Gleichungen für die Zustandspreise $1/(1 + R_0) = \sum_{\omega \in \Omega} p(\omega)$ und $\sum_{\omega \in \Omega} p(\omega) \varrho_i(\omega) = 0$ impliziert

[15] Aus der Non-Arbitrage Bedingung folgt $1 = \sum_{\omega \in \Omega} p(\omega)(1 + \varrho_i(\omega))$ für $i = 0, 1, \ldots, n$, d. h. der Marktwert einer in Wertpapier i angelegten Geldeinheit muss gleich eins sein. Jede Anlagemöglichkeit stellt also eine Investition mit einem (risikoadjustierten) Kapitalwert von null dar. Für $i = 0$ gilt insbesondere $1/(1 + R_0) = \sum_{\omega \in \Omega} p(\omega)$. Schließlich folgt daraus auch, dass die Renditedifferenzen der riskanten Wertpapiere im Vergleich zur sicheren Anlage einen Marktwert von null haben, formal $\sum_{\omega \in \Omega} p(\omega) \varrho_i(\omega) = 0$ für $i = 1, 2, \ldots, n$.

dies aber

$$\begin{aligned} V + \frac{(1+R_D)D}{1+R_0} + D &= \frac{(1+R_D)D}{1+R_0} + D + K_0 \\ V &= K_0. \end{aligned} \tag{7.6}$$

Der Marktwert des Eigenkapitals entspricht also unabhängig von Einlagenhöhe und Anlagestruktur immer gerade dem in $T = 0$ bereitgestellten Betrag. Es gilt - angesichts der Annahme eines vollkommenen Kapitalmarkts nicht überraschend - das von Modigliani/Miller (1958) entwickelte Irrelevanztheorem der Finanzierung. Die Bank kann zudem nicht durch die Wahl eines riskanten Anlageprogramms den Marktwert des Eigenkapitals auf Kosten der Einleger steigern, da diese den Rückzahlbetrag über die geforderte Verzinsung so anpassen, dass der Marktwert ihrer Ansprüche erhalten bleibt.

7.2.1.2 Einführung einer Versicherung von Einlagen

Es stellt sich nun die Frage, was geschieht, wenn unter diesen Bedingungen eine Versicherung der Einlagen vorgenommen wird. Problematisch an diesem Vorgehen ist natürlich die fehlende Begründung für eine solche Versicherung, die in einem vollkommenen Kapitalmarkt überflüssig ist. Die Vertreter des hier vorgestellten Ansatzes sind sich dessen durchaus bewusst, aber argumentieren, dass das verwendete Modell dennoch geeignet ist, das Verhalten von Banken *gegeben* eine solche Versicherung zu analysieren.[16] Wir werden uns in 7.2.1.4 Abschnitt mit der Berechtigung dieser Aussage beschäftigen und konzentrieren uns zunächst auf die Entwicklung der Ergebnisse.

Um die Einlagenversicherung zu modellieren, wird eine einheitliche, zum Einlagenvolumen proportionale Prämie $P = kD$ angenommen.[17] Die Bank finanziert sich allein aus Eigenkapital und Einlagen, d. h. $x_i \geq 0$. Es stellt sich damit die folgende Optimierungsaufgabe: Maximiere den Marktwert des Eigenkapitals V durch Wahl des Vektors x und der Einlagenhöhe D, wobei

$$V = \sum_{\omega \in \Omega} p(\omega) \max[0, \sum_{i=1}^{n} x_i \varrho_i(\omega) + (1+R_0)K_0 + R_0 D - (R_D + k)D], \tag{7.7}$$

unter den Nebenbedingungen

$$x_i \geq 0, \quad i = 1, 2, \ldots, n \quad \text{und} \quad \sum_{i=1}^{n} x_i \leq K_0 + D.$$

[16] „If insuring bank liabilities is unnecessary, so is regulating banks. Yet, in the pages that follow we do examine various bank regulations for their effects. That may strike some as strange, but there is an easy explanation. ... Regulation [e.g. solvency regulation] is not an alternative to deposit insurance but rather a necessary complement. ... [O]ur conclusions about the regulations that we consider should be of interest even to those who insist on real-world relevance.“ Kareken/Wallace (1978), S. 415.

[17] Eine Risikodifferenzierung findet also nicht statt. Zur Diskussion dieser Annahme vgl. noch einmal Abschnitt 6.3.3.

Anders als bisher ist die geforderte Verzinsung der Einleger nun jedoch unabhängig vom vorhandenen Eigenkapital und der Struktur des Anlageportfolios und entspricht immer der sicheren Verzinsung, d. h. $R_D = R_0$. Unter diesen Umständen wählt die Bank ein Portfolio, das lediglich aus einem riskanten Wertpapier besteht.[18] Formale Ursache hierfür ist, dass der Marktwert der Bank V eine in dem n-dimensionalen Vektor x konvexe Funktion ist und der durch die Nebenbedingungen aufgespannte Möglichkeitsraum bei gegebenem D ebenfalls konvex ist. In diesem Fall liegt die Lösung des Maximierungsproblems in einem der Eckpunkte des Möglichkeitsraums, d. h. ein Element des Lösungsvektors x^* ist gleich $K_0 + D$, während alle anderen Elemente gleich null sind.[19] Dies bedeutet, dass das von der Bank gewählte Portfolio aus lediglich einem einzigen Wertpapier besteht; Diversifikationseffekte sind damit nicht möglich. Dabei ist ausgeschlossen, dass $K_0 + D$ im risikolosen Wertpapier x_0 angelegt wird.[20]

Weniger formal ausgedrückt, maximiert die Bank ihren Marktwert mit dieser Anlagepolitik durch die Maximierung des Marktwerts der von der Einlagenversicherung erhaltenen Zahlungen. Dies kann man durch eine Umformung der Zielfunktion (7.7) erkennen. Der Marktwert des Eigenkapitals der Bank ergibt sich durch Abzug des Marktwerts der Einlegeransprüche vom Gesamtunternehmenswert. Allerdings ist zu berücksichtigen, dass der Gesamtunternehmenswert nun neben dem Marktwert des Anlageportfolios auch die eventuellen Zahlungen der Einlagenversicherung und die Versicherungsprämie umfasst. Es gilt also

$$V = \sum_{\omega\in\Omega} p(\omega)\left\{\sum_{i=1}^{n} x_i\varrho_i(\omega) + (1+R_0)(D+K_0)\right\} - \sum_{\omega\in\Omega} p(\omega)(1+R_D)D$$
$$+\sum_{\omega\in\Omega_2} p(\omega)\left\{(1+R_D)D - \left[\sum_{i=1}^{n} x_i\varrho_i(\omega) + (1+R_0)(D+K_0)\right]\right\} - \sum_{\omega\in\Omega_1} p(\omega)kD, \tag{7.8}$$

wobei Ω_2 bzw. Ω_1 die Menge der Umweltzustände beschreibt, in denen es zur Insolvenz bzw. nicht zur Insolvenz kommt. Der erste Term in dieser Gleichung beschreibt den Marktwert des Anlageportfolios. Von ihm wird der Marktwert der Einlegeransprüche abgezogen, wobei jetzt aufgrund der Einlagenversicherung die Einleger immer $(1 + R_D)$ erhalten. Möglich wird dies

[18] Vgl. Rochet (1992), S. 1144, Proposition 1.

[19] Für den allgemeinen Nachweis eines Maximums einer konvexen Funktion über einem konvexen Möglichkeitsraum vgl. etwa Luenberger (1973), S. 118ff. Die Werte von x_i für $i = 1, 2, \ldots, n$ legen bei gegebenem Anlagebetrag $K_0 + D$ zugleich den Wert für x_0 fest. Zudem implizieren die Nebenbedingungen in Verbindung mit der Bilanzidentität von (7.1) auch $x_0 \geq 0$.

[20] Dies lässt sich durch die partiellen Ableitungen der Gewinnfunktion nach x_i für $i = 1, 2, \ldots, n$ jeweils bei $x_i = 0$ erschließen. Da $\partial V/\partial x_i$ an dieser Stelle jeweils null und die Gewinnfunktion in x konvex ist, kann $x_i = 0$ für $i = 1, 2, \ldots, n$ kein Maximum implizieren.

durch den dritten Term, den Transfer der Einlagenversicherung im Insolvenzfall, wenn also das gesamte Anlageportfolio nicht ausreicht, um $(1+R_D)$ zu decken. Abgezogen werden muss dagegen die Prämienzahlung an die Einlagenversicherung, die in der vorliegenden Modellierung ex post bezahlt wird und damit effektiv nur bei Nichtinsolvenz entrichtet wird.[21]

Unter Berücksichtigung von $R_D = R_0$ und der bereits zuvor genutzten Gleichungen für Zustandspreise und Renditedifferenzen vereinfacht sich der Ausdruck (7.8) für die Zielfunktion der Bank zu

$$V = K_0 + \sum_{\omega\in\Omega_2} p(\omega)\left\{(1+R_D)D - \left[\sum_{i=1}^{n} x_i\varrho_i(\omega) + (1+R_0)(D+K_0)\right]\right\} - \sum_{\omega\in\Omega_1} p(\omega)kD.$$

Der Marktwert des Eigenkapitals der Bank entspricht also dem ursprünglich eingesetzten Kapital K_0 plus dem Nettobarwert des Transfers der Einlagenversicherung.[22] Maximiert die Bank durch Anlage- und Einlagenpolitik diesen Transfer, maximiert sie zugleich den Marktwert ihres Eigenkapitals. Die Eigenkapitalgeber der Bank profitieren davon, dass die Einleger aufgrund des Versicherungsschutzes ihre geforderten Rückzahlungen in den Nicht-Insolvenzzuständen nicht entsprechend der gewählten Anlagepolitik und Eigenkapitalausstattung anpassen. Existierte keine Versicherung, würden sie eventuelle Ausfälle in den Insolvenzzuständen durch erhöhte Rückzahlungsansprüche in den Umweltzuständen ohne Insolvenz kompensieren.[23]

Welche Anlagepolitik, d. h. welches der riskanten Wertpapiere im vorliegenden Modell den Marktwert der von der Einlagenversicherung erhaltenen Zahlungen maximiert, ist ohne nähere Spezifizierung der Auszahlungsstruktur der Wertpapiere über die Umweltzustände und der Zustandspreise nicht möglich. Für den Fall zweier möglicher Umweltzustände und zweier riskanter Wertpapiere zeigen Furlong/Keeley (1989), dass eine marktwertmaximierende Bank sich für die in ihren Erträgen weiter streuende Anlagemöglichkeit entscheiden wird.[24] Kann die Bank die Auszahlungsstruktur ihres Portfolios über die Umweltzustände beliebig gestalten, wird sie ein Portfolio wählen, das mit einer Ausnahme in allen Umweltzuständen eine Auszahlung von null aufweist und damit zur Insolvenz führt. Lediglich in dem Umweltzu-

[21] Bei Insolvenz kann sie die Einlagenversicherung zwar aus der Haftungsmasse entnehmen, erhöht aber damit im gleichen Maße die an die Einleger notwendige Transferzahlung. Wird die Versicherungsprämie bereits im Vorhinein eingezogen, verringert sich entsprechend der in $T = 0$ für die Anlage zur Verfügung stehende Betrag und der Marktwert der Prämie erhöht sich. An den qualitativen Ergebnissen ändert dies nichts, vgl. etwa Kareken/Wallace (1978).

[22] Dass der Marktwert der Bank ohne Transfer der Einlagenversicherung nur K_0 entspricht, ist der Annahme eines vollkommenen Kapitalmarkts geschuldet, auf dem nur Anlagemöglichkeiten mit einem Nettobarwert von null gehandelt werden.

[23] Vgl. für diese Interpretation Homölle (1999), S. 58.

[24] Vgl. Furlong/Keeley (1989), S. 886.

stand, der den geringsten Zustandspreis $p(\omega)$ aufweist, wird eine hohe Auszahlung gewährleistet und die Insolvenz vermieden.[25] Auch dieses Portfolio lässt sich durch den obigen Ausdruck für den Marktwert der von der Einlagenversicherung erhaltenen Zahlungen erklären: Zum einen verringert jede im Insolvenzfall noch vorhandene positive Auszahlung die Leistung der Einlagenversicherung. Zum anderen erhöht jeder zusätzliche Umweltzustand, in dem es zur Insolvenz kommt, die Leistung der Einlagenversicherung.[26]

Gegeben diese riskante Anlagepolitik und den Prämiensatz k, wird die Bank zudem möglichst viele Einlagen hereinnehmen. Betrachten wir dafür die partielle Ableitung

$$\partial V/\partial D = \sum_{\omega \in \Omega_2} p(\omega)\{(1+R_D) - (1+R_j(\omega))\} - \sum_{\omega \in \Omega_1} p(\omega)k,^{27}$$

wobei $(1+R_j)$ die Bruttorendite des gewählten riskanten Wertpapiers wiedergibt, die für die Insolvenzzustände $\omega \in \Omega_2$ kleiner als $(1+R_D) = (1+R_0)$ sein muss.[28] Ist diese Ableitung, gegeben den derzeitigen Verschuldungsgrad, bereits positiv, erhöht eine weitere Einlage und simultane Anlage in x_j den Gewinn weiter. Ist die Ableitung, gegeben die derzeitige Verschuldungshöhe, noch nicht positiv - weil aufgrund eines hohen Eigenkapitalanteils noch kein Insolvenzzustand erreicht wird oder der Marktwert der Prämienzahlung dem Wert der Zahlungen im Insolvenzfall entspricht bzw. diesen übersteigt -, nimmt sie mit einer Erhöhung von D und entsprechender Anlage in x_j zu. Nur für den Fall eines Prämiensatzes k, der so hoch gewählt wird, dass $\partial V/\partial D$ auch für beliebig große D nicht größer null wird, strebt damit die Höhe der von der Bank hereingenommenen Einlagen bzw. der Marktwert ihres Eigenkapitals nicht gegen unendlich.

Um dieses Problem zu vermeiden, wird explizit eine Begrenzung der hereingenommenen Einlagen über die Einführung einer Nachfragefunktion für Einlagen modelliert.[29] Hierbei wird angenommen, dass die Einleger - beispielsweise aufgrund der Zahlungsmittelfunktion der Einlagen - bereit sind,

---

[25]Vgl. Kareken/Wallace (1978), S. 428.

[26]In der vorliegenden Formulierung verringert außerdem jeder zusätzliche Insolvenzzustand den Marktwert der Prämienzahlung $\sum_{\omega \in \Omega_1} p(\omega)kD$. Für den üblicheren Fall der ex ante Prämienzahlung bleibt der Marktwert der Prämienzahlung hiervon unbeeinflusst.

[27]Dabei machen wir uns zunutze, dass V - gegeben die riskante Anlagepolitik - auch als $K_0 + \sum_{\omega \in \Omega_2} p(\omega)\{(1+R_D)D - (K_0+D)(1+R_j(\omega))\} - \sum_{\omega \in \Omega_1} p(\omega)kD$ notiert werden kann.

[28]Theoretisch könnten die Bruttorenditen für $\omega \in \Omega_2$ negativ sein, d. h. ein Dritter erhält Zahlungen von der Bank. Dies widerspricht aber einer vorrangigen Befriedigung der Ansprüche der Einleger bzw. Einlagenversicherung im Insolvenzfall. Gilt ein solcher Vorrang, so kann die Bank bereits in $T = 0$ effektiv keine Wertpapiere mit solchen Zahlungscharakteristika kaufen, vgl. Kareken/Wallace (1978), S. 419. Gilt kein solcher Vorrang, erhöht eine Befriedigung dritter Ansprüche die notwendigen Transfers der Einlagenversicherung.

[29]Vgl. Rochet (1992), S. 1143. Für ein ähnliches Vorgehen vgl. Kareken/Wallace (1978), S. 421.

sich mit einer Verzinsung der Depositen von weniger als R_0 zufrieden zu geben. Möchte die als lokaler Monopolist agierende Bank weitere Depositen anziehen, muss sie jedoch eine immer höhere Verzinsung anbieten, die sich mit zunehmendem D der sicheren Verzinsung R_0 annähert. Zusammen mit positiven Verwaltungskosten der Einlagen impliziert dies im Fall ohne Einlagenversicherung ein eindeutiges, endliches Niveau der Einlagen. Wie aus der Mikroökonomik bekannt, wird eine gewinnmaximierende Bank zusätzliche Einlagen hereinnehmen, solange der Grenzerlös (hier: zusätzlicher Marktwert) aus der Anlage dieser Mittel abzüglich des Marktwerts der versprochenen Rückzahlung die Grenzkosten in Form der Verwaltungskosten übersteigt. Für den Fall mit Einlagenversicherung muss die Bank nun berücksichtigen, dass sie bei der Ausdehnung der Einlagen zusammen mit dem Transfer der Einlagenversicherung auch die Kosten der Einlagenhereinnahme in Form der Prämienzahlungen, Verwaltungskosten und der zur Mobilisierung zusätzlicher Einlagen notwendigen Rückzahlungsversprechen erhöht. Rochet (1992) nimmt für diese „Kostenfunktion“ $C(D)$ streng monoton zunehmende Grenzkosten $C'(D)$ mit $C'(\infty) = \infty$ an, so dass auch im Fall mit Einlagenversicherung die optimale Einlagenhöhe endlich ist.[30] Aufgrund des Tranfers der Einlagenversicherung ist diese jedoch höher als ohne Einlagenversicherung.[31]

Zusammengefasst wird sich eine marktwertmaximierende Bank bei Existenz einer Einlagenversicherung ohne risikosensitive Prämiengestaltung für ein äußerst riskantes Anlageprofil bei einem im Vergleich zur Situation ohne Einlagenversicherung höheren Einlagenvolumen entscheiden.[32]

7.2.1.3 Einführung Eigenkapitalnormen

Wie wirken sich nun Eigenkapitalnormen auf das Verhalten der Bank aus? Dabei ist zu berücksichtigen, dass als Reaktion auf die Einführung von Eigenkapitalnormen prinzipiell nicht nur Anpassungen der Anlagepolitik, sondern auch die Aufnahme zusätzlichen Eigenkapitals denkbar sind.

Bezeichnen wir deshalb das von neuen Eigenkapitalgebern in $T = 0$ bereitgestellte Eigenkapital mit ΔK. Für den in $T = 1$ geltenden Wert des Nettovermögens der Bank $\tilde{K}_1(\omega)$ gilt nun

$$\sum_{i=1}^{n} x_i \varrho_i(\omega) + (1 + R_0)(K_0 + \Delta K) + R_0 D - (R_D + k)D.$$

Aufgrund der Annahme eines vollkommenen Kapitalmarkts besteht folgende Beziehung zwischen dem Wert des neuen Eigenkapitals und dem so definierten Nettovermögen:

[30] Dies folgt nicht zwingend aus der Modellierung über eine elastische Nachfragefunktion, vgl. Kareken/Wallace (1978), S. 428.
[31] Vgl. Rochet (1992), S. 1144.
[32] Vgl. Kareken/Wallace (1978), Keeley/Furlong (1989) und Rochet (1992).

$$\Delta K = (1-\kappa)\sum_{\omega\in\Omega} p(\omega)\max[0,\tilde{K_1}(\omega)],$$

wobei κ den Anteil des in den Händen der ursprünglichen Eigenkapitalgeber befindlichen gesamten Eigenkapitals angibt. Die neuen Eigenkapitalgeber stellen in $T=0$ also gerade den Marktwert ihres anteiligen Anspruchs am Nettovermögen der Bank unter Berücksichtigung beschränkter Haftung bereit.

Die Zielfunktion der ursprünglichen Eigenkapitalgeber ist nun entsprechend $V=\kappa\sum_{\omega\in\Omega} p(\omega)\max[0,\tilde{K_1}(\omega)]$, die unter Berücksichtigung der obigen Gleichung für ΔK auch als

$$V=\sum_{\omega\in\Omega} p(\omega)\max[0,\tilde{K_1}(\omega)]-\Delta K \tag{7.9}$$

geschrieben werden kann. Im neuen Optimierungsproblem der Bank geht es darum, Gleichung (7.9) unter Berücksichtigung der folgenden Eigenkapitalnorm

$$\sum_{i=1}^{n}\gamma_i x_i \leq K_0+\Delta K \tag{7.10}$$

zu maximieren. Die Größe γ_i entspricht dabei dem Risikogewicht der i-Anlagemöglichkeit. Daneben gilt weiterhin $x_i \geq 0$ für $i=1,2,\ldots,n$ sowie die bereits bekannte Nebenbedingung für die Anlagesumme $\sum_{i=1}^{n} x_i \leq D+K_0+\Delta K$.[33]

Zur Darstellung der Lösungen für dieses Maximierungsproblem kann man sich wieder die Konvexität der Zielfunktion V in Bezug auf $(x,\Delta K)$ zunutze machen, wobei x den Vektor der Anlagebeträge in die $1,2,...,n$ riskanten Wertpapiere beschreibt. Zusammen mit der Konvexität des Möglichkeitsraums impliziert dies wiederum ein Maximum der Zielfunktion in einem Eckpunkt des Möglichkeitsraums. Die Eckpunkte des Möglichkeitsraums können mit Hilfe des $(n+3)$-dimensionalen Vektors $[x_1\, x_2\, \ldots\, x_n\, \Delta K\, s_1\, s_2]$ gefunden werden.[34] Die ersten $n+1$ Elemente geben dabei die in das riskante Wertpapier x_i investierten Beträge und die Höhe der potenziellen Kapitaländerung ΔK an. Die beiden letzten zusätzlichen Variablen $s_{1,2}\geq 0$ bezeichnen den Schlupf der beiden Nebenbedingungen, d. h. sie geben an, ob die Nebenbedingungen exakt erfüllt sind oder nicht binden. Ist beispielsweise $s_1>0$,

[33] Ohne die Einführung der Nebenbedingung (7.10) wird die Bank von sich aus kein neues Eigenkapital aufnehmen, vgl. Rochet (1992), S. 1146. Durch zusätzliche Haftungsmasse in den Insolvenzzuständen wird der Transfer der Einlagenversicherung verringert, während die Auszahlung an die ursprünglichen Eigenkapitalgeber in Nicht-Insolvenzzuständen verringert wird.

[34] Zum Finden der Extrempunkte eines durch lineare Nebenbedingungen aufgespannten Möglichkeitsraums vgl. etwa Chiang (1984), S. 671ff.

werden nicht alle Mittel $D + K_0 + \Delta K$ in die riskanten Wertpapiere $\sum_{i=1}^{n} x_i$ investiert. Damit ist $s_1 > 0$ gleichbedeutend mit $x_0 > 0$, d. h. die verbliebenen Mittel werden in die risikolose Anlagemöglichkeit investiert. Ist $s_2 > 0$, reicht das Eigenkapital $K_0 + \Delta K$ bei gegebenem Anlageprofil mehr als aus, um die Eigenkapitalnorm zu erfüllen.

Die prinzipiell für das Maximum der Zielfunktion in Frage kommenden Eckpunkte des Möglichkeitsraums müssen nun stets implizieren, dass $n + 1$ Elemente dieses Vektors gleich null sind.[35] Innerhalb der so identifizierten Gruppe von Eckpunkten scheidet wiederum ein Punkt als ein Maximum der Zielfunktion aus. So kann die vollständige Anlage der ursprünglichen Mittel $D + K_0$ im sicheren Asset, d. h. $s_1 = x_0 = D + K_0$ und $s_2 = K_0$, kein Maximum darstellen. Mit einer solchen Anlagepolitik wird die Bank in keinem Umweltzustand insolvent; der Barwert der von der Einlagenversicherung erhaltenen Zahlungen ist also null.

Innerhalb der Gruppe der verbliebenen Eckpunkte lässt sich ohne genauere Spezifizierung kein einzelner Punkt bestimmen, der die Zielfunktion maximiert. Wie im Fall ohne Einlagenversicherung ist aber schon die allgemeine Charakterisierung der in Frage kommenden Eckpunkte aufschlussreich. Ein Marktwertmaximum fällt unter den gemachten Annahmen nämlich in eine der drei folgenden Kategorien:

- Es erfolgt keine Eigenkapitalerhöhung. Soweit es die Eigenkapitalnorm zulässt, wird in ein einziges riskantes Wertpapier j investiert, d. h. $x_j = \min[D + K_0, K_0/\gamma_j]$. Ein eventuell verbliebener Rest wird in das sichere Wertpapier x_0 investiert.

- Es erfolgt eine Eigenkapitalerhöhung. Sie reicht gerade aus, um die Eigenkapitalnorm bei Anlage der gesamten Mittel in einem einzigen riskanten Wertpapier j einzuhalten, d. h. $x_j = D + K_0 + \Delta K$.

- Es erfolgt keine Eigenkapitalerhöhung. Die vorhandenen Mittel $D+K_0$ werden so in zwei riskanten Wertpapieren j und k angelegt, dass die Eigenkapitalnorm bindet.

Mit Abbildung 7.2 lassen sich für den Fall $n = 1$, also den Fall einer riskanten Anlagemöglichkeit neben der sicheren Anlage, zumindest die ersten beiden Kategorien von Optimalpunkten veranschaulichen. Punkt C stellt dabei den für $n = 1$ in einer Situation ohne Eigenkapitalnormen eindeutigen Optimalpunkt dar. Die gesamten Mittel $D + K_0$ werden in das einzige

[35] Allgemein entspricht dies der Zahl der Entscheidungsvariablen des Maximierungsproblems, vgl. Chiang (1984), S. 675. Hier sind dies die Anlage in n riskante Wertpapiere sowie die eventuelle Aufnahme von zusätzlichem Eigenkapital ΔK. Zwei dieser Eckpunktkandidaten scheiden jedoch aus logischen Gründen aus. Es kann nicht simultan $s_1 = x_0 = D + K_0 + \Delta K$, d. h. $x_i = 0$ für $i = 0, 1, \ldots, n$ und $\sum_{i=1}^{n} \gamma_i x_i = K_0 + \Delta K$ gelten. Weiterhin ist $\Delta K > 0$ und zugleich $s_2 = K_0 + \Delta K > 0$, d. h. $x_i = 0$ für $i = 0, 1, \ldots, n$, unmöglich.

riskante Wertpapier investiert. Wird nun eine (bindende) Eigenkapitalnorm eingeführt, sind die Punkte A und B neue Optimalpunktkandidaten.

Abbildung 7.2: Marktwertmaximale Portfoliowahl vor und nach Einführung einer Eigenkapitalnorm ($n = 1$)

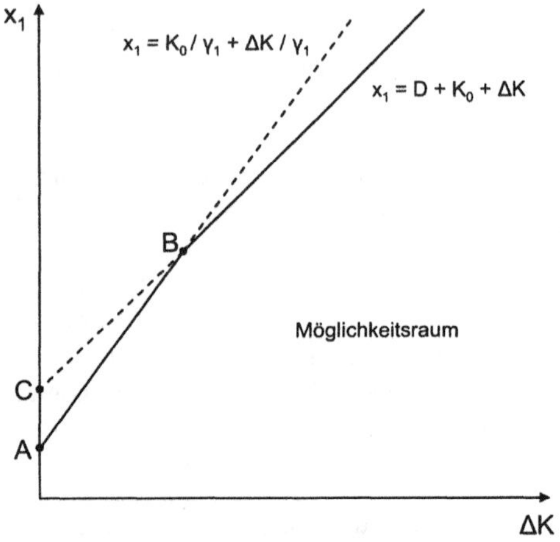

Quelle: Rochet (1992), S. 1147.

Punkt A beschreibt dabei ein potenzielles Maximum, das der ersten Kategorie von Eckpunkten angehört. In Punkt A bindet die Eigenkapitalnorm, die gekaufte Menge von x_1 entspricht also dem ohne eine Eigenkapitalerhöhung maximal möglichen Wert K_0/γ_1. Offensichtlich bindet jedoch nicht die Anlagebedingung $x_1 = D + K_0$, d. h. der Differenzbetrag muss im sicheren Wertpapier x_0 angelegt sein.[36]

Punkt B ist dagegen durch eine Eigenkapitalerhöhung gekennzeichnet. Er erfüllt darüber hinaus beide Nebenbedingungen exakt, d. h. die Eigenkapitalerhöhung war gerade ausreichend, um den gesamten Anlagebetrag $D + K_0 + \Delta K$ in das riskante Wertpapier zu investieren. Entscheidet sich die Bank für eine gegebene Parameterkonstellation im Vergleich von A und B für den Punkt B, muss der ceteris paribus negativen Wirkung einer Eigenkapitalerhöhung auf den Marktwert eine größere positive Wirkung der Erhöhung des riskanten Wertpapiers gegenüberstehen.

[36]Dass diese Lösung nicht zwingend der Anlage in ein zweites riskantes Wertpapier - wie etwa in der dritten Lösungskategorie - unterlegen sein muss, erscheint auf den ersten Blick überraschend. Man stelle sich jedoch ein zweites riskantes Wertpapier vor, dessen Auszahlungsstruktur zusammen mit x_1 die Auszahlung des Gesamtportfolios so verändert, dass die Zahl der Insolvenzzustände - und damit der Tranfer der Einlagenversicherung - zurückgeht.

7.2.1.4 Zusammenfassung und Regulierungsimplikationen

Zusammengefasst sind Eigenkapitalnormen in Form von Risikogewichten für unterschiedliche Anlagemöglichkeiten im vorliegenden Modell wenig geeignet, die Risikonahme bzw. die Insolvenzwahrscheinlichkeit von Banken zu begrenzen. Stattdessen entscheiden sich marktwertmaximierende Banken für ein Portfolio, das aus maximal zwei riskanten Wertpapieren besteht. Ob sie zusätzliches Eigenkapital aufnehmen, um nach Einführung bindender Eigenkapitalnormen weiterhin in einem einzigen riskanten Wertpapier zu investieren, oder ob sie ihr Anlageportfolio umschichten und auf eine Eigenkapitalerhöhung verzichten, kann allgemein nicht beantwortet werden.[37]

Die Beurteilung des Ansatzes zur Kritik realer Eigenkapitalnormen fällt damit tendenziell negativ aus. In einer Modellwelt, in der ohne (zudem nicht notwendige) Einlagenversicherung keine spezifische Bedeutung für Eigenkapital und Diversifizierung des Anlageportfolios vorhanden ist, können schwerlich realitätsnahe Ergebnisse zur Bedeutung von Eigenkapitalvorschriften und Risikonahme abgeleitet werden. Der Ansatz macht zwar deutlich, welche Wirkung eine risikoinsensitive Einlagenversicherung sozusagen in Reinform entwickelt (Maximierung des durch die Einlagenversicherung erhaltenen Tranfers), kann aber nicht erklären, wie Eigenkapitalnormen eine entgegengesetzte Wirkung entfalten sollen.[38] Wir wenden uns deshalb der zweiten Modellkategorie zur Analyse von Eigenkapitalnormen zu, die von einem risikoaversen Verhalten der Bank ausgeht.

7.2.2 Eigenkapitalnormen und risikoaverse Banken

In Abschnitt 5.4.1.3 haben wir uns ausführlich mit Gründen für ein Abweichen der Zielfunktion von der Maximierung des Marktwerts des Unternehmens bzw. des Eigenkapitals beschäftigt. Die Entwicklung der allgemeinen Finanzierungstheorie mit ihrer Betonung der Prinzipal-Agenten-Theorie und direkter und indirekter Insolvenzkosten („financial distress costs") zeigt, dass das Verhalten von Management und Eigenkapitalgebern gegenüber dem Insolvenzfall nur unzulänglich in einem vollkommenen Kapitalmarkt erfasst

[37] Modellendogen wäre der Anreiz zur Risikoerhöhung freilich durch eine - im angenommenen Informationsumfeld eines vollkommenen Kapitalmarkts unproblematische - faire Prämie beseitigbar. Vgl. die Diskussion in Abschnitt 6.1.

[38] Die Ergebnisse von Furlong/Keeley (1989) scheinen diesen Überlegungen auf den ersten Blick zu widersprechen. Die Autoren stellen einen risikobeschränkenden Effekt von Eigenkapitalnormen für eine marktwertmaximierende Bank in einem vollkommenen Kapitalmarkt fest. Der scheinbare Widerspruch erklärt sich jedoch dadurch, dass in ihrem Modell nicht näher spezifizierte regulatorische Kosten für die Bank existieren, die im gewählten Risiko der Bank zunehmen. Die Erhöhung des Eigenkapitalanteils in Folge einer Eigenkapitalregulierung führt zu einer Verringerung des Grenzvorteils aus der Risikonahme in Form der Subventionierung durch die Versicherung der Einlagen. In Verbindung mit den gegebenen regulatorischen Kosten nimmt die Risikonahme ab, da für die optimale Risikonahme (bei einer inneren Lösung) Grenzkosten gleich Grenzvorteil gelten muss.

werden kann. Bei unvollkommenem Kapitalmarkt haben wir dort entsprechend einerseits Ursachen für ein risikoaverses Verhalten identifiziert, die auf einem Auseinanderfallen der Interessen von Management und Eigenkapitalgebern beruhen. Andererseits haben wir dort auch Ansätze diskutiert, bei denen sich ein den Eigenkapitalgebern verpflichtetes Management risikoavers verhält. Da - wie bereits an verschiedenen Stellen erwähnt - die Existenz und Funktionsweise von Banken durch die Unvollkommenheit des Kapitalmarkts erklärt werden, ist die Analyse von Eigenkapitalnormen und risikoaverser Banken also theoretisch konsistenter und verspricht tragfähigere Ergebnisse.

Verschiedentlich existieren Ansätze, die die Prinzipal-Agenten-Beziehung der Bankeigenkapitalgeber mit dem Bankmanagement explizit modellieren. So wenden Besanko/Kanatas (1996) den durch Jensen/Meckling (1976) aus der allgemeinen Finanzierungstheorie bekannten Externen-Eigenkapitaleffekt („outside equity effect") auf die Eigenkapitalregulierung von Banken an. Sie kommen zu dem Schluss, dass (bindende) Eigenkapitalnormen zu einer erhöhten Risikonahme führen können. Ursache hierfür sind verringerte Anstrengungen zur Kreditüberwachung durch die Bankeigner-Manager, die durch die Aufnahme externen Eigenkapitals nur noch einen geringeren Anteil des durch die Kreditvergabe erreichbaren Renteneinkommens erzielen.[39] Interessanterweise zeigt Weiland (1999), dass dieses Ergebnis auf subtile Art von der Modellierung der Auswirkungen der Kreditüberwachung abhängt. Beeinflussen nämlich die Überwachungsanstrengungen des Bankmanagements nicht die Eintrittswahrscheinlichkeit der vertragsmäßig vereinbarten Rückzahlungen der von der Bank vergebenen Kredite, sondern die der Bank zufließende Insolvenzmasse des Kreditnehmers, tritt ein gegenläufiger Effekt einer Eigenkapitalerhöhung auf.[40] Zwar wird weiterhin der Anteil des kontrollierenden Managements am Rückfluss der vergebenen Kredite verringert. Aufgrund des verringerten Einlagenumfangs sinkt jedoch auch die Grenze der Rückzahlung, ab der die Bank insolvent wird. Können die Bankeigner-Manager durch Überwachungsanstrengungen den Rückzahlbetrag über diese neue Grenze heben, erhalten sie eine Entlohnung für ihre Anstrengungen, die sie ohne externes Eigenkapital nicht erhalten hätten. Es steigt somit der Anreiz zu Überwachungsmaßnahmen. In der Modellierung von Weiland (1999) überwiegt dieser Effekt sogar eindeutig den Verwässerungseffekt, und die Aufnahme von externem Eigenkapital erhöht die Überwachungsanstrengungen des Bankmanagements.

---

[39]Unter dem Begriff Eigner-Manager werden dabei Eigenkapitalgeber verstanden, die zugleich Manager sind. Externe Eigenkapitalgeber sind dagegen nicht am Management beteiligt.

[40]So ist zum Beispiel möglich, dass die Bank durch ihre Überwachungsmaßnahmen nicht den eigentlichen Ausfall ihres Kreditnehmers beeinflusst, aber den Wert seiner Sicherheiten zeitnah erfasst und frühzeitig eingreift.

Auch ohne diesen Kritikpunkt birgt der Ansatz verschiedene Schwierigkeiten. So erscheint es uns unwahrscheinlich, dass bei Banken mit einer bereits recht breit gestreuten Eigentümerstruktur eine weitere Verwässerung der Ansprüche des Bankmanagements durch zusätzliches externes Eigenkapital zu diesem Effekt führt.[41] Der „outside equity effect" scheint uns eher für Entrepreneure relevant, die ihr Unternehmen zunächst eigenständig finanzieren und später - etwa nach einem Börsengang - als angestellte Manager des Unternehmens arbeiten. Außerdem sind wir nicht davon überzeugt, dass eine eindeutig negative Beziehung zwischen dem Anstrengungsniveau des Bankmanagements und dem Risiko der verfolgten Geschäftspolitk besteht. So erscheint auch der Tausch von prinzipiell lohnenden, zugleich jedoch riskanten Krediten, die einen hohen Überwachungsaufwand erfordern, mit weniger riskanten Engagements mit geringerem Nettobarwert, die einen niedrigeren Aufwand erfordern, möglich.[42] Dieser Effekt sollte noch verstärkt werden, wenn das Bankmanagement Vorteile aus seiner Tätigkeit zieht, die nicht direkt mit dem Unternehmenserfolg verbunden sind (z. B. Prestige, Freude an der Machtausübung). Bleiben diese erhalten, solange die Bank nicht insolvent geht oder von der Aufsicht kontrolliert wird, hat das Management einen Anreiz, das Risiko seiner Geschäftspolitik niedrig zu halten. Schließlich kann die Einführung von Eigenkapitalnormen den Spielraum des Bankmanagements gegenüber den Eigenkapitalgebern erhöhen, auf Ausschüttungen zu verzichten oder diese zu verringern.[43] Durch die den Eigenkapitalnormen geschuldeten geringeren Dividenden erhöht sich dann die zur Verfügung stehende Haftungsmasse.[44]

Wir verzichten aufgrund der erläuterten Schwierigkeiten auf eine detailliertere Diskussion dieser Ansätze. Stattdessen konzentrieren wir uns auf die Analyse einer Bank in einem unvollkommenen Kapitalmarkt, die auf der Annahme einer risikoaversen Zielfunktion ohne explizite Modellierung der

[41] Man beachte, dass der Gesamtwert des Eigenkapitals nach der Kapitalerhöhung aufgrund der negativen Auswirkungen auf das Anstrengungsniveau des Managements unterhalb des Gesamtwerts des Eigenkapitals vor der Kapitalerhöhung liegen muss, damit sich der Wert des Garantieversprechens des Einlagenversicherers, d. h. das Risiko aus Sicht des Versicherers erhöht, vgl. Besanko/Kanatas (1996), S. 164. Ein Rückgang des Aktienkurses durch die Neuemission, d. h. ein verringerter Wert des Anspruchs der Eigenkapitalgeber pro Anteilsschein, ist hierfür nicht ausreichend.

[42] Finden die riskanteren Projekte keine Finanzierung, sind mit den Eigenkapitalnormen dann freilich Wohlfahrtsverluste verbunden. An dieser Stelle geht es jedoch um die Wirkung von Eigenkapitalnormen auf den Risikogehalt der Bank.

[43] Vgl. Terberger (1995), S. 767.

[44] Der umgekehrte Effekt von Eigenkapitalnormen - aber wiederum nicht aufgrund des verringerten Anstrengungsniveaus des Bankmanagements - ergibt sich allerdings, wenn die Erhöhung des externen Eigenkapitals ein prinzipiell riskoaverses Bankmanagement zu einer stärkeren Verfolgung des Ziels der Marktwertmaximierung zwingt *und* dies mit einer Risikoerhöhung verbunden ist. Dabei ist jedoch, wie in Abschnitt 5.4.1.3 festgestellt, unter Berücksichtigung von Kapitalmarktunvollkommenheit nicht ausgemacht, ob eine den Eigenkapitalgebern verpflichtete Geschäftspolitik nicht auch risikoaverse Züge trägt.

Prinzipal-Agenten-Beziehung zwischen Bankmanagement und Eigenkapitalgebern beruht. Dies erscheint insbesondere für den von uns im Folgenden ausführlich diskutierten Ansatz von Rochet (1992) zulässig, da er durch die Berücksichtigung der beschränkten Haftung der Bank einen für Regulierungsfragen besonders wichtigen Aspekt dieser Prinzipal-Agenten-Beziehung dennoch greifbar macht.[45] Wie sich zeigen wird, ist nämlich im Fall einer beinahe oder bereits insolventen Bank aufgrund der ebenfalls beschränkten Haftung des Bankmanagements von einer Kongruenz der Interessen von Prinzipal und Agent auszugehen. Beide, auch ein prinzipiell risikoaverses Bankmanagement, bevorzugen dann eine riskantere Geschäftspolitik.[46]

7.2.2.1 Banken als risikoaverse Portfoliomanager

Die betrachtete Bank maximiert in diesem Ansatz den Erwartungsnutzen aus dem (unsicheren) Wert ihres Eigenkapitals $\tilde{K}_1$. Der Ausgangswert des Eigenkapitals K_0 ist fix, d. h. eine Kapitalaufnahme ist nicht möglich ($\Delta K = 0$). Diese Einschränkung ist der Annahme eines unvollständigen Kapitalmarkts geschuldet: „[B]ecause of our incomplete markets assumption, it is not easy to specify a reasonable way in which the price of capital depends on x [i.e. the chosen portfolio], ΔK and D. Therefore, we were forced to adopt [this assumption].“[47] Wiederum hat die Bank die Möglichkeit - neben einer risikolosen Anlagemöglichkeit - in n riskante Wertpapiere zu investieren. Dabei wird unterstellt, dass der Vektor der jeweiligen Renditedifferenzen zwischen riskantem und risikolosem Wertpapier $\tilde{\rho} = (\tilde{\rho_1}, \tilde{\rho_2}, \ldots, \tilde{\rho_n})$ normalverteilt mit Erwartungswert $\rho_i = (\rho_1, \rho_2, \ldots, \rho_n)$ und der Varianz-Kovarianz-Matrix V ist.

Unter diesen Annahmen kann der Erwartungsnutzen aus $\tilde{K}_1$ in Abhängigkeit vom Erwartungswert und der Varianz bzw. Standardabweichung des Werts des Eigenkapitals in $T = 1$ bestimmt werden, d. h. $Eu(\tilde{K}_1) = U(\mu, \sigma)$.[48] Dabei ist U eine konkave Funktion in μ und σ.

[45] Rochet (1992) führt verschiedene frühere Ansätze zusammen und erweitert sie. Hierzu zählen insbesondere Koehn/Santomero (1980) und Kim/Santomero (1988).

[46] Auch in dieser Situation werden freilich in der Praxis unterschiedliche Interessenlagen zwischen Bankmanagement und Eigenkapitalgebern verbleiben, insbesondere wenn eine riskantere Geschäftspolitik bzw. Insolvenzverschleppung mit strafbewehrten Normverstößen verbunden ist. Die deutschen Regelungen hierzu gelten im internationalen Vergleich als sehr strikt, vgl. Beck (2002), S. 713.

[47] Rochet (1992), S. 1149. Frühere Ansätze wie Koehn/Santomero (1980) und Kim/Santomero (1988) lassen zwar die Eigenkapitalaufnahme zu, gehen dabei aber von exogen gegebenen Eigenkapitalkosten aus. Da es im Folgenden insbesondere um die Möglichkeit von Insolvenzfällen geht, erscheint es problematisch, von der jeweiligen Anlagepolitik unabhängige Eigenkapitalkosten zu unterstellen.

[48] Die multivariate Normalverteilung der Renditedifferenzen stellt sicher, dass auch die Rendite eines aus diesen Wertpapieren zusammengestellten Portfolios normalverteilt ist. Da die Normalverteilung vollständig durch ihren Erwartungswert μ und ihre Varianz σ^2 beschrieben wird, kann der Erwartungsnutzen aus einer normalverteilten Zufallsvariablen

Der Erwartungswert des Endvermögens ist

$$\mu = E(\tilde{K_1}) = \sum_{i=1}^{n} x_i \varrho_i + R_0 D - C(D) + K_0(1 + R_0),$$

wobei $C(D)$ die Kosten der Einlagen in Form von Rückzahlungsversprechen, Prämienzahlung an die Einlagenversicherung und Verwaltungskosten angibt.[49] Die Standardabweichung σ ist gleich der Wurzel aus der Varianz

$$\sigma^2 = \sum_{i=1}^{n} \sum_{j=1}^{n} Cov(\tilde{\rho_i}, \tilde{\rho_j}) x_i x_j.$$

Die partiellen Ableitungen von U nach μ bzw. σ sind positiv bzw. negativ, d. h. der Grenznutzen eines höheren Erwartungswerts des Endvermögens ist positiv, während eine höhere Standardabweichung den Nutzen negativ beeinflusst.

Auch die Insolvenzwahrscheinlichkeit, d. h. $P[\tilde{K_1} < 0]$, kann über die so definierten Werte von Erwartungswert und Standardabweichungung bestimmt werden. Dies folgt unmittelbar daraus, dass das Endvermögen $\tilde{K_1}$ normalverteilt mit μ und σ ist.[50] Die Insolvenzwahrscheinlichkeit ergibt sich damit durch

$$P[\tilde{K_1} < 0] = P\left[\frac{\tilde{K_1} - \mu}{\sigma} < -\frac{\mu}{\sigma}\right] = \Phi\left(-\frac{\mu}{\sigma}\right),$$

mit $\Phi(.)$ als der Verteilungsfunktion einer standardnormalverteilten Zufallsvariablen. Ein erhöhter Erwartungswert des Endvermögens führt also ceteris paribus zu einer verringerten Insolvenzwahrscheinlichkeit, während eine erhöhte Standardabweichung diese ceteris paribus erhöht.

Hervorzuheben ist, dass in dieser Spezifizierung der Effekt beschränkter Haftung - also „the very source of the problem under study"[51] - analog zu den früheren Ansätzen von Koehn/Santomero (1980) und Kim/Santomero (1988) noch nicht berücksichtigt ist. Der Wert des Endvermögens der Bank kann hier negativ werden und wird in dem Erwartungsnutzen U auch entsprechend berücksichtigt. Wir werden zunächst die Ergebnisse unter Vernachlässigung der beschränkten Haftung entwickeln und dann die Wirkung dieser Einschränkung diskutieren.

Optimale Portfoliowahl ohne Eigenkapitalnormen Um das Maximierungsproblem der Bank zu lösen, bestimmen wir zunächst wiederum den

---

auf Basis von μ und σ^2 bestimmt werden. Vgl. hierzu ausführlich Ingersoll (1987), S. 95ff.

[49] Zur Erläuterung dieser Kostenfunktion der Einlagen vgl. S. 188f.

[50] Hierzu vgl. noch einmal die vorhergehende Fußnote 48.

[51] Rochet (1992), S. 1157.

Möglichkeitsraum ohne Eigenkapitalnormen, jetzt in Form der erreichbaren Kombinationen von Erwartungswert und Standardabweichung des Endvermögens. Die optimale Einlagenhöhe D^* ist implizit durch die Gleichung $C'(D^*) = R_0$ gegeben, d. h. durch die Menge von D, die den Gewinn aus dem Einlagengeschäft maximiert.[52] Für den Fall der Anlage sämtlicher Mittel in das risikolose Wertpapier ist damit das (in diesem Fall nicht stochastische) Endvermögen durch

$$K = R_0 D^* - C(D^*) + K_0(1 + R_0)$$

gegeben.

Eigenkapitalnormen müssen sich - wollen sie nicht Verzerrungen hinsichtlich der implizierten Insolvenzwahrscheinlichkeiten zwischen Banken mit unterschiedlichen Renteneinkommen auslösen - auf diesen „corrected net worth“ beziehen.[53] Grundlegende Idee hierfür ist, dass in $T = 1$ neben dem Eigenkapital auch eventuelle Renteneinkommen für die Deckung von Verlusten bereitstehen und damit die Insolvenzwahrscheinlichkeit beeinflussen.[54] Entsprechend geht Rochet (1992) vereinfachend davon aus, dass die Eigenkapitalnormen auf K abstellen. Alternativ kann die Einlagenrente auf null gesetzt werden, so dass sich die auf K beziehenden Eigenkapitalnormen mit dem Abdiskontierungsfaktor $1/(1 + R_0)$ in Abhängigkeit vom in $T = 0$ eingebrachten Eigenkapital K_0 darstellen lassen.

Wie aus der allgemeinen Portfoliotheorie bekannt, lässt sich der für die optimale Portfoliowahl in Frage kommende, effiziente Möglichkeitsraum unter den gegebenen Annahmen als Gerade im $\mu - \sigma$ Raum darstellen.[55]

Die Gerade ergibt sich als eine vom - bei vollständiger Anlage im sicheren Wertpapier erreichbaren - Punkt K ausgehende Tangente an den Rand des nur mit riskanten Wertpapieren abgeleiteten Möglichkeitsraums.[56] Je weiter man sich von K entfernt, desto größer wird der Anteil der in dem riskanten Tangentialportfolio angelegten Mittel; die Zusammensetzung des riskanten Portfolios, d. h. der Anteil des einzelnen riskanten Wertpapiers am in riskanten Anlagen gebundenen Gesamtbetrag, bleibt dabei konstant. Vereinfachend geht Rochet davon aus, dass die Nichtnegativitätsbedingung für

[52] Formal gilt für die partielle Ableitung der Zielfunktion nach der Einlagenhöhe $\partial U/\partial D = (\partial U/\partial \mu)(\partial \mu/\partial D) = (\partial U/\partial \mu)(R_0 - C'(D))$. Da der Grenznutzen aus einem erhöhten Erwartungswert positiv ist, ist diese Ableitung nur bei $C'(D) = R_0$ gleich null.

[53] Vgl. Rochet (1992), S. 1155.

[54] Für eine Analyse der Probleme von Eigenkapitalnormen bei Vernachlässigung der Einlagenrente vgl. Burghof (1998), S. 138ff.

[55] Für eine ausführliche Darstellung der optimalen Portfoliowahl vgl. etwa Ingersoll (1987), Chpt. 4. Punkte unterhalb der Geraden sind prinzipiell auch durch Portfoliobildung erreichbar, werden aber durch Punkte auf der Geraden dominiert, die ein höheres μ für ein gegebenes σ aufweisen. Man bezeichnet die Gerade deshalb als effizienten Möglichkeitsraum („efficient feasible set“), vgl. Rochet (1992), S. 1152.

[56] Auf die Darstellung dieses Raums in Form einer Hyperbel in Abbildung 7.3 wird aus Gründen der Übersichtlichkeit verzichtet.

Abbildung 7.3: Optimale Portfoliowahl vor Einführung von Eigenkapitalnormen

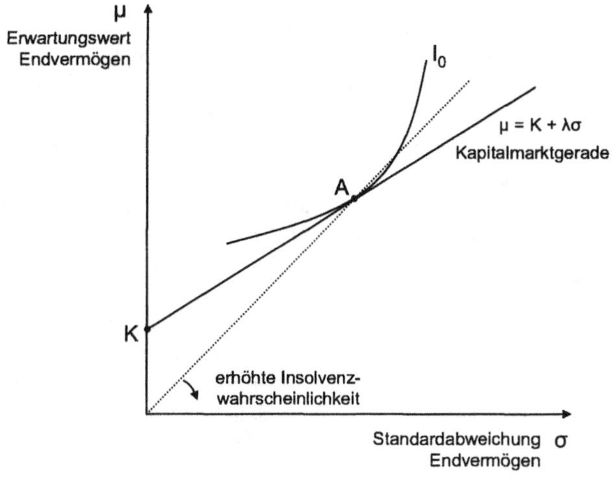

Quelle: Rochet (1992), S. 1153.

das risikolose Wertpapier nicht bindet, d. h. $x_0 > 0$.[57]

Eine Erhöhung des Risikos wird also effizienterweise nicht über eine Veränderung der Zusammensetzung der riskanten Wertpapiere erreicht, sondern über eine Vergrößerung dieses Portfolios zu Lasten einer Verringerung des sicheren Anlagebetrags.

Die in Abbildung 7.3 mit λ bezeichnete Steigung der Geraden ist unter den im bekannten Capital-Asset-Pricing Modell (CAPM) getroffenen Annahmen gleich $(\mu_M - R_0)/\sigma_m$, wobei μ_M bzw. σ_M den Erwartungswert bzw. die Standardabweichung des mit dem Tangentialportfolio übereinstimmenden Marktportfolios bezeichnet.[58] Die auch als Kapitalmarktgerade bezeichnete Linie beschreibt den Trade-Off von Risiko und Ertrag, dem sich ein Kapitalmarktteilnehmer gegenübersieht. Im unregulierten Zustand beschränkt sich damit die optimale Portfoliowahl auf die Wahl des Umfangs

[57]Vgl. Rochet (1992), S. 1152. Sheldon (1996) setzt Einlagen und risikoloses Wertpapier gleich, d. h. die Hereinnahme der Einlagen entspricht der Verschuldung im risikolosen Wertpapier. Damit wird eine Verschuldung im risikolosen Wertpapier möglich. Für eine Modellierung ohne risikolose Anlage- und Verschuldungsmöglichkeit vgl. Kim/Santomero (1988). Die grundlegenden Ergebnisse hinsichtlich der prinzipiell ambivalenten Wirkung von Eigenkapitalnormen bleiben erhalten.

[58]Für eine ausführliche Darstellung des CAPM vgl. Ingersoll (1987), Chpt. 4. Die hier verwendete, von Rochet (1992) übernommene graphische Darstellung bezieht sich auf Erwartungswert und Standardabweichung des Portfolioendvermögens, nicht der Portfoliorendite. Die grundlegende Interpretation der Kapitalmarktlinie bleibt davon unberührt.

des risikolosen Wertpapiers. Dieser hängt von den individuellen Präferenzen der Bank ab und ergibt sich graphisch durch den Tangentialpunkt zwischen Indifferenzkurve und Kapitalmarktlinie.[59]

Auch die durch verschiedene Portfolio-Kombinationen implizierten Insolvenzwahrscheinlichkeiten lassen sich in diesem Schema graphisch erfassen. Wie oben dargestellt, ergibt sich die durch eine spezifische Portfoliowahl implizierte Insolvenzwahrscheinlichkeit unter Berücksichtigung des Erwartungswerts und der Standardabweichung des Portfolios als $P[\tilde{K}_1 < 0] = \Phi(-\mu/\sigma)$. Die Grenze Z, ab der eine negative Ausprägung der standardisierten Zufallsvariablen des Endvermögens zur Insolvenz führt, ist also gleich dem Verhältnis von Erwartungswert und Standardabweichung. Für eine gegebene Insolvenzwahrscheinlichkeit muss entsprechend die Beziehung $\mu = -Z\sigma$ zwischen Erwartungswert und Standardabweichung gelten.[60] Vergleicht man zwei Portfoliopunkte im $\mu-\sigma$ Raum, so muss deshalb der Punkt, dessen Verbindungslinie zum Ursprung eine geringere Steigung aufweist, eine höhere Insolvenzwahrscheinlichkeit haben; die niedrigere Steigung impliziert ein geringeres $|Z|$, d. h. eine (absolut) kleinere Grenze, ab der eine negative Ergebnisausprägung zur Insolvenz führt.[61]

Optimale Portfoliowahl mit Eigenkapitalnormen Es stellt sich wiederum die Frage, wie sich der Möglichkeitsraum bzw. der für die optimale Portfoliowahl der Bank relevante effiziente Teil davon durch die Einführung von Eigenkapitalnormen der Form $\sum_{i=1}^{n} \gamma_i x_i \leq K$ verändert.[62] Rochet (1992) zeigt, dass der effiziente Möglichkeitsraum der Bank bei Risikogewichten, die nicht proportional zur erwarteten Überschussrendite (gegenüber dem risikolosen Wertpapier) des jeweiligen Wertpapiers sind, die in Abbildung 7.4 dargestellte Gestalt hat.[63]

[59] Für unterschiedliche Niveaus von K gilt, dass der Anteil der im riskanten Marktportfolio gebundenen Mittel bei abnehmender (zunehmender) relativer Risikoaversion in K zunimmt (abnimmt). Vgl. hierfür etwa Eeckhoudt/Gollier (1995), S. 132ff. Vor diesem Hintergrund überrascht es nicht, dass unter den gemachten Annahmen die Insolvenzwahrscheinlichkeit einer unregulierten Bank bei abnehmender (zunehmender) relativer Risikoaversion in K zunimmt (abnimmt), vgl. Rochet (1992), S. 1554.

[60] Vgl. hierzu in leicht abgewandelter Form Kim/Santomero (1988), S. 1224f.

[61] Ein gegebenes Z korrespondiert mit einer bestimmten Insolvenzwahrscheinlichkeit. Umgekehrt kann mit Hilfe der Umkehrfunktion der Verteilungsfunktion der Standardnormalverteilung von einer gegebenen Insolvenzwahrscheinlichkeit auf Z geschlossen werden. So impliziert eine 5-prozentige Insolvenzwahrscheinlichkeit - wie eine Tabelle der Wahrscheinlichkeitsquantile der Standardnormalverteilung zeigt - zum Beispiel ein Verhältnis von $\mu/\sigma = 1,6448$.

[62] Zur Bezugnahme der Eigenkapitalnormen auf den „corrected net worth" K vgl. die Ausführungen auf S. 198.

[63] In diese Kategorie würden etwa Eigenkapitalnormen fallen, die sich am individuellen Risiko der Anlagemöglichkeit - hier der Standardabweichung des einzelnen Wertpapiers - orientieren.

Abbildung 7.4: Optimale Portfoliowahl nach Einführung von Eigenkapitalnormen - nicht proportionale Risikogewichte

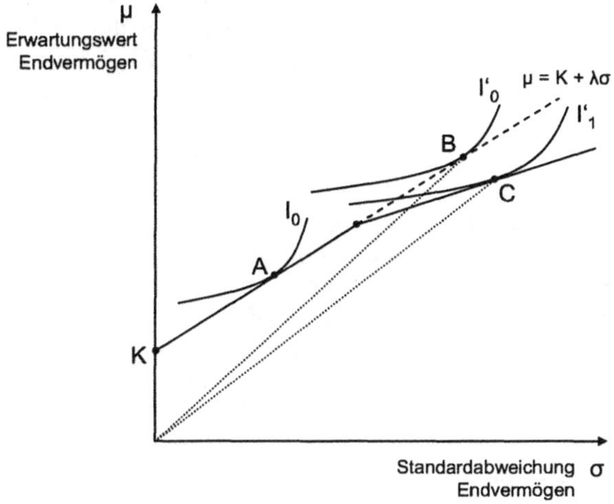

Quelle: Rochet (1992), S. 1156.

Der effiziente Möglichkeitsraum entspricht also bis zum Erreichen der Bindungswirkung der Eigenkapitalnorm der Kapitalmarktlinie. Solange eine Ausdehnung des riskanten Portfolios in der optimalen Zusammensetzung des Tangentialportfolios mit der Eigenkapitalnorm vereinbar ist, gibt es keine $\mu - \sigma$ Kombinationen, die bei gleicher Standardabweichung einen größeren Ertrag versprechen. Greift die Eigenkapitalnorm, d. h. ist eine Ausdehnung des riskanten Portfolios in der optimalen Zusammensetzung nicht mehr möglich, sind Ertragssteigerungen nur noch durch ineffiziente Portfolioumschichtungen möglich, die ein gegebenes erwartetes Endvermögen mit einem höheren Risiko verbinden. Der Teil des - bei bindender Eigenkapitalnorm - für die Bank erreichbaren optimalen Möglichkeitsraums wird durch eine flacher verlaufende Linie unterhalb der Kapitalmarktgeraden beschrieben.[64]

Wie Abbildung 7.4 zeigt, ändert sich damit die Portfolioentscheidung von Banken, die sich auf dem nach Einführung der Eigenkapitalnorm nicht mehr erreichbaren Teil der Kapitalmarktlinie befinden. Sie müssen auf die niedriger und flacher verlaufende Linie ausweichen. Dabei ist trotz Beachtung der Eigenkapitalnorm offen, ob das neue Portfolio eine geringere oder höhere Insolvenzwahrscheinlichkeit mit sich bringt. Im dargestellten Fall ist

[64]Tatsächlich wird der effiziente Möglichkeitsraum ab Erreichen der bindenden Eigenkapitalnorm durch einen Teil einer Hyperbel beschrieben, vgl. Anhang 2 bei Rochet (1992), S. 1164. Er nähert sich jedoch asymptotisch einer Geraden an und wird vereinfachend als solche dargestellt.

der neue Optimalpunkt durch C bezeichnet, der auf einer flacheren Geraden durch den Ursprung liegt und damit eine höhere Insolvenzwahrscheinlichkeit impliziert als der Ausgangspunkt B.[65] Es wird mehr in jene Wertpapiere investiert, für die das Verhältnis von Überschussrendite und Eigenkapitalgewicht ρ_i/γ_i am höchsten ist, d. h. in diejenigen Wertpapiere, deren Überschussrendite im Verhältnis zur regulatorischen Eigenkapitalunterlegung relativ groß ist.[66]

Es existieren jedoch Eigenkapitalnormen der Form $\sum_{i=1}^{n} \gamma_i x_i \leq K$, die einen solchen negativen Anreizeffekt hinsichtlich der implizierten Insolvenzwahrscheinlichkeit verhindern. Grundlegende Idee hierfür ist die Orientierung der Eigenkapitalnormen am so genannten systematischen Risiko eines Wertpapiers. Im Kontext des CAPM stellt dieses Risiko die als marginale Varianz interpretierbare Kovarianz des jeweiligen Wertpapiers zum Marktportfolio dar.[67] Das systematische Risiko eines Wertpapiers ist also als das Risiko zu verstehen, das ein Wertpapier unvermeidlicherweise zu einem gut diversifizierten Portfolio beisteuert. Mit anderen Worten ist nicht das isolierte Risiko eines Wertpapiers relevant, sondern seine Wirkung im Verbund mit anderen Wertpapieren. Üblicherweise wird das systematische Risiko eines Wertpapiers auch als sein „Beta" bezeichnet, wobei diese Größe einfach als Quotient von Kovarianz des Wertpapiers zum Marktportfolio und Varianz des Marktportfolios definiert ist; die Division durch die Konstante „Varianz des Marktportfolios" ändert dabei nichts Grundlegendes an der obigen Interpretation.

Rochet (1992) weist nun nach, dass der effiziente Möglichkeitsraum der Bank bei Einführung von Eigenkapitalnormen, die proportional zu den Betas der individuellen Wertpapiere sind, folgende graphische Gestalt annimmt.[68]

Der Möglichkeitsraum folgt also bis zu einem Punkt C der Kapitalmarktlinie. Danach sind nur noch $\mu - \sigma$ Kombinationen möglich, die zwar den gleichen Erwartungswert, aber eine höhere Standardabweichung implizieren.[69] Die an den systematischen Risiken der Wertpapiere orientierten Eigenkapitalnormen geben somit einen maximalen Erwartungswert des Endvermögens $\overline{\mu}$ vor, der noch mit der gegebenen Eigenkapitalausstattung kompatibel ist. Darüber hinaus gehende Steigerungen des Erwartungswerts sind auch durch Portfolioumschichtungen nicht möglich.

Die Ursache für diesen Verlauf des Möglichkeitsraums liegt darin, dass im CAPM Gleichgewicht die erwartete Überschussrendite eines Wertpapiers

---

[65] Selbstverständlich ist auch der umgekehrte Fall, d. h. eine Senkung der Insolvenzwahrscheinlichkeit, möglich. Für uns ist an dieser Stelle relevant, dass eine Eigenkapitalnorm per se keine Garantie für eine geringere Insolvenzwahrscheinlichkeit ist.

[66] Vgl. Rochet (1992), S. 1155

[67] Vgl. etwa Grinblatt/Titman (2002), S. 120ff. sowie S. 148f.

[68] Formal muss also der Vektor der Risikogewichte γ ein Vielfaches des Vektors β sein.

[69] Die ab Punkt C parallel zur x-Achse verlaufende Linie zählt deshalb nicht mehr zum *effizienten* Möglichkeitsraum.

Abbildung 7.5: Optimale Portfoliowahl nach Einführung von Eigenkapitalnormen - β orientierte Risikogewichte

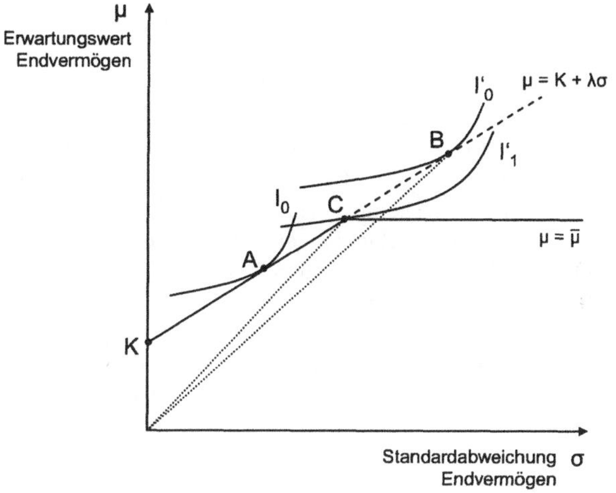

Quelle: Rochet (1992), S. 1156.

proportional zu dessen systematischen Risiko, d. h. dessen Beta ist. Eigenkapitalnormen, die proportional zum Vektor β sind, sind also auch proportional zum Vektor der Überschussrenditen ρ. Damit aber ist das Verhältnis von Überschussrendite und Risikogewicht ρ_i/γ_i für alle i gleich, d. h. durch ein Umschichten des Portfolios zu Wertpapieren mit einem niedrigen Risikogewicht ist keine Erhöhung des Erwartungswerts des Endvermögens μ möglich.[70] Durch die Einführung der an den Überschussrenditen orientierten Eigenkapitalnormen werden effektiv die Punkte auf bzw. unter der Kapitalmarktlinie „weggeschnitten", die einen höheren Erwartungswert als $\overline{\mu}$ versprechen.[71]

Je stringenter die Eigenkapitalnormen sind, d. h. je größer der Faktor, mit dem man den Vektor der Überschussrenditen bzw. der Betas multiplizieren muss, um zum Vektor der Risikogewichte zu gelangen, desto niedriger ist der maximal erreichbare Erwartungswert $\overline{\mu}$. Graphisch ausgedrückt, würde

[70]Der Erwartungswert ist durch $\mu = \sum_{i=1}^{n} x_i \varrho_i(\omega) + K$ definiert. Wenn $\overline{\mu}$ den Erwartungswert beschreibt, ab dem die Eigenkapitalnorm greift, kann die Bank den Erwartungswert nicht mehr nach Maßgabe der Kapitalmarktlinie ausdehnen. Durch die in den Überschussrenditen proportionalen Risikogewichte ist jedoch - anders als im Fall zuvor - sichergestellt, dass die unter Beachtung der Eigenkapitalnormen möglichen Umschichtungen in Wertpapiere mit hohen Überschussrenditen keine Ertragssteigerung bringen. Für den formalen Nachweis vgl. Anhang A bei Rochet (1992), S. 1162.

[71]Für diese Interpretation vgl. Kim/Santomero (1988), S. 1226.

sich bei einer Verschärfung der Eigenkapitalnormen der Punkt C auf der Kapitalmarktlinie nach unten verschieben.

Unter diesen Umständen wird eine von der Eigenkapitalnorm restringierte Bank in jedem Fall ein Portfolio mit einer geringeren Insolvenzwahrscheinlichkeit wählen. Hat sie vor der Einführung der Eigenkapitalnorm das durch den Punkt B repräsentierte Portfolio gewählt, wird die Bank nun den Eckpunkt C wählen. Er verspricht den nach der Einführung der Eigenkapitalnorm noch maximal möglichen Erwartungswert $\overline{\mu}$ mit der geringsten Standardabweichung. Mit der Bewegung von B nach C geht eine Verringerung der Insolvenzwahrscheinlichkeit - dargestellt durch eine steiler durch den Ursprung verlaufende Gerade - einher. Punkte rechts von C, die unter Umständen eine höhere Insolvenzwahrscheinlichkeit nach der Einführung der Eigenkapitalnorm mit sich brächten, wird die (risikoaverse) Bank aus eigenem Interesse nicht wählen. Dort wird weiterhin lediglich der Erwartungswert $\overline{\mu}$ erreicht, während zugleich höhere Standardabweichungen folgen.[72]

Aus Abbildung 7.5 wird damit auch ersichtlich, dass Eigenkapitalnormen, die sich am systematischen Risiko der Anlagemöglichkeiten orientieren, unter den gegebenen Annahmen gleichbedeutend mit der Vorgabe einer maximal möglichen Insolvenzwahrscheinlichkeit sind. Je niedriger der Punkt C auf der Kapitalmarktlinie liegt, desto niedriger der maximal erreichbare Erwartungswert und desto niedriger die implizierte Insolvenzwahrscheinlichkeit. Die in Abschnitt 7.1 dargestellten grundlegenden Eigenkapitalnormen sind im vorliegenden Fall also ineinander überführbar.[73]

7.2.2.2 Problematik beschränkter Haftung

Wie bereits erwähnt, leidet die bisherige Modellierung darunter, die Wirkung der beschränkten Haftung der Bankeigner nicht zu berücksichtigen. Um eine umfassende Kritik von Eigenkapitalnormen bei risikoaversen Banken zu ermöglichen, muss dieser Tatbestand in die Analyse einbezogen werden. Das um diese Überlegung erweiterte Modell gibt zwar dabei keine vollständige Charakterisierung des Verhaltens einer Bank bei beschränkter Haftung, identifiziert jedoch einige grundlegende Implikationen.[74]

Die Zielfunktion der Bank unter Berücksichtigung der beschränkten Haftung ergibt sich durch

---

[72] Vgl. auch die Feststellung in Fußnote 69 auf S. 202.

[73] Zum formalen Zusammenhang der β-Koeffizienten der einzelnen Anlagemöglichkeiten und des durch die jeweilige Portfoliobildung implizierten Value-at-Risk vgl. z. B. Jorion (2001), Chpt. 7. Zur kritischen Diskussion des Value-at-Risk für bankaufsichtliche Zwecke vgl. Abschnitt 7.2.3.

[74] Vgl. Rochet (1992), S. 1159. Für die Schwierigkeiten der Modellierung bei beschränkter Haftung vgl. den Kommentar von Repullo (1992) im gleichen Band.

$$W(\mu, \sigma) = \int_{-\mu/\sigma}^{\infty} u(\mu + \sigma y) f(y)\, dy.^{75} \tag{7.11}$$

Hier machen wir uns zunutze, dass die mit (μ, σ) normalverteilte Zufallsvariable „Endwert des Nettovermögens" auch als $\mu + \sigma y$ geschrieben werden kann, wobei y eine standardnormalverteilte Zufallsvariable ist.[76] Der Erwartungsnutzen der Bank berücksichtigt nun also, dass nur Ergebnisausprägungen oberhalb von $-\mu/\sigma$ zu einem positiven Endvermögen für die Eigenkapitalgeber führen.

Die Zielfunktion unter Berücksichtigung der beschränkten Haftung ist wie die unbeschränkte Version zunehmend in μ, d. h. eine Zunahme des Erwartungswerts des Endvermögens wird ceteris paribus bevorzugt. Jedoch ist W nun nicht mehr zwingend abnehmend in σ. Hat die absolute Risikoaversion der Bank eine obere Schranke, ist für „kleine" Erwartungswerte und „große" Standardabweichungen des Endvermögens $\partial W/\partial\sigma > 0$.[77] Grundlegende Intuition für dieses Ergebnis gibt die bereits in Abschnitt 5.4.1.2 dargestellte Ambivalenz der Wirkung einer Risikoerhöhung auf den Erwartungsnutzen eines risikoaversen Eigenkapitalgebers. Unter Umständen profitiert er trotz erhöhter Insolvenzwahrscheinlichkeit von der erhöhten Auszahlung im Erfolgsfall.

Da W im Erwartungswert des Endvermögens zunimmt, kommen im unregulierten Fall wiederum nur Punkte entlang der Kapitalmarktlinie als mögliche Portfoliowahl in Frage. Mit anderen Worten kann die Zielfunktion in Verbindung mit dem zur Verfügung stehenden Möglichkeitsraum als

$$W(\mu, \sigma) = W(K + \lambda\sigma, \sigma) = w(\sigma)$$

geschrieben werden, also als Funktion allein von der gewählten Standardabweichung. Besitzt die absolute Risikoaversion der Bank eine obere Schranke und unterschreitet K eine kritische Grenze, ist $w'(\sigma)$ für $\sigma \to \infty$ größer/gleich null, d. h. die optimale, von der Bank gewählte Standardabweichung strebt gegen unendlich.[78]

Dabei ist dieses Ergebnis nicht als „unendliche Risikonahme" zu verstehen. Die vorgestellte formale Modellierung einer risikoaversen Bank vernachlässigt die Nicht-Negativitätsbeschränkungen der verschiedenen Wertpapiere. Tatsächlich ist deshalb auch im unregulierten Fall lediglich ein Teil

[75] Vgl. Rochet (1992), S. 1157. Der Nutzen im Insolvenzfall wird auf null normiert, d. h. $u(0) = 0$.

[76] Vgl. z. B. Gollier/Koehn/Rochet (1997), S. 363f.

[77] Zum formalen Nachweis vgl. Anhang A bei Rochet (1992), S. 1164ff.

[78] Dabei besteht zwischen der oberen Schranke der absoluten Risikoaversion und der kritischen Grenze von K folgender Zusammenhang. Sei $-u''(x)/u'(x) \leq a$ für alle x. Für alle $K < 1/a$ nimmt dann $w(\sigma)$ in σ zu. Zum formalen Nachweis vgl. wiederum Anhang A bei Rochet (1992), S. 1166ff.

der Kapitalmarktlinie erreichbar.[79] „The correct interpretation of [this] Proposition ... is that for $K < 1/a$, the bank will choose a very ‚extreme' with (at least partial) specializiation on some assets. The convexity of preferences due to limited liability eventually dominates risk aversion."[80] Es kommt also zu einer Eckpunktlösung, in der die Bank das maximal mögliche Risiko annimmt. Für den Fall einer Einführung von Eigenkapitalnormen hat dieses Verhalten die wichtige Implikation, dass auch bei korrekten, am systematischen Risiko der Wertpapiere orientierten Risikogewichten die Eigenkapitalregulierung nicht zwingend zu einer Portfoliowahl auf dem verbliebenen effizienten Teil der Kapitalmarktlinie und Beschränkung der Insolvenzwahrscheinlichkeit führt. Abbildung 7.6 verdeutlicht den Sachverhalt. Bei unbeschränkter Haftung hatten die konvexen Indifferenzkurven

Abbildung 7.6: Optimale Portfoliowahl nach Einführung von Eigenkapitalnormen - β orientierte Risikogewichte, beschränkte Haftung und $K < 1/a$

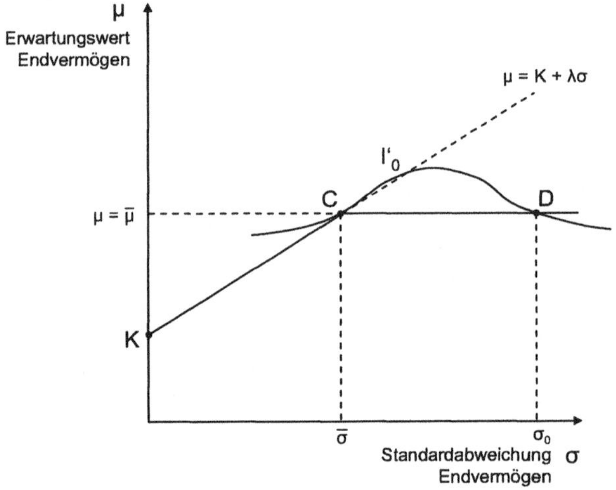

Quelle: Rochet (1992), S. 1160.

der Bankeigner dazu geführt, dass risikoaverse Bankeigner maximal das Risiko $\overline{\sigma}$ eingehen, weil darüber hinaus gehende Standardabweichungen keine höheren Werte für μ versprechen. Punkt C stellte die entsprechende Port-

[79]Vgl. die obige Annahme $x_0 > 0$, d. h. es erfolgt keine Verschuldung im risikolosen Wertpapier. Greift die Nicht-Negavitätsbeschränkung für das risikolose Wertpapier, so hat der Rand des Möglichkeitsraums wiederum die Gestalt einer Hyperbel, da sich der $\mu - \sigma$ Trade-Off nun so wie im Fall der Portfoliobildung nur mit riskanten Wertpapieren verhält. Selbst diese Hyperbel weist jedoch einen Endpunkt auf, wenn die Nicht-Negativitätsbeschränkungen auch für die riskanten Wertpapiere greifen.

[80]Rochet (1992), S. 1159.

foliowahl dar. Für den Fall beschränkter Haftung und $K < 1/a$ weisen die für die Portfoliowahl relevanten Indifferenzkurven jedoch neben konvexen auch konkave Teilabschnitte auf. Indifferenzkurve I'_0 stellt einen solchen Fall exemplarisch dar. Während Punkt D ein Portfolio wiedergibt, das - aufgrund der beschränkten Haftung - trotz einer höheren Standardabweichung σ_0 bei gleichem Erwartungswert den gleichen Nutzen verspricht, implizieren Punkte rechts von D sogar einen höheren Nutzen, da durch sie höher liegende, hier nicht eingezeichnete Indifferenzkurven verlaufen. Die entsprechenden Portfolios weisen eine höhere Standardabweichung bzw. Insolvenzwahrscheinlichkeit als Punkt C auf.

7.2.2.3 Zusammenfassung und Regulierungsimplikationen

Die Analyse von Eigenkapitalnormen bei risikoaversen Banken hat folgende Erkenntnisse erbracht.

(1) Die Risikogewichte einzelner Aktivagruppen sollten sich an ihrem portfolioorientierten Risikobeitrag orientieren. In der vorgestellten Modellierung ist darunter das β des Aktivums zu verstehen, weil dieses die als marginale Varianz interpretierbare Kovarianz des Aktivums erfasst.[81] Als schwierig erweist sich jedoch - insbesondere angesichts eines großen Anteils nicht gehandelter Bankaktiva - die Wahl des Portfolios, das als Näherung des theoretischen Marktportfolios zur Berechnung der β-Faktoren dienen soll. Die Quantifizierung β-orientierter und für alle Banken einheitlicher Risikogewichte ist nur mit erheblichen Vereinfachungen (Aggregation einzelner Aktiva in Vermögenskategorien, Annahmen über ein Referenz-Bankportfolio) praktikabel. Bei zunehmender Handelbarkeit von Bankaktiva mögen hier jedoch Fortschritte erzielt werden.

Alternativ kann das Augenmerk von vornherein auf die Begrenzung von Insolvenzwahrscheinlichkeiten gerichtet werden, d. h. für beliebige Bankportfolios wird eine Eigenkapitaldecke gefordert, die ausreicht, die in einem bestimmten Konfidenzintervall auftretenden Verluste zu decken. Die Eigenkapitalanforderung wird also auf den Value-at-Risk (VaR) des individuellen Portfolios konditioniert.[82] Dabei geht es zunächst nicht um die konzeptionellen und praktischen Probleme der VaR-Methode.[83] Relevant ist, dass an die Stelle einheitlicher Risikogewichte zur Bestimmung des regulatorisch notwendigen Eigenkapitals für verschiedene Banken die Orientierung am individuellen Insolvenzrisiko tritt.

(2) Der Beitrag eines Vermögensgegenstands zum Portfoliorisiko sollte möglichst vollständig erfasst werden, d. h. die Eigenkapitalnormen sollten bestimmte, in der bankbetrieblichen Praxis häufig getrennte Risikokategorien gemeinsam berücksichtigen. Rochet (1992) bringt das Beispiel von

---

[81] Vgl. Grinblatt/Titman (2002), S. 120ff. sowie S. 148f.

[82] Vgl. die Ausführungen zur Definition des VaR auf S. 178.

[83] Vgl. hierzu Abschnitt 7.2.3.

Staatsanleihen, die in den bisherigen Empfehlungen des Basler Ausschuss für Bankenaufsicht (Basel I) ein Risikogewicht von null aufweisen, da diese - zumindest im Prinzip - kein Ausfallrisiko besitzen. Gleichwohl implizieren solche Anleihen Marktrisiken wie Zins- und im Fall ausländischer Emittenten Wechselkursänderungen.[84]

Konzeptionell impliziert diese Forderung auch die Berücksichtigung des Zinsänderungsrisikos von Kreditforderungen bei der Ermittlung der notwendigen Eigenkapitalunterlegung.[85] Freilich ist die simultane Erfassung verschiedener Risikoarten in der Praxis mit erheblichen Schwierigkeiten verbunden, muss doch eine gemeinsame Verteilungsfunktion der zukünftigen Werte aller relevanten Vermögensgegenstände gefunden werden.[86]

(3) Aufgrund der negativen Anreizwirkung der beschränkten Haftung ist auch bei risikoaversen Banken eine Mindesteigenkapitalausstattung wünschenswert. Wie in Abschnitt 5.4.1.2 verdeutlicht, handelt es sich beim Risikoerhöhungsanreiz nicht um ein aus theoretischer Sicht zwingendes Problem bei Risikoaversion des Kapitalnehmers. Das Modell liefert deshalb eine Konkretisierung der Umstände, wann es zu einem Risikoerhöhungsanreiz infolge der beschränkten Haftung kommt.[87] Der Ansatz unterstützt damit die verbreitete, häufig nicht aber formal nachvollzogene Vorstellung einer „angemessenen" Eigenkapitalausstattung, die dämpfend auf die Risikonahme wirkt.[88] An dieser Stelle ist allerdings auch darauf hinzuweisen, dass in der verwendeten Definition der Eigenkapitalausstattung als „corrected net worth" auch eventuelle Renteneinkommen enthalten sind.[89]

Dass Renteneinkommen bzw. deren Verlust die Risikonahme von Banken beeinflussen, findet auch in anderen Ansätzen theoretische Fundierung. Dabei werden unter Renteneinkommen üblicherweise sowohl Renten aus gesetzlichen Markteintrittsbarrieren als auch aufgrund von Faktorspezifität

---

[84]Vgl. Rochet (1997), S. 986.

[85]Für eine Übersicht der verschiedenen Mechanismen des Zinsänderungsrisikos vgl. etwa Hartmann-Wendels/Pfingsten/Weber (2004), S. 448ff.

[86]Zu den Problemen der Integration verschiedener bankbetrieblicher Risikoarten vgl. Rosenberg/Schuermann (2004) sowie die dort vorhandene Literaturübersicht.

[87]Für eine verallgemeinerte Charakterisierung der Risikowahl risikoaverser Entscheidungsträger bei beschränkter Haftung vgl. Gollier/Koehl/Rochet (1997). Zum einen finden auch sie eine positive untere Grenze der Kapitalausstattung, unterhalb derer das maximale Risiko gewählt wird. Zum anderen zeigen sie, dass bei beschränkter Haftung ein risikoaverser Entscheidungsträger sogar Risiken mit negativem Erwartungswert eingehen kann. Dies korrespondiert mit der Diskussion der möglichen Effizienzverluste des Risikoanreizes in Abschnitt 5.4.1.4.

[88]Für eine Kritik dieser auch bei risikoneutralen bzw. marktwertmaximierenden Unternehmen angenommenen Wirkungskette vgl. Kürsten (1994), S. 84ff. Er weist nach, dass diese Argumentation auf der Modellierung einer simultan mit der Risikoerhöhung einhergehenden Verringerung des Erwartungs- bzw. Marktwerts beruht. Folgt die Risikoerhöhung dagegen einem „mean preserving spread" (MPS), ist der Risikoerhöhungsanreiz unabhängig von der Eigenkapitalausstattung.

[89]Vgl. die Ausführungen auf S. 198.

oder Informationsvorteilen erzielte Renten subsumiert.[90] In der Praxis ist es häufig schwierig, den Barwert dieser zukünftigen Renten korrekt zu erfassen. Orientiert sich die Entscheidung über die Insolvenz oder generell den Übergang der Entscheidungsgewalt auf Dritte an den tangiblen Aktiva (d. h. den Aktiva ohne den Barwert der Renten), so haben die Eigenkapitalgeber - denen diese zukünftigen Renten nur zufließen, solange sie die Kontrolle über die Bank ausüben - ceteris paribus einen Anreiz, die Insolvenz zu vermeiden.[91]

Aufgrund dieser theoretischen Überlegungen wird von einer erhöhten Risikonahme in Folge verstärkten Wettbewerbs bzw. von Deregulierungsmaßnahmen ausgegangen. Die empirischen Ergebnisse dazu fallen gemischt aus. Keeley (1990) stellt eine erhöhte Risikonahme von US-Banken - gemessen an zwei Proxy-Variablen für die Insolvenzwahrscheinlichkeit - nach den Deregulierungsmaßnahmen der 1980er Jahre fest. Jayaratne/Strahan (1998) finden stattdessen eine verringerte Risikonahme - gemessen an den Verlusten im Kreditgeschäft - im Gefolge der Deregulierung. In einer international ausgerichteten Studie stellen Beck/Demirgüç-Kunt/Levine (2003) entgegengesetzte Wirkungen von verschiedenen Variablen zur Erfassung von Marktmacht und Proxy-Variablen der Risikonahme fest. So ist die Konzentration eines Bankensektors negativ mit der Wahrscheinlichkeit von Bankenkrisen korreliert. Andererseits erhöhen Markteintrittsbarrieren für neue Banken signifikant die Gefahr von Bankenkrisen.[92]

In jüngster Zeit finden sich theoretische Ansätze, die diese empirisch unklare Situation aufgreifen. Zum einen heben sie hervor, dass die Quelle der Renteneinkommen (Kredit- oder Einlagengeschäft) bzw. die Frage, ob der Wettbewerb der Banken um Kreditnehmer oder Einleger stattfindet, Auswirkungen auf den Anreiz zur Risikonahme haben.[93] Zum anderen zeigen sie, dass geringerer Wettbewerbsdruck auch negative Folgen für die Stabilität des Bankensektors haben kann. So führt eine erhöhte Marge bei der Kreditvergabe in einem dynamischen Modell u. U. dazu, dass die in der Folge ebenfalls erhöhte Kreditvergabe eine höhere Insolvenzwahrscheinlichkeit impliziert.[94] Höhere Zinsforderungen der Banken können zudem infolge eines Moral-Hazard-Problems auf Seiten der Kreditnehmer zu einer höheren Insolvenzwahrscheinlichkeit der finanzierenden Banken führen.[95] Ein verringerter Wettbewerb im Kreditgeschäft erhöht hier durch eine Vergrößerung der Zinsmargen das Risiko von Banken.

---

[90] Vgl. Demsetz/Saidenberg/Strahan (1996), S. 2f.

[91] Vgl. Keeley (1990). Für konzeptionell ähnliche Ergebnisse vgl. etwa Marcus (1984), Boot/Greenbaum (1993) und Hellmann/Murdock/Stiglitz (2000).

[92] Für weitere empirische Quellen vgl. Boyd/Nicoló (2005).

[93] Vgl. Pelizzon (2001) und Niinimäki (2004).

[94] Vgl. Pelizzon (2001).

[95] Vgl. Boyd/Nicoló (2005).

Der Zusammenhang zwischen Risikonahme, Renteneinkommen und Wettbewerb wird in der vorliegenden Arbeit nicht weiter im Detail analysiert. Die dargestellten Befunde sind aber bereits für die Schlussfolgerung hinreichend, dass Deregulierungsmaßnahmen aus Vorsichtsgründen mit verstärkten Kontrollen der Risikonahme von Banken und/oder strikteren Eigenkapitalnormen begleitet werden sollten. Ob die Aufsichtsbehörden angesichts einer nicht auszuschließenden destabilisierenden Wirkung von verstärktem Wettbewerb im Bankensektor diesen z. B. durch Marktzutrittsbarrieren einschränken sollten, kann hier nicht abschließend beurteilt werden. Die Ergebnisse der umfangreichen empirischen Studie von Beck/Demirgüç-Kunt/Levine (2003) deuten darauf hin, dass sich in einem wohl entwickelten institutionellen Umfeld die Förderung von Wettbewerb auch im Bankensektor und Bankenstabilität nicht widersprechen müssen:

> „[W]e find that countries with better-developed institutions and with policies that promote competition throughout the economy are less likely to suffer from systemic banking crises. ... [Furthermore], we find that it is difficult to identify the independent effect of banking regulations and bank policies that promote competition from the overall institutional environment. Countries with better institutions (property rights, rule of law, political openness, low corruption, etc.) also tend to be countries with bank regulations and bank policies that support openness and competition."[96]

Neben den gerade diskutierten Implikationen für „gute" Eigenkapitalnormen birgt der Ansatz jedoch auch eine Reihe von Schwierigkeiten bzw. ungeklärten Fragen.[97] So wird mit den abgeleiteten Risikogewichten allein die Einhaltung einer bestimmten, von den Aufsichtsbehörden angestrebten Insolvenzwahrscheinlichkeit von Banken sichergestellt. Der Ansatz gibt aber keine Hinweise darauf, welche Insolvenzwahrscheinlichkeit als optimal, d. h. unter Berücksichtigung der infolge von Bankinsolvenzen auftretenden (gesamtwirtschaftlichen) Kosten als effizient angesehen werden kann. Streng genommen sind die Eigenkapitalnormen im Modell lediglich zusätzliche Nebenbedingungen, die der Bank Teile ihres Möglichkeitsraums nehmen und sie auf ein niedrigeres Nutzenniveau zwingen. Selbst die am systematischen Risiko orientierten korrekten Risikogewichte haben diese Wirkung.[98] Die

---

[96] Beck/Demirgüç-Kunt/Levine (2003), S. 22.

[97] An dieser Stelle geht es insbesondere um die Eignung des Ansatzes zur Diskussion regulatorischer Eigenkapitalnormen. Für eine allgemeine Diskussion des CAPM vgl. etwa Franke/Hax (2004), S. 357f. sowie die dort angegebenen Quellen.

[98] Korrekte Risikogewichte stellen lediglich sicher, dass eine μ-σ-Kombination gewählt wird, die Bestandteil der Kapitalmarktlinie ist, also per se einen optimalen Trade-Off zwischen Ertrag und Risiko impliziert.

Festlegung der Höhe der Eigenkapitalnormen erfordert entsprechend eine modellexogene Begründung.

Selbstverständlich sind diese Kritikpunkte dem Partialcharakter des Ansatzes geschuldet und angesichts der bereits in Teil I immer wieder aufgezeigten Schwierigkeiten eines geschlossenen Modells, das simultan die Existenz von Banken begründet, ein Marktversagen nachweist und schließlich einen effizienzsteigernden Eingriff aufzeigt, recht offensichtlich. Schwerer wiegt der bereits im Kommentar von Repullo (1992) enthaltene Hinweis, dass aus Sicht der Aufsichtsbehörden neben der Insolvenzwahrscheinlichkeit auch die Verteilung der Ergebnisausprägungen im Insolvenzfall bedeutsam ist. Diese bestimmen die von der Einlagenversicherung zu finanzierenden Ausgleichszahlungen an die Einleger.[99] Diese Kritik hat die gleiche Stoßrichtung wie manche Kritik am - im obigen Ansatz zu β-orientierten Risikogewichten äquivalenten - Value-at-Risk (VaR) als aufsichtsrechtlichem Risikomaß. Zugleich gewinnt das VaR-Konzept an Bedeutung für die Regulierungspraxis. Wir befassen uns deshalb im nachfolgenden Abschnitt eingehender mit dieser Kritik.

7.2.3 Problematik des Value-at-Risk (VaR) als aufsichtsrechtliches Risikomaß

Die Verwendung des VaR als Bestimmungsgröße der Vorgabe einer Mindesteigenkapitalausstattung haben wir grundsätzlich bereits in Abschnitt 7.1 dargestellt.[100] Dort wurde der $\text{VaR}_{1-\alpha}$ als das (negative) α-Quantil der Verteilungsfunktion der Wertänderungen des Bankportfolios definiert. Wird entsprechend Eigenkapital gehalten, kommt es nur mit einer Wahrscheinlichkeit von α zur Insolvenz.

Dieses grundlegend einleuchtende Prinzip birgt jedoch einige Fallstricke, insbesondere bei der Anwendung als aufsichtsrechtliches Risikomaß. Wir unterscheiden dabei einerseits konzeptionelle Probleme wie etwa die mangelnde Berücksichtigung der Verlusthöhe jenseits des VaR und andererseits Probleme in seiner Anwendung in der aufsichtsrechtlichen Praxis.

7.2.3.1 Konzeptionelle Probleme

Die mangelnde Berücksichtigung der Ausprägungen der Wertänderungen jenseits des VaR kann dazu führen, dass sich risikoaverse Banken, die einer VaR-orientierten Eigenkapitalregulierung unterliegen, für ein riskanteres Portfolio als ohne Regulierung entscheiden.[101] Allgemeiner formuliert

[99] Vgl. Repullo (1992), S. 1177. Unter den oben getroffenen Annahmen impliziert eine gegebene Insolvenzwahrscheinlichkeit zusammen mit der Wahl eines Portfolios auf dem oberen Rand des Möglichkeitsraums eine eindeutige Verteilung der Ergebnisausprägungen. Dies ist jedoch nicht der Regelfall, vgl. den nachfolgenden Abschnitt 7.2.3.

[100] Vgl. hierzu insbesondere Abbildung 7.1 auf S. 179.

[101] Vgl. Guthoff/Pfingsten/Wolf (1998).

Tabelle 7.1: Wahrscheinlichkeitsfunktionen der zur Wahl stehenden Portfolios

Ergebnis	Portfolio *A*	Portfolio *B*	Portfolio *C*
-5	0,005	0,010	0,002500
-4	0,010	0,005	0
-3	0,015	0,010	0
-2	0,015	0,020	0
-1	0,030	0,030	0
0	0,225	0,225	0,436875
3	0,400	0,400	0
4	0,300	0,300	0,560625
EW	2,23	2,23	2,23

Quelle: Guthoff/Pfingsten/Wolf (1998), S. 122.

kann eine VaR-Regulierung durch die konstruktionsbedingte Vernachlässigung sehr niedriger Ausprägungen den Zielen der Bankaufsicht widersprechen. Dies wird auch als „tail risk“ bezeichnet.[102]

„tail risk“ Betrachten wir beispielhaft eine Situation, in der die Bank zwischen drei Portfolios mit den in Tabelle 7.1 zusammengefassten Verteilungsfunktionen wählen kann.

Dabei ist die Wahrscheinlichkeitsfunktion von B durch einen „mean preserving spread“ (MPS) aus der des Portfolios A hervorgegangen; im Vergleich zu A wurden bei B zum einen 0,5 % Wahrscheinlichkeitsmasse von der Ergebnisausprägung -4 auf -5, zum anderen 0,5 % Wahrscheinlichkeitsmasse von -3 auf -2 verlagert.[103] Ansonsten entsprechen sich die Wahrscheinlichkeitsverteilungen und insbesondere die beiden Erwartungswerte in Höhe von $2,23$. Jeder risikoaverse Entscheidungsträger wird deshalb Portfolio A vorziehen, d. h. unabhängig von einer konkreten konkaven Nutzenfunktion ist der Erwartungsnutzen von A größer als der von B. Portfolio C hingegen läßt sich nicht durch einen MPS aus A erzeugen wie auch vice versa.[104] Damit ist keine allgemeine Aussage darüber möglich, welches Portfolio ein risikoaverser Entscheider bei der Wahl zwischen A und C bevorzugt. Fügen wir diese Überlegungen zusammen, so besteht unter Berücksichtigung transitiver Präferenzen die effiziente Menge der Portfolios für allgemein risikoaverse Entscheidungsträger allein aus A und C.

---

[102] Vgl. CGFS (2000).

[103] Zur Definition eines MPS vgl. S. 116.

[104] Dass diese Portfolios nicht durch einen MPS erzeugt werden können, ergibt sich aus der Anwendung der notwendigen und hinreichenden Integralbedingung für einen MPS, vgl. Gravelle/Rees (1992), S. 580.

Führt man nun eine Regulierung im Sinne eines, gegeben die vorhandene Eigenkapitalausstattung, maximal zulässigen VaR ein, stellt sich zunächst die Frage nach der relevanten, von der Aufsicht gewünschten Insolvenzwahrscheinlichkeit bzw. des relevanten α-Quantils der Verteilung der Wertänderungen des Bankportfolios. Als problematisch erweist sich in diesem Zusammenhang, dass verschiedene α-Quantile auf Basis der zugehörigen $\text{VaR}_{1-\alpha}$ unterschiedliche Rangordnungen der betrachteten Portfolios ergeben, solange sich deren Verteilungsfunktionen schneiden.[105] Abbildung 7.7 veranschaulicht das Problem anhand der Verteilungsfunktionen der Portfolios A und B.

Abbildung 7.7: Verteilungsfunktionen und jeweilige $\text{VaR}_{1-\alpha}$ für α-Quantile

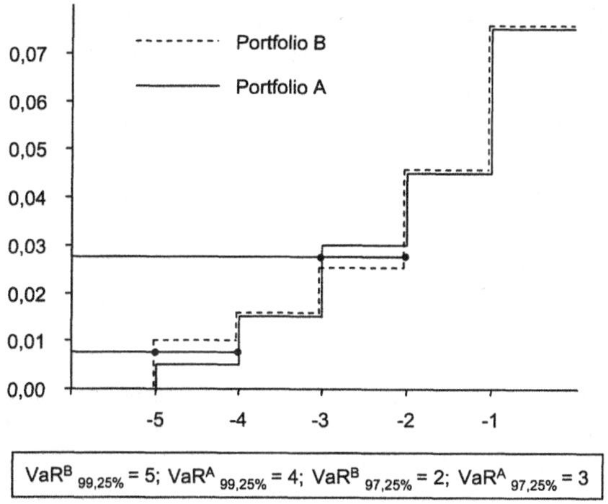

Quelle: Eigene Darstellung.

Wird $\alpha = 0,75$ % gewählt, ergeben sich als entsprechende $\text{VaR}^A_{99,25\%}$ bzw. $\text{VaR}^B_{99,25\%}$ die Werte 4 bzw. 5.[106] Die Verluste, die mindestens mit einer Wahrscheinlichkeit von 99,25 % nicht überschritten werden, betragen also 4, respektive 5. Portfolio B ist also im Sinne dieses VaR riskanter als Portfolio A. Dies ist konsistent mit dem oben verwendeten Risikobegriff, da B durch einen MPS aus A hervorgegangen ist. Wird dagegen $\alpha = 2,75$ %

[105] Schneiden sich die Verteilungsfunktionen nicht, liegt stochastische Dominanz erster Ordnung („first-order stochastic dominance") vor, vgl. etwa Eeckhoudt/Gollier (1995), S. 84ff. Unterstellt man realistischerweise, dass eine obere Grenze der zur Berechnung der VaR verwendeten α-Werte existiert, ist eine eindeutige Rangfolge auch bei sich schneidenden Verteilungsfunktionen möglich.

[106] Dabei nutzen wir die Definition des α-Quantils als $\min\{x_i | F(x_i) \geq \alpha\}$. Es ist also die kleinste Ausprägung zu wählen, deren zugehöriger Wert der Verteilungsfunktion mindestens α entspricht.

gewählt, ist $\text{VaR}^A_{97,25\%}$ größer als $\text{VaR}^B_{97,25\%}$. Die VaR Betrachtung ergibt bei diesem Konfidenzniveau also eine andere, der Erwartungsnutzentheorie entgegengesetzte Risikoeinschätzung.[107]

Dieser potenzielle Widerspruch führt dazu, dass die Einführung einer VaR-basierten Eigenkapitalregulierung unerwünschte Folgen für die Risikonahme der Bank haben kann. Guthoff/Pfingsten/Wolf (1998) gehen von einer gegebenen Eigenkapitalausstattung der Bank von kleiner 3 aus. Darüber hinaus wird ein Konfidenzniveau für ein Nicht-Überschreiten der Verlusthöhe von 97,25 %, d. h. $\alpha = 2,75$ %, vorgeschrieben. Damit ist Portfolio A mit einem VaR von 3 nicht mehr wählbar, die Bank muss sich also zwischen Portfolio B mit einem VaR von 2 und Portfolio C mit einem VaR von null entscheiden.[108] Guthoff/Pfingsten/Wolf zeigen nun exemplarisch, dass eine Bank, die sich vor Einführung der Regulierung für das zur ursprünglichen Effizienzmenge zählende Portfolio A (im Vergleich zu Portfolio C) entschieden hat, nach Einführung der VaR-Beschränkung nun Portfolio B (im Vergleich zu Portfolio C) bevorzugen kann.[109] Die Bank wählt also nach Einführung einer bindenden VaR-basierten Eigenkapitalnorm ein im Sinne eines MPS riskanteres Portfolio.[110]

Das höhere Risiko dieses Portfolios ist aus Sicht der risikoaversen Bank eindeutig ineffizient, d. h. ihren Erwartungsnutzen mindernd. Selbst wenn man diese Eigenschaft - analog zu unseren obigen Überlegungen - als dem Partialcharakter des Modells geschuldet akzeptiert, besteht zudem die Möglichkeit, dass das gewählte Portfolio auch der weiteren Zielsetzung der Aufsichtsbehörden, nämlich geringen Verlusten im Insolvenzfall, widerspricht.[111] Tatsächlich ist dies der Fall, da der erwartete Verlust bei Insolvenz, d. h. bei Verlusten größer oder gleich 3, für Portfolio A gleich $3,667$, der von Portfolio B dagegen gleich 4 ist.[112]

---

[107] Bei normalverteilten Ergebnisausprägungen mit gleichem Erwartungswert und Werten von $\alpha < 0,5$ treten solche Probleme nicht auf. Zum einen schneiden sich die Verteilungsfunktionen erst oberhalb des gewählten Wertes für α. Zum anderen entspricht die Rangfolge auf Basis der VaR-Werte der Rangfolge auf Basis eines MPS, vgl. Guthoff/Pfingsten/Wolf (1998), S. 132ff. Schließlich gibt das MPS Konzept in diesem Fall eine vollständige, der μ-σ Dominanz entsprechende Rangfolge vor, da die Normalverteilung vollständig durch Erwartungswert und Varianz bzw. Standardabweichung beschrieben wird.

[108] Zur Wahrscheinlichkeitsfunktion von Portfolio C vgl. Tabelle 7.1 auf S. 212.

[109] Für ein Beispiel der hierfür notwendigen Nutzenfunktion vgl. Guthoff/Pfingsten/Wolf (1998), S. 124f.

[110] Für eine Einführung zur Vereinbarkeit verschiedener Risikomaße und Erwartungsnutzentheorie vgl. Yamai/Yoshiba (2002c).

[111] Wäre die Zielsetzung der Aufsicht allein die Beschränkung der Insolvenzwahrscheinlichkeit, wäre die Wahl von Portfolio B - gegeben die vorhandene Eigenkapitalausstattung kleiner drei - durchaus in ihrem Sinne. Die von B implizierte Insolvenwahrscheinlichkeit liegt bei 2,5 %, die von A bei 3 %, vgl. Tabelle 7.1 auf S. 212.

[112] Formal handelt es sich dabei um den bedingten Erwartungswert $E(x|x \leq -3)$. Für ähnlich konstruierte Risikomaße vgl. die folgenden Ausführungen.

Allgemeiner formuliert, wird konstruktionsbedingt bei der Berechnung des $\mathrm{VaR}_{1-\alpha}$ der Teil der Verteilungsfunktion unterhalb des α-Quantils vernachlässigt. Insbesondere aus Sicht der Aufsichtsbehörden ist dies unbefriedigend, da sie speziell an diesen, eventuell die Insolvenz auslösenden Ergebnisausprägungen interessiert sind. Wie Guthoff/Pfingsten/Wolf (1998) hervorheben, berücksichtigt die risikoaverse Bank in ihrem Modell auch die Ergebnisausprägungen im Insolvenzfall. Aufgrund der in der Praxis vorhandenen beschränkten Haftung erscheint dies jedoch problematisch, da in diesem Fall nur Ergebnisausprägungen oberhalb der Insolvenzschwelle für die Bankeigentümer relevant sind.[113] Jaschke (2001) argumentiert, dass die von den Eigentümern zu tragenden Insolvenzkosten wie etwa der Verlust von „goodwill" nahezu unabhängig von der Höhe der Verluste sind, die die Insolvenz ausgelöst haben. Gleiches gelte für die vom Management zu tragenden Kosten, etwa in Form von Reputationsverlusten. Für Eigentümer wie Manager sei deshalb allein die Insolvenzwahrscheinlichkeit relevant, nicht aber die Verlusthöhe im Insolvenzfall. Das VaR-Konzept sei insofern in perfekter Übereinstimmung mit den Risikomanagement-Interessen von Eigentümern und Management, aber nicht mit den Zielen der Bankenaufsicht.[114]

Mangelnde Kohärenz Darüber hinaus bildet der VaR Diversifizierungseffekte durch Portfoliobildung nicht zwingend korrekt ab. In der Terminologie von Artzner et al. (1999) ist der VaR damit kein kohärentes Risikomaß, da er nicht die Eigenschaft der Sub-Additivität aufweist.[115] Formal liegt Sub-Additivität eines Risikomaßes ρ vor, wenn für zwei beliebige Zufallsvariablen X_1 und X_2 die Ungleichung $\rho(X_1+X_2) \leq \rho(X_1)+\rho(X_2)$ erfüllt ist.[116] Wir wollen das Problem mangelnder Sub-Additivität des VaR an einem Beispiel verdeutlichen. Dazu betrachten wir die Entscheidung einer Bank über die Gestaltung ihres Kreditportfolios.[117]

Die Bank kann 10.000 Geldeinheiten in Form von 100 identischen Krediten mit einem Nominalbetrag von jeweils 100 Geldeinheiten ausgeben. Die Kredite verzinsen sich mit 2 % und haben - stochastisch unabhängige - Ausfallwahrscheinlichkeiten von jeweils 1 %; vereinfachend ist der Ausfall vollständig, d. h. fällt der Kredit aus, erfolgt keinerlei Teilrückzahlung. Die Ertrags-Verlust-Verteilung der einzelnen Kreditforderungen entspricht also

[113] Vgl. Guthoff/Pfingsten/Wolf (1998), S. 151.

[114] Vgl. Jaschke (2001), S. 1.

[115] Für einen Überblick der (Nicht-)Kohärenz von Risikomaßen vgl. etwa Szegö (2002).

[116] Zusammen mit der Forderung von Artzner et al. (1999) nach positiver Homogenität, d. h. $\rho(\lambda X) = \lambda\rho(X)$ für $\lambda \geq 0$, impliziert dies die Konvexität des Risikomaßes, d. h. $\rho(\lambda X_1 + (1-\lambda)X_2) \leq \lambda\rho(X_1) + (1-\lambda)\rho(X_2)$. Dies entspricht der intuitiven Vorstellung, dass man durch das Mischen von Wertpapieren das Risiko der Gesamtposition unter bestimmten Voraussetzungen verringern kann, jedoch nicht über die (gewichtete) Summe der einzelnen Risiken hinaus erhöht.

[117] Das Beispiel geht auf Albanese (1997) zurück. Wir verwenden die Interpretation von Yamai/Yoshiba (2002a).

2 Geldeinheiten mit 99 % und −100 Geldeinheiten mit 1 % Wahrscheinlichkeit. Alternativ kann die Bank den Gesamtbetrag einem einzigen der obigen Kreditnehmer anvertrauen. Intuitiv leuchtet ein, dass das diversifizierte Kreditportfolio ein geringeres Risiko aufweist als das „Klumpenrisiko" des einzelnen Großkredits.[118] Ein für aufsichtsrechtliche Zwecke verwendetes Risikomaß sollte diese Kreditkonzentration aufdecken. Das VaR-Konzept versagt hier jedoch.

Der $\text{VaR}_{95\%}$ für einen der 100 Kleinkredite beträgt −2, der VaR für den Großkredit entsprechend −200. Das negative Vorzeichen des VaR ergibt sich durch seine Definition als Quantilswert mal (−1) und signalisiert, dass mit mindestens $1 - \alpha = 1 - 0,05 = 95$ % Wahrscheinlichkeit gar keine Verluste auftreten.[119] Für das Kreditportfolio gilt, dass es ab einer Anzahl der Kreditausfälle von $n \geq 2$ zu absoluten Verlusten kommt; für $n = 2$ erbringen die verbliebenen 98 Kredite einen Ertrag von 196, der Verlust aus dem Ausfall der beiden Kredite beträgt dagegen −200. Die Wahrscheinlichkeit für Verluste ergibt sich damit als 1 minus die Wahrscheinlichkeit von keinem bzw. einem Ausfall ($n \leq 1$), also $1 - 0,99^{100} - 0,99^{99} \approx 0,26$. Mit einer absoluten Verlustwahrscheinlichkeit von ca. 26 % muss der $\text{VaR}_{95\%}$ des diversifizierten Portfolios eindeutig größer sein als der des einzelnen Großkredits. Formal also gilt $\rho(100X_i) = \rho(X_1) + \rho(X_2) + \ldots + \rho(X_{100}) < \rho(X_1 + X_2 + \ldots + X_{100})$. Dies steht im Widerspruch zur Forderung nach Sub-Additivität.[120]

Auch für die Integration von VaR-Werten für verschiedene Risikoarten oder Unternehmensbereiche hat dies unangenehme Folgen. Werden für eine Vermögensposition zunächst getrennt mehrere VaR-Werte für verschiedene bankbetrieblicher Risikoarten (z. B. Zinsänderungs- und Ausfallrisiko) erfasst, ist die Addition der einzelnen VaR-Werte zur Bestimmung einer oberen Grenze für den Gesamt-VaR der Position nur unter bestimmten Bedingungen, z. B. gemeinsam normalverteilter Wertänderungen, zulässig.[121] Ist eine VaR-basierte Eigenkapitalnorm für eine Gesamtbank nicht erfüllt, kann die Bank u. U. von ihren Eigenkapitalgebern in zwei rechtlich selbständige Teilbanken mit (regulatorisch) ausreichender Eigenkapitalausstattung zerlegt werden.[122]

---

[118] Tatsächlich sollte jeder risikoaverse Entscheider bei gleich verteilten, stochastisch unabhängigen Risiken ein solches Portfolio bevorzugen, vgl. Gravelle/Rees (1992), S. 605.

[119] Dieses Ergebnis verweist noch einmal auf das bereits oben diskutierte Problem der Vernachlässigung von Ergebnisausprägungen unterhalb des VaR. Die Tatsache, dass $\rho(100X_i) = \sum_{i=1}^{100} \rho(X_i)$, folgt aus der positiven Homogenität des VaR als Risikomaß, d. h. $\rho(\lambda X) = \lambda\rho(X)$ für $\lambda \geq 0$, und der identischen Verteilung der X_i. Vgl. auch Fußnote 116.

[120] Wird für die betrachteten Zufallsvariablen eine gemeinsame elliptische Verteilung wie etwa eine gemeinsame Normalverteilung unterstellt, ist der VaR sub-additiv, vgl. Embrechts/McNeil/Straumann (2002), S. 11ff. Gerade für Kreditportfolios ist jedoch die Annahme der Normalverteilung problematisch; üblicherweise weisen Kreditrisikoverteilungen eine hohe Schiefe auf, vgl. etwa Overbeck/Stahl (1998).

[121] Vgl. Embrechts/Höing/Juri (2003) und Embrechts/McNeil/Straumann (2002). Vgl. auch Fußnote 120 auf S. 216.

[122] Vgl. Artzner et al. (1999), S. 209.

Alternative Risikomaße Unter anderem als Reaktion auf diese Probleme des VaR wird eine Reihe alternativer Risikomaße vorgeschlagen, von denen insbesondere der so genannte „expected shortfall“ (ES) - auch als „conditional Value-at-Risk“ (CVaR) bezeichnet - eine breitere Diskussion angestoßen hat.[123] Formal ist der ES als der bedingte Erwartungswert für Ausprägungen jenseits einer bestimmten Ergebnisausprägung definiert. Um die Beziehung zum VaR-Konzept zu verdeutlichen, verwenden wir den VaR als diese obere Grenze. Es gilt also

$$\mathrm{ES} = E(-X| - X \geq \mathrm{VaR}_{1-\alpha}), \tag{7.12}$$

wobei die Multiplikation mit (-1) erfolgt, damit der ES - wie der VaR - üblicherweise einen positiven Wert hat. Der ES gibt damit den erwarteten Verlust in den Umweltzuständen an, in denen es zu einer Überschreitung des VaR kommt. Die kumulierte Wahrscheinlichkeit dieser Umweltzustände ist gemäß der Definition des VaR gleich α.

Unter Berücksichtigung der Rechenregeln für Erwartungswerte können wir (7.12) zu

$$\begin{aligned} E(\cdot) &= \mathrm{VaR}_{1-\alpha} + E(-X - \mathrm{VaR}_{1-\alpha}| - X \geq \mathrm{VaR}_{1-\alpha}) \\ &= \mathrm{VaR}_{1-\alpha} + (1-\alpha)^{-1} \int_{-\infty}^{-\mathrm{VaR}_{1-\alpha}} (-x - \mathrm{VaR}_{1-\alpha}) f(x) dx \end{aligned}$$

umformen. Hieraus wird auch formal ersichtlich, dass der ES immer größer als der VaR ist; in Abbildung 7.1 würde also der ES links von $-\mathrm{VaR}_{1-\alpha}$ liegen.[124]

Konstruktionsbedingt zieht der ES auch die Ergebnisausprägungen unterhalb des VaR mit in Betracht. Er genügt damit prinzipiell einem wichtigen regulatorischen Anliegen besser als der VaR. Er ist darüber hinaus ein kohärentes Risikomaß im Sinne von Artzner et al. (1999), d. h. er genügt der oben beschriebenen Forderungen nach Sub-Additivität.[125] Allerdings ist

[123] Vgl. für einen Überblick zum Beispiel Szegö (2002). Innerhalb dieser Gruppe von Risikomaßen erweisen sich einige Definitionen für stetige Zufallsvariablen als äquivalent. So gilt die oben postulierte Äquivalenz von ES und CVaR streng genommen nur in diesem Fall, vgl. Acerbi/Tasche (2002) und Rockafeller/Uryasev (2002). Wir beschränken uns vereinfachend auf die Darstellung für stetige Zufallsvariablen.

[124] Vgl. S. 179. Darüber hinaus macht die Umformung die enge Verbindung des ES zum „lower partial moment“ (LPM) vom Grade 1 deutlich, das bereits von Fishburn (1977) als ein mögliches Risikomaß eingeführt wurde. Das LPM_1 ist mit $\int_{-\infty}^{Z}(Z-x)f(x)dx$ definiert, wobei Z eine exogen bestimmte Zielgröße für X beschreibt. Das LPM_1 beschreibt damit den Erwartungswert für negative Zielverfehlungen; mit $Z = -\mathrm{VaR}_{1-\alpha}$ entspricht dies dem Integral in obiger Gleichung.

[125] Vgl. zum Beispiel Szegö (2002), S. 1262ff. Man beachte, dass für diskrete Zufallsvariablen die obige Definition (7.12) des ES nicht kohärent ist. Es existieren jedoch kohärente Definitionen, die die besonderen Herausforderungen diskreter Verteilungsfunktionen berücksichtigen, vgl. Rockafellar/Uryasev (2002) und Acerbi/Tasche (2002).

der ES nicht zwingend kompatibel mit der Erwartungsnutzentheorie. Eine äquivalente Rangfolge des ES von Verteilungen mit dem Erwartungsnutzen risikoaverser Individuen ergibt sich, wenn sich die Verteilungen im Sinne der stochastischen Dominanz zweiter Ordnung anordnen lassen. Ist etwa die Zufallsvariable B durch einen MPS aus der Zufallsvariablen A hervorgegangen, so ist der $ES_B > ES_A$. Wie aber bereits mehrfach betont, lassen sich nicht alle Zufallsvariablen in diesem Sinne ordnen, so dass sich ein risikoaverser Entscheidungsträger bei der Wahl zwischen zwei riskanten Vermögensgegenständen durchaus rational für denjenigen mit dem höheren ES entscheiden kann. Immerhin sind die Bedingungen für die Kompatibilität von ES und Erwartungsnutzentheorie jedoch weniger streng als die für die Vereinbarkeit des VaR mit der Erwartungsnutzentheorie.[126]

Rückkopplungseffekte Losgelöst von den diskutierten Problemen des VaR in der einzelwirtschaftlichen Anwendung wird verschiedentlich argumentiert, dass risikosensitive Eigenkapitalnormen, die auf der Schätzung stochastischer Abhängigkeiten zwischen einzelnen Vermögensgegenständen basieren, mögliche Rückkopplungseffekte aufgrund der simultanen Anwendung durch viele Marktteilnehmer nicht berücksichtigen:

> „[T]he blindspot in conventional risk-management techniques, and especially the supervisory approach to the regulation of risk, is the presumption that risk management is a single-person decision problem i.e. a game against nature. That is, uncertainty governing price movements is assumed to be exogenous, and assumed not to depend on the actions of other decision makers. ... When short run price changes are influenced by the trading decisions of market participants (as surely they must), then shifts in the beliefs of market participants will lead to actions that precipitate certain outcomes. There is, in other words, a feedback effect from the beliefs of market participants to the actual outcome in the market. Indeed, there are strong reasons to believe that this feedback effect will reinforce any exogenous pressures on prices arising from the fundamentals.“[127]

Daníelsson/Shin/Zigrand (2004) entwickeln ein entsprechendes Modell, in dem die Einführung von marktweiten VaR-Restriktionen zu einer erhöhten Volatilität der Vermögenspreise und einer langwierigeren Preiserholung führt.[128] Ursache hierfür ist, dass eine bindende VaR-Restriktion

---

[126]Vgl. hierzu Yamai/Yoshiba (2002c). Darüber hinaus ist selbstverständlich auch möglich, dass zwei Verteilungen denselben ES aufweisen, von denen die Aufsichtsbehörden aufgrund der spezifischen Verteilungen der Ergebnisausprägungen unterhalb des $VaR_{1-\alpha}$ dennoch eine bevorzugen.

[127]Daníelsson/Shin/Zigrand (2004), S. 1072.

[128]Vgl. Daníelsson/Shin/Zigrand (2004).

einen ähnlichen Effekt wie eine Erhöhung der (absoluten) Risikoaversion der Marktteilnehmer hervorruft - nämlich den Verkauf riskanter Vermögenstitel. Da die Wahrscheinlichkeit von bindenden VaR-Restriktionen von der Entwicklung der Vermögenspreise abhängt, variiert diese „effektive" Risikoaversion mit den Marktverhältnissen und führt insbesondere in Krisenzeiten zu einer weitergehenden Volatilität und verringerter Liquidität.

Wie die Autoren selbst ausführen, sind solchen potenziell negativen Wirkungen einer risikosensitiven Eigenkapitalregulierung zum einen die Vorteile einer möglichen Beschränkung einzelwirtschaftlich erhöhter Risikonahme gegenüber zu stellen. Zum anderen erscheint uns offen, inwieweit ein gleichgerichtetes Verhalten von Marktteilnehmern in Krisenzeiten nicht auch ohne regulatorische Vorgaben zu erwarten ist - sei es, weil die Marktteilnehmer von sich aus ähnliche Risikomanagementsysteme einsetzen, oder weil andere Wirkungsmechanismen zu einem solchen „Herdenverhalten" führen.[129] Im ersten Fall wäre dann zu überprüfen, ob die regulatorischen Vorgaben systematisch strenger als die von den Marktteilnehmern selbst gesetzten Vorgaben sind, im zweiten Fall, ob sich die einzelnen Mechanismen gegenseitig verstärken. Angesichts des unseres Erachtens weiterhin unbefriedigenden Kenntnisstands über Auslöser und Ursachen von Finanzkrisen können diese Einwände die zumindest theoretisch nachgewiesene Gefahr einer risikosensitiven Regulierung allerdings nicht völlig entkräften.[130] Darüber hinaus macht der Ansatz deutlich, dass die bei der Schätzung des VaR, aber auch anderer Risikokennzahlen, angenommenen stochastischen Regelmäßigkeiten unter Umständen gerade in den Umweltzuständen nicht gültig sind, über deren Verlustpotenzial die Risikokennzahl eigentlich Aufschluss geben sollte.[131] Dies führt uns zu den praktischen Problemen VaR-basierter Eigenkapitalnormen.

7.2.3.2 Probleme in der Anwendung

In der bisherigen Darstellung wurde von einer bekannten Verteilung des zukünftigen Werts bzw. der Wertveränderung der betrachteten riskanten Vermögensposition ausgegangen. In der Praxis muss diese Verteilung jedoch mit entsprechenden ökonometrischen Methoden geschätzt werden. Ohne zu

[129] Ähnlich Jorion (2005), der feststellt: „[M]any other reasons can also contribute to a practice of selling in a falling market. Typical examples are positive feedback technical trading rules [e.g. momentum trading] or stopp-loss rules. Margin calls can also lead to liquidation sales after prices have fallen." S. 8.

[130] Vgl. auch die Diskussion in Kapitel 8. In einer empirischen Studie zur Gefahr VaR-basierten Herdenverhaltens findet Jorion (2005) für einen US-Datensatz keine Unterstützung für verstärktes Herdenverhalten und erhöhte Volatilität infolge einer VaR-basierten Regulierung seit 1998.

[131] „The basic statistical properties of market data are not the same in crisis as they are during stable periods; therefore most risk models provide very little guidance during crisis periods." Daníelsson (2002), S. 1274.

sehr auf die damit verbundenen Detailprobleme einzugehen, diskutieren wir an dieser Stelle einige grundlegende, für Fragen der Bankenaufsicht besonders relevante Problemkreise.

Stabilität und Genauigkeit der Schätzungen Eine Kategorisierung der Methoden zur Schätzung eines VaR-Werts fällt schwer, da sie sich nach den verschiedenen Finanzkontrakten (Aktien, Anleihen, Derivate, Kredite etc.) und den berücksichtigten bankbetrieblichen Risikoarten (Marktrisiko, Kreditrisiko etc.) unterscheiden. Darüber hinaus schließen einige Methoden direkt aus den in der Vergangenheit beobachteten Wertveränderungen der betrachteten Vermögensposition auf den VaR, während andere auf Bewertungsmodellen in Abhängigkeit stochastischer Bewertungsdeterminanten, so genannter Risikofaktoren aufbauen. Diese Methoden müssen freilich eine Verteilung für die Risikofaktoren annehmen bzw. schätzen, um zu einer Verteilung des zukünftigen Werts der betrachteten Vermögensposition zu gelangen. Dennoch lassen sich grob drei Verfahren unterscheiden.[132]

- Historische-Daten-Methoden: Die empirische Verteilungsfunktion der tatsächlich beobachteten Ausprägungen wird zur Ableitung des VaR verwendet.

- Analytische Methoden: Die Parameter einer gegebenen Verteilungsfunktion werden an die tatsächlich beobachteten Ausprägungen angepasst. Die so spezifizierte Verteilungsfunktion wird zur Ableitung des VaR verwendet.

- Simulationsmethoden: Hierbei wird ebenfalls eine spezifische stochastische Struktur der Wertveränderung bzw. Risikofaktoren angenommen, jedoch in Form einer Sequenz von Zufallsvariablen. Dabei werden die Parameter des unterstellten stochastischen Prozesses an die tatsächlich beobachteten Ausprägungen angepasst. Mit Hilfe eines Zufallszahlengenerators wird dann eine hohe Zahl verschiedener Realisationspfade simuliert. Die empirische Verteilungsfunktion der jeweiligen Endwerte wird zur Ableitung des VaR verwendet.

Alle diese Methoden beruhen letztlich in der einen oder anderen Form darauf, dass die in der Vergangenheit festgestellten stochastischen Regelmäßigkeiten sich auch in die Zukunft fortsetzen.[133] Dies ist selbstverständlich Merkmal aller empirischer Schätzmethoden und per se kein

---

[132] Vgl. hierzu Jorion (2001), S. 205ff. und BCBS (2003), S. 28f.

[133] Zum Teil können zur Berechnung der für die parametrische Modellierung notwendigen Daten auch vorwärtsgerichtete Methoden verwendet werden. So kann die aus Optionen ableitbare Standardabweichung („implied volatility“) verwendet werden, vgl. Jorion (2001), S. 199ff.

Kritikpunkt. Deutlich wird jedoch, dass insbesondere Schätzungen für Zwecke der Bankenaufsicht, d. h. die Schätzung der Auswirkungen von unerwarteten Krisenereignissen, mit besonderen Schwierigkeiten behaftet sind, da es sich bei diesen vermutlich gerade um Strukturbrüche handelt.

Unabhängig von der Frage der Stabilität der geschätzten Zusammenhänge tritt ein weiteres Problem auf. Aufgrund des Stichprobencharakters der verwendeten Daten kann nicht erwartet werden, dass der sich einstellende VaR exakt dem geschätzten VaR entspricht. So sind in einem gewissen Umfang durchaus Überschreitungen des VaR in mehr als den geschätzten $\alpha \cdot 100$-Prozent der Fälle möglich. Bei häufigeren Überschreitungen ist jedoch zu vermuten, dass es sich um ein systematisches Problem der Schätzmethode oder des verwendeten Modells handelt. Eine Möglichkeit zur Konkretisierung eines „Grenzwerts" ist die Modellierung der Überschreitungen als unabhängige Züge aus einer Binomialverteilung, wobei die unterstellte „Erfolgswahrscheinlichkeit" einer Überschreitung $\alpha \cdot 100$-Prozent beträgt. Unter dieser Annahme lassen sich verschiedene Konfidenzintervalle angeben, bei deren Verlassen die Nullhypothese „Die Überschreitungswahrscheinlichkeit des berechneten $VaR_{1-\alpha}$ entspricht α" abgelehnt werden kann.[134] Ist z. B. $\alpha = 0,025$, sind bei 255 Beobachtungen ca. 6,4 Überschreitungen zu erwarten. Die Nullhypothese kann auf einem Konfidenzniveau von 0,95 jedoch innerhalb eines Intervalls (2, 12) nicht zurückgewiesen werden, d. h. nur bei zwölf oder mehr Überschreitungen kann mit 95 %-Wahrscheinlichkeit auf eine Unterschätzung des VaR geschlossen werden.[135] Allgemein zeigt sich, dass es für kleiner werdende α Werte zunehmend schwierig wird, eine signifikante Abweichung vom erwarteten Wert zu identifizieren.[136]

Diese Erkenntnis korrespondiert mit der ebenfalls feststellbaren Zunahme der Konfidenzintervalle der Quantilsschätzungen mit kleinerem α. Die Konfidenzintervalle geben in diesem Zusammenhang an, in welchem Wertebereich um den (noch nicht realisierten) Schätzer der wahre Quantils- bzw. VaR-Wert mit einer vorgegebenen Wahrscheinlichkeit liegt. Geht man alternativ von einem bekannten wahren Quantils- bzw. VaR-Wert aus, so gibt das um diesen Wert liegende Konfidenzintervall den Wertebereich an, in

---

[134] Zum Vorgehen vgl. Kupiec (1995). Das nachfolgende Zahlenbeispiel findet sich bei Jorion (2001), S. 136.

[135] Umgekehrt kann bei weniger als drei Überschreitungen darauf geschlossen werden, dass ein zu konservativer Wert angesetzt wurde. Zur Verdeutlichung: Das Konfidenzniveau $(1-\alpha)$ des jeweiligen VaR ist nicht mit dem Konfindenzniveau des Hypothesentests zu verwechseln. Der $VaR_{1-\alpha}$ gibt den *geschätzten* Wertverlust an, der mit $(1-\alpha)$ Wahrscheinlichkeit nicht überschritten wird. Das Konfidenzniveau des Hypothesentests gibt dagegen an, mit welcher Wahrscheinlichkeit die Nullhypothese in Abhängigkeit der Anzahl der Überschreitungen zu Recht zurückgewiesen wird.

[136] Die kritischen Werte der verwendeten asymptotischen Verteilung der Teststatistik weichen für endliche Stichproben unter Umständen erheblich von der tatsächlichen Verteilung ab, vgl. Lopez (1999). Auch die Güte des Tests, d. h. seine Fähigkeit, eine falsche Nullhypothese zurückzuweisen (Vermeidung eines Typ-II-Fehlers im Hypothesentest), wird dort kritisch gesehen. Für alternative Tests vgl. etwa Christofferson/Pelletier (2004).

den der Schätzer mit einer vorgegebenen Wahrscheinlichkeit fällt. Intuitiv einleuchtend gilt: Die Unsicherheit der Schätzungen nimmt mit der Bewegung zum (linken) Verteilungsrand zu, da immer weniger Beobachtungen zur Schätzung zur Verfügung stehen. Schätzungen für VaR-Werte mit sehr kleinem α sollten deshalb mit großer Vorsicht interpretiert werden.[137] Zwar können die Konfidenzintervalle durch ein Ausdehnen der Stichprobengröße, d. h. durch die Verwendung älterer Daten, prinzipiell verringert werden. Jedoch weisen gerade Finanzmarktdaten strukturelle Veränderungen auf, die dieses Vorgehen kontraproduktiv machen.[138] Für die Bankenaufsicht, die sich vor allem für besonders seltene Krisenereignisse interessiert, bedeutet dies wiederum, dass VaR-Schätzungen für ihre Zwecke mit besonderer Unsicherheit behaftet sind.

Als Reaktion auf diese Unsicherheiten, d. h. zum einen zukünftige Krisenereignisse aus zeitreihenorientierten Daten zu prognostizieren, zum anderen die Genauigkeit solcher Schätzungen zu beurteilen, propagieren interne Risikomanagementsysteme wie auch Aufsichtsbehörden so genannte Stresstests.[139] Dabei werden wiederum entweder direkt bestimmte negative Wertveränderungen für Anlageklassen, Regionen etc. oder Veränderungen von Risikofaktoren wie etwa Veränderungen der Zinsstrukturkurve, des Wechselkurses oder der Ausfallraten definiert. Selbstverständlich erfordern diese Stresstests die Fähigkeit, realistische *gemeinsame* Bewegungen dieser Größen für Krisenszenarien zu erzeugen. Entsprechend der obigen Problemstellung klassifiziert Berkovitz (2000) sinnvolle Szenarien für Stresstests in zwei Kategorien:

- Simulationen von Schocks, die bis jetzt nicht aufgetreten sind oder aber nach den vorliegenden Daten eine geringe Eintrittswahrscheinlichkeit aufweisen.
- Simulationen, die einen permanenten oder auch vorübergehenden Strukturbruch in den bekannten statistischen Mustern unterstellen.[140]

Ausnutzung des „tail risk" Neben diese ökonometrischen Problemen tritt in der Anwendung VaR-basierter Eigenkapitalnormen das Problem der bewussten Ausnutzung der oben festgestellten, mangelnden Berücksichtigung der Verteilung unterhalb des VaR auf. Hierfür sei beispielhaft die Regelung zur Unterlegung des so genannten Marktrisikos auf Basis des 1996

[137] Vgl. Jorion (2001), S. 126.

[138] Inzwischen gibt es zahlreiche Vorschläge, die Schätzung von Extremereignissen, für die prinzipiell wenig Beobachtungen zur Verfügung stehen, durch den Einsatz von Methoden der Extremwerttheorie („extreme value theory") zu verbessern. Für eine Übersicht vgl. Gilli/Këllezi (2004).

[139] Zudem können Stresstests auch als Reaktion auf die mangelnde Aussagekraft von VaR-Werten für Verlusthöhen jenseits des VaR angesehen werden.

[140] Vgl. Berkovitz (2000), zitiert nach Jorion (2001), S. 234.

vom Basler Ausschuss für Bankenaufsicht vorgestellten „market risk amendment“ diskutiert.[141]

In den konkreten Regelungen wird zum einen ein VaR auf 99 % Konfidenzniveau-Basis herangezogen. Zum anderen wird bei der Ermittlung des notwendigen Eigenkapitals zur Unterlegung dieses Risikos ein multiplikativer Faktor von mindestens 3 vorgesehen. Das regulatorisch notwendige Eigenkapital beträgt entsprechend mindestens $3 \cdot VaR_{0,99}$. Es existiert also damit ein weiterer Puffer für unvorhergesehene Verluste, die den bloßen VaR übersteigen. Der Basler Ausschuss begründet diesen Faktor insbesondere über die bereits zuvor diskutierten Probleme in der ökonometrischen Schätzung des VaR.[142] Daneben wird argumentiert, dass sich auf Basis der Chebyshevschen Ungleichung für eine beliebig symmetrisch verteilte Zufallsvariable ein maximaler $VaR_{0,99} \approx 7,071\sigma$ angegeben lässt, wobei σ die Standardabweichung dieser Verteilung angibt. Unterstellt man eine normalverteilte Zufallsvariable, so ist $VaR_{0,99} \approx 2,326\sigma$. Die Multiplikation mit dem Faktor $7,071/2,326 \approx 3$ überführt deshalb den für eine eventuell fälschlicherweise unterstellte Normalverteilung berechneten VaR in eine Obergrenze des entsprechenden VaR für beliebige symmetrische Verteilungen.[143]

Neben dieser Pufferfunktion soll der Faktor schließlich als Anreiz zum Einsatz geeigneter Schätzmethoden des VaR dienen. Der Faktor ist deshalb abhängig von der Anzahl der Überschreitungen des VaR in einem gegebenen Zeitraum. Überschreitet die Anzahl der tatsächlich darüber hinaus gehenden Wertänderungen die ex ante zu erwartende Anzahl der Überschreitungen in einem bestimmten Maße, wird der Faktor entsprechend weiter erhöht.[144]

Dieses Vorgehen hat nun zum einen zur Folge, dass zwei Banken mit gleichem VaR nicht mehr auch das gleiche Insolvenzrisiko aufweisen müssen, da sich - bildlich gesprochen - die links von diesem Wert liegenden Wahrscheinlichkeitsmassen unter der jeweiligen Dichtefunktion der Wertänderungen unterscheiden können. Damit aber können auch die tatsächlichen Insolvenzwahrscheinlichkeiten differieren.[145] Zum anderen können sich die implizierten Verlusthöhen unterscheiden. Diese Tatsache ist nicht Folge des Multiplikators per se, sondern ein konzeptionelles Problem des VaR. Sie wirkt sich jedoch dadurch besonders aus, dass bei der Berechnung eventueller Auf-

[141] Vgl. hierzu BCBS (1996a). Zur Definition des Marktrisikos vgl. S. 179f.

[142] Vgl. BCBS (1996b) S. 3f. Da der VaR auf Tagesbasis berechnet wird, würde dieses Konfidenzniveau bei 255 Handelstagen im Jahr zudem einen Erwartungswert von etwa 2,5 Überschreitungen *pro Jahr* implizieren.

[143] Vgl. Stahl (1997). Für eine kritische Einschätzung der Höhe des Zuschlags vgl. Daníelsson/Hartmann/de Vries (1998).

[144] Vgl. hierzu BCBS (1996b).

[145] Vgl. Johanning (1998), S. 286f. Konzeptionell könnte dieses Problem zwar durch den Verzicht auf die Multiplikatorlösung und durch eine Orientierung der Eigenkapitalausstattung an einem unmodifizierten, eventuell erhöhten VaR gelöst werden. Wie oben diskutiert, sind mit höheren Konfidenzniveaus jedoch wiederum andere Probleme verbunden. Zudem entfällt die Anreizwirkung der Multiplikatoranpassung.

schläge auf den Multiplikator nur die Anzahl, nicht aber die Höhe der Überschreitungen des (nicht mit dem Faktor multiplizierten) VaR berücksichtigt wird. Insbesondere derivative Finanzkontrakte sind aufgrund ihres häufig asymmetrischen Gewinn- und Verlustverlaufs geeignet, diese Schwäche gezielt auszunutzen.

Johannning (1998) zeigt anhand einer Simulationsrechnung, wie der Verkauf von Verkaufsoptionen („short puts") auf ein Portfolio vorhandener Positionen den VaR des Gesamtportfolios - und damit die notwendige Eigenkapitalunterlegung - senkt, jedoch zugleich die tatsächliche Insolvenzwahrscheinlichkeit und die dabei auftretenden Verluste erhöht.[146] Die grundlegende Intuition ist dabei, dass die Bank die „puts" mit einem Basispreis verkauft, der dem aktuellen Wert des unterliegenden Portfolios abzüglich seines VaR entspricht. Sie realisiert damit Einnahmen aus dem Verkauf der „puts" und verändert gezielt die Ergebnisausprägungen des Gesamtportfolios unterhalb des VaR, da ihr erst bei Wertänderungen des zugrundeliegenden Portfolios jenseits des VaR Zahlungsverpflichtungen aus dem Optionsverkauf entstehen. Zugleich verschieben die sicheren Prämieneinnahmen die Ergebnisverteilung nach rechts und senken somit den VaR des Gesamtportfolios. In der Folge sinkt das notwendige regulatorische Eigenkapital.[147]

Diese exemplarischen Überlegungen lassen sich unter bestimmten Bedingungen für risikoaverse Investoren verallgemeinern. Basak/Shapiro (2001) zeigen, wie risikoaverse Investoren, die in stetiger Zeit einen risikolosen sowie einen riskanten Vermögensgegenstand handeln können, als Reaktion auf die Einführung einer VaR-Beschränkung ein Portfolio wählen, das höhere Verluste jenseits des VaR impliziert.[148] Grundlegende Idee dabei ist, dass die Einführung der VaR-Beschränkung den Investor zwingt, in bestimmten Umweltzuständen von seiner unbeschränkten optimalen Portfoliowahl abzuweichen und höhere Endwerte seines Endvermögens zu realisieren. Abbildung 7.8 verdeutlicht den Zusammenhang.

Die Linie $W_0(T)$ zeigt den durch die optimale Portfoliowahl bedingten Vermögensendwert in Abhängigkeit vom Endwert des riskanten Vermögensgegenstands ohne Beschränkung durch Vorgabe eines VaR. Gegeben einen bestimmten Fremdkapitalanspruch zum Endzeitpunkt T in Höhe von $\underline{W}$, geht der Investor bei Endvermögenswerten unterhalb dieser Größe insolvent. In Abhängigkeit der Verteilung des Endwerts des riskanten Vermögensgegenstands impliziert dies eine gewisse Insolvenzwahrscheinlichkeit. Wird nun ei-

[146] Für weitere, prinzipiell ähnliche Strategien auch im Bereich des Ausfallrisikos von Kreditportfolios vgl. Yamai/Yoshiba (2002a).

[147] Vgl. Johanning (1998), S. 289. Umgekehrt führt der Kauf einer Verkaufsoption zur Sicherung der bestehenden Position („long put") aufgrund der notwendigen Prämienzahlung sogar zu einer Erhöhung des errechneten Gesamt-VaR. Durch die zusätzliche Orientierung der Eigenkapitalanforderung an der Anzahl der Überschreitungen dieses VaR sinkt jedoch in der Simulationsrechnung das notwendige regulatorische Eigenkapital, vgl. ebenda, S. 290.

[148] Vgl. Basak/Shapiro (2001), S. 377ff.

Abbildung 7.8: Optimale Portfoliowahl mit und ohne VaR-Restriktion

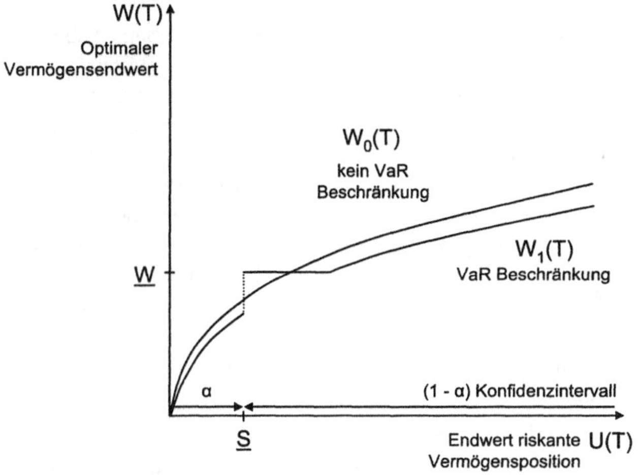

Quelle: Nach Yamai/Yoshiba (2002a), S. 77.

ne bindende VaR-Beschränkung eingeführt, d. h. eine neue unterhalb dieser Grenze liegende Insolvenzwahrscheinlichkeit festgelegt, muss durch die Portfoliowahl sichergestellt werden, dass der Vermögensendwert den Wert $\underline{W}$ für eine größere Spanne von $S(T)$ nicht unterschreitet. Dies gelingt aber nur auf Kosten des Endvermögens in anderen Umweltzuständen. Es ergibt sich eine neue, durch die beschränkt optimale Portfoliowahl bedingte Verteilung der Vermögensendwerte $W_1(T)$ in Abhängigkeit von $S(T)$. Dabei fällt auf, dass die Anhebung der unteren Grenze von $W(T)$ innerhalb des $(1-\alpha)$ Konfidenzintervalls auch durch verringerte Vermögensendwerte im Insolvenzfall umgesetzt wird, d. h. im Bereich der α-Prozent der Umweltzustände mit $S(T) < \underline{S}$. Der Verlust für die Fremdkapitalgeber bzw. Garantiegeber fällt hier also höher aus als ohne VaR-Auflage.[149] Für ein dem im vorhergehen-

[149]Für marktwertmaximierende Banken findet Kupiec (2001) ein ähnlich ungünstiges Ergebnis der Anreizkompatibilität einer VaR-Regulierung. Er zeigt, dass marktwertmaximierende Banken, die einer VaR-orientierten Eigenkapitalnorm unterliegen, weiterhin den Marktwert der Einlagenversicherungsrente maximieren. Dieses Ergebnis entspricht der Darstellung in Abschnitt 7.2.1. Um den Marktwert zu maximieren, wird ein Anlageportfolio gewählt, das unter Beachtung der Einhaltung der maximal zulässigen Insolvenzwahrscheinlichkeit in den Umweltzuständen mit hohen Zustandspreisen zur Insolvenz führt: „By choosing credits that are expected to default in recessions, shareholders benefit from the larger credit risk premium in nonrecession periods and thereby enhance the value of their deposit insurance guarantee. ... More formally, credits that default when the marginal utility of consumption is high (a recession, roughly speaking) offer the larger ex ante risk premia." Kupiec (2001), S. 4f. Diese grundlegende Intuition - der Marktwert der Einlagenversicherungsrente kann bei gleichen Insolvenzwahrscheinlichkeiten unterschied-

den Abschnitt diskutierten „expected shortfall" (ES) verwandtes Risikomaß tritt dieses Problem in der vorliegenden Modellierung dagegen nicht auf.[150]

Cuoco/He/Issaenko (2001) weisen die beschriebene Gefahr einer VaR-Regulierung mit dem Argument zurück, dass die Beschränkung in obiger Modellierung sich lediglich auf die Verteilung des Endvermögens aus Sicht des Anlagebeginns bezieht.[151] Besser sei stattdessen von einer während des Anlagezeitraums immer neu berechneten und einzuhaltenden VaR-Beschränkung auszugehen, da die bankinternen Prozesse üblicherweise den VaR mit hoher Frequenz erfassten. Unter der Annahme einer in jedem Zeitpunkt für das jeweilige Portfolio erfüllten VaR-Beschränkung stellen sie für verschiedene Simulationsrechnungen ein in keinem Fall erhöhtes Risiko in Form höherer Verluste jenseits des VaR fest. Da man unseres Erachtens jedoch nicht ausschließen kann, dass eine regulatorische, von außen vorgegebene Beschränkung nicht kontinuierlich auf ihre Erfüllung hin überprüft werden kann, besteht aus unserer Sicht dennoch die Gefahr adverser Folgen einer VaR-Beschränkung.[152]

Als Alternative bei prinzipieller Beibehaltung der VaR-orientierten Eigenkapitalnormen schlägt Johanning (1998) deshalb vor, bei der Bestimmung des Zuschlagfaktors neben der Anzahl auch die Höhe der Überschreitungen des angegebenen VaR zu berücksichtigen.[153] Konkret rät er, den Quotienten aus durchschnittlicher Überschreitungshöhe und VaR zu verwenden.[154] Ein grundlegendes Problem verbleibt jedoch auch bei der Berücksichtigung der realisierten Verlusthöhen in der Berechnung des Zuschlagfaktors: Ihre Anreizwirkung können Zuschläge nur entfalten, solange eine Bestrafung (hier: höhere Eigenkapitalauflagen) nach einer Überschreitung noch möglich ist. Ex ante entwickelt die Bestrafung gerade für bereits nahe der Insolvenz befindliche Banken keine Anreizwirkung.[155]

---

lich sein und ist deshalb auch unter einer VaR-Regulierung von der Anlageentscheidung der Bank abhängig - gilt für marktwertmaximierende Banken auch bei anderer Kapitalmarktmodellierung, vgl. Kupiec (2004).

[150]Vgl. Basak/Shapirio (2001), S. 385ff.

[151]Vgl. Cuoco/He/Issaenko (2001), S. 5.

[152]Man beachte darüber hinaus, dass die Ansätze von Basak/Shapiro (2001) und Cuoco/He/Issaenko (2001) keine beschränkte Haftung berücksichtigen. Cuoco/Liu (2004), S. 7ff. zeigen, dass eine insolvenzbedrohte risikoaverse Bank mit beschränkter Haftung, aber ohne VaR-Restriktion, auch bei Portfoliobildung in stetiger Zeit das Risiko erhöht und im Insolvenzfall mit möglichst großen Verlusten bankrott geht. Insofern bestätigt sich das Resultat von Rochet (1992), vgl. Abschnitt 7.2.2.2. Es müssen Mindesteigenkapitalstandards erfüllt sein, damit Risikoerhöhungsanreize nicht unabhängig von der Zielfunktion (Marktwertmaximierung vs. Risikoaversion) vorliegen.

[153]Vgl. Johanning (1998), S. 294ff.

[154]Für einen verwandten Vorschlag unter Verwendung einer „loss function" der Bankenaufsicht, die auch die Höhe der Überschreitungen berücksichtigt, vgl. Lopez (1999).

[155]Vgl. Johanning (1998), S. 297.

7.2.3.3 Zusammenfassung und Regulierungsimplikationen

Zum Teil werden insbesondere die beschriebenen konzeptionellen Probleme des VaR als äußerst schwerwiegend angesehen. Szegö (2002) spricht von der „total inadequacy of VaR as a measure of risk".[156] Uns erscheint diese Kritik als zu weitgehend.

Zweifellos ist das „tail risk" - also die Vernachlässigung von Ausprägungen unterhalb des VaR - insbesondere für die Aufsichtspraxis problematisch. Zu hinterfragen ist jedoch, inwieweit ausreichend kapitalisierte Banken tatsächlich den Anreiz haben, dieses Problem systematisch auszunutzen. Darüber hinaus stellt sich die Frage, ob viele Banken die Möglichkeit bzw. das notwendige Know How besitzen, die Wertveränderungsverteilung ihres, vermutlich überwiegend aus Krediten bestehenden Anlageportfolios entsprechend zielgenau zu steuern. Bei einer zunehmenden Handelbarkeit der damit verbundenen Risiken verliert dieser Einwand allerdings an Bedeutung.[157]

Die mangelnde Sub-Additivität des VaR wirkt sich negativ auf die Möglichkeit der einfachen Aggregation von einzelnen VaR-Werten sowie die Abbildung von Diversifizierungseffekten aus. Diese Einschränkungen sind bei der Interpretation von VaR-Werten insbesondere von Aufsichtsbehörden zu berücksichtigen. Allerdings beinhaltet ein korrekt, d. h. nicht aus der Summierung der Einzelposten berechneter VaR der Gesamtposition nichtsdestoweniger wertvolle Informationen. So mag die bei der Berechnung des VaR entstehende Information, dass ein an sich gut diversifiziertes Kreditportfolio eine beachtliche Verlustwahrscheinlichkeit aufweisen kann, per se für die Aufsichtsbehörden bedeutsam sein, auch wenn sich der direkte Vergleich mit einem anderen Portfolio verbietet.[158]

Als Reaktion auf die zweifellos vorhandenen Probleme des VaR sollten Aufsichtsbehörden die gemeldeten Werte mit entsprechender Vorsicht interpretieren und bei Verdachtsmomenten zusätzliche Informationen über die Verlustverteilung jenseits des VaR einfordern. Zudem sollten sie die Entwicklung anderer Risikomaße, die bereits konzeptionell Ergebnisausprägungen jenseits des VaR berücksichtigen, aufmerksam beobachten und fördern. Denkbar ist z. B. die parallele Erhebung mehrerer Risikomaße. Problematisch ist allerdings, dass die empirische Schätzung und Verifizierung fortgeschrittener Risikomaße wie etwa des ES größere Probleme als beim VaR aufwirft. Bei umfangreichen Simulationsrechnungen kommen Yamai/Yoshiba (2002b) zu dem Schluss, dass Schätzungen des ES für eine gegebene Stichprobengröße einen höheren Schätzfehler (gemessen an der relativen Standardabweichung des geschätzten Wertes) aufweisen.

---

[156] Szegö (2002), S. 1261.

[157] Zudem könnte man sich einfachere, wenn auch nicht sonderlich zielgenaue Methoden zur Verteilungsänderung vorstellen. So könnte eine Bank auf eine genaue Überprüfung von Sicherheiten verzichten und damit Kosten einsparen. Beim Ausfall des Schuldners stehen damit unter Umständen weniger Sicherheiten zur Verfügung.

[158] Vgl. die Darstellung auf S. 215f.

Auch die Verwendung anderer Risikomaße beinhaltet jedoch drei grundlegende Probleme risikosensitiver Eigenkapitalnormen.

(1) Auch sie beruhen auf stochastischen Abhängigkeiten, die gerade in Krisenzeiten nicht gültig sein können. Es verbleibt deshalb die Notwendigkeit von Stress-Tests.[159] Problematisch sind jedoch die Interpretation bzw. die aus den Ergebnissen eines (negativ ausgefallenen) Stress-Tests zu ziehenden Schlussfolgerungen. Während das privatwirtschaftliche Risikomanagement für außerordentliche Ereignisse zumindest implizit auf Reaktionen der Einlagenversicherung, der Zentralbank bzw. allgemein der Aufsichtsbehörden setzen kann - etwa indem es für äußerst seltene Ereignisse keine besondere Vorsorge trifft -, müssen die Aufsichtsbehörden entscheiden, ob sie als „letzte Auffanglinie" das ermittelte Risiko unter Berücksichtigung von eventuellen Erfassungsfehlern letztlich für aktzeptabel halten.[160] Als Reaktion auf einen weitverbreiteten Zusammenbruch von Banken infolge des simulierten Schocks sollten die Aufsichtsbehörden zumindest intern Notfallpläne erstellen, um so Maßnahmen ex ante zu koordinieren. Wird das Ergebnis des Stress-Tests als inakzeptabel angesehen, sind Maßnahmen zwischen „gütlichem Zureden" („moral suasion") und direkten Anlage- und Finanzierungsauflagen wie etwa dem Transfer von Risiken an andere Marktteilnehmer vorstellbar. Konzeptionell sind bei Stress-Tests schließlich auch Rückkopplungseffekte („feedback effects") wie etwa Portfolioanpassungen, Reaktionen der Geld-/Fiskalpolitik, der Investitionstätigkeit und des Sparverhaltens in die Entwicklung der Szenarien einzubeziehen. Dies gilt insbesondere für Stress-Tests zur Abdeckung des Kreditrisikos, da die Auswirkungen makroökonomischer Veränderungen, wie etwa höhere Ausfallraten oder Wertverluste von Sicherheiten in einem Kreditportfolio, erst mit einer gewissen Verzögerung eintreten bzw. erfasst werden. Parameter, die auf kurze Sicht als gegeben angenommen werden können, müssen aufgrund der zwischenzeitlichen Reaktion der ökonomischen Akteure endogenisiert werden. Derzeit existieren auf theoretischer wie empirischer Seite allerdings nur Annäherungen an diesen komplexen Sachverhalt.[161]

(2) Den zuletzt genannten Rückkopplungseffekten verwandt ist das zweite Problem risikosensitiver Eigenkapitalnormen: Zumindest theoretisch können sie in Krisenzeiten problemverschärfend wirken.[162] In der Praxis

---

[159] Vgl. die Überlegungen in Abschnitt 7.2.3.2.

[160] Vgl. hierzu das folgende Zitat von Jorion (2001), S. 247: „[Management response] is the crux of the issue with stress testing. Too often stress-testing results are ignored because they involve large losses that are dismissed as irrelevant. Indeed, institutions do not need to withstand every single state of the world. Central banks, in particular, are supposed to provide protection against systemic banking crises. Likewise, there is little point in trying to protect against a widespread nuclear war."

[161] Für eine Übersicht und ausführliche Diskussion vgl. Sorge (2004), S. 16ff.

[162] Vgl. die Erläuterungen auf S. 218f. In konzeptioneller Abgrenzung zu den unter (1) diskutierten Rückkopplungseffekten bei Stress-Tests handelt es sich explizit um ein durch regulatorische Maßnahmen bedingtes Phänomen.

reagieren Aufsichtsbehörden durchaus mit diskretionären Maßnahmen auf dieses Problem. So verzichteten z. B. die britischen Aufsichtsbehörden angesichts der Terroranschläge vom 11. September 2001 für mehrere Wochen auf die Durchführung von Stresstests, in denen die britischen Lebensversicherer nachweisen müssen, einen weiteren Kurseinbruch von 25 % verkraften zu können.[163]

Neben den beschriebenen Auswirkungen bei stark gehandelten Vermögensgegenständen wie Aktien und Anleihen wird der beschriebene, negative Rückkopplungseffekt für Banken insbesondere aufgrund risikobasierter Eigenkapitalnormen für Kredite erwartet. Die Argumentation geht dabei davon aus, dass die Ausfallrisiken des Kreditportfolios in rezessiven Phasen steigen. Dies impliziert einen Anstieg der regulatorischen Eigenkapitalanforderungen. Zugleich wird das Eigenkapital durch überdurchschnittliche Verluste aufgezehrt.[164] In der Folge schränken Banken ihre Kreditvergabe ein und verstärken den rezessiven Effekt. Da es sich um ein in der Regulierungspraxis stark diskutiertes Phänomen handelt, behandeln wir es ausführlich im folgenden Kapitel 8.

(3) Risikosensitive Eigenkapitalnormen, die auf bankinternen Informationen aufbauen, implizieren einen Informationstransfer zwischen Bank und Aufsichtsbehörden, d. h. es liegt eine asymmetrische Informationsverteilung vor. Diese wurde in den diskutierten Ansätzen vernachlässigt.[165] Die Bank gestaltete zwar unter Umständen ihr Portfolio so um, dass eine den Eigenkapitalnormen sinngemäße Risikobeschränkung nicht erfolgte, gab aber keine bewusst falschen Portfolioangaben. Auch bei den diskutierten Manipulationen des VaR wurden keine falschen Angaben gemacht, sondern die formelle VaR-Vorgabe eingehalten.

Allerdings zeigte das in seinen Grundzügen diskutierte Validierungsverfahren, dass bei der Verwendung bankinterner Informationen ein Anreiz zur korrekten Informationswiedergabe notwendig ist.[166] Prinzipiell ist auch bei relativ groben und für alle Banken gleich justierten Eigenkapitalgewichten für einzelne Anlageklassen ein Informationstransfer notwendig; allerdings erscheint die bewusst falsche Angabe des Bestands von Vermögensgegenständen bzw. Kontrakten relativ unwahrscheinlich.[167] Eine potenziel-

---

[163]Vgl. Danielsson/Shin/Zigrand (2004), S. 1071. Vgl. auch ähnlich gelagerte Änderungen der Bilanzierungsregeln für deutsche Lebensversicherer im Jahr 2002.

[164]Dieser Effekt tritt unabhängig von der Risikosensitivität der Eigenkapitalnormen auf, vgl. Kashyap/Stein (2003), S. 6.

[165]Vgl. hierzu die Ausführungen auf S. 175.

[166]Das Verfahren dient - wie oben diskutiert - zugleich als Anreiz zur Entwicklung treffsicherer VaR-Modelle, also zur Verbesserung des *bankinternen* Informationsstands.

[167]Diese Einschätzung bezieht sich auf systematische, vom Bankmanagement angeordnete Maßnahmen. Im Einzelfall ist auf Ebene des einzelnen Mitarbeiters ein solches Verhalten selbstverständlich vorstellbar, vgl. die Darstellung der beim Zusammenbruch der britischen Barings Bank von einem Händler verwendeten Methoden bei Kane/DeTrask (1999).

le Ausnutzung des Informationsvorsprungs tritt wohl eher innerhalb einer Risiko- bzw. Vermögensklasse auf, wenn von Aktiva mit relativ geringem tatsächlichen Risikogehalt zu Aktiva mit relativ höherem tatsächlichen Risikogehalt umgeschichtet wird.[168] Ebenso ist es denkbar, Risiken, die nicht vollständig bei der Bestimmung der Eigenkapitalnormen berücksichtigt werden, zu erhöhen oder - bei Einhaltung der regulatorischen Vorgaben - Kosten im internen Risikomanagement einzusparen.[169]

Im Fall von Eigenkapitalnormen, die mehr oder minder direkt aus Daten des bankinternen Risikomanagements wie etwa dem VaR eines Portfolios resultieren, ergeben sich jedoch neue Spielarten dieser Informationsasymmetrie. Sie bezieht sich hier - abgesehen wiederum von der bloßen Falschangabe der ermittelten Werte - auf die Manipulation von Sachverhalten, die schwerer objektivierbar sind. So können Annahmen über die stochastische Abhängigkeit von Vermögensgegenständen angepasst oder die Ausfallraten für ein gegebenes Kreditportfolio unterschätzt werden, ohne dass dies von außen sofort - oder durch die tägliche Beobachtbarkeit von Marktpreisen in relativ kurzer Zeit - ersichtlich wird. Hinzu tritt das Problem, beabsichtigte Unterschätzungen von der bei der Verwendung unterschiedlicher Methoden zu erwartenden Differenz der Schätzungen für ein gegebenes Portfolio zu unterscheiden. In Abschnitt 10.4 werden wir diskutieren, wie die neuen Vorschläge zur Eigenkapitalregulierung (Basel II) versuchen, diesen Problemen zu begegnen.

---

[168]So wird etwa die bei Basel I sehr grob gewählte Risikogewichtung als Auslöser so genannter „regulatory arbitrage" kritisiert: Unter Basel I besitzen alle Kredite an Unternehmen (mit Ausnahme von Forderungen gegen Banken) das gleiche Risikogewicht, unabhängig von einem eventuell erheblich divergierenden Rating der Schuldner. Banken haben dann die Möglichkeit, Kredite guter Bonität zu verkaufen, ohne dass die regulatorischen Eigenkapitalanforderungen für das verbliebene - und nun im Durchschnitt riskantere - Kreditportfolio ansteigen, vgl. Wolfe (2001), S. 367. Auch der Risikotransfer zwischen Institutionen, die unterschiedlicher Regulierung unterliegen, fällt unter diesen Begriff. So wird der Verkauf von Kreditportfolios via „Asset Backed Securities" (ABS) an Versicherungen u.a. damit erklärt, dass Versicherungen keiner ähnlichen Eigenkapitalregulierung unterliegen, vgl. Rule (2001). „Regulatory arbitrage" wird jedoch auch als Möglichkeit gesehen, um zu hoch gesetzte regulatorische Eigenkapitalnormen zu umgehen: „In many cases, regulatory arbitrage acts as a safety-valve for attenuating the adverse effects of those regulatory capital requirements that are well in excess of the levels warranted by a specific activity's underlying economic risk." Greenspan (zitiert nach Jorion (2001), S. 71). Die jeweilige Einschätzung der „regulatory arbitrage" hängt damit von der Einschätzung der (Un-)Angemessenheit der regulatorischen Eigenkapitalnormen ab.

[169]Vgl. die Ausführungen auf S. 208.

Box - Wichtige Ergebnisse und weiterführende Argumente Kapitel 7

- Eigenkapitalnormen der Praxis setzen üblicherweise über Risikogewichte bei einzelnen Vermögensgegenständen an oder greifen auf Informationen des bankinternen Risikomanagements zu.
- Bei marktwertmaximierenden Banken können Eigenkapitalnormen in Form von Risikogewichten keine effektive Beschränkung der Risikonahme herbeiführen.
- Bei risikoaversen Banken können Eigenkapitalnormen in Form von Risikogewichten die Risikonahme bzw. die Insolvenzwahrscheinlichkeit beschränken.
- Geeignete Eigenkapitalnormen richten sich zum einen nach dem portfolioorientierten Risikobeitrag. Zum anderen erfassen sie die Risiken eines Finanzkontrakts möglichst umfassend.
- Eine Mindesteigenkapitalausstattung ist auch hier notwendig, um die negativen Anreizwirkungen beschränkter Haftung zu vermeiden.
- Eigenkapitalnormen, die auf Risikogewichten beruhen, sind unter bestimmten Bedingungen äquivalent zu Value-at-Risk (VaR) Restriktionen.
- Trotz seiner Schwächen (z.B. Ausnutzung des Tail Risk) geht eine vollständige Ablehnung des VaR-Konzepts für die Aufsichtspraxis zu weit.
- (Stärker) risikosensitive Eigenkapitalnormen implizieren eine stärkere Volatilität von Eigenkapitalanforderungen.
- Eigenkapitalnormen, die (verstärkt) auf Informationen des bankinternen Risikomanagements aufbauen, implizieren einen Transfer von zum Teil schwierig objektivierbaren Informationen zwischen Bank und Aufsicht.

Kapitel 8

Prozyklizität regulatorischer Eigenkapitalvorgaben

Das Kapitel greift die am Ende von Kapitel 7 identifizierte Problematik einer eventuellen Krisenverschärfung durch risikosensitive Eigenkapitalnormen auf. Aufgrund des Anstiegs der regulatorischen Eigenkapitalanforderungen in Krisenzeiten wird befürchtet, dass Banken ihre Kreditvergabe einschränken und damit den rezessiven Effekt verstärken. Notwendige Voraussetzung für diesen Mechanismus ist die so genannte Prozyklizität der Eigenkapitalnormen. Darunter versteht man die Veränderung der Risikoeinschätzung im Gleichklang mit dem Konjunkturzyklus und entsprechende Veränderungen der regulatorisch notwendigen Eigenkapitalausstattung.[1]

In der Diskussion stehen dabei insbesondere die Eigenkapitalnormen zur Abdeckung von Ausfallrisiken im Vordergrund.[2] Angesichts der quantitativen Bedeutung des Kreditportfolios für den Durchschnitt der Banken sowie des großen Anteils des zur Abdeckung dieser Risikoart notwendigen Eigenkapitals am gesamten regulatorischen Eigenkapital ist dies naheliegend.[3] Je stärker man jedoch bisher getrennt erfasste Risikoarten integriert betrachtet, wird es notwendig, stochastische Abhängigkeiten zu berücksichtigen. Erste Forschungen auf diesem Gebiet legen beispielsweise nahe, dass die in diesem Kapitel nicht näher diskutierten, aber gemäß Basel II mit Eigenkapital zu unterlegenden so genannten operationellen Risiken sowohl pro-

[1] Vgl. etwa Allen/Saunders (2004), S. 161ff.

[2] In der Aufsichtspraxis werden bankbetriebliche Risikoarten weiterhin meist getrennt erfasst. Zur Definition des Ausfall- bzw. Kreditrisikos vgl. noch einmal S. 179f.

[3] „Verglichen mit den Risiken aus dem Anlagebuch, vor allem den Ausfallrisiken bei Krediten, sind die Marktpreisrisiken des Eigenhandels von untergeordneter Bedeutung. Bei einer typischen Großbank entfallen derzeit etwa 4 % des regulatorisch notwendigen Eigenkapitals auf die Unterlegung von Marktpreisrisiken im Eigenhandel. Dieser relativ geringe Anteil liegt nicht alleine darin begründet, dass das Kreditgeschäft dominiert. Auch die Tatsache, dass Marktpreisrisiken sehr gut modelliert werden können, erlaubt eine relativ sparsame Eigenkapitalunterlegung dieser Risiken.“ Bundesbank (2004b), S. 40.

als auch antizyklische Komponenten aufweisen.[4] Auch für Marktpreisrisiken sind gegenläufige Effekte denkbar: Sind erhöhte Volatilitäten auf den Finanzmärkten ein Frühindikator für negative realwirtschaftliche Veränderungen, können marktrisikosensitive Eigenkapitalnormen antizyklisch wirken. Ein prozyklischer Effekt ergibt sich selbstverständlich, wenn es sich um simultane Veränderungen handelt. Die empirischen Ergebnisse sind hier nicht eindeutig. Liegen negative Korrelationen der unterschiedlichen Risikoarten vor, kann eine getrennte Erfassung der Risikoarten zu einer Überschätzung der tatsächlichen Risikoposition führen.

Zur Beurteilung des Problems der Prozyklizität von risikosensitiven Eigenkapitalnormen zur Abdeckung von Ausfallrisiken ist zunächst zu klären, inwieweit die oben vermutete Prozyklizität infolge von erhöhten Ausfallwahrscheinlichkeiten einer genaueren Analyse stand hält.[5] Abschnitt 8.1 beschäftigt sich entsprechend mit der Frage: Ist das Ausfallrisiko prozyklisch? Abschnitt 8.2 überprüft, ob sich dies in den zur Erfassung von Ausfallrisiken verwendeten Methoden widerspiegelt. Dabei können wir regulatorisches und bankinternes Vorgehen weitgehend parallel diskutieren, da sich die regulatorischen Eigenkapitalnormen konzeptionell zunehmend auf die gleichen Daten wie das interne Risikomanagement stützen. Abschnitt 8.3 hinterfragt, ob sich die regulatorisch induzierte Eigenkapitalallokation prozyklischer als die bankinterne Eigenkapitalallokation ohne regulatorische Vorgaben verhält. Schließlich diskutieren wir in Abschnitt 8.4, inwieweit eine eventuell durch regulatorische Vorgaben erhöhte Proyzklizität des Eigenkapitals vermieden werden kann.[6]

8.1 Ausfallrisiken und makroökonomische Rahmenbedingungen

Vor den Problemen einer prozyklischen Eigenkapitalfestlegung ist zunächst der Zusammenhang von Ausfallrisiken und makroökonomischen Rahmenbedingungen zu untersuchen. Dabei hängt die grundlegende Einschätzung ihrer (Nicht-)Prozyklizität vom verwendeten Konjunkturerklärungsmodell ab.[7] Lowe (2002) macht zwei Extremfälle des Konjunkturverständnisses aus. Wird die konjunkturelle Entwicklung als eine relativ gleichmäßige Auf- und Abwärtsbewegung gesehen, d. h. steigt mit längerer Dauer einer Boomphase die Wahrscheinlichkeit einer konjunkturellen Abkühlung, wird ein prognose-, d. h. zukunftsorientiertes Risikoerfassungsmodell eine Erhöhung (Absinken)

[4]Vgl. hierzu den ausführlichen Übersichtsbeitrag von Allen/Saunders (2004).

[5]Im weiteren Verlauf wird deutlich werden, dass das Ausfallrisiko, d. h. die Verlustverteilung für Kreditportfolios infolge von Ausfällen, über eine Reihe von Variablen - darunter auch die individuellen Ausfallwahrscheinlichkeiten der Kredite - erfasst wird.

[6]Für eine ähnliche Argumentationskette vgl. Lowe (2002), S. 1.

[7]Vgl. Lowe (2002), S. 1.

des Kreditrisikos nahe dem zyklischen Höhepunkt (Tiefpunkt) feststellen. Es kommt also nicht zur prozyklischen Wirkung korrekt spezifizierter risikosensitiver Eigenkapitalnormen.[8] Wird die gegenwärtige konjunkturelle Lage dagegen als bester Schätzer für die zukünftige Entwicklung angesehen, legt eine gegenwärtig starke (schwache) makroökonomische Entwicklung ein niedriges (hohes) Ausfallrisiko für ausgegebene Kredite nahe.[9] Korrekt spezifiziert verhalten sich risikosensitive Eigenkapitalnormen hier prozyklisch. Eine gewisse Mittelposition nimmt die Auffassung ein, wonach der Konjunkturzyklus zwar prinzipiell keinem prognostizierbaren Auf- und Abwärtsschema folgt, aber dass Phasen hohen Wachstums, die mit einem hohen Kreditwachstum sowie großen Zuwächsen von Vermögenspreisen und Kapitalakkumulation (aber zumindest zunächst ohne inflationäre Tendenzen) einher gehen, auf ein Anwachsen des Ausfallrisikos hinweisen können. „This view is consistent with the proposition that risk is built up in the boom but materialises in the downturn."[10] Neuere empirische Studien liefern eine gewisse Bestätigung dieser letzten These.[11] Eine dem tatsächlichen Aufbau von Ausfallrisiken entsprechende Eigenkapitalvorgabe wirkt hier unter bestimmten Bedingungen ebenfalls nicht prozyklisch.

Diese unterschiedlichen Sichtweisen haben grundlegende Auswirkungen auf die Einschätzung einer prozyklischen Eigenkapitalallokation zur Abdeckung von Ausfallrisiken - sei diese von der Bank selbst oder aber von den Aufsichtsbehörden festgelegt: Im einen Fall ist sie Ausdruck einer - bei gegebenem Informationsstand - bestmöglichen Schätzung der Ausfallrisiken. Im anderen Fall ist sie Ausdruck einer Nicht-Berücksichtigung vorhandener, die Schätzung verbessernder Informationen oder zumindest der Unfähigkeit mit

---

[8] Borio/Furfine/Lowe (2001), die von einer mit dieser Sichtweise kompatiblen zyklischen Komponente im Konjunkturverlauf ausgehen, diskutieren eine Reihe von Gründen für eine dennoch prozyklische Wahrnehmung von Ausfallrisiken. Neben kognitiven Schwierigkeiten ökonomischer Agenten, Risiken über die Zeit hinweg korrekt zu erfassen, betonen sie die Wirkung von Entlohnungsstrukturen, die gleichgerichtetes Verhalten begünstigen und tendenziell eher kurzfristig ausgerichtet sind: „[T]he most common factor behind herding behavior is reward structures that limit blame in the case of collective, as opposed to individual, failure. ... If rewards are front-loaded in comparison with penalties, there is little incentive to take a longer-term view. ... Such arrangements, in fact, are quite common. Obvious cases in point include the payment of fees up front and of bonsuses related to unadjusted profitability or to the volume of business, such as to loans extended or funds under management." S. 10.

[9] Wie Lowe (2002) argumentiert, impliziert ein solches Verständnis nicht, dass ex post kein Zyklus erkennbar ist. Das irreguläre Muster dieses Zyklus verhindert jedoch eine treffsichere Prognose ex ante.

[10] Lowe (2002), S. 3.

[11] Vgl. etwa Borio/Lowe (2002) und Gourinchas/Valdes/Landerretche (2001). Die gegenwärtige makroökonomische Theorie ist wenig geeignet, diese Phänomene zu erklären, vgl. Borio/Lowe (2002), S. 27. Die implizit enthaltene Idee von durch niedrige Zinsen begünstigten Fehlinvestitionen in der Boomphase, die sich längerfristig als nicht gewinnbringend erweisen, findet sich jedoch bereits bei Hayek (1931). Für eine Übersicht zur so genannten Österreichischen Konjunkturtheorie vgl. etwa Oppers (2002) oder Kurz (1998).

den vorhanden Modellen, die tatsächlichen Ausfallrisiken - und nicht deren Realisation - korrekt zu erfassen.[12]

8.2 Ausfallrisikomessung, Konjunkturzyklus und regulatorische Vorgaben

Angesichts dieser theoretischen und empirischen Schwierigkeiten der Bestimmung einer allgemein gültigen Beziehung zwischen Konjunkturzyklus und Ausfallrisiken stellt sich die Frage, welche Beziehung die im internen Risikomanagement bzw. der Aufsichtspraxis tatsächlich verwendeten Erfassungsmodelle zwischen Konjunkturzyklus und Ausfallrisiken herstellen. Im Weiteren werden wir deshalb überblicksartig die Abhängigkeit der wichtigsten Einflussgrößen („building blocks") privatwirtschaftlicher bzw. regulatorischer Kreditrisikomodelle von den makroökonomischen Rahmenbedingungen diskutieren.[13] [14]

Im einzelnen sind dies:

- Bonitätseinschätzung („Rating") bzw. Schätzung der implizierten Ausfallwahrscheinlichkeit der einzelnen Schuldner („probability of default" oder PD),
- Schätzung der Korrelation von möglichen Ausfällen unterschiedlicher Schuldner,
- Schätzung des prozentualen Verlusts der bei Ausfall ausstehenden Forderung („loss given default" oder LGD) und

---

[12] „Whether or not this [i.e. procyclicality] is desirable depends upon one's view of the forces driving the business cycle." Lowe (2002), S. 6. Leider besteht hier jedoch kaum Einigkeit, vgl. ebenda, S. 1.

[13] Für eine Einführung in die Modellierung und Messung von Kreditrisiken mit Hilfe dieser „building blocks" vgl. etwa das Lehrbuch von Allen/Saunders (2002). Grundlegende Idee ist, die Verlustverteilung eines Portfolios infolge des Ausfallrisikos der einzelnen Posititionen über diese „building blocks" zu modellieren. Auf Basis dieser Verteilung lassen sich dann wiederum Risikomaße wie etwa ein VaR bestimmen, die zur Ableitung der notwendigen Eigenkapitalunterlegung verwendet werden.

[14] Maßgeblich für die Darstellung sind Lowe (2002) und Allen/Saunders (2004). Zum Teil können mangels Information über bankinterne Ansätze nur die Eigenschaften von privatwirtschaftlichen Modellen diskutiert werden, die von Dritten wie etwa Spezialanbietern bzw. Beratungsfirmen vorgeschlagen werden. Basel II sieht neben einem auf bankinternen Risikoeinschätzungen basierenden Ansatz - „Internal Ratings-Based Approach" oder kurz IRB-Ansatz - auch einen so genannten Standardansatz vor, vgl. Abschnitt 10.2. Letzterer verwendet externe Bonitätsschätzungen, die (über fixe Risikogewichte) in vorgegebene Eigenkapitalmengen übersetzt werden. Für diesen Ansatz ist lediglich der erste der nachfolgenden Punkte relevant.

- Schätzung der Korrelation zwischen Ausfallwahrscheinlichkeit und Ausfallverlusten.[15]

8.2.1 Bonitätsschätzung

Neben direkten Methoden der Schätzung der Ausfallwahrscheinlichkeit werden insbesondere Ratingprozesse zur Bonitätsbeurteilung eingesetzt; für eine gegebene Bonitätsklasse lassen sich dann die implizierten Ausfallwahrscheinlichkeiten aus historischen Ausfalldaten dieser Klasse ablesen. Während im ersten Ansatz auf Basis von Marktdaten (insbesondere von Aktienpreisen und beobachteten Risikoprämien („credit spreads")) und eines Bewertungsmodells die Ausfallwahrscheinlichkeiten berechnet werden, beziehen Ratingprozesse weitere Informationen wie etwa Bilanzkennzahlen, Informationen über Wettbewerbssituation und Managementqualität mit ein.

Vorteil der marktbasierten Methoden ist die grundlegend vorwärtsgerichtete Informationsverwertung: Wird etwa eine zukünftige konjunkturelle Verschlechterung in den Aktienpreisen eingepreist, erhöht sich die implizierte Ausfallwahrscheinlichkeit, auch wenn die gegenwärtige Entwicklung dies noch nicht nahelegt. Allerdings führt eine hohe Volatilität der Marktdaten zu entsprechend volatilen Einschätzungen der Ausfallwahrscheinlichkeiten.[16]

Die Ergebnisse von Ratingagenturen sind dagegen üblicherweise nicht auf Marktpreise oder makroökonomische Größen konditioniert und fallen weniger volatil aus.[17] Zudem argumentieren die Agenturen, dass ihre Bonitätseinschätzungen langfristig angelegt sind und sich auf den Durchschnitt ei-

---

[15]Neben diesen Inputgrößen spielen die Forderungshöhe bei Ausfall („exposure at default" oder EAD) sowie die zeitliche Struktur des Rückzahlungsstroms eine wichtige Rolle bei der Bestimmung der Verteilung potenzieller Verluste infolge von Ausfällen und/oder Bonitätsverschlechterungen. Üblicherweise werden diese Größen unabhängig von Konjunktureinflüssen modelliert. Für einen gegebenen Kredit bzw. ein gegebenes Kreditportfolio ist dies unproblematisch: Der EAD eines Kredits wird üblicherweise dem Buchwert des Kredits gleichgesetzt, der zumindest zu Beginn der Kreditbeziehung dem nominalen Rückzahlungsbetrag entspricht. Ebenso sind die Rückzahlungsmodalitäten grundlegend festgelegt. Andere Bankgeschäfte, die vom Verhalten potenzieller Kreditnehmer abhängen wie etwa Kreditzusagen oder Kreditlinien, können aber durchaus konjunkturabhängig sein, vgl. Allen/Saunders (2004), S. 177ff. Insgesamt existieren hierzu jedoch relativ wenige Studien, so dass wir auf eine ausführliche Diskussion verzichten. Darüber hinaus macht diese Überlegung deutlich, dass bei der Interpretation empirischer Studien zur (Nicht-)Prozyklizität von Kreditrisikomodellen die Möglichkeit von Verhaltensänderungen der Bank zu berücksichtigen ist. Verändert die Bank z. B. ihr Kreditvergabeverhalten über den Konjunkturzyklus (Kreditvergaberichtlinien, verlangte Sicherheiten, vereinbarte Laufzeit etc.), sind die gemessenen Risiken bzw. die darauf aufbauenden Eigenkapitalniveaus neben der Konjunkturabhängigkeit der Inputparameter auch vom geänderten Portfolio abhängig, vgl. die Diskussion in Abschnitt 8.3.3.

[16]Lowe (2002), S. 5, nennt das Beispiel einer Bonitätsklasse, deren Ausfallwahrscheinlichkeit sich auf dieser Basis innerhalb von vier Jahren versechsfachte.

[17]Vgl. Amato/Furfine (2004), S. 2644f.

nes Konjunkturzyklus beziehen („through-the-cycle methodology").[18] Auch die für die einzelnen Ratingklassen berechneten und zur Prognose zukünftiger Ausfallraten verwendeten historischen Ausfallraten werden über lange Zeiträume gemittelt und sollten dementsprechend wenig schwanken, solange keine grundlegenden Strukturbrüche auftreten.[19]

Für die Volatilität bzw. Stabilität der Schätzung von (mehrperiodigen) Ausfallwahrscheinlichkeiten spielt in der Praxis des Risikomanagements auch die Wahrscheinlichkeit einer sich verbessernden/verschlechternden Bonitätseinschätzung eine wichtige Rolle. Ursache hierfür ist, dass häufig aufgrund von Datenbeschränkungen keine laufzeitkongruenten Bonitätseinschätzungen bzw. implizierten Ausfallwahrscheinlichkeiten existieren.[20] In diesem Fall werden zur Bestimmung von mehrperiodigen Ausfallwahrscheinlichkeiten so genannte Migrationsmatrizen verwendet. Sie geben für jede Ratingklasse neben der einperiodigen Ausfallwahrscheinlichkeit die jeweilige Wahrscheinlichkeit einer Auf-/Herabstufung im gleichen Zeitraum an. Darin kommt zum Ausdruck, dass sich die einperiodige Ausfallwahrscheinlichkeit eines Kreditnehmers in der Zukunft - und damit auch die mehrperiodige Ausfallwahrscheinlichkeit - verändern kann. Unter der Annahme einer über die Zeit hinweg konstanten Migrationsmatrix lassen sich mehrperiodige Ausfallwahrscheinlichkeiten aus den enthaltenen Übergangswahrscheinlichkeiten berechnen. Die Annahme einer über die Zeit hinweg konstanten Migrationsmatrix wird wiederum durch die Anwendung der „through-the-cycle" Orientierung gerechtfertigt.[21]

Die empirischen Ergebnisse, inwieweit es Ratingagenturen gelingt, ihre Bonitätseinschätzung bzw. Veränderung der Bonitätseinschätzung über den Konjunkturzyklus konstant zu halten, fallen gemischt aus. Ein jüngster Bei-

---

[18]Vgl. hierzu etwa Altman/Rijken (2004).

[19]Prinzipiell betonen Ratingagenturen, dass ein Rating keine spezifische Ausfallwahrscheinlichkeit festlegt, sondern eine ordinale Anordnung der Ausfallwahrscheinlichkeit über (nahezu) beliebige Zeiträume angibt. Aussage eines „guten" gegenüber einem „schlechten" Rating ist also, dass die Ausfallwahrscheinlichkeit des schlechter klassifizierten Unternehmens z. B. für 1, 5 oder 10 Jahre jeweils höher liegt als die des besser klassifizierten Unternehmens. Trotz dieser Einschränkung veröffentlicht etwa die Ratingagentur Standard & Poor's jährlich die historischen Ausfallquoten der jeweiligen Bonitätsklassen für unterschiedliche Zeiträume, die diese Eigenschaft - zumindest für die verwendeten 7 Hauptratingkategorien - bestätigen. Zur Berechnung der gemittelten Ausfallquoten werden bei Standard & Poor's Daten ab dem Jahr 1981 verwendet, d. h. für die Berechnung der durchschnittlichen jährlichen Ausfallquote für eine Ratingkategorie zwischen 1981-2003 wurden 23 jährliche Werte gemittelt. Auch für die unten näher beschriebenen durchschnittlichen Übergangswahrscheinlichkeiten zwischen Ratingkategorien wird diese Methodik verwendet. Vgl. hierzu ausführlich Standard & Poor's (2004).

[20]Wie auf S. 179f. erläutert, sind in einem weiter gefassten Kreditrisikobegriff auch die Marktwertveränderungen von Forderungen aufgrund zwischenzeitlicher Änderungen der Bonität des Schuldners relevant. Hierfür sind neben Schätzungen der Reaktion der Marktpreise auf eine Auf-/Herabstufung auch deren Wahrscheinlichkeit bedeutsam, vgl. Allen/Saunders (2002), S. 86ff.

[21]Vgl. Altman/Rijken (2004) sowie Fußnote 19 auf S. 237.

trag findet für US-amerikanische Firmen keine ausgeprägte Abhängigkeit externer Ratingergebnisse vom Konjunkturzyklus.[22]

Die intern von Banken zur Einschätzung von Ausfallrisiken verwendeten Modelle variieren erheblich untereinander; es existieren sowohl Ansätze, die relativ großes Gewicht auf die direkte Schätzung der Ausfallwahrscheinlichkeit durch marktbasierte Methoden legen, als auch Ansätze, die eher einem Ratingprozess vergleichbar sind oder - wenn verfügbar - externe Ratings verwenden. Innerhalb der internen Ratingprozesse scheint jedoch eine „point-in-time" Orientierung vorherrschend zu sein, d. h. die gegenwärtig vorliegenden wirtschaftlichen Rahmenbedingungen spielen eine erhebliche Rolle für die Rating-Einschätzung.[23] Das Potenzial für eine prozyklische Wirkung ist also vorhanden. Allerdings sind diese Interpretationen aufgrund der Vertraulichkeit interner Modelle sowie ihrer Ergebnisse und der raschen Veränderungen auf diesem Gebiet schwierig zu verallgemeinern bzw. in die Zukunft fortzuschreiben. Insgesamt herrscht der Konsens vor, dass bankinterne Kreditrisikomodelle positiv (negativ) mit dem Konjunkturzyklus korrelierte Bonitätseinschätzungen (Ausfallwahrscheinlichkeiten) ergeben.[24] Eine darauf aufbauende Eigenkapitalallokation ist entsprechend tendenziell prozyklisch.

Die in Basel II vorgesehenen Regeln schreiben keinen spezifischen Ratingprozess bzw. kein spezifisches Schätzmodell zur Bestimmung der Ausfallwahrscheinlichkeiten vor. Es werden stattdessen qualitative und quantitative Mindestanforderungen gestellt.[25] Für die Zwecke unserer Diskussion sind insbesondere die folgenden Auflagen relevant: Der Ratingprozess sollte auf einen längeren Zeithorizont ausgelegt sein. Das Rating muss die Auswirkungen ungünstiger ökonomischer Rahmenbedingungen berücksichtigen. Dabei müssen Annahmen hinsichtlich dieser ungünstigen Bedingungen „be consistent with current conditions *and* those that are likely to occur over a business cycle within the respective industry/geographic region."[26] Die geschätzte Ausfallwahrscheinlichkeit einer Bonitätsstufe muss auf den über

---

[22]Vgl. Amato/Furfine (2004). Zur Diskussion dieses und weiterer Beiträge vgl. Allen/Saunders (2004) und Cantor (2004).

[23]Vgl. BCBS (2000), S. 17ff.

[24]Vgl. etwa Borio/Furfine/Lowe (2001), Lowe (2002) und Amato/Furfine (2004). Verzichtet man auf die langfristige Mittlung der Übergangswahrscheinlichkeiten, zeigen sich auch bei den von externen Ratingagenturen veröffentlichten Migrationsmatrizen signifikante prozyklische Unterschiede. So verdoppelt sich bei Konditionierung der Migrationsmatrix auf den Konjunkturindex des „National Bureau of Economic Research" (NBER) etwa die Ausfallwahrscheinlichkeit von „B" gerateten US-Unternehmen in rezessiven Phasen, vgl. Bangia et al. (2002), S. 464f. Zudem ist eine Zunahme der Herabstufungswahrscheinlichkeiten festzustellen. Für ähnliche Ergebnisse vgl. Nickell/Perraudin/Varotto (2000).

[25]Vgl. hierzu BCBS (2004a), Nummer 387ff. Man beachte, dass im so genannten Standardansatz kein internes Rating bzw. keine Schätzung der PD notwendig ist. Dort bestimmt ein externes Rating das notwendige regulatorische Eigenkapital. Die folgenden Ausführungen beziehen sich auf den auf bankinternen Ratings beruhenden IRB-Ansatz. Für eine eingehendere Darstellung der Ansätze vgl. Abschnitt 10.2.

[26]BCBS (2004a), Nummer 415. Hervorhebung durch den Verfasser.

einen längeren Zeitraum gemittelten einjährigen Ausfallraten beruhen. Zur Schätzung der jeweiligen Ausfallwahrscheinlichkeit einer Bonitätsstufe muss zudem eine mindestens fünf Jahre zurückreichende Datenbasis verwendet werden. Stehen längere Zeitreihen zur Verfügung, sind diese zu verwenden.[27] Die Schätzungen haben neue Daten zeitnah zu berücksichtigen; sie müssen mindestens einmal jährlich aktualisiert werden. Schließlich sind die modellgestützten Ergebnisse kritisch zu hinterfragen: „Sufficient human judgement and human oversight is necessary to ensure that all relevant and material information, including that which is outside the scope of the model, is also taken into consideration, and that the model is used appropriately.“[28]

Insgesamt lassen diese Auflagen unseres Erachtens auf keine ausgeprägte Prozyklik der regulatorischen Vorgaben zur Schätzung der Ausfallwahrscheinlichkeiten bzw. Zuordnung von Schuldnern in Ratingklassen schließen. Die Vorgaben sollen ex ante eine zu optimistische Einschätzung verhindern, die im Abschwung dann korrigiert werden muss. Selbstverständlich können die Vorgaben nicht verhindern, dass es nicht doch zu solchen Anpassungen kommt, wenn die Dauer oder Schwere eines Abschwungs unterschätzt wurde. In jedem Fall sind die regulatorischen Vorgaben jedoch hinsichtlich der PD-Schätzungen konzeptionell nicht prozyklischer als privatwirtschaftliche bzw. bankinterne Modelle.

8.2.2 Korrelationsschätzung

Für ein realistischerweise aus mehreren Schuldnern bestehendes Kreditportfolio sind neben den individuellen Ausfallwahrscheinlichkeiten die gemeinsamen Ausfallwahrscheinlichkeiten für die Einschätzung des gesamten Ausfallrisikos relevant. Dies folgt aus der naheliegenden Überlegung, dass die Ausfallwahrscheinlichkeiten von Firmen, die denselben makroökonomischen oder branchenspezifischen Einflüssen unterliegen, nicht stochastisch unabhängig voneinander sind.[29]

Wir verzichten an dieser Stelle auf eine detaillierte Darstellung der unterschiedlichen Methoden zur Erfassung der Ausfallrisiken im Portfoliokontext und beschränken uns auf die grundlegende Modellierungstechnik korrelierter

[27] Vgl. BCBS (2004a), Nummer 447 und 463 bzw. 466.

[28] BCBS (2004a), Nummer 417. Die Regeln zur Einbindung dieser Überlegungen müssen im Vorhinein dokumentiert werden: „The bank must have written guidance describing how human judgement and model results are to be combined.“ Ebenda.

[29] Für eine illustrative Beschreibung und Quantifizierung dieses Phänomens am Beispiel US-amerikanischer Insolvenzraten vgl. Lucas (2004). Die Vielfalt möglicher Wirkungsketten zeigt sich etwa daran, dass die 1972 durch Umwelteinflüsse drastisch verringerte Tonnage des jährlichen Sardellenfangs vor Südamerika - einer wichtigen Grundlage für Viehfutter - zu einem weltweiten Anstieg der Preise für Viehfutterprodukte führte. In der Folge verschlechterten sich die ökonomischen Rahmenbedingungen der auf diesen Input angewiesenen Viehzüchter des mittleren Westens der USA.

Ausfälle.[30] Üblicherweise hängen dabei die Variablen, die die Ausfallereignisse steuern, von mehreren so genannten systematischen (Risiko-)Faktoren wie etwa Branchen- und Regionalzugehörigkeit ab. In den auf dem Ansatz von Merton aufbauenden Modellen etwa wird der Unternehmenswert als Auslöser für den Ausfall modelliert.[31]

Liegt dieser zur Fälligkeit des aufgenommenen Fremdkapitals unter dem Rückzahlbetrag, kommt es zur Insolvenz. Der Unternehmenswert zur Fälligkeit ist dabei von der stochastischen Rendite der Vermögenswerte des Unternehmens abhängig. Diese Rendite wird durch Abhängigkeit von einem stochastischen unternehmensspezifischen Element sowie von den ebenfalls stochastischen systematischen Faktoren erklärt, die alle Unternehmen einer Volkswirtschaft betreffen. Die Renditen der im Portfolio enthaltenen Unternehmenswerte sind nun aufgrund der gemeinsamen Abhängigkeit von den systematischen Faktoren miteinander korreliert. Unter der Annahme einer spezifischen gemeinsamen Verteilung der Renditen der Unternehmenswerte lässt sich dann die Wahrscheinlichkeit errechnen, dass die Werte mehrerer Unternehmen unterhalb des jeweiligen Rückzahlbetrags liegen. Weisen die Renditen zweier Unternehmen beispielsweise eine positive Korrelation auf, so sind auch die Ausfallereignisse des Fremdkapitals dieser beiden Unternehmen positiv miteinander korreliert.[32]

Erhöhen sich - wie empirische Studien nahe legen - in Krisenzeiten die geschätzten Korrelationen der Firmenrenditen, nehmen ceteris paribus auch die gemeinsamen Ausfallwahrscheinlichkeiten bzw. Korrelationen der Ausfallereignisse zu.[33] Neben erhöhten Renditekorrelationen sind in Abschwüngen auch erhöhte Schätzungen der individuellen Ausfallwahrscheinlichkeiten wahrscheinlich.[34] Dies erhöht ebenfalls die gemeinsamen Ausfallwahrscheinlichkeiten.[35] Das et al. (2004) finden - wenn auch mit anderer

[30]Für eine einführende Darstellung des Ausfallrisikos in Portfoliomodellen vgl. etwa Allen/Saunders (2002), Chpt. 11.

[31]Merton (1974) verwendet erstmals die Optionspreistheorie zur Bepreisung riskanter Kredite.

[32]Insofern ist konzeptionell zwischen der Korrelation der kontinuierlich verteilten Renditen („return correlation") ρ_R und der Korrelation der Zwei-Punkt-verteilten Ausfallereignisse („default correlation") ρ_D zu unterscheiden. Für den Fall gemeinsam normalverteilter Unternehmensrenditen finden Gersbach/Lipponer (2003) eine obere Grenze für ρ_D in Abhängigkeit der Korrelation der Unternehmenswerte: $\rho_D = 2/\pi \cdot \arcsin \rho_R$. Das heißt, dass mit Ausnahme perfekter Firmenkorrelation ($\rho_R = -/+1$) und völliger Unkorreliertheit ($\rho_R = 0$) die Ausfallkorrelation immer unterhalb der Unternehmenswertkorrelation liegt.

[33]Ang/Chen (2002) bzw. Longin/Solnik (2001) weisen erhöhte Korrelationen zwischen US-amerikanischen Branchenindizes bzw. internationalen Aktienindizes in Marktabschwüngen nach. Da die Aktienpreise zur Schätzung der Renditekorrelation herangezogen werden, deutet dies auf erhöhte Renditekorrelationen im Abschwung hin, vgl. Allen/Saunders (2004), S. 172.

[34]Vgl. Abschnitt 8.2.1.

[35]Vgl. Allen/Saunders (2002), S. 181. Allerdings sind die dadurch implizierten Veränderungen der Ausfallkorrelationen nicht eindeutig, da eine Erhöhung der individuellen Aus-

Modellierung - ein mit diesen Überlegungen kompatibles Muster der historischen Ausfallraten und Korrelationen der Ausfallwahrscheinlichkeiten für US-amerikanische Daten: Im Längsschnitt gehen erhöhte Ausfallraten mit erhöhten Ausfallkorrelationen innerhalb der Ratingklassen einher. Die Studie stellt allerdings keine explizite Verbindung zu den makroökonomischen Rahmenbedingungen her; als Kennzeichen von Phasen erhöhter Ausfallraten und Korrelationen wird insbesondere eine allgemein erhöhte Renditenvolatilität ausgemacht.

Im Querschnitt finden Das et al. - im Gegensatz etwa zu Lucas (1995) - eine positive Beziehung zwischen Ratingkategorie und Korrelation der Ausfallwahrscheinlichkeiten, d. h. besser beurteilte Unternehmen weisen höher korrelierte Ausfallwahrscheinlichkeiten untereinander auf als schlechter geratete Unternehmen. Diese empirisch unklare Situation spiegelt sich auch in den Schätzungen des Zusammenhangs zwischen Rating bzw. Ausfallwahrscheinlichkeit und Renditekorrelation wider. Während Lopez (2004) bei Unternehmen mit niedrigeren individuellen Ausfallwahrscheinlichkeiten höhere Renditekorrelationen feststellt, finden Düllmann/Scheule (2003) tendenziell den umgekehrten Effekt.[36] Bedeutsam ist diese Kontroverse für die Prozyklizitätsdiskussion deshalb, weil ein Absinken der Ratings bzw. ein Ansteigen der individuellen Ausfallwahrscheinlichkeiten im Abschwung ceteris paribus ein Absinken der durchschnittlichen Ausfallkorrelationen und damit des gemessenen Ausfallrisikos impliziert.[37] Je nach verwendeter Datenbasis bzw. Methode können also abschwächende bzw. verstärkende Effekte vermutet werden. Insgesamt aber wird das gemessene Ausfallrisiko eines „durchschnittlichen" Kreditportfolios - im Einklang mit den gestiegenen gesamtwirtschaftlichen Ausfallraten - aufgrund der erhöhten individuellen Ausfallwahrscheinlichkeiten und erhöhter Ausfallkorrelation über alle Ratingklassen bzw. Ausfallwahrscheinlichkeiten hinweg wohl im Abschwung steigen.[38]

---

fallwahrscheinlichkeiten ceteris paribus nicht zwingend zu einer erhöhten Ausfallkorrelation führt, vgl. Erlenmaier/Gersbach (2001). In Simulationsrechnungen für individuelle Ausfallwahrscheinlichkeiten bis zu 10 % finden sie bei gleichzeitiger Änderung von ρ_A und der individuellen Ausfallwahrscheinlichkeiten jedoch insgesamt erhöhte Ausfallkorrelationen, vgl. ebenda, S. 13.

[36]Die theoretischen Begründungen für diese unterschiedlichen Ergebnisse sind wenig ausgeprägt, vgl. Düllmann/Scheule (2003), S. 5. Zum Teil werden lediglich identische Argumente mit entgegengesetztem „Vorzeichen" verwendet: „[D]efaults of highly rated companies ... are typically the result of company-specific problems. As these problems are isolated to individual firms, they do not produce default correlation." Lucas (1995), S. 80f. „PD across high credit quality firms may be higher ... than for low credit firms because high quality firms have *less* idiosyncratic risk in their balance sheets than do low quality firms." Allen/Saunders (2004), S. 172. Hervorhebung durch den Verfasser.

[37]Vgl. Lowe (2002), S. 8.

[38]Lopez (2004) verwendet als Erklärung für die im Vergleich zu anderen Regionen - über alle Ausfallwahrscheinlichkeitsbänder - höheren Renditekorrelationen in Japan die im Vergleichszeitraum schlechteren makroökonomischen Bedingungen. Insofern sind auch seine Ergebnisse mit der Überlegung kompatibel, dass die Renditekorrelationen (und da-

Gegenwärtig berücksichtigen privatwirtschaftliche Ausfallrisikomodelle die Konditionalität der stochastischen Abhängigkeiten zwischen verschiedenen Schuldnern im Allgemeinen wenig.[39] Unseres Erachtens kann jedoch aufgrund des vorhandenen Konsenses über die Erhöhung von Ausfallkorrelationen im Abschwung davon ausgegangen werden, dass diese Einflussgröße - zumindest zukünftig - prozyklisch modelliert wird.

Die regulatorische Behandlung der Ausfallkorrelation in Basel II ist dagegen zeitinvariant ausgelegt. Konkret orientiert sich Basel II an einem so genannten Ein-Faktor-Modell („One-Factor Model"), d. h. ähnlich dem oben beschriebenen Modellaufbau wird die Entwicklung von Unternehmenswerten durch einen systematischen, d. h. gesamtwirtschaftlichen Risikofaktor und durch unternehmensspezifische stochastische Einflüsse erklärt.[40] Über die gemeinsame Abhängigkeit vom systematischen Faktor sind die Unternehmenswerte und Ausfallereignisse miteinander korreliert. Diese Korrelation wird bei Basel II - mit Ausnahme einiger Forderungsklassen mit fixer Korrelationsvorgabe - nach einer feststehenden Formel in Abhängigkeit der individuellen Ausfallwahrscheinlichkeit berechnet. Dabei nimmt die Korrelation mit der Ausfallwahrscheinlichkeit ab.[41] Die regulatorische Vorgabe entspricht also den oben diskutierten Ergebnissen von Lopez (2004) und führt bei einem Ansteigen der Ausfallwahrscheinlichkeiten zu geringeren unterstellten Renditekorrelationen. Dies bremst den Anstieg des gemessenen Ausfallrisikos.

Das regulatorische Modell wählt damit in Bezug auf die unterstellte Abhängigkeit von Ausfallereignissen das - im Sinne der Vermeidung prozyklischer Risikomessung - „günstigste" Vorgehen: Die unterstellten Renditekorrelationen sind per se nicht vom Konjunkturzyklus abhängig. Bei einem eventuellen Ansteigen der gemessenen Ausfallwahrscheinlichkeiten im Abschwung wird zudem ein inverser Zusammenhang von Ausfallwahrscheinlichkeit und Renditekorrelation angenommen.[42]

---

mit die Ausfallkorrelationen) über alle Ausfallwahrscheinlichkeitsbänder im Abschwung zunehmen.

[39]„All credit risk models include estimates of correlations amongst borrowers. ... [The] various factors are re-estimated periodically, although they tend to change slowly through time. The state of the macroeconomy and the existence of imbalances in the financial system are generally not explicitly considered." Lowe (2002), S. 7.

[40]Für eine ausführliche Darstellung des „One-Factor Model" vgl. Finger (2001).

[41]Für die Forderungsklasse „Unternehmen, Staaten und Banken" („corporates, sovereigns, and banks") ist zudem ein Korrekturfaktor für die Unternehmensgröße vorgesehen, um den ebenfalls empirisch festgestellten positiven Zusammenhang von Renditekorrelation und Unternehmensgröße zu berücksichtigen, vgl. Lopez (2004).

[42]Damit ist nicht gesagt, dass die verwendeten Berechnungsformeln und Kalibrierungen nicht dennoch zu, im Vergleich mit den bankinternen Methoden, höheren Messungen des Ausfallrisikos führen. So liegen etwa die (in der Berechnung der Ausfallkorrelationen verwendeten) Schätzungen der jeweiligen Renditekorrelationen für ein europäisches Kreditportfolio bei Lopez (2004) unterhalb der regulatorischen Vorgaben, vgl. ebenda, Tabelle 5, S. 279.

8.2.3 Schätzung der Ausfallverluste

Wir kommen nun zum dritten wichtigen Bestandteil von Modellen zur Erfassung von Ausfallrisiken, nämlich der Verlusthöhe bei Ausfall („loss given default“ oder LGD). Der LGD wird üblicherweise als ein Prozentsatz des Wertes der bei Ausfall ausstehenden Forderung („exposure at default“ oder EAD) definiert.[43] Dabei leuchtet unmittelbar ein, dass unabhängig von individuellen Ausfallwahrscheinlichkeiten kein Verlust mit dem Ausfall eines Kredites verbunden ist, wenn dieser vollständig besichert ist.[44] Ist der Kredit jedoch entweder im Moment des Ausfalls nicht vollständig besichert - etwa weil der Wert der hinterlegten Sicherheit ebenfalls Schwankungen unterliegt - oder handelt es sich um unbesicherte Forderungen, die aus dem verbleibenden Unternehmenswert befriedigt werden müssen, werden die LGDs dagegen schwanken. Es tritt damit neben die Ausfallwahrscheinlichkeit ein weiteres Unsicherheitselement.[45]

Verschiedene empirische Studien finden über die Zeit hinweg stark schwankende LGDs bzw. erheblich erhöhte LGDs in Abschwungphasen.[46] Privatwirtschaftliche Ausfallrisikomodelle gehen dagegen üblicherweise entweder von LGDs aus, die als fixe Parameter für bestimmte Forderungsklassen festgelegt sind, oder modellieren die LGDs als eine von den übrigen Einflussgrößen (wie z. B. der Ausfallwahrscheinlichkeit) unabhängige stochastische Größe. In beiden Fällen werden die LGDs nicht auf die makroökonomischen Rahmenbedingungen konditioniert.[47]

Bei den regulatorischen Vorgaben von Basel II sind ebenfalls zwei Vorgehensweisen zu unterscheiden: Im so genannten Basisansatz („Foundation Approach“) werden die LGDs für verschiedene Forderungklassen als Parameter festgelegt; dabei werden verschiedene Formen der Besicherung berücksich-

---

[43]Für die in unserem Kontext besonders wichtigen Kreditforderungen entspricht der Wert der ausstehenden Forderung in Basel II dem Buchwert des Kredits, vgl. Allen/Saunders (2002), Chpt. 3.

[44]Der Begriff „besichert“ umfasst dabei die ganze Vielfalt von Methoden zur Absicherung von Forderungen: „Banks use a number of techniques to mitigate credit risks to which they are exposed. For example, exposures may be collateralised by first priority claims, in whole or in part with cash or securities, a loan exposure may be guaranteed by a third party, or a bank may buy a credit derivative to offset various forms of credit risk.“ BCBS (2004a), Nr. 109.

[45]Wie bereits zu Beginn von Abschnitt 8.2.2 dargestellt, wird in den auf Merton (1974) aufbauenden Ansätzen der Ausfall eines Schuldners durch eine Ausprägung der stochastischen Unternehmensrendite ausgelöst, die den Wert des Unternehmens unter den Rückzahlungsbetrag des Fremdkapitals drückt. Dabei legt die Renditeausprägung zugleich den zur (teilweisen) Deckung der Gläubigeransprüche zur Verfügung stehenden Unternehmenswert fest. Ceteris paribus besteht modelltheoretisch also ein Zusammenhang zwischen Ausfallwahrscheinlichkeit und LGD. Wir werden auf diesen Zusammenhang bei der Behandlung der vierten wichtigen Einflussgröße von Kreditrisikomodellen („Korrelation zwischen Ausfallwahrscheinlichkeit und Ausfallverlusten“) im folgenden Abschnitt 8.2.4 zurückkommen.

[46]Vgl. Unal/Madan/Guntay (2003) bzw. Frye (2000).

[47]Vgl. Lowe (2002), S. 9.

tigt.[48] Im so genannten fortgeschrittenen Ansatz („Advanced Approach") beruhen die LGDs auf bankinternen Schätzungen für den Forderungstyp unter Berücksichtigung von Besicherungen.[49] Gemäß den regulatorischen Vorgaben kann die Schätzung nicht unterhalb des (ausfallgewichteten) langfristigen Durchschnitts der verwendeten Daten liegen. Die Schätzung muss - wenn der LGD des Forderungstyps sich zyklisch verhält - um einen Aufschlag nach oben angepasst werden, der die durchschnittlichen LGD in Zeiten erhöhter Kreditausfälle berücksichtigt.[50] Schließlich muss die verwendete Datenbasis mindestens sieben Jahre zurückreichen. Sie soll explizit einen Konjunkturzyklus umfassen.[51]

Prinzipiell zeigt sich damit bei den regulatorischen Vorgaben zur LGD-Schätzung hinsichtlich einer möglichen Prozyklizität ein ähnliches Bild wie bei denen der Ausfallwahrscheinlichkeiten.[52] Durch das Setzen einer Untergrenze soll eine zu optimistische Schätzung im Aufschwung vermieden werden. Darüber hinaus wird explizit festgelegt, dass für Forderungen, deren LGDs voraussichtlich zyklisch reagieren, die Schätzungen den höheren, in Abschwüngen zu erwartenden LGD abbilden müssen. Hier sollte eine Anpassung nur dann notwendig werden, wenn die zur Schätzung der LGDs in Abschwüngen verwendeten Daten die Schwere des gegenwärtigen Abschwungs nicht ausreichend erfassen. Die regulatorischen Vorgaben zur Schätzung der LGDs sind damit nicht prozyklisch angelegt und verhalten sich konzeptionell in jedem Fall nicht prozyklischer als privatwirtschaftliche bzw. bankinterne Modelle.

[48]Vgl. BCBS (2004a), Nr. 287ff. In dem konzeptionell mit Basel I vergleichbaren, so genannten Standardansatz werden Sicherheiten entweder direkt über das Risikogewicht oder über die Höhe der ausfallbedrohten Forderung berücksichtigt, vgl. BCBS (2004a), Nr. 72f. und Nr. 119ff.

[49]Basel II schreibt keine exakte Anzahl von LGD-Klassen innerhalb einer Forderungsklasse vor: „There is no specific minimum number of facility grades ... for estimating LGD. A bank must have a sufficient number of facilities grades to avoid grouping facilities with widely varying LGDs into a single grade." BCBS (2004a), Nr. 407.

[50]Die Verwendung solcher so genannter LGDs im Abschwung („downturn LGDs") erklärt sich durch die konzeptionelle Zielsetzung von Basel II, lediglich Verluste jenseits der erwarteten Verluste („unexpected losses") bis zu einer gewissen Grenze durch regulatorisches Eigenkapital abzudecken. Die erwarteten Verluste („expected losses") sollten bereits durch Zinsmargen und Wertberichtigungen berücksichtigt werden, vgl. Bundesbank (2004a), S. 81. Während die Risikogewichtungsfunktion von Basel II die durchschnittlichen Ausfallwahrscheinlichkeiten entsprechend konditioniert, geschieht dies mit den geschätzten LGDs nicht. Sie müssen deshalb direkt den Effekt solcher Rahmenbedingungen berücksichtigen, vgl. BCBS (2004b), S. 6ff.

[51]BCBS (2004a), Nr. 468 und 472. Für Einzel- oder Privatkredite („retail claims") müssen die Daten lediglich fünf Jahre zurückreichen, vgl. Nr. 473. Zur aufsichtsrechtlichen Definition von „retail claims" vgl. Nr. 70.

[52]Selbstverständlich bestehen Unterschiede im Ziel der Schätzung. Im Fall der Ausfallwahrscheinlichkeit soll ein langfristiger Durchschnittswert, d. h. inklusive niedriger Ausfallraten im Aufschwung, geschätzt werden. Im Fall der LGD-Schätzung soll der zu erwartende LGD in Abschwungphasen („downturn LGD"), beispielsweise durch den durchschnittlichen LGD in Abschwungphasen, geschätzt werden. Vgl. auch Fußnote 50 auf S. 244.

Bemerkenswerterweise finden einige Studien, die die unterschiedlichen Arten von Kreditforderungen berücksichtigen, Hinweise darauf, dass (besicherte) Bankkredite entweder eine geringere Korrelation als andere Fremdkapitalsparten oder eine kaum vorhandene Korrelation mit den ökonomischen Rahmenbedingungen aufweisen.[53] Erklärt werden diese Ergebnisse durch den relativ höheren Informationsstand bzw. Einfluss von Banken als Kreditgebern. Nähern sich Unternehmen dem Insolvenzzustand oder verringert sich der Wert von Sicherheiten, verlangen Banken typischerweise zusätzliche Sicherheiten oder stellen Kredite fällig.[54] Gelingt dies auch bei allgemein verschlechterten Rahmenbedingungen, sind zwar erhöhte Ausfallraten, nicht aber unbedingt erhöhte LGDs zu erwarten. Je nachdem, wie interne Modelle solche Effekte für das jeweilige Bankportfolio abbilden und glaubhaft machen können, könnten die darauf aufbauenden regulatorischen Vorgaben auch von erhöhten LGD-Schätzungen absehen.

8.2.4 Korrelation von Ausfallwahrscheinlichkeit und Verlust bei Ausfall

Die letzte maßgebliche Einflussgröße zur Erfassung von Ausfallrisiken ist der stochastische Zusammenhang von Ausfallwahrscheinlichkeit und Ausfallverlusten (LGDs). Prinzipiell besteht im maßgeblichen Ansatz von Merton (1974) eine funktionale Beziehung zwischen Ausfallwahrscheinlichkeit und LGD.[55] Grundlegende Intuition hierfür ist, dass für eine gegebene Unternehmenswertverteilung mit der Ausfallwahrscheinlichkeit zugleich auch der erwartete Unternehmenswert im Insolvenzfall festgelegt ist.[56] Unter Berücksichtigung der ausstehenden Forderung lassen sich damit die Rückzahlungsquote bzw. die prozentualen LGDs ermitteln. Für den Fall lognormalverteilter Unternehmenswerte zeigen Altman/Resti/Sironi (2004) bei verschiedenen Simulationsrechnungen, dass beispielsweise eine Erhöhung der Standardabweichung der Unternehmensrendite bei gegebenem Verschuldungsgrad zu einer Erhöhung der Ausfallwahrscheinlichkeit und des erwarteten LGD führt. Die gleiche Wirkung hat ein verringerter Unternehmenswert bei gegebener Verschuldung. Prinzipiell legen theoretische Modelle also über verschiedene Wirkungsketten eine positive Korrelation von Ausfallwahrscheinlichkeit und LGD nahe.[57]

---

[53] Vgl. Carey/Gordy (2004) und Araten/Jacobs/Varshney (2004).

[54] In den Fällen, in denen Banken einen erheblichen Anteil des Fremdkapitals oder der kurzfristigen Liquidität stellen, sind sie es, die die Insolvenz auslösen, vgl. Carey/Gordy (2004), S. 4.

[55] Vgl. hierfür den Anhang bei Altman/Resti/Sironi (2004), S. 204ff.

[56] Dies ist ganz analog zur Diskussion des „expected shortfall" (ES), der als bedingter Erwartungswert, d. h. als erwarteter Schaden bei Überschreiten des VaR, definiert war, vgl. die Ausführungen in Abschnitt 7.2.3.1.

[57] Jokivuollo/Peura (2003) modellieren die LGD über Wertschwankungen der Kreditsicherheiten, die positiv mit der Wertentwicklung des Unternehmens korreliert sind - bei-

Auch empirische Studien finden überwiegend einen positiven Zusammenhang von Ausfallwahrscheinlichkeit und LGD.[58] Eingeschränkt werden diese Ergebnisse allerdings eventuell durch die bereits oben zitierten Studien, die für (besicherte) Bankkredite geringere Abhängigkeiten von den ökonomischen Rahmenbedingungen als andere Fremdkapitalforderungen - und damit vermutlich geringere positive Korrelationen mit den von diesem Faktor abhängigen Ausfallwahrscheinlichkeiten - aufweisen. Angesichts der Auswirkungen eines tendenziell positiven Zusammenhangs von Ausfallwahrscheinlichkeiten und LGD auf das Kreditrisiko sollten Risikomodelle jedoch prinzipiell einen solchen Zusammenhang berücksichtigen können.[59]

Trotz dieser theoretischen und empirischen Ergebnisse behandeln privatwirtschaftliche Risikomodelle die beiden Größen im Allgemeinen als voneinander unabhängig.[60] Auch in den regulatorischen Vorschriften von Basel II findet sich kein expliziter Zusammenhang von LGD und Ausfallwahrscheinlichkeit. Unseres Erachtens ist jedoch zu erwarten, dass die Aufsichtsbehörden weiteren empirischen Studien sowie Weiterentwicklungen privatwirtschaftlicher bzw. bankinterner Modelle in dieser Hinsicht große Aufmerksamkeit schenken werden. Aufgrund der zu erwartenden Orientierung der regulatorischen Vorgaben an diesen Weiterentwicklungen kommen wir allerdings auch an dieser Stelle zu der Einschätzung, dass die jetzigen wie zukünftigen regulatorischen Vorgaben konzeptionell nicht prozyklischer ausfallen als die jeweiligen privatwirtschaftlichen bzw. bankinternen Modelle.

---

spielsweise weil beide den gleichen ökonomischen Rahmenbedingungen unterliegen. Sie leiten dabei ceteris paribus eine *negative* Beziehung zwischen Ausfallwahrscheinlichkeit und erwartetem LGD ab. Dies hängt jedoch mit ihrer sehr spezifischen Modellierung des Insolvenzauslösers zusammen. In ihren numerischen Simulationen variieren sie die Ausfallwahrscheinlichkeit ohne Variation des Rückzahlungsbetrags der betrachteten (besicherten) Kreditforderung. Mit anderen Worten erhöhen sie implizit den Rückzahlungsbetrag anderer Kreditforderungen. Je höher diese nun sind, desto weniger muss der Unternehmenswert sinken, um eine Insolvenz auszulösen. Aufgrund der unterstellten positiven Korrelation zwischen Unternehmenswert und Sicherheit weist in diesem Fall auch die Sicherheit tendenziell nur einen relativ geringen Wertverlust auf. Die inverse Beziehung von Ausfallwahrscheinlichkeit und LGD bezieht sich also nur auf den betrachteten, durch Sicherheiten hinterlegten Kredit, nicht auf die gesamte Fremdkapitalposition des Unternehmens. Daneben handelt es sich - wie die Autoren selbst ausführen - auch für den speziell betrachteten Kredit um ein ceteris paribus Ergebnis, d. h. insbesondere ohne Berücksichtigung einer veränderten Volatilität, Korrelationsstruktur oder eines veränderten Unternehmenswertes: „We do not ... find the result counterintuitive when taken in a ceteris paribus sense. What appears to happen in common bank practice is that lower quality corporates also post lower quality collateral, which results in a positive relation between ex ante default probability and LGD.“ S. 306.

[58]Vgl. etwa die Diskussion bei Altman/Resti/Sironi (2004), S. 190ff.

[59]Für eine beispielhafte Portfolioberechnung können sowohl die erwarteten Verluste als auch die zu üblichen Konfidenzintervallen berechneten VaR bei unterstellter Unabhängigkeit von Ausfallwahrscheinlichkeit und LGD um 30 % unterschätzt werden, vgl. Altman/Resti/Sironi (2004), S. 192.

[60]Vgl. Lowe (2002), S. 9.

8.2.5 Zusammenfassung - Ausfallrisikomessung und Konjunkturzyklus

Alles in allem erfassen sowohl privatwirtschaftliche bzw. bankinterne Modelle als auch regulatorische Vorgaben das Ausfallrisiko prozyklisch oder haben das Potenzial dazu. Auch wenn sich im regulatorischen Modell etwa die Ausfallwahrscheinlichkeiten der jeweiligen Ratingklassen am langfristigen Durchschnitt orientieren, erscheint es wahrscheinlich, dass neu vergebene Kredite im Aufschwung (Abschwung) tendenziell in bessere (schlechtere) Ratingklassen eingruppiert werden. Für bestehende Kredite ist trotz längerfristigem Ratingverständnis eine ähnliche Migration vorstellbar, wenn das interne Risikomanagement und/oder die Aufsichtsbehörden z. B. angesichts einer überdurchschnittlich langen oder schweren Abschwungphase „nervös" werden. Werden in Zukunft die durch verschiedene empirische Studien gestützten stochastischen Abhängigkeiten zwischen den verwendeten Modellinputs stärker berücksichtigt, wird sich die Prozyklizität des gemessenenen Ausfallrisikos verstärken. Alternativ können diese Informationen für das Design von Stresstests eingesetzt werden.

Aufgrund der expliziten Orientierung wichtiger Größen wie etwa Ausfallwahrscheinlichkeit und LGD an langfristigen Durchschnitten sind die regulatorischen Vorgaben jedoch konzeptionell weniger prozyklisch als privatwirtschaftliche bzw. bankinterne Modelle angelegt. Auch das verwendete Ratingverständnis ist eher „through-the-cycle" orientiert. Während auch bei den regulatorischen Vorgaben nicht ausgeschlossen ist, dass im Abschwung Korrekturen notwendig sind, ist das Potenzial für weitgehende Verringerungen der gemessenen Ausfallrisiken im Aufschwung erheblich geringer als bei privatwirtschaftlichen bzw. bankinternen Modellen.

Da die auf Basis der regulatorischen Vorgaben vorgenommenen Ratingzuordnungen sowie die dazu gehörigen quantitativen Schätzungen wie PD und LGD zukünftig eine wesentliche Rolle im bankinternen Risikomanagement spielen müssen, könnte es darüber hinaus zu einer Rückwirkung auf die internen Modelle kommen. So stellt der Basler Ausschuss fest: „Internal ratings and default and loss estimates must play an essential role in the credit approval, risk management, internal capital allocations, and corporate governance functions of banks using the IRB [i.e. Internal Ratings-Based] approach. Ratings systems and estimates designed and implemented exclusively for the purpose of qualifying for the IRB approach and used only to provide IRB inputs are not acceptable."[61] Über diese Rückwirkung ist vorstellbar, dass Banken, die ihre Kreditkonditionen auch im Aufschwung

[61] BCBS (2004a), Nr. 444. Allerdings müssen sich die verwendeten quantitativen Schätzungen nicht genau entsprechen: „It is recognised that banks will not necessarily be using exactly the same estimates for both IRB and all internal purposes. For example, pricing models are likely to use PDs and LGDs relevant to the life of the asset. Where there are such differences, a bank must document them and demonstrate their reasonableness to the supervisor." Ebenda.

an den langfristig durchschnittlichen PDs bzw. LGDs orientieren, einen gewissen Eigenkapitalpuffer aufbauen, mit dem im Abschwung erhöhte Verluste aufgefangen werden können.[62] Dies steht jedoch unter dem Vorbehalt, dass Wettbewerbsdruck im Kreditgeschäft oder kurzfristig orientiertes Ausschüttungsverhalten diesen Effekt nicht entweder erheblich abschwächen oder rückgängig machen. Unterstützt werden könnte eine solche Pufferbildung allerdings durch das Ziel der Bank, ein bestimmtes Rating für sich selbst zu realisieren.[63]

8.3 Regulatorische vs. bankinterne Eigenkapitalallokation

Diese - im Sinne einer Vermeidung von regulatorisch induzierter Prozyklizität - prinzipiell positive Schlussfolgerung („Die regulatorische Risikoerfassung ist konzeptionell nicht prozyklischer als bankinterne Ausfallrisikomodelle“) bedarf dreier, zum Teil üpperlappender Einschränkungen bzw. Erläuterungen.

(1) Auf abstrakter Ebene stellt sich die Frage, inwieweit die geringere Prozyklizität per se wünschenswert ist. Die eingangs diskutierten theoretischen Überlegungen werfen die Frage auf, ob Ausfallrisiken mit einer Orientierung an durchschnittlichen Vergangenheitswerten korrekt erfasst werden können. Entzieht sich der Konjunkturverlauf einer Prognose, so orientieren sich die besten Schätzer an den gegenwärtigen ökonomischen Verhältnissen.[64] Inwieweit das jetzt durch regulatorische Vorgaben gestützte Verständnis des Zusammenhangs von makroökonomischen Rahmenbedingungen und Ausfallrisiken die bessere Annäherung an die Wirklichkeit ist, bleibt offen. Eventuell führt die Durchschnittsorientierung zu einer im Aufschwung (Abschwung) zu rigiden (laxen) Eigenkapitalanforderung.

(2) Mit der Schlussfolgerung ist nicht geklärt, ob und wann welche Eigenkapitalallokation (bankintern bestimmtes „Risikokapital“ vs. „regulatorisches Eigenkapital“) eine bindende Restriktion für das Bankmanagement darstellt. Unter Risikokapital („risk capital“) versteht man dabei üblicherweise den Betrag an Eigenkapital, der - gegeben die im internen Risikomanagement erfassten Verlustrisiken - eine bestimmte Insolvenzwahrscheinlichkeit

[62] Vgl. Lowe (2002), S. 14.

[63] Vgl. Lowe (2002), S. 14. Der Basler Ausschuss geht davon aus, dass die durch die Mindesteigenkapitalanforderungen implizierte Kreditwürdigkeit unterhalb der von vielen Banken aus eigenem Antrieb angestrebten Ratingeinschätzung liegt, vgl. BCBS (2004a), Nr. 757(a). Auf weitere Motive zur Pufferbildung gehen wir im folgenden Abschnitt 8.3 ein.

[64] Vgl. Borio/Furfine/Lowe (2001), S. 5.

der betrachteten Institution impliziert.[65] Unter vereinfachenden Annahmen entspricht dieser Betrag dem VaR-Wert des Anlageportfolios der Bank.[66]

Liegt das Risikokapital stets über dem regulatorischen Eigenkapital, ist zwar durchaus ein prozyklisches Verhalten der Bank zu erwarten, nur ist dies nicht von den regulatorischen Vorgaben ausgelöst und konstituiert keine zusätzliche, durch regulatorische Maßnahmen ausgelöste Prozyklizität. Liegt das regulatorische Eigenkapital stets über dem Risikokapital, ist zwar das Niveau der regulatorischen Vorgaben zu hinterfragen. Unsere vorherige Schlussfolgerung legt jedoch nahe, dass die Variabilität der regulatorischen Vorgaben geringer ausfällt. Liefern Risikokapital und regulatorische Eigenkapitalallokation im Durchschnitt ähnliche Werte, und weisen diese Größen - wie unsere Schlussfolgerung impliziert - relativ synchrone, aber unterschiedlich große Schwankungen auf, so kommt es zu einer *im Aufschwung* bindenden regulatorischen Eigenkapitalnorm. Im Abschwung weist dagegen das Risikokapital den größeren Wert auf.[67]

Empirische Studien zur Prozyklizität von Basel II konzentrieren sich auf die Variabilität der neuen risikosensitiven Eigenkapitalnormen.[68] Im Einklang mit der obigen Diskussion stellen sie einen erheblichen Einfluss der zur Berechnung der regulatorischen Eigenkapitalnormen verwendeten Ratingphilosophie fest. Im Vergleich zu eher „through-the-cycle" orientierten Ratingsystemen führen Systeme, die eher ein „point-in-time" Rating wiedergeben, zu deutlich volatileren Eigenkapitalanforderungen. Diese Ergebnisse weisen damit zwar auf den erheblichen Spielraum hin, den die regulatorischen Vorgaben bei der konkreten Berechnung der obigen Parameter lassen.[69] Sie geben jedoch keinen Anhaltspunkt für das Verhältnis von Risikokapital und regulatorischem Eigenkapital, d. h. sie geben keinen Aufschluss über die durch regulatorische Maßnahmen *zusätzlich* geschaffene Variabilität.[70]

---

[65] Vgl. etwa Jorion (2001), S. 383ff. Zum Teil wird synonym auch der Begriff „ökonomisches Kapital" („economic capital") verwendet. Auf die Beziehung zum tatsächlich vorhandenen Eigenkapital, das in einer Welt kostspieliger Anpassungen des Kapitalstocks bzw. des Anlageportfolios üblicherweise von diesen Größen abweichen wird, gehen wir im nächsten Schritt ein.

[66] Zu den einschränkenden Vereinfachungen vgl. unsere Fußnote 3 auf S. 178 bzw. Kupiec (1999).

[67] Voraussetzung hierfür ist freilich, dass sich der Zusammenhang zwischen gemessenen Ausfallrisiken und bankintern gewünschter Eigenkapitalunterlegung nicht verändert. Wird im Abschwung beispielsweise ein niedrigeres Konfidenzniveau des VaR akzeptiert, wirkt dies dem geschilderten Effekt entgegen. Vgl. hierzu die Ausführungen in Abschnitt 8.3.2.

[68] Vgl. etwa Catarineu-Rabell/Jackson/Tsomocos (2003), Illing/Paulin (2004) und Kashyap/Stein (2003).

[69] Allerdings wären manche der verwendeten Schätzmethoden von den Basel II Vorgaben nicht gedeckt. So verwenden Catarineu-Rabell/Jackson/Tsomocos (2003) für die Berechnung ihrer „point-in-time" Migrationsmatrix nur Daten aus zwei Jahren, vgl. ebenda, S. 22.

[70] Analog Illing/Paulin (2004), S. 11: „Thus, a fundamental issue is whether Basel II will create *additional* volatility in capital, i.e., induce behaviour not already present in the

(3) Das tatsächliche Eigenkapital wird aufgrund von Anpassungskosten nicht zwingend den beiden Größen (regulatorisches Eigenkapital bzw. Risikokapital) entsprechen. In diesem Fall ist die Möglichkeit einer Pufferbildung zu berücksichtigen. Aufgrund der Bedeutung dieses Punkts für regulatorische und bankinterne Eigenkapitalallokation widmen wir ihm die nachfolgenden Abschnitte.

8.3.1 Pufferbildung - Ursachen und konzeptionelle Bedeutung für die Bindungswirkung von Eigenkapitalnormen

Realistischerweise können Banken ein gegebenes Eigenkapitalziel nicht ohne Anpassungskosten realisieren. Neben den direkten Emissionskosten wird neues Eigenkapital insbesondere in rezessiven Phasen bzw. bei schweren Verlusten nur zu ungünstigen Konditionen oder gar nicht beschafft werden können.[71] Auch die alternative Umschichtung hin zu weniger riskanten Vermögensgegenständen - etwa durch Forderungsverkauf - wird in diesen Phasen nur mit erheblichen Abschlägen möglich sein.[72]

Der Verstoß gegen regulatorische Vorgaben, aber auch ein zu geringes Risikokapital werden zu weiteren Kosten führen. So muss das Management in zeitintensive Verhandlungen mit den Aufsichtsbehörden treten; ein zu geringes Risikokapital wird Fremdfinanzierungskosten erhöhen.[73] Howells/Gordy (2004) greifen diesen letzten Punkt auf und argumentieren: „At least for large international institutions, franchise value at the horizon is dependent on retaining a favorable agency rating. So, for example, an institution that seeks to have capital sufficient for an AA rating today (say, a one-year target solvency probability of 99.95 %) might also want to have a 95 % probability of remaining investment grade at the horizon.“[74] Das Ausmaß solcher Effekte hängt selbstverständlich davon ab, wie stark die Fremdfinanzierungskosten bzw. verwandte Kosten wie risikosensitive Prämien der Einlagenversicherung auf Veränderungen der Eigenkapitalausstattung reagieren. Berger/Herring/Szegö (1995) führen schließlich an, dass günstige Investitionsmöglichkeiten an Wert verlieren können, wenn sie aufgrund einer eingeschränkten Eigenkapitalausstattung nicht sofort wahrgenommen werden.[75]

---

financial system (and in turn create additional volatility in bank lending).“ Hervorhebung im Original.

[71] Für eine Übersicht modelltheoretischer Begründungen hierzu vgl. etwa Estrella (2004), S. 1479. Selbst wenn im Abschwung nicht sofort Verluste entstehen, wird die Möglichkeit zur Innenfinanzierung über die Einbehaltung von Gewinnen eingeschränkt sein.

[72] Je nachdem, wie hoch die Bindungsdauer der vergebenen Kredite ist, kann die Bank eine gewünschte Eigenkapitalquote auch durch eine Einschränkung der Neukreditvergabe erreichen. Hier entstehen u. U. Kosten, wenn langjährige Geschäftsbeziehungen unter einer nicht erfolgten Erneuerung der Kredite leiden.

[73] Vgl. Milne (2002), S. 3.

[74] Howells/Gordy (2004), S. 9f.

[75] Vgl. Berger/Herring/Szegö (1995), S. 398.

Um diese Kosten zu vermeiden, werden Banken von sich aus versuchen, einen Puffer an Eigenkapital oberhalb der regulatorischen Vorgaben bzw. des internen Risikokapitals zur Begrenzung des Insolvenzrisikos zu halten.[76] Allerdings werden Banken auch die Kosten der erhöhten Eigenkapitalhaltung in ihre Planungen einbeziehen. Das aus Sicht der Bank optimale Eigenkapital muss also diesen Trade-Off berücksichtigen.[77] Entsprechend lassen z. B. Elizalde/Repullo (2004) das gewünschte Eigenkapital den Nettobarwert der zukünftigen Renteneinkommen der Bank maximieren. Als Effekt einer erhöhten Eigenkapitaldecke wird dabei neben der prinzipiell positiven Verringerung der Insolvenzwahrscheinlichkeit (zukünftige Renteneinkommen fließen mit höherer Wahrscheinlichkeit den Eigenkapitalgebern zu) sowie der damit einhergehenden Senkung der Fremdkapitalkosten auch die Senkung der Eigenkapitalrendite berücksichtigt.[78]

Um die Frage nach der Bindungswirkung regulatorischer Eigenkapitalnormen zu beantworten, ist deshalb ein Vergleich des aus Sicht der Bank optimalen Eigenkapitals *ohne* Berücksichtigung der regulatorischen Vorgaben (und Sanktionsmaßnahmen) mit demjenigen *unter* Berücksichtigung der regulatorischen Vorgaben (und Sanktionsmaßnahmen) notwendig.[79] Die Feststellung, dass das regulatorische Eigenkapital kleiner als das tatsächlich gehaltene Eigenkapital ist und deshalb keine bindende Restriktion darstellt, greift in einer Welt mit Anpassungskosten also zu kurz. Unter Umständen liegt das tatsächliche Eigenkapital gerade wegen der regulatorischen Eingriffe auf diesem Niveau und würde ohne sie darunter liegen.[80] Für die Prozykli-

---

[76]Die oben diskutierten Vorgaben der neuen Basler Eigenkapitalanforderungen werden zur Berechnung quantitativer *Mindest*anforderungen verwendet. Der Basler Ausschuss stellt klar, dass die nationalen Aufsichtsbehörden üblicherweise einen Puffer oberhalb dieser Anforderungen verlangen und zudem die Mittel zur Durchsetzung dieser Puffer haben sollten, vgl. unsere Darstellung in Abschnitt 10.4. Sprechen wir im Weiteren von einem Puffer oberhalb der regulatorischen Vorgaben, umfassen diese konzeptionell alle regulatorischen Vorgaben. Soweit die nationalen Aufsichtsbehörden ihre Puffervorstellung nicht quantifizieren, ist ein so definierter regulatorischer Puffer freilich in der Praxis schwierig zu erfassen.

[77]Wenn wir in diesem Kapitel im Folgenden häufig auch verkürzt vom „optimalen Eigenkapital“ sprechen, handelt es sich um das aus der Sicht der Bank optimale Eigenkapital.

[78]Der Ansatz von Elizalde/Repullo (2004) berücksichtigt keine Anpassungskosten der Eigenkapitalausstattung, die eine Pufferbildung motivieren könnten. Der später näher diskutierte Ansatz Estrella (2004) berücksichtigt Anpassungskosten, geht jedoch von fixen Fremdkapitalkosten aus. Relevant ist an dieser Stelle lediglich, dass das optimale Eigenkapitalniveau prinzipiell beide Effekte berücksichtigen sollte.

[79]Vgl. für eine ähnliche Sichtweise Berger/Herring/Szegö (1995), S. 418f. und BCBS (1999a), S. 10ff.

[80]Milne (2002) kritisiert auf dieser Grundlage die in Abschnitt 7.2 diskutierten Modelle mit bindenden Eigenkapitalrestriktionen. Er modelliert die Eigenkapitalnorm in einem einperiodischen Modell als Strafzahlung, die am Ende der Periode fällig wird, wenn der Endwert des Eigenkapitals eine Schranke unterschreitet. Am Periodenanfang gelten hingegen keine Auflagen. Milne zeigt für die implizierte optimale Portfoliozusammensetzung, dass Anlagen, die - gegeben die Ausprägungen des übrigen Portfolios - das Eigenkapital voraussichtlich unter die Strafschranke drücken, einen höheren erwarteten Ertrag aufwei-

zität regulatorischer Eigenkapitalnormen ist darüber hinaus das Verhältnis der obigen Größen im Konjunkturzyklus entscheidend. Konkret stellt sich also die Frage, ob das optimale Eigenkapital unter Berücksichtigung regulatorischer Vorgaben im Konjunkturzyklus ober- oder unterhalb des optimalen Eigenkapitals ohne regulatorische Vorgaben liegt.

8.3.2 Theoretische Ansätze zur Pufferbildung

Bisher existieren kaum formal-theoretische Untersuchungen dieses Sachverhalts. Zudem greifen die vorhandenen Ansätze aus Komplexitätsgründen nur einzelne Aspekte auf.[81]

Estrella (2004) modelliert eine Bank, die sich drei Arten von Kosten gegenübersieht. Zum einen entstehen Kosten bei Insolvenz der Bank - beispielsweise in Form verlorener zukünftiger Renteneinkommen. Zum anderen verursachen sowohl das Halten von Eigenkapital als auch die Aufnahme/Auflösung (d. h. Ausschüttung) von Eigenkapital Kosten.[82] Die Bank sieht sich zyklischen erwarteten Verlusten/Gewinnen gegenüber. Dabei geht Estrella (2004) von einem negativen Schock als Auslöser aus, d. h. der Schock, der die zyklischen Schwingungen auslöst, ist ein unerwartet auftretender Verlust.[83] Als Reaktion auf den Verlust von Eigenkapital und gleichzeitig steigende erwartete Verluste nimmt die Bank zusätzliches Eigenkapital auf.[84] Das jeweils zu Periodenbeginn vorhandene und zum Auffangen von Verlusten zur Verfügung stehende Eigenkapital steigt damit an. Allerdings erfolgt der Anstieg aufgrund der Anpassungskosten nicht so rasch, dass die implizierte Insolvenzwahrscheinlichkeit der Bank konstant bleibt.[85] Stattdessen akzeptiert die Bank eine höhere Insolvenzwahrscheinlichkeit. Im nachfolgenden Aufschwung dagegen übersteigt das jeweils zu Periodenbeginn vorhandene Eigenkapital das für eine konstante Insolvenzwahrscheinlichkeit notwendige Risikokapital.

---

sen müssen. Die Bank weist also - trotz per se unterstellter Risikoneutralität - eine Art Risikoaversion auf, vgl. ebenda, S. 9f.

[81] Das einzige uns bekannte Modell, das zyklische Verluste/Gewinne unterstellt und darauf aufbauend optimale Eigenkapitalverläufe unter Berücksichtigung von Anpassungskosten mit und ohne regulatorische Eigenkapitalvorgabe ableitet, ist Estrella (2004). Andere Ansätze vernachlässigen z. B. Anpassungskosten oder zyklische Verluste/Gewinne, vgl. Kashyap/Stein (2003) oder Milne/Whalley (2001).

[82] Die Kosten des Eigenkapitals interpretiert Estrella (2004) als Differenz zwischen der geforderten Eigenkapitalverzinsung und der geforderten Verzinsung des Fremdkapitals, vgl. ebenda, S. 1474.

[83] Estrella (2004) betrachtet einen isolierten Schock. Die beschriebenen Reaktionen der Bank sind als optimale Reaktionen auf diesen Schock ohne zusätzlichen unerwarteten Verlust/Gewinn zu verstehen.

[84] Der Ansatz abstrahiert von Anpassungen des Anlageportfolios in Zusammensetzung und Umfang.

[85] In einer Welt ohne Anpassungskosten wäre es dagegen optimal, jeweils soviel neues Eigenkapital aufzunehmen, dass die - endogen bestimmte - Insolvenzwahrscheinlichkeit der Bank konstant bleibt, vgl. Estrella (2004), S. 1481.

Die vom optimalen Eigenkapital in Gegenwart von Anpassungskosten implizierte variable Insolvenzwahrscheinlichkeit kollidiert mit einer auf eine fixe Insolvenzwahrscheinlichkeit ausgerichteten VaR-Beschränkung. Muss das von der Bank gewählte Eigenkapital einer solchen Beschränkung genügen, zeigt sich folgendes Bild: Der Anstieg der erwarteten Verluste erfordert zunächst einen entsprechend starken Anstieg des Eigenkapitals. Das beschränkt optimale Eigenkapital zum jeweiligen Periodenbeginn entspricht hier der VaR-Beschränkung.[86] Im später folgenden Aufschwung liegt das beschränkt optimale Eigenkapital dagegen oberhalb der VaR-Beschränkung - in der gewählten Modellierung ist es also vorteilhafter, einen Puffer zu bilden. Zugleich liegt das beschränkt optimale Eigenkapital im gesamten Zyklus oberhalb des unbeschränkt optimalen Eigenkapitals, d. h. die VaR-Beschränkung verändert das Verhalten des optimalen Eigenkapitals und führt zu einem höheren Eigenkapitalniveau über den Konjunkturzyklus hinweg.[87] Estrella (2004) schließt auf Basis dieser Ergebnisse, dass regulatorische Normen, die auf einer fixen VaR-Beschränkung beruhen, das Potenzial für eine erhebliche, regulatorisch induzierte Einschränkung der Kreditvergabe bergen.[88] Um dieses Problem zu entschärfen, schlägt er eine Konditionierung der angestrebten Insolvenzwahrscheinlichkeit auf den Konjunkturzyklus vor. In Aufschwungphasen hält er es darüber hinaus für möglich, dass Banken vom Regulator gezwungen werden müssen, den entstehenden Puffer nicht für Ausschüttungen zu nutzen - die Aufsichtsbehörden müssten also auf einer Übererfüllung der Mindesteigenkapitalanforderungen bestehen.[89]

Zu dem Ergebnis einer im Abschwung optimalerweise höheren Insolvenzwahrscheinlichkeit kommen auch Kashyap/Stein (2003). Sie modellieren eine Bank, die den Wert des (risikoadjustierten) Nettobarwerts ihrer Kredit-

[86]Die mit dieser Beschränkung angestrebte Insolvenzwahrscheinlichkeit entspricht der von der Bank angestrebten Insolvenzwahrscheinlichkeit in einer Welt ohne Anpassungskosten, vgl. Estrella (2004), S. 1481. Liegt eine exogen gegebene Wahrscheinlichkeit über (unter) diesem Wert, verschärft (entschärft) sich der Konflikt zwischen intern bevorzugtem Eigenkapital und VaR-Beschränkung. Dies ist deshalb bedeutsam, weil - wie wir oben feststellten - die regulatorische Eigenkapitalnorm wahrscheinlich geringere Schwankungen aufweist als das interne, „point-in-time" Risikokapital. Vgl. hierzu auch unsere Überlegungen auf S. 261.

[87]Auch Milne/Whalley (2001) kommen in ihrem Modell zu dem Schluss, dass Banken angesichts der Gefahr einer durch den Regulator erzwungenen kostspieligen Rekapitalisierung einen Puffer oberhalb des regulatorischen Minimums anstreben. Da sie jedoch kein optimales Eigenkapital ohne diese Restriktion ableiten und darüber hinaus keinen Bezug zu einem möglichen Konjunkturzyklus herstellen, ist der Ansatz zur Frage der Prozyklizität regulatorischer Eigenkapitalnormen wenig aufschlussreich.

[88]Aufgrund der Annahme eines gegebenen Anlageportfolios wird dieser Effekt jedoch nicht explizit modelliert.

[89]„[The buffer] may be so large that there is a temptation to follow a shortsighted approach and let capital fall toward the var. In the model, the fact that the bank is a rational optimizer is axiomatic. However, if a fraction of the bank consisted of non-optimizers, there would be scope for the introduction of an agent - a supervisor - to ensure that those bank could be identified." Estrella (2004), S. 1493.

vergabe maximiert und per se kein Interesse an einer Insolvenzvermeidung hat. Der Regulator berücksichtigt in seiner Zielfunktion dagegen sowohl den durch die Kreditvergabe geschaffenen Nettobarwert als auch die erwarteten gesellschaftlichen Insolvenzkosten. Der Regulator gibt nun Eigenkapitalnormen vor, die den implizierten Trade-Off (Umfang Kreditvergabe vs. erwartete gesellschaftliche Insolvenzkosten) bestmöglich lösen. Die so bestimmten optimalen regulatorischen Eigenkapitalnormen verhalten sich im Konjunkturverlauf jedoch nicht konstant. So werden im Abschwung entstehende Verluste das Eigenkapital und damit das mögliche Kreditvergabevolumen der Bank verringern. Dies führt aufgrund der angenommenen funktionalen Beziehung zwischen Umfang der Kreditvergabe und Marginalverzinsung zu einer Zunahme der Marginalverzinsung. Entsprechend wäre eine Lockerung der Eigenkapitalnormen nun mit einem höheren Zuwachs des Nettobarwerts der Kreditvergabe verbunden. Formal ausgedrückt, steigt der so genannte Schattenwert des Eigenkapitals der Bank („shadow value of bank capital"), der angibt, wie sich der optimale Wert der Zielfunktion bei Lockerung/Verschärfung der Nebenbedingung verändert.[90]

Andererseits führt der Abschwung vermutlich zu einer Abnahme der Kreditvergabemöglichkeiten mit positivem Nettobarwert, d. h. die funktionale Beziehung zwischen Kreditvergabe und Marginalverzinsung verändert sich. Dies drückt entsprechend den Schattenwert des Eigenkapitals der Bank. Auf Basis verschiedener empirischer Studien schließen Kashyap/Stein (2003), dass der erste Effekt den zweiten überkompensiert, d. h. das Bankkapital im Abschwung einen höheren Schattenwert aufweist. Der Regulator wird dies optimalerweise in seinen Eigenkapitalvorgaben berücksichtigen: Per se müssten die Anforderungen an die Eigenkapitalausstattung der Banken im Abschwung steigen, um ein Ansteigen der implizierten Ausfallwahrscheinlichkeiten der Banken zu verhindern. Der gestiegene Schattenwert des Bankkapitals führt jedoch dazu, dass der Regulator im Abschwung optimalerweise eine gestiegene Insolvenzwahrscheinlichkeit der Bank akzeptiert, d.h die Eigenkapitalanforderungen lockert.

Da bankinterne Eigenkapitalvorgaben (ohne regulatorisches Eingreifen) in diesem Ansatz nicht modelliert werden und auch keine Pufferbildung berücksichtigt wird, kann der Ansatz keine direkten Antworten auf die Frage nach der Bindungswirkung bzw. den Verlauf der optimalen Eigenkapitalniveaus mit und ohne regulatorische Maßnahmen geben. Sein Konzept variierender Schattenwerte des Eigenkapitals von Banken kann jedoch auch auf die Frage der Pufferhaltung angewendet werden. Mit explizitem Bezug auf Kashyap/Stein (2003) argumentieren Gordy/Howells (2004), dass die Bank in ihrer internen Kapitalplanung unter Berücksichtigung von Anpassungskosten (d. h. inklusive eines Puffers) ebenfalls auf die Veränderung des Schatten-

[90] Vgl. z. B. Chiang (1984), S. 376f. Beim Schattenwert handelt es sich um den Lagrange-Multiplikator des zugehörigen Optimierungsproblems.

werts ihres Eigenkapitals reagieren wird. Angesichts der größeren Knappheit ihres Eigenkapitals sollten gewinnorientierte Banken im Abschwung einen - relativ zu den Ausfallrisiken - niedrigeren Eigenkapitalbestand, also eine höhere Ausfallwahrscheinlichkeit akzeptieren. Zudem steigert der höhere Schattenwert ex ante den Anreiz zur Pufferbildung.[91]

Mit anderen Worten wird sich das optimale Eigenkapital nicht eins zu eins mit den im Abschwung steigenden Vorgaben von Risikokapital und regulatorischer Eigenkapitalnormen, die beide ein fixes Insolvenzrisiko verfolgen, erhöhen. Der im Abschwung niedriger gewählte Puffer sollte nach dieser Ansicht die Schwankungen von Risikokapital und regulatorischen Eigenkapitalnormen dämpfen.[92] Für Banken, für die das optimale Eigenkapital unter Berücksichtigung der regulatorischen Maßnahmen (also regulatorisch bedingter Puffer plus regulatorisches Eigenkapital) die bindende Restriktion darstellt, absorbiert der gewählte Puffer also einen Teil der Prozyklizität des regulatorischen Minimums. Für Banken, die zu keinem Zeitpunkt durch die regulatorischen Eigenkapitalnormen plus zugehörigem Puffer restringiert werden, dämpft der Puffer die Variabilität des intern bestimmten Risikokapitals. Eine regulatorisch induzierte Prozyklizität liegt hier jedoch sowieso nicht vor. Für den Fall einer wechselnden Bindungswirkung hilft uns diese Überlegung allerdings nicht weiter; je nach Lage und Gestalt der optimalen Eigenkapitalniveaus (mit/ohne regulatorische Vorgabe), kann das regulatorisch induzierte Eigenkapitalniveau im Auf- oder Abschwung eine bindende Restriktion darstellen.

8.3.3 Empirische Studien zur Pufferbildung

Die empirischen Studien leiden unter der einleitend erwähnten Unbeobachtbarkeit des Verlaufs des optimalen Eigenkapitals ohne regulatorische Vorgaben. Zudem ist unklar, inwieweit die auf Basis der Vergangenheit gewonnenen Ergebnisse auf die Zukunft übertragbar sind, da sie auf regulatorischen Vorgaben beruhen, die weniger risikosensitiv sind als die nun geplanten. Auch die Methoden des bankinternen Risikomanagements haben sich zwischenzeitlich weiterentwickelt.

Bikker/Metzemakers (2004) analysieren das Verhalten der - mit Hilfe der regulatorischen Risikogewichte für das Anlageportfolio der Bank sowie der regulatorischen Definition von Eigenkapital - berechneten Eigenkapitalquoten für eine umfangreiche Stichprobe von Banken aus OECD-Staaten in den Jahren 1990-2001. Sie stellen fest, dass in mehr als 80 % ihrer Beobachtun-

[91] Kashyap/Stein (2003) dagegen sind skeptisch, dass Banken dies korrekt antizipieren: „[T]he buffer stock will be set today so that things turn out as expected at some future date, the bank will be no more capital-constrained then that it is today. Of course, the problem with this is that a recession is, almost by definition, an outcome that is worse than had been anticipated.“ S. 11.

[92] Vgl. Gordy/Howells (2004), S. 10.

gen die Banken das regulatorische Minimum von 8 % um ein Viertel oder mehr übertrafen, also regulatorische Eigenkapitalquoten von mindestens 10 % aufwiesen. Die regulatorischen Eigenkapitalquoten reagieren allerdings sehr wenig sensitiv auf den Konjunkturzyklus, gemessen an den Abweichungen vom länderspezifischen Durchschnittswachstum über diesen Zeitraum. Für die gesamte OECD Stichprobe lässt sich ein schwach negativer Zusammenhang von Konjunkturzyklus und regulatorischer Eigenkapitalquote ausmachen, d. h. sie sinkt (steigt) leicht im Aufschwung (Abschwung). Für den auf die EU bzw. USA beschränkten Datensatz finden sie keinen signifikanten Zusammenhang.

Die beiden Studien von Lindquist (2004) und Ayuso/Pérez/Saurina (2004) gehen prinzipiell ähnlich vor, konzentrieren sich jedoch auf eine Stichprobe norwegischer bzw. spanischer Banken. Lindquist (2004) findet in seinem die Jahre 1995-2001 umfassenden Datensatz einen signifikant negativen Zusammenhang von Wirtschaftswachstum und dem Puffer zwischen regulatorischer Eigenkapitalquote und regulatorischem Minimum.[93] Er selbst weist aber darauf hin, dass dieses Ergebnis aufgrund des geringen Datenumfangs, der keinen gesamten Konjunkturzyklus umfasst, nur eingeschränkt aussagekräftig ist. Ayuso/Pérez/Saurina (2004) untersuchen das Pufferverhalten - ausgedrückt als prozentuale Übererfüllung des regulatorischen Minimums - über die Jahre 1986-2000 hinweg. Sie versuchen so, einen vollständigen Konjunkturzyklus abzubilden. Im Ergebnis stellen sie einen negativen Zusammenhang zwischen Puffer und Wirtschaftswachstum fest, schätzen die quantitativen Auswirkungen aber als relativ moderat ein.

Insgesamt bestätigen diese Studien also die Pufferbildung, finden aber ein - wenn auch quantitativ nicht ausgeprägtes - Verhalten des Puffers bzw. der regulatorischen Eigenkapitalquote, das den obigen theoretischen Überlegungen widerspricht. Bei Bikker/Metzemakers (2004) kann man jedoch argumentieren, dass der geringe Anstieg der regulatorischen Eigenkapitalquote im Aufschwung angesichts vermutlich stark steigender Ausfallrisiken eine höhere Insolvenzwahrscheinlichkeit der Bank implizieren könnte, dass also auch eine dämpfende Pufferwirkung mit dem Ergebnis kompatibel ist. Diese Argumentation lässt sich auch auf Lindquist (2004) und Ayuso/Pérez/Saurina (2004) übertragen, da ihr gemessenes Pufferverhalten letztlich ebenfalls auf der regulatorischen Eigenkapitalquote beruht.[94]

[93] Der Puffer selbst liegt im Durchschnitt bei etwa 9 %, d. h. die tatsächliche regulatorische Eigenkapitalquote ist mehr als doppelt so hoch wie das regulatorische Minimum, vgl. Lindquist (2004), S. 500.

[94] Bikker/Metzemakers (2004) verwenden als zu erklärende Variable die regulatorische Eigenkapitalquote EK_{reg}/RWA, wobei EK_{reg} das nach regulatorischen Vorgaben berechnete Eigenkapital und RWA die Summe der risikogewichteten Aktiva bezeichnet. Vgl. zur grundlegenden Berechnung regulatorischer Eigenkapitalnormen Abschnitt 7.1. Lindquist (2004) erklärt das Verhalten der Größe $(EK_{reg} - EK_{reg}^{min})/RWA$, was sich unter Beachtung der Definitionsgleichung $EK_{reg}^{min} = 0,08RWA$ zu $EK_{reg}/RWA - 0,08$ umformen lässt. Die

Auch hier stellt sich die Frage, ob eine Veränderung der regulatorischen Eigenkapitalquote über den Konjunkturzyklus einen eindeutigen Rückschluss auf das oben theoretisch diskutierte Pufferverhalten zulässt.

Die Studien weisen darüber hinaus ein gemeinsames Problem auf, da sie in der Definition ihrer zu erklärenden Variablen jeweils die regulatorische Eigenkapitalquote verwenden. In dieser Quote sind aber über den Nenner, nämlich der Summe der risikogewichteten Aktiva (RWA), bereits Portfolioanpassungen enthalten. So könnte man auf Basis der Ergebnisse versucht sein, aufgrund der auch im Abschwung vorhandenen Puffer und der generell festgestellten relativ geringen Abhängigkeit der regulatorischen Eigenkapitalquoten die Gefahr einer prozyklischen Wirkung als niedrig anzusehen. Unter Umständen sind es aber gerade Portfolioveränderungen - sei es in Umfang oder Zusammensetzung -, die einen Puffer oberhalb des regulatorischen Minimums ermöglicht haben. So kann ein gemessener Puffer von beispielsweise 2 Prozentpunkten oberhalb des regulatorischen Minimums auch im Abschwung durch einen besonders starken Rückgang der Kreditvergabe an riskante Schuldner entstanden sein. Der Rückgang der risikogewichteten Aktiva kompensiert dabei die Verringerung des regulatorischen Eigenkapitalniveaus durch erhöhte Kreditausfälle.

Trotz dieser Einwände werden die vorhandenen Studien überwiegend als Bestätigung einer einerseits nicht korrekt auf den Zyklus konditionierten, andererseits vom Zyklus jedoch nicht sonderlich abhängigen Eigenkapitalallokation verstanden.[95] Aufgrund der anstehenden oder bereits laufenden Veränderungen der regulatorischen Vorgaben und des internen Risikomanagements können die Studien jedoch nur als ein Indiz für das zukünftige Pufferverhalten angesehen werden. Zum Teil werden die Ergebnisse als Hinweis auf Fehleinschätzungen im internen Risikomanagement und die Notwendigkeit verstanden, einer mangelnden Pufferbildung mit der regulatorischen Vorgabe von Puffern zu begegnen.[96] Zum Teil wird dagegen darauf gesetzt, dass das Pufferverhalten aufgrund verbesserten internen Risikomanagements in Zukunft dämpfend wirken wird.[97] Ob ein solches Verhalten ausreichen wird, die erhöhte Variabilität des regulatorischen Minimums abzufedern, ist offen.

---

endogene Größe bei Ayuso/Pérez/Saurina (2004) lautet $(EK_{reg} - EK_{reg}^{min})/EK_{reg}^{min}$, was sich so zu $0,08EK_{reg}/RWA - 1$ umformen lässt. Erhöhte Puffer nach diesen Definitionen sind so gleichbedeutend mit erhöhten regulatorischen Eigenkapitalquoten und vice versa.

[95] Vgl. Ayuso/Pérez/Saurina (2004), S. 262 und Bikker/Metzemakers (2004), S. 23f. Auch unter Vernachlässigung dieser Einwände können die Studien jedoch keine Antwort auf die Frage nach einer *regulatorisch* induzierten Prozyklizität geben, da sie mangels Beobachtbarkeit keinen Vergleich zwischen Eigenkapitalallokation mit und ohne regulatorische Maßnahmen anstellen.

[96] Vgl. Ayuso/Pérez/Saurina (2004), S. 262. Sie schlagen vor, diese Puffervorgaben über die innerhalb der so genannten Säule 2 von Basel II möglichen Aufschläge auf die in Säule 1 festgelegten quantitativen Mindestanforderungen zu administrieren.

[97] Vgl. Lowe (2002), S. 14.

Die bisherigen theoretischen Überlegungen zur abschwächenden Wirkung von Puffern bezogen sich auf eine geplante Pufferbildung zum Abfangen von zumindest zum Teil vorhersehbaren Verlusten bzw. Steigerungen des notwendigen Risiko- bzw. regulatorischen Eigenkapitals.[98] Die zitierten empirischen Studien legen nahe, dass eine direkte Bindungswirkung zumindest des regulatorischen Minimums im Durchschnitt der Banken nicht vorliegt.[99] Nichtsdestoweniger können unerwartet hohe Verluste bzw. Bonitätsverschlechterungen zu einer direkten Bindungswirkung dieser Größen führen. Dabei erscheint es angesichts des unterschiedlichen Ausmaßes der Sanktionen naheliegend, dass Verstöße gegen das interne Risikokapitalziel angesichts von Anpassungskosten zumindest vorübergehend akzeptiert werden, während Verstöße gegen das regulatorische Minimum rascher abgestellt werden. Während beim Verstoß gegen ein internes Risikokapitalziel vermutlich erst längerfristig Reaktionen der Fremdkapitalverzinsung zu erwarten sind, drohen bei Verstoß gegen die regulatorischen Vorgaben Eingriffe in den Geschäftsbetrieb bis hin zur Schließung der Bank. Zumindest im Fall unerwartet hoher Verluste halten wir es deshalb für wahrscheinlich, dass die regulatorischen Vorgaben eine direkt bindende Restriktion darstellen und unter Umständen die Kreditvergabe der betroffenen Banken negativ beeinflussen.

Peek/Rosengren (1995a) nehmen in ihrer empirischen Studie diese Überlegung auf und überprüfen an einem speziellen Datensatz, ob ein regulatorisch induziertes oder ein rein internes Eigenkapitalziel die bindende Restriktion darstellt. Sie kommen zu dem Ergebnis, dass die Einführung bzw. schärfere Durchsetzung von quantitativen Eigenkapitalvorgaben in den Jahren 1989-1992 verschiedene Banken in Neuengland zu umfangreicheren Einschränkungen der Kreditvergabe gezwungen hat, als dies die Banken von selbst getan hätten.[100] Peek/Rosengren (1995a) zeigen, dass Banken, die einer förmlichen Interventionsdrohung seitens des Regulators unterlagen, ihre Kreditvergabe stärker einschränkten bzw. weniger schnell ausdehnten als Banken mit vergleichbarer Eigenkapitalquote, die keiner solchen Drohung

---

[98] Bei Estrella (2004) dienen die unerwarteten Verluste als Auslöser der zyklischen Gewinn-/Verlusterwartungen. Der Verlauf des optimalen Eigenkapitals in den darauffolgenden Perioden orientiert sich dann an diesen Erwartungen.

[99] Selbstverständlich ist denkbar, dass über die beschriebenen Anpassungsvorgänge (Aufnahme von regulatorischem Eigenkapital, Anpassung der risikogewichteten Aktiva) eine vorhandene regulatorische Bindungswirkung rasch aufgelöst wird und in den empirischen Studien nicht korrekt erfasst wird. Unsere späteren Überlegungen legen in der Tat ein rasches Verlassen dieses Minimums nahe. Es erscheint uns allerdings unwahrscheinlich, dass dies die obige am Durchschnitt der Banken orientierte Aussage umkehrt.

[100] Bei Neuengland handelt es sich um einen der zwölf Distrikte des US-Notenbanksystems. In einem anderen Beitrag analysieren Peek/Rosengren (1995b), ob allein eine geringere Kreditnachfrage zur verringerten Kreditvergabe geführt haben könnte. Sie stellen jedoch auch einen Angebotseffekt fest, d. h. kommen zu dem Schluss, dass die Verringerung der Eigenkapitalausstattung für sich genommen zur verringerten Kreditvergabe beigetragen hat.

unterlagen. Hintergrund für diese unterschiedliche regulatorische Behandlung vergleichbarer relativer Eigenkapitalausstattungen war, dass die Regulatoren einen erheblichen Ermessensspielraum besaßen, ob sie bei gegebener Eigenkapitalausstattung intervenierten oder nicht.[101]

Sicherlich kann man hinterfragen, ob nicht unberücksichtigte Variablen für diese Entscheidung ursächlich sind, dass es sich also trotz vergleichbarer Eigenkapitalausstattung nicht doch um heterogene Banken handelte.[102] Andererseits wird man sich empirisch nur schwierig besser einer hypothetischen Situation annähern können, in der Banken den selben Kreditmarktverhältnissen ausgesetzt sind und zugleich eine Teilgruppe keiner (sanktionierten) Eigenkapitalregulierung unterliegt. Die Ergebnisse von Peek/Rosengren (1995a) stellen deshalb unseres Erachtens zumindest ein Indiz für die direkte Bindungswirkung regulatorischer Eigenkapitalvorgaben im Fall von negativen Schocks für das Bankkapital dar.

8.3.4 Zusammenfassung der theoretischen und empirischen Ergebnisse zum Pufferverhalten

Aufgrund der Komplexität der möglichen Anpassungsprozesse und der Unbeobachtbarkeit des optimalen Eigenkapitals ohne regulatorische Vorgaben können wir die Frage nach der Bindungswirkung von regulatorischen Eigenkapitalnormen und deren Verlauf im Konjunkturzyklus nicht abschließend beurteilen.

Banken werden wahrscheinlich von sich aus mit einer erhöhten Eigenkapitalaufnahme (Gewinneinbehaltung) oder eingeschränkten Kreditvergabe auf erhöhte Ausfallrisiken im Abschwung reagieren. Zugleich haben sie aufgrund erhöhter Kosten der Eigenkapitalaufnahme oder Anpassung des Anlageportfolios einen Anreiz, vor dem Abschwung einen Puffer an Eigenkapital aufzubauen.[103] Eine eventuell im Abschwung verschärfte Knappheit

---

[101]Vgl. Peek/Rosengren (1995a), S. 681f.

[102]Vgl. die ähnlichen Überlegungen im Kommentar von Avery (1995), S. 713f. Peek/Rosengren (1995a) selbst führen als Begründung dafür an, dass Banken, die oberhalb der in den meisten Interventionsdrohungen geforderten Eigenkapitalausstattung lagen und dennoch abgemahnt wurden, zum Teil erhöhte Wertberichtigungen auferlegt wurden, vgl. ebenda, S. 682. Insofern handelte es sich zum Teil um Banken, deren Eigenkapitalausstattung - zumindest nach den Standards der Aufsichtsbehörden - nicht korrekt berechnet war.

[103]Alternativ könnten Banken in Erwartung erhöhter zukünftiger Ausfälle frühzeitig Wertberichtigungen vornehmen oder Rückstellungen bilden. Dies würde den gegenwärtig zum Aufbau eines Puffers zur Verfügung stehenden Gewinn verringern, jedoch zukünftige Verluste verringern und damit ebenfalls antizyklisch wirken. Für den Zeitraum 1991-2001 stellen Bikker/Metzemakers (2005) für Banken in den OECD-Staaten jedoch einen entgegengesetzten Trend fest: Die Wertberichtigungen bzw. Rückstellungen nehmen erst im Abschwung zu, während sie im Aufschwung zurückgehen. Die Autoren interpretieren dies einerseits als Hinweis auf eventuell nicht ausreichend vorausschauendes Verhalten der Banken, andererseits als Bestätigung der Probleme der Konjunkturprognose bzw. Schätzung der Auswirkungen auf die Ausfallrisiken. Liz/Pagés/Saurina (2000) kommen für spanische

des Bankeigenkapitals relativ zu den Kreditvergabemöglichkeiten kann diesen Anreiz verstärken. Eine relativ zu den Kreditvergabemöglichkeiten verringerte Knappheit des Bankeigenkapitals reduziert dagegen diesen Anreiz.

Banken werden vermutlich von sich aus im Abschwung eine erhöhte Insolvenzwahrscheinlichkeit in Kauf nehmen, d. h. angesichts der Kosten einer Pufferbildung keine vollständige Anpassung an ein exogen gegebenes VaR-Ziel anstreben. Dies impliziert einen potenziellen Konflikt mit einer auf eine fixe Insolvenzwahrscheinlichkeit justierten regulatorischen Vorgabe; unter Umständen wird diese Restriktion im Abschwung bindend. Selbst wenn diese Restriktion nicht bindet, ist nicht klar, ob die regulatorische Vorgabe nicht doch das Verhalten der Bank verändert.[104] Eine direkte Bindungswirkung des regulatorischen Minimums erscheint insbesondere bei unerwartet hohen Verlusten wahrscheinlich. Aufgrund der hohen Kosten bei Verstößen gegen bzw. Annäherung an das regulatorische Minimum kann erwartet werden, dass die regulatorischen Vorgaben hier prozyklisch wirken können.

8.4 Konjunkturelle Konditionierung risikosensitiver Eigenkapitalnormen als Ausweg?

Als Reaktion auf die potenzielle Prozyklizität risikosensitiver Eigenkapitalnormen wird zum Teil ihre Konditionierung auf den Konjunkturzyklus vorgeschlagen. Die Eigenkapitalanforderung soll dabei für ein gegebenes Ausfallrisiko im Abschwung niedriger ausfallen als im Aufschwung.[105]

Aus verschiedenen Gründen stehen wir so konditionierten (Mindest-)Eigenkapitalnormen skeptisch gegenüber. Dabei hinterfragen unsere beiden ersten Einwände eher die Notwendigkeit einer expliziten Konditionierung auf den Zyklus, während der dritte Einwand auf die Probleme einer solchen Anpassung abstellt.

(1) Inwieweit die regulatorischen Normen auf breiter Front die bindende Restriktion darstellen, ist unseres Erachtens eine empirisch und theoretisch offene Frage. Auch wie sich zyklische Schwankungen des regulatorischen Mi-

---

Banken zum selben Ergebnis; die spanischen Aufsichtsbehörden verlangen seit Mitte 2000 den Aufbau einer explizit für zukünftige Ausfälle gedachten Rückstellung, vgl. ebenda, S. 12ff.

[104] Wie oben erwähnt bindet die VaR-Beschränkung bei Estrella (2004) indirekt auch im Aufschwung, vgl. S. 253. Unter Berücksichtigung der Anpassungskosten ist es günstiger, den frei werdenden Puffer nicht für Ausschüttungen zu nutzen, da sonst mit dem danach wieder zunehmenden VaR frisches Eigenkapital aufgenommen werden müsste. Unseres Erachtens ist es wahrscheinlich, dass mit der zunehmenden Annäherung an das regulatorische Minimum ebenfalls Kosten - beispielsweise in Form bereits vor Erreichen des Minimums einsetzender regulatorischer Maßnahmen - verbunden sind. Dies könnte erklären, warum - anders als im Modell von Estrella (2004) - die Banken im Durchschnitt gesehen auch im Abschwung einen Puffer oberhalb des regulatorischen Minimums halten, vgl. Bikker/Metzemakers (2004).

[105] Vgl. etwa Kashyap/Stein (2003).

nimums in Schwankungen des optimalen Eigenkapitals bzw. Anlageportfolios übersetzen, bedarf weiterer Forschung. Stellt aufgrund unerwartet hoher Verluste das regulatorische Minimum bzw. der regulatorisch implizierte Puffer die bindende Restriktion, ist darüber hinaus zu überprüfen, ob die Portfolioänderungen die Kreditvergabe betreffen (und nicht etwa die Wertpapierposition einer Bank) und - wenn ja - dies nicht von nicht restringierten Banken und/oder neuen Finanzierungsformen abgefedert wird.[106] Im Abschwung ist dabei zwar zu erwarten, dass unerwartete Verluste bei einer Reihe von Banken auftreten und damit zumindest die Kreditvergabe durch andere Banken an abfedernder Wirkung verliert. Auch bei dieser theoretischen Überlegung stellt sich jedoch die Frage nach der quantitativen Bedeutung einer solchen Wirkungskette. Die empirischen Ergebnisse zu einem weit verbreiteten Rückgang der Kreditvergabe („credit crunch") fallen gemischt aus. Ähnlich wie bei den oben zitierten empirischen Studien ist das Grundproblem, regulatorisch induziertes Verhalten und Kreditangebotseffekte zu isolieren.[107]

(2) Die jetzt in Form der so genannten ersten Säule von Basel II vorgeschlagenen quantitativen Mindesteigenkapitalnormen implizieren durch ihre Orientierung an langfristigen Durchschnitten bereits eine über den Zyklus variable tatsächliche Ausfallwahrscheinlichkeit. Dabei wird die tatsächliche Ein-Jahres-Ausfallwahrscheinlichkeit im Abschwung über der mit durchschnittlichen Werten berechneten Ausfallwahrscheinlichkeit liegen.

(3) Kashyap/Stein (2003) selbst geben zu, dass Moral-Hazard-Überlegungen eine konditionierte Anpassung unter Umständen schlechter als eine starre Regelung abschneiden lassen: „[O]ne might argue that any theory that suggests reducing capital requirements in bad times will simply give regulators an excuse to engage in after-the-fact forbearance, with all accompanying potential for various forms of regulatory moral hazard."[108] Sie argumentieren, dass es besser sei, ex ante eine Abhängigkeit der Eigenkapitalanforderungen vom Zyklus zu quantifizieren, als (unglaubwürdig) zu behaupten, dass eine Anpassung unter keinen Umständen erfolge.

---

[106]Vgl. Peek/Rosengren (1995a), S. 680. Dahinter steht die Überlegung, dass sich die besondere Bedeutung von Banken für die Finanzierung von Unternehmen in ihrem Kreditportfolio und nicht in ihrem Bestand an gehandelten, prinzipiell von anderen Kapitalgebern übernehmbaren Wertpapieren zeigt.

[107]Für eine Übersicht vgl. etwa BCBS (1999a), S. 27ff. Während die dort zitierten Studien für bestimmte Branchen, Unternehmensgrößen und Regionen in den USA eine Verringerung der Kreditvergabe im Abschwung nahelegen, finden sich wenig Nachweise für Auswirkungen auf das gesamtwirtschaftliche Wachstum. Bernanke/Lown (1991) betonen regionale Unterschiede und unterstützen die Feststellung, dass insbesondere Neuengland vermutlich einen von der Verringerung der Eigenkapitalquote verstärkten „credit crunch" durchmachte. Dies ist auch die Region, auf die sich die oben zitierten Studien von Peek/Rosengren (1995a,b) beziehen. Für Deutschland existieren unterschiedliche Ergebnisse. Während Westermann (2003) und Nehls/Schmidt (2003) auf einen „credit crunch" schließen, findet die Bundesbank (2005a) keine Belege hierfür.

[108]Kashyap/Stein (2003), S. 27.

Die Vorstellung, eine Art vollständigen Vertrag zu schreiben, der im Vorhinein eine exakte prozentuale Veränderung des regulatorischen Minimums in Abhängigkeit eines oder mehrerer Indikatoren wie etwa des gesamtwirtschaftlichen Wirtschafts- oder Kreditwachstums beschreibt, erscheint uns angesichts der theoretisch und empirisch unklaren Lage, in welcher Situation es zu einem regulatorisch induzierten „credit crunch" kommt, dagegen unpraktikabel.[109] Neben dem zitierten Moral-Hazard-Verhalten der Aufsichtsbehörden ist ein solches Verhalten auch auf Seiten der Banken unter einem variablen Regime möglich. So könnten Banken im Vertrauen auf eine Verringerung des regulatorischen Minimums im Abschwung bereits ex ante auf eine ausreichende Pufferbildung verzichten. Nimmt man darüber hinaus an, dass ein (lang anhaltender) Abschwung die Gefahr einer riskanten Anlagepolitik einzelner Banken erhöht, werden gerade in Zeiten, in denen ein Erreichen des regulatorischen Minimums oder ein Verstoß dagegen erhöhte Aufmerksamkeit der Aufsichtsbehörden auslösen sollte, diese „Auslösepunkte" nach unten gesetzt. Schließlich ist zu hinterfragen, was geschieht, wenn im Abschwung die Eigenkapitalnormen zu weit gelockert werden und es in der Folge zu weit verbreiteten Bankzusammenbrüchen kommt, die den Abschwung weiter verstärken.

Wir kommen deshalb zu dem Schluss, dass eine ex ante Konditionierung der Eigenkapitalnormen nicht praktikabel ist. Da die Aufsichtsbehörden sicherlich auch ein Interesse an einer dem gesamtwirtschaftlichen Bedarf entsprechenden Kreditvergabe haben, kann nicht ausgeschlossen werden, dass Eigenkapitalnormen in schwerwiegenden Krisen vorübergehend gelockert werden. Unseres Erachtens dürfte es sich bei diesen Krisen jedoch um seltene Ereignisse handeln, die längerfristig eine grundlegende Rekapitalisierung und Restrukturierung des Bankensystems nötig machen. Ähnlich wie im Fall der impliziten Einlagensicherung sollten die Aufsichtsbehörden unseres Erachtens diskretionär vorgehen - auch wenn damit die Bindungswirkung von expliziten ex ante Regelungen nicht genutzt wird. Als Reaktion auf die mögliche Prozyklizität der Mindesteigenkapitalnormen sollten die Aufsichtsbehörden zudem die Pufferbildung und das Wertberichtigungsverhalten der Banken über den Zyklus beobachten. Banken, die in der Vergangenheit durch verzögerte Wertberichtigungen oder besonders große Ausschläge der Eigenkapitalanforderungen aufgefallen sind, könnte der Aufbau erhöhter Puffer oberhalb des regulatorischen Mindesteigenkapitals auferlegt werden.[110]

---

[109] Wenn vom gewählten Indikatorbündel nicht eindeutig auf einen „credit crunch" bzw. einen gestiegenen Schattenwert des Bankeigenkapitals geschlossen werden kann, muss zudem der von Kashyap/Stein (2003) im Folgenden ausgemachte Vorteil des Regulators gegenüber dem internen Risikomanagement hinterfragt werden: „When a bank chooses how much capital to hold at some initial time T, it cannot know exactly what the shadow value of bank capital will be when time t arrives. In contrast, with a family of risk [weight] curves, the regulator effectively gets to pick the right curve after the fact, once this shadow value is known." Ebenda, S. 38.

[110] Interessant erscheinen in diesem Zusammenhang auch die Erfahrungen, die die spa-

Neben der oben beschriebenen Moral-Hazard-Gefahr auf Seiten der Aufsicht hat dieser Vorschlag mit einer ex ante Regelung selbstverständlich das grundlegende Problem gemein, dass die Aufsicht eine Vorstellung über die Angemessenheit des Bankeigenkapitals in Relation zum Konjunkturzyklus entwickeln muss. Ohne eine explizite ex ante Regelung müssen sie diese immerhin nicht im Vorhinein quantifizieren und können auch unvorhergesehene Entwicklungen berücksichtigen. Angesichts der angesprochenen Mess- und Umsetzungsschwierigkeiten sollten die Aufsichtsbehörden diese Flexibilität unseres Erachtens jedoch nur sparsam verwenden.

Auch so ist selbstverständlich nicht auszuschließen, dass die regulatorischen Vorgaben in bestimmten Situationen negative Auswirkungen auf das gesamtwirtschaftliche Wachstum haben. Dies ist dann der Preis für eine verbesserte Erfassung und Abdeckung der Risikoposition der einzelnen Bank.

Box - Wichtige Ergebnisse und weiterführende Argumente Kapitel 8

- Unter Prozyklizität versteht man die Veränderung der Risikoeinschätzung, insbesondere der von Ausfallrisiken, im Gleichklang mit dem Konjunkturzyklus.
- Der Zusammenhang zwischen Konjunkturzyklus und Ausfallrisiken ist theoretisch wie empirisch umstritten.
- Privatwirtschaftliche wie regulatorische Methoden besitzen Potenzial für eine prozyklische Ausfallrisikoerfassung; die regulatorischen Vorgaben sind jedoch tendenziell weniger prozyklisch angelegt.
- Theoretisch wie empirisch ist offen, welche Eigenkapitalallokation (bankintern vs. regulatorisch) wann im Konjunkturzyklus eine bindende Restriktion darstellt.
- Ein bindendes regulatorisches Minimum ist insbesondere für unerwartet hohe Verluste zu vermuten. Die empirischen Belege für einen weitverbreiteten „credit crunch“ sind jedoch nicht eindeutig.
- Auch wenn eine diskretionäre Senkung von regulatorischen Eigenkapitalnormen nicht ausgeschlossen werden sollte, erscheint eine ex ante Konditionierung von regulatorischen Vorgaben auf den Konjunkturzyklus als wenig praktikabel.

nischen Aufsichtsbehörden mit ihren Vorgaben zur zukunftsorientierten Rückstellungsbildung sammeln werden, vgl. unsere Fußnote 103 auf S. 259. Mit ihnen könnte die Volatilität der ausgewiesenen Gewinne und Verluste verringert werden.

Teil III

Praktische Gestaltung - Die Einlagensicherung der privaten Banken in Deutschland und Basel II

Gang der Untersuchung - Teil III

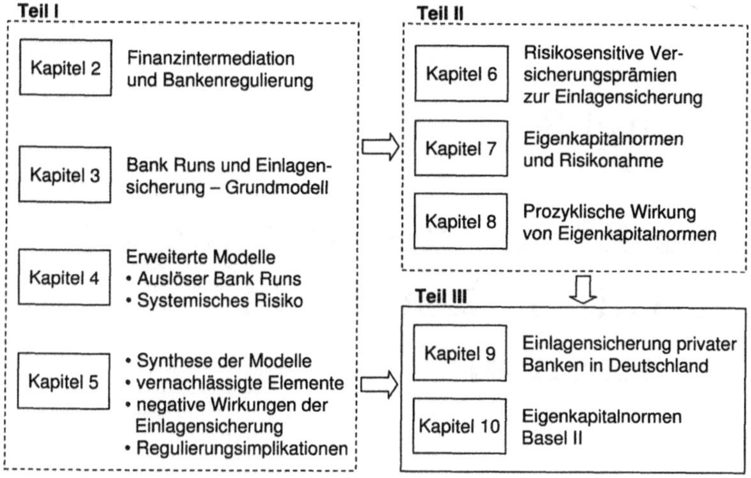

Quelle: Eigene Darstellung.

Teil I und Teil II der Arbeit haben sich mit den theoretischen Grundlagen von Einlagensicherung und Eigenkapitalnormen beschäftigt. An ausgewählten Stellen sind wir dabei bereits auf die praktische Gestaltung dieser regulatorischen Instrumente und empirische Ergebnisse eingegangen, um die weitere Analyse zu motivieren. Teil III soll die Einlagensicherung der privaten Banken in Deutschland sowie die vom Basler Ausschuss für Bankenregulierung gemachten Vorschläge zur Eigenkapitalregulierung von Banken (Basel II) vor dem Hintergrund der Ergebnisse von Teil I und Teil II stärker im Detail diskutieren.

Kapitel 9

Die Einlagensicherung der privaten Banken in Deutschland

In diesem Kapitel diskutieren wir die Gestaltung der Einlagensicherung in Deutschland. Dabei konzentrieren wir uns zum einen auf ihre Versicherungsfunktion, zum anderen auf das Sicherungssystem der privaten Banken.[1]

Die erste Beschränkung folgt daraus, dass sich die institutionelle Gestaltung der makroökonomisch orientierten Konditionierungsfunktion angesichts ihres stark diskretionären Charakters nur schwer fassen lässt. Eine Diskussion dieser Funktion, die über die Abschnitte 5.3.1 und 5.5.1 hinausgeht, ist ohne Berücksichtigung der in dieser Arbeit nicht näher behandelten theoretischen Grundlagen von Geld- und Konjunkturpolitik wenig sinnvoll. An dieser Stelle sei lediglich angemerkt, dass die Bundesbank deutlich darauf Wert legte, die Erwartungshaltung hinsichtlich einer monetären Unterstützung des Bankensektors für den Fall aggregierter Schocks niedrig zu halten.[2]

---

[1] Zur Unterscheidung von Versicherungs- und ex post Konditionierungsfunktion der Einlagensicherung vgl. Abschnitt 5.3.

[2] „Ein Konflikt zwischen der Aufgabe der Geldpolitik als Stabilisierungspolitik und der Aufgabe der Sicherung des Bankensystems sollte von vornherein vermieden werden. Wenn ein Bankenzusammenbruch einen Fonds überfordert oder das Bankensystem als solches in seinem Bestand gefährdet, ist es Sache der Regierung bzw. des Gesetzgebers zu entscheiden, wie mit dem wirtschafts- und finanzpolitischen Instrumentarium einem ‚too big to fail'-Problem begegnet wird. Ihr Handeln sollte nicht vorher kalkulierbar sein." Bundesbank (1992), S. 33. In Form der von Bundesbank und den Bankverbänden gegründeten Liquiditäts-Konsortialbank GmbH existiert zudem eine Institution, die im Fall von Liquiditätsschwierigkeiten einer an sich solventen Bank Liquidität zur Verfügung stellt, vgl. ebenda S. 31. Die Liquiditäts-Konsortialbank kann als „lender of last resort" für nichtaggregierte Schocks interpretiert werden, der eine weitere Trennlinie zwischen Geldpolitik und Sicherung des Bankensektors bzw. der einzelnen Bank einzieht.

Ob im Rahmen der gemeinsamen europäischen Geldpolitik dieselbe Sichtweise vertreten wird oder sich im Krisenfall durchsetzen würde, ist schwierig zu beurteilen. In zwei Stellungnahmen zum Zusammenwirken von portugiesischer Zentralbank mit dem dortigen Einlagensicherungsfonds hat die Europäische Zentralbank (EZB) festgestellt, dass die nationalen Zentralbanken eng mit der jeweiligen Einlagensicherung zusammenarbeiten können, solange nicht der EZB-Rat mit Zwei-Drittel-Mehrheit feststellt, dass die Maßnahmen gegen die Ziele und Aufgaben des Europäischen Systems der Zentralbanken (ESZB) verstoßen.[3] Konkret erwartet die EZB, dass die nationale Zentralbank dem Fonds nur in dringenden Situationen vorübergehend Kredit gegen übliche Sicherheitenstellung gewährt. Solche Mittel sollten zudem nur dann für Stützungsmaßnahmen bedrohter Banken verwendet werden, wenn dies „systemic stability considerations" nahelegen. Inwieweit die EZB bei umfassenden nationalen oder europäischen Krisen, in denen die Trennung von Geldpolitik und Sicherung des Bankensystems schwierig werden könnte, von diesen Grundsätzen abweichen würde, ist nicht im Vorhinein zu klären. Dies galt unseres Erachtens allerdings letztlich auch für die Politik der Bundesbank.

Wir konzentrieren uns zudem auf die Einlagensicherung der privaten Banken in Deutschland. Dies erklärt sich zum einen aus der Komplexität der - analog der Unterteilung der deutschen Bankenlandschaft in Privatbanken, genossenschaftliche Banken und Sparkassen - drei existierenden Sicherungssysteme. Zum anderen ist - wie sich zeigen wird - die institutionelle Gestaltung des privaten Sicherungssystems in ihrem Nebeneinander von staatlicher und privatwirtschaftlicher Dimension besonders interessant.

Konkret gibt Abschnitt 9.1 eine Übersicht der Struktur der Einlagensicherung in Deutschland. Abschnitt 9.2 erläutert und diskutiert dann die Einlagensicherung der privaten Banken im Detail. Abschnitt 9.3 zieht ein Fazit.

9.1 Die Struktur der Einlagensicherung in Deutschland

Prinzipiell orientiert sich die Struktur der Einlagensicherung in Deutschland am bestehenden Dreisäulen-System privater und genossenschaftlicher Banken sowie des Sparkassensektors, d. h. es existieren grob gesprochen drei Sicherungssysteme.[4]

[3] Vgl. ECB (1999) und ECB (2001c). Für einen ähnlich gelagerten Fall siehe auch die Stellungnahme des European Monetary Institute - dem Vorläufer der EZB - zur Verwaltung des belgischen Einlagensicherungsfonds durch die dortige Zentralbank, vgl. EMI (1998).

[4] Der Bundesverband öffentlicher Banken Deutschlands (VÖB) besitzt ein weiteres eigenständiges Sicherungssystem. Mitglieder sind insbesondere die öffentlichen Förderbanken der Länder. Die Landesbanken sind ebenfalls Mitglieder des VÖB, sind jedoch als

Abbildung 9.1: Struktur der Einlagensicherung in Deutschland

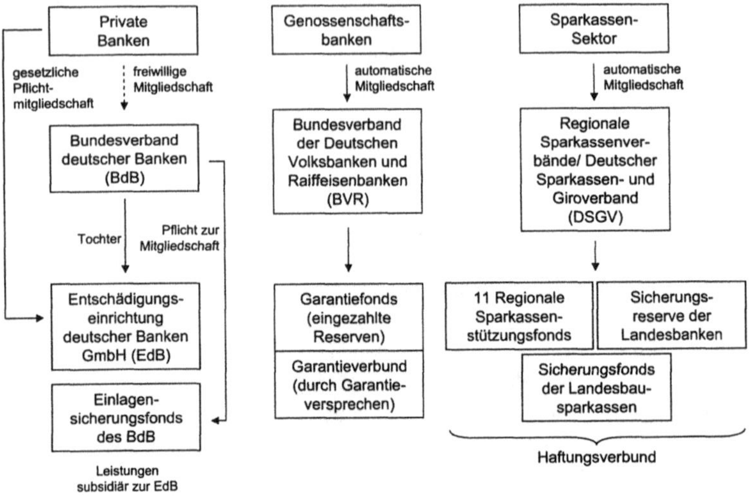

Quelle: Eigene Darstellung.

Mit dem Einlagensicherungsfonds des Bundesverbands deutscher Banken (BdB) - in Folge kurz Einlagensicherungsfonds - verfügen die privatwirtschaftlich organisierten Banken seit 1976 über ein freiwilliges, d. h. gesetzlich nicht vorgeschriebenes Sicherungssystem mit sehr hohen Haftungsgrenzen.[5] Allerdings waren weitergehende Pläne der Bundesregierung über eine gesetzlich verankerte, allgemeine Einlagensicherung mit ausschlaggebend für die Gestaltung des Sicherungssystems.[6] Prinzipiell sind alle Mitglieder des BdB zur Mitwirkung am Einlagensicherungsfonds verpflichtet.[7] Aufgrund der Umsetzung einer EU-Richtlinie in nationales Recht besteht seit 1998 zudem eine gesetzliche Einlagensicherungspflicht für private Banken in Form der beliehenen Entschädigungseinrichtung deutscher Banken GmbH (EdB).[8]

Spitzeninstitute der jeweiligen Sparkassenverbände dem Sicherungssystem des Sparkassensektors angeschlossen.

[5]Bereits früher existierte ein Vorläufer in Form eines so genannten Gemeinschaftsfonds. Die Darstellung der geschichtlichen Aspekte der Einlagensicherung in Deutschland folgt Papenthin (1999), S. 5ff.

[6]So wurde der nach dem damaligen Bundesfinanzminister benannte „Apel-Plan" eines staatlichen Sicherungssystems 1975 nach der Zusage eines erhöhten Schutzumfangs des bestehenden Systems fallen gelassen.

[7]Für die Ausnahmen vgl. BdB (2004), § 2a, Abs. 2. Als Voraussetzung zur Mitwirkung am Einlangensicherungfonds muss u.a. ein Antrag auf Mitgliedschaft in einem Landesmitgliedsverband des BdB gestellt werden, der zugleich die Mitgliedschaft im BdB impliziert, vgl. BdB (2004), § 3 sowie z. B. Bankenverband Baden-Württemberg (2004), § 4, Abs. 2.

[8]Vgl. hierzu ausführlich Bundesbank (2000), S. 29ff.

Alle privaten Kreditinstitute, die Einlagen hereinnehmen, müssen sich dieser Entschädigungseinrichtung anschließen.[9] Auch wenn die EdB rechtlich selbständige Tochter des BdB ist, entsteht damit keine Mitgliedschaft beim BdB. Durch die Möglichkeit der Beleihung sollen die öffentliche Verwaltung entlastet und zugleich die bereits vorhandene private Expertise bei der Einlagensicherung genutzt werden. Dies kommt zum Beispiel darin zum Ausdruck, dass der Prüfungsverband deutscher Banken, der neben den Mitgliedern des Einlagensicherungsfonds auch die an die EdB angeschlossenen Banken überprüft, die nicht zugleich Mitglied des Einlagensicherungsfonds sind. Der Schutzumfang der EdB ist erheblich geringer als der des Einlagensicherungsfonds.[10] Der Einlagensicherungsfonds wirkt subsidiär zur EdB, d. h. er sichert Ansprüche, die nicht von der EdB abgedeckt sind.

Die Genossenschaftsbanken kannten bereits in den dreißiger Jahren des vorigen Jahrhunderts Stützungsgemeinschaften auf regionaler Ebene. Hintergrund hierfür war die zum Teil noch unbegrenzte Nachschusspflicht der Mitglieder, die bei drohender Insolvenz der Bank auch das Privatvermögen der Mitglieder erfasste. Heute verfügen die Genossenschaftsbanken über ein Sicherungssystem, das beim Bundesverband der deutschen Volksbanken und Raiffeisenbanken (BVR) angesiedelt ist.[11] Es besteht aus einem durch Beitragszahlungen finanzierten Garantiefonds und einem durch Garantieversprechen abgesicherten Garantieverbund. Mitglieder dieses Sicherungssystems sind alle Mitgliedsbanken des BVR. Da die Sicherungseinrichtung einen so genannten Institutsschutz verfolgt, d. h. darauf abzielt, die betroffene Bank zu erhalten, müssen die Mitgliedsbanken nicht über eine gesetzliche Einlagensicherung wie die EdB verfügen. Grundlage hierfür ist § 12, Abs. 1 des Einlagensicherungs- und Anlegerentschädigungsgesetzes (EAEG).[12] Er legt fest, dass Mitglieder des genossenschaftlichen Sicherungssystems keiner Entschädigungseinrichtung zugehörig sein müssen, „solange diese Sicherungseinrichtungen auf Grund ihrer Satzungen die angeschlossenen Institute selbst schützen, insbesondere deren Liquidität und Solvenz gewährleisten, und über die dazu erforderlichen Mittel verfügen (institutssichernde Einrichtungen).“[13] Der Sicherungsumfang des genossenschaftlichen Sicherungssystems für die Einleger kennt keine betragsmäßige Begrenzung.

---

[9] Ausnahmen gelten für Niederlassungen ausländischer Banken, die in ihrem Heimatland Mitglied eines Sicherungssystems sind.

[10] Vgl. hierzu im Detail Abschnitt 9.2.1.

[11] Vgl. hierzu und im Weiteren BVR (o.J.).

[12] Vgl. das Einlagensicherungs- und Anlegerentschädigungsgesetz in der Fassung vom 15. Dezember 2003.

[13] Interessanterweise existiert im Statut der Sicherungseinrichtung kein Rechtsanspruch der Mitgliedsbanken des BVR auf Stützungsleistungen, vgl. BVR (o.J.), § 27. Jedoch ist seit Beginn der genossenschaftlichen Sicherungssysteme in den dreißiger Jahren noch kein Institut der Gruppe insolvent gegangen, wenn es auch Sanierungsfusionen gab, vgl. Bundesbank (1992), S. 35 sowie BVR (2005).

Das Sicherungssystem des Sparkassensektors zählt ebenfalls zu den institutssichernden Einrichtungen; die Mitgliedschaft bei einer gesetzlichen Entschädigungseinrichtung entfällt also wiederum gemäß § 12, Abs. 1 des EAEG. Das Sicherungssystem setzt sich aus regionalen Sparkassenstützungsfonds, der Sicherungsreserve der Landesbanken sowie dem Sicherungsfonds der Landesbausparkassen zusammen.[14] Zwischen diesen Fonds besteht ein Haftungsverbund, d. h. sollten die Mittel eines Fonds nicht ausreichen, werden andere Fonds zugeschaltet. Allerdings werden vor dieser Zuschaltung Nachschusspflichten des jeweiligen Fonds wirksam. Bei Schieflage einer Sparkasse wäre etwa zunächst der regionale Stützungsfonds inklusive der Nachschusspflichten seiner Mitglieder gefordert, dann die Mittel und Nachschusspflichten der anderen Regionalfonds. Erst danach würden die Fonds der Landesbanken und Landesbausparkassen herangezogen. Ähnliches gilt für die Stützung einer Landesbank. Hier sind zunächst die Sicherungsreserven und Nachschusspflichten der anderen Landesbanken zuständig, bevor auf andere Fonds zugegriffen wird. Durch den Wegfall von Gewährträgerhaftung und Modifizierung der Anstaltslast Mitte 2005 hat das Sicherungssystem des Sparkassensektors an Bedeutung gewonnen, da bisher der Gewährträger wie etwa die Kommune in Stützungsfällen mit herangezogen werden konnte. Entsprechend wurde bereits 2003 eine Aufstockung der Fondsvolumina beschlossen.[15] Wie auch im genossenschaftlichen Sektor besteht kein rechtlicher Anspruch auf Stützungsmaßnahmen durch das einzelne Institut; allerdings gab es auch hier in der Vergangenheit keinen Insolvenzfall. Wie im genossenschaftlichen Sektor existiert keine betragsmäßige Begrenzung des Sicherungsumfangs.

9.2 Die Einlagensicherung der privaten Banken in Deutschland im Detail

Die nachfolgenden Abschnitte beschreiben und diskutieren die wesentlichen Merkmale der Einlagensicherung der privaten Banken in Deutschland im Detail.

9.2.1 Zielsetzung und Sicherungsumfang - Darstellung

Zielsetzung beider Einrichtungen - sowohl Einlagensicherungsfonds als auch EdB - ist der Schutz der Einleger der privaten Banken.[16] Dies gilt insbesondere für die EdB mit ihrer gesetzlich begründeten Aufgabe der Einlegerentschädigung. Im Fall des Einlagensicherungsfonds umfassen die möglichen Hilfeleistungen des Einlagensicherungsfonds nach § 2, Abs. 2 seines Statuts

[14] Vgl. hierzu und im Weiteren DSGV (2005).
[15] Vgl. Engerer/Schrooten (2004).
[16] Vgl. hierzu wie im Weiteren BdB (2004), Bundesbank (2000) sowie das EAEG.

allerdings auch „Leistungen an Banken“, so dass auch Stützungsmaßnahmen aus den Fondsmitteln finanziert werden können. Über Maßnahmen des Einlagensicherungsfonds entscheidet ein zehnköpfiger Ausschuss der am Fonds mitwirkenden Banken. Ein Anspruch von Banken auf Hilfeleistungen besteht nicht.

Die EdB sichert im Wesentlichen die Einlagen in Form von Kontoguthaben und Namensschuldverschreibungen wie Sparbriefen, nicht aber Inhaberschuldverschreibungen wie etwa börsengehandelte festverzinsliche Wertpapiere.[17] Entschädigungsanspruch aus solchen Forderungen haben nur bestimmte Personen bzw. Körperschaften. Die Forderungen von Kreditinstituten, Versicherungsunternehmen, der öffentlichen Hand sowie mittelgroßer und großer Kapitalgesellschaften sind gemäß § 3 EAEG hiervon ausgenommen.[18] Auch bei Vorliegen eines Entschädigungsanspruchs sind die von der EdB zu leistenden Entschädigungen auf 90 % der Forderungen bis zu einer maximalen Höhe von 20.000 Euro begrenzt. Dabei bezieht sich dieser Rechtsanspruch auf die Gesamtheit der Forderungen des Anspruchsberechtigten, unabhängig von der Anzahl seiner Konten oder der kontoverwaltenden Zweigstelle.

Der Einlagensicherungsfonds sichert qualitativ grundlegend die gleichen Fremdkapitalformen wie die EdB.[19] Der Einlagensicherungsfonds hat jedoch einen erheblich größeren Schutzumfang (ohne prozentuale Selbstbeteiligung); er sichert Gesamtansprüche pro Einleger bis zu 30 % des Eigenkapitals der Bank.[20] Beträgt das haftende Eigenkapital der Bank z. B. 5 Mio. Euro - die nach § 33, Abs. 1 Kreditwesengesetz (KWG) zwingende Anfangsausstattung für den Betrieb eines Einlagenkreditinstituts - , sind damit die Ansprüche jedes einzelnen Einlegers bis zu einer Höhe von 1,5 Mio. Euro gesichert.[21] Im Gegensatz zur EdB schließt der Einlagensicherungsfonds - neben einigen bankinternen Personengruppen - nur andere Banken als gesicherte Einlegergruppe aus. Der Einlagensicherungsfonds wirkt subsidiär zur EdB, d. h. er übernimmt nur den Teil von Forderungen, die über die Ansprüche gegenüber der EdB hinausgehen. So würde beispielsweise bei Entschädigung der prozentuale Selbstbehalt durch den Einlagensicherungsfonds übernommen oder eine von der EdB nicht berücksichtigte Einlegergruppe geschützt werden. Nach § 6, Abs. 10 seines Statuts besteht allerdings kein Rechts-

[17]Die EdB schützt darüber hinaus auch Ansprüche aus bestimmten Wertpapiergeschäften, wie z. B. die Erlöse aus der Veräußerung von bisher im Depot der Bank gehaltenen Wertpapieren, vgl. Bundesbank (2000), S. 36.

[18]Daneben sind auch „insider“, wie etwa Geschäftsführer oder Mitglieder von Aufsichtsorganen der Bank, aus dem Schutz ausgeschlossen, vgl. § 3, Abs. 2, Nr. 5 EAEG.

[19]Für eine genauere Darstellung vgl. § 6 des Statuts des Einlagensicherungsfonds und z. B. Kleiner (1999), S. 135.

[20]Für die exakte Definition der Sicherungsgrenze unter Berücksichtigung von Kernkapital und Ergänzungskapital im Sinne des Kreditwesengesetzes vgl. BdB (2004), § 6, Abs. 1.

[21]Vgl. das Kreditwesengesetz in der Fassung vom 22. September 2005.

anspruch auf ein Eingreifen oder Leistungen des Einlagensicherungsfonds. Inwieweit dies tatsächlich eine Rückweisungsmöglichkeit von Forderungen sichert, ist zum Teil juristisch umstritten.[22] Auf die tatsächliche Übernahme von Verlusten durch den Einlagensicherungsfonds hatte der fehlende Rechtsanspruch der Einleger bisher praktisch keine Auswirkungen.[23]

9.2.2 Zielsetzung und Sicherungsumfang - Diskussion

Die EdB setzt mit ihren Maßnahmen an, wenn die Insolvenz der Bank durch die Bundesanstalt für Finanzdienstleistungsaufsicht (BaFin) festgestellt wird. Ihre - im nächsten Abschnitt näher dargestellten - per Rechtsverordnung festgelegten Beiträge und im Fall nicht ausreichender Ressourcen gesetzlich vorgeschriebenen Sonderbeiträge stehen nur für die Einlegerentschädigung zur Verfügung. Damit werden eine Verwendung dieser, letztlich mit staatlichem Zwang erhobenen Mittel für Stützungsmaßnahmen und ein mögliches Auseinanderfallen von Entscheidern und Financiers dieser Maßnahmen vermieden. Dies wäre dagegen der Fall, wenn etwa die BaFin mit diesen Mitteln aus einem Eigeninteresse heraus den Zusammenbruch von Banken durch Stützungsmaßnahmen verhindern könnte.[24]

Der Einlagensicherungsfonds kann seine Mittel dagegen durchaus auch für Stützungsmaßnahmen verwenden. Jedoch werden die Mitgliedsbanken des Fonds aufgrund der gemeinsamen Finanzierung sowie des Wettbewerbsdrucks untereinander weitgehenden Stützungsmaßnahmen skeptisch gegenüberstehen. Dies gilt insbesondere, wenn diese Maßnahmen keine schwerwiegenden Folgen für die Führungsspitze der Bank und deren Eigentümer bzw. die verfolgte Geschäftspolitik haben. Mit dem relativ engen Bezug von Finanzierung und Stützungsentscheidung sowie dem prinzipiellen Interesse der Mitgliedsbanken am Ausscheiden von Konkurrenten stehen einer starken Reputationsorientierung der Leitung des Einlagensicherungsfonds („Nicht während meiner Wache“ - „not on my watch“) zwei gewichtige Einflussfaktoren entgegen. Damit ist eine grundlegende Forderung zur Einschränkung eines ungebremsten Moral-Hazard-Anreizes erfüllt: Vor den Folgen einer Insolvenz werden die Einleger, möglicherweise auch die Institution, nicht aber das Management sowie die bisherigen Eigentümer der Bank geschützt.[25]

---

[22] Vgl. hierzu die Quellen bei Merbecks/Bauer-Behrschmidt (2000), S. 37.

[23] Vgl. Bundesbank (1992), (2000). In unserem Fazit in Abschnitt 9.3 werden wir auf die Vor- und Nachteile dieses mangelnden Rechtsanspruchs in Verbindung mit dem vorhandenen Fonds-/Nachschussvolumen eingehen.

[24] Vgl. die Überlegungen am Ende von Abschnitt 5.4.3.

[25] Vgl. Bernanke/Gertler (1990), S. 109. Während eine bloße Einlagensicherung lediglich die Überwachungsanreize bestimmter Fremdkapitalgeber negativ beeinflusst, können großzügige Stützungsmaßnahmen auch die Anreize von Eigenkapitalgeber und Management zur Insolvenzvermeidung untergraben. Dies ist der Fall, wenn den alten Eigentümern ohne zusätzlichen Einschuss nach der Sanierung weiterhin ein erheblicher Teil zukünftiger

Betrachtet man den qualitativen und gruppenmäßigen Sicherungsumfang der beiden Komponenten des Sicherungssystems, so belässt es durch die Nicht-Berücksichtigung von börsengehandeltem Fremdkapital und den Ausschluss von Interbankenforderungen einerseits erhebliche Anreize zur Banküberwachung und -disziplinierung bei Fremdkapitalgebern, die über entsprechendes Know-How verfügen sollten. Andererseits ist im Fall des subsidiär leistenden Einlagensicherungsfonds zu überprüfen, ob durch eine Erweiterung der Ausschlussgruppen analog den Vorgaben der EdB weitere, bisher geschützte Gruppen in diese Aufgaben mit einbezogen werden sollten. Gleiches gilt prinzipiell für die quantitativen Beschränkungen der EdB: Sie sind für den überwiegenden Teil der Einleger, deren Bank zugleich Mitglied im Einlagensicherungsfonds ist, nicht bindend, solange dieser seinen Sicherungsanspruch erfüllt. Entsprechend stellt sich hier die Frage, ob durch Einführung einer Selbstbeteiligung und/oder einer oberen Grenze des Sicherungsumfangs im Einlagensicherungsfonds Anreize für eine Überwachung und Disziplinierung der Bank gegeben werden sollten. Ausschlaggebend ist in beiden Fällen, inwieweit bisher geschützte Gruppen gesicherte Einlagen in erheblichem Umfang nutzen und sinnvollerweise an diesen Kontrollaufgaben beteiligt werden sollten.

Vertritt man die Ansicht, dass auch institutionelle Anleger, die Nicht-Banken sind, und Privatanleger in die Bankkontrolle einbezogen werden sollten oder der Umfang des Schutzes solcher Einlegergruppen auch die Überwachungsanreize anderer Einleger bzw. Fremdkapitalgeber negativ beeinflusst, stellt sich die Frage nach der angemessenen Gesamtobergrenze bzw. „Netto-Selbstbeteiligung“ dieser Einleger. Anders als bisher wäre es dann unter Umständen Aufgabe des Gesetzgebers nicht Mindest-, sondern Höchstbeschränkungen für den Einlegerschutz vorzugeben.[26] Prinzipiell hat der deutsche Gesetzgeber bei der gesetzlichen Komponente des Einlagensicherungssystems die maximal mögliche Beteiligung der Fremdkapitalgeber von Banken vorgesehen. So sah die dem EAEG zugrundeliegende EU-Richtlinie eine Höchstgrenze der prozentualen Selbstbeteiligung von 10 % sowie einen Mindestschutz von 20.000 Euro vor. Darüber hinaus war auch der Schutz von Inhaberschuldverschreibungen und Forderungen von Versicherungsunternehmen vorgesehen, von dem aber aufgrund von Wahlrechten abgesehen werden konnte.[27] Angesichts des vor Errichtung des jetzigen Schutzumfangs ausgeübten politischen Drucks zu höheren freiwilligen Schutzzusagen und der Funktionstüchtigkeit des Einlagensicherungsfonds ist die Nutzung dieser Wahlrechte aber als Minimierung des Umfangs der gesetzlichen Kompo-

---

Gewinne zufließt und das alte Management an der Geschäftsleitung beteiligt bleibt.

[26] Vgl. hierzu noch einmal den vollständigen Verzicht Australiens und Neuseelands auf eine Versicherung der Einlagen. In der Verhandlungsphase zur EU-Richtlinie über den Einlegerschutz waren zunächst eine verbindliche Obergrenze und eine Eigenbeteiligung vorgesehen, vgl. Garcia/Prast (2003), S. 8.

[27] Vgl. hierzu Dowe (2000), S. 85ff.

nente zu interpretieren, und nicht als Hinweis darauf, dass Beschränkungen zur Anreizsetzung für die geschützten Einleger einer Bank als sinnvoll eingeschätzt werden.[28]

In unserem Fazit zur Einlagensicherung der privaten Banken in Deutschland werden wir die Ergebnisse einiger empirischer Studien diskutieren, die das faktische Ausschalten der gruppenmäßigen und quantitativen Beschränkungen der EdB durch die subsidiären Leistungen des Einlagensicherungsfonds problematisch erscheinen lassen.[29]

9.2.3 Finanzierung der Fondsmittel - Darstellung

Die der EdB angeschlossenen Banken müssen nach § 8, Abs. 3 EAEG neben einem Aufnahmebeitrag jährlich Beiträge abführen, die vom Bundesfinanzministerium nach Anhörung der EdB per Rechtsverordnung festgelegt werden. Derzeit sind die Jahresbeiträge nicht risikodifferenziert und richten sich allein nach dem Volumen der versicherten Einlagen.[30] Darüber hinaus ist per Rechtsverordnung eine Mindestgröße des so entstandenen Fondsvolumens bei der EdB festgelegt. Droht eine Unterschreitung dieses Mindestvolumens, ist die EdB verpflichtet, von den Mitgliedsbanken Sonderbeiträge oder Kredit in einer Höhe aufzunehmen, die die Erfüllung des Mindestvolumens auch unter Berücksichtigung bestehender Entschädigungsansprüche sicherstellt. Mit Zustimmung der BaFin können einzelne Mitgliedsbanken ganz oder teilweise von der Zahlung dieser Sonderbeiträge ausgenommen werden, wenn dadurch bei ihnen selbst der Entschädigungsfall ausgelöst werden würde.[31] Sind die angesammelten Mittel für Entschädigungszwecke dagegen ausreichend, können die Beitragspflichten mit Zustimmung der BaFin herab- oder ausgesetzt werden.

Der Einlagensicherungsfonds erhebt seit 1998 risikodifferenzierte Jahresbeiträge.[32] Daneben sind wiederum Eintrittsbeiträge zu leisten. Zur Bestimmung der Jahresbeiträge werden die Mitgliedsbanken jährlich durch den Prüfungsverband deutscher Banken e.V. in drei Kategorien A, B und C mit jeweils drei Unterkategorien 1, 2 und 3 klassifiziert.[33] Bei Einordnung in eine Unterkategorie von B oder C erhöhen sich die Jahresbeiträge im Vergleich zum Grundbeitrag entsprechend; dabei darf die Höhe des klassenspezifischen

---

[28] Im Jahr 1994 strengte die Bundesregierung eine (erfolglose) Klage gegen die EU-Richtlinie an. Unter anderem begründete sie die Klage mit dem allseits anerkannten Erfolg des freiwilligen Sicherungssystems, vgl. Kleinert (1999), S. 215.

[29] Vgl. Abschnitt 9.3.

[30] Vgl. Bundesfinanzministerium (2003), S. 847.

[31] Vgl. Bundesbank (2000), S. 39f. Hat die EdB Kredit aufgenommen, kann sie Sonderbeiträge für Tilgung und Zinszahlungen erheben.

[32] Vgl. Bundesbank (2000), S. 42. Auch die Sicherungssysteme des Genossenschafts- und des Sparkassensektors erheben inzwischen risikodifferenzierte Prämien, vgl. BVR (o.J.), S. 7 und DSGV (2005), S. 6.

[33] Vgl. Anlage zu § 4a „Grundsätze für das Klassifizierungsverfahren“, BdB (2004). Zur Arbeit des Prüfungsverbandes vgl. auch Abschnitt 9.2.5.

Zuschlags das 2,5-fache des Grundbeitrags nicht überschreiten.[34] Reichen die Fondsmittel für die Aufgaben des Einlagensicherungsfonds nicht aus, kann der Vorstand des BdB eine Verdopplung des Jahresbeitrags oder einen Sonderbeitrag bis zur Höhe eines Jahresbeitrags beschließen. Umgekehrt kann der Vorstand den Jahresbeitrag herab- oder aussetzen, wenn das Vermögen eine angemessene Höhe erreicht hat.[35]

9.2.4 Finanzierung der Fondsmittel - Diskussion

Prinzipiell ist das Nebeneinander von Risikodifferenzierung und Risikoinsensitivität in der Prämienbestimmung abzulehnen. Angesichts der sonstigen engen Verbindungen von BdB, Prüfungsverband, EdB und Einlagensicherungsfonds ist nicht einsichtig, warum das offenbar vorhandene Know-How zur Risikodifferenzierung der Prämien nicht auch in der EdB eingesetzt werden sollte.[36] Möglicherweise ist ein relativ geringes Fondsvolumen bei der EdB dafür verantwortlich, dass die durch eine nicht risikodifferenzierte Prämienfinanzierung implizierte Umverteilung zwischen riskant und weniger riskant operierenden Banken keine oder nur geringe Widerstände provoziert.[37] Umgekehrt ist allerdings offen, wie stark die Risikodifferenzierung innerhalb des Einlagensicherungsfonds genutzt wird, da der BdB keine Angaben über die Verteilung der versicherten Banken auf die Rating-Kategorien macht. Insgesamt lässt aber die inzwischen eingetretene Verbreitung risikodifferenzierter Prämien darauf schließen, dass Bankenverbände und Einlagenversicherer sie unter Berücksichtigung der risikobeschränkenden Wirkung von Mindesteigenkapitalnormen, zukünftiger Gewinnaussichten und Kontrollmaßnahmen trotz aller Schwierigkeiten der Risikoerfassung für sinnvoll halten.[38] Dabei legen die theoretischen Überlegungen in Teil II dieser Arbeit nahe, dass die Risikodifferenzierung weniger der Beschränkung

[34]Vgl. hierzu wie im Weiteren BdB (2004). Nach Auskunft des BdB vom 16.09.2004 staffeln sich die Zuschläge wie folgt: B1 10 %, B2 20 %, B3 30 %, C1 50 %, C2 100 %, C3 150 %. Innerhalb der Kategorie A erfolgt keine Differenzierung.

[35]Zudem können Banken, die 20 Jahresbeiträge geleistet haben und zur Kategorie A zählen, von der Beitragspflicht befreit werden.

[36]Der Prüfungsverband selbst stellt fest: „[Die] Prüfungsrichtlinien [für die allein der EdB angeschlossenen Nicht-Mitglieder] unterscheiden sich hinsichtlich der Prüfungsinhalte und -methodik kaum von den oben beschriebenen mitgliederbezogenen Prüfungsrichtlinien des Verbandes." Prüfungsverband (o.J.).

[37]Das EAEG sieht nach § 7, Abs. 1 als Voraussetzung für die Beleihung der EdB eigene Mittel von 1 Mio. Euro vor. Per Rechtsverordnung beträgt das Mindestvolumen der eigenen Mittel der EdB ab 1.1.2001 die doppelte Summe der jeweils zuletzt geleisteten Jahresbeiträge, vgl. Bundesfinanzministerium (1999), S. 1540. Auf das Problem der Angemessenheit der jeweiligen Fondsvolumen bzw. Nachschusspflichten gehen wir in Abschnitt 9.3 ein.

[38]Die Kriterien für die Aufnahme in den Einlagensicherungsfonds schreiben u.a. vor, dass die Bank die Eigenkapitalauflagen des KWG und die Anforderungen für die Aufnahme in die Rating-Kategorie A erfüllt. Sie muss zudem Mitglied im Prüfungsverband deutscher Banken sein, vgl. BdB (2004), § 3, Abs. 1.

des Risikoanreizes als der Begrenzung der durch starre Prämien implizierten Umverteilung dient.[39] Die im Zuge des Klassifizierungsverfahrens gewonnenen Risikoeinschätzungen werden im Einlagensicherungsfonds zudem bei der Bestimmung der Prüfintensität genutzt.[40]

Hervorzuheben ist, dass die Finanzierung beider Komponenten des privaten Sicherungssystems neben ex ante Prämienzahlungen auch die Möglichkeit von Nachschüssen der Mitgliedsbanken vorsieht. Insbesondere diese Möglichkeit setzt Anreize für eine gegenseitige Überwachung der Mitgliedsbanken untereinander, da im Falle eines Zusammenbruchs, der die vorhandenen Mittel übersteigt, zusätzliche Zahlungen notwendig werden.[41] Instrument dieses „peer monitoring" ist - neben der direkten Beobachtung der Geschäftspolitik anderer Banken am Markt - der mit der Prüfung der Mitgliedsbanken sowohl des Einlagensicherungsfonds als auch der EdB und (im Fall des Einlangesicherungsfonds) auch mit der Klassifizierung betraute Prüfungsverband deutscher Banken e.V.[42] Dabei ist die Mitgliedschaft im Prüfungsverband Voraussetzung für die Mitwirkung im Einlagensicherungsfonds. Zugleich entspricht der über Maßnahmen des Einlagensicherungsfonds entscheidende Ausschuss personell dem für die Prüfungsrichtlinien zuständigen Beirat des Prüfungsverbands.[43] Auf die Kontroll- und Eingriffsrechte im Rahmen des Einlagensicherungssystems gehen wir näher im nachfolgenden Abschnitt ein.

9.2.5 „Peer monitoring", staatliche Aufsicht und Eingriffsrechte - Darstellung

An der Überwachung der in die beiden Komponenten des Sicherungssystems einbezogenen Banken nehmen sowohl die Mitgliedsbanken selbst - insbesondere über den bereits erwähnten Prüfungsverband - als auch staatliche Aufsichtsorgane (BaFin, Bundesbank) teil.[44] Im Fall der EdB verpflichtet §

[39]Vgl. insbesondere Abschnitt 6.2.3. Cull/Senbet/Sorge (2005) finden empirisch entsprechend einen geringen Einfluss risikosensitiver Normen auf die Risikonahme.

[40]Vgl. hierzu den folgende Abschnitt 9.2.5.

[41]Die ex ante Finanzierung wird dagegen zum Teil als „sunk cost" der Versichertengemeinschaft interpretiert, die keine Anreize zur Überwachung setzt, vgl. Klüh (2005), S. 15. Sind jedoch zu zahlende Entschädigungen oder Stützungsmaßnahmen über die Zeit verteilt oder werden Kredite aufgenommen, haben auch zukünftige Jahresbeiträge teilweise den Charakter von Nachschüssen. Darüber hinaus sind ex ante Prämien dafür nötig, um riskanter operierende Banken an der Finanzierung zu beteiligen, da diese mit höherer Wahrscheinlichkeit nicht für Nachschüsse zur Verfügung stehen, vgl. Cull/Senbet/Sorge (2005), Fußnote 8.

[42]Vgl. Beck (2002).

[43]Nehmen Banken nur an der EdB teil, ergibt sich keine vollständige Kongruenz von Prüfenden und Versicherten. Auch in diesem Fall sind die Prüfenden jedoch über die Pflichtmitgliedschaft in der EdB zugleich Mitversicherte und haben einen entsprechenden Anreiz zur sorgfältigen Überwachung.

[44]Der Einlagensicherungsfonds selbst unterliegt keiner staatlichen Aufsicht, die EdB über § 7, Abs. 3 EAEG der Aufsicht durch die BaFin. Zur Zusammenarbeit von BaFin

9 EAEG die Banken zu einer umfassenden Mitwirkung an der Information der Entschädigungseinrichtung. Generell sind die Banken verpflichtet, „alle Auskünfte zu erteilen und Unterlagen vorzulegen, welche die Entschädigungseinrichtung zur Wahrnehmung ihres Auftrags ... benötigt." Darüber hinaus ist der von der EdB beauftragte Prüfungsverband zu Prüfungen berechtigt. Gemäß § 26, Abs. 2 KWG sind alle Berichte über Prüfungen, die im Zusammenhang mit einer Sicherungseinrichtung stattfinden, durch den Prüfer unverzüglich bei der BaFin und der Bundesbank einzureichen. Die bei der Prüfung zugrundegelegten Prüfungsrichtlinien bedürfen der Genehmigung der BaFin. Kommt die Bank ihren Pflichten nicht nach, kann sie aus der Entschädigungseinrichtung ausgeschlossen werden. In diesem Fall erlischt die Erlaubnis zum Geschäftsbetrieb. Wenn Gefahr für die der Bank anvertrauten Vermögenswerte besteht, kann die BaFin nach § 46 bzw. 46a KWG Maßnahmen ergreifen, wie etwa Anweisungen an die Geschäftsleitung, Geschäftsführern ihre Tätigkeit untersagen, ein Veräußerungs- und Zahlungsverbot erlassen oder die Schließung für den Kundenverkehr anordnen.

Der Prüfungsverband ist ebenfalls für die Kontrolle der im Einlagensicherungsfonds mitwirkenden Banken verantwortlich. Nach Statut des Einlagensicherungsfonds sind die Banken verpflichtet, den Prüfungsverband bei seiner Prüf- und Klassifizierungstätigkeit zu unterstützen. Wie bereits erwähnt, führen schlechte Klassifizierungsergebnisse zu einer verstärkten Überprüfung.[45] Die Mitgliedsbanken müssen zudem den Prüfungsverband, die Bundesbank und die BaFin ermächtigen, den BdB über alles zu unterrichten, was auf eine Gefährdung der Einlagen hindeuten könnte. Der Prüfungsverband kann der Bank unverzüglich zu erfüllende Auflagen erteilen, wenn bei seinen Prüfungen Beanstandungen erhoben worden sind oder „wenn diese geeignet sind, eine sonst drohende Gefahr einer Inanspruchnahme des Einlagensicherungsfonds abzuwenden."[46] Verstöße gegen die Pflicht zur Zusammenarbeit mit dem Prüfungsverband oder gegen die Erfüllung der Auflagen können mit dem Ausschluss aus dem Einlagensicherungsfonds geahndet werden. Schließlich kann der Bank ein Ausschluss angedroht und nach sechs Monaten vollzogen werden, wenn die Bank mehr als zwei aufeinanderfolgende Jahre in der schlechtesten Rating-Kategorie C 3 eingeordnet

und Bundesbank bei der Bankenaufsicht, vgl. § 7 KWG sowie die Übereinkunft von BaFin und Bundesbank vom 30.10.2002, Bundesbank (2002).

[45] Die der Klassifizierung zugrunde liegende Systembeschreibung wird durch die Delegiertenversammlung des BdB beschlossen. Gegen die Rating-Einschätzung kann ein Schiedsgericht angerufen werden. Vgl. BdB (2004), Anlage zu § 4a, Grundsätze für das Klassifizierungsverfahren.

[46] BdB (2004), § 5, Abs. 7. Daneben kann der Prüfungsverband Auflagen erteilen, um „die bei Antragsstellung vorgetragenen wesentlichen Gegebenheiten und geschäftspolitischen Ziele" der Bank zu erhalten. Kommt es zu Leistungen des Einlagensicherungsfonds, sind die Banken ebenfalls verpflichtet, den Auflagen des BdB zu folgen, vgl. BdB (2004), § 5, Abs. 11.

wurde und keine Verbesserung zu erwarten ist. Die Bank muss ihre Einleger unverzüglich über den Ausschluss informieren; die Einlagen bleiben noch einen Monat bzw. bis zum nächstmöglichen Kündigungstermin gesichert.

9.2.6 „Peer monitoring“, staatliche Aufsicht und Eingriffsrechte - Diskussion

Durch den hohen Grad an selbstverantwortlicher Prüftätigkeit - verbunden mit der Anreizwirkung der prinzipiell auf die Mitgliedsbanken beschränkten Finanzierung der Fondsaufkommen - wird das privatwirtschaftlich vorhandene Know-How sowohl in der EdB als auch im Einlagensicherungsfonds gut genutzt.[47] Zugleich bestehen intensive wechselseitige Informationskanäle zwischen den privaten und staatlichen Kontrolleuren. Soweit z. B. die von Bundesbank und BaFin überwachte Eigenmittelausstattung der Banken bzw. die Qualität des bankinternen Risikomanagements für die Aufgaben der EdB oder des Einlagensicherungsfonds relevant sind, werden diese ausgetauscht. Beide Kontrolleure verfügen schließlich durch das Statut des Einlagensicherungsfonds bzw. per KWG über weitreichende Eingriffsmöglichkeiten. Insgesamt erscheint das Zusammenwirken von wechselseitiger Überwachung, staatlicher Aufsicht und Eingriffsrechten ausgewogen.[48]

Zum Teil wird die enge Verknüpfung von BdB, Prüfungsverband und Einlagensicherung als Markteintrittsbarriere kritisiert.[49] Tatsächlich hat das Bundesaufsichtsamt für das Kreditwesen in der Vergangenheit die Erlaubnis zum Geschäftsbetrieb an die Aufnahme in den Einlagensicherungsfonds geknüpft. Faktisch war damit neben den Normen des KWG auch das vom BdB festgelegte Statut des Einlagensicherungsfonds für die Erlaubnis zum Geschäftsbetrieb maßgeblich. Das Verwaltungsgericht Berlin wies dieses Vorgehen 1986 jedoch zurück, da der Gesetzgeber bewusst auf eine Pflichtversicherung verzichtet hatte. Entsprechend wurde in der Novelle des KWG von 1992 festgelegt, dass die Nicht-Mitgliedschaft kein Versagensgrund ist, die Bank aber ihre Kunden auf das Fehlen einer Sicherung hinweisen muss.[50] Durch die Einführung der Pflichtmitgliedschaft in einer

[47] Beck (2002) beschreibt den bisher zweitgrößten Entschädigungsfall der 1983 in Schwierigkeiten geratenen Bank Schröder, Münchmeyer, Hengst & Co. Die Schwierigkeiten wurden dabei nicht im Zuge von Überprüfungen des Bundesaufsichtsamts für das Kreditwesen, eines Vorgängers der BaFin, sondern durch Prüfungen des Bankenverbandes aufgedeckt.

[48] Demirgüç-Kunt/Detragiache (2002) kommen in ihrer empirischen Studie zu dem Schluss, dass Sicherungssysteme mit einer Managementbeteiligung des privaten Sektors die Wahrscheinlichkeit von Bankenkrisen im Vergleich zu allein staatlich geführten Systemen senken.

[49] Vgl. etwa Kleinert (1999), S. 183ff. und Beck (2002). Für bereits etablierte Banken wird dagegen zum Teil argumentiert, dass die Einlagensicherung kleineren Banken den Wettbewerb um Einlagen erleichtert, da ansonsten große Banken, bei denen die Einleger eine implizite „too big to fail“-Sicherung vermuten, dominieren, vgl. Bundesbank (1992), S. 32.

[50] Vgl. hierzu Kleinert (1999), S. 187f.

gesetzlich reglementierten Entschädigungseinrichtung wurde dieses Problem einerseits entschärft. Andererseits kann in der Beleihung der EdB und der Kontrolle durch den Prüfungsverband ein Einfluss des BdB auch auf die gesetzliche Komponente des Sicherungssystems gesehen werden, da die BaFin gemäß § 32, Abs. 3 KWG vor der Erlaubniserteilung die in Frage kommende Sicherungseinrichtung zu hören hat. Solange man aufgrund des Know-How der privaten Banken eine Anhörungmöglichkeit - und im Fall der Sicherungseinrichtung verständlicherweise eine Anhörungspflicht - für sinnvoll hält, ist dieses Dilemma nicht institutionell zu lösen. Letztlich ist es Aufgabe der BaFin bzw. des Gesetzgebers, durch die Auslegung bzw. Vorgabe von Normen zur Geschäftserlaubnis (inklusive der Pflichtversicherung) einerseits den Wettbewerb nicht zu stark zu beschränken, andererseits berechtigte Bedenken bei der Zulassung ausreichend zu berücksichtigen. Dies wäre auch der Fall bei einer rein staatlich administrierten Entschädigungseinrichtung.

9.3 Fazit - Die Einlagensicherung der privaten Banken in Deutschland

Insgesamt halten wir das System der Einlagensicherung der privaten Banken in Deutschland für gelungen. Es zeichnet sich durch die in Abschnitt 5.5.2 geforderte prinzipielle „Staatsferne" der Einlagensicherung aus, d. h. der Einlagenversicherer bzw. die Versicherten können nicht mit einer hohen Wahrscheinlichkeit auf die Übernahme von Verlusten durch Zentralbank oder Steuerzahler hoffen. Finanzierung und institutionelle Ausgestaltung unterstützen dagegen den Anreiz zur gegenseitigen Überwachung der Versicherten. Zugleich ist in diesem System - insbesondere durch die inzwischen eingeführte Pflichtmitgliedschaft in der EdB - die Idee verwirklicht, dass es angesichts des zu erwartenden öffentlichen Drucks bei Bankzusammenbrüchen besser sein kann, die Entschädigungsregeln wie etwa Ausschlüsse und Finanzierung ex ante festzulegen.[51]

Neben der bereits diskutierten mangelnden Risikodifferenzierung der Beiträge zur EdB birgt das System unseres Erachtens dennoch einige Probleme und offene Fragen. So machen verschiedene jüngere empirische Studien einen tendenziell negativen Effekt expliziter Einlagensicherungssysteme auf die Stabilität des Bankensektors und die durch Fremdkapitalgeber der Banken ausgeübte Marktdisziplin aus.[52] Diese in einer breiten internationalen Stichprobe erzielten ceteris paribus Ergebnisse sind nicht ohne weiteres auf

[51] Vgl. hierzu noch einmal Abschnitt 5.5.2.

[52] Vgl. Demirgüç-Kunt/Detragiache (2002) und Demirgüç-Kunt/Huizinga (2004). Klüh (2005) kritisiert diese Ergebnisse und findet einen gegenteiligen Effekt. Auch die Ergebnisse der auf die Folgen einer Explizitmachung der Einlagensicherung gerichteten empirischen Studie von Gropp/Vesala (2004) können als im weiteren Sinne entgegengesetzt angesehen werden. Sie verwenden als abhängige Variable jedoch einen Index für die Risikonahme der Banken, nicht tatsächlich erfolgte Bankenkrisen.

Deutschland zu übertragen, da diese und nachfolgende Studien zeigen, dass der Umfang und die Qualität der Bankenüberwachung, die Stringenz von Eigenkapitalnormen sowie allgemein die institutionelle Qualität - gemessen an Indizes der Vertragstreue, der Absicherung von Eigentumsrechten, etc. - diesen Effekt abbremsen oder völlig vermeiden.[53] Dies wird unter anderem als Begründung für die Stabilität und den Erfolg der privaten Einlagensicherung in Deutschland angeführt.[54] Jedoch finden die Studien zum Teil negative Auswirkungen besonders großzügiger Absicherungssysteme, ohne dass diese Effekte durch die institutionelle Qualität gänzlich verhindert werden könnten.[55]

Diese Ergebnisse stellen die implizit im quantitativen und gruppenmäßigen Umfang der kombinierten Schutzversprechen von EdB und Einlagensicherungsfonds enthaltene Annahme in Frage, wonach letztlich nur Banken sinnvollerweise an der Überwachung und Disziplinierung anderer Banken teilnehmen sollten. Zum Teil wird argumentiert, dass die Überwachungsanreize für Banken durch die entsprechend gesunkenen Anstrengungen anderer Institutionen steigen.[56] Ob dies ein hinreichender Grund für ein Schutzversprechen ist, das auch institutionelle Nicht-Banken oder auch vermögende Privatanleger umfasst, ist unseres Erachtens zweifelhaft. So erscheint es unrealistisch, dass Banken ihr gegenseitiges „monitoring“ verringern, weil etwa die von professionellen Cash-Managern betreuten Kontoguthaben von Versicherungen und öffentlicher Hand nicht mehr versichert sind. Eine Argumentation, die aufgrund eines Ausschlusses dieser Gruppen eine „ineffiziente“ Erhöhung der gesamtwirtschaftlichen Überwachungsanstrengungen befürchtet, muss näher erläutern, wie eine kostenminimale Produktion der Überwachungsaktivität sowie ein effizientes Niveau dieser Aktivität aussieht. Warum die Produktions- und Allokationseffizienz der Überwachungsanstrengungen im Bereich der Bankenkontrolle entlang einer rechtlichen Definition von Banken und Nicht-Banken verwirklichbar sein sollte, ist unklar.[57] Wir halten es deshalb für sinnvoll, eine gruppenmäßige und eventuell auch quantitative Beschränkung der subsidiären Leistungen des Einlagensicherungsfonds analog der Ausschlüsse und Beschränkungen der EdB einzuführen.

Schließlich existieren für den Fall von Forderungen, die die vorhandenen Fondsmittel und Nachschusspflichten überschreiten, keine institutionellen Regelungen.[58] Dabei legt zunächst der Rechtsanspruch der Einleger in

[53] Vgl. Barth/Caprio/Levine (2004) und Cull/Senbet/Sorge (2005).

[54] Vgl. etwa Beck (2002), S. 713.

[55] Vgl. Barth/Caprio/Levine (2004).

[56] Vgl. Beck (2002), S. 714f.

[57] Auch das Argument, dass sich die bisher abgesicherten Gruppen aufgrund des mangelnden Rechtsanspruchs bereits jetzt an der Überwachung beteiligen, unterliegt dieser Kritik. Warum sollte der explizite Ausschluss von Interbankenforderungen und der implizit beschränkte Anspruch anderer Forderungen zum effizienten Überwachungsniveau führen?

[58] Zum Teil wird - neben der bereits diskutierten unterschiedlichen Wirkung von ex ante

Verbindung mit der Pflicht zur Erhebung von Sonderbeiträgen nach § 8, Abs. 2 EAEG durch die EdB eine unbegrenzte Nachschusspflicht nahe. Wie oben geschildert, können Banken jedoch von dieser Pflicht ausgenommen werden, wenn sie durch die Nachzahlung selbst zum Entschädigungsfall werden würden. Zwar fügt die entsprechende Rechtsverordnung hinzu, dass die verbliebenen Sonderbeiträge entsprechend erhöht werden müssen, um den Entschädigungsanspruch zu gewährleisten. Es stellt sich jedoch die Frage, inwieweit dieses Vorgehen im Fall mehrerer oder sehr großer Bankzusammenbrüche möglich bleibt. Selbst wenn man von einer Befriedigung der durch die Ansprüche der EdB gesicherten Einlagen in einem solchen Fall ausgeht, stellt sich die Frage nach den Entschädigungskapazitäten des Einlagensicherungsfonds. Ist diese durch die verbliebenen Ansprüche überschritten, ist unklar, ob freiwillig Beiträge über die im Statut festgelegten Grenzen hinaus geleistet werden oder wie die vorhandenen Mittel auf die Einlegergruppen und einzelnen Einleger verteilt werden.

Kann eine solche Situation nur durch einen aggregierten Schock ausgelöst werden, bei dem möglicherweise Maßnahmen der Zentralbank und/oder anderer staatlicher Institutionen auf Basis der makroökonomisch orientierten ex post Konditionierungsrolle der Einlagensicherung angebracht sind, ist diese Unklarheit nicht zu vermeiden. Wie wir in Teil I dieser Arbeit diskutiert haben, ist eine explizite, im Vorhinein festgelegte Regelung der Zuständigkeiten und Eingriffe in einer solchen Situation kaum möglich.[59] Problematisch wird es jedoch, wenn eine solche Situation auch durch Schocks ausgelöst werden kann, in denen die Voraussetzungen für ein derartiges Eingreifen nicht gegeben sind. Erleidet unter diesen Umständen etwa eine der deutschen Großbanken insolvenzauslösende Verluste, gilt als wahrscheinlich, dass die Mittel des Einlagensicherungsfonds nicht für eine Erfüllung der Schutzversprechen ausreichen würden.[60] Mit dieser Unsicherheit nähert sich das an sich explizite Einlagensicherungssystem in solchen Situationen einer impliziten Sicherung an, in der die Überwachungsanreize der Fremdkapitalgeber von ihrer Erwartung hinsichtlich einer Verlustübernahme durch Dritte abhängen.

und ex post Finanzierung auf die Überwachungsanreize der beteiligten Banken - auch die unterschiedliche Wirkung auf die Anreize der Einleger und die Leitung des Sicherungsfonds diskutiert, vgl. Klüh (2005), S. 15f. So wird einerseits positiv hervorgehoben, dass ein bereits vorhandenes Fondsvermögen die Glaubwürdigkeit der Schutzzusage erhöht und zudem die Notwendigkeit von Zahlungen in konjunkturell ungünstiger Situation verringert. Andererseits erhöht die rasche Verfügbarkeit von Mitteln ohne weitere Verhandlung mit den Financiers die Neigung zur Intervention auf Seiten der Bürokratie des Sicherungsfonds. Wir verzichten hier auf eine Diskussion dieser Effekte, da sie uns im Kontext der Einlagensicherung der privaten Banken in Deutschland nicht als vorrangig erscheinen.

[59] Vgl. insbesondere Abschnitt 5.4.3.

[60] Da die vorhandenen Fondsreserven nicht offengelegt werden, tritt neben die Schätzung der Wahrscheinlichkeit und der Folgen solcher Verluste ein weiteres Unsicherheitselement. Für eine Übersicht verschiedener Schätzungen vgl. z. B. Bauer-Behrschmidt/Merbecks (2000), S. 39 und Kleinert (1999), S. 183.

Vertritt man die Ansicht, dass explizite Sicherungssysteme ex ante die Überwachungsanreize insgesamt verstärken, da sie es den Aufsichtsbehörden ex post erleichtern, unberechtigte Forderungen zurückzuweisen, ist diese „Grauzone“ des Einlangesicherungsfonds unbefriedigend. Dagegen wird zum Teil argumentiert, dass die potenzielle Nicht-Erfüllbarkeit des Sicherungsversprechens positiv auf die Anreize der Einleger zur Überwachung wirkt.[61] Entscheidend hierfür ist freilich, dass die Unsicherheit nicht zu einer erhöhten Erwartungshaltung hinsichtlich der Übernahme von Verlusten durch Dritte führt - etwa weil sich Einleger darauf berufen können, dem unkonditionierten Sicherungsversprechen des Fonds vertraut zu haben.

Vor diesem Hintergrund halten wir es für sinnvoll, über eine explizite(re) Regelung von Fällen zu diskutieren, in denen die vorhandenen Fondsmittel und Nachschussmöglichkeiten des Einlagensicherungsfonds überfordert sind. Denkbar wäre z. B. eine Definition von besonders schützenswerten und deshalb bevorrechtigt zu befriedigenden Forderungen. Dies entspricht konzeptionell der oben vorgeschlagenen Definition von Ausschlussgruppen analog der Regelungen der EdB. Die Unterscheidung wäre jedoch nur im Fall nicht ausreichender Mittel relevant. Problematisch hierbei wäre allerdings, dass damit Einleger großer und kleiner Banken ein ungleiches Schutzniveau genießen würden, da die Wahrscheinlichkeit einer Mittelüberschreitung mit der Größe der Bank zunimmt. Faktisch ist dies jedoch bereits jetzt der Fall, solange der Einlagensicherungsfonds nicht auf freiwillige Mittel der Mitgliedsbanken zugreifen kann, die über das in seinem Statut festgelegte Maß hinausgehen, oder staatliche Hilfe empfängt.[62] Als kleinstmögliche Maßnahme ist eine Änderung von § 5, Abs. 4 des Statuts des Einlagensicherungsfonds zu überdenken, in der die in die Allgemeinen Geschäftsbedingungen der Banken einzufügende Klausel zum Einlagensicherungsfonds festgelegt wird.[63] Diese Norm enthält bisher weder einen eindeutigen Hinweis auf den prinzipiellen Ermessensspielraum des Fonds bei der Einlegerentschädigung noch auf die Möglichkeit nicht ausreichender Ressourcen des Fonds. Bereits

---

[61] Vgl. Beck (2002), S. 711.

[62] Folgt man den obigen Vorschlägen - also der Einführung gruppenmäßiger und eventuell quantitativer Beschränkungen der subsidiären Leistungen des Einlagensicherungsfonds unabhängig von seiner Mittelsituation -, bleibt dieses Problem bestehen, solange eine Mittelüberschreitung im Fall des Zusammenbruchs einer Großbank weiter möglich ist. Im Fall der Mittelüberschreitung ergibt sich zudem wiederum die Frage nach der Aufteilung der Mittel. Jedoch wird durch die Beschränkungen die Anzahl der Umweltzustände kleiner, in der es zur Überschreitung kommt, d. h. die oben angesprochene „Grauzone“ wird kleiner.

[63] Außer in den Geschäftsbedingungen darf die Bank auf ihre Mitwirkung am Einlagensicherungsfonds „durch Aushang in der Schalterhalle, durch Schreiben an bestimmte Personen und bei der Beantwortung von Anfragen“ hinweisen. Nicht zulässig ist dagegen z. B. die Werbung mit der Sicherheit oder der Mitwirkung am Einlagensicherungsfonds in Fernsehspots und Postwurfsendungen, vgl. BdB (2004), § 5, Abs. 13.

im Zuge der Verhandlungen zur EU-Einlagensicherungsrichtlinie 1991 stellte das damalige Vorstandsmitglied der Deutschen Bank Jürgen Krumnow fest: „Wir müssten bei der Einlagensicherung ein bißchen ehrlicher sein.“[64]

[64]Handelsblatt vom 23.05.1991, S. 13.

Kapitel 10

Die neuen Eigenkapitalnorm-Vorschläge des Basler Ausschusses für Bankenaufsicht - Basel II

Im Juni 2004 veröffentlichte der bei der Bank für Internationalen Zahlungsausgleich angesiedelte Basler Ausschuss für Bankenaufsicht seine endgültigen Vorschläge zur Neuordnung der Eigenkapitalregulierung von Banken - kurz Basel II.[1] Die Vorschläge sind mit den Gründern des Ausschusses, den Zentralbanken und Aufsichtsbehörden der G10 Länder, abgestimmt.[2] Diese Institutionen setzen sich dafür ein, dass die Vorschläge der nationalen und supranationalen Gesetzgebung zugrunde gelegt werden. Entsprechend arbeiten die Organe der Europäischen Union an der Ausarbeitung einer EU-Richtlinie bzw. die nationalen Gesetzgeber an einer Umsetzung in nationales Recht. Die Vorschläge sollen gestaffelt nach ihren Anforderungen an das bankinterne Risikomanagement ab Ende 2006 bzw. ab Ende 2007 angewendet werden. Zudem sollen die Vorschläge wie auch ihre Vorgänger als Anregung bzw. Standards für die Aufsichtsbehörden anderer Länder dienen.[3]

---

[1] Vgl. hierzu wie im Folgenden Bundesbank (2004a), S. 75ff.

[2] Im Basler Ausschuss sind zusätzlich zu den G10 Ländern auch Luxemburg und Spanien vertreten.

[3] In einer gemeinsamen Presseerklärung haben die Aufsichtsbehörden der USA am 30. September 2005 angekündigt, eine nationale Umsetzung von Basel II erst ab Anfang 2009 anzustreben, vgl. Federal Reserve Board (2005a). Bereits vorher hatten die Aufsichtsbehörden deutlich gemacht, dass die nationale Umsetzung von Basel II nur für große, international tätige US-Banken gelten sollte, vgl. Federal Reserve Board (2003). Von diesen Banken wird jedoch erwartet, dass sie die jeweils fortgeschrittenen Varianten von Basel II zur Risikoerfassung verwenden. Zu den unterschiedlichen Varianten der Risikoerfassung vgl. die nachfolgenden Abschnitte. Zu den Beweggründen der US-Aufsichtsbehörden vgl. S. 310f.

Vorangegangen waren Basel II die 1988 veröffentlichten und ebenfalls in nationales Aufsichtsrecht umgesetzten ersten Vorschläge des Basler Ausschusses für Eigenkapitalnormen („Basel Capital Accord“ oder Basel I) sowie zahlreiche Empfehlungen zur Überarbeitung und Neuordnung der vorgeschlagenen Eigenkapitalnormen.[4] Auslöser hierfür waren verschiedene Schwächen des bisherigen Regelwerks wie etwa die wenig ausgeprägte Berücksichtigung von Bonitätsunterschieden bei der Bestimmung der Eigenkapitalunterlegung für unterschiedliche Schuldner. Darüber hinaus wurde eine Berücksichtigung der Fortschritte des bankinternen Risikomanagements in den regulatorischen Vorschriften vermisst.

Abschnitt 10.1 gibt zunächst einen Überblick über die Drei-Säulen-Struktur von Basel II. In den nachfolgenden Abschnitten stellen wir entsprechend die Säulen im Detail dar und diskutieren sie. Dabei konzentrieren wir uns auf Aspekte, die Bezug zu den theoretischen Überlegungen in Teil II dieser Arbeit besitzen.[5] Abschnitt 10.8 zieht ein Fazit.

10.1 Struktur von Basel II

Wie Abbildung 10.1 verdeutlicht, setzen sich die unter dem Begriff Basel II zusammengefassten Vorschläge zur Eigenkapitalregulierung von Banken aus drei Säulen zusammen.

Säule 1 umfasst die Neuregelungen zur quantitativen Bestimmung des regulatorischen Mindesteigenkapitals („minimum capital requirements“). Zur Abdeckung des Ausfall- bzw. Kreditrisikos sieht Basel II die Verwendung eines so genannten Standardansatzes oder eines auf bankinternen Bonitätsschätzungen basierenden Ansatzes („Internal Ratings-Based Approach“) - kurz IRB-Ansatz - vor.[6] Daneben enthält Säule 1 Vorschriften zur Abdeckung des so genannten operationellen Risikos. Darunter wird das Risiko von Verlusten verstanden, die aus „inadequate or failed internal processes, people and systems or from external events“ resultieren.[7]

Säule 2 beschreibt die Anforderungen an den Überprüfungsprozess des bankinternen Risikomanagements durch die Aufsichtsbehörden („superviso-

---

[4]In verschiedenen, zum Teil noch laufenden Studien zu den quantitativen Auswirkungen der neuen Eigenkapitalnormen wurden und werden die in Berechnungsformeln verwendeten Parameter sowie die Anforderungen an die Methoden zur empirischen Schätzung von Inputs überprüft und angepasst. Prinzipiell sollen durch Basel II die notwendigen Eigenkapitalniveaus im Durchschnitt nicht steigen; allerdings können sich aufgrund der stärkeren Risikodifferenzierung durchaus erhebliche Unterschiede für einzelne Banken ergeben.

[5]Wir verzichten jedoch auf eine erneute Diskussion der ausführlich in Abschnitt 7.2.3 bzw. Kapitel 8 behandelten Probleme des Value-at-Risk (VaR) als Risikomaß und der möglichen Prozyklizität risikosensitiver Eigenkapitalnormen.

[6]Zur Definition von Ausfall- bzw. Kreditrisiko und seiner Abgrenzung zum so genannten Marktrisiko vgl. S. 179f.

[7]BCBS (2004a), Ziffer 644. Die bereits 1996 im Rahmen von Basel I eingeführten Regelungen zur Abdeckung des Marktrisikos bleiben von den Neuerungen praktisch unberührt.

Abbildung 10.1: Struktur von Basel II

Säule 1: Mindesteigenkapitalnormen	**Säule 2: Überprüfungsprozess durch die Aufsicht**	**Säule 3: Marktdisziplin (Offenlegungspflichten)**
Vorgaben regulatorisches Eigenkapital zur Abdeckung von	Sicherstellung der Anforderungen der Aufsicht für	Offenlegung Risikoprofil Bank für Marktteilnehmer
⇨ Ausfallrisiko • Standardansatz • IRB-Ansatz	⇨ Methoden Risikomanagement	⇨ Indikatorveröffentlichung z.B. • reg. Eigenkapital • EK-Anforderungen nach Risikoart
⇨ Operationelles Risiko	⇨ interne Abläufe (Eigenkapitalplanung)	⇨ Methoden Risikomanagement (Stabilität Schätzungen)

Quelle: Eigene Darstellung.

ry review process"). Da die unter Säule 1 verwendeten Daten insbesondere für die fortgeschrittenen Techniken zur Bestimmung des Mindesteigenkapitalniveaus auf bankinternen Schätzungen beruhen, müssen die Aufsichtsbehörden Mindestanforderungen für die verwendeten Methoden des Risikomanagements aufstellen und überprüfen. Darüber hinaus soll der Überprüfungsprozess sicher stellen, dass in den internen Abläufen der Bank auch nicht unter Säule 1 erfasste Risiken einbezogen und bei der Eigenkapitalplanung berücksichtigt werden.

Säule 3 schließlich legt Offenlegungspflichten der Banken hinsichtlich ihres Risikoprofils fest. Damit sollen Marktteilnehmer stärker in die Überwachung und Disziplinierung von Banken einbezogen werden („market discipline"). Die Banken müssen hier beispielsweise Angaben über ihr regulatorisches Eigenkapital und ihre regulatorischen Eigenkapitalanforderungen nach Risikoart offenlegen. Auch die Verfahren zur Ratingeinordnung und Schätzung von Inputgrößen des bankinternen Risikomanagements müssen begründet werden. Haben sich in der Berichtsperiode höhere Ausfälle als üblich ergeben, sind diese Abweichungen zu erläutern.

10.2 Säule 1 Eigenkapitalnormen - Darstellung

Zentraler Baustein der neuen Regelungen zur Quantifizierung des zur Abdeckung von Ausfallrisiken notwendigen regulatorischen Eigenkapitals sind die Methoden zur Bestimmung der unterschiedlichen Risikogewichte für Forderungen der Bank.[8] Dabei existieren - wie einleitend festgestellt - grundsätzlich zwei Ansätze zur Ermittlung dieses Eigenkapitals, die wir in Abschnitt 10.2.1 darstellen. Abschnitt 10.2.2 erläutert die Regelungen für die Abdeckung von operationellen Risiken.

10.2.1 Eigenkapital zur Abdeckung des Ausfallrisikos

Standardansatz Der so genannte Standardansatz folgt in seiner Funktionsweise den bestehenden Regeln, bei denen der Forderungsbetrag multipliziert mit einem Risikogewicht den mit 8 % regulatorischem Eigenkapital zu unterlegenden Wert ergibt.[9] Allerdings wird zur Bestimmung der Risikogewichte nicht mehr die relativ undifferenzierte Einteilung von Basel I verwendet. Diese unterschied zwar Forderungsklassen nach Art des Schuldners (etwa Bank vs. Nicht-Bank). Innerhalb dieser Forderungsklassen wurde jedoch ein einheitliches Risikogewicht unabhängig vom Rating des jeweiligen Kreditnehmers verwendet.[10] Der Standardansatz definiert nun ebenfalls nach Schuldnerart differenzierte Forderungsklassen, in denen aber jeweils Risikogewichte angewendet werden, die sich nach dem Rating des Schuldners richten. Die verwendeten Ratings müssen von Agenturen stammen, die von den nationalen Aufsichtsbehörden anerkannt werden. Tabelle 10.1 gibt beispielhaft den Zusammenhang von Rating und Risikogewicht für Forderungen gegenüber Unternehmen (Nicht-Banken) wieder.[11]

---

[8] Vgl. hierzu und im Folgenden BCBS (2004a), Ziffern 40ff. Zudem erkennt Basel II in stärkerem Maße als bisher verschiedene, so genannte Kreditrisikominderungstechniken an. Darunter fallen z. B. mittelstandstypische Sicherheiten wie Forderungsabtretungen und Realsicherheiten des Kreditnehmers, aber auch Kreditderivate. Auch die Auswirkungen der in ihrer Bedeutung stark zunehmenden Verbriefung von Forderungen durch Banken auf das notwendige regulatorische Eigenkapital werden in Basel II festgelegt. Vgl. hierzu Bundesbank (2004a), S. 83ff. Auf eine detaillierte Darstellung der Zusammensetzung des regulatorischen Eigenkapitals aus dem so genannten Kern- und Ergänzungskapital sowie dessen Abgrenzung gegenüber den so genannten Eigenmitteln nach § 10 KWG verzichten wir. Vgl. hierzu Hartmann-Wendels/Pfingsten/Weber (2004), S. 403ff.

[9] Der Forderungsbetrag für einen Kredit entspricht z. B. prinzipiell dem Buchwert, d. h. seinem Rückzahlungsbetrag. Für eine detaillierte Darstellung unter Berücksichtigung von Sicherheiten und die Berechnung des Forderungsbetrags anderer Finanzkontrakte vgl. Hartmann-Wendels/Pfingsten/Weber (2004), S. 611ff. Die Festlegung auf eine Eigenkapitalunterlegung des risikogewichteten Forderungsbetrags mit 8 % folgt der bereits in Basel I vorgenommenen Regelung. Dort wurde lediglich festgestellt, dass diese Setzung „soundly-based and consistent capital ratios for all international banks" entspreche, vgl. BCBS (1988), Ziffer 44.

[10] „Thus a loan to General Electric, which is among the biggest corporations in terms of market capitalization with an Aaa credit rating, would require the same regulatory capital as a loan to a near-bankrupt company." Jorion (2001), S. 59.

[11] Dabei werden analog zu BCBS (2004a) die Ratingkategorien von Standard & Poor's verwendet. Dies ist lediglich beispielhaft zu verstehen. Die nationalen Aufsichtsbehörden sind dafür zuständig, die verschiedenen Ratingkategorien den Risikogewichten zuzuordnen, vgl. BCBS (2004a), Ziffer 92.

Tabelle 10.1: Zusammenhang von Rating und Risikogewicht für Forderungen gegenüber Unternehmen - Standardansatz Basel II

Rating	AAA bis AA-	A+ bis A-	BBB+ bis BB-	Unter BB-	ohne Rating
Risikogewicht	20 %	50 %	100 %	150 %	100 %

*Quelle:*BCBS (2004a), Ziffer 66.

Für relativ kleinteilige Kredite bis zu 1 Mio. Euro an natürliche Personen und kleine Unternehmen wurde daneben eine zusätzliche Forderungsklasse geschaffen. Sie berücksichtigt, dass für viele kleinere Unternehmen ein externes Rating nicht vorhanden ist, und besitzt ein einheitliches Risikogewicht von 75 %. Dies liegt damit unterhalb des bisherigen Gewichts für solche Forderungen.

IRB-Ansatz Beim komplexeren IRB-Ansatz werden wesentliche Parameter zur Bestimmung des Risikogewichts aus dem bankinternen Risikomanagement übernommen. Das bankinterne Ratingsystem zur Bonitätseinschätzung von Kreditnehmern muss mindestens acht verschiedene Ratingkategorien aufweisen. Nicht zulässig ist die Verwendung eines bankinternen Kreditrisikomodells, das Diversifikationseffekte innerhalb des Anlageportfolios erfasst und eine Zielvorgabe für das insgesamt hierfür notwendige Eigenkapital liefert.[12] Es bleibt also bei der prinzipiell am einzelnen Finanzkontrakt ausgerichteten Bestimmung des regulatorischen Eigenkapitals.[13] Die Verwendung des IRB-Ansatzes zur regulatorischen Eigenkapitalbestimmung ist freiwillig, bedarf aber der Genehmigung durch die Aufsichtsbehörden. Dabei sind quantitative und qualitative Mindestanforderungen an das bankinterne Risikomanagement zu erfüllen.[14] Entscheidet sich eine Bank für den IRB-Ansatz, sollen alle im Volumen und Risikogehalt bedeutsamen Teilportfolios in absehbarer Zeit darin erfasst werden. Eine Rückkehr zum Standardansatz ist nur in außerordentlichen Situationen und mit Zustimmung der Aufsichtsbehörden möglich.[15]

Innerhalb des IRB-Ansatzes wird zwischen einem Basis- und einem fortgeschrittenen Ansatz differenziert. Der Unterschied liegt im Umfang, in

[12]Dies ist unter bestimmten Voraussetzungen dagegen für das Marktrisiko des Handelsbuchs zulässig. Vgl. hierzu BCBS (1996a) und die Darstellung auf S. 223ff.

[13]Allerdings sind diese Risikogewichte unter bestimmten Umständen konzeptionell mit einer Portfolioorientierung vereinbar, vgl. die nachfolgenden Ausführungen auf S. 291.

[14]Vgl. hierzu die Darstellung und Diskussion von Säule 2 in den folgenden Abschnitten sowie die Diskussion der Prozyklizität risikosensitiver Eigenkapitalnormen in Abschnitt 8.2.

[15]BCBS (2004a), Ziffer 261.

dem Inputgrößen des bankinternen Risikomanagements verwendet werden. Im IRB-Basisansatz werden nur bankinterne Schätzungen der Ausfallwahrscheinlichkeit („probability of default" oder PD) verwendet, während für die weiteren für die Berechnung des Risikogewichts relevanten Inputgrößen Verlust bei Ausfall („loss given default" oder LGD) und effektive Restlaufzeit der Forderung („maturity" oder M) aufsichtsrechtliche Standards verwendet werden. Im fortgeschrittenen IRB-Ansatz liefert das bankinterne Risikomanagement dagegen alle derartigen Informationen.[16] Diese Daten werden dann in eine Funktion zur Ableitung der Risikogewichte des einzelnen Finanzkontrakts eingesetzt.

Wie sich zeigen lässt, ist dieses Vorgehen unter bestimmten Voraussetzungen mit einer portfolioorientierten Eigenkapitalunterlegung von Ausfallrisiken vereinbar.[17] Notwendige Voraussetzungen hierfür sind, dass a) die Vermögenswerte der Schuldner der Bank von einem einzelnen systematischen Risikofaktor sowie schuldnerspezifischen Risiken beeinflusst werden und b) das Kreditportfolio aus vielen, im Verhältnis zum Gesamtportfolio kleinen Krediten besteht, so dass die schuldnerspezifischen Risiken im Gesamtportfolio vernachlässigt werden können. Gegeben eine Ausprägung des systematischen Risikofaktors lässt sich eine konditionale Insolvenzwahrscheinlichkeit des jeweiligen Schuldners berechnen. In Verbindung mit dem LGD und der EAD gibt diese Wahrscheinlichkeit den erwarteten Verlust infolge des Ausfalls dieses Schuldners an. Der auf die Ausprägung des systematischen Faktors konditionierte erwartete Verlust des Gesamtportfolios entspricht der Summe dieser individuellen erwarteten Verluste. In Verbindung mit der angenommenen hohen Anzahl der Kredite entspricht dieser konditionale Erwartungswert asymptotisch dem tatsächlichen Portfolioverlust für die angenommene Ausprägung des systematischen Faktors. Verwendet man als Ausprägung des systematischen Faktors etwa sein 1 %-Quantil, so ist der darauf konditionierte Erwartungswert der Verluste des Gesamtportfolios gleich dem VaR für ein 99 % Konfidenzniveau. Der Beitrag des einzelnen Schuldners zu diesem Value-at-Risk (VaR) entspricht dabei dem auf die gleiche Ausprägung konditionierten erwarteten Einzelverlust; er richtet sich also allein nach den Charakteristika des einzelnen Schuldners und ist „portfolioinvariant".[18]

---

[16]Darüber hinaus unterscheiden sich Basis- und fortgeschrittener IRB-Ansatz in der Berechnung der mit dem Risikogewicht zu multiplizierenden Forderungshöhe bei Ausfall („exposure at default" oder EAD) für außerbilanzielle Geschäfte, vgl. Hartmann-Wendels/Pfingsten/Weber (2004), S. 611ff. Für herkömmliche Bilanzaktiva wie Kreditforderungen unterscheiden sich die EADs der beiden Ansätze nicht; sie entsprechen in beiden Fällen grob gesprochen dem Rückzahlungsbetrag des Kredits.

[17]Vgl. Gordy (2003). Die nachfolgende Erläuterung orientiert sich an Finger (2001), S. 11f.

[18]Zur Bedeutung der Annahme eines einzelnen systematischen Risikofaktors vgl. Abschnitt 10.3.2. Bei Basel II werden die unkonditionierten erwarteten Ausfallverluste von dieser Größe abgezogen, weil solche Verluste bereits durch Zinsforderungen, die die erwar-

Konkret wandelt die Gewichtungsfunktion des IRB-Ansatzes die geschätzte, unkonditionierte PD des bankinternen Risikomanagements unter Annahme eines standardnormalverteilten systematischen und eines ebenso verteilten idiosynkratischen Risikofaktors in eine konditionierte Ausfallwahrscheinlichkeit um.[19] Die in der Gewichtungsfunktion zu verwendende Korrelation der einzelnen Schuldner mit dem systematischen Risikofaktor berechnet sich mit Ausnahme einiger Forderungsklassen nach einer feststehenden Formel in Abhängigkeit der individuellen Ausfallwahrscheinlichkeit.[20] Für die Forderungsklasse „Unternehmen, Staaten und Banken" wird zudem die effektive Restlaufzeit in Form eines Korrekturfaktors berücksichtigt, um die erhöhten Risiken längerfristiger Kredite abzubilden.[21]

10.2.2 Eigenkapital zur Abdeckung des operationellen Risikos

Neben neuen Vorschriften zur Quantifizierung des notwendigen regulatorischen Eigenkapitals für Kreditrisiken sieht Säule 1 explizite Regeln für die Bestimmung einer Eigenkapitalunterlegung von operationellen Risiken vor.[22] Auch hier stehen verschiedene, nach ihrer Komplexität differenzierte Ansätze zur Verfügung. Im Basis-Indikatoransatz wird der durchschnittliche Gesamt-Bruttoertrag der letzten drei Jahre mit einem fixen Risikogewicht von 15 % belegt. Negative Ergebnisjahre werden dabei nicht berücksichtigt. Der Standardansatz sieht eine Zerlegung des Bruttoertrags auf einzelne Geschäftslinien wie z. B. Firmen- und Privatkundengeschäft vor. Der jeweilige Bruttoertrag wird mit einem linienspezifischen Risikogewicht belegt. Bei der nachfolgenden Summenbildung dürfen negative Kapitalanforderungen mit positiven Kapitalanforderungen saldiert werden. Die endgültige regulatorische Kapitalanforderung richtet sich wiederum nach dem dreijährigen Durchschnitt dieser Summen.

---

teten Ausfälle berücksichtigen, sowie eventuell nachfolgende Wertberichtigungen abgefangen werden sollten. Banken müssen nachweisen, dass sie dies in ausreichendem Maße tun. Ist dies nicht der Fall, erhöht sich die notwendige Eigenkapitalunterlegung entsprechend, vgl. Bundesbank (2004a), S. 80f.

[19] Vgl. Finger (2001), S. 11. Als Konfidenzniveau werden 99,9 % verwendet, d. h. unter Berücksichtigung des einjährigen Risikohorizonts sollen die tatsächlichen Verluste nur einmal in 1000 Jahren zu einem vollständigen Verzehr des regulatorischen Eigenkapitals führen, vgl. BCBS (2004b). Selbstverständlich gilt dies nur unter den gemachten Annahmen zur Ableitung der Gewichtungsfunktion.

[20] Vgl. hierzu noch einmal S. 242. Die Formel differenziert nach Forderungsklassen, um zumindest grundlegende Korrelationsunterschiede zwischen verschiedenen Schuldnern zu berücksichtigen. Dennoch impliziert das Vorgehen für Schuldner innerhalb einer Forderungsklasse mit gleicher PD die Annahme der gleichen Korrelation mit dem systematischen Risikofaktor.

[21] Vgl. BCBS (2004b), S. 9f.

[22] Vgl. BCBS (2004a), Ziffern 644ff.

Als fortgeschrittene Messansätze werden schließlich bankinterne Methoden bezeichnet, die von den Aufsichtsbehörden genehmigt werden müssen. Fortgeschrittene Messansätze müssen empirisch fundiert sein und auf internen wie externen Informationen über Verlustverteilungen infolge operationeller Risiken beruhen.[23] Darüber hinaus müssen Szenario-Analysen für potenziell besonders schwerwiegende Ereignisse durchgeführt werden. Die hierbei gewonnenen Erkenntnisse sollen in die geschätzte Verlustverteilung einfließen.

Für die Anwendung des Standardansatzes bzw. der fortgeschrittenen Messansätze haben die Banken eine Reihe organisatorischer Mindestanforderungen zu erfüllen. So muss das Top-Management eine aktive Rolle im operationellen Risikomanagement spielen. Bei der Anwendung fortgeschrittener Messansätze muss eine eigenständige, für das operationelle Risikomanagement zuständige Organisationseinheit existieren. Das operationelle Risikomanagement muss zudem eng in das tägliche Gesamtrisikomanagement der Bank integriert sein.

10.3 Säule 1 Eigenkapitalnormen - Diskussion

10.3.1 Integration verschiedener Risikoarten

Konzeptionell erfüllt Säule 1 die Anforderungen an eine integrative Betrachtung verschiedener bankbetrieblicher Risikoarten nicht.[24]

So vernachlässigen die Mindesteigenkapitalnormen eine wichtige bankbetriebliche Risikoart, das Zinsänderungsrisiko im Anlagebuch. Zwar spiegelt die Unterscheidung zwischen Markt- und Kreditrisiko die traditionell getrennte Organisationsstruktur von Kreditgeschäft und Eigenhandel wider.[25] Sie verbirgt jedoch die Tatsache, dass die Auswirkungen von Zinsänderungen wenig mit der Handelbarkeit von Forderungen zu tun haben:

> „The discounted present value of returns on a fixed-rate nonfungible loan or mortgage is just as much subject to interest rate risk as the market value of fungible asset with the same return pattern. The absence of market quotations for the former may give an illusion of safety, but as the American S&L's and their

[23] So überprüfen de Fontnouvelle/Jordan/Rosengren (2005) verschiedene parametrische Verteilungen zur Abbildung der empirischen operationellen Verlustverteilungen von sechs internationalen Großbanken.

[24] Vgl. hierzu die Überlegungen in Abschnitt 7.2.2.3.

[25] Unter Eigenhandel versteht man üblicherweise den eher kurzfristig orientierten Kauf und Verkauf von Finanzkontrakten durch die Bank auf eigene Rechnung. Ein zu diesem Zweck gekaufter Finanzkontrakt - etwa eine Anleihe - zählt zum Handelsbuch; bei dieser Anleihe würde entsprechend sowohl das Markt- als auch das Kreditrisiko regulatorisch berücksichtigt werden. Vgl. hierzu noch einmal die Erläuterungen auf S. 179f.

> supervisors found out, the losses in present values are real even if book values are not adjusted to reflect them."[26]

Darüber hinaus verzichten die Mindesteigenkapitalnormen unter Säule 1 auf eine explizit integrative Betrachtung unterschiedlicher bankbetrieblicher Risikoarten, da sie die für die enthaltenen Risiken (Marktrisiko im Handelsbuch, Ausfallrisiko im Anlagebuch und operationelle Risiken) berechneten Eigenkapitalanforderungen ohne Berücksichtigung stochastischer Abhängigkeiten aufsummieren. Zum Teil wird argumentiert, dass die Summation einen konservativen Weg zur Integration der Einzelrisiken zum Gesamtrisiko darstellt, da dies der Annahme vollständig positiv korrelierter Risiken entspreche.[27] Dies ist etwa für gemeinsam normalverteilte Risiken zulässig, da der Gesamt-VaR im Fall vollständig positiv korrelierter Risiken der Summe der einzelnen VaR entspricht und zudem in der Korrelation abnimmt. Generell ist in dieser Form jedoch nur für so genannte elliptische Verteilungen eine obere Grenze des Gesamt-VaR ableitbar.[28] Für nicht-elliptische Verteilungen stellt dagegen das Korrelationsmaß keine umfassende Beschreibung der Abhängigkeit zwischen den Zufallsvariablen dar. Hier kann der tatsächliche Gesamt-VaR oberhalb der Summe der einzelnen VaR liegen.

Inwieweit diese konzeptionellen Probleme bei der Integration verschiedener Risikoarten praktisch ein Problem darstellen, ist offen. Das Zinsänderungsrisiko im Anlagebuch soll über Säule 2 abgedeckt werden, d. h. der Überwachungsprozess der Aufsicht soll sicherstellen, dass das bankinterne Risikomanagement eine ausreichende Gesamtkapitalausstattung ansteuert.[29] Neben den bestehenden bankinternen Methoden haben auch die Aufsichtsbehörden ein Instrumentarium zur Erfassung des Zinsänderungsrisikos entwickelt. So sind in den von der Bundesbank durchgeführten Stresstests zur Stabilität des deutschen Bankensektors auch Simulationen zur Auswirkung verschiedener Zinsänderungen auf das regulatorische Eigenkapital enthalten. Dabei werden die Positionen von Handels- und Anlagebuch gemeinsam berücksichtigt.[30] Nur wenn bankinternes Risikomanagement und Aufsichtsbehörden entweder nicht über diese Methoden verfügen oder deren Ergebnisse nicht berücksichtigen, entsteht aus unserer Sicht ein Problem aus der Nichtberücksichtigung des Zinsänderungsrisikos im Anlagebuch. Ob die verwendete Summation zur Integration der einzelnen Risikoarten tatsächlich den Gesamt-VaR unterschätzt, ist letztlich eine empirische

---

[26] Hellwig (1994), S. 1365. Dort findet sich auch der Verweis auf die umgekehrte Wirkungskette, dass nämlich Kredite mit variabler Verzinsung die Bank gegen einen Zinsanstieg immunisieren, aber zugleich zu einer erhöhten Ausfallwahrscheinlichkeit des Schuldners und einer Senkung des Marktwerts von Sicherheiten führen können.

[27] Vgl. z. B. BCBS (2003), S. 33.

[28] Vgl. Embrechts/McNeil/Straumann (2002).

[29] Vgl. hierzu die Darstellung in Abschnitt 10.4.

[30] Vgl. Bundesbank (2003c), S. 58ff. sowie (2004b), S. 84ff.

Frage. Rosenberg/Schuermann (2004) kommen in empirischen Schätzungen unter Verwendung des so genannten Copula-Ansatzes, der es erlaubt, die Abhängigkeit zwischen den einzelnen Risikoarten genauer zu modellieren, zu dem Ergebnis, dass durch die Summation der Gesamt-VaR zwischen 30 und 40 % überschätzt wird. Auf Basis dieser Ergebnisse stellt die Summation also tatsächlich eine konservative Schätzung dar. Ob bzw. ab wann dieser regulatorische „Konservatismus" zu Konflikten mit dem bankinternen Risikomanagement führt, kann erst die Zukunft zeigen, da sich offensichtlich noch keine Branchenstandards durchgesetzt haben.[31]

10.3.2 Risikogewichte und Portfolioorientierung

Im Bereich der Eigenkapitalunterlegung des Kreditrisikos verwenden die Funktionen zur Ableitung der Risikogewichte regulatorische Standards für die Korrelation zwischen Unternehmenswertänderung der Kreditnehmer und systematischem Faktor. Darüber hinaus bauen die Risikogewichte - wie oben erläutert - auf der Existenz eines einzelnen systematischen Faktors auf, der üblicherweise als gesamtwirtschaftlicher Konjunkturzyklus interpretiert wird. Beides ist aus konzeptioneller Sicht fragwürdig. So wäre prinzipiell eine schuldnerspezifische Schätzung des Einflusses von systematischen Faktoren wünschenswert. Auch die Annahme eines einzigen systematischen Faktors ist angesichts eines zumindest national nicht völlig synchron laufenden globalen Konjunkturzyklus problematisch.[32] Privatwirtschaftliche Kreditrisikomodelle berücksichtigen dagegen durchaus weitere systematische Faktoren wie etwa Branchenzugehörigkeit und Region.[33]

Mit einem alternativen Vorgehen sind jedoch in beiden Fällen ebenfalls Probleme verbunden. Verlässt man die Modellwelt eines einzigen systematischen Faktors, ist ein, auf einer einheitlichen Gewichtungsfunktion für alle Banken beruhendes, einheitliches Risikogewicht für einen gegebenen Kredit nicht mehr möglich. Stattdessen muss das restliche Portfolio mit berücksichtigt werden, dem dieser Kredit hinzugefügt wird. Dementsprechend würden sich die regulatorischen Eigenkapitalanforderungen für einen gegebenen Kreditnehmer je nach kreditvergebender Bank unterscheiden.[34]

[31] „In practice... the development of economic capital methodologies is clearly at an early stage, even for those firms that have focused on it most heavily. Moreover, some firms remain highly sceptical that complex risks can be meaningfully aggregated into a single metric, or that the current technologies for doing so are sufficiently accurate." BCBS (2003), S. 6.

[32] „Holding fixed the state of the global economy, local events in, for example, France are permitted to contribute nothing to the default rate of French obligors. If there are indeed pockets of risk, then calibrating a single-factor model to a broadly diversified international credit index may significantly understate the capital needed to support a regional or specialized lender." Gordy (2003), S. 222.

[33] Vgl. Allen/Saunders (2002), S. 137f.

[34] Gordy (2003) bringt das Beispiel eines gut diversifizierten Portfolios, das allein vom US-Konjunkturzyklus abhängt, und dem ein weiteres gut diversifiziertes Portfolio hinzu-

Nach Ansicht des Basler Ausschusses würde die konkrete und nachvollziehbare Berechnung eines solchen portfolio-abhängigen Risikogewichts derzeit jedoch die meisten Banken und gleichermaßen die Aufsichtsbehörden überfordern.[35] In Verbindung mit der festgestellten Diskrepanz der mit unterschiedlichen Kreditrisikomodellen berechneten VaR-Werte für ein gegebenes Portfolio entstünde z. B. die Notwendigkeit, die Differenz der berechneten Eigenkapitalanforderungen zweier Banken in eine Modell- und eine Portfolio-Komponente aufzuspalten, um die Angemessenheit der Eigenkapitalunterlegung zu überprüfen.[36] Ebenso wurde bezweifelt, dass auf Ebene der einzelnen Bank ausreichend Daten für eine Schätzung und nachfolgende Validierung der schuldnerspezifischen Abhängigkeit von einem systematischen Faktor zur Verfügung stehen.[37] Unter Berücksichtigung dieser Einwände erscheint es zweifelhaft, dass es eine praktikable Alternative zu den nun verwendeten und auf einer Befragung verschiedener Banken durch den Basler Ausschuss beruhenden Korrelationsannahmen gibt. Dies gilt insbesondere angesichts der Bedeutung des Kreditrisikos für die Mehrzahl der Banken: „No doubt this [i.e. the fact that Basel II does not allow internal portfolio credit models] is due to the fact that the banking book is typically much larger than the trading book. Thus what may be a small problem with an inadequate market VaR model may develop into a big problem for a credit VaR model. The stakes are simply much higher for the banking book."[38]

---

gefügt wird. Handelt es sich ebenfalls um ein US-Portfolio, ist keine weitere Diversifizierung zu erwarten. Handelt es sich dagegen um ein europäisches Portfolio, sollte der VaR des neuen Gesamtportfolios abnehmen, solange sich europäischer und US-Zyklus nicht in vollständigem Gleichklang bewegen. Entsprechend kann die notwendige Eigenkapitalunterlegung nicht portfolioinvariant sein, vgl. ebenda, S. 209f.

[35] BCBS (2004b), S. 4.

[36] Für eine ausführliche Darstellung verschiedener Vergleichsstudien von Kreditrisikomodellen vgl. Allen/Saunders (2002), S. 141ff.

[37] BCBS (2001), S. 2. Dies schlägt sich auch in der Unterscheidung von Basis-IRB- und fortgeschrittenem IRB-Ansatz nieder. Sowohl Datenlage als auch Methodik sind für die valide Berechnung der PDs derzeit besser als zur Bestimmung der LGDs und EADs, vgl. BCBS (2005), S. 3f.

[38] Jorion (2001), S. 71. Dies wird auch als Hindernis für die Anwendung des so genannten Precommitment Ansatzes im Bereich des Kreditrisikos angesehen. Der Precommitment Ansatz sieht vor, dass die Bank die aus ihrer Sicht für einen bestimmten Zeitraum notwendige Eigenkapitalreserve offenlegt. Die Aufsichtsbehörden verzichten im Gegenzug auf die Vorgabe und Kontrolle eines Kreditrisikomanagements. Ergeben sich ex post Abweichungen, muss die Bank Strafzahlungen leisten. Jackson/Perraudin (2000) argumentieren, dass ein unvorhergesehen großer Verlust durch Kreditrisiken aufgrund der Bedeutung des Kreditgeschäfts häufig zur Insolvenz der Bank führen würde. Eine ex post erhobene Strafe würde entsprechend keine Anreizwirkung entfalten. Darüber hinaus kann die Aufsicht Kreditverluste - anders als Verluste gehandelter Finanzkontrakte - nur schwer von außen beobachten, vgl. ebenda, S. 11f.

10.3.3 Standard- vs. IRB-Ansatz

Prinzipiell sollen die durch die Kalibrierung der beiden Ansätze implizierten Eigenkapitalanforderungen Anreize für die Anwendung des IRB-Ansatzes geben, d. h. die mit dem IRB-Ansatz für ein durchschnittliches Portfolio berechnete regulatorische Eigenkapitalunterlegung soll unterhalb des mit dem Standardansatz berechneten Betrags liegen.[39] Die akademische Diskussion um die Auswirkungen der Wahlmöglichkeit der Banken zwischen Standard- und IRB-Ansatz hat dabei erst vor kürzerer Zeit begonnen. Sie beschäftigt sich insbesondere mit den Anreizen der Bank, sich für den Standardansatz zu entscheiden.

Daníelsson/Jorgensen/de Vries (2002) kommen zu dem Schluss, dass Banken unter Umständen ein einfaches Risikomanagement (Standardansatz) wählen, wenn die Aufsicht durch ein fortgeschrittenes Risikomanagement (IRB-Ansatz) den Risikogehalt der Bank besser beschränken kann, und die Bank dadurch von ihrem angestrebten Risikogehalt abweichen müsste - und dies, obwohl die Bank ohne regulatorischen Eingriff möglicherweise die genauere Risikoerfassung bevorzugt. Die Aufsicht ist damit Verursacher eines suboptimalen Risikomanagements. Rime (2003) geht davon aus, dass der Bankensektor aus zwei Gruppen von Banken besteht: Banken mit einfachem Risikomanagement sowie Banken mit fortgeschrittenem Risikomanagement.[40] Da die Banken die Einlagenfinanzierung der Kredite gegenüber der Eigenkapitalfinanzierung bevorzugen und sich die Eigenkapitalanforderungen für Banken mit einfachem Risikomanagement am durchschnittlichen Risiko der Kreditnehmer orientieren, existiert ein Gleichgewicht, in dem sich diese Banken auf die riskanten Kreditnehmer konzentrieren. Banken mit fortgeschrittenem Risikomanagement, die den Aufsichtsbehörden glaubwürdig den Anteil wenig riskanter Kredite signalisieren können und entsprechend weniger Eigenkapital vorhalten müssen, konzentrieren sich dagegen auf Kreditnehmer mit geringem Risiko.[41] Die Konzentration der riskanten Kreditnehmer bei Banken mit einfachem Risikomanagement ist problematisch, da zum einen das einfache Risikomanagement mit den riskanten Kreditnehmern überfordert ist und andererseits die risikoangepasste Eigenkapitalunterlegung dieser Banken relativ zu einer Situation mit einem durchschnittlichen Kreditporfolio sinkt.[42]

---

[39] Vgl. BCBS (2004a), Ziffer 14. Wir verzichten in diesem Abschnitt auf eine Unterscheidung der beiden Varianten des IRB-Ansatzes.

[40] Für die Banken mit dem Potenzial für ein fortgeschrittenes Risikomanagement identifiziert Rime (2003) die Bedingungen, unter denen sich diese Banken tatsächlich hierfür entscheiden, vgl. ebenda, S. 20ff.

[41] Zu dem selben Ergebnis kommen - wenn auch in anderer Modellierung - Repullo/Suarez (2004).

[42] Andererseits erlaubt das fortgeschrittene Risikomanagement eine Absenkung der Zinssätze für wenig riskante Kredite. Bei einer mit dem Zinssatz abnehmenden Kreditnachfrage erhöht sich entsprechend der Umfang der in diesem Segment vergebenen Kredite,

Die Ansätze legen nahe, dass die Aufsichtsbehörden Banken, die längerfristig im Standardansatz verharren, und insbesondere deren nicht-geratete Forderungen näher beobachten sollten. Diese besitzen das gleiche Risikogewicht wie unter den bisherigen, wenig differenzierten Eigenkapitalregeln.[43] Da diese auf die Abdeckung des Kreditrisikos eines durchschnittlichen Portfolios bezogen sind, besteht hier die Möglichkeit einer Unterdeckung, wenn zunehmend relativ sichere Kreditnehmer aufgrund günstigerer Konditionen zu den IRB-Banken wechseln. Der Basler Ausschuss fordert die Aufsichtsbehörden entsprechend auf, die Angebrachtheit dieser Eigenkapitalunterlegung zu überwachen und nötigenfalls zu erhöhen.[44] Können die Aufsichtsbehörden diese Forderungsklasse wirksam überwachen, erscheint uns die Gefahr einer Unterdeckung als relativ gering. Ist eine Überwachung angesichts eingeschränkter Ressourcen nur unzureichend möglich, könnten Kreditgrenzen festgelegt werden, ab denen ein externes Rating vorgeschrieben wird oder die Bank die Bonität des potenziellen Kreditnehmers den Aufsichtsbehörden eingehend erläutern muss.

Als Folge von Stellungnahmen zu ersten Entwürfen und quantitativen Auswirkungsstudien hat der Ausschuss darüber hinaus die endgültigen Gewichtungsfunktionen im IRB-Ansatz in Abhängigkeit der Ausfallwahrscheinlichkeit so abgeflacht, dass die resultierenden Gewichte auch für riskantere Kredite mit den Gewichten des Standardansatzes für geratete Kreditnehmer vergleichbar sind oder darunter liegen.[45] Dies sollte die mit Basel II angestrebten Anreize zum Einsatz der IRB-Ansätze für ein prinzipiell relativ breites Spektrum von Banken sicherstellen. Schließlich müssen Banken mit zunehmender Verbreitung und Standardisierung von Risikomanagementtechniken damit rechnen, von den Aufsichtsbehörden zum Umstieg auf den IRB-Ansatz gezwungen zu werden oder zumindest deren besonderes Interesse auf sich zu ziehen.

---

vgl. Rime (2003), S. 7 und Repullo/Suarez (2004), S. 513.

[43]Vgl. Tabelle 10.1 auf S. 290, in der Unternehmen ohne Rating ein Risikogewicht von 100 % besitzen.

[44]Vgl. BCBS (2004a), Ziffer 67.

[45]So impliziert eine PD von 6 % (unter Annahme eines LGD von 0,45 und einer effektiven Restlaufzeit von 2,5 Jahren) im IRB-Ansatz ein Risikogewicht zwischen 160 % und 120 %, vgl. BCBS (2004a), Annex 3. Eine solche Ausfallwahrscheinlichkeit entspricht in etwa einem B Rating nach Standard & Poor's (2004) und ergäbe im Standardansatz ein Risikogewicht von 150 %. Niedrigere PDs, die vermutlich mit einem besseren Rating einhergingen, würden im IRB-Ansatz weiter entlastet. Eine exakte Vergleichbarkeit der Risikogewichte ist allerdings nicht gegeben, da die mit dem Risikogewicht zu multiplizierenden Forderungen beim Standardansatz abzüglich eventueller Einzelwertberichtigungen, beim IRB-Ansatz dagegen zuzüglich Einzelwertberichtigung und Teilwertabschreibungen anzusetzen sind, vgl. BCBS (2004a) Ziffern 52, 308.

10.3.4 Eigenkapitalunterlegung operationeller Risiken

Die Unterlegung des operationellen Risikos mit regulatorischem Eigenkapital erscheint uns in ihrer derzeitigen Form diskussionswürdig. So ist zunächst der Zusammenhang zwischen Risikoindikator und Risikoprofil für Basis-Indikator- und Standardansatz zweifelhaft. Warum der durchschnittliche Bruttoertrag der Bank ein geeigneter Indikator für das operationelle Risiko einer Bank in Form von internem oder externem Betrug, IT-Ausfällen, Naturkatastrophen oder Terroranschlägen sein soll, ist unklar.[46] Der Indikator impliziert, dass Banken sich in schlechten Geschäftsjahren einem geringeren operationellen Risiko gegenüber sehen als in erfolgreichen Geschäftsjahren. Im Fall der fortgeschrittenen Messansätze stellt sich die Frage, inwieweit eine statistisch zuverlässige Schätzung der für die Solvenz der Bank tatsächlich relevanten seltenen Schäden mit extrem hoher Ausprägung möglich ist.[47] Darüber hinaus sollte diesen Risiken besser durch operationelle Maßnahmen - etwa die Schaffung von Ausweich-Rechenzentren, Dokumentationsstandards, strikten internen Kontrollen etc. - begegnet werden denn durch Eigenkapital, das für Extremschäden sowieso nicht ausreichen dürfte.[48]

Angesichts der methodischen und empirischen Schwierigkeiten ist unklar, warum das operationelle Risiko nicht unter Säule 2 als Anforderung an ein umfassend definiertes bankinternes Risikomanagement berücksichtigt wurde. Dies gilt insbesondere angesichts der Erfassung des Zinsänderungsrisikos im Anlagebuch unter Säule 2, einem Risiko, mit dessen quantitativer Erfassung unter Säule 1 konzeptionell erheblich weniger Probleme verbunden sein dürften.[49] Zum Teil wird deshalb vermutet, dass die quantitative Berücksichtigung des operationellen Risikos unter Säule 1 lediglich sicherstellen soll, dass das regulatorische Mindesteigenkapital trotz der mit der Verwendung der IRB-Ansätze verbundenen Senkung der Eigenkapitalanforderung für das Kreditrisiko insgesamt nicht absinkt.[50]

10.4 Säule 2 Überprüfungsprozess durch die Aufsicht - Darstellung

Säule 2 soll sicherstellen, dass Banken insgesamt ausreichend Eigenkapital für ihr Risikoprofil vorhalten. Der Dialog mit den Aufsichtsbehörden soll zudem Anreize für die Entwicklung und Verwendung neuer Techniken des Risikomanagements geben.[51] Die Aufsichtsbehörden können dabei besonde-

---

[46] Für eine Übersicht der unterschiedlichen Kategorien des operationellen Risikos vgl. BCBS (2004a), Annex 7.

[47] Vgl. Daníelsson et al. (2001), S. 13.

[48] Vgl. Shadow Financial Regulatory Committee (2002).

[49] Vgl. Hartmann-Wendels/Pfingsten/Weber (2004), S. 681.

[50] Vgl. Daníelsson et al. (2001), S. 14.

[51] Vgl. hierzu und im Folgenden BCBS (2004a), Ziffern 719ff.

res Augenmerk auf riskante oder in der Vergangenheit durch Probleme im Risikomanagement aufgefallene Banken richten.

Konkret soll der Überprüfungsprozess - wie Abbildung 10.2 zeigt - drei Funktionen übernehmen.

Abbildung 10.2: Funktionen des Überprüfungsprozesses durch die Aufsicht

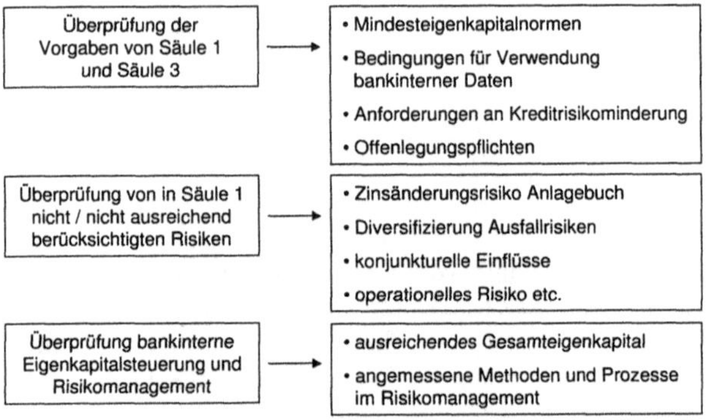

Quelle: Nach Bundesbank (2004a), S. 90.

Der Überprüfungsprozess muss die Einhaltung der Anforderungen der Säulen 1 und 3 sicherstellen. Im einzelnen sind also die quantitativen Mindesteigenkapitalnormen, die Anforderungen an die Verwendung bankinterner Risikodaten bei Verwendung des IRB-Ansatzes, Voraussetzungen für Kreditrisikominderung etwa durch Sicherheiten und die Offenlegung von risikorelevanten Informationen zu überwachen. Im Überprüfungsprozess müssen die Aufsichtsbehörden zudem die Erfassung von Risiken durch das bankinterne Risikomanagement sicherstellen, die von Säule 1 nicht oder nicht angemessen gewürdigt werden. Dazu zählen das Zinsänderungsrisiko des Anlagebuchs, die ausreichende Kleinteiligkeit der Ausfallrisiken („granularity") sowie konjunkturelle Einflüsse auf die gemessenen Risiken. Eng verbunden mit diesen Aufgaben ist die Überprüfung der bankinternen Eigenkapitalsteuerung und des bankinternen Risikomanagements im Allgemeinen. Dabei muss die Bank glaubhaft machen, dass sie über eine ausreichende Eigenkapitalausstattung für die von ihr insgesamt eingegangenen Risiken verfügt, und die anderen Bestandteile eines effektiven Risikomanagements ebenfalls greifen: „[C]apital should not be regarded as a substitute for addressing fundamentally inadequate control or risk management processes."[52]

Bei der Wahrnehmung dieser Funktionen sollen sich die Aufsichtsbehörden von vier grundlegenden Prinzipien leiten lassen.

[52]BCBS (2004a), Ziffer 723.

Prinzip 1: *Die Bank soll über ein klar strukturiertes Verfahren zur Einschätzung ihrer Gesamteigenkapitalausstattung relativ zu ihrem Risikoprofil und eine Strategie zum Kapitalerhalt verfügen.*

Der Basler Ausschuss macht dabei deutlich, dass die grundsätzliche Verantwortung für ein ausreichendes Eigenkapital beim Bankmanagement selbst liegt. Er legt zudem mehrere Anforderungen an ein klar strukturiertes bankinternes Eigenkapitalziel fest. Dabei ist einerseits das mit der Rahmensetzung der Geschäftspolitik betraute Organ dafür verantwortlich, die Risikotoleranz der Bank festzulegen.[53] Andererseits ist es die Verantwortung des gesamten Bankmanagements, Natur und Ausmaß der eingegangenen Risiken zu verstehen und ein der Komplexität der verfolgten Geschäftspolitik angemessenes Risikomanagement sicherzustellen. Hierzu ist eine umfassende, verschiedene Risikoarten integrierende Risikoeinschätzung notwendig, über die das Bankmanagement durch ein regelmäßiges, auch auf die Bedeutung von Schlüsselannahmen hinweisendes Berichtswesen informiert wird. Auf Basis dieser Berichte soll die Geschäftsleitung die gegenwärtige Eigenkapitaladäquanz bestimmen und zukünftige Eigenkapitalanforderungen planen können. Die Prozesse zur Risikoerfassung und Eigenkapitalplanung sollen schließlich in regelmäßigen Abständen auf ihre Angemessenheit überprüft werden.

Prinzip 2: *Die Aufsicht soll sowohl die bankinterne Eigenkapitalplanung als auch die Einhaltung der regulatorischen Mindestanforderungen überprüfen. Die Aufsicht soll, wenn sie mit dem Ergebnis ihrer Überprüfung nicht zufrieden ist, geeignete Maßnahmen ergreifen.*

In seinen Erläuterungen führt der Basler Ausschuss als Überprüfungsinstrumente neben regelmäßigen Berichten der Banken an die Aufsichtsbehörden insbesondere Vor-Ort-Prüfungen und Gespräche mit dem Bankmanagement an. Der Überprüfungsprozess soll dabei seinen Schwerpunkt auf die Qualität des bankinternen Risikomanagements richten; er soll nicht dazu führen, dass die Aufsichtsbehörden die Aufgaben des Bankmanagements übernehmen. Die Bewertung des Risikomanagements richtet sich nach den bereits bei Prinzip 1 definierten Kriterien eines klar strukturierten Verfahrens zur Gesamteigenkapitalausstattung. Notwendig sind also die umfassende Berücksichtigung von Risiken in der Eigenkapitalplanung und ein effektives internes Berichtswesen. Die Überprüfung der regulatorischen Mindestanforderungen umfasst die Kontrolle der Einhaltung der Anforderungen für die Verwendung der fortgeschrittenen Methoden zur Quantifizierung von

[53] Der Basler Ausschuss unterteilt das Bankmanagement in „board of directors" und „senior management", macht jedoch deutlich, dass er damit nicht eine spezifische Corporate Governance Struktur, sondern die Funktion der Rahmensetzung („board of directors") und Umsetzung („senior management") der Geschäftspolitik meint, vgl. BCBS (2004a), Fußnote 111. Wir vermeiden eine Übersetzung mit „Aufsichtsrat" und „Vorstand", da sie angesichts der Ausrichung des Aufsichtsrats an Kontrollaufgaben im deutschen Kontext irreführend ist.

Kredit- und operationellem Risiko, aber auch die gleichermaßen für den Standardansatz des Kreditrisikos wichtigen Bestimmungen zu den Kreditrisikominderungstechniken.[54] Der Basler Ausschuss verzichtet auf eine explizite Erläuterung der Maßnahmen bei einem negativen Ergebnis des Überprüfungsprozesses unter Prinzip 2, verweist jedoch auf die vorgeschlagenen Maßnahmen unter Prinzip 3 und 4.

Prinzip 3: *Die Aufsicht soll von den Banken eine Übererfüllung der regulatorischen Eigenkapitalanforderungen erwarten und über rechtliche Möglichkeiten zur Durchsetzung eines solchen Eigenkapitalpuffers verfügen.*

Der Basler Ausschuss erwartet aus mehreren Gründen eine Pufferbildung oberhalb der regulatorischen Mindestanforderungen: So sollten viele Banken von sich aus eine höhere Bonitätseinschätzung anstreben, als sie die unter Säule 1 quantifizierten Eigenkapitalniveaus üblicherweise implizieren. Hinzu treten Probleme bei der raschen Kapitalbeschaffung in Krisensituationen sowie drohende Eingriffe der Aufsichtsbehörden beim Bruch regulatorischer Mindestvorgaben.[55]

Der Basler Ausschuss sieht die Einführung von regulatorischen Abstufungen oberhalb des regulatorischen Minimums - etwa nach der in den USA gemachten Unterteilung in „well capitalized banks" und „adequately capitalized banks", bei der „well capitalized banks" die Minimalanforderungen übererfüllen - als eine Möglichkeit zur Durchsetzung ausreichender Eigenkapitalniveaus. Ihre pufferbildende Wirkung entwickelt diese Abstufung dadurch, dass bereits „adequately capitalized banks" stärker im Blickfeld der Aufsicht stehen, und damit bereits die Annäherung an die Mindestanforderungen die Eingriffswahrscheinlichkeit erhöht. Bei der Erläuterung von Prinzip 4 sieht der Basler Ausschuss freilich auch direktere Instrumente vor.

Prinzip 4: *Die Aufsicht soll frühzeitig intervenieren, um ein Absinken des Eigenkapitals unter das für das Risikoprofil der jeweiligen Bank notwendige Mindestniveau zu vermeiden. Fällt das Eigenkapital unter diese Grenze, soll die Aufsicht auf rasche Abhilfe dringen.*

Neben der Möglichkeit einer erhöhten Kontrollintensität sollen die Aufsichtsbehörden in einer Situation, in der sie das notwendige Eigenkapital unterschritten sehen oder mit dem Ergebnis des Überprüfungsprozesses nicht zufrieden sind, die Möglichkeit zur Beschränkung von Dividendenzahlungen und zum Erzwingen eines Rekapitalisierungsplans besitzen. Sind Veränderungen des bankinternen Risikomanagements notwendig, die sich über einen längeren Zeitraum erstrecken, soll die Möglichkeit zur vorübergehenden Erhöhung der Eigenkapitalanforderungen bestehen.

---

[54]Hierunter fällt z. B. die Stellung von Sicherheiten durch den Kreditnehmer. Für die Anforderungen an Sicherheiten, die erfüllt sein müssen, um das notwendige regulatorische Eigenkapital für besicherte Kredite zu senken, vgl. BCBS (2004a), Ziffern 123ff.

[55]Vgl. zum selben Themenkreis unsere Diskussion in Abschnitt 8.3.

10.5 Säule 2 Überprüfungsprozess durch die Aufsicht - Diskussion

Dem Überprüfungsprozess kommt die bedeutende Aufgabe zu, eine insgesamt angemessene Eigenkapitalausstattung und die Erfüllung der Bedingungen für ein effektives Risikomanagement sicherzustellen. Neben der Validierung der Methoden zu den fortgeschrittenen Ansätzen zur Erfassung von Kredit- und operationellem Risiko sind auch die internen Prozesse des Risikomanagements zu überprüfen. Zur Validierung der Risikoerfassung sind insbesondere statistische Verfahren notwendig, etwa zur Beurteilung der Trennschärfe, der Stabilität und Kalibrierung des Ratingssystems. Unter Trennschärfe versteht man dabei die Fähigkeit des Ratingsystems zwischen der Bonität der Schuldner zu diskriminieren. Stabile Ratingsysteme zeichnen sich dadurch aus, dass sie diese Fähigkeit für verschiedene Datensätze besitzen, die Trennschärfe also nicht auf einer Überanpassung an den Datensatz beruht, auf dessen Basis das System entwickelt wurde. Die den Bonitätsstufen zugewiesenen Ausfallwahrscheinlichkeiten sollten zudem gut kalibriert sein, d. h. nur wenig von den realisierten Ausfallraten abweichen. Auf Seiten der Banken liegt die Herausforderung hierbei insbesondere im Aufbau ausreichender Datensammlungen, um die Risikoparameter zuverlässig schätzen zu können.[56]

Auf Seiten der Aufsichtsbehörden stellt die statistisch orientierte Überprüfung der Erfassungssysteme für Kreditrisiko, die Beurteilung der Gesamteigenkapitalausstattung und die Einschätzung der internen Abläufe hohe Herausforderungen an die Qualifikation des Aufsichtspersonals. Auch wird aufgrund der stärker am tatsächlichen Risikomanagementprozess orientierten Aufsicht im Vergleich zur „Papieraufsicht“, d. h. der Prüfung eingereichter Berichte über regulatorische Größen, die für das bankinterne Risikomanagement nur noch relativ geringe Bedeutung haben, verstärkt auf Vor-Ort-Prüfungen gesetzt werden müssen.[57] Das Aufsichtspersonal muss in diesen Prüfungen fachlich auf Augenhöhe mit stark spezialisierten (und nicht nach öffentlichem Tarifrecht bzw. Besoldungsgesetz entlohnten) Risikomanagern diskutieren können. Der Überwachungsprozess unter Säule 2 macht deshalb eine Anpassung der Aufsichtsstrukturen notwendig.[58]

Neben der statistischen Validierung der Risikomanagementsysteme wird die qualitative Kontrolle der internen Prozesse über den Erfolg des Überprüfungsprozesses entscheiden. Dies gilt insbesondere deshalb, weil auch mit periodischen Vor-Ort-Prüfungen und der erstmaligen Zulassungsprüfung von

---

[56] Vgl. hierzu ausführlich Bundesbank (2003b), S. 61ff. sowie BCBS (2005).

[57] Für den Begriff der „Papieraufsicht“ vgl. Artopoeus (2002), S. 276.

[58] Vgl. Artopoeus (2002), S. 269ff. Ähnlich auch Daníelsson et al. (2001), S. 15: „[A] worrying prospect of the Committee's proposal to enable banks to progressively use their internal systems is the substantial imbalance in resources (both financial and human) between banks and their regulators.“

Risikomodellen eine asymmetrische Informationsverteilung zwischen Aufsicht und Bank zu erwarten ist. Bankinterne Informationen zum Kreditrisiko sind mangels rasch verfügbarer und häufig aktualisierter Marktdaten erheblich schwieriger zu verifizieren als bankinterne Informationen zum Marktrisiko von gehandelten Finanzkontrakten.[59] Darüber hinaus ist auch bei prinzipiell quantitativer Schätzung der regulatorischen Inputparameter die persönliche Meinung der bankinternen Risikomanager bedeutsam. Der Überwachungsprozess hat deshalb zwei wesentliche organisatorische Voraussetzungen für die Korrektheit der Daten sicherzustellen:

- *Trennung von Geschäftsinitiierung und Kreditrisikokontrolle*

  Basel II schreibt die Funktionentrennung zwischen geschäftsinitiierender Einheit und Kreditrisikoüberwachung vor.[60] Das Rating eines potenziellen Kreditnehmers soll also nicht von der Geschäftseinheit vorgenommen werden, die von der Kreditvergabe etwa in Form einer volumenabhängigen Vergütung profitiert. Auch bei einer Vergütung auf Basis risikoadjustierter Leistungsmessung hätte die kreditvergebende Einheit ein Interesse an einer möglichst positiven Einschätzung des potenziellen Kreditnehmers.[61] In einer 1998 durchgeführten Studie stellte der Federal Reserve Board fest, dass bei etwa 40 % der großen US-Banken die für die Kundenbetreuung zuständigen Manager („relationship manager") zugleich hauptverantwortlich für die Bonitätseinschätzung ihrer Geschäftspartner waren.[62]

- *Konsistente Verwendung der Daten für Bankensteuerung und Regulierung*

  Die intern abgeleiteten regulatorischen Inputs müssen eine maßgebliche Rolle in der Bankensteuerung spielen.[63] Die Schätzungen von Erfassungssystemen, die allein zur Ableitung der regulatorischen Inputs gedacht sind, werden von den Aufsichtsbehörden nicht anerkannt. Diese Regelung wird auch als „use test" bezeichnet, da die Art, in der die Bank ihre Schätzungen für ihre Entscheidungen verwendet, Aufschluss über ihr Vertrauen in das eigene System widerspiegelt.[64]

---

[59] Vgl. zu Beispielen noch einmal die Diskussion auf S. 229f.

[60] Vgl. BCBS (2004a), Ziffern 441ff.

[61] Vgl. Bundesbank (2003b), S. 69 und Karacadag/Taylor (2000), S. 35.

[62] Vgl. Carey/Treacy (1998), S. 904. Die von der BaFin 2002 veröffentlichten Mindestanforderungen an das Kreditgeschäft, die prinzipiell für alle Kreditinstitute in Deutschland gelten, gehen zum Teil über die Anforderungen von Basel II hinaus. So schreiben sie ein Zwei-Voten-System beim Geschäftsabschluss vor. Neben der geschäftsinitiierenden Stelle muss auch ein Vertreter der unabhängigen Kreditrisikoüberwachung einem Geschäft zustimmen, vgl. Bundesbank (2003a), S. 48f.

[63] Vgl. BCBS (2004a), Ziffern 444f.

[64] Vgl. Bundesbank (2003b), S. 68.

Die Wirksamkeit dieser organisatorischen Maßnahmen beruht darauf, dass die von der Bank angestrebte Risikonahme nicht von der aus regulatorischer Sicht maximal zulässigen Risikonahme abweicht. Ist die vom Bankmanagement angestrebte Risikonahme entsprechend hoch, können auch die funktionale Trennung von Geschäftsinitiierung und - überwachung sowie das oben diskutierte Berichtswesen diese Risikonahme nicht verhindern. Die konsistente Verwendung der Daten zur Bankensteuerung und Regulierung kann hier zwar bremsend wirken, da sich die Risikoerhöhung prinzipiell in den regulatorischen Inputs widerspiegeln sollte. Es verbleibt jedoch Spielraum zur unbemerkten oder zumindest nicht sofort einen entsprechenden Anstieg des regulatorischen Eigenkapitals auslösenden Risikoerhöhung.[65] Damit kommt den Prinzipien 3 und 4 eine hohe Bedeutung zu. So müssen Banken frühzeitig identifiziert werden, bei denen aufgrund einer geringen Eigenkapitalausstattung und/oder schlechter Zukunftsaussichten beim Bankmanagement eine überhöhte Risikotoleranz zu vermuten ist.[66]

10.6 Säule 3 Offenlegungspflichten und Marktdisziplin - Darstellung

Säule 3 legt Offenlegungspflichten von Banken fest, die die Möglichkeiten von Marktteilnehmern zur Überwachung und Disziplinierung von Banken verbessern sollen.[67] Angesichts der Bedeutung des bankinternen Risikomanagements für Basel II setzt der Basler Ausschuss auf die komplementäre Wirkung dieser Marktdisziplin („market discipline“) zu den Säulen 1 und 2. Zum Teil differenzieren die Offenlegungspflichten nach den von der Bank verwendeten Ansätzen zur Bestimmung der regulatorischen Eigenkapitalanforderungen unter Säule 1. Zum Beispiel erhöht die Wahl des fortgeschrittenen IRB-Ansatzes die Offenlegungspflichten unter Säule 3. Die Offenlegungspflichten unterscheiden zudem zwischen qualitativen Informationen wie etwa dem generellen Umgang des bankinternen Risikomanagements mit Kreditrisiken und quantitativen Informationen wie etwa der Gesamtforderungshöhe der Kredite einer Forderungsklasse, gestaffelt nach Ratingeinschätzung.

---

[65] Denkbar wäre z. B., dass die Risikoparameter neuer Kredite nicht den auf Basis von vergangenen Daten geschätzten Parametern entsprechen. Alternativ können Risiken eingegangen werden, deren Eigenkapitalunterlegung nicht unter Säule 1 quantifiziert ist, und die erst bei einer periodischen Vor-Ort-Prüfung oder einem Stresstest offensichtlich werden.

[66] Vgl. hierzu die Diskussion in Abschnitt 7.2.2.2.

[67] Vgl. hierzu und im Folgenden BCBS (2004a), Ziffern 808ff.

Konkret sieht Säule 3 die Offenlegung detaillierter Informationen zu folgenden Bereichen vor:

- *Umfang und Struktur des Eigenkapitals*

  Die Bank muss ihr regulatorisches Eigenkapital nach verschiedenen aufsichtsrechtlichen Kategorien aufgliedern und quantifizieren. Darüber hinaus muss die Bank die wichtigsten Vertragsbedingungen ihrer gesamten eigenkapitalartigen Finanzierungsinstrumente erläutern, insbesondere wenn sie etwa wie Genussrechtkapital komplexere Strukturen aufweisen.

- *Regulatorische Eigenkapitalanforderungen und Eigenkapitalplanung*

  Die regulatorischen Eigenkapitalanforderungen sind nach Risikoart und Forderungsklasse anzugeben, also beispielsweise das notwendige regulatorische Eigenkapital zur Unterlegung des Kreditrisikos für Forderungen gegenüber Unternehmen, Staaten und Banken. Auch die tatsächliche regulatorische Eigenkapitalquote, d. h. der Quotient aus regulatorischem Eigenkapital und den risikogewichteten Aktiva, muss ausgewiesen werden. Auf qualitativer Ebene muss die Bank die Angemessenheit ihrer Eigenkapitalausstattung für die derzeitige und zukünftig geplante Geschäftspolitik diskutieren.

- *Strukur und Methoden des Risikomanagements*

  Die Bank muss den grundlegenden Umgang ihres Risikomanagements mit allen Risikoarten (Kreditrisiko, Marktrisiko, operationelles Risiko und Zinsänderungsrisiko im Anlagebuch) erläutern. Dazu zählt die Darstellung ihrer Risikoerfassungssysteme und ihres Berichtswesens zur Kontrolle dieser Risiken.

  Im Kreditrisikobereich etwa muss die Bank darstellen, welchen regulatorischen Ansatz (Standard-, Basis-IRB- oder fortgeschrittenen IRB-Ansatz) sie gewählt hat, und - wenn sie derzeit noch unterschiedliche Ansätze verwendet - ab wann sie die Verwendung eines einheitlichen Ansatzes plant. Verwendet sie den Standardansatz, muss sie offenlegen, welche Rating-Agenturen zur Einschätzung der Kreditnehmerbonität herangezogen wurden. Nutzt sie andere Rating-Agenturen als bisher, sind die Gründe hierfür zu diskutieren. In den IRB-Ansätzen muss die Bank die Struktur ihres Ratingverfahrens darstellen und erklären, wie es in das bankinterne Risikomanagement außer zu Zwecken der regulatorischen Eigenkapitalberechnung eingebunden ist. Bei der Beschreibung des Ratingprozesses für die verschiedenen Forderungsklassen selbst müssen die verwendeten Methoden und Daten zur Schätzung von PD und - wenn zutreffend - LGD und EAD erläutert werden.[68] Ebenso muss die Bank offenlegen, wie und mit welcher Zielsetzung sie Kreditrisikominderungstechniken und Verbriefungen einsetzt. So muss sie im ersten Fall die Art der angenommenen Sicherheiten, ihre Sicherheitenverwaltung und - nutzt sie Kreditderivate zum Transfer von Ausfallrisiken - die Bonität und Streuung ihrer Vertragspartner erläutern. Im zweiten Fall ist insbesondere zu diskutieren, in welchem Maße sich die Bank durch die Verbriefung vom Kreditrisiko der verkauften Forderungen gelöst hat.

Für andere Risikoarten sind prinzipiell ähnliche, wenn auch zum Teil weniger detaillierte Offenlegungspflichten verankert.

- *Quantitative Dimension der unterschiedlichen Risiken und Vergangenheitsvergleich*

  Neben diesen qualitativ ausgerichteten Informationen schreibt Basel II auch die Offenlegung detaillierter quantitativer Informationen zu den unterschiedlichen Risikoarten vor.

  Im Kreditrisikobereich müssen alle Forderungen, aufgeteilt nach Forderungsart, geographischer Region, Branche und vertraglicher Restlaufzeit quantifiziert werden.[69] Auch Wertberichtigungen und notleidende Kredite müssen ausgewiesen werden. Bei Verwendung des Standardansatzes muss die Bank den Wert ihrer Forderungen für jedes Risikogewicht der verschiedenen Forderungsklassen offenlegen. Bei Verwendung der IRB-Ansätze hat sie entsprechend in den verschiedenen Forderungsklassen für eine „hinreichende" („sufficient") Anzahl von Ratingkategorien jeweils die Forderungswerte anzugeben; hier sind zudem jeweils die zugehörige PD, das forderungsgewichtete Risikogewicht und - im Fall des fortgeschrittenen IRB-Ansatzes - der forderungsgewichtete LGD-Wert anzugeben. Um Rückschlüsse auf die Zuverlässigkeit dieser Schätzungen zu ermöglichen, muss die Bank die in der vergangenen Berichtsperiode tatsächlich eingetretenen Verluste für die Forderungsklassen veröffentlichen. Ergeben sich Abweichungen von vergangenen Erfahrungswerten, sind diese näher zu erläutern, also beispielsweise ob erhöhte Ausfälle oder höhere LGDs hierfür verantwortlich waren. Zudem ist eine längere Zeitreihe von geschätzten und tatsächlichen Verlusten für die Forderungsklassen offen zu legen. Im

[68] Hinsichtlich der Detailliertheit der Offenlegung stellt der Basler Ausschuss fest, dass das Schätzmodell nicht vollständig dargestellt werden muss: „[The description] should provide the reader with a broad overview of the model approach, describing definitions of variables, and methods for estimating and validating those variables..." BCBS (2004a), Fußnote 146.

[69] Diese Forderungsarten entsprechen nicht den bereits oben erwähnten, von Basel II definierten Forderungsklassen. Die Einteilung der Forderungsarten soll üblichen Buchhaltungskonventionen folgen, im vorliegenden Fall etwa der Unterteilung in Kredite und Schuldverschreibungen, vgl. BCBS (2004a), Fußnote 136.

Kontext von Kreditrisikominderungstechniken hat die Bank für die verschiedenen Forderungsklassen darzustellen, welche Beträge durch Sicherheiten bzw. Kreditderivate abgedeckt sind. Bei Verbriefungsaktionen muss einerseits der Wert der insgesamt von der Bank verbrieften Forderungen, andererseits der Betrag der weiterhin selbst gehaltenen oder gekauften verbrieften Forderungen deklariert werden.

Auch zu Marktrisiko und Zinsänderungsrisiko im Anlagebuch sind ähnliche quantitative Angaben zu machen. So muss die Bank bei Verwendung interner Risikomodelle zur Abdeckung des Marktrisikos Informationen über die Verteilung der geschätzten VaR-Werte geben und die Schätzungen mit den tatsächlichen Realisationen vergleichen. Bedeutsame Ausreißer sind entsprechend zu erläutern. Beim Zinsänderungsrisiko im Anlagebuch sind die Auswirkungen eines Zinsanstiegs oder -abfalls zu quantifizieren.

Als Offenlegungszyklus sieht Basel II die halb-, für große oder in anderer Weise signifikante Banken die vierteljährliche Veröffentlichung dieser Daten vor.[70]

10.7 Säule 3 Offenlegungspflichten und Marktdisziplin - Diskussion

Bereits bei den theoretischen Ausführungen in Teil II dieser Arbeit haben wir auf die Bedeutung von Offenlegungsvorschriften hingewiesen.[71] Sie können dazu beitragen, die Probleme der Intransparenz („opaqueness“) von Banken für Fremdkapitalgeber abzumildern. Sollen die Offenlegungsvorschriften Wirkung entfalten, ist freilich erforderlich, dass die Fremdkapitalgeber auch Anreize besitzen, die zur Verfügung gestellten Informationen zur Überwachung und Disziplinierung der Banken zu nutzen. Diesen Aspekt haben wir im Rahmen dieser Arbeit bereits mehrfach diskutiert, war doch die Abschwächung des entsprechenden Anreizes durch eine Einlagensicherung Auslöser der Analyse von risikonsensitiven Versicherungsprämien und Eigenkapitalnormen. Praktisch tauchte er auch in der Diskussion des gruppenmäßigen und quantitativen Umfangs der Einlagensicherung der privaten Banken in Deutschland noch einmal auf.[72] Wir können deshalb an dieser Stelle auf eine Erörterung des Zusammenhangs von Offenlegungspflichten, Einleger- bzw. allgemeiner Fremdkapitalgeberschutz und Marktdisziplinierung verzichten.

[70] Für qualitative Informationen wie grundlegende Ziele und Richtlinien des Risikomanagements ist eine jährliche Veröffentlichung ausreichend. Im Rahmen der EU-Richtlinie ist eine jährliche Offenlegung vorgesehen, wobei nationale Aufsichtsbehörden hier Wahlrechte erhalten sollen, vgl. Bundesbank (2004a), S. 91.

[71] Vgl. die Abschnitte 5.4.2 und 5.4.3.

[72] Vgl. Abschnitt 9.3.

Neben der Überwachung und Disziplinierung der Banken durch die Fremdkapitalgeber haben die Offenlegungspflichten noch zwei weitere Konsequenzen. Zum einen verringert die Veröffentlichung von Informationen, aus denen die Marktteilnehmer einen Rückschluss auf das Risikoprofil der Bank ziehen können, den Spielraum der Aufsicht, eine Bank mit nicht ausreichendem Eigenkapital operieren zu lassen. Unversicherte Fremdkapitalgeber oder Garantiegeber wie der Einlagenversicherer werden in diesem Fall auf einen Eingriff der Aufsicht drängen. Analog kann die Aufsicht gegenüber entsprechenden Lobbyingversuchen auf den zu erwartenden Gegendruck der Marktteilnehmer verweisen.[73] Zum anderen können Banken durch den Vergleich der offengelegten Informationen untereinander Hinweise auf die Existenz besserer Risikomanagementmethoden erhalten, etwa wenn eine vergleichbare Bank in erheblich geringerem Maße Abschreibungen vornehmen muss oder eine höhere Prognosesicherheit aufweist.

10.8 Fazit - Basel II

Angesichts der Komplexität der neuen Regelungen und der Fülle an möglichen Beurteilungskriterien fällt ein allgemeines Fazit zu Basel II schwer. Auf Basis unserer Diskussion kommen wir dennoch zu dem Schluss, dass Basel II im Vergleich zum Status Quo, d. h. den über Basel I in den nationalen Regelungen verankerten wenig risikodifferenzierten Eigenkapitalnormen, konzeptionell eine bedeutsame Verbesserung darstellt.

Neben den Neuregelungen zur quantitativen Bestimmung der regulatorischen Mindesteigenkapitalnormen hat Basel II bereits in seinem Vorfeld zu einer Diskussion, Weiterentwicklung und Übernahme vorhandener und neuer Techniken des Risikomanagements bei einer Vielzahl von Banken geführt. Banken und Aufsichtsbehörden verfügen in Zukunft über ein gemeinsames Vokabular an Risikoeinflussfaktoren und zumindest konzeptionell über ein gemeinsames Risikomaß für das besonders bedeutsame Kreditrisiko.[74] Der Überprüfungsprozess durch die Aufsichtsbehörden sowie die Offenlegungspflichten im Rahmen der Marktdisziplin eröffnen die Möglichkeit für weitere Verbesserungen des Risikomanagements und der Gesamtkapitalplanung von Banken.

Weniger überzeugen dagegen die Quantifizierungversuche zum operationellen Risiko bei gleichzeitiger Nicht-Berücksichtigung des Zinsänderungsrisikos unter Säule 1. Aus der theoretischen Sicht der Funktionen von Eigenkapitalnormen fehlt zudem ein expliziter Bezug auf die Bedeutung einer Mindesteigenkapitalausstattung für ein risikoaverses Verhalten von Banken unter der Annahme beschränkter Haftung.[75] Beruhen die Eigenkapitalnormen auf

[73] Vgl. Karacadag/Taylor (2000), S. 47.
[74] Vgl. Hendricks (2002), S. 24.
[75] Vgl. die Schlussfolgerungen in den Abschnitten 7.2.2.2 und 7.2.2.3.

einer VaR-Orientierung, legen sie zwar konzeptionell eine Höchstinsolvenzwahrscheinlichkeit auch ohne Mindesteigenkapital fest. Im weiteren Verlauf der Analyse haben wir jedoch gesehen, dass auch solche Beschränkungen unterlaufen werden können.[76] Allerdings können die in Basel II festgelegten Anforderungen an ein effektives Risikomanagement als Schranke für ein solches Verhalten interpretiert werden: Möchte eine Bank die in Säule 1 festgelegten quantitativen Mindesteigenkapitalnormen unterlaufen, muss sie an anderer Stelle - etwa durch eine zu geringe Diversifizierung in Form von Klumpenrisiken - gegen ein effektives Risikomanagement verstoßen. Voraussetzung für eine solche Schrankenwirkung ist freilich eine entsprechende Kontrolle über die Säulen 2 und 3.

Die zu Beginn unserer Darstellung von Basel II angeführte jüngste Entscheidung der US-Aufsichtsbehörden zur Verschiebung der nationalen Umsetzung von Basel II gründet u.a. in der Befürchtung der „Federal Deposit Insurance Corporation“ (FDIC), dass die bei Nutzung der fortgeschrittenen Methoden mögliche Absenkung der regulatorischen Eigenkapitalanforderungen zu weit geht.[77] Auf Basis erster Ergebnisse der so genannten vierten quantitativen Auswirkungsstudie („Quantitative Impact Study 4“ - kurz QIS 4) können große US-Banken durchschnittlich mit einer um etwa 17 % verringerten regulatorischen Eigenkapitalauflage rechnen. Da die individuellen Verringerungen um diesen Mittelwert stark streuen, erwartet die FDIC auch durch einen einheitlichen Skalierungsfaktor, den sich der Basler Ausschuss zur letztlichen Kalibrierung von Basel II vorbehalten hat, keine wirkliche Abhilfe.[78] Unsere Arbeit hat sich mit den konzeptionellen Grundlagen der Risikoerfassung und Ermittlung von Eigenkapitalnormen befasst. Sie kann entsprechend die Bedenken der FDIC als Einlagenversicherer prinzipiell rechtfertigen, da mit einer Absenkung des regulatorischen Eigenkapitals ceteris paribus das Risiko für den Einlagenversicherer steigt, wenn auch die tatsächlichen Eigenkapitalniveaus sinken. Auf die letztlich quantitativ-empirische Frage, welche regulatorische Eigenkapitalunterlegung für welche Bank angemessen ist, kann sie jedoch keine Antwort geben.

Interessanterweise haben die US-Aufsichtsbehörden ebenfalls jüngst entschieden, für kleinere Banken eine Reform der auf der nationalen Umsetzung von Basel I beruhenden Eigenkapitalregulierung anzustreben.[79] Bisher war

---

[76] Vgl. Abschnitt 7.2.3.

[77] Vgl. hierzu und im Weiteren FDIC (2005c).

[78] Für das deutsche Bankensystem hat QIS 4 praktisch keine Veränderung des durchschnittlichen regulatorischen Eigenkapitals ergeben, vgl. Bundesbank (2005b). Bei den deutschen Großbanken weisen die Ergebnisse auf einen Anstieg der regulatorischen Eigenkapitalanforderungen von durchschnittlich etwa 10-12 % hin. Kleinere Banken können entsprechend mit einer Verringerung des regulatorischen Eigenkapitals rechnen.

[79] Vgl. hierzu und im Weiteren Federal Reserve Board (2005b). Neben dem Ziel einer korrekteren Risikoerfassung war offenbar auch die Befürchtung einer Wettberwerbsverzerrung durch die gerade beschriebenen Eigenkapitalabsenkungen für größere Banken ausschlaggebend.

geplant, diese Regeln für kleinere Banken beizubehalten. Die Reformvorschläge weisen konzeptionell erhebliche Ähnlichkeiten mit dem Standardansatz von Basel II auf - etwa eine Ausdifferenzierung der Risikogewichte, die Berücksichtigung von externen Ratings und die Erweiterung von anerkennungsfähigen Sicherheiten. Insofern werden längerfristig - trotz der Verschiebung von Basel II für Großbanken und möglicher quantitativer Anpassungen im Rahmen der nationalen Umsetzung - wichtige Elemente von Basel II in stärkerem Maße als bisher geplant auch für die Eigenkapitalregulierung von US-Banken bedeutsam werden.

Literaturverzeichnis

[1] Acerbi, Carlo, Dirk Tasche (2002), „On the Coherence of Expected Shortfall“, in: *Journal of Banking and Finance*, Vol. 26 (2002), S. 1487-1503.

[2] Acharya, Viral V. (2001), *A Theory of Systemic Risk and Design of Prudential Regulation*, mimeo, January 2001.

[3] Aghion, Philippe, Patrick Bolton, Mathias Dewatripont (2000), „Contagious Bank Failures in a Free Banking System“, in: *European Economic Review*, Vol. 44 (2000), S. 713-718.

[4] Aharony, Joseph, Itzhak Swary (1996), „Additional Evidence on the Information-Based Contagion Effects of Bank Failures“, in: *Journal of Banking and Finance*, Vol. 20 (1996), S. 57-69.

[5] Akerlof, George A., Paul M. Romer (1993), „Looting: The Economics Underworld of Bankruptcy for Profit“, in: *Brookings Papers on Economic Activity*, 1993, Issue 2, S. 1-73.

[6] Albanese, Claudio (1997), *Credit Exposure, Diversification Risk and Coherent VaR*, Working Paper, Department of Mathematics, University of Toronto.

[7] Allen, Franklin, Douglas Gale (1994), „Limited Market Participation and Volatility of Asset Prices“, in: *American Economic Review*, Vol. 84 (1994), S. 933-955.

[8] Allen, Franklin, Douglas Gale (1997), *Optimal Financial Crises*, Working Paper 97-01, Financial Institutions Center, Wharton School, University of Pennsylvania.

[9] Allen, Franklin, Douglas Gale (1998), „Optimal Financial Crises“, in: *Journal of Finance*, Vol. 53 (1998), S. 1245-1284.

[10] Allen, Franklin, Douglas Gale (2000), „Financial Contagion“, in: *Journal of Political Economy*, Vol. 108 (2000), S. 1-33.

[11] Allen, Linda, Anthony Saunders (2002), *Credit Risk Measurement*, New York (NY).

[12] Allen, Linda, Anthony Saunders (2004), „Incorporating Systemic Influences into Risk Measurement: A Survey of the Literature", in: *Journal of Financial Services Research*, Vol. 26 (2004), S. 161-192.

[13] Altman, Edward I., Herbert A. Rijken (2004), „How Rating Agencies achieve Rating Stability", in: *Journal of Banking and Finance*, Vol. 28 (2004), S. 2679-2714.

[14] Altman, Edward I., Andrea Resti, Andrea Sironi (2004), „Default Recovery Rates in Credit Risk Modelling: A Review of the Literature and Empirical Evidence", in: *Economic Notes*, Vol. 33 (2004), S. 183-208.

[15] Amato, Jeffrey D., Craig H. Furfine (2004), „Are Credit Ratings Procyclical?", in: *Journal of Banking and Finance*, Vol. 28 (2004), S. 2641-2677.

[16] Ang, Andrew, Joseph Chen (2002), „Asymmetric Correlations of Equity Portfolios", in: *Journal of Financial Economics*, Vol. 63 (2002), S. 443-494.

[17] Araten, Michel, Michael Jacobs Jr., Peeyush Varshney (2004), „Measuring LGD on Commercial Loans: An 18-Year Internal Study", in: *RMA Journal*, May 2004, S. 28-35.

[18] Artopoeus, Wolfgang (2002), „Die Zukunft der Bankenaufsicht", in: Pitschas, Rainer (Hrsg.) (2002), *Integrierte Finanzdienstleistungsaufsicht*, Berlin, S. 265-281.

[19] Artzner, Philippe, Freddy Delbaen, Jean-Marc Eber, David Heath (1999), „Coherent Measures of Risk", in: *Mathematical Finance*, Vol. 9 (1999), S. 203-228.

[20] Auerbach, Alan J. (1987), „The Theory of Excess Burden and Optimal Taxation", in: Auerbach, Alan J., Martin Feldstein (eds.)(1987), *Handbook of Public Economics*, Vol. I, Amsterdam et al., S. 61-127.

[21] Ayuso, Juan, Daniel Pérez, Jesús Saurina (2004), „Are Capital Buffers Pro-Cyclical? Evidence from Spanish Panel Data", in: *Journal of Financial Intermediation*, Vol. 13 (2004), S. 249-264.

[22] Avery, Robert B. (1995), „Comment on Hancock, Laing and Wilcox and Peek and Rosengren“, in: *Journal of Banking and Finance*, Vol. 19 (1995), S. 713-715.

[23] Bagehot, Walter (1873), *Lombard Street: A Description of the Money Market*, London.

[24] Baltensperger, Ernst (1996), „Banken und Finanzintermediäre“, in: von Hagen, Jürgen, Paul J.J. Welfens, Axel Börsch-Supan (Hrsg.)(1996), *Springers Handbuch der Volkswirtschaftslehre 1 - Grundlagen*, Berlin, S. 269-304.

[25] Bangia, Anil, Francis X. Diebold, André Kronimus, Christian Schagen, Til Schuermann (2002), „Ratings Migration and the Business Cycle“, in: *Journal of Banking and Finance*, Vol. 26 (2002), S. 445-474.

[26] Bankenverband Baden-Württemberg (2004), *Satzung*, Juli 2004, Stuttgart; http://www.bankenverband.de/regionalverbaende/, zuletzt abgerufen am 31.10.2005.

[27] Barth, James R., Gerard Caprio Jr., Ross Levine (2004), „Bank Regulation and Supervision: What works Best?“, in: *Journal of Financial Intermediation*, Vol. 13 (2004), S. 205-248.

[28] Basak, Suleyman, Alexander Shapiro (2001), „Value-at-Risk Based Risk Management: Optimal Policies and Asset Prices“, in: *Review of Financial Studies*, Vol. 14 (2001), S. 371-405.

[29] BCBS (1988), *International Convergence of Capital Measurement and Capital Standards*, Basel Committee on Banking Supervision, July 1988, updated to April 1998.

[30] BCBS (1996a), *Amendment to the Capital Accord to Incorporate Market Risks*, Basel Committee on Banking Supervision, January 1996.

[31] BCBS (1996b), *Overview of the Amendment to the Capital Accord to Incorporate Market Risks*, Basel Committee on Banking Supervision, January 1996.

[32] BCBS (1996c), *Amendment to the Capital Accord to Incorporate Market Risks - Supervisory Framework for the Use of „Backtesting“ in Conjunction with the Internal Models Approach to Market Risk Capital Requirements*, Basel Committee on Banking Supervision, January 1996.

[33] BCBS (1999a), *Capital Requirements and Bank Behaviour: The Impact of the Basel Accord*, BCBS Working Paper No. 1, Basel Committee on Banking Supervision.

[34] BCBS (1999b), *A New Capital Adequacy Framework*, Basel Committee on Banking Supervision, June 1999.

[35] BCBS (2001), *The Internal Ratings-Based Approach*, Supporting Document to the New Basel Capital Accord, Consultative Document, Basel Committee on Banking Supervision, January 2001.

[36] BCBS (2003), *Trends in Risk Integration and Aggregation*, The Joint Forum, Basel Committee on Banking Supervision, August 2003.

[37] BCBS (2004a), *International Convergence of Capital Measurement and Capital Standards - A Revised Framework*, Basel Committee on Banking Supervision, June 2004.

[38] BCBS (2004b), *An Explanatory Note on the Basel II IRB Risk Weight Functions*, Basel Committee on Banking Supervision, October 2004.

[39] BCBS (2005), *Studies on the Validation of Internal Rating Systems*, BCBS Working Paper No. 14, Basel Committee on Banking Supervision.

[40] BdB (2004), *Statut des Einlagensicherungsfonds*, Mai 2004, Bundesverband deutscher Banken, Berlin; http://www.bankenverband.de/, zuletzt abgerufen am 31.10.2005

[41] Beck, Thorsten (2002), „Deposit Insurance as Private Club: Is Germany a Model?", in: *Quarterly Review of Economics and Finance*, Vol. 42 (2002), S. 701-719.

[42] Beck, Thorsten, Asli Demirgüç-Kunt, Ross Levine (2003), *Bank Concentration and Crises*, NBER Working Paper 9921, National Bureau of Economic Research, Cambridge (MA).

[43] Benston, George J., George G. Kaufman (1996), „The Appropriate Role of Bank Regulation", in: *Economic Journal*, Vol. 106 (1996), S. 688-697.

[44] Benston, George J., Robert A. Eisenbeis, Paul M. Horvitz, Edward J. Kane, George G. Kaufman (1986), *Perspectives on Safe and Sound Banking - Past, Present, and Future*, Cambridge (MA).

[45] Berger, Allen N., Sally M. Davies, Mark J. Flannery (2000), „Comparing Market and Supervisory Assessments of Bank Performance: Who Knows What When?“, in: *Journal of Money, Credit, and Banking*, Vol. 32 (2000), S. 641-667.

[46] Berger, Allen N., Richard J. Herring, Giorgio P. Szegö (1995), „The Role of Capital in Financial Institutions“, in: *Journal of Banking and Finance*, Vol. 19 (1995), S. 393-430.

[47] Bernanke, Ben S. (1995), „The Macroeconomics of the Great Depression: A Comparative Approach“, in: *Journal of Money, Credit, and Banking*, Vol. 27 (1995), S. 1-28.

[48] Bernanke, Ben S., Mark Gertler (1987), „Banking and Macroeconomic Equilibrium“, in: Barnett, William A., Kenneth J. Singleton (eds.) (1987), *New Approaches to Monetary Economics*, Cambridge et al.

[49] Bernanke, Ben S., Mark Gertler (1990), „Financial Fragility and Economic Performance“, in: *Quarterly Journal of Economics*, Vol. 105 (1990), S. 87-114.

[50] Bernanke, Ben S., Cara S. Lown (1991), „The Credit Crunch“, in: *Brookings Papers on Economic Activity*, 1991, Issue 2, S. 205-248.

[51] Besanko, David, George Kanatas (1996), „The Regulation of Bank Capital: Do Capital Standards promote Bank Safety?“, in: *Journal of Financial Intermediation*, Vol. 5 (1996), S. 160-183.

[52] Bhattacharya, Sudipto, Charles Jacklin (1988), „Distinguishing Panics and Information-Based Bank Runs: Welfare and Policy Implications“, in: *Journal of Political Economy*, Vol. 96 (1988), S. 568-592.

[53] Bhattacharya, Sudipto, Arnoud W.A. Boot, Anjan V. Thakor (1998), „The Economics of Bank Regulation“, in: *Journal of Money, Credit, and Banking*, Vol. 30 (1998), S. 745-770.

[54] Bhattacharya, Sudipto, Manfred Plank, Günter Strobl, Josef Zechner (2002), „Bank Capital Regulation with Random Audits“, in: *Journal of Economic Dynamics and Control*, Vol. 26 (2002), S. 1301-1321.

[55] Bickel, Peter J., Kjell A. Doksum (1977), *Mathematical Statistics*, Englewood Cliffs (NJ).

[56] Bikker, Jaap, Paul Metzemakers (2004), *Is Bank Capital Procyclical? A Cross-Country Analysis*, Working Paper No. 9, Dutch National Bank.

[57] Bikker, Jaap, Paul Metzemakers (2005), „Bank Provisioning Behaviour and Procyclicality", in: *Journal of International Financial Markets, Institutions and Money*, Vol. 15 (2005), S. 141-157.

[58] Black, Fischer, Myron Scholes (1973), „The Pricing of Options and Corporate Liabilities", in: *Journal of Political Economy*, Vol. 81 (1973), S. 637-654.

[59] Boot, Arnoud W.A., Stuart I. Greenbaum (1993), „Bank Regulation, Reputation, and Rents", in: Mayer, Colin, Xavier Vives (eds.) (1993), *Capital Markets and Financial Intermediation*, Cambridge, S. 262-291.

[60] Bordo, Michael D. (1992), „The Lender of Last Resort: Some Insights from History", in: George G. Kaufman (ed.)(1992), *Research in Financial Services: Private and Public Policy*, Vol. 4, Greenwich (CT), S. 1-19.

[61] Borio, Claudio (2003), „Towards a Macroprudential Framework for Financial Supervision and Regulation?", in: *CESifo Economic Studies*, Vol. 49 (2003), S. 181-215.

[62] Borio, Claudio, Philip Lowe (2002), *Asset Prices, Financial and Monetary Stability: Exploring the Nexus*, BIS Working Paper No. 114, Bank for International Settlements.

[63] Borio, Claudio, Craig Furfine, Philip Lowe (2001), „Procyclicality of the Financial System and Financial Stability: Issues and Policy Options", in: *BIS Papers No. 1 - Marrying the Macro- and Micro-Prudential Dimensions of Financial Stability*, S. 1-57, Bank for International Settlements.

[64] Boyd, John H., Gianni De Nicoló (2005), „Bank Risk Taking and Competition Revisited", in: *Journal of Finance*, Vol. 60 (2005), S. 1329-1343.

[65] Buchanan, James M. (1968), The Demand and Supply of Public Goods, Chicago (IL).

[66] Bundesbank (1992), *Monatsbericht Juli 1992*, Frankfurt a.M.

[67] Bundesbank (2000), *Monatsbericht Juli 2000*, Frankfurt a.M.

[68] Bundesbank (2002), *Vereinbarung über die Zusammenarbeit der Bundesanstalt für Finanzdienstleistungsaufsicht und der Deutschen Bundesbank bei der Beaufsichtigung der Kredit- und Finanzdienstleistungsinstitute*, 30.10.2002, Frankfurt a.M; http://www.bundesbank.de/bankenaufsicht/bankenaufsicht.php, zuletzt abgerufen am 31.10.2005.

[69] Bundesbank (2003a), *Monatsbericht Januar 2003*, Frankfurt a.M.

[70] Bundesbank (2003b), *Monatsbericht September 2003*, Frankfurt a.M.

[71] Bundesbank (2003c), *Monatsbericht Dezember 2003*, Frankfurt a.M.

[72] Bundesbank (2004a), *Monatsbericht September 2004*, Frankfurt a.M.

[73] Bundesbank (2004b), *Monatsbericht Oktober 2004*, Frankfurt a.M.

[74] Bundesbank (2005a), *Monatsbericht März 2005*, Frankfurt a.M.

[75] Bundesbank (2005b), *Ergebnisse der vierten Auswirkungsstudie zu Basel II*, Juni 2005, Frankfurt a.M.

[76] Bundesfinanzministerium (2003), „Erste Verordnung zur Änderung der Verordnung über die Beiträge zur Entschädigungseinrichtung deutscher Banken GmbH", in: *Bundesgesetzblatt*, Jg. 2003 Teil I, Nr. 25, S. 847-848.

[77] Burghof, Hans-Peter (1998), *Eigenkapitalnormen in der Theorie der Finanzintermediation*, Berlin.

[78] BVR (o.J.), *Statut der Sicherungseinrichtung des BVR*, Bundesverband der deutschen Volksbanken und Raiffeisenbanken, Berlin; http://www.bvr.de/, zuletzt abgerufen am 31.10.2005.

[79] BVR (2005), *Profile, Leistunge, Werte - Imagebroschüre des BVR*, Bundesverband der deutschen Volksbanken und Raiffeisenbanken, Berlin; http://www.bvr.de/, zuletzt abgerufen am 31.10.2005.

[80] Calomiris, Charles W. (1999), „Building an Incentive-Compatible Safety Net“, in: *Journal of Banking and Finance*, Vol. 23 (1999), S. 1499-1519.

[81] Calomiris, Charles, Gary Gorton (1991), „The Origins of Banking Panics: Models, Facts, and Bank Regulation“, in: Hubbard, R. Glenn (ed.)(1991), *Financial Markets and Financial Crises*, Chicago (IL).

[82] Calomiris, Charles W., Charles M. Kahn (1991), „The Role of Demandable Debt in Structuring Optimal Banking Arrangements“, in: *American Economic Review*, Vol. 81 (1991), S. 497-513.

[83] Calomiris, Charles W., Joseph R. Mason (1994), *Contagion and Bank Failures during the Great Depression: The June 1932 Chicago Banking Panic*, NBER Working Paper No. 4934, National Bureau of Economic Research, Cambridge (MA).

[84] Calomiris, Charles W., Charles M. Kahn, Stefan Krasa (1991), *Optimal Contingent Bank Liquidation under Moral Hazard*, Working Paper, Issues in Financial Regulation 91-13, Federal Reserve Bank of Chicago.

[85] Cantor, Richard (2004), „Editorial: An Introduction to Recent Research on Credit Ratings“, in: *Journal of Banking and Finance*, Vol. 28 (2004), S. 2565-2573.

[86] Carey, Mark, William Treacy (1998), „Credit Risk Rating at Large U.S. Banks“, in: *Federal Reserve Bulletin*, November 1998, S. 897-921.

[87] Carey, Mark, Michael Gordy (2004), *Measuring Systematic Risk in Recoveries on Defaulted Debt I: Firm-Level Ultimate LGDs*, mimeo, December 2004.

[88] Cass, David, Karl Shell (1983), „Do Sunspots Matter?“, in: *Journal of Political Economy*, Vol. 91 (1983), S. 193-227.

[89] Catarineu-Rabell, Eva, Patricia Jackson, Dimitrios P. Tsomocos (2003), *Procyclicality and the New Basel Accord: Banks Choice of Loan Rating System*, Working Paper No. 181, Bank of England.

[90] CGFS (2000), *Stress Testing by Large Financial Institutions: Current Practice and Aggregation Issues*, Committee on the Global Financial System Publications No. 14, Basel.

[91] Chan, Yuk-shee, Stuart I. Greenbaum, Anjan V. Thakor (1992), „Is Fairly Priced Deposit Insurance Possible?“, in: *Journal of Finance*, Vol. 47 (1992), S. 227-245.

[92] Chari, Varadarajan V. (1989), „Banking without Deposit Insurance or Bank Panics: Lessons from a Model of the U.S. National Banking System“, in: *Federal Reserve Bank of Minneapolis Quarterly Review*, Vol. 13 (1989), S. 3-19.

[93] Chari, Varadarajan V., Ravi Jagannathan (1988), „Banking Panics, Information, and Rational Expectations Equilibrium“, in: *Journal of Finance*, Vol. 43 (1988), S. 749-761.

[94] Chen, Yehning (1999), „Banking Panics: The Role of the First-Come, First-Served Rule and Information Externalities“, in: *Journal of Political Economy*, Vol. 107 (1999), S. 946-968.

[95] Christoffersen, Peter, Denis Pelletier (2004), „Backtesting Value-at-Risk: A Duration-Based Approach“, in: *Journal of Financial Econometrics*, Vol. 2 (2004), S. 84-108.

[96] Cooperstein Richard L., George G. Pennacchi, F. Stevens Redburn (1995), „The Aggregate Cost of Deposit Insurance: A Multiperiod Analysis“, in: *Journal of Financial Intermediation*, Vol. 4 (1995), S. 242-271.

[97] Cox, John C., Stephen A. Ross (1976), „The Valuation of Options for alternative Stochastic Processes“, in: *Journal of Financial Economics*, Vol. 3 (1976), S. 145-166.

[98] Cull, Robert, Lemma W. Senbet, Marco Sorge (2005), „Deposit Insurance and Financial Development“, in: *Journal of Money, Credit, and Banking*, Vol. 37 (2005), S. 43-82.

[99] Cuoco, Domenico, Hua He, Sergei Issaenko (2001), *Optimal Dynamic Trading Strategies with Risk Limits*, mimeo, April 2001.

[100] Curry, Timothy, Lynn Shibut (2000), „The Cost of the Savings and Loan Crisis: Truth and Consequences“, in: *FDIC Banking Review*, Vol. 13 (2000), Issue 2, S. 26-35.

[101] Daníelsson, Jón (2002), „The Emperor has No Clothes: Limits to Risk Modelling“, in: *Journal of Banking and Finance*, Vol. 26 (2002), S. 1273-1296.

[102] Daníelsson, Jón, Philipp Hartmann, Casper G. de Vries (1998), „The Cost of Conservatism: Extreme Values, Value-at-Risk, and the Basle ‚Multiplication Factor'", in: *Risk*, Vol. 11 (1998), January, S. 101-103.

[103] Daníelsson, Jón, Bjørn N. Jorgensen, Casper G. de Vries (2002), „Incentives for Effective Risk Management", in: *Journal of Banking and Finance*, Vol. 26 (2002), S. 1407-1425.

[104] Daníelsson, Jón, Hyun Song Shin, Jean-Pierre Zigrand (2004), „The Impact of Risk Regulation on Price Dynamics", in: *Journal of Banking and Finance*, Vol. 28 (2004), S. 1069-1087.

[105] Daníelsson, Jón, Paul Embrechts, Charles Goodhart, Con Keating, Felix Muennich, Olivier Renault, Hyun Song Shin (2001), *An Academic Response to Basel II*, Special Paper No. 130, Financial Markets Group (FMG), London School of Economics and Political Science.

[106] Das, Sanjiv R., Laurence Freed, Gary Geng, Nikunj Kapadia (2004), *Correlated Default Risk*, mimeo, June 2004.

[107] Dasgupta, Amil (2002), *Financial Contagion through Capital Connections: A Model of the Origin and Spread of Bank Panics*, Discussion Paper 436, Financial Markets Group (FMG), London School of Economics and Political Science.

[108] DeBandt, Olivier, Philipp Hartmann (2000), *Systemic Risk: A Survey*, Working Paper No. 35, European Central Bank.

[109] DeBandt, Olivier, Christian Pfister (2003), „Politique monétaire, capital bancaire et liquidité des marchés", in: *Revue d'économie financière*, No. 73, S. 213-226.

[110] de Fontnouvelle, Patrick, John Jordan, Eric Rosengren (2005), *Implications of Alternative Operational Risk Modeling Techniques*, NBER Working Paper No. 11103, National Bureau of Economic Research, Cambridge (MA).

[111] Demirgüç-Kunt Asli, Enrica Detragiache (2002), „Does Deposit Insurance Increase Banking System Stability? An Empirical Investigation", in: *Journal of Monetary Economics*, Vol. 49 (2002), S. 1373-1406.

[112] Demirgüc-Kunt, Asli, Harry Huizinga (2004), „Market Discipline and Deposit Insurance", in: *Journal of Monetary Economics*, Vol. 51 (2004), S. 375-399.

[113] Demsetz, Rebecca, Marc Saidenberg, Philip Strahan (1996), „Banks with Something to Loose: The Disciplinary Role of Franchise Value“, in: *Federal Reserve Bank of New York Economic Policy Review*, Vol. 2 (1996), S. 1-14.

[114] Dewatripont, Mathias, Jean Tirole (1994), *The Prudential Regulation of Banks*, Cambridge (MA), London.

[115] Diamond, Douglas W. (1997), „Liquidity, Banks, and Markets“, in: *Journal of Political Economy*, Vol. 105 (1997), S. 928-956.

[116] Diamond, Douglas W. (2001), „Should Banks be Recapitalized?“, in: *Federal Reserve Bank of Richmond Economic Quarterly*, Vol. 87 (2001), S. 71-96.

[117] Diamond, Douglas W. (1996), „Financial Intermediation as Delegated Monitoring. A Simple Example“, in: *Federal Reserve Bank of Richmond Economic Quarterly*, Vol. 82 (1996), S. 51-66.

[118] Diamond, Douglas W. (1984), „Financial Intermediation and Delegated Monitoring“, in: *Review of Economic Studies*, Vol. 51 (1984), S. 393-414.

[119] Diamond, Douglas W., Philip H. Dybvig (1983), „Bank Runs, Deposit Insurance, and Liquidity“, in: *Journal of Political Economy*, Vol. 91 (1983), S. 401-419.

[120] Diamond, Douglas W., Raghuram G. Rajan (2001), „Liquidity Risk, Liqudity Creation and Financial Fragility: A Theory of Banking“, in: *Journal of Political Economy*, Vol. 109 (2001), S. 287-327.

[121] Diamond, Douglas W., Raghuram G. Rajan (2000), „A Theory of Banking Capital“, in: *Journal of Finance*, Vol. 55 (2000), S. 2431-2465.

[122] Dionne, Georges (2003), *The Foundations of Banks' Risk Regulation: a Review of the Literature*, Working Paper 03-46, Centre interuniversitaire sur le risque, les politiques économiques et l'emploi (CIRPÉE), Montreal.

[123] Dowd, Kevin (1992), „Models of Banking Instability: A Partial Review of the Literature“, in: *Journal of Economic Surveys*, Vol. 6 (1992), S. 107-132.

[124] Dowd, Kevin (1993a), „Reexamining the Case for Government Deposit Insurance“, in: *Southern Economic Journal*, Vol. 59 (1993), S. 363-370.

[125] Dowd, Kevin (1993b), „Deposit Insurance: A Skeptical View“, in: *Federal Reserve Bank of St. Louis Review*, Vol. 75 (1993), January-February, S. 14-17.

[126] Dowd, Kevin (1998), *Beyond Value at Risk - the New Science of Risk Management*, Chichester et al.

[127] Dowd, Kevin (1999), „Does Asymmetric Information justify Bank Capital Adequacy Regulation?“, in: *Cato Journal*, Vol. 19 (1999), S. 39-47.

[128] Dowd, Kevin (2000), „Bank Capital Adequacy versus Deposit Insurance“, in: *Journal of Financial Services Research*, Vol. 17 (2000), S. 7-15.

[129] Dowe, Christiane (2000), *Einlagensicherungssysteme in Deutschland, Frankreich und Großbritannien*, Frankfurt a.M. et al.

[130] DSGV (2005), *Fakten, Analysen, Positionen 2005*, Teil 18, Deutscher Sparkassen- und Giroverband, Berlin; http://www.dsgv.de/, zuletzt abgerufen am 31.10.2005.

[131] Duan, Jin-Chuan, Min-Teh Yu (1994), „Forbearance and Pricing Deposit Insurance in a Multiperiod Framework“, in: *Journal of Risk and Insurance*, Vol. 61 (1994), S. 575-591.

[132] Duan, Jin-Chuan, Arthur F. Moreau, C.W. Sealey (1995), „Deposit Insurance and Bank Interest Rate Risk: Pricing and Regulatory Implications“, in: *Journal of Banking and Finance*, Vol. 19 (1995), S. 1091-1108.

[133] Düllmann, Klaus, Harald Scheule (2003), *Asset Correlation of German Corporate Obligors: Its Estimation, Its Drivers and Implications for Regulatory Capital*, mimeo, March 2003.

[134] Dziobek, Claudia, Ceyla Pazarbaşioglu (1997), *Lessons from Systemic Bank Restructuring: A Survey of 24 Countries*, IMF Working Paper WP/97/161, International Monetary Fund.

[135] ECB (1999), *Opinion of the European Central Bank*, CON/99/15, European Central Bank; http://www.ecb.int/, zuletzt abgerufen am 31.10.2005.

[136] ECB (2001a), *The Role of Central Banks in Prudential Supervision: Note of the Governing Council*, March 30, 2001, European Central Bank; http://www.ecb.int/, zuletzt abgerufen am 31.10.2005.

[137] ECB (2001b), *ECB Press Release*, September 11, 2001, European Central Bank; http://www.ecb.int/, zuletzt abgerufen am 31.10.2005.

[138] ECB (2001c), *Opinion of the European Central Bank*, CON/2001/32, European Central Bank; http://www.ecb.int/, zuletzt abgerufen am 31.10.2005.

[139] Eeckhoudt, Louis, Christian Gollier (1995), *Risk - Evaluation, Management and Sharing*, New York (NY) et al.

[140] Eeckhoudt, Louis, Christian Gollier, Harris Schlesinger (1997), „The No-Loss Offset Provision and the Attitude towards Risk of a Risk-Neutral Firm“, in: *Journal of Public Economics*, Vol. 65 (1997), S. 207-217.

[141] Elizalde, Abel, Rafael Repullo (2004), *Economic and Regulatory Capital - What is the Difference?*, Working Paper 0422, Centro de Estudios Monetarios y Financieros (CEMFI), Madrid.

[142] Elsinger, Helmut, Alfred Lehar, Martin Summer (2002), *Risk Assessment for Banking Systems*, Working Paper No. 79, Österreichische Nationalbank.

[143] Embrechts, Paul, Alexander McNeil, Daniel Straumann (2002), „Correlation and Dependence in Risk Management: Properties and Pitfalls“, in: Dempster, Michael A. (ed.) (2002), *Risk Management - Value at Risk and Beyond*, Cambridge, S. 176-223.

[144] Embrechts, Paul, Andrea Höing, Alessandro Juri (2003), „Using Copulae to Bound the Value-at-Risk for Functions of Dependent Risks“, in: *Finance and Stochastics*, Vol. 7 (2003), S. 145-167.

[145] Engerer, Helle, Mechthild Schrooten (2004), *Änderungen der Haftungsbedingungen für öffentlich-rechtliche Kreditinstitute*, DIW-Wochenbericht 25/2004, Berlin.

[146] Erlenmaier, Ulrich, Hans Gersbach (2001), *Default Probabilities and Default Correlations*, mimeo, February 2001.

[147] Estrella, Arturo (2004), „The Cyclical Behavior of Optimal Bank Capital“, in: *Journal of Banking and Finance*, Vol. 28 (2004), S. 1469-1498.

[148] European Monetary Institute (1998), *Opinion of the Monetary Institute*, CON/98/04; http://www.ecb.int/, zuletzt abgerufen am 31.10.2005.

[149] Fama, Eugene F. (1980), „Banking in the Theory of Finance“, in: *Journal of Monetary Economics*, Vol. 6 (1980), S. 39-57.

[150] Federal Reserve Board (2001), *Press Release*, September 11, 2001; http://www.federalreserve.gov, zuletzt abgerufen am 31.10.2005.

[151] Federal Reserve Board (2003), *Advance Notice of Proposed Rulemaking: Risk-Based Capital Guidelines - Implementation of New Basel Capital Accord*, Joint Federal Register Notice, Board of Governors of the Federal Reserve System, Federal Deposit Insurance Corporation, Office of the Comptroller of the Currency Office, of Thrift Supervision, August 4, 2003; http://www.federalreserve.gov/, zuletzt abgerufen am 31.10.2005.

[152] Federal Reserve Board (2005a), *Joint Press Release*, Board of Governors of the Federal Reserve System, Federal Deposit Insurance Corporation, Office of the Comptroller of the Currency, Office of Thrift Supervision, September 30, 2005; http://www.federalreserve.gov/, zuletzt abgerufen am 31.10.2005.

[153] Federal Reserve Board (2005b), *Press Release*, October 6, 2005; http://www.federalreserve.gov/, zuletzt abgerufen am 31.10.2005.

[154] FDIC (2001), *Keeping the Promise: Recommendations for Deposit Insurance Reform*, Federal Deposit Insurance Corporation, April 2001; http://www.fdic.gov/, zuletzt abgerufen am 31.10.2005.

[155] FDIC (2005a), *Memorandum to the Board of Directors*, BIF Assessment Rates for the Second Semiannual Assessment Period of 2005, Federal Deposit Insurance Corporation, May 10, 2005; http://www.fdic.gov/, zuletzt abgerufen am 31.10.2005.

[156] FDIC (2005b), *Memorandum to the Board of Directors*, SAIF Assessment Rates for the Second Semiannual Assessment Period of 2005, Federal Deposit Insurance Corporation, May 10, 2005; http://www.fdic.gov/, zuletzt abgerufen am 31.10.2005.

[157] FDIC (2005c), *Statement of Thomas J. Curry (Director Federal Deposit Insurance Corporation) on „Basel II: Capital Changes in The U.S. Banking System and the Results of The Impact Study"*, before the Subcommittee on Financial Institutions and Consumer Credit and Subcommittee on Domestic and International Monetary Policy, Trade, and Technology of The Committee on Financial Services, U.S. House of Representatives, Federal Deposit Insurance Corporation, May 11, 2005; http://www.fdic.gov/, zuletzt abgerufen am 31.10.2005.

[158] Finger, Christopher C. (2001), „The One-Factor CreditMetrics Model in the New Basel Capital Accord", in: *RiskMetrics Journal*, Vol. 2 (2001), No. 1, S. 9-18.

[159] Fishburn, Peter C. (1977), „Mean-Risk Analysis with Risk associated with Below-Target Returns", in: *American Economic Review*, Vol. 67 (1977), S. 116-126.

[160] Flannery, Mark J. (1991), „Pricing Deposit Insurance when the Insurer Measures Bank Risk with Error", in: *Journal of Banking and Finance*, Vol. 15 (1991), S. 975-998.

[161] Flannery, Mark J. (1994), „Debt Maturity and the Deadweight Cost of Leverage: Optimally Financing Banking Firms", in: *American Economic Review*, Vol. 84 (1994), S. 320- 331.

[162] Flannery, Mark J. (1996), „Financial Crises, Payment System Problems, and Discount Window Lending", in: *Journal of Money, Credit, and Banking*, Vol. 28 (1996), S. 804-824.

[163] Flannery, Mark J., Simon H. Kwan, M. Nimalendran (2004), „Market Evidence on the Opaqueness of Banking Firms' Assets", in: *Journal of Financial Economics*, Vol. 71 (2004), S. 419-460.

[164] Franke, Günter, Herbert Hax (2004), *Finanzwirtschaft des Unternehmens und Kapitalmarkt*, Berlin et al.

[165] Freixas, Xavier, Emmanuelle Gabillon (1999), „Optimal Regulation of a Fully Insured Deposit Banking System“, in: *Journal of Regulatory Economics*, Vol. 16 (1999), S. 111-134.

[166] Freixas, Xavier, Jean-Charles Rochet (1997), *The Microeconomics of Banking*, Cambridge (MA).

[167] Freixas, Xavier, Jean-Charles Rochet (1998), „Fair Pricing of Deposit Insurance: Is it possible? Yes. Is it desirable? No.“, in: *Research in Economics*, Vol. 52 (1998), S. 217-232.

[168] Freixas, Xavier, Anthony M. Santomero (2004), „Regulation of Financial Intermediaries: A Discussion“, in: Battacharya, Sudipto, Arnoud Boot, Anjan Thakor (2004) (eds.), *Credit Intermediation and the Macroeconomy - Models and Perspectives*, Oxford, New York (NY), S. 424-448.

[169] Freixas, Xavier, Bruno M. Parigi, Jean-Charles Rochet (2000), „Systemic risk, interbank relations, and liquidity provision by the Central bank“, in: *Journal of Money, Credit, and Banking*, Vol. 32 (2000), S. 611-638.

[170] Froot, Kenneth A., David S. Scharfstein, Jeremy C. Stein (1993), „Risk Management: Coordinating Corporate Investment and Financing Policies“, in: *Journal of Finance*, Vol. 48 (1993), S. 1629-1658.

[171] Frye, Jon (2000), *Depressing Recoveries*, Policy Studies, Emerging Issues Series, S&R-2000-8, Federal Reserve Bank of Chicago.

[172] Furfine, Craig H. (1999), *Interbank Exposures: Quantifying the Risk of Contagion*, BIS Working Paper No. 70, Bank for International Settlements, Basel.

[173] Furlong, Frederick T., Michael C. Keeley (1989) „Capital Regulation and Bank Risk-taking: A Note“, in: *Journal of Banking and Finance*, Vol. 13 (1989), S. 883-891.

[174] Gale, Douglas, Xavier Vives (2002), „Dollarization, Bailouts, and the Stability of the Banking System“, in: *Quarterly Journal of Economics*, Vol. 117 (2002), S. 467-502.

[175] Garcia, Gillian (1999), *Deposit Insurance: A Survey of Actual and Best Practice*, IMF Working Paper 99/54, International Monetary Fund.

[176] Garcia, Gillian, Henriette Prast (2003), *Depositor and Investor Protection in the EU and the Netherlands*, Research Series Supervision, Report Nr. 54, Dutch National Bank.

[177] Gehrig, Thomas (1995), „Capital Adequacy Rules - Implications for Banks' Risk-Taking", in: *Schweizerische Zeitschrift für Volkswirtschaft und Statistik*, Jg. 131 (1995), S. 747-764.

[178] Gersbach, Hans, Alexander Lipponen (2003), „Firm Defaults and the Correlation Effect", in: *European Financial Management*, Vol. 9 (2003), S. 361-377.

[179] Gilli, Manfred, Evix Këllezi (2004), *An Application of Extreme Value Theory for Measuring Risk*, mimeo, December 2004.

[180] Goodfriend, Marvin, Robert C. King (1988), „Financial Deregulation, Monetary Policy, and Central Banking", in: Haraf, William S., Rose M. Kushmeider (eds.) (1988), *Restructuring Banking and Financial Services in America*, Washington, D.C., S. 216-253.

[181] Goodhart, Charles A.E. (1988), *The Evolution of Central Banks*, Cambridge (MA).

[182] Gollier, Christian, Pierre-François Koehl, Jean-Charles Rochet (1997), „Risk-Taking Behavior with Limited Liability and Risk Aversion", in: *Journal of Risk and Insurance*, Vol. 64 (1997), S. 347-370.

[183] Gordy, Michael B. (2003), „A Risk-Factor Model Foundation for Ratings-Based Bank Capital Rules", in: *Journal of Financial Intermediation*, Vol. 12 (2003), S. 199-232.

[184] Gordy, Michael B., Bradley Howells (2004), *Procyclicality in Basel II: Can We Treat the Disease Without Killing the Patient?*, mimeo, May 2004.

[185] Gorton, Gary (1988), „Banking Panics and Business Cycle", in: *Oxford Economic Papers*, Vol. 40 (1988), S. 751-781.

[186] Gorton, Gary, George Pennacchi (1990), „Financial Intermediaries and Liquidity Creation", in: *Journal of Finance*, Vol. 45 (1990), S. 49-71.

[187] Gourinchas, Pierre-Olivier, Rodrigo Valdes, Oscar Landerretche (2001), *Lending Booms: Latin America and the World*, NBER Working Paper No. 8249, National Bureau of Economic Research, Cambridge (MA).

[188] Ó Gráda, Cormac, Eugene White (2002), *Who Panics during Panics? Evidence from a Nineteenth Century Savings Bank*, NBER Working Paper No. 8856, National Bureau of Economic Research, Cambridge (MA).

[189] Gravelle, Hugh, Ray Rees (1992), *Microeconomics*, London.

[190] Green, Richard C. (1984), „Investment Incentives, Debt, and Warrants", in: *Journal of Financial Economics*, Vol. 13 (1984), S. 115-136.

[191] Green, Edward, Ping Lin (2000), „Diamond and Dybvig's Classic Theory of Financial Intermediation: What's Missing?", in: *Federal Reserve Bank of Minneapolis Quarterly Review*, Vol. 24 (2000), S. 3-13.

[192] Green, Richard C., Eli Talmor (1986), „Asset Substitution and the Agency Costs of Debt Financing", in: *Journal of Banking and Finance*, Vol. 10 (1986), S. 391-399.

[193] Greenbaum, Stuart I., Anjan V. Thakor (1995), *Contemporary Financial Intermediation*, Mason (OH).

[194] Greenwald, Bruce C., Joseph E. Stiglitz (1990), „Asymmetric Information and the New Theory of the Firm: Financial Constraints and Risk Behavior", in: *American Economic Review - Papers and Proceedings*, Vol. 80 (1990), S. 160-165.

[195] Grinblatt, Mark, Sheridan Titman (2002), *Financial Markets and Corporate Strategy*, Boston (MA) et al.

[196] Grossmann, Sanford G., Joseph E. Stiglitz (1980), „On the Impossibility of Informationally Efficient Markets", in: *American Economic Review*, Vol. 70 (1980), S. 393-408.

[197] Grüske, Karl-Dieter (1985), *Personale Verteilung und Effizienz der Umverteilung*, Göttingen.

[198] Gurley, John, Edward Shaw (1960), *Money in a Theory of Finance*, Washington, D.C.

[199] Guthoff, Anja, Andreas Pfingsten, Juliane Wolf (1998), „Der Einfluß einer Begrenzung des Value at Risk oder des Lower Partial Moment One auf die Risikonahme", in: Oehler, Andreas (Hrsg.) (1998), *Credit Risk and Value-at-Risk Alternativen - Herausforderungen für das Risk Management*, Stuttgart, S. 111-153.

[200] Hart, Oliver D., Dwight M. Jaffee (1974), „On the Application of Portfolio Theory to Depository Financial Intermediaries“, in: *Review of Economic Studies*, Vol. 41 (1974), S. 129-147.

[201] Hartmann-Wendels, Thomas, Andreas Pfingsten, Martin Weber (2004), *Bankbetriebslehre*, Berlin et al.

[202] Haubrich, Joseph G. (1998), „Bank Diversification: Laws and Fallacies of Large Numbers“, in: *Federal Reserve Bank of Cleveland Economic Review*, Vol. 34 (1998), No. 2, S. 2-9.

[203] Haubrich, Joseph G., Robert G. King (1990), „Banking and Insurance“, in: *Journal of Monetary Economics*, Vol. 26 (1990), S. 361-386.

[204] Hayek, Friedrich August (1931), *Preise und Produktion*, Wien; Faksimile-Ausgabe 1995 durch den Verlag Wirtschaft und Finanzen, Düsseldorf.

[205] Hellmann, Thomas F., Kevin C. Murdock, Joseph E. Stiglitz (2000), „Liberalization, Moral Hazard in Banking, and Prudential Regulation: Are Capital Requirements Enough?“, in: *American Economic Review*, Vol. 90 (2000), S. 147-165.

[206] Hellwig, Martin (1994), „Liquidity Provision, Banking and Interest Rate Risk“, in: *European Economic Review*, Vol. 38 (1994), S. 1363-1389.

[207] Hellwig, Martin (1995), „Systemic Aspects of Risk Management in Banking and Finance“, in: *Schweizerische Zeitschrift für Volkswirtschaft und Statistik*, Jg. 131 (1995), S. 723-737.

[208] Hellwig, Martin (1998a), „Banks, Markets, and the Allocation of Risks in an Economy“, in: *Journal of Institutional and Theoretical Economics*, Vol. 154 (1998), S. 328-345.

[209] Hellwig, Martin (1998b), „Systemische Risiken im Finanzsektor“, in: Duwendag, Dieter (Hrsg.) (1998), *Finanzmärkte im Spannungsfeld von Globalisierung, Regulierung und Geldpolitik*, Berlin.

[210] Hendricks, Darryll (2004), „Commentary: Rebalancing the Three Pillars of Basel II“, in: *Federal Reserve Bank of New York Economic Policy Review*, Vol. 10 (2004), September, S. 23-26.

[211] Hirshleifer, David, Yoon Suh (1992), „Risk Managerial Effort, and Project Choice“, in: *Journal of Financial Intermediation*, Vol. 2 (1992), S. 308-345.

[212] Hirtle, Beverly J., Jose A. Lopez (1999), „Supervisory Information and the Frequency of Bank Examinations“, in: *Federal Reserve Bank of New York Economic Policy Review*, April 1999, S. 1-19.

[213] Hogg, Robert V., Elliot A. Tanis (1993), *Probability and Statistical Inference*, Englewood Cliffs (NJ).

[214] Hoggarth, Glenn, Ricardo Reis, Victoria Saporta (2002), „Costs of Banking System Instability: Some Empirical Evidence“, in: *Journal of Banking and Finance*, Vol. 26 (2002), S. 825-855.

[215] Homölle, Susanne (1999), *Eigenkapitalregulierung und Risikoübernahme von Kreditinstituten*, Münster.

[216] Humphrey, Thomas M. (1989), „Lender of Last Resort: The Concept in History“, in: *Federal Reserve Bank of Richmond Economic Review*, Vol. 75 (1989), March-April, S. 8-16.

[217] Illing, Mark, Graydon Paulin (2004), *The New Basel Capital Accord and the Cyclical Behaviour of Bank Capital*, Working Paper 2004-30, Bank of Canada.

[218] Ingersoll, Jonathan E. (1987), *The Theory of Financial Decision Making*, Savage (MD).

[219] Issing, Otmar (1996), *Einführung in die Geldpolitik*, München.

[220] Jacklin, Charles (1987), „Demand Deposits, Trading Restrictions, and Risk Sharing“, in: Prescott, Edward C., Neil Wallace (eds.)(1987), *Contractual Arrangements for Intertemporal Trade*, Minneapolis (MN), S. 26-47.

[221] Jacklin, Charles (1993), „Market Rate versus Fixed Rate Demand Deposits“, in: *Journal of Monetary Economics*, Vol. 32 (1993), S. 237-258.

[222] Jacklin, Charles, Sudipto Bhattacharya (1988), „Distinguishing Panics and Information-Based Bank Runs: Welfare and Policy Implications“, in: *Journal of Political Economy*, Vol. 96 (1988), S. 568-592.

[223] Jackson, Patricia, William Perraudin (2000), „Regulatory Implications of Credit Risk Modelling“, in: *Journal of Banking and Finance*, Vol. 24 (2000), S. 1-14.

[224] Jaschke, Stefan R. (2002), *Quantile-VaR is the Wrong Measure to Quantify Market Risk for Regulatory Purposes*, Discussion Paper 2001-55, Sonderforschungsbereich 373, Humboldt-Universität Berlin.

[225] Jayaratne, Jith, Philip Strahan (1998), „Entry Restrictions, Industry Evolution, and Dynamic Efficiency: Evidence from Commercial Banking“, in: *Journal of Law and Economics*, Vol. 41 (1998), S. 239-275.

[226] Jensen, Michael C., William H. Meckling (1976), „Theory of the Firm: Managerial Behavior, Agency Costs and Ownership Structure“, in: *Journal of Financial Economics*, Vol. 3 (1976), S. 305-360.

[227] Johanning, Lutz (1998), „Zur Eignung des Value-at-Risk als bankaufsichtliches Risikomass“, in: *Finanzmarkt und Portfolio Management*, Jg. 12 (1998), S. 283-303.

[228] John, Kose, Teresa A. John, Lemma W. Senbet (1991), „Risk-Shifting Incentives of Depository Institutions: A New Perspective on Federal Deposit Insurance Reform“, in: *Journal of Banking and Finance*, Vol. 15 (1991), S. 895-915.

[229] Jokivuolle, Esa, Samu Peura (2003), „Incorporating Collateral Value Uncertainty in Loss Given Default Estimates and Loan-to-Value Ratios“, in: *European Financial Management*, Vol. 9 (2003), S. 299-314.

[230] Jorion, Philippe (2001), *Value at Risk: The New Benchmark for Managing Financial Risk*, New York (NY) et al.

[231] Jorion, Philippe (2005), *Bank Trading Risk and Systemic Risk*, NBER Working Paper 11037, National Bureau of Economic Research, Cambridge (MA).

[232] Kane, Edward J. (1995), „Three Paradigms for the Role of Capitalization Requirements in Insured Financial Institutions“, in: *Journal of Banking and Finance*, Vol. 19 (1995), S. 431-459.

[233] Kane, Edward J., Kimberly DeTrask (1999), „Breakdown of Accounting Controls at Barings and Daiwa: Benefits of

Using Opportunity-Cost Measures for Trading Activity", in: *Pacific-Basin Finance Journal*, Vol. 7 (1999), S. 203-228.

[234] Karacadag, Cem, Michael W. Taylor (2000), *The New Capital Adequacy Framework: Institutional Constraints and Incentive Structures*, Société Universitaire Européenne de Recherches Financières, Wien.

[235] Kareken, John H., Neil Wallace (1978), „Deposit Insurance and Bank Regulation: A Partial-Equilibrium Exposition", in: *Journal of Business*, Vol. 51 (1978), S. 413-438.

[236] Kashyap, Anil K., Jeremy C. Stein (2003), *Cyclical Implications of the Basel II Capital Standards*, mimeo, November 2003; gekürzte Fassung in: *Federal Reserve Bank of Chicago Economic Perspectives*, First Quarter 2004, S. 19-31.

[237] Kaufman, George G. (1996), „Bank Failures, Systemic Risk, and Bank Regulation", in: *Cato Journal*, Vol. 16 (1996), S. 17-45.

[238] Kaufman, George G., Peter J. Wallison (2001), „The New Safety Net", in: *Regulation*, Vol. 24 (2001), Summer, S. 28-35.

[239] Keeley, Michael (1990), „Deposit Insurance, Risk, and Market Power", in: *American Economic Review*, Vol. 80 (1990), S. 1183-1200.

[240] Keeley, Michael, Frederick T. Furlong (1990), „A Re-Examiniation of Mean-Variance Analysis of Banking Capital Regulation", in: *Journal of Banking and Finance*, Vol. 14 (1990), S. 69-84.

[241] Kim, Daesik, Anthony M. Santomero (1988), „Risk in Banking and Capital Regulation", in: *Journal of Finance*, Vol. 43 (1988), S. 1219-1233.

[242] Kleinert, Jens (1999), *Einlagensicherungssysteme nach deutschem und U.S.-amerikanischem Recht*, Baden-Baden.

[243] Klüh, Ulrich (2005), *Safety Net Design and Systemic Risk: New Empirical Evidence*, Discussion Paper 2005-12, Department of Economics, University of Munich.

[244] Koehn, Michael, Anthony M. Santomero (1980), „Regulation of Bank Capital and Portfolio Risk", in: *Journal of Finance*, Vol. 35 (1980), S. 1235-1244.

[245] Kredittilsynet (2004), *Seminar on Financial Crises: Ten Years after the Nordic Banking Crisis*; http://www.kredittilsynet.no/, zuletzt abgerufen am 31.10.2005.

[246] Kreps, David M. (1990), *A Course in Microeconomic Theory*, New York (NY) et al.

[247] Kürsten, Wolfgang (1994), *Finanzkontrakte und Risikoanreizproblem: Mißverständnisse im informationsökonomischen Ansatz der Finanztheorie*, Wiesbaden.

[248] Kupiec, Paul H. (1995), „Techniques for Verifying the Accuracy of Risk Measurement Models", in: *Journal of Derivatives*, Vol. 2 (1995), S. 73-84.

[249] Kupiec, Paul H. (1999), „Risk Capital and VaR", in: *Journal of Derivatives*, Vol. 7 (1999), Winter, S. 41-52.

[250] Kupiec, Paul H. (2001), *Is the New Basel Accord Incentive Compatible?*, mimeo, December 2001.

[251] Kupiec, Paul H. (2004), „Internal Model-Based Capital Regulation and Bank Risk-Taking Incentives", in: *Journal of Derivatives*, Vol. 11 (2004), S. 33-42.

[252] Kurz, Heinz D. (1995), „Über ‚natürliche' und ‚künstliche' Störungen des allgemeinen wirtschaftlichen Gleichgewichts: Friedrich August Hayeks monetäre Überinvestitionstheorie in *Preise und Produktion*", in: Schefold, Bertram (Hrsg.) (1995), *Vademecum zu einem Klassiker der Marktkoordination*, Kommentarband zum Faksimile-Nachdruck von *Preise und Produktion*, Düsseldorf.

[253] Kyle, Albert S. (1981), *An Equilibrium Model of Speculation and Hedging*, Ph.D. Thesis, University of Chicago.

[254] Laeven, Luc (2002), *Pricing of Deposit Insurance*, Policy Research Working Paper 2871, The World Bank.

[255] Laffont, Jean-Jacques, Jean Tirole (1986), „Using Cost Observation to Regulate Firms", in: *Journal of Political Economy*, Vol. 94 (1986), S. 614-641.

[256] Laffont, Jean-Jacques, Jean Tirole (1993), *A Theory of Incentives in Procurement and Regulation*, Cambridge.

[257] Lambert, Richard A. (1986), „Executive Effort and the Selection of Risky Projects“, in: *Rand Journal of Economics*, Vol. 17 (1986), S. 77-88.

[258] Lindquist, Kjersti-Gro (2004), „Banks' Buffer Capital: How Important is Risk?“, in: *Journal of International Money and Finance*, Vol. 23 (2004), S. 493-513.

[259] Liz, Santiago Fernández de, Jorge Martínez Pagés, Jesús Saurina (2000), *Credit Growth, Problem Loans and Credit Risk Provisioning in Spain*, Working Paper No. 18/2000, Banco de España.

[260] Longin, François, Bruno Solnik (2001), „Extreme Correlation of International Equity Markets“, in: *Journal of Finance*, Vol. 56 (2001), S. 649-676.

[261] Lopez, Jose A. (1999), „Methods for Evaluating Value-at-Risk Estimates“, in: *Federal Reserve Bank of San Francisco Economic Review*, 1999, Number 2, S. 3-17.

[262] Loubergé, Henri (2000), „Developments in Risk and Insurance Economics: the past 25 Years“, in: Dionne, Georges (ed.) (2000), *Handbook of Insurance*, Boston, Dordrecht, London, S. 3-33

[263] Lowe, Philip (2002), *Credit Risk Measurement and Procyclicality*, BIS Working Papers No. 116, Bank for International Settlements.

[264] Lucas, Douglas (1995), „Default Correlation and Credit Analysis“, in: *Journal of Fixed Income*, Vol. 5 (1995), March, S. 76-87.

[265] Lucas, Douglas (2004), *Default Correlation: From Definition to Proposed Solutions*, UBS CDO Research Paper, August 2004.

[266] Luenberger, David G. (1973), *Introduction to Linear and Nonlinear Programming*, Reading (MA) et al.

[267] Maksimovic, Vojislav, Sheridan Titman (1991), „Financial Reputation and Reputation for Product Quality“, in: *Review of Financial Studies*, Vol. 2 (1991), S. 175-200.

[268] Marcus, Alan (1984), „Deregulation and Bank Financial Policy“, in: *Journal of Banking and Finance*, Vol. 8 (1984), S. 557-565.

[269] Marcus, Alan, Israel Shaked (1984), „The Valuation of FDIC Deposit Insurance using Option-Pricing Estimates“, in: *Journal of Money, Credit and Banking*, Vol. 16 (1984), S. 446-460.

[270] Marshall, David A., Edward Simpson Prescott (2001), „Bank Capital Regulation with and without State-Contingent Penalties“, in: *Carnegie-Rochester Conference Series on Public Policy*, Vol. 54 (2001), S. 139-184.

[271] Meade, James (1944), „Price and Output Policy of State Enterprises“, in: *Economic Journal*, Vol. 54 (1944), S. 321-328.

[272] McCulloch, J. Huston (1985), „Interest-Risk Sensitive Deposit Insurance Premia: Stable ACH Estimates“, in: *Journal of Banking and Finance*, Vol. 9 (1985), S. 137-156.

[273] McCulloch, J. Huston, Min-Teh Yu (1998), „Government Deposit Insurance and the Diamond-Dybvig Model“, in: *Geneva Papers on Risk and Insurance Theory*, Vol. 23 (1998), S. 139-149.

[274] Merbecks, Ute, Gabriela Bauer-Behrschmidt (2000), *Einlagensicherungssysteme - Ökonomische Analyse unterschiedlicher institutioneller Ausgestaltungsformen*, Diskussionsbeitrag 297, Fernuniversität Hagen.

[275] Merton, Robert C. (1974), „On the Pricing of Corporate Debt: The Risk Structure of Interest Rates“, in: *Journal of Finance*, Vol. 29 (1974), S. 449-470.

[276] Merton, Robert C. (1977), „An Analytic Derivation of the Cost of Deposit Insurance and Loan Guarantees: An Application of Modern Option Pricing Theory“, in: *Journal of Banking and Finance*, Vol. 1 (1977), S. 3-11.

[277] Merton, Robert C. (1978), „On the Cost of Deposit Insurance when there are Surveillance Costs“, in: *Journal of Business*, Vol. 51 (1978), S. 439-452.

[278] Miles, David (1995), „Optimal Regulation of Deposit Taking Financial Intermediaries“, in: *European Economic Review*, Vol. 39 (1995), S. 1365-1384.

[279] Milne, Alistair (2002), „Bank Capital Regulation as an Incentive Mechanism: Implications for Portfolio Choice“, in: *Journal of Banking and Finance*, Vol. 26 (2002), S. 1-23.

[280] Milne, Alistair, Elizabeth Whalley (2001), *Bank Capital Regulation and Incentives for Risk-Taking*, mimeo, December 2001.

[281] Modigliani, Franco, Merton H. Miller (1958), „The Cost of Capital, Corporation Finance, and the Theory of Investment“, in: *American Economic Review*, Vol. 48 (1958), S. 261-297.

[282] Murphy, Kevin J. (1999), „Executive Compensation“, in: Ashenfelter, Orley, David Card (eds.) (1999), *Handbook of Labor Economics*, Vol. 3B, Amsterdam et al., S. 2485-2563.

[283] Myers, Stewart C., Nicholas S. Majluf (1984) „Corporate Financing and Investment Decisions When Firms Have Information Investors Do Not Have“, in: *Journal of Financial Economics*, Vol.13 (1984), S. 187-221.

[284] Nagarajan, Shankar, Calvin W. Sealey (1998), „State-Contingent Regulatory Mechanisms and Fairly Priced Deposit Insurance“, in: *Journal of Banking and Finance*, Vol. 22 (1998), S. 1139-1156.

[285] Nehls, Hiltrud, Torsten Schmidt (2003), *Credit Crunch in Germany?*, Discussion Paper No. 6, Rheinisch-Westfälisches Institut für Wirtschaftsforschung (RWI), Essen.

[286] Neumann, Manfred (1995), *Theoretische Volkswirtschaftslehre II - Produktion, Nachfrage und Allokation*, München.

[287] Nickell, Pamela, William Perraudin, Simone Varotto (2000), „Stability of Rating Transitions“, in: *Journal of Banking and Finance*, Vol. 24 (2000), S. 203-227.

[288] Nicholas, Henry C. (1907), „Runs on Banks“, in: *Moody's Magazine*, December 1907, S. 23-26.

[289] Niinimäki, Juha-Pekka (2004), „The Effects of Competition on Banks Risk Taking“, in: *Journal of Economics*, Vol. 81 (2004), S. 199-222.

[290] Oppers, Stefan Erik (2002), *The Austrian Theory of Business Cycles: Old Lessons for Modern Economic Policy?*, IMF Working Paper 02/02, International Monetary Fund.

[291] Overbeck Ludger, Gerhard Stahl (1998), „Stochastische Modelle im Risikomanagement des Kreditportfolios“, in: Oehler, Andreas (Hrsg.) (1998), *Credit Risk and Value-at-Risk Alternativen*, Stuttgart.

[292] Papenthin, Wiebke (1999), *Der Zugang zur Einlagensicherung des privaten Bankgewerbes*, Hamburg.

[293] Park, Sangkyun (1991), „Bank Failure Contagion in Historical Perspective", in: *Journal of Monetary Economics*, Vol. 28 (1991), S. 271-286.

[294] Peek, Joe, Eric Rosengren (1995a), „Bank Regulation and the Credit Crunch", in: *Journal of Banking and Finance*, Vol. 19 (1995), S. 679-692.

[295] Peek, Joe, Eric Rosengren (1995b), „The Capital Crunch: Neither a Borrower nor a Lender Be", in: *Journal of Money, Credit, and Banking*, Vol. 27 (1995), S. 625-638.

[296] Peck, James, Karl Shell (2003), „Equilibrium Bank Runs", in: *Journal of Political Economy*, Vol. 111 (2003), S. 103-123.

[297] Pelizzon, Loriana (2001), *Franchise Value, Capital Requirements and Closure Rules in a Dynamic Model of Bank Portfolio Management*, mimeo, July 2001.

[298] Pennacchi, George G. (1987), „A Reexamination of the Over- (or Under-) Pricing of Deposit Insurance", in: *Journal of Money, Credit and Banking*, Vol. 19 (1987), S. 340-360.

[299] Pennacchi, George G. (2004), *Risk-Based Capital Standards, Deposit Insurance, and Procyclicality*, mimeo, August 2004.

[300] Postlewaite, Andrew, Xavier Vives (1987), „Bank Runs as an Equilibrium Phenomenon", in: *Journal of Political Economy*, Vol. 95 (1987), S. 485-491.

[301] Prüfungsverband (o.J.), *Kurzinformation Prüfungsverband deutscher Banken e.V.*, Köln; http://www.pruefungsverbandbanken.de/, zuletzt abgerufen am 31.10.2005.

[302] Pyle, David H. (1971), „On the Theory of Financial Intermediation", in: *Journal of Finance*, Vol. 26 (1971), S. 737-747.

[303] Qi, Jianping (1994), „Bank Liquidity and Stability in an Overlapping Generations Model", in: *Review of Financial Studies*, Vol. 7 (1994), S. 389-417.

[304] Rajan, Raghuram G. (1992), „Insiders and Outsiders: The Choice Between Informed and Arms Length Debt", in: *Journal of Finance*, Vol. 47 (1992), S. 1367-1400.

[305] Repullo, Rafael (1992), „Comment - ‚Capital Requirements and the Behaviour of Banks' by Jean-Charles Rochet", in: *European Economic Review*, Vol. 36 (1992), S. 1174-1177.

[306] Repullo, Rafael, Javier Suarez (2004), „Loan Pricing under Basel Capital Requirements", in: *Journal of Financial Intermediation*, Vol. 13 (2004), S. 496-524.

[307] Reserve Bank of Australia (2004), *Financial Stability Review*, March 2004.

[308] Reserve Bank of New Zealand (2003), *Financial System Regulation in New Zealand*, Overview Paper, July 25, 2003; http://www.rbnz.govt.nz/, zuletzt abgerufen am 31.10.2005.

[309] Reserve Bank of New Zealand (2005), *Your bank's disclosure statement - what's in it for you?*; http://www.rbnz.govt.nz/, zuletzt abgerufen am 31.10.2005.

[310] Rime, Bertrand (2003), *The New Basel Accord: Implications of the Co-Existence between the Standardized Approach and the Internal-Ratings-based Approach*, Working Paper 03.05, Studienzentrum Gerzensee.

[311] Rochet, Jean-Charles (1992), „Capital Requirements and the Behaviour of Commercial Banks", in: *European Economic Review*, Vol. 36 (1992), S. 1137-1178.

[312] Rochet, Jean-Charles (1999), „Solvency Regulations and the Management of Banking Risks", in: *European Economic Review*, Vol. 43 (1999), S. 981-990.

[313] Rochet, Jean-Charles, Xavier Vives (2003), *Coordination Failures and the Lender of Last Resort: Was Bagehot right after all?*, mimeo, April 2003.

[314] Rockafellar, R. Tyrrell, Stanislav Uryasev (2002) „Conditional Value-at-Risk for General Loss Distributions", in: *Journal of Banking and Finance*, Vol. 26 (2002), S. 1443-1471.

[315] Ronn, Ehud I., Avinash K. Verma (1986), „Pricing Risk-Adjusted Deposit Insurance: An Option-Based Model", in: *Journal of Finance*, Vol. 41 (1986), S. 871-895.

[316] Rosenberg, Joshua V., Til Schuermann (2004), *A General Approach to Integrated Risk Management with Skewed, Fat-Tailed Risks*, Federal Reserve Bank of New York, Staff Report no. 185.

[317] Rothschild, Michael, Joseph E. Stiglitz (1970), „Increasing Risk: I. A Definition", in: *Journal of Economic Theory*, Vol. 2 (1970), S. 225-243.

[318] Rule, David (2001), „Risk Transfer Between Banks, Insurance Companies and Capital Markets: An Overview", in: *Financial Stability Review*, Issue 11 (December 2001), Bank of England.

[319] Samartin, Margarita (2002), „Suspension of Convertibility versus Deposit Insurance: A Welfare Comparison", in: *European Finance Review*, Vol. 6 (2002), S. 223-244.

[320] Santomero, Anthony M. (1995), „Financial Risk Management: The Whys and Hows", in: *Financial Markets, Institutions, and Instruments*, Vol. 4 (1995), S. 1-13.

[321] Santor, Eric (2003), *Banking Crises and Contagion: Empirical Evidence*, Working Paper 2003-1, Bank of Canada.

[322] Saunders, Anthony, Marcia Millon Cornett (2003), *Financial Institutions Management: A Risk Management Approach*, International Edition, Boston (MA) et al.

[323] Saunders, Anthony, Berry Wilson (1995), „If History Could Be Rerun: The Provision and Pricing of Deposit Insurance in 1933", in: *Journal of Financial Intermediation*, Vol. 4 (1995), S. 396-413.

[324] Schinasi, Garry J. (2003), *Responsibility of Central Banks for Stability of Financial Markets*, IMF Working Paper 03/121, International Monetary Fund.

[325] Shadow Financial Regulatory Committee (2002), *The Basel 2 Approach to Bank Operational Risk: Regulation on the Wrong Track*, AEI Shadow Financial Regulatory Committee, Statement No. 179, May 6, 2002; http://www.aei.org/research/shadow/, zuletzt abgerufen am 31.10.2005.

[326] Sharpe, William F. (1978), „Bank Capital Adequacy, Deposit Insurance, and Security Values", in: *Journal of Financial and Quantitative Analysis*, Vol. 13 (1978), S. 701-718.

[327] Sheldon, George, Martin Maurer (1998), „Interbank Lending and Systemic Risk: An Empirical Analysis for Switzerland", in: *Schweizerische Zeitschrift für Volkswirtschaft und Statistik*, Jg. 134 (1998), S. 685-704.

[328] Shiller, Robert J. (1999), „Social Security and Institutions for Intergenerational, Intragenerational and International Risk Sharing“, in: *Carnegie-Rochester Conference Series on Public Policy*, Vol. 50 (1999), S. 165-204.

[329] Shleifer, Andrei, Robert W. Vishny (1997), „A Survey of Corporate Governance“, in: *Journal of Finance*, Vol. 52 (1997), S. 737-783.

[330] Sinn, Hans-Werner (2003), *The New Systems Competition*, Malden (MA).

[331] Sorge, Marco (2004), *Stress-Testing Financial Systems: An Overview of Current Methodologies*, BIS Working Paper No. 165, Bank for International Settlements, Basel.

[332] Spencer, Peter D. (2000), *The Structure and Regulation of Financial Markets*, Oxford et al.

[333] Smith, Clifford W., René M. Stulz (1985), „The Determinants of Firms' Hedging Policies“, in: *Journal of Financial and Quantitative Analysis*, Vol. 20 (1985), S. 391-405.

[334] Smith, Clifford W., Jerold B. Warner (1979), „On Financial Contracting: An Analysis of Bond Covenants“, in: *Journal of Financial Economics*, Vol. 7 (1979), S. 117-161.

[335] Staub, Markus (1999), *Aspects of Systemic Risk in Banking*, Berlin.

[336] Standard & Poor's (2004), *Special Report: Ratings Performance 2003*, New York (NY).

[337] Stillhart, Georg (2002), *Theorie der Finanzintermediation und Regulierung von Banken*, Bern, Stuttgart, Wien.

[338] Summer, Martin (2003), „Banking Regulation and Systemic Risk“, in: *Open Economic Review*, Vol. 14 (2003), S. 43-70.

[339] Szegö, Giorgio (2002), „Measures of Risk“, in: *Journal of Banking and Finance*, Vol. 26 (2002), S. 1253-1272.

[340] Terberger, Eva (1995), „Comment on the Paper by Thomas Gehrig ‚Capital Adequacy Rules: Implications for Banks' Risk-Taking'“, in: *Schweizerische Zeitschrift für Volkswirtschaft und Statistik*, Jg. 131 (1995), S. 765-769.

[341] Thomas, Hugh (2000), „A Proposal to Deregulate Banking“, in: *Cato Journal*, Vol. 20 (2000), S. 237-253.

[342] Thornton, Henry (1803), *An Enquiry into the Nature and Effects of the Paper Credit of Great Britain*, London.

[343] Townsend, Robert M. (1979), „Optimal Contracts and Competitive Markets with Costly State Verification“, in: *Journal of Economic Theory*, Vol. 21 (1979), S. 265-293.

[344] Unal, Haluk, Dilip Madan, Levent Guntay (2003), „Pricing the Risk of Recovery in Default with Absolute Priority Rule Violation“, in: *Journal of Banking and Finance*, Vol. 27 (2003), S. 1001-1025.

[345] Upper, Christian, Andreas Worms (2004), „Estimating Bilateral Exposures in the German Interbank Market: Is there a Danger of Contagion?“, in: *European Economic Review*, Vol. 48 (2004), S. 827-849.

[346] von Thadden, Ernst-Ludwig (1999), „Liquidity Creation through Banks and Markets: Multiple Insurance and Limited Market Access“, in: *European Economic Review*, Vol. 43 (1999), S. 991-1006.

[347] von Thadden, Ernst-Ludwig (2002), *Liquidity*, Cahiers de Recherches Economiques 02.01, Département d'Econométrie et d'Economie politique (DEEP), Université de Lausanne.

[348] Wagner, Adolph (1857), *Beiträge zur Lehre von den Banken*, Leipzig.

[349] Waldo, Douglas G. (1985), „Bank Runs, the Deposit-Currency Ratio and the Interest Rate“, in: *Journal of Monetary Economics*, Vol. 15 (1985), S. 269-277.

[350] Wallace, Neil (1988), „Another Attempt to Explain an Illiquid Banking System: The Diamond and Dybvig Model with Sequential Service Taken Seriously“, in: *Federal Reserve Bank of Minneapolis Quarterly Review*, Vol. 12 (1988), S. 3-16.

[351] Wallace, Neil (1990), „A Banking Model in which Partial Suspension is Best“, in: *Federal Reserve Bank of Minneapolis Quarterly Review*, Vol. 14 (1990), S. 11-23.

[352] Weiland, Christine (1999), *Die Wirkung bankaufsichtlicher Eigenkapitalanforderungen - eine Untersuchung induzierter Verhaltensänderungen*, Wiesbaden.

[353] Westermann, Frank (2003), „The Credit Crunch: A Comparison of Germany and Japan“, in: *CESifo Forum*, 1/2003, S. 36-46.

[354] Williamson, Stephen D. (1988), „Liquidity, Banking, and Bank Failures“, in: *International Economic Review*, Vol. 29 (1988), S. 25-43.

[355] Wolf, Juliane (1999), *Depositenverträge, Einlagensicherung und die Vermeidung von Bank-Runs*, Münster.

[356] Wolfe, Simon (2001), „Structural Effects of Asset-Backed Securitization“, in: *European Journal of Finance*, Vol. 6 (2001), S. 353-369.

[357] Yamai, Yasuhiro, Toshinao Yoshiba (2002a), „On the Validity of Value-at-Risk: Comparative Analyses with Expected Shortfall“, in: *Monetary and Economic Studies*, Institute for Monetary and Economic Studies (IMES), Bank of Japan, Vol. 20 (2002), January, S. 57-85.

[358] Yamai, Yasuhiro, Toshinao Yoshiba (2002b), „Comparative Analysis of Expected Shortfall and Value-at-Risk: Their Estimation Error, Decomposition, and Optimization“, in: *Monetary and Economic Studies*, Institute for Monetary and Economic Studies (IMES), Bank of Japan, Vol. 20 (2002), January, S. 87-121.

[359] Yamai, Yasuhiro, Toshinao Yoshiba (2002c), „Comparative Analyses of Expected Shortfall and Value-at-Risk (2): Expected Utility Maximization and Tail Risk“, in: *Monetary and Economic Studies*, Institute for Monetary and Economic Studies (IMES), Bank of Japan, Vol. 20 (2002), April, S. 95-115.

[360] Zimmermann, Heinz (1998), *State-Preference Theorie und Asset Pricing*, Heidelberg.

[361] Zhu, Haibin (2001), *Bank Runs, Welfare and Policy Implications*, BIS Working Paper No. 107, Bank for International Settlements.

[362] Zweifel, Peter, Roland Eisen (2002), *Versicherungsökonomie*, Berlin et al.

Kolibri 360 GmbH
Ferdinand-Jühlke-Straße 7
99095 Erfurt, Deutschland
produktsicherheit@kolibri360.de

Druck:
CPI Druckdienstleistungen GmbH
im Auftrag der
Kolibri 360 GmbH
Ferdinand-Jühlke-Str. 7
99095 Erfurt